완벽한 마무리! 퍼써

백광훈 편저

[Perfect Summary]

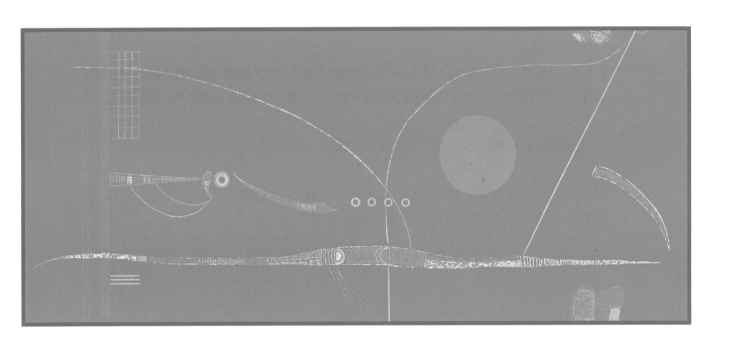

백광훈 형사소송법

메가 공무원 × 경단기

박영story

4판 머리말

제3판에 대한 독자들의 과분한 호응 덕분에 1년 만에 2025년 시험 대비 개정 제4판을 펴내게 되었다.

제제4판의 주요 개정사항을 정리하면 아래와 같다.

① 국외 도피기간에도 소위 의제공소시효를 정지하는 2024.2.13. 개정 형사소송법 등 법령 개정사항을 반영하였다.

② 다른 사건으로 구속된 피고인에 대해서도 형사소송법 제33조 제1항 제1호의 소위 필요국선 사유에 해당한다는 대법원 전원합의체 판례를 비롯하여 2024년 6월까지 판시된 최신 판례의 내용을 반영하였다.

③ 그동안 발견된 오탈자를 바로잡았다. 이외에는 초판의 집필원칙을 유지하였다.

끝으로 제3판에 이어 제4판의 제작을 기꺼이 맡아 주시고 편집과 교정작업에 헌신적으로 임해 주신 도서출판 박영사의 임직원님들에게 깊은 감사의 마음을 전한다.

2024년 8월

백광훈

학습질문 | http://cafe.daum.net/jplpexam (백광훈사법수험연구소)

3판 머리말

제2판에 대한 독자들의 성원에 힘입어 불과 1년 만에 아래의 수정사항을 담은 2024년 시험 대비 제3판 개정판을 펴내게 되었다.

첫째, 긴급감청에 관하여 법원의 사후허가 취득을 강제하는 내용을 담은 2022.12.27. 개정 「통신비밀 보호법」과 19세 미만 성폭력범죄 피해자 등의 보호와 피고인의 반대신문권의 보장을 담은 2023.7.11. 개정 「성폭력범죄의 처벌 등에 관한 특례법」 등의 최근 개정법률을 반영하였다. 특히 2023.10.12. 시행을 앞두고 있는 개정 성폭력처벌법은, 동석자의 성립진정 진술만으로 영상물에 수록된 19세 미만 성폭력범죄 피해자의 진술의 증거능력을 부여한 구법상 규정이 피고인의 공정한 재판을 받을 권리를 침해한다는 2021년 12월 헌법재판소의 위헌결정의 취지를 반영하여, 변호사가 없는 19세 미만 피해자 등에 대한 국선변호사 선정, 신뢰관계인과 진술조력인의 참여 확대, 19세 미만 피해자 등의 진술에 대한 영상녹화물의 증거능력 인정의 특례 등의 제도를 마련하고 있기에, 이러한 내용을 본 개정판에 적절하게 수록하고자 하였다.

둘째, 2023년 9월 현재 입법예고 중인 「검사와 사법경찰관의 상호협력과 일반적 수사준칙」에 관한 규정(대통령령)도 그 시행(2023.11.1. 시행 예정)을 대비하여 본 개정판에 반영하였다.

셋째, 제2판 출간 이후 2023년 상반기까지 판시된 대법원 판례 등의 최신판례의 내용을 반영하였다.

넷째, 이외에도 그동안 강의를 하면서 발견된 오탈자를 바로잡았음은 물론이다.

끝으로 초판부터 본 제3판까지 변함없이 본서의 출간을 도맡아주신 도서출판 박영사의 임직원님들의 노고에 깊은 감사의 마음을 기록해둔다.

2023년 9월

백광훈

학습질문 | http://cafe.daum.net/jplpexam (백광훈형사법수험연구소)

2판 머리말

본서의 초판에 대한 독자들의 과분한 호응에 힘입어 불과 1년 만에 2023년 시험 대비 제2판 개정판을 출간하게 되었다.

본 개정판에서 달라진 내용은 아래와 같다.

첫째, 2022년에 개정된 ① 체포 · 구속 · 압수 · 수색영장을 집행함에 있어서 피의자 · 피고인의 방어권을 실질적으로 보장하기 위하여 피의자 · 피고인에게 해당 영장을 제시할 뿐만 아니라 그 사본을 교부해야 한다는 내용을 담은 2022년 2월 3일 개정 형사소송법(법률 제18799호), ② 사법경찰관의 수사종결처분으로서 불송치결정에 대한 고소인 등의 이의신청 등에 따라 검사가 사법경찰관으로부터 송치받은 사건 등에 관해서는 검사가 동일성을 해치지 아니하는 범위 내에서만 수사할 수 있도록 하고, 수사기관이 수사 중인 사건의 범죄혐의를 밝히기 위한 목적으로 합리적인 근거 없이 별개의 사건을 부당하게 수사하는 것을 금지하는 등의 내용을 담고 있는 2022년 5월 9일 개정 형사소송법(법률 제18862호, 시행 2022.9.10.), ③ 검사가 수사를 개시할 수 있는 6대 범죄 중에서 공직자범죄, 선거범죄, 방위사업범죄, 대형참사 등 4개 범죄를 제외하고(선거범죄에 대해서는 2022년 12월 31일까지 수사권 유지), 검사가 자신이 수사개시한 범죄에 대하여는 공소를 제기할 수 없도록 하는 등의 내용을 담은 2022년 5월 9일 개정 검찰청법(법률 제18861호, 시행 2022.9.10.)의 내용을 반영하였다. 이를 요약하면 아래와 같다.

개정법률	주요내용
2022년 2월 3일 개정 형사소송법	• 영장집행 시 사본교부의무의 신설
2022년 5월 9일 개정 형사소송법	• 사법경찰관의 불송치에 대한 고소인 등의 이의신청 등에 따라 검사가 사법경찰관으로부터 송치받은 사건 등에 관해서는 검사가 동일성을 해치지 아니하는 범위 내에서만 수사할 수 있도록 함 • 수사기관이 수사 중인 사건의 범죄혐의를 밝히기 위한 목적으로 합리적인 근거 없이 별개의 사건을 부당하게 수사하는 것을 금지함

2022년 5월 9일 개정 검찰청법	• 검사가 수사를 개시할 수 있는 6대 범죄 중에서 공직자범죄, 선거범죄, 방위사업범죄, 대형참사 등 4개 범죄를 제외함(선거범죄에 대해서는 2022년 12월 31일까지 수사권 유지) • 다른 법률에 따라 사법경찰관리의 직무를 행하는 자 및 고위공직자범죄수사처 소속 공무원이 범한 범죄는 검사가 수사를 개시할 수 있도록 함 • 검사는 자신이 수사개시한 범죄에 대하여는 공소를 제기할 수 없도록 함

둘째, 2022년 5월 말까지 판시된 대법원 판례 등 최신판례의 내용을 반영하였다.

셋째, 이외에도 그동안 강의를 하면서 발견된 오탈자를 바로잡았음은 물론이다.

끝으로 초판에 이어 본 개정판의 출간을 맡아주신 도서출판 박영사의 임직원님들의 노고에 깊은 감사의 마음을 기록해둔다.

2022년 9월

백광훈

학습문의 | http://cafe.daum.net/jplpexam (백광훈형사법수험연구소)

머리말

필자가 그동안 형사소송법 핵심강의의 교재로 써왔던 것은 '핵마총'(핵심마무리총정리)이었다. 핵마총은 개정 4판이 나올 정도로 독자들의 많은 사랑을 받아왔다.

하지만 이러한 요약집 형태의 수험서들은 늘 새로운 목표를 향해 도전해야 한다는 것이 필자의 지론이고, 이에 기회를 봐서 핵마총을 완전히 뒤집어놓는 무언가 새로운 요약집을 내놓아야 한다는 문제의식이 가슴 한곳에 자리 잡고 있었다. 하지만 이러한 대규모의 집필 작업은 물리적으로 긴 시간과 노력을 요하는 법이라 쉽게 도모할 수 없다는 점도 강의에 쫓기는 일상의 현실이었다.

그런데 형사소송법과 관련 제도 분야에서 2020년 실로 큰 변화가 있었다. 그 대표적인 것만 요약해도 아래와 같다.

❶ 2020년 2월 4일 검·경 수사권 조정을 담은 「형사소송법」과 「검찰청법」 개정
❷ 2020년 10월 「검사와 사법경찰관의 상호협력과 일반적 수사준칙에 관한 규정」(대통령령) 제정
❸ 2020년 12월 후관 예우 방지와 우리말 순화를 위한 「형사소송법」 개정
❹ 2020년 1월 「고위공직자범죄수사처 설치 및 운영에 관한 법률」의 제정과 같은 해 12월 개정
❺ 2020년 12월 「형사소송규칙」(대법원규칙)의 개정

이에 올 초 필자의 법전, 기본서, 필기노트 시리즈의 대대적인 개정작업이 있었다. 그래서 필자는 아예 이 기회를 빌려 필자의 형사소송법 핵심강의에 보다 적합한 요약집의 집필에 들어가기로 하였다. 돌이켜보면, 이제 9월이니 이 요약집의 원고작업에만 꼬박 7개월이 소요되었다.

필자가 그동안 독자들의 과분한 호응을 받았던 핵마총 시리즈에서 안주하지 않고 이제 '퍼써'(퍼펙트 써머리)를 새롭게 출간한 이유는, 형사절차의 알기 쉬운 도식화, 속도감 있는 내용 전개와 핵심이 확실한 구성, 조문·이론·판례의 디테일이 살아있는 요약, 이를 통한 빠른 1회독 그리고 고반복 회독을 가능케 함과 동시에 독자들의 수험생활에서 현실적으로 기능할 수 있는 완벽한 요약집 겸 암기노트를 제공하고자 함에 다름 아니다.

필자는 정성을 다해 이 책을 썼다. 이제 평가는 현명한 독자들의 몫이다.
아무쪼록 퍼써가 여러분의 형사소송법 공부에 조그만 도움이라도 되길 바라는 마음뿐이다.

2021년 최종합격의 영광을 차지한 여러 제자가 본서의 교정작업에 도움을 주었다. 지면을 빌려 그들의
앞날에 행운이 있기를 소망하는 선생의 마음을 기록해둔다.

끝으로 이번에 퍼써의 제작과정에서 정말 많은 수고를 해주신 도서출판 박영사의 임직원에게 심심한 위
로와 감사의 마음을 전하고자 한다.

2021년 9월

백광훈

학습질문 | http://cafe.daum.net/jplpexam (백광훈공무원수험연구소)

OVERVIEW
구성과 특징

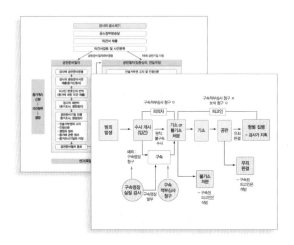

✔ 형사소송절차의 알기 쉬운 도식화

형사소송법 수험준비에서 우선 중요한 것은 절차의 흐름을 잡는 것입니다. 퍼써에서는 전범위의 직관적 도식화를 시도하여 보다 쉽게 형사절차의 전체 흐름을 잡도록 하였습니다.

① **검사**는 직근상급법원에 **신청하여야** 함
(의무, 공소제기 전후 불문, 법 §15 제문)

② **피고인**은 **신청할 수** 있음(권리, 공소제기 후, 법
사무관 07, 경...

③ 바로 위의 상...야 함(법 §16...

1. 법관이 **피**해자인 때 : 직접피해자 법익도 포함), 간접피해자 × [행사
2. 법관이 피고인 또는 피해자의 **친족** 친족이거나 전처, 파양 등과 같이
   cf. 사실혼 : 제척사유 ×, 기피사유 可
3. 법관이 피고인 또는 피해자의 **법**정

✔ 속도감 있는 내용 전개＋핵심이 확실한 구성 → 스피디한 1회독 → 고반복 학습

기본서 학습의 중요성은 두말할 필요가 없지만, 그 방대한 분량에 힘겨워하는 수험생이 적지 않은 것도 사실입니다. 이에 기본서의 내용을 확 줄임과 동시에, 시험에 자주 출제되는 핵심사항은 밑줄과 형광펜 효과로 강조하여 독자들의 '빠른 1회독'을 돕고자 하였습니다. 우리들의 시험에서 고반복 학습만큼 효과적인 것은 없습니다.

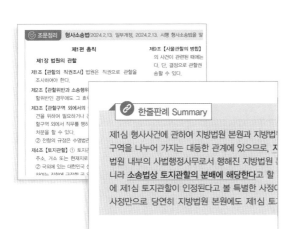

✔ 조문/이론/판례의 디테일이 살아 있는 요약된 무기

기본서의 분량을 단순히 압축하는 것에 치중하다 보면 정작 시험에 나왔을 때 변별력을 가지는 세부내용을 놓치게 됩니다. 이에 본서에서는 조문정리, 한줄판례, 혼동하기 쉬운 내용의 반복적인 비교학습을 보다 압축된 형태로 시도하였습니다. '짧지만 디테일이 살아 있는 수험생의 무기!', 이것이 퍼써가 추구하는 방향입니다.

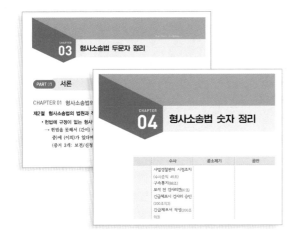

✔ 현실적으로 기능하는 암기노트

기본서 공부를 열심히 하고 이해도 웬만큼 되는 것 같은데 시험에서 점수가 잘 안 나온다면? 그것은 아마도 정리가 부족해서일 것입니다. 외울 건 외워야 합니다. 다만, 외우는 건 힘든 일입니다. 이에 퍼써에서는 철저한 기출문제 분석을 통해 만든 필자 특유의 암기용 두문자를 본문에 수록함과 동시에, 부록에서는 진도별 두문자로 이를 다시 정리하여 본문과 부록의 유기적인 연결을 꾀하였습니다. 이뿐 아니라 형사소송법에서 특히 혼동되는 기간·숫자 정리도 부록에 일괄 수록하였습니다.

CONTENTS
차례

PART Ⅲ 수사와 공소

CONTENTS
차례

PART Ⅴ 상소 · 비상구제절차 · 특별절차

1

PART

서론

2025
백광훈 형사소송법
퍼펙트 써머리

CHAPTER 01 형사소송법의 본질

01 형사소송법의 의의와 성격

I 의 의

개 념	형사소송법(刑事訴訟法)은 형법(실체법, 범죄와 형벌의 실체를 규정함)을 적용·실현하기 위한 형사절차를 규정하는 법률(절차법, 수사절차 → 공판절차 → 형집행절차)임
형사절차 법정주의	"누구든지 법률에 의하지 아니하고는 체포·구속·압수·수색 또는 심문을 받지 아니하며, 법률과 적법한 절차에 의하지 아니하고는 처벌·보안처분 또는 강제노역을 받지 아니한다"(헌법 §12①)

II 성 격

공법	사법법	절차법
국가 대 개인의 관계	司法法, 진실을 밝혀 정의를 실현하는 법	동적·발전적·정치적 cf. 형법은 정적·고정적·도덕적

02 형사소송법의 법원과 적용범위

I 형소법의 법원(法原)

의의 : 법의 연원이자 존재형식을 말하는바, 형소법의 법원은 형사절차의 내용이 들어있는 법을 의미함

형사소송법의 법원인 것	형사소송법의 법원이 아닌 것
① **헌법** ② **형사소송법**(형식적·실질적 의미의 형사소송법, 이 중 형식적 형소법은 이하 '법'이라 함) ③ **대법원규칙**(형사소송규칙 – 이하 '규칙'이라 함)	① 검사와 사법경찰관의 상호협력과 일반적 수사 준칙에 관한 규정(대통령령, 이하 '수사준칙') ② 대법원예규 ③ 법무부령 : 검찰사건사무규칙(91헌마42), 검찰압수 물사무규칙, 검찰집행규칙, 검찰징수사무규칙, 검찰 보존사무규칙, 검찰보고사무규칙 등(수사기관 내부의 업무처리지침에 불과함)

💡 퍼써 정리 | 헌법에 규정된 형사절차와 헌법에 규정이 없는 형사절차

헌법에 규정된 형사절차	헌법에 규정이 없는 형사절차
1. 형사절차법정주의·적법절차원칙(§12①) [경 16/2차] 2. 고문금지와 불이익진술거부권(동②) [경 10, 경 16/2차, 경 13/1차] 3. 영장주의(동③, §16) [경간 15, 경 16/2차] 4. 변호인의 조력을 받을 권리 및 국선변호인 선정 (§12④) [경 10, 경 16/2차] 5. 체포·구속의 이유를 고지받을 권리(동⑤) 6. 가족 등의 구속사유 등을 통지받을 권리(동⑤) 7. **체포·구속적부심사청구권**(동⑥) [경간 15, 경승 14, 경 16/2차] 8. **자백배제법칙·자백보강법칙**(동⑦) [경 10, 경 16/2차] 9. 일사부재리원칙(§13①) [경승 14] 10. 법관에 의한 재판을 받을 권리(§27①) 11. 군사법원의 재판을 받지 않을 권리(동②) 12. 신속한 공개재판을 받을 권리(동③) 13. 무죄추정권(동④) [경간 15, 경 12/2차] 14. 피해자의 법정진술권(동⑤) [경 13/1차] 15. 형사보상청구권(§28) [경간 15, 경승 14, 경 10/2차, 경 13/1차] 16. 과잉금지원칙(§37②) 17. 국회의원의 불체포특권·면책특권(§44, §45) 18. 대통령의 형사상 특권(§84) 19. 재판공개원칙(§109)	1. 기피신청권(법 §18) [경 12/2차] 2. **구속취소청구권**(법 §93) 3. **보석청구권**(법 §94) [경 10/2차] 4. 증인신문권(법 §161의2) 5. 증거보전청구권(법 §184) 6. **영장실질심사청구권**(법 §201) [경 12/2차] 7. 피고인의 공판기일 출석권(법 §276) [경 10/2차] 8. 간이공판절차(법 §286의2) [행시 03, 경 10/2차, 경 12/2차] 9. 증거신청권(법 §294) 10. 이의신청권(법 §296) 11. 최후진술권(법 §303) 12. 변론재개신청권(법 §305) 13. **증거재판주의**(법 §307) 14. **위법수집증거배제법칙**(법 §308의2) [경승 14, 경 12/2차, 경 13/1차] 15. **전문법칙**(법 §310의2) [국7 09, 경 10/2차] 16. 상소권(법 §338) 17. **불이익변경금지**(법 §368) [경승 14] 18. 배상명령제도(소송촉진 등에 관한 특례법 – 이하 '소촉법')

[정리] 증거법칙은 자백배제법칙·자백보강법칙을 제외하면 헌법에 없음

[정리] 체포·구속적부심사청구권은 헌법에 있는데, 영장실질심사청구권·보석청구권·구속취소청구권은 형소법에만 있음

[정리] 헌법을 못해서 (간이) 아픈 (증인) (영실)이는 (불이익) (기피) (전문)가로서 (공판기일)에 (위수증)에 (이의)가 있다며 (상소) 전 (최후) (변론)에서 (보석) 또는 (구속 취소)와 (배상)을 위하여 (증거 3개 : 재판 / 보전 / 신청권)를 제시했다.
　→ 간/증/영/불/기/전/공/위/이/상/최/변/보/구/배/증재보신

Ⅱ 형소법의 적용범위

	원칙		예외
장소	대한민국 법원에서 심판되는 사건	치외 법권	① 주한 외국 대사관 ② 주한 미군 부대 [법원 12, 국9 13, 경 16]
인	대한민국 영역 내 모든 사람 [경 13]	국내법	**대통령** 소추제한 : 내란 · 외환죄 제외 재직 중 형사소추 ×(헌법 §84) ∴ 공소시효 정지
			국회의원 ① 불체포특권 : 현행범 제외 국회 회기 중 국회 동의 없이 체포 · 구금 ×(헌법 §44①) ② 면책특권 : 직무상 행한 발언과 표결(헌법 §45, 재판권 ○, 공소권 ×) → 공소기각판결(법 §327 2., 91도3317, 2009도1442) [국9 13, 법원 12, 경 13, 경 16, 경승 24]
		국제법 (재판권 ×)	**외교사절 면책특권** ① 외국의 원수, 가족, 대한민국 국민이 아닌 수행자 ② 신임받은 외국의 사절과 그 직원 및 가족 ③ 승인받고 주둔하는 외국의 군인(직무상 범죄) 　→ 재판권 × 　→ 공소기각판결(법 §327 1.)
시간	소급효금지 원칙 ×		**혼합주의** 개정법 시행 당시 수사 · 공판 시 개정법 적용 but 구법에 따라 행한 소송행위는 유효(신법 ○ + 구법 ○, 부칙 §4) [국9 13, 법원 12, 경 14, 경 16]

CHAPTER
02 형사소송법의 이념과 구조

01 형사소송법의 이념

	법원이 당사자의 주장에 구애받지 않고(형식적 진실 ×) 소송의 실체에 관하여 사실의 진상을 명백히 하여 객관적 진실을 밝히자는 주의 : 처분권주의 × / 자백의 구속력 ×	
실체적 진실주의	적극적 실체진실주의	소극적 실체진실주의
	유죄자 필벌주의(대륙법계)	"열 사람의 범인을 놓치더라도 한 사람의 무고한 사람을 벌해서는 안 된다" → 무죄자 불벌주의(영미법계) "의심스러울 때는 피고인의 이익으로(in dubio pro reo)" → 무죄추정 법리 강조
적정절차의 원칙	① 국가형벌권의 실현은 인간의 존엄과 가치를 인정하고 형사피고인의 기본권을 보장하는 절차에 따라 이루어져야 한다는 원칙 ② 헌법상 적정절차원칙(헌법 §12①) ③ 헌법적 형사소송법 : 헌법에서 피고인·피의자 기본권 규정	
신속한 재판의 원칙	① 공판절차는 신속하게 진행되어야 하며 재판을 지연시켜서는 안 된다는 원칙 ② 이중적 기능 : 피고인의 이익보호와 동시에 소송경제 등 공공의 이익도 보호 ③ 헌법상 형사피고인의 기본적 인권(헌법 §27③) But 신속재판원칙 강제 제도는 의제공소시효(법 §249②) 제외하고 존재하지 않음	

갈등·긴장관계

이 념	실체적 진실주의	적정절차의 원칙	신속한 재판의 원칙
수사 공소 제기	• 변호인의 진실의무 • 증거의 수집·보전	• 법관의 제척·기피·회피 　[국9 12] • 관할의 이전 • 검사의 객관의무 • 변호인의 조력을 받을 권리 • 형사기록열람·등사청구권 • 공소장 일본주의 • 변호인선임권 고지 • 진술거부권 고지 • 체포·구속된 자의 가족 등에 　대한 통지	• 검사에게 수사권 집중 • 구속기간의 제한 • 기소편의주의·기소변경주의 　공소시효 [경 11/2차]
공 판	• 직권에 의한 증거조사 [국7 　08, 국9 22] • 피고인신문 • 증거법칙(위수증배제, 자백 　배제, 자백보강, 전문법칙) 　[국7 08, 경승 12]	• 제1회 공판기일 유예기간 • 공판정출석권 [국9 12] • 진술권 및 진술거부권 • 증거신청권 • 증거보전청구권 • 상소에 대한 고지	• 공판준비절차 • 궐석재판제도 • 집중심리주의 [경 11/2차] • 재판장의 소송지휘권 • 구속기간 제한 • 판결선고기간 제한 [경 11/2차] • 증거동의
상소 재심	오판을 시정하기 위한 상소와 재심		• 상소기간 제한 • 상소심의 사후심적 성격

cf. 기타 간이공판절차, 약식절차, 즉결심판절차 → 모두 신속한 재판을 위한 특수한 절차임

02 형사소송의 구조

Ⅰ 규문주의와 탄핵주의의 소송구조

	의 의	피고인
규문주의	• 재판기관이 소추기관의 소추 없이 직권으로 재판절차를 개시하는 　원칙 • 재판기관과 소추기관이 분리되지 않음	심리의 객체
탄핵주의	• 소추기관의 소추에 의하여 법원이 재판절차를 개시하는 원칙 • 재판기관과 소추기관 분리(불고불리의 원칙)	소송의 주체

Ⅱ 당사자주의와 직권주의

	당사자주의	직권주의
이 념	① 당사자(검사와 피고인)에게 소송의 주도적 지위 부여 ② 당사자의 공격과 방어 및 주장과 입증에 의해 소송 진행 ③ 법원은 제3자의 입장에서 공평한 판단	① 법원에게 소송의 주도권을 인정 ② 법원의 직권에 의하여 심리를 진행하는 주의
현행법상 양 주의의 요소	① 심판범위의 한정(법 §254④, 법 §298) ② 공소장일본주의(규칙 §298) [경간 12] ③ 공판준비절차에 있어서의 피고인의 방어권보장(공소장부본 송달 : 법 §266, 제1회 공판기일 유예 : 법 §269, 공판기일 변경신청권 : 법 §270) [교정9 특채 10] ④ 공판절차에 있어서의 당사자의 주도적 지위(당사자출석 : 법 §275, 모두진술 : 법 §285, 피고인신문방법 : 법 §287) ⑤ 신청에 의한 증거조사(법 §294), 교호신문(법 §161의2), 증거동의(법 §318①) [교정9 특채 10] ⑥ 당사자의 최종변론(법 §302 · §303)	① 법원의 증인신문(법 §161의2) [교정9 특채 10] ② 피고인신문(법 §296의2) ③ 직권증거조사(법 §295) ④ 공소장변경요구제도(법 §298②)

2
PART

소송주체와 소송행위

2025
백광훈 형사소송법
퍼펙트 써머리

CHAPTER 01 소송주체

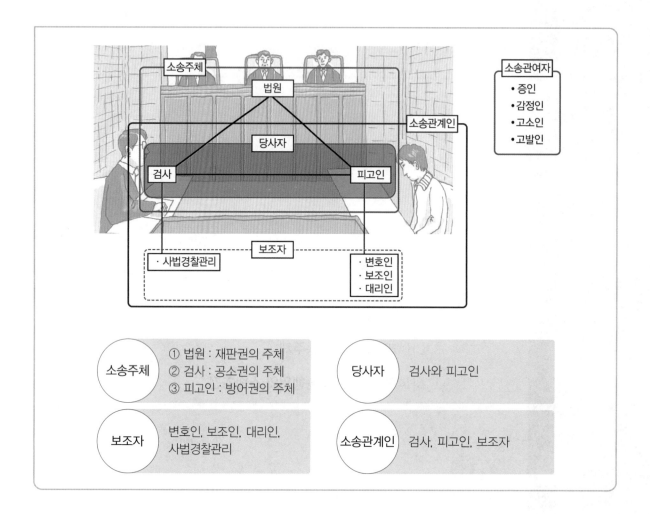

소송주체	① 법원 : 재판권의 주체 ② 검사 : 공소권의 주체 ③ 피고인 : 방어권의 주체	당사자	검사와 피고인
보조자	변호인, 보조인, 대리인, 사법경찰관리	소송관계인	검사, 피고인, 보조자

01 법 원

I 의의와 구성

의 의			법원은 사법권을 행사하는 법관으로 구성된 국가기관(헌법 §101①)
종류와 구성	국법상 법원 사법행정 법원조직법		대법원 / 고등법원 / 지방법원 / 지방법원 지원 / 시·군법원
	소송법상 법원 재판기관 형소법	단독제	① 1인의 법관 ② 제1심 사물관할의 원칙
		합의제	① 수인의 법관 ② 제1심 사물관할의 예외[제1심에서 신중하고 공정한 재판이 특히 요구되는 경우에는 합의제에 의함(법원조직법 – 이하 '법조법' §32)] ③ 상소법원의 구성
		재판장	① 합의체의 장 ② 재판권 행사에서는 합의부원과 평등 ③ 공판기일지정권(법 §267), 소송지휘권(법 §279), 법정경찰권(법 §281②), 피고인 소환·구속(급속 시 독립적 권한 행사, 법 §80) 등의 권한을 가짐
		수명법관	① 합의부가 그 구성원 법관에게 특정한 소송행위를 하도록 명하였을 때 그 명을 받은 법관 ② 결정·명령 시 필요한 조사를 명 받은 경우(법 §제37④), 압수 또는 수색을 명 받은 경우(법 §136①)
		수탁판사	① 어떤 법원이 다른 법원의 법관에게 일정한 소송행위를 하도록 촉탁을 한 경우 그 촉탁을 받은 법관(법 §37④, §136) ② 수탁판사가 다시 다른 법원의 판사에게 전촉 可(법 §77②, §136②, 이 경우도 수탁판사)
		수임판사	① **수소법원과 독립**하여 소송법상 권한을 행사하는 개개의 법관 [국 7 14] ② 수사기관의 청구에 의하여 **각종 영장을 발부하는 판사**(법 §201), **증거보전절차를 행하는 판사**(법 §184), 참고인에 대한 **수사상 증인신문을 행하는 판사**(법 §221의2)

조문정리 **형사소송법**(2024.2.13. 일부개정, 2024.2.13. 시행 형사소송법을 말하며, 이하 같음)

제1편 총칙

제1장 법원의 관할

제1조 【관할의 직권조사】 법원은 직권으로 관할을 조사하여야 한다.

제2조 【관할위반과 소송행위의 효력】 소송행위는 관할위반인 경우에도 그 효력에 영향이 없다.

제3조 【관할구역 외에서의 집무】 ① 법원은 사실발견을 위하여 필요하거나 긴급을 요하는 때에는 관할구역 외에서 직무를 행하거나 사실조사에 필요한 처분을 할 수 있다.
② 전항의 규정은 수명법관에게 준용한다.

제4조 【토지관할】 ① 토지관할은 범죄지, 피고인의 주소, 거소 또는 현재지로 한다.
② 국외에 있는 대한민국 선박 내에서 범한 죄에 관하여는 전항에 규정한 곳 외에 선적지 또는 범죄 후의 선착지로 한다.
③ 전항의 규정은 국외에 있는 대한민국 항공기 내에서 범한 죄에 관하여 준용한다.

제5조 【토지관할의 병합】 토지관할을 달리하는 수개의 사건이 관련된 때에는 1개의 사건에 관하여 관할권 있는 법원은 다른 사건까지 관할할 수 있다.

제6조 【토지관할의 병합심리】 토지관할이 다른 여러 개의 관련사건이 각각 다른 법원에 계속된 때에는 공통되는 바로 위의 상급법원은 검사나 피고인의 신청에 의하여 결정(決定)으로 한 개 법원으로 하여금 병합심리하게 할 수 있다.
[전문개정 2020.12.8.]

제7조 【토지관할의 심리분리】 토지관할을 달리하는 수개의 관련사건이 동일법원에 계속된 경우에 병합심리의 필요가 없는 때에는 법원은 결정으로 이를 분리하여 관할권 있는 다른 법원에 이송할 수 있다.

제8조 【사건의 직권이송】 ① 법원은 피고인이 그 관할구역 내에 현재하지 아니하는 경우에 특별한 사정이 있으면 결정으로 사건을 피고인의 현재지를 관할하는 동급 법원에 이송할 수 있다.
② 단독판사의 관할사건이 공소장변경에 의하여 합의부 관할사건으로 변경된 경우에 법원은 결정으로 관할권이 있는 법원에 이송한다.

제9조 【사물관할의 병합】 사물관할을 달리하는 수개의 사건이 관련된 때에는 법원합의부는 병합관할한다. 단, 결정으로 관할권 있는 법원단독판사에게 이송할 수 있다.

제10조 【사물관할의 병합심리】 사물관할을 달리하는 수개의 관련사건이 각각 법원합의부와 단독판사에 계속된 때에는 합의부는 결정으로 단독판사에 속한 사건을 병합하여 심리할 수 있다.

제11조 【관련사건의 정의】 관련사건은 다음과 같다.
　1. 1인이 범한 수죄
　2. 수인이 공동으로 범한 죄
　3. 수인이 동시에 동일장소에서 범한 죄
　4. 범인은닉죄, 증거인멸죄, 위증죄, 허위감정통역죄 또는 장물에 관한 죄와 그 본범의 죄

제12조 【동일사건과 수개의 소송계속】 동일사건이 사물관할을 달리하는 수개의 법원에 계속된 때에는 법원합의부가 심판한다.

제13조 【관할의 경합】 같은 사건이 사물관할이 같은 여러 개의 법원에 계속된 때에는 먼저 공소를 받은 법원이 심판한다. 다만, 각 법원에 공통되는 바로 위의 상급법원은 검사나 피고인의 신청에 의하여 결정으로 뒤에 공소를 받은 법원으로 하여금 심판하게 할 수 있다.
[전문개정 2020.12.8.]

제14조 【관할지정의 청구】 검사는 다음 각 호의 경우 관계있는 제1심법원에 공통되는 바로 위의 상급법원에 관할지정을 신청하여야 한다.
　1. 법원의 관할이 명확하지 아니한 때
　2. 관할위반을 선고한 재판이 확정된 사건에 관하여 다른 관할법원이 없는 때
[전문개정 2020.12.8.]

제15조 【관할이전의 신청】 검사는 다음 경우에는 직근 상급법원에 관할이전을 신청하여야 한다. 피고인도 이 신청을 할 수 있다.
　1. 관할법원이 법률상의 이유 또는 특별한 사정으로 재판권을 행할 수 없는 때
　2. 범죄의 성질, 지방의 민심, 소송의 상황 기타 사정으로 재판의 공평을 유지하기 어려운 염려가 있는 때

제16조【관할의 지정 또는 이전 신청의 방식】① 관할의 지정 또는 이전을 신청하려면 그 사유를 기재한 신청서를 바로 위의 상급법원에 제출하여야 한다. ② 공소를 제기한 후 관할의 지정 또는 이전을 신청할 때에는 즉시 공소를 접수한 법원에 통지하여야 한다. [전문개정 2020.12.8.]

제16조의2【사건의 군사법원 이송】법원은 공소가 제기된 사건에 대하여 군사법원이 재판권을 가지게 되었거나 재판권을 가졌음이 판명된 때에는 결정으로 사건을 재판권이 있는 같은 심급의 군사법원으로 이송한다. 이 경우에 이송전에 행한 소송행위는 이송후에도 그 효력에 영향이 없다.

1. 관할의 의의와 종류

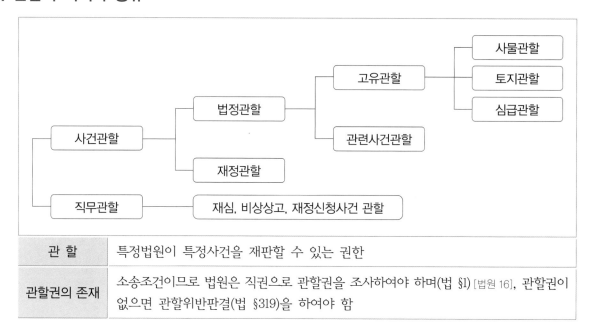

관 할	특정법원이 특정사건을 재판할 수 있는 권한
관할권의 존재	소송조건이므로 법원은 직권으로 관할권을 조사하여야 하며(법 §1) [법원 16], 관할권이 없으면 관할위반판결(법 §319)을 하여야 함

2. 사물관할

원 칙	사건의 경중이나 성질에 따른 제1심 법원의 관할분배. 제1심의 사물관할은 원칙적으로 단독판사(법조법 §7)
예 외	합의부가 제1심으로 심판(법조법 §32) ① 사형·무기 또는 **단기 1년 이상** [경 05/3차] 의 징역 또는 금고에 해당하는 사건(특가법상 도주운전·상습절도·상습장물, 부수법상 수표위조·변조, 도로교통법상 음주운전, 형법상 특수절도·상습절도·특수공갈·특수상해 등은 예외) 및 이와 동시에 심판할 공범사건 ② 지방법원판사에 대한 **제척·기피**사건 ③ **다른 법률**에 따라 지방법원합의부에 속하는 사건(**참·치·보·선**) ④ 합의부에서 심판할 것으로 **합의부가 스스로 결정**한 사건 [정리] 단/제기/다/합결 해서 합의부로 간다.

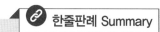

형법 제264조, 제258조의2 제1항에 의하면 **상습특수상해죄**는 법정형의 단기가 1년 이상의 유기징역에 해당하는 범죄이고, 법원조직법 제32조 제1항 제3호 본문에 의하면 단기 1년 이상의 징역에 해당하는 사건에 대한 제1심 관할법원은 지방법원과 그 지원의 **합의부**임(2016도18194) [국9 20, 법원 20]

3. 토지관할

의 의	동등법원 상호 간 사건의 지역적 관계에 의한 관할의 배분(재판적)
기 준	**범죄지** [국9 14](부분범죄지도 범죄지), 피고인의 **주소·거소** 또는 **현재지**(법 §4①)
내 용	① 부분범죄지 ○ ② 주소·거소 및 현재지 : 공소제기 시 기준 [경 11/2차]. 현재지는 공소제기 당시 피고인이 현재한 장소로서 임의에 의한 현재지뿐 아니라 **적법한 강제에 의한 현재지**도 포함, 적법한 체포, 즉시 인도 및 적법한 구속에 의하여 공소제기 당시 국내에 구금되어 있다면 현재지인 국내법원에 토지관할 ○(2011도12927 [국9 14, 경 14/2차, 법원 24] : 소말리아 해적 사건) ③ 국외에 있는 대한민국 항공기·선박 내에서 범한 죄 : 범/주/거/현 외에 선적지 또는 범죄 후의 선착지 ○(출발지 ×)(법 §4②) [법원 15, 국9 14, 경 01/1차]

> 🔗 **한줄판례 Summary**
>
> 제1심 형사사건에 관하여 지방법원 본원과 지방법원 지원은 소송법상 별개의 법원이자 각각 일정한 토지관할 구역을 나누어 가지는 대등한 관계에 있으므로, **지방법원 본원과 지방법원 지원 사이의 관할의 분배**도 지방법원 내부의 사법행정사무로서 행해진 지방법원 본원과 그 지원 사이의 단순한 사무분배에 그치는 것이 아니라 **소송법상 토지관할의 분배에 해당한다**고 할 것임. 그러므로 형사소송법 제4조에 의하여 지방법원 본원에 제1심 토지관할이 인정된다고 볼 특별한 사정이 없는 한, 지방법원 지원에 제1심 토지관할이 인정된다는 사정만으로 당연히 지방법원 본원에도 제1심 토지관할이 인정된다고 볼 수는 없음(2015도1803)

4. 심급관할

의 의	상소관계에 있어서의 관할
대법원의 관할 (법조 §14)	① 고등법원 또는 항소법원·특허법원의 판결에 대한 상고사건(§14 1.) 및 제1심 판결에 대한 비약적 상고사건(법 §372) ② 항고법원·고등법원 또는 항소법원·특허법원의 결정·명령에 대한 재항고사건(§14 2.)
고등법원의 관할 (법조 §28)	① 지방법원합의부·가정법원합의부·회생법원합의부 또는 행정법원의 제1심판결에 대한 항소사건(§28 1.) ② 지방법원합의부·가정법원합의부·회생법원합의부 또는 행정법원의 제1심 심판·결정·명령에 대한 항고사건(§28 2.)
지방법원 본원 합의부의 관할 (법조 §32②)	① 지방법원단독판사의 판결에 대한 항소사건(§32②1.) : 지방법원 단독판사의 판결에 대한 항소사건을 고등법원이 실체판단할 수 없다(대법원 1997.4.8, 96도2789). ② 지방법원단독판사의 결정·명령에 대한 항고사건(§32②2.)

5. 관련사건의 관할

(1) 관련사건(§11) [법원 08]

1	1인이 범한 수죄(인적 관련)	소송법상 의미의 수죄인 **실체적** 경합범만
2	수인이 공동으로 범한 죄(물적 관련)	임의적 **공범**, 필요적 공범, 합동범 [국7 13]
3	수인이 동시에 동일장소에서 범한 죄	**동**시범 [법원 11]
4	**범**인은닉죄, **증**거인멸죄, **위**증죄, **허**위감정통역죄, 장물죄와 **본**범의 죄 : 상대방과 증거가 공통

[정리] 실/공/동/본(범)/범(인은닉)/허(위감정통역번역)/위(증)/(장)물/증(거인멸) : 실은 공동되어 있어 본범 허위물증이 다 관련된 거야.

(2) 관련사건의 관할

관련사건의 관할	사물관할이 다른 경우 단독 vs. 합의부	토지관할만 다른 경우 단독 vs. 단독 합의부 vs. 합의부
병합관할 (기소 전)	• 병합관할권 : **합의부** [국9 13, 경 09/1차, 경 12/2차] • 예외 : 결정으로 관할권 있는 단독판사에게 이송 可(법 §9)	병합관할권 : **Any**[1개의 사건에 관하여 관할권 있는 법원은 **다른 사건까지 관할할 수 있음**(법 §5)] [국9 09, 경 10/2차]
병합심리 (기소 후)	① 사물관할 다른 여러 개의 관련사건이 각각 법원합의부와 단독판사에 계속된 때 ② **합의부 결정**으로 단독판사에 속한 사건을 병합하여 심리(§10) ③ 당사자 **신청 ×** ④ **직권** [법원 11/17, 국7 13, 국9 09/13, 경 12/2차, 경 14/2차] ⑤ 토지관할 달라도 적용 ○ ⑥ 항소사건 ○ ⑦ 단독판사는 합의부 병합심리결정등본을 송부받은 날로부터 **5일 이내** 소송기록과 증거물을 합의부에 송부(규칙 §4③)	① 토지관할 다른 여러 개 관련사건이 각각 다른 법원에 계속된 때 ② 검사 또는 피고인 **신청** ③ **공통 바로 위 상급법원**의 결정으로 한 개 법원이 병합심리(법 §6) [행시 04, 법원 15] ④ 병합심리 법원 이외의 법원은 결정등본을 송부받은 날로부터 **7일 이내** 소송기록과 증거물을 병합심리법원에 송부(규칙 §3②)
분리이송	병합심리의 필요가 없는 때 → 결정으로 관할권 있는 법원 단독판사에게 이송 可(법 §9 단서) [경 12/2차]	병합심리의 필요가 없는 때 → 법원은 결정으로 이를 분리하여 관할권 있는 다른 법원에 이송 可(법 §7) [법원 11, 경 10/2차, 경 14/2차, 경 15/3차]

[정리] 토(지관할)치(7일) 신청해서, 사(물관할)오(5일)거라

① 관련사건 관할은 고유관할사건 및 그 관련사건이 반드시 병합기소되거나 병합심리될 것을 전제로 하지 않고 고유사건 심리가 먼저 종결되어도 **관련사건 관할권은 여전히 유지**(2006도8568) [국9 09/15, 경 11/1차]

② 공통되는 바로 위의 상급법원(공통직근상급법원) : 그 소속 고등법원이 같으면 **고등법원**, 다르면 **대법원** (2006초기335 전합) [국9 17]

③ 관련사건이 각각 마산지방법원 항소부와 부산고등법원에 계속된 경우, 부산고등법원이 결정하여 병합심리 할 수 있음(90초56) [법원 11, 국9 14/12]

④ 관련사건이 수원지방법원 1심과 광주지방법원 1심에 계속된 때에는, 대법원이 위 제1심 법원들의 공통되는 직근상급법원으로서 토지관할 병합심리 신청사건의 관할법원이 되어 1개 법원으로 하여금 병합심리하게 할 수 있음(2006초기335 전원합의체)(수원지법은 소속 고법이 수원고법(19.3. 개원), 광주지법은 소속 고법이 광주고법) [법원 09, 주사보 07, 국9 09, 경 08/1차, 경 10/1차, 경 11/1차, 경 15/3차]

6. 재정관할 – 관할의 지정과 이전

	관할의 지정	관할의 이전
요 건	① 법원의 관할이 명확하지 아니한 때 (법 §14 1.) ② 관할위반을 선고한 재판이 확정된 사건에 관하여 다른 관할법원이 없는 때(동2.)	① 관할법원이 법률상의 이유(제척·기피·회피) 또는 특별한 사정(법원의 화재 사고)으로 재판권을 행할 수 없는 때(§15 1.) ② 범죄의 성질, 지방의 민심, 소송의 상황 기타 사정으로 재판의 공평을 유지하기 어려운 염려가 있는 때(동2.)
특 징	관할이 불명확할 때 검사의 신청으로 지정하는 제도	① 관할권을 관할권 없는 법원으로 이전하는 제도 *cf.* 사건 이송 : 관할권 있는 곳으로 보냄 ② 항소심에서도 인정 ③ 토지관할에 대해서만 인정
절 차	① **검사**(피고인 ×)는 제1심법원에 공통되는 바로 위의 상급법원에 **신청하여야** 함(법 §14, 공소제기 전후 불문) [법원 08/10, 국7 07, 경 14/2차] ② 바로 위의 상급법원에 신청서 제출해야 함(법 §16①) ③ 공소를 제기한 후 신청할 때에는 즉시 공소를 접수한 법원에 통지하여야 함(동②) [법원 09] ④ 급속을 요하는 경우 이외에는 신청에 대한 결정이 있을 때까지 **소송절차 정지**됨(규칙 §7) [경 07/2차]	① **검사**는 직근상급법원에 **신청하여야** 함(의무, 공소제기 전후 불문, 법 §15 제1문) ② **피고인**은 **신청할 수** 있음(권리, 공소제기 후, 법 §15 제2문) [법원 08/09/10, 사무관 07, 경 10/1차] ③ 바로 위의 상급법원에 신청서 제출해야 함(법 §16①) ④ 공소를 제기한 후 신청할 때에는 즉시 공소를 접수한 법원에 통지하여야 함(동②) ⑤ 급속 이외의 **소송절차는 정지**(규칙 §7)

7. 관할의 경합

	사물관할의 경합	토지관할의 경합
의 의	**동일사건**에 대하여 2개 이상의 법원이 관할권을 가지는 경우 *cf.* 관할의 병합 : '수개의 사건'에 관하여 하나의 법원이 관련사건까지 병합하여 관할함	
내 용	**합의부관할** 동일사건이 사물관할을 달리하는 여러 개의 법원에 계속된 때에는 법원합의부 심판(법 §12) [국9 13, 경 12/2차]	**선착수원칙** ① 같은 사건이 사물관할이 같은 여러 개의 법원에 계속된 때에는 먼저 공소를 받은 법원 심판(§13本) [법원 08] ② 다만, 각 법원에 공통되는 바로 위의 상급법원은 검사나 피고인의 신청에 의하여 결정으로 뒤에 공소를 받은 법원으로 하여금 심판하게 할 수 있음(동 단서) [법원 08/10/15, 경 12/2차]
효 과	① 심판하지 않게 된 법원은 **공소기각결정**(법 §328①) [국7 13, 국9 13] ② 뒤에 공소가 제기된 사건이 먼저 확정된 때에는 먼저 공소가 제기된 사건에 대하여 면소판결(§326 1.)	

8. 사건의 이송

① 수소법원이 계속 중 사건을 다른 법원이 심판하도록 소송계속을 이전하는 것
② 관할권 있는 다른 법원에 이전 ≠ 관할의 이전(관할권 없는 법원으로 이전)

관할과 관련된 사건의 이송	관할과 관련 없는 사건의 이송(필요적 이송)
① 관할의 병합에 의한 이송(필요적 이송) : 토지관할 병합, 사물관할 병합, 항소심 병합 ② 관할의 지정·이전에 의한 이송(필요적 이송) ③ 사건의 직권이송(임의적 이송, 필요적 이송) 　㉠ 현재지이송 : 법원은 피고인이 관할구역 내에 현재하지 아니하는 경우에 특별한 사정이 있으면 결정으로 사건을 피고인의 현재지를 관할하는 동급법원에 **이송할 수 있음**(의무 ×, 법 §8①) [행시 04, 법원 10, 경 08/1차, 경 09/1차, 경 12/2차] 　㉡ 공소장변경에 의한 이송 : 단독판사의 관할 사건이 **공소장변경에 의하여 합의부 관할사건으로 변경된 경우** 법원은 (소송경제를 위해 관할위반판결을 선고하지 않고) 결정으로 관할권 있는 법원에 **이송해야 함**(의무 ○, 동②) [법원 14, 국9 11/17, 경 10/2차, 경 15/3차] 　→ 항소심에도 유추적용	① 군사법원 이송 : 법원은 공소가 제기된 사건에 대하여 군사법원이 재판권을 가지게 되었거나 재판권을 가졌음이 판명된 때에는 (소송경제를 위해 공소기각판결을 선고하지 않고) 결정으로 사건을 재판권 있는 **같은 심급의 군사법원으로 이송해야 함**(법 §16의2本) 　→ 이송 전에 행한 소송행위는 **이송 이후에도 효력 유지**(동 단서) [법원 14/17, 국9 15, 경 09/1차, 경 10/1차] ② 소년부 송치 : 법원은 소년에 대한 피고사건을 심리한 결과 보호처분에 해당하는 사유가 있다고 인정하면 결정으로써 사건을 관할 소년부에 송치해야 함(소년법 §50)

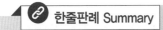
항소심에서 공소장변경에 의하여 단독판사 관할사건이 합의부 관할사건으로 된 경우에도 **관할권 있는 법원인 고등법원에 이송**(97도2463) [법원 16, 국9 12, 경 04/2차, 경 10/1차, 경 11/1차, 경 15/3차]

9. 관할권 부존재의 효과

관할권 존부 판단	직권조사원칙	관할권의 존재는 소송조건 ∴ **법원은 직권으로 관할을 조사하여야 함**(법 §1) [법원 16, 경 04/1차]
	예외 상대적 소송조건	법원은 토지관할권이 없는 경우에도 **피고인의 관할위반신청**이 없으면 관할위반의 선고를 하지 못함(법 §320①) [법원 15/17]
	관할위반 신청시기	피고사건 진술 전에 하여야 함 ∴ 진술 이후 관할위반 하자 치유 [법원 15]
	관할권 존부 판단시기	① 토지관할은 공소제기 시 기준 　but 추후 관할권이 생기면 관할권 부존재의 하자 치유 ② 사물관할은 공소제기 시부터 재판종결에 이르는 전체 심리과정에 존재해야 함
관할위반의 효과	관할위반의 판결	관할권 없음 명백 → 관할위반판결 선고(법 §319)
	소송행위의 효력	관할권 없는 법원이 행한 소송행위는 부적법하나, **이미 행해진 소송행위의 효력에는 영향이 없음**(§2) [행시 02, 법원 05, 국9 08, 경 04/1차, 경 04/2차, 경 07/2차, 경 15/3차] ∴ 관할권 없는 법원에 대한 공소제기도 공소시효정지의 효력 발생, 공판조서나 증인신문조서 등도 증거능력 인정
	상 소	① 상소이유 : 관할인정 또는 관할위반의 인정이 법률에 위반된 때에는 절대적 항소이유(§361의5 3.), 상대적 상고이유(§383 1.) [법원 14] ② 파기환송 : (공소기각 또는) 관할위반의 재판이 법률에 위반됨을 이유로 원심판결을 **파기**하는 때에는 판결로써 사건을 원심법원에 **환송**(§366) ③ 파기이송 : 관할인정이 법률에 위반됨으로 이유로 원심판결을 **파기**하는 때에는 판결로써 사건을 관할법원에 **이송**(파기이송). 단, 항소법원이 그 사건의 제1심 관할권이 있는 때에는 **제1심**으로 심판(§367) [법원 14]

조문정리 형사소송법

제1편 총칙

제2장 법원직원의 제척, 기피, 회피

제17조【제척의 원인】 법관은 다음 경우에는 직무집행에서 제척된다. 〈개정 2020.12.8.〉

1. 법관이 피해자인 때
2. 법관이 피고인 또는 피해자의 친족 또는 친족관계가 있었던 자인 때
3. 법관이 피고인 또는 피해자의 법정대리인, 후견감독인인 때
4. 법관이 사건에 관하여 증인, 감정인, 피해자의 대리인으로 된 때
5. 법관이 사건에 관하여 피고인의 대리인, 변호인, 보조인으로 된 때
6. 법관이 사건에 관하여 검사 또는 사법경찰관의 직무를 행한 때
7. 법관이 사건에 관하여 전심재판 또는 그 기초되는 조사, 심리에 관여한 때
8. 법관이 사건에 관하여 피고인의 변호인이거나 피고인·피해자의 대리인인 법무법인, 법무법인(유한), 법무조합, 법률사무소, 외국법자문사법 제2조제9호에 따른 합작법무법인에서 퇴직한 날부터 2년이 지나지 아니한 때
9. 법관이 피고인인 법인·기관·단체에서 임원 또는 직원으로 퇴직한 날부터 2년이 지나지 아니한 때

제18조【기피의 원인과 신청권자】 ① 검사 또는 피고인은 다음 경우에 법관의 기피를 신청할 수 있다.

1. 법관이 전조 각 호의 사유에 해당되는 때
2. 법관이 불공평한 재판을 할 염려가 있는 때

② 변호인은 피고인의 명시한 의사에 반하지 아니하는 때에 한하여 법관에 대한 기피를 신청할 수 있다.

제19조【기피신청의 관할】 ① 합의법원의 법관에 대한 기피는 그 법관의 소속법원에 신청하고 수명법관, 수탁판사 또는 단독판사에 대한 기피는 당해 법관에게 신청하여야 한다.

② 기피사유는 신청한 날로부터 3일 이내에 서면으로 소명하여야 한다.

제20조【기피신청기각과 처리】 ① 기피신청이 소송의 지연을 목적으로 함이 명백하거나 제19조의 규정에 위배된 때에는 신청을 받은 법원 또는 법관은 결정으로 이를 기각한다.

② 기피당한 법관은 전항의 경우를 제한 외에는 지체 없이 기피신청에 대한 의견서를 제출하여야 한다.

③ 전항의 경우에 기피당한 법관이 기피의 신청을 이유있다고 인정하는 때에는 그 결정이 있은 것으로 간주한다.

제21조【기피신청에 대한 재판】 ① 기피신청에 대한 재판은 기피당한 법관의 소속법원합의부에서 결정으로 하여야 한다.

② 기피당한 법관은 전항의 결정에 관여하지 못한다.

③ 기피당한 판사의 소속법원이 합의부를 구성하지 못하는 때에는 직근 상급법원이 결정하여야 한다.

제22조【기피신청과 소송의 정지】 기피신청이 있는 때에는 제20조제1항의 경우를 제한 외에는 소송진행을 정지하여야 한다. 단, 급속을 요하는 경우에는 예외로 한다.

제23조【기피신청기각과 즉시항고】 ① 기피신청을 기각한 결정에 대하여는 즉시항고를 할 수 있다.

② 제20조제1항의 기각결정에 대한 즉시항고는 재판의 집행을 정지하는 효력이 없다.

제24조【회피의 원인 등】 ① 법관이 제18조의 규정에 해당하는 사유가 있다고 사료한 때에는 회피하여야 한다.

② 회피는 소속법원에 서면으로 신청하여야 한다.

③ 제21조의 규정은 회피에 준용한다.

제25조【법원사무관 등에 대한 제척·기피·회피】 ① 본장의 규정은 제17조제7호의 규정을 제한 외에는 법원서기관·법원사무관·법원주사 또는 법원주사보(이하 "법원사무관 등"이라 한다)와 통역인에 준용한다.

② 전항의 법원사무관 등과 통역인에 대한 기피재판은 그 소속법원이 결정으로 하여야 한다. 단, 제20조제1항의 결정은 기피당한 자의 소속법관이 한다.

제 척	유형적·제한적, 당연배제
기 피	비유형적·비제한적, 신청에 의한 재판
회 피	비유형적·비제한적, 신청에 의한 재판

1. 제 척

의 의	법관이 불공평한 재판을 할 염려가 있는 경우를 미리 법률에 명시하여(§17 : 제한적 열거규정) 당해 사건의 심판에서 **당연히 배제**시키는 제도를 말함 [법원 13]
제척의 원인 (유형적 · 제한적 열거) (법 §17 : 피/친/법/증/대/검/ 전/퇴/퇴)	1. 법관이 **피**해자인 때 : 직접피해자 ○(개인적 법익뿐 아니라 국가적·사회적 법익도 포함), 간접피해자 ✕ [행시 03, 경 15/1차] 2. 법관이 피고인 또는 피해자의 **친**족 또는 친족관계에 있었던 자인 때 : 민법상 친족이거나 전처, 파양 등과 같이 친족이었던 자가 포함 *cf.* 사실혼 : 제척사유 ✕, 기피사유 可 3. 법관이 피고인 또는 피해자의 **법**정대리인, 후견감독인인 때 4. 법관이 사건에 관하여 **증**인, 감정인, 피해자의 대리인으로 된 때 : 당해 형사사건 ○(민사사건 ✕), 증인 등으로 실질적으로 활동한 경우 ○, 수사상 참고인이나 감정위촉을 받거나 증인으로 소환된 경우 ✕ [국9 07] 5. 법관이 사건에 관하여 피고인의 **대**리인, 변호인, 보조인으로 된 때 6. 법관이 사건에 관하여 **검**사 또는 사법경찰관의 직무를 행한 때 : 법관 임관 전 활동을 말함 7. 법관이 사건에 관하여 **전**심재판 또는 그 기초되는 조사, 심리에 관여한 때 8. 법관이 사건에 관하여 피고인의 변호인이거나 피고인·피해자의 대리인인 법무법인, 법무법인(유한), 법무조합, 법률사무소, 외국법자문사법 §2 9.에 따른 합작법무법인에서 **퇴**직한 날로부터 **2**년이 지나지 아니한 때 9. 법관이 피고인인 법인·기관·단체에서 임원 또는 직원으로 **퇴**직한 날로부터 **2**년이 지나지 아니한 때
§17 7.	법관이 사건에 관하여 **전심재판 또는 그 기초되는 조사·심리에 관여한 때**(항소심에서의 제척사유, §17 7.)

전심재판에 관여한 때	전심재판의 기초되는 조사·심리에 관여한 때
① 전심재판 : 상소에 의하여 불복이 신청된 당해 사건의 전심의 재판으로서, 2심에 대한 1심, 3심에 대한 2심 또는 1심 ② 관여 : 합의부재판의 판결의 합의나 단독판사재판의 판결서 작성 등 재판의 **내부적 성립에 실질적으로 관여**한 경우 ∴ 판결의 선고에만 관여 ✕	공소제기 전후를 불문하고 재판의 내용형성에 영향을 미친 경우 ∴ 증거조사를 하였으나 그 결과가 채택되지 않은 경우는 제척사유 ✕

제척의 효과	① **당연히 직무집행에서 배제**(당사자의 신청 不要) ② 상소이유 : 제척사유 있는 법관이 재판에 관여한 때에는 절대적 항소이유 (§361의5 7.) 또는 상대적 상고이유(§383 1.) ③ 제척사유가 있으면 법관은 스스로 회피해야 하고(§24①), 당사자도 기피신청 可(§18①)

* 법 §17 8., 9.는 2020.12.8. 신설, 2021.6.9. 시행

🔗 한줄판례 Summary

① 파기환송 전 원심에 관여한 법관이 환송 후의 재판에 관여한 경우는 전심이 아니므로 제척사유가 되지
않음(78도3204) [법원 12/13, 국9 11/12, 경사 04/05, 경 08/1차, 경 10/1차]
② **공소제기 전 검사의 증거보전청구에 의하여 증인신문을 한 법관**은 전심재판에 관여한 법관이 아니다(71
도974) [법원 12, 국7 13, 국9 11, 교정 13]

제척사유 ○	① 제1심 판결에서 **유죄로 인정된 증거를 조사**한 경우 [국9 07, 경 11/2차, 법원 12, 국9 07/12] ② 증인신문절차에 관여한 경우 ③ 재정신청절차에서 공소제기결정(부심판결정)을 한 경우 ④ 통역인이 증언한 경우(but 통역인이 피해자의 사실혼 배우자인 경우 통역인에게 제척사유 없음) [국9 17, 국7 23] (2010도13583) ⑤ 약식명령을 한 판사가 항소심판결에 관여한 경우(약식명령을 한 판사가 정식 재판의 제1심 판결에 관여하는 경우는 제척사유 없음) [국9 17] (2011도17)
제척사유 ✕	① 선거관리위원장 ② 파기환송 전의 원심(1심)에 관여했던 법관이 파기환송 후의 재판(1심)에 관여한 경우(78도3204) [법원 12/13, 국9 12/16, 경 10/1차] ③ **약식명령**(1심)을 한 판사가 그 **정식재판의 1심**에 관여한 경우(2002도944) 　　cf. 약식명령(1심)을 발부하고 그 정식재판 절차의 항소심(2심)의 판결에 관여한 경우는 　　　　제척사유(85도281) [경 10/1차, 법원 24] ④ 상고심(3심) 판결을 내린 법관이 §400에 의한 **판결정정**신청사건(3심)을 처리 한 경우(66초67) [경 10/1차] ⑤ 재심청구의 대상인 확정판결에 관여한 법관이 **재심**을 맡은 경우(82모11)(∵ 재심 은 다시 그 심급으로 재판하는 것이므로) [행시 02, 국9 17, 국7 23] ⑥ **구속영장**발부법관(89도612) [법원 12, 국9 07/12, 경 11/2차] or 구속적부심에 관여한 법관(4293형사166) ⑦ **증거보전절차** [행시 03, 법원 12, 국7 13, 국9 07/12]에서 증인신문한 법관(71도974) [행시 03, 법원 12/24, 국7 13, 국9 07/12] : 判例 – 제척 ✕, 通說 – 제척 ○ ⑧ 법관이 **선거관리위원장**으로서 공직선거법 위반 혐의사실에 대하여 수사기관에 의뢰하고 당해 피고 사건의 항소심 재판을 하는 경우 [국9 17, 국7 23, 행시 02, 경 10/1차] (99도155) ⑨ 약식명령을 발부한 법관이 그 정식재판절차의 항소심 공판에 관여한 바 있으나 그 후 **경질되어 그 판결에는 관여하지 아니한 경우**(85도281) [행시 03, 국9 16, 경승 01/03/06]

2. 기 피

① 기피신청(검사 / 피고인, 변호인)(3일 내 사유소명) → 법원 / 법관 : 소송절차정지(cf. 간이기각결정, 급속) ※ 간이기각 ← 즉시항고(정지 ×) → 의견서 → ② 심리 : 합의부 → ③ 결정 : 인용결정 ← 항고 ×, 기각결정 ← 즉시항고 ○(정지 ○)

의 의	법관이 제척사유가 있음에도 불구하고 재판에 관여하거나 기타 불공평한 재판을 할 우려가 있을 때 당사자의 신청에 의하여 그 법관을 직무집행에서 탈퇴하게 하는 제도
원 인	① 법관이 제척사유에 해당하는 때 : 제척사유는 모두 기피사유 [경 06/2차] ② 기타 법관이 불공평한 재판을 할 염려가 있는 때 : 통상인의 판단으로서 법관과 사건과의 관계상 **불공평한 재판을 할 것이라는 의혹을 갖는 것이 합리적이라고 인정할 만한 객관적인 사정**이 있는 때(2001모2)

절 차	신 청	㉠ 신청권자 : 검사와 피고인(법 §18①), 변호인도 피고인의 명시한 의사에 반하지 않는 한 기피신청 可(동②) 　cf. 묵 – 기/동/상 : 기피신청, 증거동의, 상소제기(정식재판청구) ㉡ 신청관할(법 §19①) 　ⓐ 합의법원의 법관 : 그 법관의 소속법원(수소법원) 　ⓑ 당해 법관(수명법관·수탁판사·단독판사) : 당해 법관 ㉢ 시기 : 신청시기의 제한 無(but 판결선고 전까지)(94모77 : ∴ 판결선고 이후 기피신청은 부적법) ㉣ 기피사유의 소명 : 신청일로부터 **3일 이내**에 서면 [국7 08, 경 11/1차]으로 소명(§19②) ㉤ 기피신청방법 : 서면 또는 공판정에서 구두

		원칙 – 소송진행정지	예외 – 간이기각결정
	신청받은 법원 · 법관의 처리	㉠ 원칙 : 기피신청이 있으면 **소송진행 정지** 要(§22) [행시 03, 경 06/1차] 　• 소송진행 : 실체형성을 목적으로 하는 본안의 소송절차 　∴ 구속기간의 갱신(86모57), 판결선고(87모10) 절차는 정지 × [국7 23, 행시 03] ㉡ 예외 : **간이기각결정**의 경우와 **급속**을 요하는 경우 　• 급속을 요하는 경우 : 구속기간 만료 입박 ○(80도646; 94도142) [국7 07, 국9 14, 경 11/1차]	㉠ 신청이 　• 소송**지연** 목적 명백 　• 기피신청 **관**할 위배 　• 신청 후 3일 내에 기피**사**유를 소명하지 않을 경우 　→ **간이기각**결정(§20①, 지/관/사 간이기각) 　→ 소송진행 정지 ×(§22) ㉡ 간이기각결정에 **즉시항고** 可 　→ **소송절차 정지효 ×**(§23) 　[국7 08/14, 국9 14, 경 11/1차] 　cf. 적부심 간이기각결정(§214의2③) : 권/재/순 간이기각

절 차	기피 신청에 대한 재판	㉠ 관할 : 기피당한 법관의 소속법원 **합의부**(§21①) [법원 05/07, 국7 13] 　　ⓐ 기피당한 법관은 관여 ✕(동②) 　　ⓑ 소속법원이 합의부를 구성 不可 시 : 직근 상급법원 결정(동③) 　　*cf.* 적부심 : 합의부를 구성하지 못하는 경우 예외 ○ ㉡ 의견서 제출 　　ⓐ 기피당한 법관은 간이기각결정 제외하고 지체 없이 기피신청에 대한 　　　 의견서 제출(§20②) 　　ⓑ 기피당한 법관이 기피신청을 이유 있다고 인정하면 기피신청 인용결 　　　 정으로 간주(동③) ㉢ 재판

기각결정	인용결정
• 기피신청 이유 없음 • **즉시항고** ○(§23①) 　[법원 08/07, 국7 13] • **집행정지효** ○(§410)	• 기피신청 이유 있음 • **불복** ✕(§403)

	기피 인용의 효과	㉠ 당해 사건의 직무집행 배제 ㉡ 당해 법관이 사건의 심판에 관여한 때 : 절대적 항소이유(§361의5 7.)와 　 상대적 상고이유(§383 1.) [국9 14]

🔗 **한줄판례 Summary**

기피사유에 해당하는 경우	기피사유가 아닌 경우
① 법관이 피고인 또는 피해자와 친구지간·원수지 　간인 경우 ② 법관이 심리 도중 피고인에 대하여 심히 모욕적 　인 말을 한 경우 ③ 법관이 심리 도중 <u>유죄의 예단을 나타내는 말</u>을 　한 경우(74모68) [경 06/1차] ④ 증거취소결정이 <u>실체적 진실발견을 추구할 의사</u> 　<u>가 없음</u>에 기인하는 경우(94모73)	① 법관이 피고인에게 공판기일에 어김없이 출석하 　라고 촉구한 경우(68모57) [경 06/1차] ② 기간 내에 재정신청사건의 결정을 아니한 경우 　(90모44) ③ 법관이 당사자의 <u>증거신청을 채택하지 않거나</u> 　<u>이미 한 증거결정을 취소</u>한 경우(95모10 : 증거 　결정은 자유재량) [경 06/1차, 경 11/2차, 경 15/1차] ④ 법관의 소송지휘권 행사 : 피고인의 소송기록열 　람신청에 대해 국선변호인이 선임되어 있으니 　그를 통해 열람·등사신청을 하도록 알려준 경우 　(95모93) [국7 07]

① 변론종결 후 피고인이 재판부 기피신청을 하였지만 소송진행을 정지하지 않고 판결을 선고한 것은 정당
　(∵ 판결선고는 정지되는 소송진행에 포함되지 않음, 2002도4893) [국7 13, 국9 16]

PART 02

소송주체와 소송행위

3. 회 피

1	법관이 기피원인이 있다고 판단한 때에 자발적으로 직무집행에서 탈퇴하는 제도(§24①) 법관의 직무상 의무 [경 15/1차]
2	기피원인과 동일한 비제한적 원인
3	스스로 **서면**으로 소속법원에 신청 [경 11/2차](동②)
4	소속법원 **합의부** 결정(동③, 합의부 관할사건, §21①)
5	회피신청에 대한 법원의 결정에 대해서 불복 ×(§403①)

🔆 퍼써 정리 | 법관의 제척 · 기피 · 회피 비교

	제 척	기 피	회 피
사 유	유형적 · 제한적	비유형적 · 비제한적	비유형적
신 청	×	① 검사 · 피고인 ② 변호인(묵反 ○) (서면 or 구두)	○(자발적 – 서면)
절차 · 효과	당연 직무 배제	재판에 의해 배제	
		① 간이기각결정 ② 기각결정 ③ 인용결정	① 소속법원에 서면 신청 ② 소속법원 합의부 결정

4. 법원사무관 등의 제척 · 기피 · 회피

1	§17 7. [법원 08] (전심재판 또는 그 기초가 되는 조사 · 심리에 관여한 때)를 제외하고는 법원사무관 등(법원서기관 · 법원사무관 · 법원주사 · 법원주사보)과 통역인에 준용(§25①) [경 06/2차]
2	**소속법원**(합의부 ×) 결정 [경 04/3차]
3	기피신청 간이기각결정은 기피당한 자의 **소속법관** [사무관 07] (동②)

5. 기타 – 전문심리위원 / 참여재판배심원

1	제척과 기피(§17 ~ §20, §23)는 전문심리위원에게 준용(§279의5①)
2	국민참여재판의 배심원 제척 · 기피제도 있음(국민의 형사재판 참여에 관한 법률 – 이하 '국참법' – §19, §28, §30)

Ⅰ 검사의 의의와 성격

의 의	검찰권을 행사하면서 형사절차의 모든 단계에 관여하여 형사사법의 정의를 실현하는 데 기여하는 능동적 · 적극적 국가기관	

성 격	준사법기관	① 검사는 법무부에 소속된 행정기관 ○, 사법기관 ×
		 ② 검찰권 행사는 형사사법에 중대한 영향 ∴ 준사법기관
		   → ∴ 검사의 처분 · 결정에 대한 행정소송 · 행정심판에 의한 불복 ×
		      ∴ 검찰항고 · 재정신청 · 준항고 · 재판집행이의신청 ○
		 ③ 국민 전체에 대한 봉사자로서 정치적 중립의무(검찰청법 – 이하 '검찰' – §4③)
		 ④ 검사의 임명자격은 법관과 同(검찰 §29), 법관에 준하는 신분보장(검찰 §37)
		 ⑤ 법무부장관은 구체적 사건에 대하여 검찰총장만을 지휘 · 감독할 수 있을 뿐 개별검사에 대한 지휘 · 감독권은 없음(검찰 §8)
		 ⑥ 한계
		   ㉠ 검찰사무에 관하여 소속 상급자의 지휘 · 감독에 따라야 함(검찰 §7①)
		   ㉡ 검사의 수사종결처분이나 기타의 결정 : 일사부재리효 ×
		   ㉢ 검사의 처분 · 결정 : (법원의 재판과 달리) 헌법소원 ○

	단독제 관청	① 개개의 검사는 단독으로 검찰권을 행사하는 독임제의 관청 ② 검사 1인의 대외적 의사표시는 검찰 내부의 결재 등이 없더라도 대외적 효력 ○

Ⅱ 검사의 조직과 구성

① 검사는 준사법기관으로서 독립성 보장 & 동시에 자의와 독선의 우려
② 검사동일체의 원칙 & 법무부장관의 지휘감독권

검사동일체 원칙	① 개념 : 모든 검사가 검찰총장을 정점으로 하는 피라미드형의 계층적 조직체를 형성하고 일체불가분의 유기적 통일체로서 활동한다는 원칙(검찰 §7에서 유지되고 있음)
	 ② 취지 : 검찰권 행사의 공정성 확보, 전국적 · 통일적 수사망 확보
	 ③ 지휘 · 감독관계
	   ㉠ 검사는 검찰사무에 관하여 소속 상급장의 지휘 · 감독에 따름(검찰 §7①)
	   ㉡ 지휘 · 감독의 한계 : 검사는 단독제 관청, 준사법기관으로 진실과 정의에 대한 의무를 가지므로, 적법한 상사의 지휘 · 감독에만 복종함
	   ㉢ 내부명령 위반 시 검사 처분의 효과 : 검사의 지휘 · 감독관계는 내부적 효력만 가짐 ∴ 상사의 명령에 위반하거나 상사의 결재를 받지 않은 검사의 처분도 대외적으로는 유효

검사동일체 원칙	④ 직무승계·이전권 : 검찰총장(법무부장관 ✕ [국9 15])과 각급 검찰청의 검사장 및 지청장은 ㉠ 소속 검사의 직무를 자신이 처리하거나(직무승계권, 검찰 §7의2②前) [국7 07] ㉡ 소속 검사로 하여금 그 권한에 속하는 직무의 일부를 처리하게 할 수 있고(동①) ㉢ 소속 검사의 직무를 다른 검사로 하여금 처리하게 할 수 있음(동② 後)(직무이전권) ⑤ 직무대리권 : 각급 검찰청의 차장검사는 소속장의 사고가 있을 때에는 특별한 수권 없이 그 직무를 대리하는 권한을 가짐(검찰 §18②, §23②) ⑥ 검사동일체 원칙의 효과 　㉠ 검사교체의 효과 : 검사가 검찰사무를 취급하는 도중에 교체되더라도 소송법상 하등의 영향 없음 [경승 02] ∴ 수사절차·공판절차 갱신 ✕ [국9 13] 　㉡ 검사에 대한 제척·기피 : 학설이 대립하나, 검사동일체 원칙에서는 소극설이 일관됨
법무부장관의 지휘감독권	① 장관의 지휘·감독권의 제한의 필요성 : 검찰권의 공정한 행사를 위해서 정치적 영향을 받는 장관의 지휘·감독 제한 要 ② **법무부장관**은 일반적으로 검사를 지휘·감독 but **구체적 사건**에 대해서는 **검찰총장만** 지휘·감독(검찰 §8) [국7 07]

🔗 **한줄판례 Summary**

범죄의 피해자인 검사가 그 사건의 수사에 관여하거나 압수·수색영장의 집행에 참여한 검사가 다시 수사에 관여 : 위법 ✕(2011도12918) [경 14]

Ⅲ 검사의 소송법상 지위

1. 검·경 수사권 조정

① 2020.2.4. 수사권 조정 개정 형사소송법 등
② 수사권에 관한 검사의 소송법상 지위에 변화

수사권 및 직접수사권의 제한	일반사법경찰관에 대한 수사지휘권의 폐지와 경찰수사에 대한 감독권
① 의의 　㉠ 검사는 범죄의 혐의가 있다고 사료하는 때 범인·범죄사실과 증거 수사(법 §196) 　㉡ 2020.2.4. 수사권 조정 개정, 2022.5.9. 개정 형소법·검찰청법에 의해 검사의 직접수사권 제한 　㉢ 2022.5.9. 형소법 개정으로 검사는 **사경의 위법·부당 수사에 대한 검사의 시정조치요구 미이행시 사건송치**(§197의3⑥), **사경의 부적법한 체포·구속으로 인한 사건송치**(§198의2②) 및 사경의 불송치 통지를 받은 고소인 등의 이의신4청에 따른 사건송치(§245의7②)에 따라 사법경찰관으로부터 송치받은 사건에 관하여는 해당 사건과 동일성을 해치지 아니	① **검사 수사지휘권 폐지** 　㉠ "사법경찰관(경찰청 근무 경무관을 제외한 경무관 이하)은 검사의 지휘를 받아 수사를 한다(구법 §196, 검찰 §4①2.)." 폐지 　㉡ 검사와 사경의 상호협력 지위와 의무 : "검사와 사법경찰관은 수사, 공소제기 및 공소유지에 관하여 **서로 협력**하여야 한다(2020.2.4. 수사권 조정 개정법 §195①)"(단, '특별사법경찰관리'에 대한 검사의 수사지휘권 유지. 법 §245의10②④) 　㉢ '**검사와 사법경찰관의 상호협력과 일반적 수사준칙에 관한 규정**'(2020.10.7. 제정 대통령령, 본서에서는 '수사준칙')(검·경 수사권 조정에 대해서는 '수사기관' 등 각 해당 부

하는 범위 내에서 수사할 수 있음(위/체/불 → 동일성 범위 내 수사, 법 §196②).

② 검사의 수사권
  ㉠ 수사개시권의 제한 : ⓐ **부패범죄**, **경제범죄** 등 대통령령(검사의 수사개시범위에 관한 규정)으로 정하는 중요 범죄, ⓑ **경찰공무원**(다른 법률에 따라 사법경찰관리의 직무를 행하는 자를 포함한다) 및 **고위공직자범죄수사처 소속 공무원**이 범한 범죄, ⓒ 위 범죄들 및 사법경찰관이 송치한 범죄와 관련하여 인지한 각 해당 범죄와 '**직접 관련성이 있는 범죄**'로 한정(2022.5.9. 개정 검찰청법 §4①1. 단서)(이외 범죄 수사개시권은 사법경찰관)

    [보충] 검사자신이 수사개시한 범죄에 대하여는 공소제기 불가. 단, 사법경찰관이 송치한 범죄에 대하여는 그러하지 아니함.

  ㉡ 검찰송치사건에 대한 보완수사권의 행사
    ⓐ 사법경찰관은 범죄를 수사한 때 범죄의 혐의가 있다고 인정되는 경우에는 지체 없이 검사에게 사건을 송치(2020.2.4. 수사권 조정 개정법 §245의5 1.)
    ⓑ 검사는 사법경찰관으로부터 송치받은 사건에 대해 보완수사가 필요하다고 인정하는 경우 ⅰ) **직접 보완수사하거나** ⅱ) **사법경찰관에게 보완수사 요구**(법§197의2①1. 검사는 송치사건의 공소제기 여부 결정 또는 공소의 유지에 관하여 필요한 경우 사법경찰관에게 보완수사를 요구할 수 있다)할 수 있음(수사준칙 §59①본문)

③ 검사의 수사권의 내용
  임의수사(피의자신문, 참고인조사), 강제수사(체포와 구속, 압수·수색·검증) 모두 可
  * 검사에게만 있는 수사권
  • **영장청구권**(헌법 §12③, 법 §200의2, §201, §215)
  • **증거보전청구권**(법 §184)
  • **증인신문청구권**(법 §221의2)

분에서 다룸)

② 검사의 경찰수사에 대한 감독권의 보장
  ㉠ 사법경찰관리의 **위법·부당 수사**에 대한 사건기록등본송부요구·**시정조치요구**·사건송치요구·징계요구권(법 §197의3)
  ㉡ 사법경찰관의 **검찰송치사건** 및 사법경찰관의 **영장신청사건**에 대한 **보완수사요구권**(법 §197의2)
  ㉢ 사법경찰관의 **불송치사건**에 대한 **재수사요청권**(법 §245의8)
  ㉣ 수사의 **경합** 시 **사건송치요구권**(법 §197의4) 등
  ㉤ 사법경찰관리(경찰서장 아닌 경정 이하)가 직무집행에 관하여 **부당한 행위**를 할 경우 지방검찰청 검사장에게 임용권자에 대한 **수사중지명령권과 교체임용요구권**(검찰 §54)
  ㉥ 사법경찰관리의 관할구역 외 수사 시 검사장에게 보고 필요(법 §210)
  ㉦ **긴급체포에 관한 사후승인권**(법 §200의3②)
  ㉧ 검사 작성의 피의자신문조서의 증거능력 인정요건(법 §312①) : 검사 이외의 수사기관 작성의 피의자신문조서의 '내용의 인정'(법 §312③)요건으로 동일

③ 수사종결권
  ㉠ 2020.2.4. 수사권 조정 개정법으로 **사법경찰관에게 수사종결권**이 부여됨
  ㉡ 사경의 1차적 수사종결권 : 사법경찰관에게 **검찰송치결정**과 **사건불송치결정**을 내릴 수 있는 1차적 수사종결권이 부여됨(불송치결정에 대해 **고소인 등** - 2022.5.9. 개정으로 **고발인 제외** - 의 **이의신청**이 있으면 **검찰송치의무**가 발생하므로, 제한적 수사종결권의 의미)(특별사법경찰관은 수사종결권이 없으므로 범죄를 수사한 때에는 지체 없이 검사에게 사건을 송치해야 함. 법 §245의10⑤)
  ㉢ 검사의 최종적 수사종결권 : 사법경찰관으로부터 송치받은 사건이나 검사가 직접 수사를 개시한 사건에 대한 공소의 제기 여부를 결정하는 최종적·궁극적인 수사종결권은 검사만 가짐(법 §246, §247)(단, 즉결심판청구권은 경찰서장에게 있음)

* 검·경 수사권 조정의 자세한 내용은 후술함

2. 공소권의 주체

공소제기의 독점자	① 기소독점주의 : 즉결심판의 경우를 제외하고는 공소제기의 권한은 검사 독점 (법 §246) ② 기소편의주의 : 공소제기 여부에 대해서는 검사에게 재량 인정(기소유예, 법 §247) ③ 기소변경주의 : 검사는 제1심판결 선고 전까지 공소 취소 可(법 §255)
공소수행의 담당자	① 의의 : 공판절차에서 공소사실을 입증하고 공소를 유지하는 공소수행의 담당자로서 각종 소송법상의 권리를 가짐(공판정출석권, 증거조사신청권, 증거조사참여권, 증인신문권, 논고권·구형권 등) ② 당사자 지위의 인정 여부 : 견해가 대립하나, 당사자주의를 강화한 현행 형소법 해석상 긍정(多)
검사의 객관의무	① 의의 : 피고인·피의자의 정당한 이익을 옹호해야 할 의무 ② 인정 여부 및 근거 : 검사에게 당사자지위를 인정한다고 하더라도 법치국가원리, 적정절차의 원칙, 검사의 준사법기관성, 현행법상 이익사실의 진술기회 부여(법 §242), 재심청구(법 §424), 검찰청법 §4 등을 고려하여 **검사의 객관의무 긍정**(判例도 긍정, 2002헌마527, 2006헌바69, 2010헌마642, 2008도11999)

🔗 한줄판례 Summary

① 검사는 진실을 발견하고 적법한 법의 운용을 위하여 피고인에게 불리한 증거에 대하여는 상대방에게 방어의 기회를 부여하고, **피고인에게 유리한 증거에 대하여는 이를 상대방이 이용할 수 있도록 하여 주어야 함**(94헌마60) [국9 13]
② 검사는 피고인의 정당한 이익을 옹호하여야 할 의무를 진다고 할 것이므로 검사가 수사 및 공판과정에서 **피고인에게 유리한 증거를 발견하게 되었다면 피고인의 이익을 위하여 이를 법원에 제출하여야 함**(검사가 무죄증거를 은폐한 것은 위법하므로 국가배상책임 인정, 2001다23447) [국9 13/15]

3. 재판의 집행기관

재판의 집행지휘	재판을 한 법원에 대응한 검찰청 검사 지휘(검사주의). 단, 재판의 성질상 법원 또는 법관이 지휘할 경우는 예외(법 §460①)
형집행을 위한 소환과 구인	사형·자유형의 집행을 위한 소환에 응하지 아니한 때에는 검사는 형집행장(구속영장과 같은 효력)을 발부하여 구인(법 §473)

의 의	'고위공직자범죄수사처 설치 및 운영에 관한 법률'(이하 '공수처법', 2022.5.9. 제정·공포, 2022.9.10. 시행)에 따라 고위공직자(대통령, 국회의원 등, 공수처법 §2①) 및 그 가족(동2.)이 범한 고위공직자범죄(형법상 뇌물범죄, 직무관련 문서죄, 특가법·변호사법상 알선수재죄 등, 동3.) 및 관련범죄(동4.)와 관련된 직무를 수행하기 위한 '고위공직자범죄 수사처'(이하 '수사처')가 설치됨
조 직	① 공수처의 구성 : 처장, 차장, 수사처검사, 수사처수사관 등 ② 수사처검사 : **7년 이상**의 변호사자격이 있는 자 중에서 인사위원회의 추천을 거쳐 대통령이 임명 ③ 검사의 직에 있었던 사람 : 수사처검사 정원의 **2분의 1을 넘을 수 없음**(동법 §8①) ④ 수사처검사 정원 : 처장과 차장을 포함하여 25명 이내(동②) ⑤ 수사처수사관 정원 : 처장이 임명하고 40명 이내(동법 §10②)
수사처검사의 고위공직자범죄 우선적 수사권	원칙적으로 수사권만, 예외적으로 공소권까지 ① 수사처검사의 '고위공직자범죄에 대한 우선적 수사권' : 공수처장은 타 수사기관에 대한 이첩요청권을 가짐(동법 §24①) ② 수사처검사와 검찰청검사의 상호 수사 관계 : '수사처검사'의 범죄 혐의를 발견한 경우에는 이를 대검찰청에 '통보'하여(동법 §25①) 검사의 수사를 받도록 하고, 타 수사기관이 '검사'의 고위공직자범죄 혐의를 발견한 경우에는 해당 수사기관의 장은 사건을 수사처에 '이첩'하여야 함(동②)
수사처검사의 예외적 공소권	일반 고위공직자범죄에 대해서는 수사권만, 법조계와 경찰의 고위공직자범죄에 대해서는 공소권까지 ① **원칙적으로 공소권 없음** : 수사권검사는 '공소권 있는 사건(동법 §3①2.에서 정하는 사건)'을 제외한 고위공직자범죄에 관한 수사를 한 때에는 관계서류와 증거물을 지체 없이 서울중앙지방검찰청 소속 검사에게 송부해야 함(동법 §26①) ② 수사처검사가 **예외적으로 공소권을 가지는 경우** : 대법원장 및 대법관, 검찰총장, **판사 및 검사, 경무관 이상** 경찰공무원에 해당하는 고위공직자로 재직 중에 본인 또는 본인의 가족이 범한 고위공직자범죄 및 관련범죄의 경우로서, 이에 대해서는 수사처검사가 공소제기와 그 유지를 함(동법 §20①, §3①2., §2 1.다., 카., 파., 하.)(공소가 제기되면 제1심 재판은 서울중앙지방법원의 관할, 동법 §31)
형집행지휘에 있어서의 배제	수사처검사가 공소를 제기한 경우라 하더라도 (수사처검사가 아니라) 제1심 관할 지방법원에 대응하는 검찰청 소속 검사가 그 형을 집행함(동법 §28①)

I 의 의

1. 피고인의 개념

검사에 의해 공소가 제기된 자 또는 공소가 제기된 자로 취급되어 있는 자를 말하며 따라서 약식명령이나 즉결심판이 청구된 자, 성명모용이 되어 공판정에 출석한 피모용자, 위장출석한 피고인(부진정피고인)도 포함 O. 공소가 제기된 자이면 족하고 공소제기의 유효성 여부는 묻지 않음 [경 05/1차]

2. 공동피고인과의 구별

피고인	공동피고인
① 검사에 의해 공소가 제기된 자 　→ 공소가 제기되면 족하고 공소제기의 유효성 　　여부는 불문 [경 05/1차] ② 공소가 제기된 자로 취급되는 자 ③ 약식명령·즉결심판이 청구된 자 ④ 성명모용되어 출석한 피모용자 ⑤ 위장출석하여 사실심리절차에 있는 부진정피고인	① 수인의 피고인이 동일소송절차에서 공동으로 심 　판받는 경우(공동피고인 중 피고인과 상피고인) ② 공범자 不要 ③ 1개의 공소장 일괄기소 不要 [국9 08/12]·공동 　피고인 소송관계는 모두 개별적 → but 공범자 　공소시효정지(법 §253②), 상소공동피고인 공 　통파기(법 §364의2)

* 피고인을 위하여 원심판결을 파기하는 경우에 파기의 이유가 상소한 공동피고인에게 공통되는 때에는 그 공동피고인에 대해서도 원심판결을 파기해야 함(§364의2) [국7 08, 국9 08/12]

3. 피고인의 특정

학설 대립	의사설(검사의 의사), 표시설(공소장 피고인 표시), 행위설(피고인으로서의 소송행위), 절충설(표시설과 행위설의 결합), 실질적 표시설(표시설·행위설·의사설의 결합) 대립
다수설	실질적 표시설(표시설 중심)
판 례	**실질적 표시설**(의사설 중심, 97도2215) [국9 14/16, 경 15/3차]

4. 성명모용

1	피의자 甲이 乙의 성명을 모용하여 乙의 이름으로 공소가 제기된 경우
2	**모용자 甲이 실질적 피고인**, 피모용자 乙은 피고인 아니나, 형식적 피고인 可
3	**공소제기의 효과는 모용자 ○, 피모용자 ×** [행시 03, 법원 07/13, 국7 08/09/13, 국9 01, 경 01/3차, 경 03/2차, 경 03/3차, 경 05/2차, 경 11/2차]

[보충] 피모용자 출석 : 성명모용으로 피모용자에게 약식명령을 발한 이후, 피모용자가 정식재판을 청구하여 공판정에 출석한 경우

5. 위장출석

1	甲이 피고인으로 기재되어 있음에도 乙이 甲인 것처럼 출석한 경우
2	甲이 실질적 피고인(진정피고인), 위장출석자 乙은 형식적 피고인(부진정피고인)
3	**공소제기의 효과는 甲 ○** ∴ 甲에 대해서는 별도의 공소제기 不要 [국9 08, 경 12/1차]

피고인의 특정	검사의 의사를 중심으로 공소장 피고인 표시, 피고인으로서의 소송행위를 결합하여 판단함(의사설을 중심으로 한 실질적 표시설, 判)

성명모용				위장출석	
모용자 출석		피모용자 출석		발견시점	위장출석자 처리
모용자	피모용자	피모용자	모용자	인정신문	**퇴정** [국9 12] (진정피고인 소환)
• 검사 • **공소장 정정** • 공소장 변경 不要 [국7 13, 국9 01/12, 경 03/3차, 경 11/3차] if 검사 정정 × → **공소기각판결** [국7 13, 경 11/2차, 경 15/3차]	단순 절차배제 ∴ 별도판단 不要 (무죄 판결 ×)	**형식적 피고인 공소기각** §327 2.	공소장 정정 약식명령 정정 모용자 송달 [행시 03, 국7 13, 경 03/3차, 경 09/1차]	사실심리	**부진정피고인**에게 **공소기각판결** [국9 12] (진정피고인 소환)
				판결 후	상소 원심파기 공소기각판결
				확정 후	확정효 부진정피고인만 인정 재심설 비상상고설

소송구조와 피고인의 지위	① 규문주의 하에서 피고인은 조사·심리의 객체 ② But 탄핵주의 하에서는 소송의 주체로서 당사자의 지위
당사자로서의 지위	① 피고인은 검사의 공격에 대하여 자신을 방어하는 수동적 당사자 ② 검사와의 무기대등을 위하여 방어권과 참여권 부여
증거방법으로서의 지위	① 피고인은 소송주체·당사자인 동시에 증거방법으로서의 지위 ② 피고인신문(§296의2)에 있어서는 인적 증거방법 ③ 검증(§139)의 대상으로서는 물적 증거방법 [국9 10] ④ 증거방법으로서의 지위 → 당사자지위에 손상을 주면 안 됨 　∴ 진술거부권 고지, 검증·감정절차 법률이 정함
절차의 대상으로서의 지위	① 피고인은 소환(§68), 구속(§69 이하) 등 수소법원의 강제처분의 대상 ② 피고인의 출석을 통하여 공판이 개정되는 등 절차의 대상으로서의 지위

✳️ 피고인의 방어권

방어준비를 위한 권리	① 변호인의 조력을 받을 권리(헌법 §12④) ② 변호인선임권(법 §30), 변호인선임의뢰권(§90), 국선변호인선정청구권(헌법 §12④, 　법 §33 5.), 필요적 변호제도(§282, §283) 및 변호인과 상담하고 조언을 구할 권리 ③ 접견교통권(§34, §89) [경 03/2차] ④ 소송계속 중 법원보관서류에 대한 열람·등사청구권(§35) 및 공판조서 열람·등사 　청구권(§55) ⑤ 속기·녹음·영상녹화청구권(§56의2) ⑥ 공소장 기재사항의 법정(§254) ⑦ 공소장부본을 송달받을 권리(§266) ⑧ 증거개시신청권(§266의3 이하) ⑨ 제1회 공판기일의 유예기간에 대한 이의신청권(§269) ⑩ 공판기일 변경신청권(§270) ⑪ 공소장변경절차(§298) 및 공판절차정지(동④) [경 03/2차]
진술권 · 진술거부권	① 이익사실 진술권(§286②) ② 진술거부권 및 그 고지(§283의2, 규칙 §127) : 진술거부권은 방어준비를 위한 　권리가 아니라 방어행위 그 자체임 ③ 증거조사에 대한 의견진술권(§293) ④ 최후진술권(§303)
증거조사 방어권	① 공판기일에서의 증거신청권 및 증거조사 실시에의 참여권(§291의2) ② 증거조사 의견진술권(§293) ③ 증거신청권(§294) [경 15/3차] ④ 증거조사 이의신청권(§296) ⑤ 증인신문권(§161의2①)

✖ 피고인의 소송절차 참여권

법원구성 관여권	① 기피신청권(§18, §25) ② 관할이전신청권(§15) [경 15/3차] 　　*cf.* 관할지정신청권 : × ③ 관련사건 병합심리신청권(§6) ④ 관할위반신청권(§320) ⑤ 변론의 분리 · 병합신청권(§300)
공판정 출석권	공판정 개정의 요건(§276, 권리이자 의무)
공판절차 진행관여권	① 재판장의 소송지휘처분에 대한 이의신청권(§304) ② 변론재개신청권(§305) ③ 공소장변경 시 공판절차 정지신청권(§298④)
증거조사 참여권	① 증인신문 참여권(§163) ② 감정증인에 대한 신문참여권(§177) ③ 압수 · 수색 참여권(§121) 및 검증 참여권(§145) [경 15/3차] ④ 공판기일 전 증거조사청구권(§273) ⑤ 증거보전청구권(§184)
상소권	① 상소권의 인정(§338) ② 불이익변경금지원칙(§368, §399) ③ 상소권회복청구권(§345) ④ 약식명령에 대한 정식재판청구권(§453) ⑤ 즉결심판에 대한 정식재판청구권(즉심 §14)

cf. 구속적부심사청구권이나 재정신청권은 소송절차에의 참여권이라 할 수 없음 [경 12/3차]

Ⅲ 진술거부권

✅ 조문정리

헌법 제12조 ② 모든 국민은 고문을 받지 아니하며, 형사상 자기에게 불리한 진술을 강요당하지 아니한다.

형사소송법 제244조의3 【진술거부권 등의 고지】
① 검사 또는 사법경찰관은 피의자를 신문하기 전에 다음 각 호의 사항을 알려주어야 한다.
1. 일체의 진술을 하지 아니하거나 개개의 질문에 대하여 진술을 하지 아니할 수 있다는 것
2. 진술을 하지 아니하더라도 불이익을 받지 아니한다는 것
3. 진술을 거부할 권리를 포기하고 행한 진술은 법정에서 유죄의 증거로 사용될 수 있다는 것
4. 신문을 받을 때에는 변호인을 참여하게 하는 등 변호인의 조력을 받을 수 있다는 것

② 검사 또는 사법경찰관은 제1항에 따라 알려 준 때에는 피의자가 진술을 거부할 권리와 변호인의 조력을 받을 권리를 행사할 것인지의 여부를 질문하고, 이에 대한 피의자의 답변을 조서에 기재하여야 한다. 이 경우 피의자의 답변은 피의자로 하여금 자필로 기재하게 하거나 검사 또는 사법경찰관이 피의자의 답변을 기재한 부분에 기명날인 또는 서명하게 하여야 한다.

제197조의3 【시정조치요구 등】 ⑧ 사법경찰관은 피의자를 신문하기 전에 수사과정에서 법령위반, 인권침해 또는 현저한 수사권 남용이 있는 경우 검사에게 구제를 신청할 수 있음을 피의자에게 알려주어야 한다. [본조신설 2020.2.4.]

제283조의2【피고인의 진술거부권】① 피고인은 진술하지 아니하거나 개개의 질문에 대하여 진술을 거부할 수 있다.
② 재판장은 피고인에게 제1항과 같이 진술을 거부할 수 있음을 고지하여야 한다.

형사소송규칙 제127조【피고인에 대한 진술거부권 등의 고지】재판장은 법 제284조에 따른 인정신문을 하기 전에 피고인에게 진술을 하지 아니하거나 개개의 질문에 대하여 진술을 거부할 수 있고, 이익되는 사실을 진술할 수 있음을 알려 주어야 한다.

의 의	수사절차·공판절차에서 수사기관·법원의 조사·신문에 대하여 진술을 거부할 수 있는 권리 (§244의3, §283의2) [법원 13]	
근 거	**진술거부권의 근거**	**진술거부권을 고지받을 권리의 근거**
	헌법 모든 국민은 형사상 자기에게 불리한 진술을 강요당하지 아니한다(헌법상 자기부죄거부특권 [법원 17], 헌법 §12②後, 2014도1779).	헌법 × 형소법 ○ 진술거부권이 보장되는 절차에서 **진술거부권을 고지받을 권리가 헌법 §12②에 의하여 바로 도출된다고 할 수 없고**, 이를 인정하기 위해서는 입법적 뒷받침이 필요함(2013도5441) [국9 16, 법원 17]
주 체	제한 없음(모든 국민, 헌법 §12②) [국9 22]	
고지받을 권리	피의자 피고인	진술거부권 고지 대상이 되는 피의자 지위는 수사기관이 범죄혐의를 인정하여 수사를 개시하는 행위를 한 때 인정됨
	참고인	**피의자 지위에 있지 아니한 자**에게 진술거부권이 고지되지 않더라도 진술의 증거능력 ○(2012도725) ∴ 참고인으로서 조사를 받으면서 진술거부권을 고지받지 않아도 진술조서 증거능력 ○(2011도8125) [경 12/1차, 경 24/1차, 법원 14]
	체포구속	2020.10. 수사준칙(대통령령)에 의해 **피의자 체포·구속 시 사/이/변/기** 외에 **진술거부권**(거/불/포) 고지 要(동규정 §32)
범 위	① 강요금지 대상 : 진술 ㉠ 진술의 내용이 담긴 서면의 제출 : 강요 × [행시 02] ㉡ 마취분석, 거짓말탐지기 검사 : 강요 × [국9 05] ㉢ 신체측정·신체검사 : 진술이 아니므로 강요금지 대상 × → 음주측정요구는 진술거부권 침해 ×(96헌가11) [법원 11/17, 국9 14, 경 05/3차, 경 06/2차, 경 14/2차, 경 15/1차] ② 진술의 범위 : 자기의 형사책임에 관한 진술 [법원 13, 경 06/2차] ㉠ 헌법은 불리한 진술 ㉡ 형소법은 진술내용 **이익·불이익 불문**(헌법상의 범위 확장, 증언거부권과의 차이 [주사보 01]) ㉢ 인정신문도 진술거부권 고지 후 ∴ 진술거부권 행사 可 [경 12/1차]	
진술 거부권의 고지	① 사전고지 ㉠ 피의자신문 전 : 검사 또는 사법경찰관은 피의자를 신문하기 전에 진술거부권이 있음을 고지(법 §244의3) ㉡ 공판절차 개시 : 재판장은 피고인에 대하여 인정신문을 하기 전에 진술거부권이 있음을 고지(법 §283의2, 규칙 §127) [국9 22]	

진술 거부권의 고지	② 피의자신문 시 고지내용(§244의3①) 　㉠ 일체의 진술을 하지 아니하거나 개개의 질문에 대하여 진술을 하지 아니할 수 있다 　　는 것 **(거)** 　㉡ 진술을 하지 아니하더라도 불이익을 받지 아니한다는 것 **(불)** 　㉢ 진술을 거부할 권리를 포기하고 행한 진술은 법정에서 유죄의 증거로 사용될 수 있다 　　는 것 **(포)** 　㉣ 신문을 받을 때에는 변호인을 참여하게 하는 등 변호인의 조력을 받을 수 있다는 것 **(변)** 　* 2020.2.4. 수사권 조정 개정법에 의해, 사법경찰관은 피의자 신문 전 법령위반, 인권침해 또는 현저한 　　수사권 남용 시 **검**사에게 구제신청할 수 있음을 피의자에게 알려주어야 함(법 §197의3⑧) 　[정리] 거/불/포/변 + 검 ③ 피고인 진술거부권 고지 : 재판장은 법 §284에 따른 인정신문을 하기 전에 피고인에게 　진술을 하지 아니하거나 개개의 질문에 대하여 진술을 **거**부할 수 있고, **이**익되는 사실을 　진술할 수 있음을 알려 주어야 함(규칙 §127 : 거 + 이)
진술거부권 불고지의 효과	① 자백배제법칙적용설(多) : 임의성 의심 자백으로 증거능력 × ② **위법수집증거배제법칙적용설**(判) : 진술거부권을 고지하지 아니하고 얻은 자백은 그 진 　술의 임의성이 인정되는 경우에도 증거능력 ×. 이는 '진술조서', '진술서'라는 형식을 　취하더라도 피의자신문조서와 달리 볼 수 없음(2010도8294)
진술거부권의 포기	① **포기 부정** (고/환/약/진/상) ② 진술거부권은 주관적 공권(헌법상 기본권)이므로 포기 × ③ 진술거부권의 불행사와 포기는 구별 要
진술거부권 행사의 효과	① 불이익추정의 금지 : 진술거부권의 행사를 피고인에게 불이익한 증거로 삼거나 불이익 　한 추정을 해서는 안 됨(자유심증주의의 예외 [행시 02, 사무관 04]) ② 구속사유 고려 ×(多) ③ 양형의 조건 　㉠ 원칙 : 가중적 양형 조건으로 고려 × 　㉡ 예외 : 객관적이고 명백한 증거가 있음에도 진실의 발견을 **적극적으로 숨기거나 법원 　　을 오도하려는 경우에는 참작 可**(2001도192)
관련 문제	① 도로교통법상 사고운전자의 신고의무는 형사책임 관련사항에 적용되지 않는 한 **헌법에 　위반되지 않음**(한정합헌) ② 행정상 단속목적 법률상 기록·보고의무는 진술거부권과는 무관

🔗 한줄판례 Summary

① 수사기관에서 조사 과정에서 작성된 것이라면, 그것이 '진술조서, 진술서, 자술서'라는 형식을 취하였다고 하
　더라도 피의자 신문조서와 달리 볼 수 없고, 수사기관에 의한 진술거부권 고지의 대상이 되는 피의자의 지위
　는 수사기관이 범죄인지서를 작성하는 등의 형식적인 사건수리 절차를 거치기 전이라도 조사대상자에 대하여
　범죄의 혐의가 있다고 보아 **실질적으로 수사를 개시하는 행위를 한 때에** 인정됨. 특히 조사대상자의 진술
　내용이 단순히 제3자의 범죄에 관한 경우가 아니라 자신과 제3자에게 공동으로 관련된 범죄에 관한 것이거나
　제3자의 피의사실뿐만 아니라 자신의 피의사실에 관한 것이기도 하여 **실질이 피의자신문조서의 성격**을 가지
　는 경우에 수사기관은 진술을 듣기 전에 미리 **진술거부권을 고지하여야 함**(2014도5939) [법원 14, 국9 16,
　경 16/1차, 경 19/2차, 경 20/1차, 변시 17, 경간 17]
② 구 공직선거법 시행 당시 선거관리위원회 위원·직원이 선거범죄 조사와 관련하여 관계자에게 질문을 하면서
　미리 진술거부권을 고지하지 않았다고 하여 단지 그러한 이유만으로 그 조사절차가 위법하다거나 그 과정에
　서 작성·수집된 선거관리위원회 문답서의 증거능력이 당연히 부정된다고 할 수는 없음(2013도5441) [경간
　15, 국9 16, 법원 17]

1	군무이탈자 복귀명령 위반행위를 명령위반죄로 처벌하는 것(91헌바20) [경 08/2차]
2	피해자를 치상하고 도주한 차량운전자의 가중처벌을 규정한 특정범죄가중처벌 등에 관한 법률 제5조의3 제1항 제2호(95헌바2 등)
3	구 국가보안법 제10조가 규정한 불고지죄(96헌바35)
4	법원이 신문하고자 하는 증인에 별도의 제한을 두고 있지 않은 형사소송법 제146조(2001헌바41) [경승 10]

■ IV 무죄추정의 원칙

✓ 조문정리

헌법 제27조 ④ 형사피고인은 유죄의 판결이 확정될 때까지는 무죄로 추정된다.

형사소송법 제275조의2 【피고인의 무죄추정】 피고인은 유죄의 판결이 확정될 때까지는 무죄로 추정된다.

의 의	형사절차에서 피의자·피고인은 유죄판결이 확정될 때까지는 무죄로 추정된다는 원칙 [법원 05, 국9 07/12/14, 경 12/3차, 경 15/2차]	
근 거	헌법 §27④, 법 §275의2	
내 용	인신구속 제한	① 불구속수사·불구속재판의 원칙 : 불구속수사원칙(법 §198①), 임의수사원칙(법 §199①), 구속요건 제한(법 §201, §70), 체포·구속적부심사제도(법 §214의2), 구속기간(법 §202, §203, §205①, §92), 필요적 보석의 원칙(법 §95) 등 [행시 03] ② 불필요한 고통의 금지 : 신체 구속 이외에 접견교통권을 제한하는 등 불필요한 고통을 과하는 것은 금지
	in dubio pro reo	① 유죄판결을 위한 요건 : 유죄의 의심이 있어도 합리적 의심이 없을 정도의 유죄의 확신이 없다면 무죄판결(법 §307②) ② 검사의 거증책임 : 피고인은 무죄로 추정되므로 범죄의 성립과 형벌권의 발생에 영향을 미치는 모든 사실에 대한 거증책임은 원칙적으로 검사가 부담 [법원 05, 국9 07]
	불이익 처우 금지	① 무죄추정을 지키기 위해서 법관의 예단은 배제 要 ∴ 공소장일본주의(규칙 §118②) ② 무죄추정 ∴ 진술거부권 행사의 불이익 추정 금지 ③ 고문의 절대적 금지(헌법 §12②), 위압적·모욕적 신문의 금지(규칙 §140의2) 등

		헌법 §27④과 법 §275의2	通·判
적용 범위	인적 적용범위	피고인만 무죄추정 규정	① **피고인·피의자 모두 인정** ② 기소 전 피의자의 무죄추정은 당연 (91헌마111) [국9 07]

	시간적
	적용범위
		① **유죄판결 확정 시까지** 적용
		  • 유죄판결 : 형선고판결, 형면제판결, 선고유예판결 모두 포함
		② 유죄판결 선고 후 확정 전에는 무죄의 추정 [국7 13, 국9 07]
		③ 면소·공소기각·관할위반판결은 확정되어도 무죄추정 유지 [행시 03, 국9 13,
		  경 01/2차]
		④ **재심청구사건** : 이미 유죄판결 확정 후 ∴ **무죄추정 ×** [법원 05]	

🔗 **한줄판례 Summary**

무죄추정원칙의 불이익처우금지의 불이익은 **형사절차상 불이익뿐 아니라 그 밖의 기본권제한과 같은 처분에 의한 불이익도 포함**(90헌가48)

💡 **퍼써 정리 | 무죄추정의 원칙에 위배되는 경우**

1	법무부장관의 일방적 명령에 의하여 변호사 업무를 정지시키는 것(90헌가48) [국9 24, 해간 12]
2	범인이 관서에 출두하지 않거나 도주한 상태에서 관세법상 몰수물품을 압수한 날로부터 4월이 경과한 경우, 압수물을 별도 재판이나 처분없이 국고에 귀속한다고 규정한 관세법 조항(96헌가17) [경 12]
3	형사사건으로 기소된 국가공무원에 대한 '**필요적**' 직위해제처분(96헌가12)
4	미결수용자가 수감되어 있는 동안 **수사 또는 재판을 받을 때에도** 사복을 입지 못하게 하고 **재소자용 의류**를 입게 한 행위(98헌마5)
5	사업자단체의 독점규제법 위반행위가 있을 때 공정거래위원회가 당해 사업자단체에 대하여 한 '법위반사실공표명령'(2001헌바43)
6	검사조사실에 소환되어 **피의자신문을 받을 때** 계호교도관이 **포승**으로 청구인의 팔과 상반신을 묶고 양손에 **수갑**을 채운 상태에서 피의자조사를 받도록 한 계구사용행위(2001헌마728)
7	판결선고 전 구금일수의 산입을 규정한 형법 제57조 제1항 중 "또는 일부" 부분(2007헌바25) [경 12/1차]
8	상소제기 후의 미결구금일수 산입 규정에 상소제기 후 상소취하 시까지의 구금일수 통산에 관하여 규정하지 아니함으로써 이를 본형 산입의 대상에서 제외한 것(2008헌가13 등)
9	지방자치단체의 장이 금고 이상의 형을 선고받은 후 확정되기 전에 부단체장으로 하여금 **권한대행**하도록 한 것(2010헌마418) [경 12/1차, 경승 12]

1	미결수용자가 수감되어 있는 동안 **구치소 등 수용시설 안에서** 사복을 입지 못하게 하고 **재소자용 의류**를 입게 하는 것(97헌마137 등)
2	법원이 신문하고자 하는 증인에 별도의 제한을 두고 있지 않은 형사소송법 제146조(2001헌바41) [경 12/3차]
3	공정거래위원회로 하여금 부당내부거래를 한 사업자에 대하여 그 매출액의 2% 범위 내에서 과징금을 부과할 수 있도록 한 구 독점규제법 제24조의2(2001헌가25)
4	교도소에 수용된 때 국민건강보험급여를 정지하도록 한 국민건강보험법 제49조 제4호(2003헌마31) [경승 12]
5	수사절차 및 구치소의 수용절차에서 '죄명'이라는 용어 사용(2005헌마169)
6	주민등록법 시행령 제33조 제2항에 의한 별지 제30호 서식 중 열 손가락의 회전지문과 평면지문을 날인하도록 한 부분과 경찰청장이 주민등록증발급신청서에 날인되어 있는 **지문정보를 보관·전산화하고 이를 범죄수사목적에 이용**하는 행위(99헌마513 등) [경승 11/14, 경간 13, 경 12/3차]
7	진술을 요할 자가 외국거주로 인하여 진술할 수 없는 경우에 예외적으로 전문증거의 증거능력을 인정하는 형사소송법 제314조 중 외국거주에 관한 부분(2004헌바45) [경 12/1차]
8	형사사건으로 기소된 국가공무원에 대한 '**임의적**' 직위해제처분(2004헌바12)
9	지방자치단체의 장이 '공소제기된 후 **구금상태에 있는 경우**' 부단체장이 그 **권한을 대행**하도록 규정한 지방자치법 제111조 제1항 제2호(2010헌마474)
10	수용자를 교정시설에 수용할 때마다 전자영상 검사기를 이용하여 수용자의 항문 부위에 대한 신체검사를 하는 것(2010헌마775) [경승 12]
11	형사재판 절차에 유죄의 확정판결을 받기 전의 **징계혐의 사실의 인정**(85누407) [경 12/1차, 국9 14, 교정 14]
12	사회보호법에 의한 치료감호처분의 요건을 사법적 판단에 맡기면서 사회보호위원회로 하여금 감호기간을 정하도록 한 것(87감도50) [행시 04, 경 07/2차]
13	공소사실의 첫머리에 피고인이 전에 받은 **소년부송치처분과 직업 없음을 기재**한 것(90도1813) [행시 04, 경 05/3차, 경 07/2차, 해간 12]
14	수사기관에서 구속된 피의자의 도주, 항거 등을 억제하는 데 필요하다고 인정할 **상당한 이유가 있는 경우 필요한 한도 내에서 포승이나 수갑**을 사용하는 것(96도561) [행시 04, 해간 12]
15	대법원의 파기환송 판결에 의하여 사건을 환송받은 법원은 형사소송법 제92조 제1항에 따라 2월의 구속기간이 만료되면 특히 계속할 필요가 있는 경우에는 2차에 한하여 결정으로 구속기간을 갱신할 수 있는 것(2001도5225) [행시 04, 경 12/3차, 경 07/2차, 경 05/3차, 국9 14, 교정 14]

1. 당사자능력

⊘ 조문정리

형사소송법 제328조(공소기각의 결정) ① 다음 경우에는 결정으로 공소를 기각하여야 한다.
1. 공소가 취소되었을 때
2. 피고인이 사망하거나 피고인인 법인이 존속하지 아니하게 되었을 때
3. 제12조 또는 제13조의 규정에 의하여 재판할 수 없는 때
4. 공소장에 기재된 사실이 진실하다 하더라도 범죄가 될 만한 사실이 포함되지 아니하는 때
② 전항의 결정에 대하여는 즉시항고를 할 수 있다.

의 의	소송법상 당사자가 될 수 있는 능력(누가 피고인이 될 수 있는가)	
구 별	① 당사자능력 : 형사절차에서 소송주체가 될 수 있는 일반적 능력 ② 당사자적격 : 특정사건에 관한 피고인이 될 수 있는 자격	
	당사자능력 있는 자	**당사자능력의 소멸**
자연인	① 연령·의사능력·책임능력을 불문하고 언제나 당사자능력 有 ② 태아·사자 × [행시 03]	① 피고인의 사망 시 : 공소기각결정(§328①2.) ② 재심절차 : 피고인이 사망하더라도 당사자능력이 소멸하지 않고 절차 진행(§424 4., §438②1.)
법 인	① 양벌규정 있는 경우 : 有 ② 양벌규정 없는 경우 : 학설 대립 [경 09/2차] 　㉠ 부정설 : 공소기각결정 　㉡ 긍정설(多) : 무죄판결	피고인인 법인이 존속하지 아니하게 되었을 때 : 공소기각결정(§328①2.) [국9 10] ① 합병 : 합병 시 소멸 ② 해산 : **판결확정 시까지**는 소송계속 중으로서 회사의 청산사무가 종료되지 아니하므로 소송법상 당사자능력도 존속(판결확정시 소멸, 81도1450, 84도693) ③ 청산종결등기가 마쳐진 이후 공소제기가 있는 경우 : 당사자능력 존속(2018도14261).
당사자능력 흠결의 효과	① 소송조건·직권조사의무 : 당사자능력은 소송조건 　∴ 법원은 직권으로 피고인의 당사자능력 유무 조사 要 [행시 05] ② 공소기각결정 : 공소제기 후 피고인이 당사자능력을 상실한 경우이든, 공소제기 전 피고인이 사망한 경우이든 모두 **공소기각결정**(§328①2.) [경 09/1차] ③ 재심절차의 특칙 　㉠ 유족의 재심청구 : 유죄의 선고를 받은 자가 사망한 경우에도 그 배우자 등에 의해 재심청구 可(§424 4.) 　㉡ **재심심판절차**에서의 공소기각결정 금지 : 피고인이 재심판결 전 사망해도 **공소기각결정을 할 수 없고** 유죄·무죄의 실체재판(§438②2.)	

2. 소송능력

형사소송법 **제306조【공판절차의 정지】**① 피고인이 사물의 변별 또는 의사의 결정을 할 능력이 없는 상태에 있는 때에는 법원은 검사와 변호인의 의견을 들어서 결정으로 그 상태가 계속하는 기간 공판절차를 정지하여야 한다.
② 피고인이 질병으로 인하여 출정할 수 없는 때에는 법원은 검사와 변호인의 의견을 들어서 결정으로 출정할 수 있을 때까지 공판절차를 정지하여야 한다.
③ 전2항의 규정에 의하여 공판절차를 정지함에는 의사의 의견을 들어야 한다.
④ 피고사건에 대하여 무죄, 면소, 형의 면제 또는 공소기각의 재판을 할 것으로 명백한 때에는 제1항, 제2항의 사유있는 경우에도 피고인의 출정없이 재판할 수 있다.
⑤ 제277조의 규정에 의하여 대리인이 출정할 수 있는 경우에는 제1항 또는 제2항의 규정을 적용하지 아니한다.

제26조【의사무능력자와 소송행위의 대리】 형법 제9조 내지 제11조의 규정의 적용을 받지 아니하는 범죄사건에 관하여 피고인 또는 피의자가 의사능력이 없는 때에는 그 법정대리인이 소송행위를 대리한다.
제27조【법인과 소송행위의 대표】① 피고인 또는 피의자가 법인인 때에는 그 대표자가 소송행위를 대표한다.
② 수인이 공동하여 법인을 대표하는 경우에도 소송행위에 관하여는 각자가 대표한다.
제28조【소송행위의 특별대리인】① 전2조의 규정에 의하여 피고인을 대리 또는 대표할 자가 없는 때에는 법원은 직권 또는 검사의 청구에 의하여 특별대리인을 선임하여야 하며 피의자를 대리 또는 대표할 자가 없는 때에는 법원은 검사 또는 이해관계인의 청구에 의하여 특별대리인을 선임하여야 한다.
② 특별대리인은 피고인 또는 피의자를 대리 또는 대표하여 소송행위를 할 자가 있을 때까지 그 임무를 행한다.

의 의	소송당사자로서 의사능력에 따라 유효하게 소송행위를 할 수 있는 능력
구 별	① 당사자능력 × → 공소기각결정 ② 범행 시 책임능력 × → 무죄판결 ③ 소송행위 시 소송능력 × → 소송행위 무효, **공판절차 정지** * But 소송능력 없는 자에 대한 공소제기나 공소장부본 송달 : 유효

흠결의 효과	① 공판절차정지의 원칙 : 피고인이 <u>**사물변별 또는 의사능력이 없는 상태**</u>에 있는 때에는 법원은 검사와 변호인의 의견(+ 의사의 의견)을 들어서 결정으로 그 상태가 계속하는 기간 **공판절차를 정지하여야 함**(법 §306①③)
	② 예외
	 ㉠ 피고인에게 유리한 재판 : 피고사건에 대하여 <u>**무죄, 면소, 형의 면제 또는 공소기각**</u>의 재판을 할 것이 명백한 때에는 피고인에게 소송능력이 없는 경우에도 피고인의 출정 없이 재판 可(법 §306④, 의/질 – 무/면/공/면)
	 ㉡ 의사무능력자와 소송행위의 대리 : 형법 §9 내지 §11(책임무능력자·한정책임능력자)의 적용을 <u>**받지 않는**</u> 사건(예 담배사업법 위반)에 관하여 피고인 또는 피의자가 의사능력이 없는 때에는 그 <u>**법정대리인**</u>이 소송행위 대리(법 §26)(의/법/경/유/퇴/불/약/상)
	 ㉢ 법인과 소송행위의 대표
	  ⓐ 법인이 피고인·피의자인 때에는 그 **대표자**가 소송행위 대리(법 §27①)
	  ⓑ 수인이 공동하여 법인을 대표하는 경우 **각자가 대표**(동②)
	 ※ 특별대리인
	  – 위 ㉡㉢ **피고인**의 법정대리인·대표자가 없는 때 : 법원은 **직권** 또는 검사의 **청구**에 의하여 **특별대리인** 선임
	  – 위 ㉡㉢ **피의자**의 법정대리인·대표자가 없는 때 : 법원은 검사 또는 이해관계인의 **청구**에 의하여 특별대리인 선임

피해자인 청소년에게 **의사능력**이 있는 이상, 단독으로 피고인 또는 피의자의 처벌을 희망하지 않는다는 의사표시를 할 수 있고 **법정대리인의 동의 不要**(2009도6058) [국9 15, 법원 24]

04 변호인

✅ 조문정리

헌법 제12조 ④ 누구든지 체포 또는 구속을 당한 때에는 즉시 변호인의 조력을 받을 권리를 가진다. 다만, 형사피고인이 스스로 변호인을 구할 수 없을 때에는 법률이 정하는 바에 의하여 국가가 변호인을 붙인다.

형사소송법 제1편 총칙 제4장 변호

제30조【변호인선임권자】 ① 피고인 또는 피의자는 변호인을 선임할 수 있다.

② 피고인 또는 피의자의 법정대리인, 배우자, 직계친족과 형제자매는 독립하여 변호인을 선임할 수 있다.

제31조【변호인의 자격과 특별변호인】 변호인은 변호사 중에서 선임하여야 한다. 단, 대법원 이외의 법원은 특별한 사정이 있으면 변호사 아닌 자를 변호인으로 선임함을 허가할 수 있다.

제32조【변호인선임의 효력】 ① 변호인의 선임은 심급마다 변호인과 연명날인한 서면으로 제출하여야 한다.

② 공소제기 전의 변호인 선임은 제1심에도 그 효력이 있다.

제32조의2【대표변호인】 ① 수인의 변호인이 있는 때에는 재판장은 피고인·피의자 또는 변호인의 신청에 의하여 대표변호인을 지정할 수 있고 그 지정을 철회 또는 변경할 수 있다.

② 제1항의 신청이 없는 때에는 재판장은 직권으로 대표변호인을 지정할 수 있고 그 지정을 철회 또는 변경할 수 있다.

③ 대표변호인은 3인을 초과할 수 없다.

④ 대표변호인에 대한 통지 또는 서류의 송달은 변호인 전원에 대하여 효력이 있다.

⑤ 제1항 내지 제4항의 규정은 피의자에게 수인의 변호인이 있는 때에 검사가 대표변호인을 지정하는 경우에 이를 준용한다.

제33조【국선변호인】 ① 다음 각 호의 어느 하나에 해당하는 경우에 변호인이 없는 때에는 법원은 직권으로 변호인을 선정하여야 한다. 〈개정 2020. 12.8.〉

1. 피고인이 구속된 때
2. 피고인이 미성년자인 때
3. 피고인이 70세 이상인 때
4. 피고인이 듣거나 말하는 데 모두 장애가 있는 사람인 때
5. 피고인이 심신장애가 있는 것으로 의심되는 때
6. 피고인이 사형, 무기 또는 단기 3년 이상의 징역이나 금고에 해당하는 사건으로 기소된 때

② 법원은 피고인이 빈곤이나 그 밖의 사유로 변호인을 선임할 수 없는 경우에 피고인이 청구하면 변호인을 선정하여야 한다. 〈개정 2020.12.8.〉

③ 법원은 피고인의 나이·지능 및 교육 정도 등을 참작하여 권리보호를 위하여 필요하다고 인정하면 피고인의 명시적 의사에 반하지 아니하는 범위에서 변호인을 선정하여야 한다. 〈개정 2020.12.8.〉

제34조【피고인·피의자와의 접견, 교통, 진료】 변호인이나 변호인이 되려는 자는 신체가 구속된 피고인 또는 피의자와 접견하고 서류나 물건을 수수(授受)할 수 있으며 의사로 하여금 피고인이나 피의자를 진료하게 할 수 있다. [전문개정 2020.12.8.]

제35조【서류·증거물의 열람·복사】 ① 피고인과 변호인은 소송계속 중의 관계 서류 또는 증거물을 열람하거나 복사할 수 있다.

② 피고인의 법정대리인, 제28조에 따른 특별대리인, 제29조에 따른 보조인 또는 피고인의 배우자·직계친족·형제자매로서 피고인의 위임장 및 신분관계를 증명하는 문서를 제출한 자도 제1항과 같다.

③ 재판장은 피해자, 증인 등 사건관계인의 생명 또는 신체의 안전을 현저히 해칠 우려가 있는 경우에는 제1항 및 제2항에 따른 열람·복사에 앞서 사건관계인의 성명 등 개인정보가 공개되지 아니하도록 보호조치를 할 수 있다.

④ 제3항에 따른 개인정보 보호조치의 방법과 절차, 그 밖에 필요한 사항은 대법원규칙으로 정한다.

제36조【변호인의 독립소송행위권】변호인은 독립하여 소송행위를 할 수 있다. 단, 법률에 다른 규정이 있는 때에는 예외로 한다.

제72조【구속과 이유의 고지】피고인에 대하여 범죄사실의 요지, 구속의 이유와 변호인을 선임할 수 있음을 말하고 변명할 기회를 준 후가 아니면 구속할 수 없다. 다만, 피고인이 도망한 경우에는 그러하지 아니하다.

제88조【구속과 공소사실 등의 고지】피고인을 구속한 때에는 즉시 공소사실의 요지와 변호인을 선임할 수 있음을 알려야 한다.

제243조의2【변호인의 참여 등】① 검사 또는 사법경찰관은 피의자 또는 그 변호인·법정대리인·배우자·직계친족·형제자매의 신청에 따라 변호인을 피의자와 접견하게 하거나 정당한 사유가 없는 한 피의자에 대한 신문에 참여하게 하여야 한다.

제282조【필요적 변호】제33조제1항 각 호의 어느 하나에 해당하는 사건 및 같은 조 제2항·제3항의 규정에 따라 변호인이 선정된 사건에 관하여는 변호인 없이 개정하지 못한다. 단, 판결만을 선고할 경우에는 예외로 한다.

제283조【국선변호인】제282조 본문의 경우 변호인이 출석하지 아니한 때에는 법원은 직권으로 변호인을 선정하여야 한다.

제426조【변호인의 선임】① 검사 이외의 자가 재심의 청구를 하는 경우에는 변호인을 선임할 수 있다.
② 전항의 규정에 의한 변호인의 선임은 재심의 판결이 있을 때까지 그 효력이 있다.

제424조【재심청구권자】다음 각 호의 1에 해당하는 자는 재심의 청구를 할 수 있다.
1. 검사
2. 유죄의 선고를 받은 자
3. 유죄의 선고를 받은 자의 법정대리인
4. 유죄의 선고를 받은 자가 사망하거나 심신장애가 있는 경우에는 그 배우자, 직계친족 또는 형제자매

▮ I ▮ 변호인제도의 의의

의 의	피고인 또는 피의자의 방어력을 보충함을 임무로 하는 보조자
헌법상 기본권	"누구든지 체포 또는 구속을 당한 때에는 즉시 **변호인의 조력을 받을 권리**를 가진다" (헌법 §12④本)
국선변호인의 헌법상 근거	"형사피고인이 스스로 변호인을 구할 수 없을 때에는 법률이 정하는 바에 의하여 **국가가 변호인을 붙인다**"(헌법 §12④ 단서)
형사소송법상의 근거	피의자의 변호인선임권(§30①, §243의2), 피고인의 국선변호인선정청구권(§33), 구속피고인·피의자의 변호인과의 접견교통권(§34) 등

Ⅱ 사선변호인

선임권자	* 아래의 사람으로 **한정** ∴ 피고인으로부터 **위임받은 자** ×
	① 고유의 선임권자
	  ㉠ 피고인 또는 피의자(법 §30①) ∴ 구속된 피고인이나 피의자에게 변호인선임권을 고지해야 함(법 §72, §88)
	  ㉡ 검사 이외의 재심청구인(법 §426①) [국7 00, 국9 08, 경 06/2차]
	② 선임대리권자
	  ㉠ 피고인 또는 피의자의 **법**정대리인·**배**우자(법률혼)·**직**계친족과 **형**제자매는 독립하여 변호인을 선임할 수 있음(법/배/직/형, 독립대리권, 법 §30②) [법원 07/09/11, 경 14/1차]
	  ㉡ 본인의 **명시적 의사에 반하여 변호인 선임** ○
	  ㉢ 선임 후 본인의 의사에 반하여 해임 ×
	  ㉣ 고유의 선임권자는 해임 ○

변호인의 자격	① 변호사 중에서 선임(원칙, 법 §31本) ② 특별변호인 : **대법원 이외의 법원**은 특별한 사정이 있으면 변호사 아닌 자를 변호인으로 선임함을 **허가** 可(동 단서) [법원 07]
변호인의 수	**제한 無** [경 15/1차]

대표
변호인
	① 피고인의 대표변호인
	  ㉠ 대표변호인의 지정·철회·변경 : 수인의 변호인, 재판장
	  ㉡ 직권(법 §32의2②) 또는 피고인·변호인의 신청(동①)
	  ㉢ 대표변호인의 수 : **3인 초과** ×(동③) [경 12/2차]
	  ㉣ 대표변호인에 대한 통지 또는 서류의 송달 : 변호인 전원에 대하여 효력(동④)
	② 피의자의 대표변호인
	  ㉠ 검사가 피의자의 대표변호인을 지정하는 경우에 준용(동⑤)
	  ㉡ 검사 지정은 기소 후 효력 유지(규칙 §13의4) [국9 08, 경 12/2차]

변호인 선임방식	① 철저한 서면주의 : **변호인과 선임자가 연명·날인한 서면 제출**(법 §32①) • 변호인선임신고서 원본 [법원 12] ② 공소제기 전 : 검사 또는 사법경찰관에게 제출 ③ 공소제기 후 : 법원에 제출 [법원 11]

변호인
선임효력
	① 심급대리 : 변호인은 심급마다 선임(법 §32①)
	  ㉠ 공소제기 전의 변호인선임 : 제1심에도 효력 ○(동②) [법원 11/16, 국7 10, 주사보 07, 국9 13, 경 09/1차, 경 15/1차]
	  ㉡ 병합사건 : 변호인 선임은 같은 법원의 같은 피고인에 대하여 **병합**된 다른 사건에 대해서도 효력 ○
	  ㉢ 심급 : 소송계속이 발생한 시점부터 종국판결선고 시가 아닌 상소에 의하여 **이심의 효력이 발생한 시점까지**
	    → 상소장·소송기록이 상소법원에 송부된 때까지 [국7 00]
	    ∴ 1심의 변호인 : 항소장 제출까지 可

변호인 선임효력	② 파기환송·이송 후 : 효력 유지 → 원심법원에서의 변호인 선임은 항소심법원이 원심에 파기환송(§366)하거나 관할 법원에 이송(§367)한 후의 절차에서도 효력 ○(규칙 §158) [법원 12/13, 주사보 07, 국9 08/10/13] ① 1심 판결선고 → ② 1심법원에 7일 내 항소장 제출 → ③ 14일 내 원심법원에서 항소법원에 기록송부 → ④ 항소법원에서 항소인에게 즉시 접수통지 ⋯ : 여기서 ③까지 1심 변호인 선임의 효력이 있음

Ⅲ 국선변호인

헌 법	"형사피고인이 스스로 변호인을 구할 수 없을 때에는 국가가 변호인을 붙인다"(국선변호 인의 헌법상 근거, 헌법 §12④ 단서)

국선변호인 선정 사유		
필요국선(법 §33①)	**청구국선(법 §33②)**	**재량국선(법 §33③)**
피고인이 1. **구**속된 때(당해사건 ○ / 별건구속 ○, 다른 판결의 집행으로 구금상태에 있는 경우 ○) [국7 15] 2. **미**성년자인 때 [국7 15] 3. **70**세 이상인 때 4. **듣**거나 말하는 데 모두 장애가 있는 사람인 때 5. **심**신장애가 있는 것으로 의심되는 때 6. 사형, 무기 또는 **단**기 **3**년 이상의 징역이나 금고에 해당하는 사건으로 기소된 때 → 변호인이 없는 때에는 법원은 직권으로 **변호인을 선정하여야 한다.** 〈개정 2020.12.8.〉 (구/미/7/청/심/단3) [법원 07/08, 경 09/1차, 경 10/1차, 경 11/1차]	피고인이 빈곤이나 그 밖의 사유로 변호인을 선임할 수 없는 경우 → 피고인이 **청구**하면 → 법원은 변호인을 선정하여야 한다. 〈개정 2020.12.8.〉 [법원 07/08/10, 경 11/1차]	피고인의 나이·지능 및 교육 정도 등을 참작하여 권리보호를 위하여 필요하다고 인정하면 → 피고인의 **명시적 의사에 반하지 아니하는 범위**에서 → 법원은 변호인을 선정하여야 한다. 〈개정 2020.12.8.〉 [법원 07/08, 경 11/1차]

필요적 변호사건	① 의의 : 필요국선사건 및 청구국선·재량국선으로 국선변호인이 선정된 사건은 변호인 없이 개정하지 못함(법 §282本) ∴ 변호인 불출석 → 법원은 직권으로 변호인을 선정하여야 함(법 §283) [국9 13/14] ② 예외 : 판결만을 선고할 경우(법 §282 단서) [국9 10/14, 경 05/3차] ③ 위반 시 효과 : 소송행위 모두 **무효** but 변호인 출석 기일은 유효
국선변호인 선정 요하는 경우	① 구속 전 피의자신문(**영**장실질심사, 법 §201의2⑧, 영장기각 시 제외하고는 1심까지 효력) 　　[법원 11, 국9 14, 경 10/1차, 경 13/2차] ② 체포·구속**적**부심사(법 §214의2⑨) [법원 11] ③ 공판**준**비절차(법 §266의8④) [경 10/1차] ④ 국민**참**여재판(국참법 §7) [법원 15, 경 09/1차, 경 11/1차, 경 13/2차] ⑤ **재**심사건(사망자 또는 회복할 수 없는 심신장애자, §438④ but 재심개시결정 전 절차 ×) ⑥ **즉**결심판에 대한 정식재판청구(96도3059) [해경승진 17] ⑦ **치**료감호청구사건(치료감호법 §15②) [국9 13] ⑧ 범죄신고자 등이 **보복**을 당할 우려가 있어 피고인을 퇴정시킬 때(특정범죄신고자 등 보호법 §11⑤⑥) ⑨ 전자**장**치부착명령청구사건(전자장치부착법 §11) ⑩ **군**사법원관할사건(군사법원법 §62①) 등 　　(영적준재즉참재치보복장군) 　　*cf.* 성폭력피해자와 법정대리인에게 변호사가 없는 경우 검사가 국선변호인을 지정하여 피해자 등을 보호하는 경우 : 성폭력피해자를 위한 국선변호사제도(성폭법 §27, 아청법 §30) 　[정리] 구/미/7(옛날 미친 놈이) 농/심에서 단3을 사먹고 즉/시 영/적으로 준/재가 되어 참재/치 있는 보복/장/군이 되었으니(이상 필요국선), 빈곤해서 청구하면(청구국선) 재량명시로 뽑아(재량국선).
선정절차	**공소제기 전 피의자 국선변호 (규칙 §16)** ① 구속 전 피의자심문(법 §201의2) ② 체포·구속적부심사(법 §214의2) 　→ 피의자에게 변호인이 없는 때 　→ 법원 또는 지방법원 판사는 지체 없이 국선변호인 선정 (규칙 §16) [국9 00] **공소제기 후 피고인 국선변호 (규칙 §17)** ① 재판장의 변호인 없는 피고인에 대한 서면 고지의무 　㉠ 필요국선 해당 시 변호인 없이 개정 × 취지와 피고인 스스로 변호인 선임 × 시 법원 국선 선정 취지 　㉡ 청구국선 해당 시 법원에 대하여 국선 선정 청구할 수 있다는 취지 　㉢ 재량국선 해당 시 법원에 대하여 국선 선정 희망 × 의사 표시할 수 있다는 취지 ② 법원의 국선변호인 선정 　㉠ 위 고지를 받은 피고인이 변호인 선임 × 시 　㉡ 청구국선에 의한 국선 선정청구 or 재량국선에 의하여 국선 선정하여야 할 때 지체 없이 국선변호인 선정함 ③ 국선변호인 선정청구 **기각결정 불복** ×(법 §403①)

선정의 법적성질	학설 대립, but 국선변호인 선정은 재판장 또는 법원이 소송법에 의하여 행하는 단독의 의사표시인 **명령**(재판설) ∴ 국선변호인 선정에 변호인 동의 不要 ∴ 재판장 해임명령 없이 사임 × ∴ 사임에는 법원의 허가 要(규칙 §20) [국9 13]

자격
수
	① 변호사, 공익법무관(법무부 근무 제외), 사법연수생 중 선정 [법원 07]
	   but 부득이한 때는 변호사 아닌 자 중 선정 可(규칙 §14) [경 10/1차]
	② 피고인·피의자마다 1인 선정
	   but 필요시 국선 **수인 선정 可**(규칙 §15①)
	③ 피고인·피의자 수인 간 **이해 상반 ×** → **동일 국선변호인** 선정 可
	   ∴ 이해 상반 시 → 동일 국선 선정 금지(규칙 동②) [행시 03, 경 11/1차, 경 12/2차, 법원 17]

선정취소
사임
	① 필요적 취소 : 법원 또는 지방법원 판사는
	   ㉠ 피고인·피의자에게 **변호인이 선임된 때**
	   ㉡ 국선변호인이 자격(규칙 §14①②)을 상실한 때
	   ㉢ 국선변호인의 사임을 허가(규칙 §20)한 때
	   국선변호인의 선정을 **취소하여야 함**(규칙 §18①) [경 09/1차]
	② 임의적 취소 : 법원 또는 지방법원 판사는
	   ㉠ 국선변호인이 그 직무를 성실하게 수행하지 아니하는 때
	   ㉡ 피고인·피의자의 국선변호인 변경 신청이 상당하다고 인정하는 때
	   ㉢ 그 밖에 국선변호인의 선정결정을 취소할 상당한 이유가 있는 때
	   국선변호인의 선정을 취소할 수 있음(동②)
	③ 허가에 의한 사임
	   ㉠ 질병 또는 장기여행으로 국선 직무 수행 곤란할 때
	   ㉡ 피고인·피의자로부터 폭행·협박·모욕을 당하여 신뢰관계 지속 ×
	   ㉢ 피고인·피의자로부터 부정한 행위를 할 것을 종용받았을 때
	   ㉣ 그 밖에 국선 직무 수행이 어려운 상당한 사유가 있을 때
	   법원 또는 지방법원판사의 **허가를 얻어 사임 可**(규칙 §20) [법원 11]

🔗 한줄판례 Summary

① 필요국선사유인 심신장애의 의심이 있는 때라 함은 **진단서나 정신감정 등 객관적인 자료**에 의하여 피고인의 심신장애 상태를 확신할 수 있거나 그러한 상태로 추단할 수 있는 근거가 있는 경우는 물론 … **피고인의 인식 상태나 사물에 대한 변별능력, 행위통제능력이 결여되거나 저하된 상태로 의심되어** 피고인이 공판심리단계에서 효과적으로 방어권을 행사하지 못할 우려가 있다고 인정되는 경우를 **포함**(2019도8531) [국7 23, 법원 20]

② 공범관계에 있지 않은 공동피고인들 사이에서도 공소사실의 기재 자체로 보아 어느 피고인에 대한 **유리**한 변론이 다른 피고인에 대하여는 **불리**한 결과를 초래하는 사건에서는 공동피고인들 사이에 이해가 상반된다고 할 것이어서, 그 공동피고인들에 대하여 선정된 **동일한 국선변호인**이 공동피고인들을 함께 변론한 경우에는 형사소송규칙 제15조 제2항에 위반됨(2014도13797) [경승 12]

③ 이해가 상반된 피고인들 중 어느 피고인이 법무법인을 변호인으로 선임하고, 법무법인이 담당변호사를 지정하였을 때, 법원이 담당변호사 중 1인 또는 수인을 다른 피고인을 위한 국선변호인으로 선정한다면, 국선변호인의 조력을 받을 피고인의 권리를 침해하는 것임(2015도9951) [국7 16/20, 법원 20, 경승 20]

④ 국선변호인 제도는 구속영장실질심사, 체포·구속 적부심사의 경우를 제외하고는 공판절차에서 피고인의 지위에 있는 자에게만 인정되고 이 사건과 같이 **집행유예의 취소청구 사건**의 심리절차에서는 **인정되지 않음**(2018모3621) [국7 23]

IV 변호인의 권한

1. 대리권

독립대리권 (본인의 의사에 반할 수 있음)	명시한 의사에 반하여 행사 가능	• **구**속취소의 청구(§93) • **보**석의 청구(§94) • **증**거**보**전의 청구(§184) • **공**판기일변경신청(§270) [경 14/1차] • **증**거조사에 대한 **이**의신청(§296) [경 02/2차, 경 03/3차]
	묵시적 의사에 반하여 행사 가능	• **기**피신청(§18) • 증거**동**의(§318)(判·通은 종속대리권) • **상**소제기(§341)
종속대리권 (본인의 의사에 반할 수 없음)	본인의사에 종속하여 행사 가능	• **관**할이전의 신청(§15) • **관**할위반의 신청(§320) • **상**소취하(§349) [경 02/2차, 법원 17] • **정**식재판청구취하(§458)

2. 고유권

변호인만 갖는 고유권	• 접견교통권(§34) [행시 02] • 상고심변론권(§387) • 피고인신문권(§296의2)
피고인과 중복하여 갖는 고유권	• 서류·증거물의 열람·등사권(§35) [국7 09] • 영장집행참여권(§121 등) • 증인신문권, 증인신문참여권(§161의2) • 공판기일출석권(§276) • 증거신청권(§294) • 최종의견진술권(§303)

cf. 종 – 관정상, 묵 – 기동상, 명 – 구보증보이공, 변호인 혼자 변/신/교통, 피고인과 함께 열/참/출/신/최후진술하게 된다.

05 기 타

▮ I 보조인

의 의	피의자·피고인과 일정한 신분관계로 이익을 보호하고 방어권 행사를 돕는 자
자 격	피의자·피고인의 **법정대리인, 배우자, 직계친족, 형제자매**(법 §29①, 변호인선임권자) [법원 07/09/10] if none → **신뢰관계인**(동②)
신 고	보조인이 되고자 하는 자는 심급별로 그 취지 신고(동③, 신고만 하면 된다는 점에서 법원 허가를 요하는 특별변호인과 다름, 법 §31 단서) [법원 09]
권 한	독립하여 피의자·피고인의 **명시한 의사에 반하지 아니하는 소송행위 可**(동④) [행시 03, 법원 07/09]

▮ II 전문심리위원

의 의		소송관계를 분명하게 하거나 소송절차를 원활하게 진행하기 위하여 법원이 지정하는 자
지 정		직권 또는 검사, 피고인 또는 변호인의 신청에 의하여 법원의 결정으로 각 사건마다 1인 이상(법 §279의4) 전문심리위원 지정 → 공판준비 및 공판기일 등 소송절차에 참여(법 §279의2①) [국9 14]
지정취소	임의적 취소	검사, 피고인 또는 변호인의 신청이나 직권으로 전문심리위원 참여결정 취소 可(법 §279의3①) [법원 09]
	필요적 취소	검사와 피고인 또는 변호인이 **합의**하여 신청한 때 **취소 要**(동②) [법원 13]

CHAPTER 02 소송행위와 소송조건

01 소송행위의 일반적 요소

I 소송행위의 주체

1. 소송행위의 주체

① 의의 : 제3자가 본인을 대신하여 소송행위를 하면 그 효과가 본인에게 미치는 제도로서, 피의자·피고인·제3자의 소송행위에 대해서만 문제됨

② 법적 근거 : 판례는 대리를 허용하는 명문의 규정이 있어야 한다는 입장

포괄대리 (포괄적 대리가 허용되는 경우)	① 의사무능력자의 법정대리인의 대리(§26) [국9 16] ② 법인의 대표자의 대리(§27) ③ 변호인·보조인의 대리(§36, §29) ④ 경미사건에서의 피고인의 대리인(§277) [국9 16]
특정대리 (특정소송행위에 대해서만 대리가 허용되는 경우)	① **고**소·고소취소의 대리(§236) ② **재**정신청의 대리(§264) ③ **변**호인선임의 대리(§30) ④ **상**소의 대리(§341) ⑤ **적**부심사청구의 대리(§214의2) [정리] 특정대리 : 고대리 재 변상했어? 적한테?
대리가 허용되지 않는 경우	① **고발** [행시 04] ② 자수 ③ 공소제기·공소취소 ④ 자백 [경 06/2차] ⑤ 증언 [행시 01, 국9 16] ⑥ **명문의 규정이 없는 경우**(判, 多 긍정설)

2. 대리권의 행사

대리권 없는 자의 소송행위는 무효 but 본인의 추인이 있는 경우에는 무효의 치유 可

1. 소송행위의 방식

구두주의	서면주의	병행주의
• **실체형성행위**의 원칙적 방식 • 내용의 진실성 • 판결선고(법 §43) • 증인신문(법 §161의2) • 진술거부권 고지(법 §283의2, 규칙 §127)	• **절차형성행위**의 원칙적 방식 • 절차적 확실성 • **변호인선임신고**(법 §32①) [국7 14] • 구속통지(법 §87, §209, 규칙 §51) • **공소제기**(법 §254) • 약식명령청구(법 §449) • 불기소통지 · 이유고지(법 §258, §259) • **재정신청 및 취소**(법 §260, 규칙 §121) • **공소장변경신청(예외 : 구술)**(규칙 §142) • **상소제기**(§343①) [법원 16]	• **고**소 · 고발 및 그 취소(법 §237) [국7 14] • **기**피신청(법 §18) • 국선변호인선정청구(법 §33②) • 공판기일변경신청(법 §270①, 규칙 §125) • 변론의 병합 · 분리 · 재개신청(법 §300, §305) • **공**소장변경신청(법 §298) • 공소장변경 시 공판절차정지신청(법 §298④) • 증거조사신청(법 §273, §294) • 증거조사에 대한 이의신청(법 §296) • 공소**취소**(법 §255) [국7 14] • 상소포기 · 취하(법 §352) [국7 14] • 약식명령에 대한 정식재판청구취하(법 §458) • 즉결심판에 대한 정식재판청구포기 · 취하(즉심법 §14④) [정리] 병행 : 고/기/국/기/변론/공/증조/취

2. 소송서류의 작성과 송달

(1) 소송서류의 작성

소송서류	특정한 소송과 관련하여 작성된 일체의 서류
소송기록	소송서류를 법원이 소송절차의 진행순서에 따라 편철한 것
소송서류 비공개 원칙	① 소송에 관한 서류는 공판개정 전 **공익상 필요 기타 상당한 이유** 없으면 공개 × (법 §47) ② But **피고인 또는 변호인**은 소송계속 중의 관계서류 또는 증거물을 열람 · 복사 可 (법 §35①)
공무원 서류 (공문서)	① 기명날인 또는 서명, 간인 : 공무원이 작성하는 서류에는 법률에 다른 규정이 없는 때에는 작성 연월일과 소속공무소를 기재하고 **기명날인 또는 서명**(기명날인 ×, 서명날인 ×)(법 §57①) & 서류에는 간인하거나 이에 준하는 조치 要(동②) ② 변개금지 : 공무원이 서류를 작성함에는 문자를 변개하지 못함(법 §58①) ③ 삽입 · 삭제 또는 난 외 기재 : 기재한 곳에 날인하고 그 자수를 기재 & 삭제부분 해득되도록 자체를 존치 要(동②)

비공무원 서류 (사문서)		① 기명날인 또는 서명 : 사문서에는 연월일을 기재하고 **기명날인 또는 서명**(구법 : 기명날인, 2017.12.12. 개정법 : 기명날인 또는 서명) & 인장이 없으면 지장(법 §59)
		② 대서 : 서명을 할 수 없으면 타인이 대서 → 그 사유를 기재하고 기명날인 또는 서명(규칙 §41) [법원 09]
공판 조서	**의 의**	공판기일의 소송절차가 법정의 방식에 따라 적법하게 행하여졌는지 여부를 인증하기 위하여 법원사무관 등이 공판기일의 소송절차의 경과를 기재한 조서
	증명 기능	① 절대적 증거능력 : 공판기일에 피고인이나 피고인이 아닌 자의 진술을 기재한 공판조서와 법원·법관의 검증의 결과를 기재한 공판조서는 유죄인정의 증거(법 §311)
		② 배타적 증명력 : 공판기일의 소송절차로서 공판조서에 기재된 것은 그 조서만으로써 증명(법 §56)
	작성 주체	**참여한 법원사무관 등**(법 §51①) [법원 12]
	기재사항	① 형식적 기재사항(법 §51②1.~5.) ㉠ 공판을 행한 일시와 법원 [경 09/1차] ㉡ 법관, 검사, 법원사무관·서기관·주사·주사보의 관직, 성명 ㉢ 피고인, 대리인, 대표자, 변호인, 보조인과 통역인의 성명 [경 09/1차] ㉣ 피고인의 출석 여부(피고인의 태도 ×, 변호인의 출석 여부 ×, 검사의 출석 여부 × [경 09/1차]) ㉤ 공개의 여부와 공개를 금한 때에는 그 이유 ② 실질적 기재사항(법 §51②6.~14.) ㉥ 공소사실의 진술 또는 그를 변경하는 서면(공소장변경서면)의 낭독 ㉦ 피고인에게 그 권리를 보호함에 필요한 진술의 기회를 준 사실과 그 진술한 사실 ㉧ 피고인, 피의자, 증인, 감정인, 통역인 또는 번역인의 진술 및 증인, 감정인, 통역인 또는 번역인이 선서를 하지 아니한 때에는 그 사유(법 §48②에 기재한 사항) ㉨ 증거조사를 한 때에는 증거될 서류, 증거물과 증거조사의 방법 ㉩ 공판정에서 행한 검증 또는 압수[경 09/1차] (공판정 외 검증·압수·수색은 법 §49에 의해 별도 조서 작성) ㉪ 변론의 요지(판결요지 ×) ㉫ 재판장이 기재를 명한 사항 또는 소송관계인의 청구에 의하여 기재를 허가한 사항 ㉬ 피고인·변호인에게 최종진술할 기회를 준 사실과 그 진술한 사실 ㉭ 판결 기타의 재판을 선고 또는 고지한 사실

공판 조서	공판 조서 작성 특례	① 공판조서(및 공판기일 외 증인신문조서)는 공판외절차 조서의 정확 성확보규정(법 §48③ ~ ⑦) 적용 × ② 공판조서 작성 시 不要(법 §52本) 　㉠ 진술자에게 **읽어 주거나(낭독) 열람**하게 하여 기재 내용이 정확한지 　　묻는 것(법 §48③ : 조서의 낭독·열람 등 확인절차) 不要 　㉡ 신문에 참여한 검사, 피고인, 피의자 또는 변호인이 조서 기재 　　내용의 정확성에 대하여 이의를 진술한 때 그 진술의 요지 및 　　이에 대한 재판장 또는 신문한 법관의 의견을 기재하는 것(동⑤⑥ : 　　당사자의 이의진술의 요지 및 법관의 의견의 기재) 不要 　㉢ 조서에는 진술자가 **간인 후 서명날인**하며 거부 시 그 사유를 기 　　재할 것(동⑦ : 진술자 간인 후 서명날인) 不要 ③ 진술자 청구 시 必要(법 §52 단서) 　㉠ 진술자의 **청구가 있는 때**에는 그 진술에 관한 부분을 **읽어줌**(공판 　　외조서 : 필수적 낭독·열람 확인, 공판조서 및 공판기일 외 증인 　　신문조서 : 청구 시 낭독) 　㉡ 조서에 대하여 **추가·삭제·변경청구가 있는 때**에는 그 진술을 **기재** 　　함(추가·삭제·변경청구 시 기재는 공판 외 조서와 同, 법 §48④)
	기명 날인 or 서명	① 공판조서에는 **재판장**과 (작성주체인) **참여한 법원사무관 등**이 **기명 날인 또는 서명**(법 §53①) ② 재판장이 기명날인 또는 서명할 수 없는 때 : 다른 법관이 그 사유를 부기하고 기명날인 또는 서명(동②) ③ 법관 전원이 기명날인 또는 서명할 수 없는 때 : 참여한 법원사무관 등이 그 사유를 부기하고 기명날인 또는 서명(동②) [경 05/3차] ④ 법원사무관 등이 기명날인 또는 서명할 수 없는 때 : 재판장 또는 다 른 법관이 그 사유를 부기하고 기명날인 또는 서명(동③) [경 05/3차] 　㉠ 관여법관의 성명이 전혀 기재되지 아니한 공판조서 : 위법 　㉡ 공판기일에 출석하지 아니한 판사가 재판장으로 기명날인 또는 　　서명한 공판조서 : 무효 　㉢ 법원사무관 등의 기명날인 또는 서명이 없는 공판조서 : 무효
	정리 고지	① 신속정리의무 : 공판조서는 각 공판기일 후 **신속히**(5일 내 ×) **정리** (법 §54①) [법원 11, 경 05/3차] ② 고지의무 : 다음 회의 공판기일에 있어서는 전회의 공판심리에 관한 주요사항의 요지를 **조서에 의하여 고지** but 다음 회의 공판기일까지 전회의 공판조서가 정리되지 아니한 때에는 **조서에 의하지 아니하고 고지** 可(동②) [법원 10/11] ③ 변경청구·이의제기(동③④) 　㉠ 검사·피고인 또는 변호인은 공판조서의 기재에 대하여 변경을 　　청구하거나 이의제기 可

공판 조서	정리 고지	ⓛ 변경청구나 이의가 있는 **때**에는 그 **취지**와 이에 대한 **재판장의 의 견**을 **기재**한 조서를 당해 공판조서에 **첨부 要**(§52 단서 : 당해 공 판기일에서 진술자 청구 시 증감변경 진술을 당해 공판조서에 기 재하는 것, §54③④ : 차회 공판기일에서의 전회 공판조서 요지 고 지에 관한 변경청구·이의제기 시 그 취지 및 재판장 의견 기재 조서를 별도 첨부해야 하는 것) [법원 11/12, 교정 11]
	열람 등사	① 피고인의 공판조서 열람·등사청구권 　㉠ **피고인**은 − 변호인 유무 불문 − **공판조서의 열람·등사를 청구**할 수 있음(법 §55①)(변호인은 법 §35에 의해 공판조서열람·등사권 有) [교정 11] 　㉡ 피고인이 조서를 읽지 못하는 때 : 낭독 청구 可(동②) [법원 09/10] ② 열람·등사 불응 시 증거배제원칙 　㉠ 증거능력 배제 : **청구 불응 시** 공판조서를 **유죄의 증거로 할 수 없음** (위법수집증거배제법칙, 동③) 　㉡ 공판조서에 기재된 피고인·증인 진술 : 증거능력 ✕ ③ 증거능력 인정의 예외 : 피고인 방어권 or 변호인 변호권을 본질적 으로 침해한 정도에 이르지 않은 경우 : **변론종결 전 열람·등사** ○ & 피고인의 방어권 행사에 지장 ✕ 　→ **유죄의 증거**가 될 수 있음
	속기 녹취 영상 녹화	① 직권 또는 신청에 의한 속기·녹음·영상녹화(법 §56의2①) 　㉠ 검사, 피고인 또는 변호인의 신청이 있는 때 법원은 공판정에서 의 심리의 전부 또는 일부를 속기사로 하여금 속기하게 하거나 녹음장치 또는 영상녹화장치를 사용하여 녹음 또는 영상녹화(녹 음 포함)하여야 함 [법원 12, 국7 09] 　㉡ 필요한 때에는 직권으로 명할 수 있음 ② 신청시기 : 속기, 녹음 또는 영상녹화의 신청은 공판기일·공판준비 기일을 **열기 전**까지(2014.12.30. 개정규칙 §30의2① ∴ 1주일 전 ✕) [법원 12] ③ 특별한 사정이 있는 경우의 예외 : 검사·피고인·변호인의 신청이 있음에도 불구하고 특별한 사정이 있는 때 　㉠ 속기·녹음·영상녹화를 하지 아니하거나 　㉡ 신청하는 것과 다른 방법으로 속기·녹음·영상녹화 可 　But 재판장은 공판기일에 그 취지를 고지 要(동②) ④ 보관 및 폐기 　㉠ 별도보관 : 법원은 속기록·녹음물·영상녹화물을 **공판조서와 별도 로 보관**(법 §56의2②) [법원 09/12] 　㉡ 전자적 보관 : 속기록·녹음물·영상녹화물(또는 녹취서)은 전자 적 형태 보관 可 　㉢ 폐기원칙 : **재판이 확정되면 폐기** 　㉣ 폐기하지 않는 예외 : 속기록 등이 **조서의 일부가 된 경우**에는 **폐기** ✕(규칙 §39)

공판 조서	속기 녹취 영상 녹화	⑤ 사본의 청구 및 제한 　ⓐ 사본청구 : 검사, 피고인 또는 변호인은 비용을 부담하고 **속기록·** 　　**녹음물·영상녹화물의 사본 청구 可**(법 §56의2③) 　ⓑ 불허·제한 : 재판장은 피해자 또는 그 밖의 소송관계인의 사생 　　활에 관한 비밀 보호 또는 신변에 대한 위해 방지 등을 위하여 　　특히 필요하다고 인정하는 경우에는 속기록, 녹음물 또는 영상 　　녹화물의 **사본 교부 불허 or 그 범위 제한 可**(규칙 §38의2①)
재판확정 기록 열람·등사		① 열람·등사권 : 누구든지 권리구제·학술연구 또는 공익적 목적으로 **재판이 확정 된 사건**(재판확정 전 ×)의 **소송기록**을 보관하고 있는 **검찰청**(법원 ×)에 그 소송 기록의 열람 또는 등사 신청 **可**(법 §59의2①) [국7 17, 국9 08, 경 11/1차, 경승 11] ② 검사의 제한 　ⓐ 심리가 **비공개**로 진행된 경우 　ⓑ 소송기록의 공개에 대하여 당해 소송관계인이 **동의하지 아니하는 경우** 등에는 　　검사는 소송기록의 전부 또는 일부의 **열람 또는 등사 제한 可** ③ 제한할 수 없는 경우 : 소송관계인이나 이해관계 있는 제3자가 열람 또는 등사에 관하여 정당한 사유가 있다고 인정되는 경우(법 §59의2② 단서) [경승 11] ④ 제한 시 통지의무 : 검사는 제한하는 경우에는 신청인에게 그 사유를 명시하여 통지 **要**(동③) [경 11/1차] ⑤ 등본·원본(동④) 　ⓐ 등본 열람·등사 가능 : 검사는 소송기록의 보존을 위하여 필요하다고 인정하는 　　경우에는 그 소송기록의 등본 열람 또는 등사 　ⓑ 예외 : 원본의 열람 또는 등사가 필요한 경우 원본 열람·등사 **要** [경 11/1차] ⑥ 비공개처분에 대한 불복(동⑥) 　ⓐ 열람·등사에 관한 검사의 처분에 불복하는 경우 　ⓑ 당해 기록을 보관하고 있는 검찰청에 대응한 **법원에** 　ⓒ 그 처분의 **취소·변경 신청** [경승 11, 경 11/1차] 　ⓓ 불복신청에는 **준항고**(법 §418·419) 준용
확정 판결서 등 열람·복사		① 열람·복사권 : 누구든지 판결이 **확정된 사건의 판결서 또는 그 등본**, 증거목록 또 는 그 등본, 그 밖에 검사나 피고인 또는 변호인이 법원에 제출한 서류·물건의 명칭·목록 또는 이에 해당하는 정보(이하 '판결서 등')를 보관하는 **법원**(검찰청 ×) 에서 해당 판결서 등을 열람 및 복사(인터넷, 그 밖의 전산정보처리시스템을 통 한 전자적 방법을 포함)할 수 있음(법 §59의3①) ② 제한(동 단서) 　ⓐ 심리가 **비공개**로 진행되거나 　ⓑ **소년**에 관한 사건인 경우 등에는 판결서 등의 **열람·복사 제한 可** ③ 불복(법 §59의3④) 　ⓐ 열람·복사에 관하여 정당한 사유가 있는 소송관계인이나 이해관계 있는 제3자는 　ⓑ 법원사무관 등이나 그 밖의 법원공무원의 열람·복사에 관한 처분에 불복하는 　　경우 　ⓒ 해당 **법원에 처분의 취소·변경 신청** 　ⓓ 불복신청에는 **준항고**(법 §417·418) 준용

확정 판결서 등 열람·복사	④ 개인정보 보호조치 　㉠ 법원공무원의 보호조치의무 : 법원사무관 등이나 그 밖의 법원공무원은 열람· 　　복사에 앞서 판결서 등에 기재된 성명 등 개인정보가 공개되지 아니하도록 　　대법원규칙으로 정하는 보호조치를 하여야 함(동②) 　㉡ 법원공무원의 면책 : **개인정보 보호조치를 한** 법원사무관 등은 **고의 또는 중대 　　한 과실**로 인한 것이 아니면 열람·복사와 관련하여 민·형사상 책임을 지지 　　아니함(동③)

퍼써 정리 | 소송서류 요점 비교

	작성자	진술자 간인 등	열람·낭독·등사 등	속기·녹취
공무원의 서류(§57)	기명날인·서명	① 문자 변개 금지 ② 삽입·삭제·난외기재 : 날인 & 자수 기재, 단 삭제 부분 존치		
비공무원의 서류(§59)	기명날인·서명 (대서인- 기명날인·서명)	기명날인 → 기명날인 또는 서명(17.12. 개정)		
공판조서 (§51)	**참여사무관 작성** 재판장·사무관 **기명날인·서명**	×	① **청구 시 독문** ② **청구 시 증감변경 기재** ③ **열람·낭독·등사** 　(if not 증거 ×)	① 검·피·변 신청 ② 직권 ③ **별도 보관** ④ 신청은 기일 　**열기 전**
법원 조서 (§48)	기명날인·서명	간인 후 서명날인	① 독문·열람 要 ② 청구 시 증감변경 기재	
재판서	**서명날인**	① **판결문(판결서) 및 각종 영장**(감정유치장·감정처분허가장 포함) : 　서명날인 필수 ② 이외의 재판서 : 서명날인(§41①)에 갈음 – 기명날인 미(동③)		
cf. 피신조서	**기명날인·서명**	**간인 후 기명날인·서명**	열람·낭독 × – 증거 ○(判)	

퍼써 정리 | 공판조서와 피의자신문조서의 비교

증거능력 유무	공판조서	피의자신문조서
진술자 간인이 없는 경우	**유효**(判) (4292형상747)	**증거능력** ×(判)
작성자 서명 有, 날인 無		법 개정(기명날인 or 서명)으로 **유효**
(청구 시) 열람·낭독 無	**증거능력** ×	유효(判) (단, 법 개정으로 변경가능성 있음)

한줄판례 Summary

① 피고인이 즉결심판에 대하여 제출한 정식재판청구서에 피고인의 **자필로 보이는 이름이 기재**되어 있고 그 옆에 **서명**이 되어있어 위 소송절차의 명확성과 안정성을 저해할 우려가 없으므로, 정식재판청구는 적법하다고 보아야 함. 피고인의 인장이나 지장이 찍혀 있지 않다고 해서 이와 달리 볼 것이 아님(2017모3458)

② 공소장에 검사의 서명 또는 기명날인이 누락된 경우 → 공소제기의 절차가 법률의 규정을 위반하여 무효인 때(법 제327조 제2호)에 해당 → but 검사가 공소장에 기명날인 또는 서명을 추후 보완하면 그때부터 공소제기 유효 → but 이러한 하자에 대한 추후 보완 요구는 법원의 의무는 아님(2019도17150)

③ 공소장에 검사의 간인이 없는 경우 → 공소장의 형식과 내용이 연속된 것으로 일체성이 인정되고 동일한 검사가 작성하였다고 인정되는 한 유효 ∵ 법 제57조 제2항에 위반되어 효력이 없는 서류라고 할 수 없음(2019도16259)

④ **형사재판확정기록**에 관해서는 형사소송법 제59조의 2에 따른 **열람·등사신청**이 허용되고 그 거부나 제한 등에 대한 불복은 **준항고**에 의하며, **형사재판확정기록이 아닌 불기소처분으로 종결된 기록(불기소기록)**에 관해서는 **정보공개법에 따른 정보공개청구**가 허용되고 그 거부나 제한 등에 대한 불복은 **항고소송절차**에 의함(2021모3175)

(2) 소송서류의 송달

교부송달의 원칙	특별한 규정이 없으면 송달받을 자에게 서류를 교부	
보충송달	① 송달할 장소에서 송달받을 자를 만나지 못한 때 ② 사무원·고용인 또는 **동거자**로서 그 **사리를 분별할 지능**이 있는 자에게 교부	
유치송달	① 송달을 받을 자가 정당한 사유 없이 송달받기를 거부한 때 ② 송달할 장소에 서류를 놓아둠	
우편송달	① 주거, 사무소 또는 송달영수인의 선임을 신고하여야 할 자가 그 신고를 하지 아니하는 때 ② 법원사무관 등은 서류를 우체에 부치거나 기타 적당한 방법에 의하여 송달 可 [법원 05/08/10/15/16] ③ 도달주의 : 우체에 부친 경우에는 **도달된 때**에 송달된 것으로 간주 [법원 08/10/15/16]	
구속 피고인 송달	① 교도소·구치소 또는 국가경찰관서의 유치장에 체포·구속 또는 유치(留置)된 사람에게 할 송달 ② **교도소·구치소 또는 국가경찰관서의 장**에게 함 [법원 15/17]	
검사에 대한 송달	서류를 **소속검찰청**에 송부 [법원 05/10/11/17]	
공시송달	공시송달의 원인 (법 §63)	① 피고인의 주거, 사무소와 현재지를 **알 수 없는 때**(모두 알 수 없어야) ② 피고인이 **재판권이 미치지 아니하는 장소**에 있는 경우에 다른 방법으로 송달할 수 없는 때 [법원 09/15]
	공시송달의 방식 (법 §64)	① **법원이 명한 때**에 법원사무관 등이 송달할 서류를 보관하고 그 사유를 법원게시장에 공시(동①②) [법원 05/09/12] ② 법원은 ①의 사유를 관보나 신문지상에 공고할 것을 명할 수 있음 (동③) ③ 공시송달의 효력발생(동④) 　㉠ 최초의 공시송달 : 공시를 한 날로부터 **2주일** 경과 　㉡ 제2회 이후의 공시송달 : **5일**을 경과하면 그 효력 발생 [법원 05/08/09/10/17]

① 피고인이 소송이 계속 중인 사실을 알면서도 법원에 거주지 변경신고를 하지 않았다 하더라도, **잘못된 공시송달**에 터잡아 피고인의 진술 없이 공판이 진행되고 피고인이 출석하지 않은 기일에 판결이 선고된 이상, 피고인은 자기 또는 대리인이 **책임질 수 없는 사유로 상소제기기간 내에 상소를 하지 못한 것으로** 봄이 타당함(2014모1557) [법원 16/20, 검7 17]

② 피고인에 대한 소송기록접수통지서, 항소이유서 등의 송달이 **폐문부재**로 송달불능된 사안에서 집행관 송달이나 소재조사촉탁 등의 절차를 거치지 아니한 채 송달불능과 통화불능의 사유만으로 피고인의 주거를 알 수 없다고 단정하여 곧바로 공시송달하고 피고인의 진술 없이 판결을 한 원심(항소심)의 조치는 형사소송법 제63조 제1항, 제365조에 위배됨(2014도16822)

Ⅲ 소송행위의 기간

기간의 종류	① 법정기간 　㉠ 기간의 길이가 법률에 정해져 있는 기간으로서 대부분이 여기에 속함 　　[예] 구속기간(법 §92), 상소제기기간(법 §358, §374), 상소이유서 및 답변서 제출기간(법 §361의3, §379), 즉시항고제기기간(법 §405) 등 [국7 08] 　㉡ 법정기간의 연장 : 격지자, 불가피한 사정, 교통통신의 불편 정도를 고려함(규칙 §44①, §44②) ② 재정기간 : 재판에 의해 정하여지는 기간 　　[예] **구속기간의 연장**(법 §205), **감정유치기간**(법 §172⑥) 등 ③ 효력기간 : 기간경과 후에 행한 소송행위가 무효로 되는 경우로, 연장이 허용되지 않음(불변기간) 　　[예] 고소기간(법 §230), 재정신청기간(법 §260③), 상소제기기간 등 ④ 훈시기간 : 기간 후에 소송행위를 하더라도 그 효력에 영향이 없는 기간 　　[예] 검사의 고소·고발사건 처리기간(법 §257), **재정결정기간**(법 §262), **재판기간**(법 §318의4①③, 소촉법 §21, §22), 항소사건·상고사건에 있어서 소송기록·증거물 송부기간(법 §361, §377), 사형집행명령의 시기(법 §465) 등 ⑤ 행위기간 : 기간 내에만 적법하게 소송행위를 할 수 있는 경우 　　[예] 고소기간, 상소제기기간 등 ⑥ 불행위기간 : 기간 내에는 소송행위를 할 수 없는 경우 　　[예] **제1회 공판기일의 유예기간**(법 §269), **소환장송달의 유예기간**(규칙 §123) 등
기간의 계산 (법 §66) [법원 08]	① 시로써 계산하는 경우 : 즉시 기산 ② 연 또는 월로써 정한 기간 : 연 또는 월 단위로 계산 ③ 초일불산입의 원칙과 예외 　㉠ 초일불산입원칙 : 일, 월 또는 연으로써 계산하는 것은 **초일 산입 ×** [경 01/1차, 경 13/1차] 　㉡ 초일산입 예외 : **시효**와 **구속기간**의 **초일은 시간을 계산함이 없이 1일로 산정** ④ 말일휴일불산입의 원칙과 예외 　㉠ 말일휴일불산입원칙 : 기간의 말일이 공휴일 또는 토요일에 해당하는 날은 **기간 산입 ×** [국7 10, 경 13/1차] 　㉡ **말일휴일산입**예외 : **시효**와 **구속기간**

절 차	법정기간	시 기	종 기
어떤 것이든	2일	2016.3.2. 10 : 00	2016.3.4. 24 : 00
고소기간	6월		2016.9.2. 24 : 00
임의동행	6시간		2016.3.2. 16 : 00
구속영장청구	48시간		2016.3.4. 10 : 00
구속기간	10일		2016.3.12. 24 : 00(×) 2016.3.11. 24 : 00(○)
공소시효	10년		2026.3.2. 24 : 00(×) 2026.3.1. 24 : 00(○)
즉시항고	7일		2016.3.9. 24 : 00

02 소송행위의 가치판단

I 소송행위의 가치판단

소송행위의 성립 : 소송행위의 본질적 요소인 외관을 갖춤		소송행위의 불성립
소송행위의 유효	소송행위의 무효	① 소송행위의 본질적 요소인 외관을 못 갖춤 ② 검사의 구술에 의한 공소제기 ③ 하자치유 ×
소송행위 성립을 전제함		
유효요건을 구비 소송행위가 목적하는 본래적 효력 발생	① 소송행위 목적 본래적 효력 × ② 일정한 법적 효과 ○ ③ 공소제기 – 무효 : 소송계속, 공소시효정지효 ○, 공소기각판결 要 ④ 무효의 치유 문제 발생	

II 무효의 치유

소송행위의 추완	단순추완	① 명문규정으로 인정 [국9 10, 경 03/1차] ② 상소권회복(법 §345), 약식명령에 대한 정식재판청구의 회복(법 §458)
	보정적 추완	피보정소송행위의 존재를 전제로 소송행위의 무효원인을 제거·보정 ① 변호인선임의 추완 × : 변호인선임신고 이전 소송행위는 변호인선임신고에 의하여 유효 ×(判, but 多 긍정)

소송행위의 추완	보정적 추완	② 공소사실의 추완 × / ○ 　㉠ **공소제기의 현저한 방식 위반** : (공소장변경신청서를 공소장에 갈음한다는 구두진술에 의한 공소제기) **추완 ×** ∴ 공소기각판결 　㉡ **공소장변경에 의한 추완** 　　ⓐ 고소취소된 협박죄로 기소 후 공갈미수로 공소장 변경 ○ 　　ⓑ 고소가 없음에도 친고죄로 기소 후 비친고죄로 공소장 변경 ○ 　㉢ 공소장 검사 서명 추완 : 검사의 기명날인 또는 서명이 누락된 기소(공소제기 무효) 후 검사가 공소장에 기명날인 또는 서명을 추완 ○(2008도11813) [국9 17/22] ③ 고소의 추완 : **무효의 치유 ×(공소기각판결)** [사무관 04, 국7 10, 국9 10, 경 03/1차] 　㉠ 친고죄에서 고소 없이 기소 후 고소가 제기된 경우 　㉡ **비친고죄로 기소 후 친고죄로 공소장변경**되어 고소가 제기된 경우
공격방어방법 소멸 (절차유지원칙)	소송 발전 진행	① 토지관할 관할위반의 신청을 피고사건 진술 후에는 행할 수 없는 경우(법 §320②) ② 판결이 확정되면 재심·비상상고에 의하지 않고는 변경 不可
	책문권 포기	책문권 포기에 의한 무효의 치유는 피고인의 방어권을 해하지 아니하는 범위 내에서만 可 ① 공소장부본송달의 하자 ② 공소장제출에 있어 공소장일본주의 위반의 하자 : 피고인 측 이의 無 & 증거조사완료 심증형성 ○ → 실체재판 [국9 22] ③ 공판기일통지의 하자 ④ 제1회 공판기일의 유예기간의 하자 ⑤ 증인신문 기일통지 등 참여권 위반의 하자 ⑥ 증인신문순서 위반의 하자 ⑦ 유도신문에 의한 주신문의 하자(2012도2937) [국9 22] ⑧ 실질적 반대신문의 기회를 부여하지 않고 이루어진 증인신문의 하자 (2009도9344)

03　소송조건

Ⅰ　소송조건의 의의와 종류

소송조건	전체로서의 소송의 생성·유지·발전을 위한 기본조건(실체심판의 전제조건)
일반적 소송조건	일반사건에 공통으로 요구되는 소송조건 예 재판권·관할권
특수적 소송조건	특수한 사건에 대해서만 요구되는 소송조건 예 친고죄에 있어서의 고소, 반의사불벌죄의 처벌불원 의사표시의 부존재

절대적 소송조건	법원이 직권으로 조사하여야 하는 소송조건(법 §1) → 소송조건은 원칙적으로 절대적 소송조건
상대적 소송조건	당사자의 신청을 기다려 법원이 조사하는 예외적 소송조건 예 **토지관할**(법 §320①) [경 12/1차]
적극적 소송조건	일정한 사실의 존재가 소송조건인 경우 예 재판권·관할권 존재
소극적 소송조건	일정한 사실의 부존재가 소송조건인 경우(소송장애사유) ① 동일사건에 관하여 확정판결이 없을 것 ② 공소시효가 완성되지 않을 것 ③ **반의사불벌죄의 처벌불원 의사표시의 부존재** ④ 동일법원에 이중의 공소제기가 없을 것 [경 07/2차]
형식적 소송조건	절차면에 관한 사유가 소송조건 → 흠결 시 **관할위반·공소기각** 예 재판권·관할권의 존재
실체적 소송조건	실체면에 관한 사유가 소송조건으로 되는 경우(사건의 실체를 전제로 사건과 관련시켜 판단하여야 하는 사항) → 흠결 시 **면소판결** [경승 13] ① 동일사건에 대하여 유죄·무죄·면소의 확정판결 ② 공소시효 완성

■ Ⅱ 소송조건의 조사와 흠결

소송조건 직권조사	원 칙	소송조건의 존부에 대해서 법원 또는 수사기관은 **직권으로 조사하여야 함** (법 §1, 예시규정)
	예 외	**상대적 소송조건** ∴ 당사자의 신청이 있는 때에 한하여 조사 예 토지관할(§320① : 피고인 신청 無 → 관할위반판결 ×)
소송조건 존부판단	증명 방법	① 소송조건의 존부는 자유로운 증명 ② 거증책임은 검사
	판단 시점	소송조건은 절차의 존속과 발전을 위한 조건이므로 공소제기 시뿐만 아니라 판결 시에도 존재해야 함 ① 법원은 소송의 모든 단계에서 소송조건의 유무를 조사하여 그 존부를 판단(多, 원칙 : 매 심사 시) ② 공소시효 : 공소의 제기로 인하여 그 진행이 정지되므로(법 §253①) 공소시효의 완성 여부는 공소제기 시 기준 [법원 09, 국7 09, 국9 09, 경승 10, 경 12/1차] ③ 토지관할 : 공소제기 시에 존재하면 족함 ④ 토지관할위반신청 : 피고사건 진술 전(법 §320②)
	공소 사실	① 소송조건 : 공소장 기재 공소사실을 기준으로 판단 [경 12/1차] ② 공소장변경 : **변경된 공소사실**을 기준으로 판단 [국9 13]

소송조건 흠결효과	형식 재판 [국9 08]	① 소송조건 흠결 시 형식재판으로 소송종결 ∴ 유죄·무죄의 실체재판 × (상소심법원도 同) ② 형식적 소송조건 흠결 : 공소기각, 관할위반 ③ 실체적 소송조건 흠결 : 면소판결 ④ 검사의 처리 　㉠ 공소제기 전 소송조건 흠결 발견 : 공소권 없음 불기소처분 　㉡ 공소제기 후 소송조건 흠결 발견 : 공소취소 ⑤ 상소 : 형식재판에 대해 피고인이 무죄를 구하는 상소 ×(상소이익결여)
	흠결 경합	수개의 소송조건 흠결 시 하자 정도가 중한 소송조건을 우선으로 형식재 판 종류 결정 ① **공**소기각결정 ② **공**소기각판결 ③ **관**할위반판결 ④ **면**소판결의 순(공/관/면/실)
	수 사	① 소송조건은 공소제기 이후의 개념 but 소송조건이 수사의 조건(필요성) 으로 고려 可 ② 소송조건이 수사의 조건이 될 경우 : 소송조건이 흠결되면 검사는 불 기소처분

🔗 **한줄판례 Summary**

① 교특법상 공소권면제조항 적용 시 무죄선고 ×, 공소기각판결 ○(2004도4693)
② (위 ①의 경우라도) 실제심리 이미 완료 시 무죄판결 ○(2013도10958)

3
PART

수사와 공소

2025
백광훈 형사소송법
퍼펙트 써머리

CHAPTER 01 수 사

01 수사의 의의와 구조와 조건

수사의 의의	범죄혐의의 유무를 명백히 하여 공소의 제기와 유지 여부를 결정하기 위하여 범인을 발견·확보하고 증거를 수집·보전하는 수사기관의 활동	
수사의 구조	규문적 수사관, 탄핵적 수사관, 소송적 수사관	
수사의 조건	의 의	수사의 개시와 그 진행·유지에 필요한 조건
	수사의 필요성	① 수사는 수사기관의 주관적 혐의에 의하여 개시 [경 03/3차], 주관적 혐의는 구체적 사실에 근거를 둔 혐의 要 [경 03/3차] ② 공소제기의 가능성 要 ③ **친고죄에서 고소가 없는 경우**의 수사 : 고소나 처벌희망의사표시가 없더라도 **고소의 가능성이 있는 경우 원칙적으로 수사 可**(多·判 제한적 허용설 – 원칙적 허용설) [국7 10, 경 12/1차, 경 12/2차]
	수사의 상당성	① 수사의 신의칙 　㉠ 수사의 방법은 사회통념상 상당 要 　㉡ 함정수사 : **범의유발형 함정수사는 상당성 결여** ∴ 공소제기는 법률의 규정에 위배하여 무효인 때(**공소기각판결**) ② 수사의 비례성 : 수사의 목적을 달성함에 필요한 최소한도 내에서만 허용(esp. 강제수사)

02 수사기관

Ⅰ 수사기관

1. 의 의

법률상 수사의 권한이 인정된 국가기관으로서, 검사와 사법경찰관리(검사는 소송주체에서 기술)

2. 사법경찰관리

일반사법경찰 관리	사법경찰관	① 검찰수사관(검찰주사, 검찰주사보, 검찰 §47①1.), 경무관, 총경, 경정, 경감, 경위(법 §197①) ② 사법경찰관의 직무를 행하는 검찰청 직원 : 검사의 지휘를 받아 수사(법 §245의9②) ③ 일반사법경찰관에 대한 검사의 수사지휘권의 폐지 : 2020.2.4. 수사권 조정 개정 형사소송법에 의하여 **경찰공무원인 사법경찰관에 대한 검사의 수사지휘권 폐지** ④ **경무관, 총경, 경정, 경감, 경위** : 사법경찰관으로서 **범죄의 혐의가 있다고 사료하는 때에는 범인, 범죄사실과 증거를 수사**(수사권 조정 개정법 신설 §197①) ∴ 경찰공무원인 일반사법경찰관에게 **독자적 수사권 부여**
	사법경찰리	① 경사, 경장, 순경 : 사법경찰리로서 수사의 보조(법 §197②) ② 서기와 서기보에 해당하는 검찰수사관·마약수사관 : 사법경찰리(검찰 §47①2.)
특별사법경찰 관리		① 삼림, 해사, 전매, 세무, 군수사기관 그밖에 특별한 사항에 관하여 사법경찰관리의 직무를 행할 자와 그 직무의 범위는 법률(사법경찰관의 직무를 수행할 자와 그 직무범위에 관한 법률)로써 정함(법 §245의10①) ② 권한의 범위 : 사항적·지역적으로 제한 ③ 권한사항 : 일반사법경찰관리와 동일한 지위와 권한 ④ 검사의 수사지휘권 ○ : 특별사법경찰관은 모든 수사에 관하여 **검사**(소속 행정관청의 장 ×)**의 지휘**를 받음(법 §245의10②)
관할구역		① 관외수사 可 : 사법경찰관리는 각 소속관서의 관할구역 내에서 직무를 행하지만, 필요한 경우에는 관할구역 외에서도 직무를 행할 수 있음 ② 지검장에 대한 관외수사 보고의무 : 사법경찰관리가 관할구역 외에서 수사하거나 관할구역 외의 사법경찰관리의 촉탁을 받아 수사할 때에는 **관할지방검찰청 검사장 또는 지청장에게 보고 要**(법 §210, 다만 긴급을 요하는 경우에는 사후보고, 동 단서)

3. 검사와 사법경찰관리의 관계 : 검·경 수사권 조정

상호협력관계	① 의의 : 2020년 2월 4일 검·경 수사권 조정을 담은 개정 형사소송법(법률 제16924호)과 개정 검찰청법(법률 제16908호) 공포 ② 검사와 사법경찰관의 관계 : 검사와 사법경찰관은 **수사, 공소제기 및 공소유지에 관하여 서로 협력**(법 §195①, 수사준칙 §6①) ③ 사법경찰관과 검사의 수사권 　　㉠ 사법경찰관의 수사권 : 사법경찰관은 1차적 수사권과 수사종결권을 가짐 　　㉡ 검사의 수사권 　　　　ⓐ 검사의 1차적 수사권(수사개시권) : **제한적으로만 인정**(검찰청법상 2대 범죄 등, 소송주체 부분에서 전술) 　　　　ⓑ 사법경찰관의 수사에 대한 검사의 감독권 : 사법경찰관의 1차적 수사의 위법·부당을 통제하기 위하여 검사는 폭넓은 감독권을 가짐

검·경 수사권 조정	수사 개시권	① 사법경찰관 : 범죄의 혐의가 있다고 사료하는 때에는 검사의 지휘를 받지 않고(구법 §196① 삭제) 스스로 수사하고 스스로 수사를 종결(법 §197①, §245의5) ② 검사 　㉠ 범죄의 혐의가 있다고 사료하는 때에는 범인, 범죄사실과 증거를 수사(법 §196①) 　㉡ 사경의 위법·부당 수사에 대한 검사의 시정조치요구 미이행시 사건송치(§197의3⑥), 사경의 부적법한 체포·구속으로 인한 사건송치(§198의2②) 및 사경의 불송치 통지를 받은 고소인 등의 이의신청에 따른 사건송치(§245의7②)에 따라 사법경찰관으로부터 송치받은 사건에 관하여는 해당 사건과 동일성을 해치지 아니하는 범위 내에서 수사할 수 있음(위/체/불 → 동일성 범위 내 수사, 2022.5.9. 개정 §196②). 　㉢ 검사가 스스로 수사를 개시할 수 있는 범죄는 부패범죄·경제범죄 등으로 제한(검찰 §4①1.)
	사경 위법부당 수사에 대한 검사의 감독권	① 사법경찰관의 피의자신문 전 검사구제신청권 고지의무 : 사법경찰관은 피의자를 신문하기 전에 수사과정에서 **법령위반, 인권**침해 또는 현저한 수사권 **남용**이 있는 경우 **검사에게 구제를 신청할 수 있음을 피의자에게 알려주어야 함**(법 §197의3⑧) ② 검사의 시정조치 등 요구권 　㉠ 사건기록등본송부요구 : 검사는 사법경찰관리의 수사과정에서 **법령위반, 인권**침해 또는 현저한 수사권 **남용**이 의심되는 사실의 신고가 있거나 그러한 사실을 인식하게 된 경우에는 사법경찰관에게 **사건기록 등본의 송부를 요구**할 수 있음(동①)(송부요구는 **서면**에 의함, 수사준칙 §45①) 　㉡ 사건기록등본송부 : 위 송부 요구를 받은 사법경찰관은 지체 없이(**7일 이내**, 수사준칙 동②) 검사에게 **사건기록 등본을 송부** 要(법 동②) 　㉢ 시정조치요구 : 위 송부를 받은 검사는 필요한 경우 사법경찰관에게 **시정조치 요구** 可(법 동③)(검사의 시정조치요구권 행사기간 → 등본송부일로부터 **30일** 이내 and **10일**의 범위에서 **1회** 연장 可, 시정조치요구는 **서면**에 의함, 수사준칙 동③) 　㉣ 시정조치결과통보 : 사법경찰관은 정당한 이유가 없으면 지체 없이 이를 이행하고 그 결과를 검사에게 통보 要(원칙적 시정조치의무, 법 동④) 　㉤ 사건송치요구 : 검사는 시정조치 요구가 정당한 이유 없이 이행되지 않은 경우에 사법경찰관에게 **사건을 송치할 것을 요구** 可(법 동⑤)(**서면**에 의함, 수사준칙 동⑤) 　㉥ 사건송치의무 : 송치요구를 받은 사법경찰관은 검사에게 **사건을 송치** 要(법 동⑥)(**7일** 이내 송치, 수사준칙 동⑥) 　㉦ 검사장의 징계요구권 : 검찰총장 또는 각급 검찰청 검사장은 사법경찰관리의 수사과정에서 법령위반, 인권침해 또는 현저한 수사권 남용이 있었던 때에는 권한 있는 사람(경찰관서의 장, 수사협력 §46①)에게 **해당 사법경찰관리의 징계를 요구**(법 동⑦)

검·경 수사권 조정	사경신청 영장청구 심의	① 검사가 사법경찰관이 신청한 영장을 정당한 이유 없이 판사에게 청구하지 아니한 경우 : 사법경찰관은 **관할 고등검찰청**에 영장 청구 여부에 대한 심의 신청 可 ② 고검 영장심의위원회 : 각 **고등검찰청**에 외부 위원으로 구성된 **영장심의위원회**(법 §221의5①) ③ 영장심의위의 구성 : 위원장 1명을 포함한 10명 이내의 외부 위원, 위원은 각 고등검찰청 검사장이 위촉(법 동②) ④ 사경의 의견개진권 : 사법경찰관은 심의위원회에 출석하여 의견 개진 可(법 동④)
	수사경합 처리	① 수사경합 시 검사우선원칙 : 검사는 사법경찰관과 **동일한 범죄사실 수사 시 사경에게 사건송치요구** 可(법 §197의4①) → 요구받은 사경은 지체 없이 검사에게 사건송치(7일 이내, 수사준칙 §49②) ② 사경 영장신청 선행 시 계속수사의 예외 : **검사 영장청구 전 사경 영장신청 시 계속 수사 可**(법 동②) ③ 기준 : 검사의 영장청구서와 사법경찰관의 영장신청서가 각각 법원과 검찰청에 접수된 시점(수사준칙 §48②)
	수사종결	① 사경의 1차적 수사종결권(법 §245의5) ② 검사의 감독권 : 검사에게 보완수사요구권과 재수사요청권 부여(법 §197의2, §245의8) ③ 사경의 불송치결정에 대한 통제 : 고소인 등(**고발인 제외**)에게 이의신청권 부여(법 §245의6, §245의7)(수사의 종결에서 자세히 후술) ④ 검사의 최종적 수사종결권 : 공소제기의 권한은 검사에게 있음(기소독점주의, 법 §246) *cf.* 경찰서장의 즉결심판청구
	검사작성 피신조서	**형소법 §312①** : 검사가 작성한 피의자신문조서는 적법한 절차와 방식에 따라 작성된 것으로서 공판준비, 공판기일에 그 피의자였던 **피고인 또는 변호인이 그 내용을 인정할 때에 한정하여** 증거로 할 수 있음(법 §312①, **동②는 삭제**)
개정법에서도 유지되고 있는 검사의 감독기능		① 수사중지명령 및 교체임용요구(체임요구) : **서장이 아닌 경정 이하**의 사법경찰관리가 직무집행에 관하여 **부당한 행위**를 하는 경우에 **지방검찰청 검사장**은 해당 사건의 **수사중지**를 명하고, 임용권자에게 그 **교체임용 요구** 可 → 요구받은 임용권자는 정당한 사유가 없으면 교체임용 要(검찰 §54①②)(폭처법에서도 체임요구권을 부여) ② 체포·구속장소 감찰 : 지방검찰청 검사장 또는 지청장은 불법체포·구속의 유무를 조사하기 위하여 검사로 하여금 **매월 1회 이상** 관하수사관서의 피의자의 **체포·구속장소를 감찰**하게 하고, 감찰하는 검사는 체포·구속된 자를 심문하고 관련서류 조사 要(법 §198의2①) → 검사는 적법절차 × 체포·구속 의심사유 시 즉시 체포·구속된 자를 **석방하거나 사건송치**를 명함(동②)

개정법에서도 유지되고 있는 검사의 감독기능	③ 영장청구권 등 검사의 독점적 권한 　㉠ **독점적 영장청구권** : 체포·구속·압수·수색을 할 때에는 적법한 절차에 따라 검사의 신청에 의하여 법관이 발부한 영장 제시(**헌법** §12③, 법 §200의2, §201①, §215) 　㉡ 기타 독점적 권한 　　ⓐ **긴급체포 사후승인권** 　　ⓑ **증거보전청구권** 　　ⓒ **증인신문청구권** 　　ⓓ **감정유치청구권** 　　ⓔ **공소권** 　　ⓕ **형집행장 발부** 　　ⓖ **정식재판청구권** 등 ④ 기타 사법경찰관리의 검사에 대한 의무 　㉠ **관할구역 외 수사의 보고의무**(법 §210 : **관할 지검장·지청장에게** 원칙적으로 사전 보고) 　㉡ **수사관계서류·증거물 송부의무**(구법 §196④ : 사법경찰관은 범죄를 수사한 때에는 관계 서류와 증거물을 지체 없이 검사에게 송부) : 2020.2.4. 개정법으로 **삭제**됨 　㉢ **고소·고발 수사관계서류·증거물 송부의무** : 사법경찰관이 고소·고발을 받은 때 신속히 조사 후 관계서류와 증거물을 **검사에게 송부**(법 §238) 규정은 존치됨

4. 전문수사자문위원

의 의	첨단산업분야·지식재산권·국제금융 등 전문지식 요구 사건에서 전문가의 조력
지 정	① 검사의 지정 : **직권**이나 피의자 또는 변호인의 **신청**에 의하여 전문수사자문위원을 지정하여 수사절차에 참여하게 하고 자문을 들을 수 있음(법 §245의2①) ② 수 : 각 사건마다 1인 이상의 전문수사자문위원 지정(법 §245의3①)
취 소	검사는 상당하다고 인정하는 때 전문수사자문위원 지정 취소 可(동②)
이의제기	피의자 또는 변호인은 검사의 전문수사자문위원 지정에 대하여 **관할 고등검찰청 검사장에게 이의제기** 可(동③) [국7 10, 경 12/2차, 경 14/1차]
자 문	전문수사자문위원은 전문적인 지식에 의한 설명 또는 의견을 기재한 서면을 제출하거나 전문적인 지식에 의하여 설명이나 의견진술 可(법 §245의2②)
의견진술	① 피의자·변호인의 의견진술권 : 검사는 전문수사자문위원이 제출한 서면이나 설명 또는 의견의 진술에 관하여 **피의자 또는 변호인**에게 구술 또는 서면에 의한 **의견 진술의 기회를 주어야 함**(동③) [경 14/1차] ② 의견진술의 시기 : 의견진술 기회 부여 **시기에 대해서는 제한이 없음** [국7 10]

1	피의자에 대한 수사는 불구속 상태에서 함이 원칙(법 §198①)
2	검사·사법경찰관리와 그 밖에 직무상 수사에 관계있는 자는 피의자 또는 다른 사람의 인권을 존중하고 수사과정에서 취득한 비밀을 엄수하며 수사에 방해되는 일이 없도록 하여야 함(동②)
3	수사과정에서 수사와 관련하여 작성하거나 취득한 **서류 또는 물건에 대한 목록을 빠짐 없이 작성**하여야 함(동③)
4	별건 부당수사 금지원칙, 별건 증거이용 자백·진술강요금지(동④)

03 수사의 개시

Ⅰ 수사의 단서

의 의		수사기관은 범죄의 혐의가 있다고 사료하는 때에 수사를 개시하는데(법 §196, §197①), 이때 수사기관이 범죄의 혐의가 있다고 판단하게 되는 원인
유 형	수사기관의 체험	• 현행범인의 체포(법 §211) • 변사자검시(법 §222) • 불심검문(경직 §3) • 타사건 수사 중의 범죄발견 • 신문 등 출판물의 기사, 익명의 신고 또는 풍설, 첩보의 입수 등에 의한 범죄혐의 인지(검사규 §224 이하)
	타인의 체험의 청취	• 고소(법 §223) • 고발(법 §234) • 자수(법 §240) • 진정·탄원·투서 등에 의한 범죄혐의 확인(검사규 §224 이하) • 피해신고 • 범죄신고
수사 개시		① 고소·고발·자수 : **즉시 수사 개시** ∵ 이미 구체적 사실을 근거로 하는 범죄혐의 有 ② 기타의 수사단서 : 즉시 수사 개시 × & 범죄혐의가 있다고 판단하여 수사를 개시하는 범죄인지(입건)에 의하여 수사 개시 ○(범죄인지 전에는 내사단계)

Ⅱ 불심검문

의 의	경찰관이 거동이 수상한 자를 발견한 때에 이를 정지시켜 질문하는 것(직무질문, 경직 §3①②)
성 격	보안경찰작용설과 보안경찰·사법경찰 병존설(병유설)의 대립 有 → 경직법상 불심검문은 구체적인 범죄혐의를 요건으로 하지 않는 보안경찰작용으로 보는 제1설이 타당함 ∴ 불심검문은 **구체적인 범죄혐의가 없어도 행할 수 있음** [행시 03, 경 06/2차]
대 상	거동불심자(경직 §3①) : 수상한 행동이나 그밖의 주위의 사정을 합리적으로 판단하여 ① 어떠한 죄를 범**하**였다고 의심할 만한 상당한 이유가 있는 자 ② 어떠한 죄를 범하**려** 하고 있다고 의심할 만한 이유가 있는 자 ③ 이미 행하여진 범죄나 행하여지려고 하는 범죄행위에 관하여 그 사실을 **안**다고 인정되는 자 [정리] 거동불심자 : 하/려/안

방 법	정지와 질문	정지	① 의의 : 질문을 위한 선행수단으로서 거동불심자를 불러 세우는 것 ② 정지를 위한 실력행사 : **강제수단 ×** but 목적 달성에 필요한 최소한의 범위 내에서 사회통념상 용인될 수 있는 상당한 방법 ○ (2010도6203; 2011도13999) ∴ **정지요구 후 불응 시 앞을 막는 정도의 행위 ○** ③ 정지시간 : 구속이라고 볼 수 있을 정도의 장시간 ×(동⑦前)
		질 문	① 의의 : 거동불심자에게 행선지나 용건·성명·주소·연령 등을 묻고, 필요한 때에는 소지품의 내용을 묻는 것(직무질문) ② 신분증 제시 등 의무 : 경찰관은 상대방에게 자신의 **신분을 표시하는 증표를 제시**하면서 소속·성명을 밝히고 질문의 목적·이유를 설명 要 (동④) [경 06/2차] ③ 진술거부권 고지 × : 경찰관 직무질문은 피의자신문이 아님 ∴ **진술거부권 고지 不要** ④ 신체구속·답변강요 × : 질문을 받은 사람은 형사소송법에 의하지 아니하고는 **신체를 구속당하지 아니하며, 답변을 강요당하지 아니함**(동⑦) 　㉠ 답변 거부 可 　㉡ 답변 강요 수단 × ∴ 수갑을 채운 뒤 질문 ×(불법체포죄, 형법 §124) ⑤ 설득 ○ : 답변을 거부하고 떠나려는 경우에 번의(翻意)를 구하기 위해 설득 可
	동행 요구		① 의의 : 경찰관은 그 장소에서 질문을 하는 것이 그 사람에게 **불리**하거나 **교통**의 방해가 된다고 인정되는 때에는 질문하기 위하여 부근의 경찰관서 등에 동행할 것을 요구 可(불·교 – 동행) ② 요건 : 불리 or 교통방해 　∴ 질문에 응답을 거부하거나 신분증 제시 거부 : 동행요구 × ③ 신분증 제시 등 의무 : 동행을 요구할 경우 경찰관은 자신의 신분을 표시하는 증표를 제시하면서 소속·성명을 밝히고 그 목적·이유를 설명하여야 하며, 동행장소를 밝혀야 함(경직 §3④) 　㉠ **객관적으로 경찰관 불심검문임을 알 수 있는 때 : 제시 不要** 　㉡ 상대방 요구 시 : 직무질문을 할 당시 경찰복을 입고 있었다 하더라도, 상대방이 요구할 때에는 신분을 표시하는 증표를 제시하면서 소속·성명을 밝힐 의무 有

방 법	동행 요구	④ 경직법상 임의동행 : 동행을 요구받은 사람은 경찰관의 **동행요구 거절 可**(경직 §3② 단서) & 경직법상 임의동행도 수사목적이면 동행 시부터 수사개시 ○ ⑤ 상시 퇴거 ○ : 임의동행 후 언제든 퇴거 可 [국9 13/14/15, 경 06/2차] ⑥ 연락할 수 있는 기회의 부여 : 동행을 한 경우 경찰관은 동행한 사람의 가족· 친지 등에게 동행한 경찰관의 신분, 동행장소, 동행목적과 이유를 고지하거나 본인으로 하여금 즉시 연락할 수 있는 기회를 부여해야 함(동⑤) ⑦ 변호인조력권 고지 ○ : **변호인의 조력을 받을 권리가 있음 고지 要**(동⑤) [경 16/2차] ⑧ 진술거부권 고지 × : 피의자신문이 아님 ∴ **진술거부권 고지 不要** ⑨ 동행시간의 제한 : 동행을 한 경우 경찰관은 동행한 사람을 **6시간**을 초과하여 경찰관서에 머물게 할 수 없음(동⑥) ⑩ 구금의 금지 : 언제든지 퇴거 可 ∴ 구금 × [국9 13]
	소지품 검사	① 의의 : 불심검문을 하는 과정에서 흉기 기타 물건의 소지 여부를 밝히기 위하여 거동불심자의 착의나 휴대품을 조사하는 것(동③) [국9 13, 경 10/2차] ② 수색과의 구별 : 수사의 단서에 불과 ∴ 수사상 강제처분인 수색과 구별(영장 주의) [국9 10] ③ 흉기 외 타 소지품 : 경직법의 조문에는 "흉기"만 규정하고 있고 기타 소지품 에 대해서는 규정하고 있지 않음 [국9 14] ∴ 흉기 외 다른 소지품에 대해서도 검사가 가능한가에 대하여 학설 대립 有 → 불심검문의 실효성을 위해서 긍정설 이 타당 ④ 5단계 절차 및 한계 　㉠ 외부에서의 소지품 관찰 　㉡ 소지품의 내용에 대한 질문 　㉢ 외표검사(정지 및 외표검사, Stop and Frisk) : 상대방을 정지시키고 　　(stop), 의복·휴대품의 외부를 손으로 만져서 확인하는 외표검사(frisk)는 　　필요하고 긴급한 경우 허용됨 　㉣ 소지품의 임의적 내용개시 요구 : 강요적 언동에 의하지 않는 한 허용 　㉤ 개시된 소지품의 검사 　　ⓐ 허용 : 개시요구 불응 시, 흉기소지의 고도의 개연성이 있는 경우 경찰관 　　　또는 제3자의 생명·신체의 안전을 위하여, 폭력을 사용하지 않는 범위 　　　에서 실력을 행사하여 소지품의 내용을 조사하는 것 可 　　ⓑ 불허 : 위와 같은 **단계적 절차 없이 직접 내부를 뒤져보거나 강제적으로** 　　　**소지품을 제시하게 하는 것** ×(긴급체포 시 긴급수색 등의 절차를 밟아 　　　야 적법, 법 §216①2. 등)  [Stop and Frisk] 외관검사 → 내용물에 대한 질문 → 외표검사 → 개시요구 → 강제적 개시 *소지품 검사

| 방 법 | 자동차
검문 | ① 의의 : 경찰관이 통행 중인 자동차를 정지시켜서 운전자 또는 동승자에게 질문하는 것
② 종류 및 법적 근거
    ㉠ 교통검문 : 도로교통의 안전을 확보하기 위하여 도로교통법 위반행위를 단속하는 검문(교통행정작용, 도로교통법 §47의 위험방지를 위한 조치로서 일시정지권)
    ㉡ 경계검문 : 불특정 일반범죄의 예방과 검거를 목적으로 하는 검문(경직법 §3①의 직무질문으로서 불심검문 법리 적용, 보안경찰작용) [국9 10]
    ㉢ 긴급수배검문 : 특정범죄가 발생한 경우에 범인의 검거와 수사정보의 수집을 목적으로 하는 검문(경직법상 직무질문과 형소법의 임의수사 규정에 근거, 사법경찰작용)으로서 기술한 불심검문의 법리가 적용된다.
③ 허용한계
    ㉠ 임의의 수단에 의할 것
    ㉡ 자동차를 이용하는 중대범죄에 제한
    ㉢ 범죄의 예방과 검거를 위하여 필요하고 적절한 경우
    ㉣ 자동차 이용자에 대한 자유의 제한은 필요한 최소한도
      ∴ 자동차 압수·수색 시 영장주의 준수 要 |

🔗 한줄판례 Summary

① 경찰관이 법 제3조 제1항에 규정된 불심검문 대상자에게 **형사소송법상 체포나 구속에 이를 정도의 혐의가 있을 것을 요한다고 할 수 없음**(2011도13999) [경승 17, 경 10/2차, 경 17/2차, 국9 15]
② **검문하는 사람이 경찰관이고 검문하는 이유가 범죄행위에 관한 것임을 피고인이 충분히 알고 있었다고 보이는 경우**에는 신분증을 제시하지 않았다고 하여 그 불심검문이 위법한 공무집행이라고 할 수 없음(2014도7976) [경승 17/20, 국9 15/20]

▮ Ⅲ 변사자의 검시

의 의		통상의 병사나 자연사가 아닌 사체로서 범죄로 인한 사망이라는 의심이 있는 사체에 대하여, 사람의 사망이 범죄로 인한 것인가를 판단하기 위한 수사기관의 조사
성 질		① 수사의 단서에 불과함 [국9 10] ② 검증과의 구별 : 변사자의 검시는 수사 전의 처분이라는 점에서 수사가 개시된 이후의 처분인 검증과 구별
절 차	주 체	① 원칙 – 검사 : 변사자 또는 변사의 의심이 있는 사체가 있는 때에는 그 소재지를 관할하는 **지방검찰청 검사**가 검시(법 §222①) [경 10/2차] ② 예외 – 대행검시 : 검사는 **사법경찰관**에게 검시를 명할 수 있음(동③)

		① 검시 : 수사의 단서에 불과하므로 법관의 영장 不要
절 차	영장주의	② 검증 　㉠ 검시 후의 사체검증(사체해부, 부검) : 원칙적으로 압수·수색·검증영장 要 　㉡ 긴급검증의 예외 : **검시로 범죄혐의 인정 & 긴급을 요할 때**(예 부패의 우려) 　　→ **영장 없이 검증** ○(동②) ③ 검시를 위하여 타인의 주거에 들어가야 하는 경우 : 거주자의 동의가 없는 한 　영장 要

 한줄판례 Summary

범죄로 인하여 사망한 것임이 명백한 자의 사체는 변사체 ×(형법 §163의 변사체검시방해의 객체에서 제외, 2003도1331) [경 05/1차]

IV 고 소

✅ **조문정리**

제2편 제1심

제1장 수사

제223조【고소권자】 범죄로 인한 피해자는 고소할 수 있다.

제224조【고소의 제한】 자기 또는 배우자의 직계존속을 고소하지 못한다.

제225조【비피해자인 고소권자】 ① 피해자의 법정대리인은 독립하여 고소할 수 있다.
② 피해자가 사망한 때에는 그 배우자, 직계친족 또는 형제자매는 고소할 수 있다. 단, 피해자의 명시한 의사에 반하지 못한다.

제226조【동전】 피해자의 법정대리인이 피의자이거나 법정대리인의 친족이 피의자인 때에는 피해자의 친족은 독립하여 고소할 수 있다.

제227조【동전】 사자의 명예를 훼손한 범죄에 대하여는 그 친족 또는 자손은 고소할 수 있다.

제228조【고소권자의 지정】 친고죄에 대하여 고소할 자가 없는 경우에 이해관계인의 신청이 있으면 검사는 10일 이내에 고소할 수 있는 자를 지정하여야 한다.

제229조【배우자의 고소】 ① 형법 제241조의 경우에는 혼인이 해소되거나 이혼소송을 제기한 후가 아니면 고소할 수 없다. 〈개정 2007.6.1.〉
② 전항의 경우에 다시 혼인을 하거나 이혼소송을

취하한 때에는 고소는 취소된 것으로 간주한다.

제230조【고소기간】 ① 친고죄에 대하여는 범인을 알게 된 날로부터 6월을 경과하면 고소하지 못한다. 단, 고소할 수 없는 불가항력의 사유가 있는 때에는 그 사유가 없어진 날로부터 기산한다.
② 삭제 〈2013.4.5.〉

제231조【수인의 고소권자】 고소할 수 있는 자가 수인인 경우에는 1인의 기간의 해태는 타인의 고소에 영향이 없다.

제232조【고소의 취소】 ① 고소는 제1심 판결선고 전까지 취소할 수 있다.
② 고소를 취소한 자는 다시 고소할 수 없다.
③ 피해자의 명시한 의사에 반하여 공소를 제기할 수 없는 사건에서 처벌을 원하는 의사표시를 철회한 경우에도 제1항과 제2항을 준용한다.
[전문개정 2020.12.8.]

제233조【고소의 불가분】 친고죄의 공범 중 그 1인 또는 수인에 대한 고소 또는 그 취소는 다른 공범자에 대하여도 효력이 있다.

제234조【고발】 ① 누구든지 범죄가 있다고 사료하는 때에는 고발할 수 있다.
② 공무원은 그 직무를 행함에 있어 범죄가 있다고 사료하는 때에는 고발하여야 한다.

제235조【고발의 제한】 제224조의 규정은 고발에 준용한다.

제236조【대리고소】고소 또는 그 취소는 대리인으로 하여금 하게 할 수 있다.

제237조【고소, 고발의 방식】① 고소 또는 고발은 서면 또는 구술로써 검사 또는 사법경찰관에게 하여야 한다.

② 검사 또는 사법경찰관이 구술에 의한 고소 또는 고발을 받은 때에는 조서를 작성하여야 한다.

제238조【고소, 고발과 사법경찰관의 조치】사법경찰관이 고소 또는 고발을 받은 때에는 신속히 조사하여 관계서류와 증거물을 검사에게 송부하여야 한다.

제239조【준용규정】전2조의 규정은 고소 또는 고발의 취소에 관하여 준용한다.

수사준칙

제16조의2【고소 · 고발 사건의 수리 등】① 검사 또는 사법경찰관이 고소 또는 고발을 받은 때에는 이를 수리해야 한다.

② 검사 또는 사법경찰관이 고소 또는 고발에 의하여 범죄를 수사할 때에는 고소 또는 고발을 수리한 날로부터 3개월 이내에 수사를 마쳐야 한다.

1. 의의 및 성격

개 념		범죄의 피해자 또는 그와 일정한 관계가 있는 고소권자가 수사기관에 대하여 범죄사실을 신고하여 범인의 처벌을 구하는 의사표시 [국9 16]
개념 요소	수사기관에 대한 신고	① **수사기관에 대한** 의사표시 ○ ② 법원에 대한 진정서의 제출 × ③ 범인에 대한 처벌희망의 의사표시 ×
	범죄사실의 신고	① 고소의 대상인 **범죄사실 특정 要** ② **범인(피고소인)의 지정 不要** cf. 상대적 친고죄 ③ **범행의 일시 · 장소 · 방법 특정 不要** cf. 공소제기에 있어서 일시 · 장소 · 방법 · 피고인 특정 要 [경 05/2차]
	처벌희망의 의사표시	① **범인의 처벌을 구하는** 의사표시 ○ ② 단순한 도난신고 등 피해사실의 신고 × [국9 15]
성 격	수사단서 소송조건	① 비친고죄 : 수사의 단서 ② **친고죄 : 수사의 단서 & 소송조건**
	고소능력	① 법률행위적 소송행위 ② **고소능력 要** ③ 피해를 받은 사실을 이해하고 고소에 따른 사회생활상의 이해관계를 알아차릴 수 있는 **사실상의 의사능력**
	증명방법	친고죄에서 적법한 고소 : 자유로운 증명의 대상

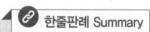 한줄판례 Summary

고소능력은 **민법상의 행위능력(19세 이상)과 일치 ×**(98도2074) [법원 13/17, 국7 15, 국9 08/16, 경 15/2차, 경 08/1차]

2. 고소권자 – 피해자/법정대리인/친족 등/지정고소권자

피해자	직접적 피해자	① 범죄로 인한 피해자는 고소할 수 있음(법 §223) ② 범죄로 인해 침해된 법익의 주체 ③ 직접적 피해자 ○, 간접적 피해자 ×
	일신전속적 권리	① 고소권의 상속·양도 × ② 저작권 등 침해가 계속적인 때 : 고소권 이전 ○
법정대리인	의 의	① 피해자의 **법정대리인은 독립하여 고소** ○(법 §225①) [경 13/1차, 경 05/3차] ② 친권자(고소 당시 이혼한 생모)·후견인 ○ ③ 부재자 재산관리인 : 관리대상 재산에 관한 범죄행위에 대해 법원으로부터 고소권 행사 허가를 받은 경우 → 독립하여 고소권을 가지는 법정대리인(2021도2488) [경승 24]
	고소 당시	① 법정대리인의 지위 : 고소 당시 有 要 ② 범죄 당시에는 그 지위에 없었거나 고소 후에 지위를 상실한 경우 : 고소는 유효

	성 질	① 독립대리권설 : 피해자는 법정대리인이 한 고소를 취소할 수 있게 됨
		② 고유권설 : 무능력자 보호에 중점
		③ 결론 : **고유권설**(判例)
		  ㉠ 피해자 고소권 소멸 시 : **법정대리인 고소권 행사 可**
		  ㉡ 고소기간 : **법정대리인 기준 산정**
		  ㉢ 피해자의 의사에 반하는 고소 : ○
		  ㉣ 피해자의 취소 : **법정대리인이 한 고소 취소 不可**

피해자의 배우자 · 친족	피해자 사망 시 배/직/형	① 피해자가 **사망**한 때에는 그 **배우자·직계친족·형제자매는 고소 可**(법 §225②本) ② 신분관계의 존재시점 : 피해자 사망 시 기준 ③ **피해자의 명시의사에 반할 수 있는가 : 반하지 못함**(동 단서, 독립대리권설의 근거) [경 05/3차, 경 10/1차]
	법정대리인 피의자	① 피해자의 **법정대리인이 피의자**이거나 법정대리인의 친족이 피의자인 때 : 피해자의 **친족은 독립하여 고소 可**(법 §226) [경 12/3차] ② 친족의 고소권의 성질 : 고유권 [경승 09, 경 12/3차] ∴ 피해자의 명시한 의사에 반해서도 고소 ○
	사자 명예훼손	**친족·자손** 고소 ○(법 §227)
지정 고소권자	의 의	① 친고죄에 대하여 고소할 자가 없는 경우에 **이해관계인의 신청**이 있으면 **검사**는 **10일** 이내에 고소할 수 있는 자를 **지정 要**(법 §228) ② 검사 : 고소권자 지정 ○, 직접 고소 × [국7 08, 경 14/2차]
	고소인 부재사유	① 불문 ② But 고소권 상실 or 불고소 의사 명시 후 사망 시는 고소권자 지정 不可
	이해관계인	① 법률상 or 사실상 이해관계인 불문 ② 내연의 부부관계 ○ ③ 단순한 감정상 이해관계인 × [국7 01]

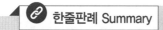

고소 당시 이혼한 생모라도 피해자인 그의 자의 친권자로서 독립하여 고소 O(87도1707)

3. 고소의 방식

고소장 고소조서	① 검사·사경관에 대한 **서면·구술**에 의한 의사표시(법 §237①) [경 15/1차, 경 16/1차] ② 조서의 작성 : 구술 고소받은 때 조서 작성 要(동②)
사경조치	사경 고소받은 때 신속히 조사하여 관계서류와 증거물을 검사에게 송부 要(사건송치, 법 §238) *cf.* "사법경찰관은 범죄를 수사한 때에는 관계 서류와 증거물을 지체 없이 검사에게 송부하여야 한다(구법 §196④)"는 조항은 삭제
고소대리	고소는 대리 O(법 §236)(*cf.* 고발 ×) [경 06/2차]

① 고소조서는 처벌희망의 의사표시가 있으면 족하므로, 반드시 **독립된 조서 不要**(65도1089) [법원 14/16/17,
국7 15, 국9 10, 경 12/1차, 경 15/2차, 경 16/1차]
② 대리인에 의한 고소의 경우 대리권이 정당한 고소권자에 의하여 수여되었음이 실질적으로 증명되면 충
분하므로 고소를 할 때 반드시 위임장을 제출한다거나 '대리'라는 표시를 하여야 하는 것은 아니며, 대
리인은 수사기관에 구술에 의한 방식으로 고소를 제기할 수도 있음(2000도4595) [법원 08, 국7 15, 경
05/2차]

4. 고소의 기간

고소기간의 제한	친고죄	**범인을 알게 된 날부터 6개월**(법 §230①本) [경 13/1차]	
	비친고죄	제한 無 ∵ 소송조건이 아닌 수사의 단서에 불과	
고소기간의 시기	원칙 : 범인을 알게 된 날 (§230①本)	범 인	① 정범·공범 불문, 수인 중 1인만 알면 해당 ② 상대적 친고죄 : 신분관계 범인을 안 날 [국9 14]
		알게 된	① 범인이 누구인가 특정할 수 있을 정도 ② 범죄사실을 안 것 → 범죄의 피해가 있었다는 사실관계 에 관한 **확정적 인식**(2010도4680)
		법정 대리인	**법정대리인 자신**이 범인을 안 날 [경 08/3차]
		대리고소	**고소권자** 안 날(2001도3081) [법원 11/16, 경 12/3차]
		고소권자 수인	1인의 기간의 해태는 타인의 고소에 영향 無(법 §231) [법원 08, 경 14/2차]

| 고소기간의 시기 | 예 외 | 불가항력 | ① 친고죄의 경우에 고소할 수 없는 불가항력의 사유가 있는 때에는 그 사유가 없어진 날로부터 기산(법 §230① 단서)
② 의식불명 : 회복된 날로부터 6개월 기산 |
| | | 진행 중 | 범죄종료 시로부터 고소기간 진행 |

🔗 한줄판례 Summary

① 범인이 누구인가 특정할 수 있을 정도로 알아야 하는 것은 범인의 동일성을 식별할 수 있을 정도로 인식함으로써 족하므로 **범인의 주소·성명까지 알 필요는 없음**(2010도3106; 2010도4680) [경 11/2차, 경 12/1차, 경 12/2차, 경 11/2차, 경 13/1차, 경 16/1차]

② **해고될 것이 두려워 고소를 하지 않은 것은 불가항력적 사유 ×**(85도1273)

③ 범행 당시 고소능력이 없던 피해자가 그 후에 비로소 고소능력이 생겼다면 그 **고소기간은 고소능력이 생긴 때부터 기산**(95도696) [법원 17]

④ **영업범과 같은 포괄일죄에 있어서 최후의 범죄행위가 종료된 때 전체 범죄행위가 종료된 것**이므로, 고소권자가 범죄행위가 계속되는 도중에 범인을 알았다고 하더라도 그날부터 곧바로 고소기간 진행 × (2004도5104)

5. 고소의 제한

| 원 칙 | 자기 또는 배우자의 직계존속은 고소하지 못함(법 §224)(but 직계비속은 可) |
| 예 외 | 성폭력범죄·가정폭력범죄에 대해서는 고소 ○(성폭법 §18, 가폭법 §6②) |

6. 고소불가분의 원칙

의 의			① 친고죄에 있어서 고소의 효력이 미치는 범위에 관한 원칙 ② 고소의 효력은 인적·물적으로 불가분 ③ 피해자의 자의에 따라 국가형벌권이 농단되는 것을 방지하기 위함
객관적 불가분	의 의		① 한 개의 범죄사실의 일부분에 대한 고소 또는 그 취소는 그 범죄사실의 전부에 대하여 효력이 발생 [국9 15/22, 경 15/2차] ② 명문의 규정 無 but 당연히 인정
	적용범위	단순일죄	예외 없이 적용 [국7 15]
		과형상 일죄 (상·경) — 모두 친고죄	① **피해자가 동일한 경우 : 적용** ② 피해자가 다른 경우 : 적용 × 예 하나의 문서로 A·B·C를 모욕하였으나 A만 고소한 경우 → A의 고소는 B·C에 대한 모욕에는 효력 × [행시 02/03]
		과형상 일죄 (상·경) — 일부만 친고죄	① 비친고죄에 대한 고소 : 친고죄에 대하여 효력 × [국7 09] ② 친고죄에 대한 고소취소 : 비친고죄에 대하여 효력 ×

객관적 불가분	적용범위	과형상 수죄 (실·경)	적용 × 예 비동거친족 간의 재산범죄가 실체적 경합인 경우, 한 죄에 대한 고소는 다른 죄 효력 × [국7 09, 국9 14/15]
주관적 불가분	의의	개념	법 §233의 명문규정 : **친고죄의 공범 중 그 1인 또는 수인에 대한 고소 또는 그 취소는 다른 공범자에 대하여도 효력 有** [법원 7/15, 국7 09, 국9 10, 경 12/3차]
		공범	① 총칙상 임의적 공범(교사범·종범·공동정범) ○ ② 필요적 공범(집합범·대향범 등) ○ *cf.* 공범에 필요적 공범 제외는 공소시효정지(법 §253②)
		양벌규정	① 적용 ○ ② 행위자(종업원)의 친고죄 고소 → 양벌규정 업무주에 대한 별도 고소 不要 [국7 11]
	적용범위	절대적 친고죄	① 의의 : 신분관계와 관계없이 친고죄인 경우 예 형법상 **비**밀침해죄, 업무상비밀**누**설죄, **모**욕죄, **사**자명예훼손죄 ② 주관적 불가분 원칙 적용 ○ [법원 15, 행시 03, 경 04/2차, 경 14/2차]
		상대적 친고죄	① 의의 : 일정한 신분관계가 있을 때에만 친고죄가 되는 경우 예 비동거친족 간 친족상도례(형법 §328②) ② **공범자 전원 신분관계 有 : 적용 ○** ③ 공범자 중 일부만 신분관계 有 ㉠ 비신분자에 대한 고소 → 신분자 효력 × 예 甲과 乙이 甲과 비동거친족인 숙부 丙의 재물을 절도한 경우 : 丙이 乙을 고소해도 甲을 기소할 수 없음 ㉡ 신분자에 대한 고소취소 → 비신분자 효력 × 예 甲과 乙이 甲과 비동거친족인 고모 丙에 대해 사기를 범한 경우 : 丙이 甲·乙을 모두 고소했다가 甲에 대해 고소를 취소하여도 乙에 대해서는 효력 × ∴ 乙은 실체재판 [행시 02/03, 국9 14, 경 04/2차]
		반의사 불벌죄	① 의의 : 피해자의 명시한 의사에 반하여 공소를 제기할 수 없는 죄 예 형법상 **폭**행·존속폭행, **과**실치상, **협**박·존속협박, **명**예훼손, **출**판물 등에 의한 명예훼손, 외국원수·외국사절 폭행·협박·모욕·명예훼손죄 [법원 10/14/15/16, 국7 09, 국9 07/12/14, 경 06/1차, 경 15/1차, 경 11/2차, 경 12/2차] → 형소법상 반의사불벌죄에 법 §233 준용규정 無 ② **學說·判例** : 긍정설과 **부정설**(判) 대립 ㉠ 형소법이 친고죄만 주관적 불가분 원칙 명시 ㉡ 반의사불벌죄의 입법취지 : 피해자 의사 중시 → 부정설이 타당함 → 예 명예훼손죄의 공범 A와 B 중 A에 대하여 피해자가 처벌불원 의사표시 : B는 효력 × ∴ B는 실체재판
		즉시고발	**적용 ×**

80 PART 03 수사와 공소

공범과 고소취소	의 의	① 고소취소는 1심판결선고 전에만 허용(§232①) [법원 15, 국7 10, 국9 13] ② 공범자 중 1인에 대하여 먼저 1심판결선고 후 1심판결선고 전의 다른 공범자 　에 대하여 고소취소 가능한가의 문제
	학설 · 판례	긍정설과 부정설 대립 but 고소의 주관적 불가분 원칙의 취지를 고려하여 **부정설** 이 타당함(判例) cf. 반의사불벌죄 : 고소취소 可

🔆 퍼써 정리 | 고소불가분원칙 요약

객관적 불가분의 원칙	단순일죄	적용 ○	
	과형상 일죄	모두 친고죄	피해자 동일	적용 ○
			피해자 다름	적용 ×
		일부 친고죄	비친고죄만 고소	×
			친고죄만 고소취소	×
	수 죄	적용 ×	
주관적 불가분의 원칙	절대적 친고죄	적용 ○	
	상대적 친고죄	모두 친족	적용 ○
		일부 친족	적용 ×

> 🔗 **한줄판례 Summary**
>
> 친고죄에서 고소와 고소취소의 불가분 원칙을 규정한 형사소송법 제233조는 당연히 적용되므로, 만일 공소사실에 대하여 피고인과 공범관계에 있는 사람에 대한 적법한 고소취소가 있다면 고소취소의 효력은 피고인에 대하여 미침(2013도7987)

7. 고소의 취소

의 의		일단 제기한 처벌희망 의사표시를 철회하는 법률행위적 소송행위 ① 친고죄에 있어서 이미 행한 고소를 철회하는 경우 ② 반의사불벌죄에서 처벌희망 의사표시 철회하는 경우(법 §232③)
취소권자	고소인	고소를 한 고소인(고유의 고소권자 or 고소 대리권자) → 자신이 한 고소에 대한 취소권자
	피해자와 대리권자	① 피해자(고유의 고소권자) : 고소대리권자의 고소를 취소 可 ② 고소의 대리권자 : 피해자가 한 고소의 취소 不可

시기제한	원 칙		고소는 **제1심 판결선고 전**까지 취소 可(법 §232①)
	항소심		× ∴ 항소심에서 친고죄 or 반의사불벌죄로 공소장변경되어 피해자가 고소취소하여도 법원은 공소기각판결 ×, 실체판결 ○
	파기환송		항소심에서 파기환송된 1심 ○ [국9 22] *cf.* 검사의 공소취소 : ×
방 식	고소 방식		① 고소의 방식과 同(법 §239) ∴ 서면 or 구술(법 §237) ② 고소취소는 수사기관 또는 법원에 대한 법률행위적 소송행위 ㉠ 공소제기 전 : 수사기관에 ㉡ 공소제기 후 : 수소법원에(2011도17264) [경승 24]
	합의서 제출		① 고소취소는 **수사기관·법원에 대한** 법률행위적 소송행위 ∴ 범인과 피해자 간의 합의서 작성 : 고소취소 ×(81도1968) ② 문서 명칭 불문 피해자의 진정한 의사 중시
	대 리		대리 ○(법 §236) but 표시대리만 可
효 과	고소권의 소멸	재고소 금지	고소취소 → 고소권 소멸 ∴ 고소를 취소한 자는 **다시 고소 不可**(법 §232②)
		고유 고소권자 ≠ 대리인	① 고유고소권자(피해자) 고소취소 → 대리권자 고소권 소멸 ② 대리권자 고소취소 → 피해자 고소권 유지
	수사기관 법원	수사기관	공소권 없음 불기소처분
		법 원	공소기각판결(법 §327 5.)

🔗 **한줄판례 Summary**

성폭력 피해자의 변호사는 피해자를 대리하여 피고인에 대한 처벌을 희망하는 의사표시를 철회하거나 처벌을 희망하지 않는 의사표시를 할 수 있음(2019도10678) [경 20/2차]

8. 고소권의 포기

의 의	친고죄의 고소기간 내에 장차 고소권을 행사하지 아니한다는 의사표시(= 반의사불벌죄의 처음부터 처벌불원의사표시를 하는 경우)
허용 여부	(학설 대립 but) 고소 포기 명문규정 無 & 고소권은 공권이므로 개인의 처분 不可 ∴ **부정설**이 타당함(判例) → 고소 포기해도 고소 可

🔗 **한줄판례 Summary**

피해자가 고소장을 제출하여 처벌을 희망하는 의사를 분명히 표시한 후 고소를 취소한 바 없다면 **비록 고소 전에 피해자가 처벌을 원치 않았다** 하더라도 그 후에 한 피해자의 고소는 유효(93도1620) [국9 24]

항 목	친고죄의 고소	비친고죄의 고소
성 질	수사의 단서이자 소송조건	수사의 단서
주 체	피해자 등 고소권자	피해자 등 고소권자
기 간	범인은 안 날로부터 6월	기간 제한 없음
대 리	허용	허용
주관적 불가분	적용	×
취 소	제1심 판결선고 전	제한 없음

V 고 발

☀ 퍼써 정리 | 고소와 고발의 비교

	고 소	고 발
같은 점	① 원칙적으로 수사의 단서 but 친고죄의 고소, 즉시고발사건의 관계공무원의 고발은 소송조건 ② 처벌희망 의사표시 要 ∴ 단순한 범죄사실의 신고 × ③ 절차·방식이 同(법 §237) 　㉠ 서면 or 구술, 조서작성의무(법 §237②) 　㉡ 사경은 고소·고발사건 신속 조사 후 관계서류·증거물을 검사에게 송부 要 　　(법 §238) ④ 자기나 배우자의 직계존속 고소·고발 ×(법 §235, §224) ⑤ 객관적 불가분 원칙 ○	
주 체	피해자 등 고소권자	① 고소권자·범인 이외의 제3자 ② 공무원 : 직무관련범죄 고발의무(법 §234) [경 10/2차]
기 간	① 친고죄 범인 안 날 6월 ② 비친고죄 제한 無	제한 없음
대 리	○	× [경 06/2차]
주관적 불가분	친고죄 ○	×
취소 후 재고소·재고발	×	○

🔗 한줄판례 Summary

국정농단 특별위원회가 존속하지 않게 된 이후에도 과거 특별위원회가 존속할 당시 재적위원이었던 사람이 연서로 고발할 수 있다고 해석하는 것은 유추해석금지의 원칙에 위배됨(2017도14749)

▮ VI 자 수

의 의	개 념	① 범인이 자발적으로 수사기관에 대하여 자신의 범죄사실을 신고하여 처벌을 구하는 의사표시 ② 임의적 감면사유(형법 §52①) [법원 04]
	자복과의 구별	① 자수 : 수사기관에 대한 의사표시 ② 자복 : 반의사불벌죄 피해자에게 자신의 범죄사실을 고백하고 용서를 구하는 것(형법 §52②)
성 격		수사의 단서인 동시에 양형상의 참작사유
시 기		① **제한 無** ∴ 범행 발각 전후 불문, 지명수배를 받은 후 可 ② 체포 전 자발적 신고 ○
요 건		① 범인 스스로의 범행을 뉘우치는 의사 要 ② **대리**에 의한 자수 ×
방식·절차		① 고소·고발 방식 준용(법 §240) [법원 04] ② 사경은 자수사건 신속 조사 후 관계서류·증거물을 검사에게 송부 要(법 §240, §238)

▮ 04 임의수사

▮ I 임의수사와 강제수사의 구별

	임의수사	강제수사
구별실익	① 영장주의 : 임의수사에 적용 × but 강제수사에는 적용 ○ ② 위법수집증거배제법칙 : 임의수사에 비하여 강제수사의 경우 특히 강조	
개 념	강제력을 행사하지 않고 상대방의 동의·승낙을 받아서 행하는 수사	① 상대방의 의사 여하를 불문하고 실질적으로 그 법익을 침해하는 강제처분에 의한 수사 ② 강제처분법정주의(법 §199① 단서)
예	① 피의자신문 ② 참고인 조사 ③ 감정·통역·번역의 위촉 ④ 공무소 등에 대한 사실조회	① 체포·구속 ② 압수·수색 ③ 임의제출물의 압수 ④ 검증 ⑤ 사진촬영 ⑥ 통신제한조치

Ⅱ 임의수사의 원칙과 강제수사의 규제

제199조【수사와 필요한 조사】 ① 수사에 관하여는 그 목적을 달성하기 위하여 필요한 조사를 할 수 있다. 다만, 강제처분은 이 법률에 특별한 규정이 있는 경우에 한하며, 필요한 최소한도의 범위 안에서만 하여야 한다.

1. 임의수사의 원칙

1	수사는 원칙적으로 임의수사에 의하고, 강제수사는 법률에 규정된 경우에 한하여 예외적으로 허용됨(법 §199①)
2	임의수사여도 적정절차원칙과 수사비례원칙이 적용됨

2. 강제수사의 규제

강제처분 법정주의			① 수사상의 강제처분은 법률에 특별한 규정이 없으면 不可 ② 영장주의의 전제 [경 06/2차]
영장주의	의의		① 개념 : 형사절차상 체포·구속·압수·수색 등 강제처분을 함에 있어서는 헌법상 신분 및 독립성이 보장되는 법관이 발부한 영장에 의하지 않으면 안 됨(헌법 §12③本, §16) [국9 15, 경 06/2차] ② 영장 : 소환장, 체포영장, 구속영장, 압수·수색·검증영장, 감정유치장, 감정처분허가장 등 *cf.* 형집행장 × ③ 적용대상 : 강제처분 ∴ 당사자의 자발적 협조가 필수적인 **음주측정, 지문채취, 소변제출, 접견내용 녹음·녹화** → 영장주의 적용 ×
	내용	법관 발부 원칙	① 강제처분은 **법관이 발부**한 영장 要 ② 검사·법원사무관 : 영장 발부 不可 ③ 영장청구 : **검사 신청** 要(헌법 §12③)
		사전 영장 원칙 / 원칙	① 영장발부 후 강제처분 원칙(헌법 §12③, §16) ② 피고인·피의자 구속 : 영장주의 예외 無(법 §73, §201)
		사전 영장 원칙 / 예외	강제처분의 긴급성에 대처할 필요가 있거나 남용의 우려가 없는 경우에 사전영장원칙의 예외 인정 ① 법원·법관의 검증(법 §139) 및 공판정에서의 압수·수색 (법 §113) ② 임의제출물 등의 압수(법 §108, §218) ③ 긴급체포(법 §200의3) ④ 현행범인의 체포(법 §212) ⑤ 체포·구속목적의 피의자수색(법 §216①1.) ⑥ 체포·구속현장에서의 압수·수색·검증(법 §216①2.)

		사전 영장 원칙	예 외	⑦ 피고인 구속현장에서 압수·수색·검증(법 §216②) ⑧ 범죄장소에서의 압수·수색·검증(법 §216③) ⑨ 긴급체포된 자에 대한 압수·수색·검증(법 §217①)
영장주의	내 용	일반 영장 금지		① 원칙 : 영장은 내용 특정 要 　예 범죄사실, 피의자, 기간, 인치·구금장소, 압수·수색의 대상 　　(법 §209, §75) ② 예외 : 통신제한조치허가서는 특정 곤란(통비법 §5②)
		영장 제시 및 사본 교부 원칙		① 원칙 : 수사기관은 강제처분을 함에는 반드시 영장(원본)을 제시 　하고 그 사본을 교부해야 함(법 §85①, §209, §118, §219) ② 긴급집행의 예외(법 §200의5, §209, §213의2, §85③) 　㉠ 체포영장·구속영장 집행 　㉡ 수사기관 영장 미소지 　㉢ 급속을 요하는 때 　㉣ 범죄사실요지 & 영장발부 고지하고 집행 可 　㉤ But 집행완료 후 신속히 영장을 제시 要 　cf. 압수·수색영장 집행에는 없는 제도
		위반 구제		① 인신구속이 영장주의 위반인 경우 　㉠ 피의자구속 : 검사의 구속취소(법 §209), 체포·구속적부심 　　사(§214의2), 준항고(§416) 　㉡ 피고인구속 : 법원의 구속취소(§93), 항고(§403②) ② 증거능력 및 형사책임 　㉠ 불법구속 중 수집 증거 : 증거능력 부정(위수증) 　㉡ 불법구속한 자 : 형사상·민사상 책임 ③ 대물적 강제처분과 영장주의의 위반 　㉠ 압수·수색 : 압수물 증거능력 부정(위수증) 　㉡ 검증 : 검증조서 증거능력 부정(위수증)
	비례성 원칙			강제수사는 필요한 범위 내에서 최소한 행해져야 함(법 §199①)

Ⅲ 임의수사의 한계

1. 임의동행

의 의	피의자신문을 위한 보조수단으로서 수사기관이 피의자의 동의를 얻어 수사관서까지 피 의자와 동행하는 수사방법
성 격	① 임의수사로서의 임의동행 : 피의자신문을 위한 보조수단 ② 직무질문을 위한 임의동행 : 범죄수사 이전 단계의 보안경찰 작용으로서 수사의 단서 　(불심검문) but 범죄혐의가 드러나면 수사 개시

적법성	성 질	① 강제수사설 vs. 임의수사설(多)
		② 임의수사설이 타당
		㉠ 강제수사 법정인데 형소법은 피의자 출석요구방법 제한 ×
		㉡ 상대방의 동의를 전제로 이루어진 임의동행은 법 §199①本(수사의 목적을 달성하기 위한 필요한 조사)이 예정한 임의수사
		cf. 피의자 의사에 반하는 기본권 제한이 있으면 강제수사 개시
	적법 요건	① 적법요건 : **오로지 피의자의 자발적인 의사**에 의하여 동행이 이루어졌음이 객관적 사정에 의해 명백히 입증된 경우 적법성 인정
		② 불법체포 : 동행 당시 물리력 행사 × & 명시적 거부의사 × but 동행요구를 거절할 수 없는 **심리적 압박** 有 → 위법

> 🔗 **한줄판례 Summary**

① 자발적 의사로 경찰차에 탑승하였고, 경찰서로 이동 중 하차를 요구하였으나 **그 직후 수사 과정에 관한 설명을 듣고 빨리 가자고 요구**하였으므로, 피고인에 대한 임의동행은 적법하고, 그 후 이루어진 음주측정 결과는 증거능력이 있음(2015도2798) [국7 20]

② 경찰관은 당시 피고인의 정신 상태, 신체에 있는 주사바늘 자국, 알코올 솜 휴대, 전과 등을 근거로 피고인의 마약류 투약 혐의가 상당하다고 판단하여 경찰서로 임의동행을 요구하였고, 동행장소인 경찰서에서 피고인에게 마약류 투약 혐의를 밝힐 수 있는 소변과 모발의 임의제출을 요구하였음을 알 수 있음. 그렇다면 이 사건의 임의 동행은 마약류 투약 혐의에 대한 수사를 위한 것이어서 (경직법상 직무질문을 위한 동행이 아니라) 형사소송법 **제199조 제1항에 따른 임의동행**에 해당함(2020도398)

2. 거짓말탐지기의 사용 [행시 02, 경 06/2차]

의 의	피의자 등 피검자에 대하여 피의사실과 관련 있는 질문을 한 다음 응답 시의 생리적 변화를 기록하는 기계(polygraph)를 이용한 조사
제한적 허용설 (多·判)	① 임의수사 : **동의 要** [법원 13] (if 동의 ○ → 진술거부권 침해 × → 적법)
	② 검사결과의 증거능력 : 조건이 모두 충족된다면 ○(§313③, 감정서)
	③ 검사결과의 증명력 : 진술의 신빙성을 가늠하는 **정황증거**에 불과(83도3146)

3. 전기통신의 감청

의 의	① 통신 : 우편물과 전기통신(통비법 §2 1.) *cf.* 전기통신 ≠ 대화
	② 통신제한조치 : 우편물의 검열과 전기통신감청(통비법 §3②)
	③ 전기통신감청 : 수사기관이 타인의 전기통신상 대화를 그 타인의 부지(不知) 중에 청취하는 행위(개념은 동 §2 7.)
성 질	학설 대립 but 헌법상 보장된 사생활의 비밀과 통신의 자유와 같은 기본권을 침해하는 것이므로 강제수사설이 타당함

객 체		① **현재 이루어지고 있는**(~ing) 전기통신 ∴ 이미 완료된(~ed) 전기통신 × ② 인터넷회선 전기통신감청 　㉠ 헌법불합치 : 인터넷 회선 감청 집행으로 취득한 자료에 대한 처리 등을 객관적으로 통제할 수 있는 절차가 마련되어 있지 않음(2016헌마263) 　㉡ 통비법 개정 : 수사기관은 인터넷 회선 통신제한조치로 취득한 자료에 대해서 **법원으로부터 보관승인**을 받아야 함(∴ 패킷감청은 적법하나, 패킷감청으로 취득한 자료 보관 시 법원의 보관승인 要) 　㉢ 2020.3.24. 개정 통비법 §12의2의 요점 　　ⓐ 검사의 승인청구 : 검사는 집행종료일부터 '**14일 이내**'에 통신제한조치를 허가한 법원에 보관 등의 승인을 청구 要(동①) 　　ⓑ 사경의 승인신청과 검사의 승인청구(동②) 　　　- 사경은 집행종료일부터 '**14일 이내**'에 검사에게 보관 등의 승인신청 　　　- 검사는 신청일부터 '**7일 이내**'에 통신제한조치허가 법원에 승인청구 　　ⓒ 폐기(동⑤) 　　　- 검사·사경은 미청구·미신청 시 집행종료일부터 '14일(검사가 사법경찰관의 신청을 기각한 경우에는 그날부터 **7일**) 이내' 전기통신 폐기 　　　- 법원에 승인청구를 한 경우 승인서 미발부 or 청구기각 통지를 받은 날부터 '**7일 이내**' 전기통신 폐기 　　ⓓ 폐기결과보고서 작성·송부 : 검사·사경은 폐기결과보고서를 작성, 폐기일부터 '**7일 이내**' 통신제한조치허가 법원에 송부(동⑥)

규 제	통신 제한 조치 허가	관할법원	통신제한조치를 받을 **통신당사자**의 쌍방 또는 일방의 주소지·소재지, 범죄지 또는 통신당사자와 공범관계에 있는 자의 주소지·소재지를 관할하는 지방법원 또는 지원(통비법 §6③)
		대상범죄	통신비밀보호법 §5가 규정한 주요범죄(내란, 외환, 뇌물, 살인, 협박, 강간 등)
		청 구	① 검사의 청구권 ② **각 피의자별 또는 각 피내사자별** 청구(통비법 §6①) ③ 사경 : 검사에게 신청(동②) [정리] 사건단위별 신청 ×(≠ 구속영장)
		허가요건	① 범죄혐의의 상당성 : 통비법 제5조에 규정된 범죄를 계획 또는 실행하고 있거나 실행하였다고 의심할 만한 충분한 이유가 있는 경우 ② 보충성 : 다른 방법으로는 그 범죄의 실행을 저지하거나 범인의 체포 또는 증거의 수집이 어려운 경우 [국9 17, 경승 11]
		허가 및 기간연장	① 법원의 허가서 발부 　㉠ 허가대상 : 대상자가 송·수신하는 특정한 전기통신 또는 일정한 기간에 걸쳐 송·수신하는 전기통신 　㉡ 허가서 기재사항 : 통신제한조치의 종류·목적·대상·범위·기간 및 집행장소와 방법을 특정하여 기재 ② 통신제한조치의 기간 : **2개월** 초과 ×(동 §6⑦) [경승 11/14]

규 제	통신
	제한
	조치
	허가
		허가 및
		기간연장
			③ 기간의 연장
			  ㉠ 연장청구 : 허가요건 존속 시 2개월의 범위 안에서 기간의 연장 청구(통비법 §6⑦ 단서)
			  ㉡ 총연장기간의 제한
			    ⓐ 구법 : 총연장기간 또는 총연장횟수의 제한이 없다는 점에서 침해의 최소성원칙과 기본권제한의 법익균형성을 갖추지 못하므로 헌법불합치(2009헌가30)
			    ⓑ 2019.12.31. 개정 통비법(통비법 §6⑧ 신설)
			     – **총 연장기간 1년 이내**
			     – 내란죄·외환죄 등 국가안보 관련범죄 : 3년 이내

		집 행	① 허가서 기재사항의 준수
			② 통신제한조치 집행의 위탁
			  ㉠ 수사기관은 통신기관 등에 통신제한조치허가서의 사본을 교부하고 집행 위탁 可(통비법 §9①②)
			  ㉡ 위탁받은 통신기관 등도 **허가서 기재사항 준수 要**
			③ 위반 시 : 위법수집증거

		취득자료 사용제한	① 집행으로 취득한 자료는 통신제한조치의 목적이 된 범죄와 이와 관련되는 범죄의 수사·소추·예방 등에 한정하여 사용 ② 통신사실확인자료 제공요청에 의하여 취득한 통화내역 등의 사용도 同

	긴급
	감청
		요 건	① 긴급성 : 허가서 발부절차를 거칠 수 없는 긴급한 사유가 있는 때에는 법원의 허가(또는 대통령의 승인) 없이 통신제한조치 可(통비법 §8①)
			② 사경의 긴급통신제한조치
			  ㉠ 미리 검사의 지휘를 받아야 함
			  ㉡ But 특히 급속을 요하여 검사 先지휘 불가 시 → 집행착수 후 **지체 없이 검사 승인 要**(통비법 §8③)

		필수적 사후허가	① 법원의 사후허가 취득의 강제 : 검사, 사법경찰관 또는 정보수사기관의 장은 **긴급통신제한조치의 집행에 착수한 때부터 36시간 이내에 법원의 허가를 받지 못한 경우**(허가 청구로는 안 되고 허가를 받아야 함)에는 해당 조치를 즉시 중지하고 해당 조치로 취득한 자료를 폐기하여야 함(2022.12.27. 개정 통비법 §8⑤) ② 사후통보제도의 폐지 : 구법상 '**긴급통신제한조치 단시간 종료 시 법원의 허가를 받을 필요가 없는 경우 종료 후 7일 내 법원에 대한 사후통보**'제도(구 통비법§8⑤)는 **폐지**됨

불법 감청	① 통신 및 대화비밀의 보호 : 통비법·형소법·군사법원법의 규정에 의하지 아니하고는 …… 전기통신의 감청 또는 통신사실확인자료의 제공을 하거나 공개되지 아니한 타인 간의 대화를 녹음 또는 청취 不可(통비법 §3①) ② 위법수집증거배제 　㉠ 통비법 §4 : 통비법 §3의 규정에 위반하여 불법검열에 의하여 취득한 우편물이나 그 내용 및 불법감청에 의하여 지득 또는 채록된 전기통신의 내용은 재판 또는 징계절차에서 **증거로 사용 ×** 　㉡ 증거동의해도 同 : 피고인이나 변호인이 이를 **증거로 함에 동의한다 하더라도 증거 능력 부정**됨
관련 문제	① 대화 당사자인 사인의 비밀녹음 : **자기와의** 통화를 녹음하거나 3인 간의 대화에 있어 서 그중 한 사람이 그 대화를 녹음한 자료 → 증거능력 ○ [국7 11, 국9 15] ② 일방당사자의 동의에 의한 감청 : **제3자**가 전화통화자 중 일방만의 동의를 얻어 통화 내용을 녹음한 자료 → 증거능력 ×

🔗 한줄판례 Summary

① 현재 이루어지고 있는 전기통신의 내용을 지득·채록하는 경우와 통신의 송·수신을 직접적으로 방해하 는 경우를 의미하는 것이지 전자우편이 송신되어 수신인이 이를 확인하는 등으로 **이미 수신이 완료**된 전기 통신에 관하여 남아있는 기록이나 내용을 열어보는 등의 행위는 포함하지 않음(2016도8137) [경 24/2차]

② 반드시 집행주체가 '대화의 녹음·청취'를 직접 수행하여야 하는 것은 아니다. 따라서 집행주체가 제3자 의 도움을 받지 않고서는 '대화의 녹음·청취'가 사실상 불가능하거나 곤란한 사정이 있는 경우에는 비례 의 원칙에 위배되지 않는 한 **제3자에게 집행을 위탁하거나 그로부터 협조를 받아 '대화의 녹음·청취'를 할 수 있다고 봄이 타당**하고, 그 경우 통신기관 등이 아닌 **일반 사인에게 대장을 작성하여 비치할 의무가 있다고 볼 것은 아님**(2014도10978) [국9 20, 경 20/1차, 경승 20]

③ 통신사실확인자료제공 요청의 목적이 된 범죄와 관련된 범죄라 함은 요청허가서에 기재한 혐의사실과 **객관적 관련성**이 있고 자료제공 요청대상자와 피의자 사이에 인적 관련성이 있는 범죄를 의미한다고 할 것이다. 그와 **기본적 사실관계가 동일한 범행과 직접 관련**되어 있는 경우는 물론 **범행 동기와 경위, 범행 수단 및 방법, 범행 시간과 장소 등을 증명하기 위한 간접증거나 정황증거** 등으로 사용될 수 있는 경우에 도 인정될 수 있다. … **구체적·개별적 연관관계**가 있는 경우에만 인정된다고 보아야 하고, **혐의사실과 단순히 동종 또는 유사범행이라는 사유만으로 관련성이 있다고 할 것은 아님**(2016도13489)

④ 수사기관이 적법한 절차와 방법에 따라 범죄를 수사하면서 **현재 그 범행이 행하여지고 있거나 행하여진 직후**이고, **증거보전의 필요성 및 긴급성**이 있으며, 일반적으로 허용되는 **상당한 방법**으로 **범행현장에서 현행범인 등 관련자들과 수사기관의 대화를 녹음**한 것은 적법(2020도9370)

⑤ 배우자와 함께 거주하는 아파트 거실에 **녹음기능이 있는 영상정보 처리기기('홈캠')**를 설치하였고, 위 거 실에서 배우자와 그 부모 및 동생이 대화하는 내용이 **위 기기에 자동녹음된 것을 재생하여 듣는 것**은 통비법상 "청취" 아님(적법, 2023도8603)

⑥ **피해아동의 부모가 초등학교 담임교사의 수업시간 중 발언을 아동의 녹음기로 몰래 녹음한 파일**은 공개 되지 아니한 타인 간의 대화를 녹음한 것으로, 통비법 위반(위법, 2020도1538)

4. 보호실유치

1	강제유치 ×
2	승낙유치도 경직법상 주취자·정신착란자·자살기도자 등에 대한 보호조치(경직 §4) 등 의 경우가 아닌 한 허용 × [정리] 승낙이 있어도 허용될 수 없는 것 : 보호실유치, 마취분석

5. 승낙수색과 승낙검증

승낙수색	임의수사로 허용
승낙검증	범죄피해자의 동의만으로 승낙검증 허용(**승낙수색, 승낙검증, 유류물압수가 적법**하고 독수과실이 아니라는 2008도7471)

6. 마취분석

피의자의 동의유무 불문 절대적 금지[행시 02]

7. 사진촬영

강제수사	피촬영자의 의사에 반하여 그 법익인 초상권을 침해하므로 강제수사
영장주의	사전영장 要 but 判例는 범죄의 현행성, 증거보전의 필요성, 긴급성, 수단의 상당성이 있으면 **폭넓은 영장주의 예외 인정**

8. 계좌추적

1	**법원의 제출명령 or 영장 要**(금융실명법 §4①)
2	수사기관의 요구에 의하여 취득한 금융실명법상 거래정보는 위법수집증거(2012도13607)

Ⅳ   임의수사의 방법

1. 피의자신문

⊘ 조문정리

제241조【피의자신문】검사 또는 사법경찰관이 피의자를 신문함에는 먼저 그 성명, 연령, 등록기준지, 주거와 직업을 물어 피의자임에 틀림없음을 확인하여야 한다.

제242조【피의자신문사항】검사 또는 사법경찰관은 피의자에 대하여 범죄사실과 정상에 관한 필요사항을 신문하여야 하며 그 이익되는 사실을 진술할 기회를 주어야 한다.

제243조【피의자신문과 참여자】검사가 피의자를 신문함에는 검찰청수사관 또는 서기관이나 서기를 참여하게 하여야 하고 사법경찰관이 피의자를 신문함에는 사법경찰관리를 참여하게 하여야 한다.

제243조의2【변호인의 참여 등】① 검사 또는 사법경찰관은 피의자 또는 그 변호인·법정대리인·배우자·직계친족·형제자매의 신청에 따라 변호인을 피의자와 접견하게 하거나 정당한 사유가 없는 한 피의자에 대한 신문에 참여하게 하여야 한다.

② 신문에 참여하고자 하는 변호인이 2인 이상인 때에는 피의자가 신문에 참여할 변호인 1인을 지정한다. 지정이 없는 경우에는 검사 또는 사법경찰관이 이를 지정할 수 있다.

③ 신문에 참여한 변호인은 신문 후 의견을 진술할 수 있다. 다만, 신문 중이라도 부당한 신문방법에 대하여 이의를 제기할 수 있고, 검사 또는 사법경찰관

의 승인을 얻어 의견을 진술할 수 있다.

④ 제3항에 따른 변호인의 의견이 기재된 피의자신문조서는 변호인에게 열람하게 한 후 변호인으로 하여금 그 조서에 기명날인 또는 서명하게 하여야 한다.

⑤ 검사 또는 사법경찰관은 변호인의 신문참여 및 그 제한에 관한 사항을 피의자신문조서에 기재하여야 한다.

제244조【피의자신문조서의 작성】① 피의자의 진술은 조서에 기재하여야 한다.

② 제1항의 조서는 피의자에게 열람하게 하거나 읽어 들려주어야 하며, 진술한 대로 기재되지 아니하였거나 사실과 다른 부분의 유무를 물어 피의자가 증감 또는 변경의 청구 등 이의를 제기하거나 의견을 진술한 때에는 이를 조서에 추가로 기재하여야 한다. 이 경우 피의자가 이의를 제기하였던 부분은 읽을 수 있도록 남겨두어야 한다.

③ 피의자가 조서에 대하여 이의나 의견이 없음을 진술한 때에는 피의자로 하여금 그 취지를 자필로 기재하게 하고 조서에 간인한 후 기명날인 또는 서명하게 한다.

제244조의2【피의자진술의 영상녹화】① 피의자의 진술은 영상녹화할 수 있다. 이 경우 미리 영상녹화 사실을 알려주어야 하며, 조사의 개시부터 종료까지의 전 과정 및 객관적 정황을 영상녹화하여야 한다.

② 제1항에 따른 영상녹화가 완료된 때에는 피의자 또는 변호인 앞에서 지체 없이 그 원본을 봉인하고 피의자로 하여금 기명날인 또는 서명하게 하여야 한다.

③ 제2항의 경우에 피의자 또는 변호인의 요구가 있는 때에는 영상녹화물을 재생하여 시청하게 하여야 한다. 이 경우 그 내용에 대하여 이의를 진술하는 때에는 그 취지를 기재한 서면을 첨부하여야 한다.

제244조의3【진술거부권 등의 고지】① 검사 또는 사법경찰관은 피의자를 신문하기 전에 다음 각 호의 사항을 알려주어야 한다.

1. 일체의 진술을 하지 아니하거나 개개의 질문에 대하여 진술을 하지 아니할 수 있다는 것

2. 진술을 하지 아니하더라도 불이익을 받지 아니한다는 것

3. 진술을 거부할 권리를 포기하고 행한 진술은 법정에서 유죄의 증거로 사용될 수 있다는 것

4. 신문을 받을 때에는 변호인을 참여하게 하는 등 변호인의 조력을 받을 수 있다는 것

② 검사 또는 사법경찰관은 제1항에 따라 알려 준 때에는 피의자가 진술을 거부할 권리와 변호인의 조력을 받을 권리를 행사할 것인지의 여부를 질문하고,

이에 대한 피의자의 답변을 조서에 기재하여야 한다. 이 경우 피의자의 답변은 피의자로 하여금 자필로 기재하게 하거나 검사 또는 사법경찰관이 피의자의 답변을 기재한 부분에 기명날인 또는 서명하게 하여야 한다.

제244조의4【수사과정의 기록】① 검사 또는 사법경찰관은 피의자가 조사장소에 도착한 시각, 조사를 시작하고 마친 시각, 그 밖에 조사과정의 진행경과를 확인하기 위하여 필요한 사항을 피의자신문조서에 기록하거나 별도의 서면에 기록한 후 수사기록에 편철하여야 한다.

② 제244조제2항 및 제3항은 제1항의 조서 또는 서면에 관하여 준용한다.

③ 제1항 및 제2항은 피의자가 아닌 자를 조사하는 경우에 준용한다.

제244조의5【장애인 등 특별히 보호를 요하는 자에 대한 특칙】검사 또는 사법경찰관은 피의자를 신문하는 경우 다음 각 호의 어느 하나에 해당하는 때에는 직권 또는 피의자·법정대리인의 신청에 따라 피의자와 신뢰관계에 있는 자를 동석하게 할 수 있다.

1. 피의자가 신체적 또는 정신적 장애로 사물을 변별하거나 의사를 결정·전달할 능력이 미약한 때

2. 피의자의 연령·성별·국적 등의 사정을 고려하여 그 심리적 안정의 도모와 원활한 의사소통을 위하여 필요한 경우

제245조【참고인과의 대질】검사 또는 사법경찰관이 사실을 발견함에 필요한 때에는 피의자와 다른 피의자 또는 피의자 아닌 자와 대질하게 할 수 있다.

제245조의2【전문수사자문위원의 참여】① 검사는 공소제기 여부와 관련된 사실관계를 분명하게 하기 위하여 필요한 경우에는 직권이나 피의자 또는 변호인의 신청에 의하여 전문수사자문위원을 지정하여 수사절차에 참여하게 하고 자문을 들을 수 있다.

② 전문수사자문위원은 전문적인 지식에 의한 설명 또는 의견을 기재한 서면을 제출하거나 전문적인 지식에 의하여 설명이나 의견을 진술할 수 있다.

③ 검사는 제2항에 따라 전문수사자문위원이 제출한 서면이나 전문수사자문위원의 설명 또는 의견의 진술에 관하여 피의자 또는 변호인에게 구술 또는 서면에 의한 의견진술의 기회를 주어야 한다.

제245조의3【전문수사자문위원 지정 등】① 제245조의2제1항에 따라 전문수사자문위원을 수사절차에 참여시키는 경우 검사는 각 사건마다 1인 이상의 전문수사자문위원을 지정한다.

② 검사는 상당하다고 인정하는 때에는 전문수사자

문위원의 지정을 취소할 수 있다.

③ 피의자 또는 변호인은 검사의 전문수사자문위원 지정에 대하여 관할 고등검찰청검사장에게 이의를 제기할 수 있다.

④ 전문수사자문위원에게는 수당을 지급하고, 필요한 경우에는 그 밖의 여비, 일당 및 숙박료를 지급할 수 있다.

⑤ 전문수사자문위원의 지정 및 지정취소, 이의제기 절차 및 방법, 수당지급, 그 밖에 필요한 사항은 법무부령으로 정한다.

제245조의4【준용규정】 제279조의7 및 제279조의8은 검사의 전문수사자문위원에게 준용한다.

제197조의3【시정조치요구 등】 ⑧ 사법경찰관은 피의자를 신문하기 전에 수사과정에서 법령위반, 인권침해 또는 현저한 수사권 남용이 있는 경우 검사에게 구제를 신청할 수 있음을 피의자에게 알려주어야 한다.

제312조【검사 또는 사법경찰관의 조서 등】 ① 검사가 작성한 피의자신문조서는 적법한 절차와 방식에 따라 작성된 것으로서 공판준비, 공판기일에 그 피의자였던 피고인 또는 변호인이 그 내용을 인정할 때에 한정하여 증거로 할 수 있다. 〈개정 2020.2.4.〉

② 삭제 〈2020.2.4.〉

③ 검사 이외의 수사기관이 작성한 피의자신문조서는 적법한 절차와 방식에 따라 작성된 것으로서 공판준비 또는 공판기일에 그 피의자였던 피고인 또는 변호인이 그 내용을 인정할 때에 한하여 증거로 할 수 있다.

④ 검사 또는 사법경찰관이 피고인이 아닌 자의 진술을 기재한 조서는 적법한 절차와 방식에 따라 작성된 것으로서 그 조서가 검사 또는 사법경찰관 앞에서 진술한 내용과 동일하게 기재되어 있음이 원진술자의 공판준비 또는 공판기일에서의 진술이나 영상녹화물 또는 그 밖의 객관적인 방법에 의하여 증명되고, 피고인 또는 변호인이 공판준비 또는 공판기일에 그 기재 내용에 관하여 원진술자를 신문할 수 있었던 때에는 증거로 할 수 있다. 다만, 그 조서에 기재된 진술이 특히 신빙할 수 있는 상태 하에서 행하여졌음이 증명된 때에 한한다.

의 의	검사 또는 사법경찰관이 수사에 필요한 경우에 피의자의 출석을 요구하여 피의자를 신문하고 그 진술을 듣는 절차(법 §200)	
방 법 *cf.* §312①③의 적법성 요건	출석요구	① 방법 : 제한 無 　㉠ 원칙 : 서면(출석요구서)의 송달에 의함 　㉡ 전화·문자메시지, 그 밖의 상당한 방법 可(수사준칙 §19) [경간 13] ② 임의출석 : 임의수사 ∴ **출석요구에 응할 의무 ×** → 출석거부 可, 출석 시 언제든 퇴거 可 [국9 08, 경간 14] → 피의자신문을 위한 구인 不可
	진술 거부권 고지	① 고지의무 : 수사기관은 **피의자 신문 전** 진술거부권과 변호인조력권이 있음을 알려주어야 함(법 §244의3①) [경간 13, 경승 14] ② 고지내용(동항 : 거/불/포/변, 개정법 §197의3⑧ : 검) 　㉠ 일체의 진술을 하지 아니하거나 개개의 질문에 대하여 진술을 하지 아니할 수 있다는 것(진술**거부**) [법원 09] 　㉡ 진술을 하지 아니하더라도 **불**이익을 받지 아니한다는 것 　㉢ 진술을 거부할 권리를 **포**기하고 행한 진술은 법정에서 유죄의 증거로 사용될 수 있다는 것 [경승 11, 경 09/2차] 　㉣ 신문을 받을 때에는 변호인을 참여하게 하는 등 **변**호인의 조력을 받을 수 있다는 것 　* 법령위반, 인권침해 또는 현저한 수사권 남용 시 **검**사에게 구체를 신청할 수 있음도 알려주어야 함(수사권 조정 개정법 §197의3⑧)

방 법
cf. §312①③의
적법성 요건
	진술
	거부권
	고지
		③ 조서에의 기재(동②)
		  ㉠ 질문과 답변 기재 : 검사·사법경찰관은 진술거부권을 고지한 때에는 진술거부권과 변호인조력권 행사 여부 질문 & 이에 대한 피의자의 **답변을 기재하여야 함**
		  ㉡ 답변기재방법 : 피의자로 하여금 **자필로 기재**하게 하거나 검사·사법경찰관이 피의자의 답변을 기재한 부분에 **기명날인 또는 서명**하게 하여야 함
		④ 불고지 효과 : **위법수집증거** [법원 11/13/14, 국7 07/08, 국9 09/13, 교정9 특채 10, 경간 11/12, 경승 10/11 등]

	피의자
	신문
		① 신문사항
		  ㉠ 피의자의 성명·연령·본적·주거·직업을 물어야 함(인정신문, 법 §241) ← 진술거부 可
		  ㉡ 범죄사실과 정상(情狀)에 관한 필요사항 신문 & 이익사실 진술권 부여(법 §242)
		  ㉢ 필요한 때 피의자와 다른 피의자 또는 피의자 아닌 자와 대질(對質) 可(대질신문, 법 §245) [경간 13]
		② 신문의 주체와 참여자
		  ㉠ 신문의 주체 : 검사 or 사법경찰관, 사법경찰리 可(82도1080)
		  ㉡ 참여자 : 변호인 / 신뢰관계인 / 검찰수사관 등 / 전문수사자문위원
		    ⓐ 검찰수사관 등(법 §243)
		      – 검사 : **검찰청수사관** 또는 서기관이나 서기
		      – 사경관 : **사경관리** [국7 08]
		    ⓑ 전문수사자문위원 : **직권** or 피의자·변호인 **신청**(법 §245의2①)
		③ 조사의 시간(2020.10.7. 제정 수사준칙)
		  ㉠ 심야조사의 제한(수사준칙 §21①)
		    ⓐ 원칙 : **오후 9시부터 오전 6시까지** 조사 ×
		    ⓑ 예외 : 이미 작성된 조서의 열람을 위한 절차는 자정 이전까지(이 외에도 **구속영장신청·청구, 시효임박 등은 심야조사 可**)
		  ㉡ 장시간 조사의 제한(수사준칙 §22)
		    ⓐ 총조사시간 : **12시간 초과 ×**(but 조서열람신청 or 구속영장신청·청구 등은 예외)
		    ⓑ 실제 조사시간 : **8시간 초과 ×**
		    ⓒ 조사를 마친 때부터 : 8시간 경과 전 재조사 ×(but 구속영장신청·청구, 시효임박 등은 예외)
		  ㉢ 휴식시간의 부여 : **최소한 2시간마다 10분 이상**(수사준칙 §23①)

**피의자
신문조서**
	조서작성	① 조서에의 기재(법 §244①)
		② 확인절차
		  ㉠ **열람하게 하거나 읽어 들려주어야 함**
		  ㉡ 진술내용·사실과의 일치 유무를 물어 증감·변경의 청구 등 **이의**를 제기하거나 **의견**을 진술한 때 **조서에 추가로 기재** [경간 13] & 이의제기 부분은 읽을 수 있도록 남겨둠(동②)
		  ㉢ 열람·낭독 등 확인절차 미이행 조서 : 위법수집증거는 아님(87도2716)
		  cf. 공판조서(법 §55③)와 다름
		③ 이의·의견 없음 **자필기재** & **간인, 기명날인 또는 서명**(동③)

피의자 신문조서	증거능력 인정요건	① 법 §312①③ : 적법성 + **내용인정** 　㉠ 검사작성 피신조서의 변화 : 2020.2.4. 개정법에 의하여 법 §312①의 　　검사작성의 피의자신문조서의 증거능력 인정요건에 대해 큰 변화(적/ 　　실/특 → 적/내. 2022.1.1. 시행) 　㉡ 법 §312②의 삭제 : 검사작성 피신조서의 '실질적 진정성립에 관한 영상 　　녹화물 그밖의 객관적 방법에 의한 대체증명'을 정한 법 **§312②**가 　　2021.1.1. **삭제** ② 검사작성 피신조서 = 사경작성 피신조서(법 §312① = §312③)
수사과정 기록		검사·사경은 피의자가 조사장소 **도착시각, 조사 개시·종료시각**, 그 밖에 조사과정의 진행경과 를 피신조서에 **기록** or 별도 서면에 기록 후 수사기록 편철(법 §244의4①) [국9 08/12, 경승 10]
영상녹화	의 의	① 임의적 영상녹화(법 §244의2① 제1문) ② 피의자 요구 시 영상녹화의무 × [해간 12]
	방 법	① 사전고지 　㉠ **미리 영상녹화사실을 알려주어야 함**(동항 제2문) 　㉡ 고지하면 됨 ∴ 피의자·변호인 **동의 不要** [법원 09/11/12, 국7 08/09/12, 　　국9 08/11/12, 경승 11/13/14, 경 12/1차, 경 12/3차, 경 13/2차, 경 15/1차, 경 16/1차] 　　≠ 참고인조사의 영상녹화 동의 **要**(법 §221 제2문) ② 조사의 개시부터 종료까지의 전 과정 및 객관적 정황 영상녹화 [법원 12] ③ 영상녹화 완료 시 피의자 또는 변호인 앞에서 지체 없이 그 원본 **봉인** & 　피의자로 하여금 **기명날인 또는 서명 要**(법 §244의2②) [국9 08, 교정특채 10, 　경승 09, 경 14/2차] ④ 봉인 시 재생·시청 및 이의 기재 　㉠ 봉인 시 피의자·변호인 요구 → 영상녹화물 재생·시청 　㉡ **이의** 진술 시 그 취지 기재 **서면** 첨부 要(동③) but 이의 진술 영상녹화 　　**不要** [국7 09, 경승 13, 경 12/1차, 경 12/3차]
	증거능력	① **본증·탄핵증거** × ② **진술조서의 실질적 진정성립 증명** ○(법 §312④) ③ 진술자 기억 불명 시 **기억환기용** ○(법 §318의2②)(2012도5041) [경 24/2차] ④ **검사작성 피신조서의 실질적 진정성립의 대체증명** × 　㉠ 2020.2.4. 개정법에 의해 **법 §312② 삭제** 　㉡ 2022.1.1.부터는 법 §312①의 증거능력 인정요건 자체가 실질적 진정성 　　립의 증명이 아니라 '내용의 인정'으로 변경
변호인 참여	의 의	① 검사 또는 사법경찰관은 피의자 또는 그 변호인·법정대리인·배우자·직 계친족·형제자매의 신청에 따라 변호인을 피의자와 접견하게 하거나 **정당한 사유가 없는 한 피의자에 대한 신문에 참여하게 하여야 함**(법 §243의2①) [법원 10/13, 국7 08/10/12, 경 13/1차, 경 14/2차, 경 16/1차] ② 변호인의 피의자신문참여권 ○ : 불구속 피의자신문에도 참여권 ○ [국9 15, 경승 11, 경 12/3차] (but 변호인 되려는 자 : 피의자신문참여권 × [국9 15] ≠ 접견교통권 ○)
	성 질	**헌법상 기본권인 변호인의 변호권**(2016헌마503)
	고 지	피의자신문 전 진술거부권과 아울러 변호인조력권을 알려주어야 함

PART 03

수사와 공소

변호인 참여	신 청	① **신청 要** *cf.* ≠ 신뢰관계자 동석 : 직권 or 신청
		② **피**의자 or **변**호인, **직**계친족 / **배**우자 / **형**제자매, **법**정대리인
		    cf. 법/배/직/형 = §30②의 변호인 선임권자 ≠ 적부심·보석 : 법배직형가동고
		    [경승 11/14]

	지 정	신문에 참여하고자 하는 변호인이 2인 이상인 때
		① **피의자**가 신문에 참여할 변호인 1인을 지정
		② 지정이 없는 경우 : **검사·사경이 지정 可**(지정하여야 한다 ×)(법 §243의2
		    ② : 피−검/사). [법원 08/10/13, 국7 12, 국9 11/15, 경승 11/14, 경 09/1차, 경 10/2차,
		    경 12/1차, 경 12/2차, 경 13/2차]

	방 법	① 원칙 : **신문 후 의견 진술 可**(법 §243의2③本) [국7 10]
		② 예외
		    ㉠ **신문 중 부당한 신문방법 이의제기 可**(동但) [법원 08/14, 경승 14, 경 09/1차,
		        경 09/2차, 경 13/1차]
		    ㉡ **신문 중 검사·사경 승인 얻어 의견 진술 可**(동但) [법원 10/13/14, 국7 10/12,
		        경승 14, 경 10/2차, 경 12/1차, 경 12/2차, 경 13/1차] : 정당한 사유 제외 변호인
		        의견진술 요청 승인해야 함(수사준칙 §14② 제2문)
		③ 조서기재
		    ㉠ 변호인 의견 기재 조서는 변호인에게 열람하게 한 후 변호인 **기명날인**
		        또는 서명(법 §243의2④) [법원 10/14]
		    ㉡ 변호인 신문참여 및 그 제한에 관한 사항 조서 **기재 要**(동⑤) [법원 13,
		        경승 13/14, 경 13/2차]

	제 한	① '정당한 사유'가 있다면 참여권 제한 可(법 §243의2①) [국7 10, 국9 08]
		② 정당한 사유 : 변호인이 **피의자신문을 방해하거나 수사기밀을 누설할 염려가**
		    있음이 객관적으로 명백한 경우 등(2003모402; 2008모793)
		③ 判例가 정당한 사유가 없다고 본 사례
		    ㉠ **피의자로부터 떨어진 곳으로 옮겨 앉으라고 지시한 다음 지시에 따르지**
		        않았음을 이유로 참여권 제한(2008모793)
		    ㉡ **피의자의 후방에 앉으라고 요구**(2016헌마503)
		    ㉢ **부당한 신문방법 이의제기만을 이유로 변호인 퇴거**(2015모2357)
		④ 진술거부권 행사 권고 : 참여권 제한 ×(2006모657) [경승 11]

	준항고	불복이 있으면 그 직무집행지의 관할법원 또는 검사의 소속검찰청에 대응한 법원에 그 처분의 취소 또는 변경 청구(법 §417, 수사기관 **준항고** : 압/구/**변**) [법원 14, 국7 10, 국9 11, 경간 13, 경승 10/14, 경 13/1차]
	증거능력	정당한 사유 없이 변호인 참여 제한 피신조서는 **위수증** or 법 §312의 적법성 위반(2010도3359)
신뢰관계자 동석	의 의	검사 또는 사법경찰관은 피의자신문 시 일정한 경우 직권 또는 피의자·법정 대리인의 신청에 따라 피의자와 신뢰관계에 있는 자를 동석하게 할 수 있음 (법 §244의5) [경승 14, 경 13/2차]
	신 청	**직권** 또는 **피**의자·**법**정대리인의 **신청** ≠ 변호인 피의자신문 참여
	대 상	① 피의자가 신체적 또는 정신적 **장애**로 사물변별 or 의사결정·전달 **능력 미약** ② 피의자의 **연령·성별·국적 등의 사정**을 고려하여 그 심리적 **안정**의 도모와 원활한 의사**소통**을 위하여 필요한 경우 [경 08/3차]

	신뢰관계자	직계친족, 형제자매, 배우자, 가족, 동거인, 보호·교육시설의 보호·교육담당자 등 피의자(또는 피해자)의 심리적 안정과 원활한 의사소통에 도움을 줄 수 있는 사람(수사준칙 §24①)
신뢰관계자 동석	동석내용	① 법 §244의5① : "**동석하게 할 수 있다**" ∴ 수사기관 재량 ② 피의자 등의 신청이 있어도 신뢰관계자 **동석의무 ×** [국9 12, 경승 13] cf. 피해자(13/장) 조사 시 필요적 동석 有
	대리진술	① **동석자 대리진술 ×** ② 동석자 대리진술 피신조서 기재 시 : **피의자 진술 ×**(법 §312①③ ×), **동석자 진술을 기재한 조서** ○(법 §312④ ○, 2009도1322)

🔗 한줄판례 Summary

① 변호인이 피의자신문에 자유롭게 참여할 수 있는 권리는 피의자가 가지는 변호인의 조력을 받을 권리를 실현하는 수단이라고 할 수 있으므로 **헌법상 기본권인 변호인의 변호권**으로서 보호되어야 함(2016헌마503) [경 20/2차, 경승 20]
② **후방착석요구행위**는 변호인인 청구인의 변호권을 침해(2016헌마503) [경간 20, 경 20/1차, 경 18/2차]
③ 검사 또는 사법경찰관이 구금된 피의자를 신문할 때 피의자 또는 변호인으로부터 **보호장비를 해제해 달라는 요구를 받고도 거부**한 조치는 형사소송법 **제417조**에서 정한 '**구금에 관한 처분**'에 해당(2015모2357)

2. 피의자 이외의 자에 대한 조사

(1) 참고인조사 [행시 02]

✅ 조문정리

제221조【제3자의 출석요구 등】① 검사 또는 사법경찰관은 수사에 필요한 때에는 피의자가 아닌 자의 출석을 요구하여 진술을 들을 수 있다. 이 경우 그의 동의를 받아 영상녹화할 수 있다.
② 검사 또는 사법경찰관은 수사에 필요한 때에는 감정·통역 또는 번역을 위촉할 수 있다.
③ 제163조의2제1항부터 제3항까지는 검사 또는 사법경찰관이 범죄로 인한 피해자를 조사하는 경우에 준용한다.

제163조의2【신뢰관계에 있는 자의 동석】① 법원은 범죄로 인한 피해자를 증인으로 신문하는 경우 증인의 연령, 심신의 상태, 그 밖의 사정을 고려하여 증인이 현저하게 불안 또는 긴장을 느낄 우려가 있다고 인정하는 때에는 직권 또는 피해자·법정대리인·검사의 신청에 따라 피해자와 신뢰관계에 있는 자를 동석하게 할 수 있다.
② 법원은 범죄로 인한 피해자가 13세 미만이거나 신체적 또는 정신적 장애로 사물을 변별하거나 의사를 결정할 능력이 미약한 경우에 재판에 지장을 초래할 우려가 있는 등 부득이한 경우가 아닌 한 피해자와 신뢰관계에 있는 자를 동석하게 하여야 한다.
③ 제1항 또는 제2항에 따라 동석한 자는 법원·소송관계인의 신문 또는 증인의 진술을 방해하거나 그 진술의 내용에 부당한 영향을 미칠 수 있는 행위를 하여서는 아니 된다.

제221조의2【증인신문의 청구】① 범죄의 수사에 없어서는 아니될 사실을 안다고 명백히 인정되는 자가 전조의 규정에 의한 출석 또는 진술을 거부한 경우에는 검사는 제1회 공판기일 전에 한하여 판사에게 그에 대한 증인신문을 청구할 수 있다.

의 의	① 검사 또는 사법경찰관은 수사에 필요한 때에는 피의자 아닌 자(참고인)의 출석을 요구하여 진술을 들을 수 있음(법 §221) [경 09/1차] ② 참고인과 증인의 차이 　　㉠ 참고인은 수사기관에 대하여, 증인은 법원·법관에 대하여 [행시 02, 경 13/2차] 　　㉡ 참고인은 출석·선서·증언의무, 불출석 제재 無, 증인은 有
방 법	① 임의수사 : 참고인은 출석의무 × ∴ 강제 소환 × ② 진술거부권 　　㉠ 진술거부권은 있음(헌법 §12②) 　　㉡ **진술거부권을 고지할 필요 ×**(≠ 피의자신문) ③ 수사상 증인신문청구 : 참고인이 출석 or 진술거부 시 → 검사는 일정한 요건 갖춘 때 → 제1회 공판기일 전에 한하여 판사에게 그에 대한 증인신문 청구 可(법 §221의2①, 불출석제재 可) ④ 조서에의 기재 : 참고인의 진술은 조서에 기재하고, 참고인으로 하여금 조서에 간인 후 기명날인 또는 서명하게 함(진술조서) ⑤ 영상녹화 : **동의를 받아 영상녹화** 可(법 §221① 제2문, ≠ 피의자신문 시 사전고지) 　　[법원 08/12, 검·교정9 08, 교정특채 10, 해간 12, 경 09/1차] ⑥ 검찰수사관 등 참여 : 不要(≠ 피의자신문) ⑦ 신뢰관계인 동석 　　㉠ 임의적 동석(법 §221③, §163의2①) 　　　　ⓐ 피해자의 연령, 심신의 상태, 그 밖의 사정을 고려하여 피해자가 현저하게 **불안** 또는 **긴장**을 느낄 우려 　　　　ⓑ **직권** or 피해자·법정대리인·검사의 **신청** 　　㉡ 필요적 동석(법 §221③, §163의2②) [국9 09] 　　　　ⓐ 피해자가 **13세 미만** or **신체적·정신적 장애**로 사물변별·의사결정능력 미약 　　　　ⓑ 부득이한 경우가 아닌 한 **동석 要** 　　　　[정리] 피해자 불안은 혼자 할 수 있는데, 13장은 함께 해야 한다. ⑧ 수사과정 기록 : 전과정 기록(= 피의자신문)
조서 증거능력	① 적/실/반/특(법 §312④) ② 실질적 진정성립 : 진술 or 영상녹화물 등

💡 퍼써 정리 ㅣ 피의자신문과 참고인조사의 비교

	피의자신문	참고인조사
진술거부권 고지	고지 要	고지 不要
변호인 참여	신청 ○ → 참여 要	不要
신뢰관계자 동석	임의적 동석 직권 or 신청	피해자 조사 시 ① 임의적 동석(불안 / 긴장, 직권 or 신청) ② 필요적 동석(13세 미만 / 부득이한 경우 아닌 한)
영상녹화	알려주어야 함	동의받아야 함

퍼써 정리 | 피의자신문조서 추가기재, 피신조서 기록 or 별도 서면 기록 후 편철, 별도서면 첨부

[1] 수사기관이 피의자신문조서에 추가로 기재해야 하는 것 : 변호인의 신문참여·제한, 피신조서에 대한 피의자의 증감·변경 청구 등 이의제기·의견진술, 수사과정 기록에 대한 이의제기·의견진술
　① 변호인의 신문참여 및 제한

> 형사소송법 제243조의2【변호인의 참여 등】(중략) ④ 제3항에 따른 변호인의 의견이 기재된 피의자신문조서는 변호인에게 열람하게 한 후 변호인으로 하여금 그 조서에 기명날인 또는 서명하게 하여야 한다.
> ⑤ 검사 또는 사법경찰관은 변호인의 신문참여 및 그 제한에 관한 사항을 <u>피의자신문조서에 기재하여야 한다.</u>

　② 피의자의 증감·변경의 청구 등 이의제기 또는 의견진술

> 형사소송법 제244조【피의자신문조서의 작성】① 피의자의 진술은 조서에 기재하여야 한다.
> ② 제1항의 조서는 피의자에게 열람하게 하거나 읽어 들려주어야 하며, 진술한 대로 기재되지 아니하였거나 사실과 다른 부분의 유무를 물어 <u>피의자가 증감 또는 변경의 청구 등 이의를 제기하거나 의견을 진술한 때에는 이를 조서에 추가로 기재</u>하여야 한다. 이 경우 피의자가 이의를 제기하였던 부분은 읽을 수 있도록 남겨두어야 한다.
> ③ 피의자가 조서에 대하여 이의나 의견이 없음을 진술한 때에는 피의자로 하여금 그 취지를 자필로 기재하게 하고 조서에 간인한 후 기명날인 또는 서명하게 한다.

　③ 수사과정 기록(피신조서 기록 or 별도 서면 기록 후 편철)에 대한 이의제기 또는 의견진술(피신조서 추가 기재)

> 형사소송법 제244조의4【수사과정의 기록】① 검사 또는 사법경찰관은 <u>피의자가 조사장소에 도착한 시각, 조사를 시작하고 마친 시각, 그 밖에 조사과정의 진행경과를 확인하기 위하여 필요한 사항</u>을 피의자신문조서에 기록하거나 별도의 서면에 기록한 후 수사기록에 편철하여야 한다.
> ② <u>제244조 제2항 및 제3항은 제1항의 조서 또는 서면에 관하여 준용</u>한다. (→ 제1항의 수사과정의 기록에 대하여 피의자가 증감·변경 청구 등 이의를 제기하거나 의견을 진술한 때 이를 조서에 추가로 기재할 것)
> ③ 제1항 및 제2항은 피의자가 아닌 자를 조사하는 경우에 준용한다.

[2] 피의자신문조서에 기록하거나 별도 서면에 기록 후 수사기록에 편철해야 하는 것 : 수사과정의 기록

> 형사소송법 제244조의4【수사과정의 기록】① 검사 또는 사법경찰관은 <u>피의자가 조사장소에 도착한 시각, 조사를 시작하고 마친 시각, 그 밖에 조사과정의 진행경과를 확인하기 위하여 필요한 사항</u>을 <u>피의자신문조서에 기록하거나 별도의 서면에 기록한 후 수사기록에 편철</u>하여야 한다.
> ② 제244조제2항 및 제3항은 제1항의 조서 또는 서면에 관하여 준용한다.
> ③ 제1항 및 제2항은 피의자가 아닌 자를 조사하는 경우에 준용한다.

[3] 별도의 서면을 첨부해야 하는 것 : 영상녹화물 이의진술, 제3자 진술 영상녹화물 증거조사 신청
　① 피의자 진술의 영상녹화물의 봉인 시 그 내용에 대한 피의자·변호인의 이의진술

> 형사소송법 제244조의2【피의자진술의 영상녹화】① 피의자의 진술은 영상녹화할 수 있다. 이 경우 미리 영상녹화사실을 알려주어야 하며, 조사의 개시부터 종료까지의 전 과정 및 객관적 정황을 영상녹화하여야 한다.
> ② 제1항에 따른 <u>영상녹화가 완료된 때</u>에는 피의자 또는 변호인 앞에서 지체 없이 그 원본을 봉인하고 피의자로 하여금 기명날인 또는 서명하게 하여야 한다.
> ③ 제2항의 경우에 <u>피의자 또는 변호인</u>의 요구가 있는 때에는 영상녹화물을 재생하여 시청하게 하여야 한다. 이 경우 <u>그 내용에 대하여 이의를 진술</u>하는 때에는 <u>그 취지를 기재한 서면을 첨부</u>하여야 한다.

② 제3자 진술의 영상녹화물의 증거조사 신청 시 영상녹화 동의서면

> **형사소송규칙 제134조의3【제3자의 진술과 영상녹화물】** ① 검사는 피의자가 아닌 자가 공판준비 또는 공판기일에서 조서가 자신이 검사 또는 사법경찰관 앞에서 진술한 내용과 동일하게 기재되어 있음을 인정하지 아니하는 경우 그 부분의 성립의 진정을 증명하기 위하여 영상녹화물의 조사를 신청할 수 있다.
> ② 검사는 제1항에 따라 영상녹화물의 조사를 신청하는 때에는 **피의자가 아닌 자가 영상녹화에 동의하였다는 취지로 기재하고 기명날인 또는 서명한 서면을 첨부**하여야 한다.
> ③ 제134조의2제3항제1호부터 제3호, 제5호, 제6호, 제4항, 제5항은 검사가 피의자가 아닌 자에 대한 영상녹화물의 조사를 신청하는 경우에 준용한다.

(2) 감정·통역·번역의 위촉

⊘ 조문정리

제221조의3【감정의 위촉과 감정유치의 청구】
① 검사는 제221조의 규정에 의하여 감정을 위촉하는 경우에 제172조제3항의 유치처분이 필요할 때에는 판사에게 이를 청구하여야 한다.
② 판사는 제1항의 청구가 상당하다고 인정할 때에는 유치처분을 하여야 한다. 제172조 및 제172조의2의 규정은 이 경우에 준용한다.

제221조의4【감정에 필요한 처분, 허가장】 ① 제221조의 규정에 의하여 감정의 위촉을 받은 자는 판사의 허가를 얻어 제173조제1항에 규정된 처분을 할 수 있다.
② 제1항의 허가의 청구는 검사가 하여야 한다.
③ 판사는 제2항의 청구가 상당하다고 인정할 때에는 허가장을 발부하여야 한다.
④ 제173조제2항, 제3항 및 제5항의 규정은 제3항의 허가장에 준용한다.

제172조【법원 외의 감정】 ① 법원은 필요한 때에는 감정인으로 하여금 법원 외에서 감정하게 할 수 있다.
② 전항의 경우에는 감정을 요하는 물건을 감정인에게 교부할 수 있다.
③ 피고인의 정신 또는 신체에 관한 감정에 필요한 때에는 법원은 기간을 정하여 병원 기타 적당한 장소에 피고인을 유치하게 할 수 있고 감정이 완료되면 즉시 유치를 해제하여야 한다.
④ 전항의 유치를 함에는 감정유치장을 발부하여야 한다.
⑤ 제3항의 유치를 함에 있어서 필요한 때에는 법원은 직권 또는 피고인을 수용할 병원 기타 장소의 관리자의 신청에 의하여 사법경찰관리에게 피고인의 간수를 명할 수 있다.

⑥ 법원은 필요한 때에는 유치기간을 연장하거나 단축할 수 있다.
⑦ 구속에 관한 규정은 이 법률에 특별한 규정이 없는 경우에는 제3항의 유치에 관하여 이를 준용한다. 단, 보석에 관한 규정은 그러하지 아니하다.
⑧ 제3항의 유치는 미결구금일수의 산입에 있어서는 이를 구속으로 간주한다.

제172조의2【감정유치와 구속】 ① 구속 중인 피고인에 대하여 감정유치장이 집행되었을 때에는 피고인이 유치되어 있는 기간 구속은 그 집행이 정지된 것으로 간주한다.
② 전항의 경우에 전조 제3항의 유치처분이 취소되거나 유치기간이 만료된 때에는 구속의 집행정지가 취소된 것으로 간주한다.

제173조【감정에 필요한 처분】 ① 감정인은 감정에 관하여 필요한 때에는 법원의 허가를 얻어 타인의 주거, 간수자 있는 가옥, 건조물, 항공기, 선차 내에 들어 갈 수 있고 신체의 검사, 사체의 해부, 분묘발굴, 물건의 파괴를 할 수 있다.
② 전항의 허가에는 피고인의 성명, 죄명, 들어갈 장소, 검사할 신체, 해부할 사체, 발굴할 분묘, 파괴할 물건, 감정인의 성명과 유효기간을 기재한 허가장을 발부하여야 한다.
③ 감정인은 제1항의 처분을 받는 자에게 허가장을 제시하여야 한다.
④ 전2항의 규정은 감정인이 공판정에서 행하는 제1항의 처분에는 적용하지 아니한다.
⑤ 제141조, 제143조의 규정은 제1항의 경우에 준용한다.

의 의	① 검사·사법경찰관은 수사에 필요한 때 감정·통역·번역 위촉 可(법 §221②)
	② 임의수사 : 위촉 수락 여부, 출석 여부, 출석 후 퇴거 모두 자유
	③ 감정수탁자와 감정인의 차이
	㉠ 감정수탁자는 수사상 감정위촉을 받은 자, 감정인은 법원의 증거조사방법으로 행해지는 감정에 있어서 그 명을 받은 자
	㉡ 감정수탁자는 선서 ×, 감정 시 당사자 참여 × ≠ 감정인

방 법	감정유치처분	① 감정을 위하여 유치가 필요하면
		② 검사 → 판사에게 감정유치처분(법 §172③) 청구(§221의3①)
		③ 판사 → **감정유치처분**(강제수사, **감정유치장** 발부, 법 §221의3②, §172④)
		④ 감정유치결정 불복 ×, 감정유치기간 재정기간
	감정에 필요한 처분	① 감정위촉을 받은 자(감정수탁자)는
		② 검사의 청구 → 판사의 허가(**감정처분허가서**)를 얻어
		③ 감정에 필요한 처분 可(법 §221의4)
		④ 감정에 필요한 처분 : 타인의 주거, 간수자 있는 가옥, 건조물, 항공기, 선차 내 출입, 신체검사, 사체해부, 분묘발굴, 물건파괴(§173①)
	참고인조사 조서작성	① 감정인·통역인·번역인을 참고인으로 조사
		② 조서작성(법 §48, §50)

증거능력	① 감정의 경과와 결과를 기재한 서류(감정서, 감정보고서)
	② 법 §313③ : 자/성/반

(3) 사실조회(공무소 등에의 조회)

의 의	수사기관이 수사에 관하여 공무소 기타 공사단체에 조회하여 필요한 사항의 보고를 요구 (법 §199②, 예 전과조회, 신원조회 등)
임의수사	조회받은 상대방 보고의무 ○ but 이행강제 ×(∵ 영장 ×) [경 05/2차]

강제처분과 강제수사

퍼써 정리 | 강제처분의 종류

객 체	대인적 강제처분	체포, 구속, 소환, 신체수색, 신체검증	사람에 대해 강제력이 직접 행사됨
	대물적 강제처분	압수, 수색, 물건·장소 검증, 제출명령	물건에 대해 강제력이 직접 행사됨
주 체	수소법원	구속, 압수, 수색, 검증	공소제기 후 법원
	판 사	• 증거보전절차로서 판사가 행하는 강제처분(§184) • 검사의 청구에 의한 감정유치처분(§221의3)	• 수사기관의 청구 • 공소제기 전 판사
	수사기관	체포, 구속, 압수, 수색, 검증	강제수사
절 차	기소전	수사기관에 의한 강제처분	검사의 청구에 의하여 수사단계에서 판사가 행하는 강제처분
	기소후	수소법원에 의한 강제처분	
사전영장의 요부	통상 강제처분	• 영장에 의한 체포, 구속 • 통상의 압수·수색·검증	사전영장에 의한 강제처분
	긴급 강제처분	• 긴급체포, 현행범체포 • 영장에 의하지 아니하는 압수·수색·검증	사후영장에 의한 강제처분
강제의 정도	직접적 강제처분	체포, 구속, 압수, 수색	직접 물리적인 힘을 행사하는 강제처분
	간접적 강제처분	소환, 제출명령	심리적 강제에 의하여 일정한 행동을 하게 하는 강제처분

01 대인적 강제수사

Ⅰ 체 포

수사단계에서 피의자의 신병확보를 위하여 48시간을 초과하지 않는 기간 동안 수사관서 등 일정한 장소로 인치하는 구속의 전 단계 처분으로서의 대인적 강제처분

1. 영장에 의한 체포

조문정리

제200조의2【영장에 의한 체포】① 피의자가 죄를 범하였다고 의심할 만한 상당한 이유가 있고, 정당한 이유 없이 제200조의 규정에 의한 출석요구에 응하지 아니하거나 응하지 아니할 우려가 있는 때에는 검사는 관할 지방법원판사에게 청구하여 체포영장을 발부받아 피의자를 체포할 수 있고, 사법경찰관은 검사에게 신청하여 검사의 청구로 관할 지방법원판사의 체포영장을 발부받아 피의자를 체포할 수 있다. 다만, 다액 50만원 이하의 벌금, 구류 또는 과료에 해당하는 사건에 관하여는 피의자가 일정한 주거가 없는 경우 또는 정당한 이유 없이 제200조의 규정에 의한 출석요구에 응하지 아니한 경우에 한한다.

② 제1항의 청구를 받은 지방법원판사는 상당하다고 인정할 때에는 체포영장을 발부한다. 다만, 명백히 체포의 필요가 인정되지 아니하는 경우에는 그러하지 아니하다.

③ 제1항의 청구를 받은 지방법원판사가 체포영장을 발부하지 아니할 때에는 청구서에 그 취지 및 이유를 기재하고 서명날인하여 청구한 검사에게 교부한다.

④ 검사가 제1항의 청구를 함에 있어서 동일한 범죄사실에 관하여 그 피의자에 대하여 전에 체포영장을 청구하였거나 발부받은 사실이 있는 때에는 다시 체포영장을 청구하는 취지 및 이유를 기재하여야 한다.

⑤ 체포한 피의자를 구속하고자 할 때에는 체포한 때부터 48시간 이내에 제201조의 규정에 의하여 구속영장을 청구하여야 하고, 그 기간내에 구속영장을 청구하지 아니하는 때에는 피의자를 즉시 석방하여야 한다.

제200조의5【체포와 피의사실 등의 고지】검사 또는 사법경찰관은 피의자를 체포하는 경우에는 피의사실의 요지, 체포의 이유와 변호인을 선임할 수 있음을 말하고 변명할 기회를 주어야 한다.

제200조의6【준용규정】제75조, 제81조 제1항 본문 및 제3항, 제82조, 제83조, 제85조제1항·제3항 및 제4항, 제86조, 제87조, 제89조부터 제91조까지, 제93조, 제101조제4항 및 제102조제2항 단서의 규정은 검사 또는 사법경찰관이 피의자를 체포하는 경우에 이를 준용한다. 이 경우 "구속"은 이를 "체포"로, "구속영장"은 이를 "체포영장"으로 본다.

제75조【구속영장의 방식】① 구속영장에는 피고인의 성명, 주거, 죄명, 공소사실의 요지, 인치 구금할 장소, 발부년월일, 그 유효기간과 그 기간을 경과하면 집행에 착수하지 못하며 영장을 반환하여야 할 취지를 기재하고 재판장 또는 수명법관이 서명날인하여야 한다.

② 피고인의 성명이 분명하지 아니한 때에는 인상, 체격, 기타 피고인을 특정할 수 있는 사항으로 피고인을 표시할 수 있다.

③ 피고인의 주거가 분명하지 아니한 때에는 그 주거의 기재를 생략할 수 있다.

제81조【구속영장의 집행】① 구속영장은 검사의 지휘에 의하여 사법경찰관리가 집행한다.

③ 교도소 또는 구치소에 있는 피고인에 대하여 발부된 구속영장은 검사의 지휘에 의하여 교도관이 집행한다.

제83조【관할구역 외에서의 구속영장의 집행과 그 촉탁】① 검사는 필요에 의하여 관할구역 외에서 구속영장의 집행을 지휘할 수 있고 또는 당해 관할구역의 검사에게 집행지휘를 촉탁할 수 있다.

② 사법경찰관리는 필요에 의하여 관할구역 외에서 구속영장을 집행할 수 있고 또는 당해 관할구역의 사법경찰관리에게 집행을 촉탁할 수 있다.

제85조【구속영장집행의 절차】① 구속영장을 집행함에는 피고인에게 반드시 이를 제시하고 그 사본을 교부하여야 하며 신속히 지정된 법원 기타 장소에 인치하여야 한다. 〈개정 2022.2.3.〉

③ 구속영장을 소지하지 아니한 경우에 급속을 요하는 때에는 피고인에 대하여 공소사실의 요지와 영장이 발부되었음을 고하고 집행할 수 있다.

④ 전항의 집행을 완료한 후에는 신속히 구속영장을 제시하고 그 사본을 교부하여야 한다. 〈개정 2022.2.3.〉

제86조【호송 중의 가유치】구속영장의 집행을 받은 피고인을 호송할 경우에 필요하면 가장 가까운 교도소 또는 구치소에 임시로 유치할 수 있다. [전문개정 2020.12.8.]

제87조【구속의 통지】① 피고인을 구속한 때에는 변호인이 있는 경우에는 변호인에게, 변호인이 없는 경우에는 제30조제2항에 규정한 자 중 피고인

이 지정한 자에게 피고사건명, 구속일시·장소, 범죄사실의 요지, 구속의 이유와 변호인을 선임할 수 있는 취지를 알려야 한다.

② 제1항의 통지는 지체 없이 서면으로 하여야 한다.

제203조의2 【구속기간에의 산입】 피의자가 제200조의2·제200조의3·제201조의2제2항 또는 제212조의 규정에 의하여 체포 또는 구인된 경우에는 제

202조 또는 제203조의 구속기간은 피의자를 체포 또는 구인한 날부터 기산한다.

제204조 【영장발부와 법원에 대한 통지】 체포영장 또는 구속영장의 발부를 받은 후 피의자를 체포 또는 구속하지 아니하거나 체포 또는 구속한 피의자를 석방한 때에는 지체 없이 검사는 영장을 발부한 법원에 그 사유를 서면으로 통지하여야 한다.

의 의		수사기관이 사전에 법관의 체포영장을 발부받아 피의자를 체포하는 것(영장에 의한 체포, 통상체포)
요 건	상당한 범죄혐의	① 죄를 범하였다고 의심할 만한 상당한 이유(법 §200의2①) ② 주관적 혐의 ×, 객관적 혐의 ○(유죄판결 고도의 개연성)
	체포사유	① **출석요구 불응 또는 불응 우려**(동①) ② 경미사건(**다액 50만원 이하의 벌금, 구류 또는 과료**, 동① 단서) 　㉠ **일정한 주거가 없는 경우** or 　㉡ 정당한 이유 없이 **출석요구에 응하지 아니한 경우** ③ 체포의 필요성 – **소극적 요건** 　㉠ 명백히 체포의 필요(도망 or 증거인멸 염려)가 인정되지 아니하는 경우 판사는 체포영장 발부 不可(동② 단서) 　㉡ 적극적 요건 ×, 소극적 요건 ○
절 차		체포영장 신청(경찰) → 영장청구(검사) → 영장발부(판사) → 영장제시·집행(검사 지휘, 사경 집행) : 미란다고지(사/이/변/기/진) → 체포통지(24h) → 구속영장 신청 또는 석방 (48h)
	체포영장 청구	① 검사는 관할 지방법원판사에게 청구(사경은 검사에게 신청) ② 청구는 서면(체포영장청구서) ③ **재체포 제한** × [국7 10] (≠ 긴급체포, 피의자구속) ④ 단, 영장 재청구 시 다시 체포영장을 청구하는 취지 및 이유 기재 要(동④, 규칙 §95 8.) [경 12/3차] ⑤ But 체포적부심 석방 시 재체포 : 실제 도망 / 증거인멸 要
	영장발부	① 상당하면 관할지법판사 체포영장발부(법 동②) ② 체포영장 발부 시 **피의자심문** ×(≠ 구속영장) ③ 영장발부·기각결정에 대한 **불복** × [국9 14]
	영장집행	① 검사지휘, 사경 또는 교도관 집행(법 §200의6, §81①③) [국9 13] ② 체포영장의 제시 및 사본교부 　㉠ 피의자에게 **정본제시 + 사본교부 要**(법 §200의6, §85①) 　(피해자 등 사건관계인의 개인정보가 피의자 방어권 보장을 위하여 필요한 정도를 넘어 불필요하게 노출되지 않도록 유의 : 수사준칙 §32의2) → 피의자로부터 영장 사본 교부 확인서를 받아 사건기록에 편철 → 피의자가 영장의 사본을 수령하기를 거부하거나 영장 사본 교부 확인서에 기명날인 또는 서명하는

절 차	영장집행	것을 거부하는 경우에는 검사 또는 사법경찰관이 영장 사본 교부 확인서 끝부분에 그 사유를 적고 기명날인 또는 서명(수사준칙 §32의2)

ⓛ 긴급집행 : 체포영장 **미소지** → **급속**을 요하는 때 → **범죄사실요지 & 영장 발부 고하고 집행** → 집행완료 후 **신속히 영장(정본) 제시 + 사본교부 要** (§85③④)

③ 미란다고지
ⓐ 피의**사**실의 요지
ⓑ 체포의 **이유**
ⓒ **변**호인을 선임할 수 있음을 말하고
ⓓ 변명할 **기**회를 준 후가 아니면 피의자 체포 不可(§200의5 : 사/이/변/기)
ⓔ **진**술거부권 : 종래 피의자 체포·구속 시의 미란다고지 내용에 포함되지 않았음 but **2020.10.7. 제정된 수사준칙(대통령령)에 의하여 포함**됨
　　ⓐ 체포·구속 시 진술거부권을 알려주어야 함(수사준칙 §32①)
　　ⓑ 고지하는 진술거부권의 내용 : 진술거부 / 불이익 없음 / 포기 시 유죄 증거사용 可(수사준칙 §32②)
ⓕ 미란다고지 시기 : **이전에 미리** 하는 것이 원칙 but 달아나는 피의자를 쫓아가 붙들거나 폭력으로 대항하는 피의자를 실력으로 제압하는 경우에는 **붙들거나 제압한 후에 지체 없이**(99도4341 ; 2004도3212, 긴급체포·현행범체포도 同)

④ 체포영장 집행시 긴급 압수·수색·검증(영장주의 예외)
ⓐ 피의자수색 : if 미리 수색영장 받기 어려운 긴급한 사정 有 → **수색영장 없이** 타인의 주거에 들어가서 피의자 발견을 위한 **수색 可**(법 §216①1.)
ⓑ 체포현장에서의 압수·수색·검증 : **체포현장**에서는 영장 없이 압수·수색·검증 可(동 제2호)

⑤ 수용과 가유치
ⓐ 영장에 기재된 인치·구금할 장소(경찰서 유치장, 구치소 또는 교도소 내의 미결수용실)에 수용
ⓑ 영장집행을 받은 피의자를 호송할 경우 가장 가까운 교도소·구치소에 임시 유치 可(법 §86 : 호송 중 가유치) [국9 13]

⑥ 영장미집행·석방 시 통지
ⓐ 영장발부 후 피의자를 체포하지 아니하거나
ⓑ 체포한 피의자를 석방(구속취소)한 때
→ **지체 없이** 검사는 영장발부법원에 서면통지 要(법 §204) |
| | 집행 후 | ① 적부심청구권 고지의무 : 체포한 검사·사경은 체포된 **피**의자와 체포적부심사청구권자(§214의2①) 중 피의자가 지정하는 자에게 **체포적부심사를 청구할 수 있음을 알려야 함**(동②)

② 변호인 등에 대한 체포통지의무(§200의6, §87)
ⓐ 통지대상 : 변호인이 있으면 **변**호인에게, 변호인이 없으면 **법/배/직/형** 중 피의자가 지정한 자에게
ⓑ 시간적 한계 : **지체 없이**(법 §87②) [경 15/2차] → 체포한 때부터 늦어도 **24시간** 이내(규칙 §100①, §51② 제1문) |

절 차	집행 후	㉢ 통지방법 : **서면**(법 §87②) but **급속**을 요할 시 전화 또는 모사전송기 기타 **상당한 방법**(다만, 이 경우 **다시 서면**)(규칙 §51③) ㉣ 통지내용 : 피의사건**명**, 체포일시와 **장**소, 범죄**사**실의 요지, 체포의 **이**유와 **변**호인을 선임할 수 있다는 사실(법 §87①)
	구속영장 청구와 석방	① 구속영장청구 : **체포한 때부터 48시간 이내** 검사가 구속영장 **청구 要**(구속영장 청구하면 ○, 구속영장 발부 不要)(법 §200의2⑤) ② 석방 ㉠ 영장미청구 : 그 기간 내에 구속영장을 청구하지 아니하는 때에는 피의자를 **즉시 석방**(동⑤) [행시 03, 경 04/2차, 경 05/2차, 경 06/1차] ㉡ 영장미발부 : 구속영장 청구하였으나 영장청구가 기각되어 구속영장을 발부받지 못한 경우에도 **즉시 석방**(규칙 §100②, 법 §200의4②)
	구속기간	체포된 피의자를 구속영장에 의하여 구속한 때에는 구속기간은 피의자를 **체포한 날부터 기산**(법 §203의2)

🔗 한줄판례 Summary

① 피고인이 경찰관들과 마주하자마자 도망가려는 태도를 보이거나 먼저 폭력을 행사하며 대항한 바 없음에도 경찰관들이 **애초부터 미란다 원칙을 체포 후에 고지할 생각**으로 먼저 체포행위에 나선 행위는 적법한 공무집행이라고 볼 수 없음(2017도10866) [경 18/2차, 경승 20]
② 체포영장의 긴급집행 → 피고인이 저항하여 경찰관을 폭행하는 등 행위 → 특수공무집행방해의 현행범으로 체포 → (영장체포가 아니라 현행범체포이므로) 체포영장을 별도로 제시하지 않아도 적법(2021도4648)

2. 긴급체포

✅ 조문정리

제200조의3【긴급체포】① 검사 또는 사법경찰관은 피의자가 사형·무기 또는 장기 3년 이상의 징역이나 금고에 해당하는 죄를 범하였다고 의심할 만한 상당한 이유가 있고, 다음 각 호의 어느 하나에 해당하는 사유가 있는 경우에 긴급을 요하여 지방법원판사의 체포영장을 받을 수 없는 때에는 그 사유를 알리고 영장 없이 피의자를 체포할 수 있다. 이 경우 긴급을 요한다 함은 피의자를 우연히 발견한 경우 등과 같이 체포영장을 받을 시간적 여유가 없는 때를 말한다.
1. 피의자가 증거를 인멸할 염려가 있는 때
2. 피의자가 도망하거나 도망할 우려가 있는 때
② 사법경찰관이 제1항의 규정에 의하여 피의자를 체포한 경우에는 즉시 검사의 승인을 얻어야 한다.
③ 검사 또는 사법경찰관은 제1항의 규정에 의하여 피의자를 체포한 경우에는 즉시 긴급체포서를 작성하여야 한다.

④ 제3항의 규정에 의한 긴급체포서에는 범죄사실의 요지, 긴급체포의 사유 등을 기재하여야 한다.
제200조의4【긴급체포와 영장청구기간】① 검사 또는 사법경찰관이 제200조의3의 규정에 의하여 피의자를 체포한 경우 피의자를 구속하고자 할 때에는 지체 없이 검사는 관할지방법원판사에게 구속영장을 청구하여야 하고, 사법경찰관은 검사에게 신청하여 검사의 청구로 관할지방법원판사에게 구속영장을 청구하여야 한다. 이 경우 구속영장은 피의자를 체포한 때부터 48시간 이내에 청구하여야 하며, 제200조의3제3항에 따른 긴급체포서를 첨부하여야 한다.
② 제1항의 규정에 의하여 구속영장을 청구하지 아니하거나 발부받지 못한 때에는 피의자를 즉시 석방하여야 한다.
③ 제2항의 규정에 의하여 석방된 자는 영장 없이는 동일한 범죄사실에 관하여 체포하지 못한다.

④ 검사는 제1항에 따른 구속영장을 청구하지 아니하고 피의자를 석방한 경우에는 석방한 날부터 30일 이내에 서면으로 다음 각 호의 사항을 법원에 통지하여야 한다. 이 경우 긴급체포서의 사본을 첨부하여야 한다.
1. 긴급체포 후 석방된 자의 인적사항
2. 긴급체포의 일시·장소와 긴급체포하게 된 구체적 이유

3. 석방의 일시·장소 및 사유
4. 긴급체포 및 석방한 검사 또는 사법경찰관의 성명
⑤ 긴급체포 후 석방된 자 또는 그 변호인·법정대리인·배우자·직계친족·형제자매는 통지서 및 관련 서류를 열람하거나 등사할 수 있다.
⑥ 사법경찰관은 긴급체포한 피의자에 대하여 구속영장을 신청하지 아니하고 석방한 경우에는 즉시 검사에게 보고하여야 한다.

의 의		수사기관이 중대한 죄를 범하였다고 의심할 만한 상당한 이유가 있는 피의자를 법관의 체포영장을 발부받지 않고 체포하는 제도
요 건	상당한 범죄혐의	객관적 혐의(= 통상체포)
	범죄의 **중**대성	사형·무기 또는 **장**기 3년 이상의 징역·금고에 해당하는 죄
	체포의 **필**요성	① **증거를 인멸할 염려**가 있거나 **도망** 또는 **도망할 염려** ② 명문의 요건 [국9 13] (≠ 영장체포 : 소극적 요건) ③ 주거부정 : 긴급체포 요건 ×
	체포의 **긴**급성	① 긴급을 요하여 판사의 체포영장을 발부받을 수 없을 것 ② 피의자를 우연히 발견한 경우 등과 같이 체포영장을 받을 시간적 여유가 없는 때 [경 06/2차]
요건 판단		① **체포 당시 상황 기준** ○ ∴ 사후적 판단 × [법원 14, 경 05/3차, 경 06/2차, 경 10/2차, 경 12/3차, 경 13/1차, 경 13/2차] ② 긴급성 판단 : 영장체포 객관적 불가능 不要 → **검사·사경의 상당한(합리적) 판단**에 의하여 체포 목적 위험 足 [경 11/2차, 경 13/2차] ③ 판단의 한계 : 상당한 재량의 여지 ○ but **현저히 합리성을 잃은 경우에는 위법한 체포**(2002모81) [법원 14, 국9 05] ④ 위법체포 중 작성된 피신조서 : 긴급체포 요건 위반은 영장주의에 위배되는 중대한 위법 ∴ 체포에 의한 유치 중에 작성된 피의자신문조서는 **위법하게 수집된 증거**(2000도5701) [국9 05]
절 차		긴급체포 : 미란다고지, 즉시 긴급체포서 작성, 지체 없이(24h) 변호인 등에의 통지 → 즉시 검사의 승인 → ① 구속영장청구 또는 ② 석방 ① 구속영장청구(48h) → 영장발부(구속) 또는 기각(석방) ② 석방 → 석방통지(경찰 : 즉시 검사에게 보고, 검사 : 30일 내 법원에 서면 통지)
	긴급체포 방법	① 긴급체포권자 : **검사** 또는 **사법경찰관, 사법경찰리도** ○(判, 64도740)(通은 반대) ② 미란다고지 　㉠ **사/이/변/기** : 피의사실의 요지, 체포의 이유와 변호인을 선임할 수 있음을 말하고 변명할 기회를 주어야 함(§200의5) [경 05/2차, 경 06/1차] 　㉡ **진** : 대통령령에 의하여 진술거부권 고지 要(수사준칙 §32①)

절 차	체포 후 절차	① 긴급체포서 작성 : 검사·사경은 긴급체포한 경우 **즉시 긴급체포서 작성** 要 & 긴급체포서에는 범죄사실의 요지, 긴급체포의 사유 등 기재(법 §200의3③④) [국9 13] ② 검사의 긴급체포 승인권 : 사경 긴급체포는 **즉시 검사의 승인** 要(동②) [국9 13, 경간 13, 경 15/3차] 　㉠ 사경의 승인요청 : 사경 긴급체포 후 **12시간 내** 긴급체포 승인요청서(범죄사실의 요지, 긴급체포의 일시·장소, 긴급체포의 사유, 체포를 계속해야 하는 사유 등)로 **검사에게 긴급체포 승인 요청** 要(but 격지 및 해양경비법에 따른 경비수역은 24시간 내 可, 긴급 시 KICS or 팩스 이용 可)(수사준칙 §27①②) 　㉡ 검사의 승인·불승인 　　ⓐ 승인 : 긴급체포 승인 요청 이유 있음 → 지체 없이 긴급체포 승인서 사경에게 송부(동규정 동③) 　　ⓑ 불승인 : 이유 없음 → 지체 없이 사경에게 불승인 통보 → **사경 긴급체포된 피의자 즉시 석방** & 석방 일시·사유 등 검사에게 통보 要(동규정 동④) [국9 13, 경 15/3차] ③ 검사의 적법성 심사권 　㉠ 의의 : 긴급체포 승인 및 구속영장청구가 피의자 인권에 대한 부당한 침해를 초래하지 않도록 **긴급체포의 적법성 여부를 심사**하면서 수사서류뿐만 아니라 **피의자**를 검찰청으로 출석시켜 **직접 대면조사할 수 있는 검사의 권한** 　㉡ 성질 : 검사의 구속영장청구 전 피의자대면조사는 강제수사가 아닌 **임의수사** ∴ 피의자 출석요구에 응할 **의무 ×** ∴ 피의자 **동의** 시에만 사경은 피의자를 검찰청으로 호송(2008도11999) [법원 14/17, 경 11/2차, 경 12/2차] ④ 적부심청구권 고지의무 및 변호인 등에 대한 체포통지의무 = 영장에 의한 체포
	구속과 석방	① 구속영장 청구 : 검사 또는 사법경찰관이 긴급체포한 피의자를 구속하고자 할 때에는 지체 없이 검사는 관할지방법원판사에게 구속영장을 청구하여야 함(법 §200의4①) 　㉠ 사경 : 검사에게 신청 [행시 05, 국9 09, 경 05/3차] 　㉡ 검사의 영장청구권 : 검사는 관할지방법원판사에게 지체 없이 구속영장 청구 → 피의자 체포한 때부터 **48시간 이내 청구** & 긴급체포서 첨부 [국9 09] ② 석방 : ㉠ 긴급체포한 후 48시간 이내 구속영장 청구 × or ㉡ 청구했지만 구속영장 발부 × → **즉시 석방**(동②) [경 06/1차, 경 08, 법원 17]
사후 통제		① 사경 석방 시 즉시보고의무 : 사경이 구속영장 신청 × 석방 → **즉시 검사에게 보고 要**(§200의4⑥) [국9 09/10, 경 09/1차, 경 10/1차, 경 12/3차, 경 13/1차] ② 검사의 법원에의 통지의무 : 검사가 구속영장 청구 × 석방 → 석방한 날부터 **30일 이내에 서면으로** 긴급체포이유·석방사유 등 **법원에 통지 要**(§200의4④) [경 08/3차] ③ 피의자 측의 열람·등사권 : 긴급체포 후 석방된 자 또는 그 변호인·법정대리인·배우자·직계친족·형제자매는 **통지서·관련서류 열람·등사 可**(§200의4⑤) [국9 10/17]
재체포 제한		① 긴급체포 – 석방 – 긴급체포 × : 긴급체포 – 구속영장 청구 × or 구속영장 발부 × 석방 → **영장 없이는 다시 체포 ×**(§200의4③) [법원 14, 국9 10/17, 경 12/2차, 경 15/3차] ② 긴급체포 – **석방** – 다른 중요한 증거 – **긴급체포 ×** ③ 긴급체포 – **석방** – 도망 / 증거인멸 염려 – **긴급체포 ×** ④ 긴급체포 – **석방** – 체포영장에 의한 체포 ○

재체포 제한	⑤ **긴급체포 – 석방** – 피의자**구속** ○
	⑥ 피의자구속 – 석방 – **다른 중**요한 증거 – 피의자구속 ○(재**구속** 제한, 다중 – 구/기/재)
	⑦ 피고인구속 – 석방 – **피고인구속** ○(법원의 피고인구속은 재구속 제한 ×)

경찰관이 <u>이미 피고인의 신원과 주거지 및 전화번호 등을 모두 파악</u>하고 있었고, 당시 마약 투약의 범죄 증거가 급속하게 소멸될 상황도 아니었던 점 등의 사정을 감안하면, 긴급체포가 미리 체포영장을 받을 시간적 여유가 없었던 경우에 해당하지 않아 경찰관의 <u>긴급체포는 위법</u>(2016도5814) [국7 20, 경승 20]

3. 현행범체포

✅ **조문정리**

제211조【현행범인과 준현행범인】① 범죄를 실행하고 있거나 실행하고 난 직후의 사람을 현행범인이라 한다.
② 다음 각 호의 어느 하나에 해당하는 사람은 현행범인으로 본다.
1. 범인으로 불리며 추적되고 있을 때
2. 장물이나 범죄에 사용되었다고 인정하기에 충분한 흉기나 그 밖의 물건을 소지하고 있을 때
3. 신체나 의복류에 증거가 될 만한 뚜렷한 흔적이 있을 때
4. 누구냐고 묻자 도망하려고 할 때
[전문개정 2020.12.8.]

제212조【현행범인의 체포】 현행범인은 누구든지 영장 없이 체포할 수 있다.

제213조【체포된 현행범인의 인도】① 검사 또는 사법경찰관리 아닌 자가 현행범인을 체포한 때에는 즉시 검사 또는 사법경찰관리에게 인도하여야 한다.
② 사법경찰관리가 현행범인의 인도를 받은 때에는 체포자의 성명, 주거, 체포의 사유를 물어야 하고 필요한 때에는 체포자에 대하여 경찰관서에 동행함을 요구할 수 있다.

제213조의2【준용규정】 제87조, 제89조, 제90조, 제200조의2제5항 및 제200조의5의 규정은 검사 또는 사법경찰관리가 현행범인을 체포하거나 현행범인을 인도받은 경우에 이를 준용한다.

제214조【경미사건과 현행범인의 체포】 다액 50만원 이하의 벌금, 구류 또는 과료에 해당하는 죄의 현행범인에 대하여는 범인의 주거가 분명하지 아니한 때에 한하여 제212조 내지 제213조의 규정을 적용한다.

의 의	현행범인 또는 준현행범인을 누구나 영장 없이 체포할 수 있는 제도로서, 긴급체포와 함께 대인적 강제수사에 있어서 영장주의의 예외	
요 건	현행성	① 고유한 의미의 현행범인 : 범죄를 실행하고 있거나(실행 중) 실행하고 난 직후(실행 직후)의 사람(우리말 순화 개정법 §211①) [해간 12, 경승 09] ㉠ 실행 중 : 실행에 착수하여 종료하지 못한 상태 ㉡ 실행 직후 : 실행행위를 종료한 직후로서, 실행행위를 끝마친 순간 또는 이에 접착된 시간적 단계까지 & **체포자의 입장**에서 시간적·장소적으로 보아 체포를 당하는 자가 방금 범죄를 실행한 범인이라는 점에 관한 **죄증이 명백히 존재**하는 것으로 인정 要(2005도7158 등) [국9 16, 경 10/2차, 경 11/1차, 경 13/2차, 경 16/1차] ② 준현행범인 : 현행범인으로 보는 경우(§211②) ㉠ 범인으로 **불**리며 추적되고 있을 때(1.)

요건	**현행성**	㉡ **장**물이나 범죄에 사용되었다고 인정하기에 충분한 흉기나 그 밖의 물건을 소지하고 있을 때(2.) : 현재 소지 要 ㉢ **신**체 또는 의복류에 증거가 될 만한 뚜렷한 흔적이 있을 때(3.) ㉣ 누구냐고 **묻**자 도망하려고 할 때(4.) : 누구임을 묻는 주체는 수사기관에 한하지 않고 사인 포함 [국9 14, 경 11/2차] [정리] 준현행범인 : 준/불/장/신/묻(구법 : 준/호/장/신/물)
	명백성	① 특정 범죄의 범인 : 체포시점 **특정 범죄 범인임이 명백 要** ② 범죄의 **가**벌성 : 외형상 죄를 범한 것처럼 보여도 　㉠ 위법성·책임조각사유 존재하여 범죄불성립 명백 囫 형사미성년자의 행위 　㉡ 인적 처벌조각사유 존재하여 처벌조건 없음 명백 囫 직계혈족·배우자 간의 절도 　㉢ 미수·예비·음모 처벌규정이 없는 경우 囫 미수를 벌하지 않는 폭행 → 체포 × ③ 소송조건 不要 : 소송조건은 체포요건 × ∴ 친고죄 : 고소 없어도 체포 可 but 고소가능성 없으면 不可 [행시 02]
	필요성	**도망 또는 증거인멸 염려** : 적극적 요건(判) [법원 14, 국7 14, 경 11/1차, 경 13/2차, 경 16/1차, 경 04/3차]
	비례성	**다액 50만원 이하의 벌금, 구류 또는 과료**(경미사건) 범인의 **주거가 분명하지 아니한 때**에 한함(§214) [경 05/2차, 경 13/2차]
	국회의원	① 국회의원은 회기 중 국회의 동의 없이 체포·구금 × ② But **불체포특권은 현행범인에는 해당 ×**(헌법 §44①) ③ 국회의원이 회기 전 체포·구금된 때 국회의 요구가 있으면 회기 중 석방 but **현행범인 ×**(동②) [행시 03, 경 01/2차]
절차	**체포**	① 주체 : **누구든지** ∴ 수사기관·사인 불문 ② 수사기관 체포 시 미란다고지 : **사/이/변/기**(헌법 §12⑤, 법 §213의2, §200의5) + **진**(수사준칙 §32①) [경 05/2차, 경 10/2차, 경 11/1차, 경 14/2차] ③ 사인 체포 시 고지의무 ×
	체포 후 절차	① 사인 체포 시 현행범인의 즉시 인도의무(§213①) [경 13/2차, 경 14/2차] 　㉠ 즉시 = **불필요한 지체를 함이 없이** 　㉡ 사인 석방 × ② 인도받은 수사기관 　㉠ **미란다고지** 　㉡ 현행범인인수서 작성 　㉢ **체포자의 성명·주거, 체포사유 조사 要** 　㉣ 필요시 **체포자 동행요구 可** [경 13/2차, 경 14/2차] ③ 수사기관 체포 or 인수 시 : 적부심청구권 고지의무 및 변호인 등에 대한 통지의무(= 영장체포)
	구속과 석방	① 체포 ~ **48시간 이내** 구속영장 **청구** [경 05/2차, 경 14/2차] ② 사인 체포 시 48시간의 기산점 : 체포시 ×, **현행범인을 인도받은 때** ○(2011도12927) [법원 13/14, 국9 16, 경 12/2차, 경 15/3차] ③ 구속기간의 기산일 : 체포일 ④ 구속영장 미청구 or 청구했으나 미발부 → 즉시 석방 [경 06/1차]

Ⅱ 구속

제1편 총칙

제9장 피고인의 소환, 구속

제69조【구속의 정의】 본법에서 구속이라 함은 구인과 구금을 포함한다.

제70조【구속의 사유】 ① 법원은 피고인이 죄를 범하였다고 의심할 만한 상당한 이유가 있고 다음 각 호의 1에 해당하는 사유가 있는 경우에는 피고인을 구속할 수 있다.
1. 피고인이 일정한 주거가 없는 때
2. 피고인이 증거를 인멸할 염려가 있는 때
3. 피고인이 도망하거나 도망할 염려가 있는 때
② 법원은 제1항의 구속사유를 심사함에 있어서 범죄의 중대성, 재범의 위험성, 피해자 및 중요 참고인 등에 대한 위해우려 등을 고려하여야 한다.
③ 다액 50만원 이하의 벌금, 구류 또는 과료에 해당하는 사건에 관하여는 제1항제1호의 경우를 제한 외에는 구속할 수 없다.

제71조【구인의 효력】 구인한 피고인을 법원에 인치한 경우에 구금할 필요가 없다고 인정한 때에는 그 인치한 때로부터 24시간 내에 석방하여야 한다.

제71조의2【구인 후의 유치】 법원은 인치받은 피고인을 유치할 필요가 있는 때에는 교도소·구치소 또는 경찰서 유치장에 유치할 수 있다. 이 경우 유치기간은 인치한 때부터 24시간을 초과할 수 없다.

제72조【구속과 이유의 고지】 피고인에 대하여 범죄사실의 요지, 구속의 이유와 변호인을 선임할 수 있음을 말하고 변명할 기회를 준 후가 아니면 구속할 수 없다 다만, 피고인이 도망한 경우에는 그러하지 아니하다.

제72조의2【고지의 방법】 ① 법원은 합의부원으로 하여금 제72조의 절차를 이행하게 할 수 있다.
② 법원은 피고인이 출석하기 어려운 특별한 사정이 있고 상당하다고 인정하는 때에는 검사와 변호인의 의견을 들어 비디오 등 중계장치에 의한 중계시설을 통하여 제72조의 절차를 진행할 수 있다. 〈신설 2021.8.17.〉

제73조【영장의 발부】 피고인을 소환함에는 소환장을, 구인 또는 구금함에는 구속영장을 발부하여야 한다.

제75조【구속영장의 방식】 ① 구속영장에는 피고인의 성명, 주거, 죄명, 공소사실의 요지, 인치 구금할 장소, 발부년월일, 그 유효기간과 그 기간을 경과하면 집행에 착수하지 못하며 영장을 반환하여야 할 취지를 기재하고 재판장 또는 수명법관이 서명날인하여야 한다.
② 피고인의 성명이 분명하지 아니한 때에는 인상, 체격, 기타 피고인을 특정할 수 있는 사항으로 피고인을 표시할 수 있다.
③ 피고인의 주거가 분명하지 아니한 때에는 그 주거의 기재를 생략할 수 있다.

제77조【구속의 촉탁】 ① 법원은 피고인의 현재지의 지방법원판사에게 피고인의 구속을 촉탁할 수 있다.
② 수탁판사는 피고인이 관할구역 내에 현재하지 아니한 때에는 그 현재지의 지방법원판사에게 전촉할 수 있다.
③ 수탁판사는 구속영장을 발부하여야 한다.
④ 제75조의 규정은 전항의 구속영장에 준용한다.

제78조【촉탁에 의한 구속의 절차】 ① 전조의 경우에 촉탁에 의하여 구속영장을 발부한 판사는 피고인을 인치한 때로부터 24시간 이내에 그 피고인임에 틀림없는가를 조사하여야 한다.
② 피고인임에 틀림없는 때에는 신속히 지정된 장소에 송치하여야 한다.

제80조【요급처분】 재판장은 급속을 요하는 경우에는 제68조부터 제71조까지, 제71조의2, 제73조, 제76조, 제77조와 전조에 규정한 처분을 할 수 있고 또는 합의부원으로 하여금 처분을 하게 할 수 있다.

제81조【구속영장의 집행】 ① 구속영장은 검사의 지휘에 의하여 사법경찰관리가 집행한다. 단, 급속을 요하는 경우에는 재판장, 수명법관 또는 수탁판사가 그 집행을 지휘할 수 있다.
② 제1항 단서의 경우에는 법원사무관 등에게 그 집행을 명할 수 있다. 이 경우에 법원사무관 등은 그 집행에 관하여 필요한 때에는 사법경찰관리·교도관 또는 법원경위에게 보조를 요구할 수 있으며 관할구역 외에서도 집행할 수 있다.
③ 교도소 또는 구치소에 있는 피고인에 대하여 발부된 구속영장은 검사의 지휘에 의하여 교도관이 집행한다.

제82조【수통의 구속영장의 작성】 ① 구속영장은 수통을 작성하여 사법경찰관리 수인에게 교부할 수 있다.
② 전항의 경우에는 그 사유를 구속영장에 기재하여야 한다.

제83조【관할구역 외에서의 구속영장의 집행과 그 촉탁】① 검사는 필요에 의하여 관할구역 외에서 구속영장의 집행을 지휘할 수 있고 또는 당해 관할구역의 검사에게 집행지휘를 촉탁할 수 있다.

② 사법경찰관리는 필요에 의하여 관할구역 외에서 구속영장을 집행할 수 있고 또는 당해 관할구역의 사법경찰관리에게 집행을 촉탁할 수 있다.

제84조【고등검찰청검사장 또는 지방검찰청검사장에 대한 수사촉탁】피고인의 현재지가 분명하지 아니한 때에는 재판장은 고등검찰청검사장 또는 지방검찰청검사장에게 그 수사와 구속영장의 집행을 촉탁할 수 있다.

제85조【구속영장집행의 절차】① 구속영장을 집행함에는 피고인에게 반드시 이를 제시하고 그 사본을 교부하여야 하며 신속히 지정된 법원 기타 장소에 인치하여야 한다. 〈개정 2022.2.3.〉

② 제77조제3항의 구속영장에 관하여는 이를 발부한 판사에게 인치하여야 한다.

③ 구속영장을 소지하지 아니한 경우에 급속을 요하는 때에는 피고인에 대하여 공소사실의 요지와 영장이 발부되었음을 고하고 집행할 수 있다.

④ 전항의 집행을 완료한 후에는 신속히 구속영장을 제시하고 그 사본을 교부하여야 한다. 〈개정 2022. 2.3.〉

제86조【호송 중의 가유치】구속영장의 집행을 받은 피고인을 호송할 경우에 필요하면 가장 가까운 교도소 또는 구치소에 임시로 유치할 수 있다. [전문개정 2020.12.8.]

제87조【구속의 통지】① 피고인을 구속한 때에는 변호인이 있는 경우에는 변호인에게, 변호인이 없는 경우에는 제30조제2항에 규정한 자 중 피고인이 지정한 자에게 피고사건명, 구속일시·장소, 범죄사실의 요지, 구속의 이유와 변호인을 선임할 수 있는 취지를 알려야 한다.

② 제1항의 통지는 지체 없이 서면으로 하여야 한다.

제88조【구속과 공소사실 등의 고지】피고인을 구속한 때에는 즉시 공소사실의 요지와 변호인을 선임할 수 있음을 알려야 한다.

제89조【구속된 피고인의 접견·진료】구속된 피고인은 관련 법률이 정한 범위에서 타인과 접견하고 서류나 물건을 수수하며 의사의 진료를 받을 수 있다. [전문개정 2020.12.8.]

제90조【변호인의 의뢰】① 구속된 피고인은 법원, 교도소장 또는 구치소장 또는 그 대리자에게 변호사를 지정하여 변호인의 선임을 의뢰할 수 있다.

② 전항의 의뢰를 받은 법원, 교도소장 또는 구치소장 또는 그 대리자는 급속히 피고인이 지명한 변호사에게 그 취지를 통지하여야 한다.

제92조【구속기간과 갱신】① 구속기간은 2개월로 한다.

② 제1항에도 불구하고 특히 구속을 계속할 필요가 있는 경우에는 심급마다 2개월 단위로 2차에 한하여 결정으로 갱신할 수 있다. 다만, 상소심은 피고인 또는 변호인이 신청한 증거의 조사, 상소이유를 보충하는 서면의 제출 등으로 추가 심리가 필요한 부득이한 경우에는 3차에 한하여 갱신할 수 있다.

③ 제22조, 제298조제4항, 제306조제1항 및 제2항의 규정에 의하여 공판절차가 정지된 기간 및 공소제기전의 체포·구인·구금 기간은 제1항 및 제2항의 기간에 산입하지 아니한다.

제2편 제1심

제1장 수사

제201조【구속】① 피의자가 죄를 범하였다고 의심할 만한 상당한 이유가 있고 제70조제1항 각 호의 1에 해당하는 사유가 있을 때에는 검사는 관할지방법원판사에게 청구하여 구속영장을 받아 피의자를 구속할 수 있고 사법경찰관은 검사에게 신청하여 검사의 청구로 관할지방법원판사의 구속영장을 받아 피의자를 구속할 수 있다. 다만, 다액 50만원 이하의 벌금, 구류 또는 과료에 해당하는 범죄에 관하여는 피의자가 일정한 주거가 없는 경우에 한한다.

② 구속영장의 청구에는 구속의 필요를 인정할 수 있는 자료를 제출하여야 한다.

③ 제1항의 청구를 받은 지방법원판사는 신속히 구속영장의 발부 여부를 결정하여야 한다.

④ 제1항의 청구를 받은 지방법원판사는 상당하다고 인정할 때에는 구속영장을 발부한다. 이를 발부하지 아니할 때에는 청구서에 그 취지 및 이유를 기재하고 서명날인하여 청구한 검사에게 교부한다.

⑤ 검사가 제1항의 청구를 함에 있어서 동일한 범죄사실에 관하여 그 피의자에 대하여 전에 구속영장을 청구하거나 발부받은 사실이 있을 때에는 다시 구속영장을 청구하는 취지 및 이유를 기재하여야 한다.

제201조의2【구속영장 청구와 피의자 심문】① 제200조의2·제200조의3 또는 제212조에 따라 체포된 피의자에 대하여 구속영장을 청구받은 판사는 지체 없이 피의자를 심문하여야 한다. 이 경우 특별한 사정이 없는 한 구속영장이 청구된 날의 다음 날까지 심문하여야 한다.

② 제1항 외의 피의자에 대하여 구속영장을 청구받

은 판사는 피의자가 죄를 범하였다고 의심할 만한 이유가 있는 경우에 구인을 위한 구속영장을 발부하여 피의자를 구인한 후 심문하여야 한다. 다만, 피의자가 도망하는 등의 사유로 심문할 수 없는 경우에는 그러하지 아니하다.

③ 판사는 제1항의 경우에는 즉시, 제2항의 경우에는 피의자를 인치한 후 즉시 검사, 피의자 및 변호인에게 심문기일과 장소를 통지하여야 한다. 이 경우 검사는 피의자가 체포되어 있는 때에는 심문기일에 피의자를 출석시켜야 한다.

④ 검사와 변호인은 제3항에 따른 심문기일에 출석하여 의견을 진술할 수 있다.

⑤ 판사는 제1항 또는 제2항에 따라 심문하는 때에는 공범의 분리심문이나 그 밖에 수사상의 비밀보호를 위하여 필요한 조치를 하여야 한다.

⑥ 제1항 또는 제2항에 따라 피의자를 심문하는 경우 법원사무관 등은 심문의 요지 등을 조서로 작성하여야 한다.

⑦ 피의자심문을 하는 경우 법원이 구속영장청구서·수사 관계 서류 및 증거물을 접수한 날부터 구속영장을 발부하여 검찰청에 반환한 날까지의 기간은 제202조 및 제203조의 적용에 있어서 그 구속기간에 이를 산입하지 아니한다.

⑧ 심문할 피의자에게 변호인이 없는 때에는 지방법원판사는 직권으로 변호인을 선정하여야 한다. 이 경우 변호인의 선정은 피의자에 대한 구속영장 청구가 기각되어 효력이 소멸한 경우를 제외하고는 제1심까지 효력이 있다.

⑨ 법원은 변호인의 사정이나 그 밖의 사유로 변호인 선정결정이 취소되어 변호인이 없게 된 때에는 직권으로 변호인을 다시 선정할 수 있다.

⑩ 제71조, 제71조의2, 제75조, 제81조부터 제83조까지, 제85조제1항·제3항·제4항, 제86조, 제87조제1항, 제89조부터 제91조까지 및 제200조의5는 제2항에 따라 구인을 하는 경우에 준용하고, 제48조, 제51조, 제53조, 제56조의2 및 제276조의2는 피의자에 대한 심문의 경우에 준용한다.

제202조【사법경찰관의 구속기간】 사법경찰관이 피의자를 구속한 때에는 10일 이내에 피의자를 검사에게 인치하지 아니하면 석방하여야 한다.

제203조【검사의 구속기간】 검사가 피의자를 구속한 때 또는 사법경찰관으로부터 피의자의 인치를 받은 때에는 10일 이내에 공소를 제기하지 아니하면 석방하여야 한다.

제203조의2【구속기간에의 산입】 피의자가 제200조의2·제200조의3·제201조의2제2항 또는 제212조의 규정에 의하여 체포 또는 구인된 경우에는 제202조 또는 제203조의 구속기간은 피의자를 체포 또는 구인한 날부터 기산한다.

제204조【영장발부와 법원에 대한 통지】 체포영장 또는 구속영장의 발부를 받은 후 피의자를 체포 또는 구속하지 아니하거나 체포 또는 구속한 피의자를 석방한 때에는 지체 없이 검사는 영장을 발부한 법원에 그 사유를 서면으로 통지하여야 한다.

제205조【구속기간의 연장】 ① 지방법원판사는 검사의 신청에 의하여 수사를 계속함에 상당한 이유가 있다고 인정한 때에는 10일을 초과하지 아니하는 한도에서 제203조의 구속기간의 연장을 1차에 한하여 허가할 수 있다.

② 전항의 신청에는 구속기간의 연장의 필요를 인정할 수 있는 자료를 제출하여야 한다.

제208조【재구속의 제한】 ① 검사 또는 사법경찰관에 의하여 구속되었다가 석방된 자는 다른 중요한 증거를 발견한 경우를 제외하고는 동일한 범죄사실에 관하여 재차 구속하지 못한다.

② 전항의 경우에는 1개의 목적을 위하여 동시 또는 수단결과의 관계에서 행하여진 행위는 동일한 범죄사실로 간주한다.

제209조【준용규정】 제70조제2항, 제71조, 제75조, 제81조제1항 본문·제3항, 제82조, 제83조, 제85조부터 제87조까지, 제89조부터 제91조까지, 제93조, 제101조제1항, 제102조제2항 본문(보석의 취소에 관한 부분은 제외한다) 및 제200조의5는 검사 또는 사법경찰관의 피의자 구속에 관하여 준용한다.

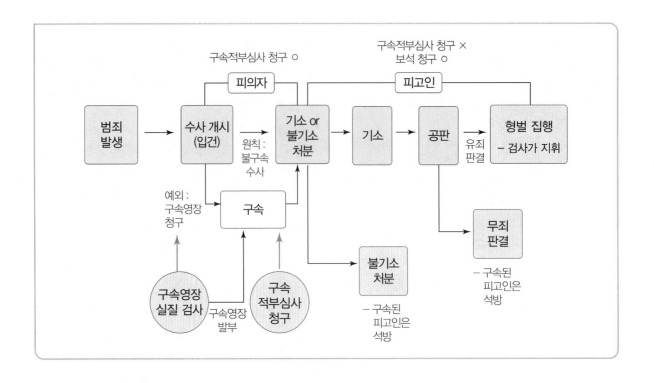

1. 구속의 의의와 요건

의 의	개 념	피의자·피고인의 신체의 자유를 비교적 장기간 제한하는 강제처분(구인과 구금, §69)으로서 형사소송의 원활한 진행과 형벌의 집행을 담보하는 목적을 가짐 ① 구인 ㉠ 피의자·피고인을 구인을 위한 구속영장(구인영장, 구인장)에 의하여 법원 기타의 장소에 실력을 행사하여 인치하는 강제처분 ㉡ 인치 후 구금할 필요가 없다고 인정한 때 : 인치한 때로부터 **24시간** 내 석방(§71, §209) [법원 15, 경 08/3차, 경 15/1차, 경 16/1차] ㉢ 인치받은 피고인을 유치할 필요가 있는 때 : 법원은 교도소·구치소 또는 경찰서 유치장에 **24시간** 내 유치(§71의2) ② 구금 : 피의자·피고인을 구금을 위한 구속영장(보통의 구속영장)에 의하여 교도소·구치소 등에 감금하는 강제처분 **③ 구인장으로는 구금할 수 없으나 구금영장으로는 구인 可**
	유 형	**피의자구속** ① 수사절차에서 수사기관이 검사의 청구로 법관이 발부한 구속영장에 의하여 피의자를 구인 또는 구금하는 것 ② 체포피의자 구속과 미체포피의자 구속 ③ 구속 전 반드시 체포를 거쳐야 하는 **체포전치주의는 채택 되지 않음** [행시 02, 경 01/2차, 경 06/1차]
		피고인구속 공소제기 후 수소법원이 구속영장에 의하여 피고인을 구인 또는 구금하는 것

요 건	범죄혐의		피의자·피고인이 죄를 범하였다고 의심할 만한 상당한 이유가 있어야 함 (§201①, §70①). 범죄혐의는 수사기관의 주관적 혐의로는 부족하고 **객관적 혐의**, 즉 무죄추정을 깨뜨릴 수 있을 정도의 유죄판결에 대한 고도의 개연성 要 ∴ 위법성조각사유·책임조각사유가 존재할 경우 및 소송조건의 흠결이 명백한 경우에는 범죄혐의 인정 ×
	구속사유	**증거인멸 염려**	① 증거를 훼손하거나 증인에게 위증교사 등 ② 염려 : 고도의 개연성 要 ∴ 자백거부 or 묵비권 행사 → 증거인멸 염려 ×
		도망 또는 **도망할 염려**	도망을 할 고도의 개연성 要 ∴ 출석요구에 응하지 않을 우려로는 부족
		주거부정	① 계속하여 기거할 만한 일정한 생활 본거지 없음 ② 성질 ㉠ 도망염려 판단의 보조적 자료 불과 ∴ **독자적 구속사유 ×** ㉡ **경미사건**(50만원 이하의 벌금, 구류, 과료에 해당하는 범죄) : **독자적 구속사유 ○**(§70③) [법원 10/13] ③ 경미범죄 특칙 ㉠ 영장에 의한 체포 : 주거부정 or 출석요구 불응 ㉡ 긴급체포 : 無 ㉢ 현행범체포 : 주거부정 ㉣ 구속 : 주거부정
	비례성		① 구속 수단이 상당한 때에만 구속이 허용이 허용된다는 원칙 ② 경미사건은 주거부정 要(§201① 단서, §70③)
	구속사유 심사 시 고려사항		① 범죄의 **중**대성 ② **재**범의 위험성(이상 도망 염려) ③ 피해자 및 중요 참고인 등에 대한 위**해** 우려(증거인멸 염려) → 독립적 구속사유 × → **구속사유 판단 시 고려사항에 불과** [법원 10, 국7 10, 경 08/1차] [정리] 중/재/해는 구속 시 고려해라.

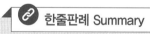 한줄판례 Summary

구속영장 발부에 의하여 적법하게 구금된 피의자가 피의자 신문을 위한 출석 요구에 응하지 아니하면 그 **구속영장의 효력에 의하여 피의자를 조사실로 구인할 수 있음**(2013모160) [법원 15, 경 14/1차, 경 15/3차, 경 16/1차, 경 24/1차]

PART 03

수사와 영장

2. 구속의 절차

(1) 피의자구속

✻ 피의자구속 요약

> ① 출석요구 : ○ – 조사 – 귀가(미체포) / × – 체포 – 조사
> ② 경찰 : 구속영장신청
> ③ 검사 : 구속영장청구
> ④ 수임판사 : 영장실질심사 : 체포자 – 다음 날까지 / 미체포자 – 구인 후 asap
> ⑤ 수임판사 : 영장발부
> ⑥ 영장집행 : 검사지휘, 사경집행 – 사전제시(긴급집행 시 사후제시) – 미란다고지
> ※ 체포영장과 구속영장의 차이 : 영장실질심사

영장청구	① 청구권자 : 검사(사경은 검사에게 신청만 可) ② 방식 : 서면(구속영장청구서) & 구속 필요성 인정 자료 제출(§201②) [경 01/1차, 경 01/3차]
영장 실질심사	**영장실질심사 요약** > ① 심문기일지정 : 체포 – 지체 없이(다음 날까지), 미체포 – 인치 후 가능한 빠른 일시 > ② 통지 : 피의자, 검사, 변호인(국선, 피의자접견, 수사서류열람) > ③ 출석 : 미체포자 – 구인을 위한 구속영장 > ④ 심문 : 비공개, 공범분리심문, 진술거부권 고지, 의견진술, 심문조서 작성

영장 실질심사	의 의	① 구속영장 청구를 받은 판사가 피의자를 직접 신문하여 구속사유를 판단하는 제도(구속전피의자심문, §201의2) ② 필수적 절차 : 피의자의 의사·신청이나 법관의 필요성 판단과는 관계 없이 **필요적 실시** [법원 09/15, 경 12/2차] ③ 예외 : 미체포 피의자의 **도망** 등 사유로 심문할 수 없는 경우(§201의2② 단서) [경 11/1차]	

		체포된 피의자	**미체포 피의자**
	일시 절차	① **지체 없이** 심문 : 특별한 사정이 없는 한 구속영장이 청구된 날의 **다음 날까지** [법원 09, 경 11/1차, 경 15/1차, 경 15/2차] ② 체포 효력 이용 → 별도 영장 없이 법원에 인치 ③ 검사 : 기일에 피의자를 출석시킬 것 ④ 지법판사 : 검사 / 피의자 / 변호인에게 심문기일·장소 통지 & 체포 피의자에게는 즉시 통지 要	① 시한 제한 無 : 법원에 **인치된 때로부터 가능한 빠른 일시**(규칙 §96의12) [국7 15] ② **구인을 위한 구속영장** 발부 & 구인한 후 심문 ③ 예외 : **도망** 등 사유로 심문할 수 없는 경우(심문 없이 발부) [행시 04, 경 09/1차, 경 11/1차, 경 12/2차, 경 15/1차] ④ 지법판사 : 피의자 인치 후 즉시 심문기일·장소 통지 要

영장 실질심사	변 호	① **필요적 변호** : 피의자에게 변호인이 없는 때에는 지방법원판사는 직권으로 변호인 선정 要 ② 변호인 선정 효력 유지 : 구속영장청구 **기각되어 효력 소멸한 경우를 제외하고 제1심까지 효력** ③ 변호인 선정 취소로 변호인 없게 된 때 : 법원은 직권으로 변호인을 다시 선정 可(임의적)
	심 문	① 의의 : 지법판사는 구속사유 판단 위해 피의자 심문 ② 비공개진행 　㉠ 피의자 심문절차는 **공개 ×** [행시 04] but 판사는 상당하다고 인정하는 경우 피의자의 **친족, 피해자 등 이해관계인 방청 허가** 可(규칙 §96의14) 　　[법원 15, 국7 15, 경 09/1차, 경 11/2차] 　㉡ 공범 분리심문 기타 수사상 비밀보호 위한 필요 조치 要 [법원 09] ③ **진술거부권** 및 이익사실진술권 고지(규칙 §96의16①) ④ 구속 여부 판단 위해 신속·간결하게 필요한 사항 심문 ⑤ 검사와 변호인의 의견진술(§201의2④, 규칙 동③) 　㉠ 원칙 : 판사의 **심문이 끝난 후 의견 진술 可** 　㉡ 예외 : **심문 도중 판사의 허가를 얻어 의견 진술 可** [국7 15, 경 09/1차, 　　경 11/2차, 경 12/2차] 　㉢ 피의자에 대한 **직접 심문 불가** ⑥ 피의자의 변호인조력권 : 판사의 심문 도중에도 **변호인에게 조력을 구할 수 있음**(규칙 동④) [경 11/2차] ⑦ 신뢰관계자 임의적 동석 : 장애인 등 특별히 보호를 요하는 자 → 법원의 직권 또는 피의자·법정대리인·검사의 신청에 따라 피의자와 신뢰관계에 있는 자 동석 可(법 동⑩, §276의2)
	조 서	① **법원사무관 등**은 심문의 요지 등을 **조서로 작성 要**(§201의2⑥) ② 증거능력 : §311 법원·법관 조서 × but **§315 기타 특신문서**로서 당연히 증거능력 있는 서류 ○(2003도5693) [법원 09/17, 경 11/2차]
	구속기간 제외	법원이 구속영장청구서, 수사 관계 서류 및 증거물을 접수한 날부터 구속영장을 발부하여 검찰청에 반환한 날까지의 기간은 **구속기간에 산입 ×**(§201의2 ⑦) [행시 04, 경 12/2차]
영장발부	지법판사	① 구속영장 청구를 받은 지방법원판사 발부(§201④ 제1문) ② 발부하지 아니할 때 : 청구서에 그 취지 및 이유를 기재하고 서명날인하여 청구한 검사에게 교부(동항 제2문)
	불 복	① 영장 발부 또는 기각 결정에 대해서는 **불복 ×** ② 항고 ×, 재항고 ×(4290형항9; 2006모646) [행시 02, 국9 17/13, 경 01/3차, 　경 06/1차, 경 15] ≠ 피고인구속은 보통항고 ○
	성 질	(학설 대립 but) 허가장설 ∵ 구속영장 발부받아도 구속 × 可
영장집행	집행 주체	검사지휘, 사법경찰관리 or 교도관 집행

영장집행	집행 방법	① **영장제시 + 사본교부 要** (피해자 등 사건관계인의 개인정보가 피의자 방어권 보장을 위하여 필요한 정도를 넘어 불필요하게 노출되지 않도록 유의 : 수사준칙 §32의2) → 피의자로부터 영장 사본 교부 확인서를 받아 사건기록에 편철 → 피의자가 영장의 사본을 수령하기를 거부하거나 영장 사본 교부 확인서에 기명날인 또는 서명하는 것을 거부하는 경우에는 검사 또는 사법경찰관이 영장 사본 교부 확인서 끝부분에 그 사유를 적고 기명날인 또는 서명(수사준칙 §32의2) ② **긴급집행** : 구속영장 미소지 & 급속 → 피의사실요지·영장발부사실 고하고 집행 可 → 집행 완료 후 신속히 영장제시 + 사본교부 要
	고 지	① 미란다고지 : 피의**사실**요지, 구속**이유**, **변호인선임권** 고지하고 변명할 **기회**를 준 후가 아니면 구속할 수 ×(§205) ② **진술거부권**도 고지(수사준칙 §32①)
	수 용	① 경찰서 유치장, 구치소 또는 교도소 내 미결수용실에 수용 ② 호송 시 가유치 : 가장 가까운 교도소·구치소에 임시 유치(§86)
	석방 통지	구속영장 발부 후 구속 × or 석방(구속취소) → **지체 없이** 검사는 영장발부**법원에 서면 통지 要**(§204) [법원 14]
집행 후 ≒ 피고인 구속	적부심 청구권	구속한 검사·사경은 (체포 또는) 구속된 **피**의자와 심사**청**구권자 중 피의자가 지정하는 자에게 적부심청구권 고지 要(§214의2②)
	구속 통지	피의자(or 피고인) 구속 시 ① 변호인이 있으면 **변**호인에게 ② 변호인이 없으면 법/배/**직**/**형** 중 피의자(or 피고인) 지정한 자에게 **지체 없이** (늦어도 **24시간**, 규칙 §51②[법원 16, 경 15/1차]) 서면으로 사건**명** / 구속일시·**장소** / 피의**사실**(or 범죄사실)요지 / 구속**이유** / **변호인선임권** 고지 要(§87)
	변호인 선임 의뢰	구속된 피의자(or 피고인)는 법원 / 교도소장·구치소장(or 대리인)에게 변호사 지정하여 변호인 선임 의뢰 可(§90)
	접견 교통	① 구속된 피의자(or 피고인) : 법률이 정한 범위에서 타인과 접견 & 서류·물건 수수 & 의사 진료 可(§89, §209) ② 변호인 or 변호인 되려는 자 : 신체가 구속된 피의자(or 피고인) 접견 & 서류·물건 수수 & 의사 진료 可(§34)
	등본 교부	① (구속영장청구 or 체포 or) 구속된 피의자 등(적부심청구권자) ② (체포)구속영장 등(체포·구속관련서류)을 보관하는 ③ 검사·사경·법원사무관 등에게 등본교부청구 可(규칙 §101)
구속기간	사 경	사경 구속기간은 **10일** ∴ 10일 이내에 피의자를 검사에게 인치하지 않으면 석방(§202)
	검 사	검사도 **10일**(§203) but 지법판사 허가로 **10일** 한도 1차 연장 可(§205①) (사경 + 검사 = 최장 30일) [행시 04, 국9 08]
	국보법	① **사경 1회, 검사 2회 연장 可**(최장 50일) ② But **단순찬양·고무, 불고지 : 연장 ×** [행시 04, 경 04/3차]
	연 장	구속기간의 연장청구 판사 기각결정에 대한 **불복 ×** [경 10/1차, 경 14/1차]

구속기간	피의자 구속기간 제외	① 구속집행**정**지기간 ② **영**장실질심사에서 법원접수일 ~ 검찰청 반환 ③ 체포구속**적**부심사에서 법원접수일 ~ 검찰청 반환 [경 05/3차] ④ 피의자가 **도**망한 기간 ⑤ 피의자 **감**정유치기간 [행시 03] [정리] 정/영/적/도/감은 빼자. **사법경찰관 구속기간 계산의 예** ① 피의자 甲에 대한 체포 : 2019.3.5. 12:00, ② 구속영장 청구 : 3.6. 15:00(서류 법원 접수), ③ 영장실질심사 : 3.7. 10:00, ④ 영장발부 : 3.7. 22:00(서류반환), ⑤ 구속 ※ ②③④ : 구속기간 제외, ∴ 사법경찰관 구속기간 10일은 2019.3.16. 까지이다.
	기산 계산	① 원칙 : 실제 구속된 날부터 기산 ② 체포 후 구속 : 구속일 ×, 실제 **체포·구인한 날부터 기산** ③ 구속기간 연장 : **구속기간만료일 다음 날부터 기산** [국9 10, 경 10/1차] ④ 계산방법 : **초일산입**(§66① 단서) [법원 16] & **말일 공휴일·토요일 산입**(동 ③ 단서) [경 10/1차]
	구속기간 경과	통설은 구속기간 경과 후 구속 계속은 불법구속 but 判例는 구속기간 경과해도 **구속영장 당연 실효** ×(64도428)
재구속 제한 ≠ 피고인 구속		① 재구속제한 : 검사·사경 구속되었다 석방 → **다른 중**요한 증거를 발견한 경우를 제외하고는 동일한 범죄사실 재차 **구속** ×(§208①) [국9 13, 경 15/2차] ② 구속영장에 의하여 구속되었다가 석방된 경우 : 재구속제한 ○ ③ 긴급체포·현행범**체포되었다 석방된 경우** : 재구속제한 × ④ 재구속제한위반 재구속 : (위법구속 but) **공소제기 무효** ×(66도1288)

🔗 한줄판례 Summary

① **구속 전 피의자심문조서**는 §315의 기타 특히 신빙할 만한 정황에 의하여 작성된 서류로서 증거능력 인정 (2003도5693)
② (수임판사의) 영장 발부 또는 기각결정에 대해서는 **불복방법이 없다.** 따라서 항고나 재항고가 허용되지 않음(2006모646) [행시 02, 국7 13, 경 06/1차, 경 15/2차]

(2) 피고인구속

사전청문	① **검사의 구속영장 청구 不要** [국7 14, 경 01/2차] ② **사전청문**(§72) 　㉠ 피고인에 대하여 범죄**사**실의 요지, 구속의 **이유**와 **변**호인을 선임할 수 있음을 말하고 변명할 **기**회를 준 후가 아니면 구속 × [법원 10/15, 경 08/1차] 　㉡ But 피고인 **도망** 시 사전청문 생략 可 [법원 08] 　㉢ 피고인이 출석하기 어려운 특별한 사정이 있고 상당하다고 인정하는 때에는 검사와 변호인의 의견을 들어 비디오 등 중계장치에 의한 중계시설을 통하여 제72조의 절차 진행 可(§72의2②)

사전청문		③ **진술거부권 고지 不要**(≠ 피의자신문 / 영장실질심사 / 수사기관 체포구속)
		 ④ 사전청문 위반 시
		     ㉠ 원칙 : **위법**
		     ㉡ 예외 : if 사전청문 규정상 **절차적 권리 실질적 보장 → 위법** ×

영장발부	수소법원	① **수소법원의 결정**(§70①)에 의한 구속영장 발부(§73) ② 재판장 or 수명법관 **서명날인**(§75①) ③ 촉탁 : 피고인의 현재지의 지방법원판사(수탁판사)에게(§77①) ④ 급속 : 재판장 or 합의부원의 구속영장발부 or 구속처분(§80)
	불 복	법원의 구금에 관한 결정 ∴ **보통항고** ○(§403②)
	성 질	명령장 ∴ 집행기관 집행의무 ○

영장집행	집행주체	① 검사 지휘, 사법경찰관리 or 교도관 집행(§81①③) [법원 08]
		 ② 급속 : 재판장·수명법관·수탁판사 집행지휘(§81① 단서) [법원 08/10] →
		     법원사무관 등에게 집행 명령 → 법원사무관 등은 필요시 사경·교도·
		     법원경위에게 보조 요구 可(§81②) [법원 05/08/10, 사무관 09]

	집행방법	① 영장제시 + 사본교부 要 ② 긴급집행 可(§85)
	고 지	사/이/변/기 고지(§72, 사전청문)
	수 용	① 지정된 법원 기타 장소에 인치 ② 호송 시 가유치(§86)
사후청문 등본청구	적부심 통지 등	① 피의자 아니므로 **적부심청구권 고지** ×(≠ 피의자구속) ② 구속통지, 변호인선임의뢰, 접견교통 ○(= 피의자구속)
	사후청문	① 피고인 구속 즉시 공소사실의 요지와 **변호인**을 선임할 수 있음을 다시 알림(사/변 고지, §88) ② **위반해도 구속영장 유효**(2000모134)(≠ 사전청문) [국9 24]
	등본 교부	① 피고인·변호인 등(변호인선임권자)은 ② 구속영장 발부 법원에 ③ 구속영장등본 교부청구 可(규칙 §50①) ④ 고소인·고발인·피해자 : 비용납부 & 사유소명하면 同(동②, §26②)

구속기간	내 용	① 법원의 구속기간 : **2개월**(공소제기일부터 기산, §92①)
		 ② 필요시 심급마다 **2차**에 限 2개월 한도 결정으로 연장 可(동②本)
		     ∴ 1심의 최대구속기간은 6개월
		 ③ 상소심 : 피고인·변호인이 ㉠ 신청한 증거의 조사, ㉡ 상소이유 보충 서면
		     제출 등 추가심리가 필요한 부득이한 경우 **3차**에 限 갱신 可(동② 단서)
		     [법원 07, 법원 13, 경 08, 경 08/3차, 경 11/1차, 경 12/2차]

구속기간	피고인 구속기간 제외	① **공소제기 전** 체포 / 구인 / 구금기간(**피**의자로서의 **구속기간**) [법원 14, 국9 10, 경 08/1차, 경 13/1차, 경 15/2차] ② **기**피신청 [법원 16], **공소장변경** [국7 10], **심신상실·질병**에 의하여 **공판절차 정지 기간**(§92③) [경 10/1차] ③ **보석기간, 구속**집행정지기간 ④ 법원의 위**헌**법률심판제청에 의한 재판정지기간(헌재 법 §42①) ⑤ **도망, 감**정유치기간(§172의2①) [정리] 심/헌/기/공/보/구/도/피/감 [비교] 정지기간 중 구속기간 포함 기간 : 관할이전 / 병합심리 소송절차 정지기간, 호송 중 가유치기간 → 관(심)병(자)호송 넣어
	불구속	구속기간 초과 시 불구속재판 계속 可
재구속 제한		**적용** ×(69도507) [행시 04, 경 04/1차, 경 05/2차, 경 06/1차](≠ 피의자구속)

PART 03 수사와 공소

🔗 **한줄판례 Summary**

① 피고인 구속에 관한 사전청문절차의 흠결의 치유와 제한 : 이미 변호인을 선정하여 공판절차에서 변명과 증거의 제출을 다하고 그의 변호아래 판결을 선고받은 경우 등과 같이 절차적 권리가 실질적으로 보장되었다고 볼 수 있는 경우 위법하다고 볼 것은 아님(2000모134) [경 14/1차]

② **사후청문절차를 위반**하였다고 하여 구속영장의 효력에 영향 ×(2000모134) [사무관 14, 교정9 특채 12, 경 14/1차, 경 16/1차]

💡 **퍼써 정리 | 피의자구속과 피고인구속 요점 비교**

	피의자구속	피고인구속
성 질	수사상 구속	법원의 직권 구속
검사의 영장청구	○	×
사전청문	×	○
영장실질심사	○	×
영장발부	지방법원판사(수임판사)	• 수소법원 • 수탁판사 • 재판장
영장의 성격	허가장	명령장
구속재판 · 불복	• 관할지방법원판사 • 명령 – 불복 不可	• 수소법원(상소기간 중 예외적으로 원심법원) • 결정 – 보통항고 可
고지사항	사/이/변/기(진)	① 사전청문 : 사/이/변/기 ② 사후고지 : 사/변

영장집행 지휘	검사	• 검사 • 재판장·수명법관·수탁판사
구속기간	• 경찰 : 10일 • 검사 : 10일(1회 연장 可)	• 2개월 • 심급마다 2회 연장 可 • 상소심은 3회 연장 可
재구속	다른 중요증거 × → ×	제한 ×
공통점	① 구속영장 기재방식 : 피고인·피의자의 성명, 주민번호, 죄명, 공소사실 또는 피의사실의 요지, 인치·구금장소 등 특정 ② 사후통지 : 변호인 또는 변호인선임권자 중 피고인·피의자가 지정한 자에게 구속일시·장소, 피의사실 내지 범죄사실의 요지 등 24시간 내 통지	

3. 구속영장의 효력범위

기 준	① 인단위설 : 피의자의 모든 범죄에 대해 효력
	② 사건단위설 : 구속영장 기재 범죄사실만 효력
	③ 判例
	   ㉠ 원칙은 **사건단위설**(96모46)
	   ㉡ **미결구금일수 산입은 인단위설**(86도1875)

이중구속	① A사건으로 구속영장이 발부되어 구속된 피의자·피고인을 B사건으로 다시 구속영장을 발부하여 구속 ② **적법성** : 사건단위설에 의해 ○ [경 11/1차, 경 14/1차]
별건구속	① 수사기관이 본래 수사하려는 A사건(본건)은 구속요건이 구비되지 않아 본건 수사를 위해 구속요건 구비된 B사건(별건)으로 피의자를 구속 ② 적법성 : ×(**영장주의 위반, 通**)

> **🔗 한줄판례 Summary**
>
> ① **법원의 재량**으로 구속영장이 발부되지 아니한 다른 범죄사실에 관한 죄의 형도 **산입 可**(인단위설, 86도1875)
> ② 구속기간이 만료될 무렵에 종전 구속영장에 기재된 범죄사실과 **다른 범죄사실로 피고인을 구속**하였다는 사정만으로는 피고인에 대한 구속 **위법 ×**(2000모134)

▌Ⅲ 피의자·피고인의 접견교통권

> **✓ 조문정리**
>
> **헌법 제12조** ④ 누구든지 체포 또는 구속을 당한 때에는 즉시 변호인의 조력을 받을 권리를 가진다.
> **형사소송법 제89조 【구속된 피고인의 접견·진료】** 구속된 피고인은 관련 법률이 정한 범위에서 타인
>
> 과 접견하고 서류나 물건을 수수하며 의사의 진료를 받을 수 있다.
> **제91조 【변호인 아닌 자와의 접견·교통】** 법원은 도

망하거나 범죄의 증거를 인멸할 염려가 있다고 인정할 만한 상당한 이유가 있는 때에는 직권 또는 검사의 청구에 의하여 결정으로 구속된 피고인과 제34조에 규정한 외의 타인과의 접견을 금지할 수 있고, 서류나 그 밖의 물건을 수수하지 못하게 하거나 검열 또는 압수할 수 있다. 다만, 의류·양식·의료품은 수수를 금지하거나 압수할 수 없다.

제200조의6【준용규정】 …… 제89조부터 제91조까지 …… 의 규정은 검사 또는 사법경찰관이 피의자를 체포하는 경우에 이를 준용한다. 이 경우 "구속"은 이를 "체포"로, "구속영장"은 이를 "체포영장"으로 본다.

제243조의2【변호인의 참여 등】 ① 검사 또는 사법경찰관은 피의자 또는 그 변호인·법정대리인·배우자·직계친족·형제자매의 신청에 따라 변호인을 피의자와 접견하게 하거나 정당한 사유가 없는 한 피의자에 대한 신문에 참여하게 하여야 한다.

형의 집행 및 수용자의 처우에 관한 법률 제41조【접견】 ① 수용자는 교정시설의 외부에 있는 사람과 접견할 수 있다. 다만, 다음 각 호의 어느 하나에 해당하는 사유가 있으면 그러하지 아니하다.

1. 형사 법령에 저촉되는 행위를 할 우려가 있는 때

(중략)

제42조【접견의 중지 등】 교도관은 접견 중인 수용자 또는 그 상대방이 다음 각 호의 어느 하나에 해당하면 접견을 중지할 수 있다.

1. 범죄의 증거를 인멸하거나 인멸하려고 하는 때

(중략)

제43조【편지수수】 ① 수용자는 다른 사람과 편지를 주고받을 수 있다. 다만, 다음 각 호의 어느 하나에 해당하는 사유가 있으면 그러하지 아니하다.

1. 형사소송법이나 그 밖의 법률에 따른 편지의 수수금지 및 압수의 결정이 있는 때 (이하 생략)

1. 의의와 성질

의 의			체포·구속(불구속 O)된 피의자 또는 피고인이 변호인 등 타인과 접견하고 서류 또는 물건을 수수하고 의사의 진료를 받을 수 있는 권리
성 질	피의자 피고인 접견 교통권	변호인	① 헌법 §12④의 기본권(체포·구속된 자의 변호인조력권) : **헌법상** 법치국가원리와 적법절차원칙에서 당연히 도출되는 **기본권** (2000헌마138) ② 헌법은 체포·구속된 자 < **형소법은 구속·불구속 불문** ③ 헌법상 기본권 ∴ **법률로써 제한 可**(but 형소법은 변호인과의 접견교통권 **제한 없이 보장**)
		비변호인	① (헌법조문 명시 × but) 행복추구권·무죄추정권에 근거하는 **헌법상 기본권의 성질**(2002헌마193) ② **명문의 제한규정 有**(법 §91)(≠ 변호인과의 접견교통권)
	변호인의 접견교통권		① 과거判例 : 헌법상 기본권 ×, 형소법 §34 권리(89헌마181) ② 현재判例 : **헌법상 기본권** ③ 현행법상 제한 : (형집행법의 질서유지규정 제외) 형소법상 **제한 규정 無**

	변호인과의 접견교통권	비변호인과의 접견교통권
성 질	헌법상 기본권	헌법상 기본권
현행법률	제한 ×	제한 ○(도망 / 증거인멸 염려)
법원 · 수사기관	제한 ×	제한 ○
침해구제	법원 - 항고, 수사기관 - 준항고, 구치소장 - 행정소송	

🔗 한줄판례 Summary

변호인 선임을 위하여 피의자 등이 가지는 '**변호인이 되려는 자**'와의 접견교통권 역시 헌법상 기본권으로 보호되어야 함(2015헌마1204) [경간 20]

2. 피고인·피의자의 변호인 · 비변호인과의 접견교통권, 접견교통권 침해에 대한 구제

	변호인과의 접견교통권	비변호인과의 접견교통권
주 체	① 체포·구속된 피고인·피의자 ○ ② 불구속 피고인·피의자 ○(§243의2) ③ **임의동행**으로 연행된 피의자·**피내사자** ○ (96모18) [경승 24] ④ **재심청구절차의 수형자** ×(96다48831)	체포·구속된 피의자·피고인(§89, §200의6, §209, §213의2)
상대방	**변호인** 또는 **변호인 되려는 자** [국9 13]	변호인 또는 변호인 되려는 자가 **아닌 타인** (§89)
내 용	① 방해·감시 없는 자유로운 접견교통 ② 접견 시 교도관·경찰관 **입회·참여** × (91헌마111), **내용 청취·녹취** × [국7 07/15] ③ **가시거리 관찰** ○(행형법 §84①) [국7 15, 경 14/1차] ④ 변호인으로부터 서류·물건 수수 ○ → 수수한 서류 검열과 물건의 압수 × ⑤ 의사로부터 수진 ○(원칙적 제한 금지)	**법률의 범위 내** ① 타인과 접견 可 ② 서류·물건 수수 可 ③ 의사로부터 수진 可
제 한	① 헌법상 기본권 ∴ **법원의 결정 또는 수사상의 필요에 의한 제한 不可** ② 법률로써 제한 可(헌법 §37②)	**법원·수사기관 결정으로 제한 可** ① 법률 내에서만 보장 ∴ 교도소장은 비변호인과의 **접견 금지 可**, 접견에 교도관 **참여 可**(행형법 §41 ~ 43, 동시행령 §58)

제 한	③ 구속장소의 질서유지를 위한 **접견시간의 일반적인 제한**, 흉기 기타 위험한 물건의 수수 금지 可	② 법원의 결정 　㉠ **도**망 or 죄**증**인멸 염려 　㉡ 직권 or 검사 청구 　㉢ **결정으로 접견교통 제한 可**(§91) 　　ⓐ 타인과의 접견 금지, 수수할 서류 기타 물건 검열, 수수 금지 or 압수 可(§91) 　　ⓑ 의류, 양식, 의료품 수수금지·압수 不可(동 단서, 인도적 관점) 　　　[경 09/2차, 경 16/1차] ③ **수사기관 결정으로도 제한 可**
침해 구제	① 항고와 준항고 　㉠ 법원의 결정에 대한 구제 : 구금에 대한 결정 ∴ **보통항고**(§403②) 　㉡ 수사기관의 결정에 대한 구제 : 구금에 대한 처분 ∴ **준항고**(§417) [행시 02, 경 14/1차] ② 증거능력 　㉠ 원칙 : 접견교통권 침해 중 수집된 피고인·피의자의 자백 or 증거물은 **위수증** 　㉡ 예외 : 변호인 **접견 전** 작성, **비변호인** 접견금지 중 작성 조서 ○ ③ 상소이유 : 수소법원 접견교통권 침해는 피고인의 방어준비에 중대한 지장 ∴ 상대적 항소이유·상고이유(§361의5 1., §383 1.) ④ 행정소송 : 교도소장·구치소장 등의 접견교통권 침해 → **행정심판·행정소송**(항고소송)·**헌법소원** 및 국가배상청구(**준항고 ✕**) [경 15/1차] ⑤ 헌법소원 　㉠ 원칙 ✕ : 항고·준항고 ○ ∴ **헌법소원 ✕**(원칙) 　㉡ 예외 ○ : **재차 접견거부 시** 헌법소원 可		

🔗 **한줄판례 Summary**

① <u>접견신청일이 경과하도록 접견이 이루어지지 아니한 것</u>은 실질적으로 접견불허처분(91모24)
　[국7 07/15, 경 05/1차, 경 10/1차, 경 12/3차, 경 13/2차, 경 14/1차, 경 15/1차, 경 16/1차]
② 검사 작성의 피의자신문조서가 검사에 의하여 피의자에 대한 **변호인의 접견이 부당하게 제한**되고 있는 동안에 작성된 경우에는 **증거능력 ✕**(90도1285)
③ 검사 작성 피의자신문조서가 **변호인 접견 전** 작성되었다 하여 **증거능력 없는 것은 아님**(90도1613)
④ 검사의 **비변호인**과의 접견금지결정이 있는 중에 작성된 피의자신문조서는 **임의성 ○**(84도846)
⑤ 접견거부처분에 대해 법원에 준항고절차까지 밟아 이를 취소하는 결정이 있었음에도 **피청구인이 무시한 채 재차 접견거부처분** → **헌법소원 청구 ○**(89헌마181)

조문정리

헌법 제12조 ⑥ 누구든지 체포 또는 구속을 당한 때에는 적부의 심사를 법원에 청구할 권리를 가진다.

형사소송법 제214조의2 【체포와 구속의 적부심사】

① 체포되거나 구속된 피의자 또는 그 변호인, 법정대리인, 배우자, 직계친족, 형제자매나 가족, 동거인 또는 고용주는 관할법원에 체포 또는 구속의 적부심사(適否審査)를 청구할 수 있다. 〈개정 2020.12.8.〉

② 피의자를 체포하거나 구속한 검사 또는 사법경찰관은 체포되거나 구속된 피의자와 제1항에 규정된 사람 중에서 피의자가 지정하는 사람에게 제1항에 따른 적부심사를 청구할 수 있음을 알려야 한다. 〈개정 2020.12.8.〉

③ 법원은 제1항에 따른 청구가 다음 각 호의 어느 하나에 해당하는 때에는 제4항에 따른 심문 없이 결정으로 청구를 기각할 수 있다. 〈개정 2020.12.8.〉

1. 청구권자 아닌 사람이 청구하거나 동일한 체포영장 또는 구속영장의 발부에 대하여 재청구한 때

2. 공범이나 공동피의자의 순차청구(順次請求)가 수사 방해를 목적으로 하고 있음이 명백한 때

④ 제1항의 청구를 받은 법원은 청구서가 접수된 때부터 48시간 이내에 체포되거나 구속된 피의자를 심문하고 수사 관계 서류와 증거물을 조사하여 그 청구가 이유 없다고 인정한 경우에는 결정으로 기각하고, 이유 있다고 인정한 경우에는 결정으로 체포되거나 구속된 피의자의 석방을 명하여야 한다. 심사 청구 후 피의자에 대하여 공소제기가 있는 경우에도 또한 같다. 〈개정 2020.12.8.〉

⑤ 법원은 구속된 피의자(심사청구 후 공소제기된 사람을 포함한다)에 대하여 피의자의 출석을 보증할 만한 보증금의 납입을 조건으로 하여 결정으로 제4항의 석방을 명할 수 있다. 다만, 다음 각 호에 해당하는 경우에는 그러하지 아니하다. 〈개정 2020.12.8.〉

1. 범죄의 증거를 인멸할 염려가 있다고 믿을 만한 충분한 이유가 있는 때

2. 피해자, 당해 사건의 재판에 필요한 사실을 알고 있다고 인정되는 사람 또는 그 친족의 생명·신체나 재산에 해를 가하거나 가할 염려가 있다고 믿을 만한 충분한 이유가 있는 때

⑥ 제5항의 석방 결정을 하는 경우에는 주거의 제한, 법원 또는 검사가 지정하는 일시·장소에 출석할 의무, 그 밖의 적당한 조건을 부가할 수 있다. 〈개정 2020.12.8.〉

⑦ 제5항에 따라 보증금 납입을 조건으로 석방을 하는 경우에는 제99조와 제100조를 준용한다. 〈개정 2020.12.8.〉

⑧ 제3항과 제4항의 결정에 대해서는 항고할 수 없다. 〈개정 2020.12.8.〉

⑨ 검사·변호인·청구인은 제4항의 심문기일에 출석하여 의견을 진술할 수 있다. 〈개정 2020.12.8.〉

⑩ 체포되거나 구속된 피의자에게 변호인이 없는 때에는 제33조를 준용한다. 〈개정 2020.12.8.〉

⑪ 법원은 제4항의 심문을 하는 경우 공범의 분리심문이나 그 밖에 수사상의 비밀보호를 위한 적절한 조치를 하여야 한다. 〈개정 2020.12.8.〉

⑫ 체포영장이나 구속영장을 발부한 법관은 제4항부터 제6항까지의 심문·조사·결정에 관여할 수 없다. 다만, 체포영장이나 구속영장을 발부한 법관 외에는 심문·조사·결정을 할 판사가 없는 경우에는 그러하지 아니하다. 〈개정 2020.12.8.〉

⑬ 법원이 수사 관계 서류와 증거물을 접수한 때부터 결정 후 검찰청에 반환된 때까지의 기간은 제200조의2제5항(제213조의2에 따라 준용되는 경우를 포함한다) 및 제200조의4제1항을 적용할 때에는 그 제한기간에 산입하지 아니하고, 제202조·제203조 및 제205조를 적용할 때에는 그 구속기간에 산입하지 아니한다. 〈개정 2020.12.8.〉

⑭ 제4항에 따라 피의자를 심문하는 경우에는 제201조의2제6항을 준용한다. 〈개정 2020.12.8.〉

제214조의3 【재체포 및 재구속의 제한】 ① 제214조의2제4항에 따른 체포 또는 구속 적부심사결정에 의하여 석방된 피의자가 도망하거나 범죄의 증거를 인멸하는 경우를 제외하고는 동일한 범죄사실로 재차 체포하거나 구속할 수 없다. 〈개정 2020.12.8.〉

② 제214조의2제5항에 따라 석방된 피의자에게 다음 각 호의 어느 하나에 해당하는 사유가 있는 경우를 제외하고는 동일한 범죄사실로 재차 체포하거나 구속할 수 없다. 〈개정 2020.12.8.〉

1. 도망한 때

2. 도망하거나 범죄의 증거를 인멸할 염려가 있다고 믿을 만한 충분한 이유가 있는 때

3. 출석요구를 받고 정당한 이유 없이 출석하지 아니한 때

4. 주거의 제한이나 그 밖에 법원이 정한 조건을 위반한 때

제214조의4 【보증금의 몰수】 ① 법원은 다음 각 호의 1의 경우에 직권 또는 검사의 청구에 의하여 결정으로 제214조의2제5항에 따라 납입된 보증금의 전부 또는 일부를 몰수할 수 있다.
1. 제214조의2제5항에 따라 석방된 자를 제214조의3제2항에 열거된 사유로 재차 구속할 때
2. 공소가 제기된 후 법원이 제214조의2제5항에 따

라 석방된 자를 동일한 범죄사실에 관하여 재차 구속할 때
② 법원은 제214조의2제5항에 따라 석방된 자가 동일한 범죄사실에 관하여 형의 선고를 받고 그 판결이 확정된 후, 집행하기 위한 소환을 받고 정당한 이유 없이 출석하지 아니하거나 도망한 때에는 직권 또는 검사의 청구에 의하여 결정으로 보증금의 전부 또는 일부를 몰수하여야 한다.

의 의	
	① 수사기관 체포·구속된 피의자 → 법원이 체포·구속의 적법 여부와 계속의 필요성을 심사 → 위법·부당하면 피의자 석방 [경 13/1차] ② **헌법상 기본권**(헌법 §12⑥) [경 05/1차] [정리] 체포·구속적부심의 간단한 이해 　　① A : 미란다원칙 불고지 → 적부심청구 → 석방결정(if 피의자보석 ← A의 항고) 　　② B : 미란다원칙 고지 → 합의(고소취소) → 적부심청구 → 석방결정 　　③ C : 미란다원칙 고지 → 합의 × → 적부심청구 → 기각결정(if 피의자보석＋조건 ← 검사항고) [퍼써 정리] 피의자·피고인 석방제도

피의자	피고인
① 체포·구속적부심 ② 구속취소 ③ 구속집행정지	① 보석(필요적 보석 원칙) ② 구속취소 ③ 구속집행정지

[정리] 피의자 구속적부심 절차 개관 : 48h＋24h
　　① 구속영장청구 → 영장실질심사(수임판사) → 영장발부 → 적부심청구 → 적부심(법원 – 단독 or 합의부 / 수임판사 × / 수소법원 ×) → 결정
　　② 적부심 : 청구(피의자/변/법배직형/가동고) → 심사(법원 – 단 or 합 : 기일지정 48h → 통지 → 출석 → 심사)
　　③ 결정(24h) : 석방결정 – 항고 ×, 기각결정 – 항고 ×, 피의자보석(직권) – 항고 ○

청 구	청구권자	
		① **체포·구속된 피의자** 　㉠ 체포·구속영장에 의하여 체포·구속된 피의자 ○ 　㉡ 영장에 의하지 않고 체포된 자 ○ [법원 03/04, 국9 13, 경 12/1차] 　㉢ 긴급체포·현행범체포된 자 ○ 　㉣ 공소제기 후 피고인 × 　㉤ 사인에 의하여 불법구금된 자 × [국7 15, 경 05/1차, 경 05/3차] ② 피의자의 **변호인 / 법정대리인 / 배우자 / 직계친족 / 형제자매 / 가족 / 동거인 / 고용주** ○(§214의2①)(＝보석 ≠ 변호인선임대리권자 / 상소권자) [법원 12, 국7 10, 경 10/1차, 경 13/2차, 경 14/2차] [정리] 피/변/법/배/직/형/가/동/고 : 보석청구권자도 동일 ③ 전격기소된 피고인 : 피의자 적부심청구 후 공소제기(**전격기소**) 시 **적부심 계속 유지**(§214의2④ 제2문, 피의자는 절차개시요건 ○, 절차존속요건 ×) [국7 10]

청 구	청구사유	① 불법한 체포·구속 : 영장주의 위반, 요건 불구비 영장 발부, 구속기간 경과 후 구속의 계속 ② 부당한 체포·구속 : 피해자에 대한 피해변상, 합의, 고소취소 등의 사정변경과 같이 체포·구속을 계속할 필요가 없는 경우
	청구방법	① 검사·사경의 적부심청구권 고지의무 : **피**의자와 심사**청**구권자 중 피의자지정 자에게 적부심청구권 고지 要(§214의2②) ② 서면주의 : 관할법원에 서면으로 청구
	서류열람	① 영장등본교부청구권 : 구속영장 청구 or 체포·구속된 **피**의자 / **변**호인 / **법**정 대리인 / **배**우자 / **직**계친족 / **형**제자매 / **동**거인 / **고**용주 → 긴급체포서 / 현행범인체포서 / 체포영장 / 구속영장 / 청구서 보관 검사 / 사법경찰관 / 법원사무관 등에게 → **등본 교부 청구 可**(규칙 §101) ② 변호인의 열람권(규칙 §104의2, §96조의21①②)(복사 ×) ㉠ 주체 : 체포·구속적부심사를 청구한 피의자의 **변호인** ㉡ **열람**대상 : 지방법원 판사에게 제출된 **구속영장청구서** 및 그에 첨부된 **고소**·고발장, **피**의자의 진술을 기재한 서류와 **피**의자가 제출한 서류 ㉢ **고**소장과 **피**의자신문조서 : **열람·등사** 허용(2000헌마474) [국7 10, 경 16/1차] ③ 검사의 열람제한 : 증거인멸 또는 도망 염려 등 수사방해 염려 시 지방법원판사 에게 **구속영장청구서를 제외**한 서류의 **열람 제한 의견** 제출 可 → 구속영장청 구서 열람 반드시 허용
심 사	심사법원	① 수사검사 소속검찰청 대응 지방법원 **합**의부 또는 **단독**판사 ② 체포영장·구속**영장 발부 법관** ㉠ 원칙 : 심문·조사·결정 **관여 ×** [법원 12] ㉡ 예외 : 영장발부법관 외 심문·조사·결정할 판사 無 → **관여 ○**(§214의2⑫)
	기일지정	① 청구서 접수 ~ **48시간** 이내 심문(§214의2④) [국9 09, 경 14/2차, 경 15/1차] ② 심문기일 지정 법원 → 지체 없이 청구인 / 변호인 / 검사 및 피의자 구금 관서(경찰서·교도소·구치소)의 장에게 심문기일·장소 통지(규칙 §104①)
	심사절차	① 검사·사경 : 심문기일까지 수사관계서류·증거물 법원 제출 ② 구금 관서의 장 : 심문기일에 피의자 출석(규칙 §104②) ③ 법원의 피의자심문 / 수사관계서류·증거물조사(§214의2④) : 공범의 분리심문 등 수사상 비밀보호 조치 要(동⑪) ④ **필요적 변호** : 변호인 없으면 직권으로 국선변호인 선정 要(동⑩, §33) [국9 13] ⑤ 검사·변호인·청구인 ㉠ 심문기일 출석, 의견 진술 可(동⑨) [경 15/1차] ㉡ 검·변 : 피의자 **직접 심문 不可** ⑥ 체포·구속적부심문조서 ㉠ **법원사무관 등**은 심문 요지 등을 **조서**로 작성(동⑭, §201의2⑥) ㉡ **당연히 증거능력 있는 서류**(§315 3., 2003도5693) [법원 11/12, 경 14/1차]

결정	시 한	심문종료 ~ **24시간** 이내(규칙 §106) [경 05/1차, 경 14/1차, 경 15/3차]
	간이기각	① 청구**권**자 아닌 자 청구 ② 동일 체포영장 · 구속영장 발부에 대해 **재**청구 [법원 13] ③ 공범 · 공동피의자의 **순**차청구가 수사방해 목적 명백 [국7 10] → **심문 없이** 결정으로 청구**기각**(심문기일 지정 不要, 동③) [정리] 권/재/순 간이기각
	기각결정	청구가 이유 없음 → 결정으로 이를 기각(동④)
	석방결정	① 청구가 이유 있음 → 결정으로 석방을 명함(동④) ② 효력발생시기 : 석방결정 시 ×, 결정**등본** 검찰청 **송달** 시 ○(§42) [법원 11] ③ 전격기소 시 : 체포 · 구속적부심사 및 석방결정 可(동④ 제2문) [법원 08/11, 국9 10/13, 경 05/1차, 경 05/2차, 경 12/1차, 경 13/2차] ④ 보증금납입조건부피의자석방결정 : 구속적부심사청구를 받은 법원 → 보증금 납입 조건, 결정으로 석방 명할 수 있음(피의자보석, 기소전보석, 동⑤) [법원 13]
	불 복	간이기각결정 기각결정 석방결정 / **항고 不可**(동⑧) [행시 03, 법원 11/12/13, 국9 16, 경 05/2차, 경 10/1차, 경 13/2차, 경 14/1차, 경 15/1차, 경 16/1차]
		피의자보석결정 / 피의자 · 검사 **보통항고** 可(§214의2⑧⑤, 97모21) [국7 15, 경 12/1차]
	체포구속 기간 제외	법원 수사관계서류 · 증거물 접수한 때 ~ 검찰청에 반환된 때까지의 기간 → **체포기간 · 구속기간 산입** ×(동⑬) [국7 15, 경 05/3차, 경 14/1차, 경 16/1차]
피의자 보석	의 의	구속적부심사과정에서 구속된 피의자가 법원의 결정을 받아 보증금 납입을 조건으로 석방되는 제도(동⑤)
	절 차	① 피의자의 **구속적부심사청구 要** *cf.* 피의자보석청구권 × [국7 14, 국9 13, 경 06/1차, 경 15/1차] ② 대상 ㉠ **구속피의자** ○(동⑤, 전격기소 피고인 ○) ㉡ **체포피의자** ×(97모21)
	석방결정	① 피의자 출석을 보증할 만한 보증금 납입 조건 석방결정 ② 피의자 자력 · 자산으로 이행할 수 없는 보증금 ×(§214의2⑦, §99②) ③ 주거의 제한, 법원 · 검사 지정 일시 · 장소에 출석할 의무 기타 적당한 조건 부가 可(§214의2⑥) [경 15/3차] ④ 피의자보석 제외사유 : **증**거인멸 염려 **충**분한 이유 or 피해자 / 중요참고인 / 친족의 생명 · 신체 · 재산에 **해**를 가하거나 가할 염려 **충**분한 이유(석방 不可, 동⑤ 단서)(적보 – 증충/해충)
	보석집행	① **보증금 납입 필수**(§214의2⑦, §100①前)(≠ 피고인보석) ② 제3자 보증금 납입 허가 可(§214의2⑦, §100②) [법원 13]

피의자 보석	보증금 몰수	임의적 몰수	석방된 피의자가 ① 재구속 제한의 예외사유(§214의3② : 적보 – 도/염/출/조)로 **재구속** or ② 공소제기 후 법원이 동일범죄사실로 **재차 구속** → 직권 or 검사의 청구 → 보증금 전부·일부 **몰수 可** (§214의4①)
		필요적 몰수	석방된 자가 동일범죄 사실로 **형선고판결 확정 후** 형집행을 위한 소환에 정당한 이유 없이 **출석하지 아니하거나 도망**한 때 → 직권 or 검사의 청구 → 보증금 전부·일부 **몰수 要**(동②)
재체포 · 재구속	적부심 석방		① **도망** or ② **증거인멸** 제외하고는 동일범죄사실로 **재체포·재구속** ×(§214의3①) ∴ 증거인멸 염려 or 다른 중요한 증거 발견 → 재체포·재구속 不可 [국7 15, 국9 13, 경 07/1차, 경 10/1차, 경 14/1차, 경 14/2차, 경 15/3차, 경 16/1차]
	피의자 보석		① **도망** or ② 도망 염려·증거인멸 **염려** or ③ 출석요구에 정당한 이유 없이 불**출석** or ④ 주거제한 기타 법원이 정한 **조건** 위반 제외하고는 동일범죄 사실로 **재체포·** **재구속** ×(동②) ∴ 다른 중요한 증거 발견 or 보복 또는 보복의 우려(피고인보석 취소사유) → 재체포·재구속 不可 [경 01/2차, 경 04/3차, 경 05/2차]

퍼써 정리 | 재체포 제한과 재구속 제한

재체포 제한	재구속 제한

① **긴급체포** → **석방** → 영장 × – **긴급체포** ×
② 체포 → **적부심** 석방 → **도망** / **증거인멸** ×
  → 재체포 ×
[정리] ① 긴/석/긴 × ② 긴/석/영 ○ ③ 적 – 도증 ○
	① 피의자구속 → 석방 → **다른 중**요증거 ×
	  → 재구속 ×(cf. 법원의 구속 : 제한 ×)
	② 구속 → **적부심** 석방 → **도망** / **증거인멸** ×
	  → 재구속 ×
	③ 구속 → **적부심** 피의자**보석** → **도망** / **염려** /
	  출석 / **조건** × → 재구속 ×
	[정리] ① 다중 – 구/기/재 ② 적 – 도증 ○ ③ 적보 – 도염
	  출조 ○

V 보석

조문정리 **형사소송법**(보석, 구속집행정지, 구속취소 관련 조문)

제1편 총칙

제9장 피고인의 소환, 구속

제93조 【구속의 취소】 구속의 사유가 없거나 소멸된
때에는 법원은 직권 또는 검사, 피고인, 변호인과
제30조제2항에 규정한 자의 청구에 의하여 결정으
로 구속을 취소하여야 한다.

제94조 【보석의 청구】 피고인, 피고인의 변호인·법
정대리인·배우자·직계친족·형제자매·가족·동거
인 또는 고용주는 법원에 구속된 피고인의 보석을
청구할 수 있다.

제95조 【필요적 보석】 보석의 청구가 있는 때에는
다음 이외의 경우에는 보석을 허가하여야 한다.
1. 피고인이 사형, 무기 또는 장기 10년이 넘는 징역
   이나 금고에 해당하는 죄를 범한 때

2. 피고인이 누범에 해당하거나 상습범인 죄를 범한 때

3. 피고인이 죄증을 인멸하거나 인멸할 염려가 있다고 믿을 만한 충분한 이유가 있는 때

4. 피고인이 도망하거나 도망할 염려가 있다고 믿을 만한 충분한 이유가 있는 때

5. 피고인의 주거가 분명하지 아니한 때

6. 피고인이 피해자, 당해 사건의 재판에 필요한 사실을 알고 있다고 인정되는 자 또는 그 친족의 생명·신체나 재산에 해를 가하거나 가할 염려가 있다고 믿을만한 충분한 이유가 있는 때

제96조【임의적 보석】법원은 제95조의 규정에 불구하고 상당한 이유가 있는 때에는 직권 또는 제94조에 규정한 자의 청구에 의하여 결정으로 보석을 허가할 수 있다.

제97조【보석, 구속의 취소와 검사의 의견】① 재판장은 보석에 관한 결정을 하기 전에 검사의 의견을 물어야 한다.
② 구속의 취소에 관한 결정을 함에 있어서도 검사의 청구에 의하거나 급속을 요하는 경우외에는 제1항과 같다.
③ 검사는 제1항 및 제2항에 따른 의견요청에 대하여 지체 없이 의견을 표명하여야 한다.
④ 구속을 취소하는 결정에 대하여는 검사는 즉시항고를 할 수 있다.

제98조【보석의 조건】법원은 보석을 허가하는 경우에는 필요하고 상당한 범위 안에서 다음 각 호의 조건 중 하나 이상의 조건을 정하여야 한다. 〈개정 2020.12.8.〉

1. 법원이 지정하는 일시·장소에 출석하고 증거를 인멸하지 아니하겠다는 서약서를 제출할 것

2. 법원이 정하는 보증금에 해당하는 금액을 납입할 것을 약속하는 약정서를 제출할 것

3. 법원이 지정하는 장소로 주거를 제한하고 주거를 변경할 필요가 있는 경우에는 법원의 허가를 받는 등 도주를 방지하기 위하여 행하는 조치를 받아들일 것

4. 피해자, 당해 사건의 재판에 필요한 사실을 알고 있다고 인정되는 사람 또는 그 친족의 생명·신체·재산에 해를 가하는 행위를 하지 아니하고 주거·직장 등 그 주변에 접근하지 아니할 것

5. 피고인 아닌 자가 작성한 출석보증서를 제출할 것

6. 법원의 허가 없이 외국으로 출국하지 아니할 것을 서약할 것

7. 법원이 지정하는 방법으로 피해자의 권리 회복에 필요한 금전을 공탁하거나 그에 상당하는 담보를 제공할 것

8. 피고인이나 법원이 지정하는 자가 보증금을 납입하거나 담보를 제공할 것

9. 그 밖에 피고인의 출석을 보증하기 위하여 법원이 정하는 적당한 조건을 이행할 것

제99조【보석조건의 결정 시 고려사항】① 법원은 제98조의 조건을 정할 때 다음 각 호의 사항을 고려하여야 한다. 〈개정 2020.12.8.〉

1. 범죄의 성질 및 죄상(罪狀)

2. 증거의 증명력

3. 피고인의 전과(前科)·성격·환경 및 자산

4. 피해자에 대한 배상 등 범행 후의 정황에 관련된 사항

② 법원은 피고인의 자금능력 또는 자산 정도로는 이행할 수 없는 조건을 정할 수 없다. 〈개정 2020.12.8.〉

제100조【보석집행의 절차】① 제98조제1호·제2호·제5호·제7호 및 제8호의 조건은 이를 이행한 후가 아니면 보석허가결정을 집행하지 못하며, 법원은 필요하다고 인정하는 때에는 다른 조건에 관하여도 그 이행 이후 보석허가결정을 집행하도록 정할 수 있다.
② 법원은 보석청구자 이외의 자에게 보증금의 납입을 허가할 수 있다.
③ 법원은 유가증권 또는 피고인 외의 자가 제출한 보증서로써 보증금에 갈음함을 허가할 수 있다.
④ 전항의 보증서에는 보증금액을 언제든지 납입할 것을 기재하여야 한다.
⑤ 법원은 보석허가결정에 따라 석방된 피고인이 보석조건을 준수하는 데 필요한 범위 안에서 관공서나 그 밖의 공사단체에 대하여 적절한 조치를 취할 것을 요구할 수 있다.

제100조의2【출석보증인에 대한 과태료】① 법원은 제98조제5호의 조건을 정한 보석허가결정에 따라 석방된 피고인이 정당한 사유 없이 기일에 불출석하는 경우에는 결정으로 그 출석보증인에 대하여 500만원 이하의 과태료를 부과할 수 있다.
② 제1항의 결정에 대하여는 즉시항고를 할 수 있다.

제101조【구속의 집행정지】① 법원은 상당한 이유가 있는 때에는 결정으로 구속된 피고인을 친족·보호단체 기타 적당한 자에게 부탁하거나 피고인의 주거를 제한하여 구속의 집행을 정지할 수 있다.
② 전항의 결정을 함에는 검사의 의견을 물어야 한다. 단, 급속을 요하는 경우에는 그러하지 아니하다.

③ 삭제 〈2015.7.31.〉

④ 헌법 제44조에 의하여 구속된 국회의원에 대한 석방요구가 있으면 당연히 구속영장의 집행이 정지된다.

⑤ 전항의 석방요구의 통고를 받은 검찰총장은 즉시 석방을 지휘하고 그 사유를 수소법원에 통지하여야 한다.

[2015.7.31. 법률 제13454호에 의하여 2012.6.27. 헌법재판소에서 위헌 결정된 이 조 제3항을 삭제함]

제102조【보석조건의 변경과 취소 등】① 법원은 직권 또는 제94조에 규정된 자의 신청에 따라 결정으로 피고인의 보석조건을 변경하거나 일정기간 동안 당해 조건의 이행을 유예할 수 있다.

② 법원은 피고인이 다음 각 호의 어느 하나에 해당하는 경우에는 직권 또는 검사의 청구에 따라 결정으로 보석 또는 구속의 집행정지를 취소할 수 있다. 다만, 제101조제4항에 따른 구속영장의 집행정지는 그 회기 중 취소하지 못한다.

1. 도망한 때
2. 도망하거나 죄증을 인멸할 염려가 있다고 믿을 만한 충분한 이유가 있는 때
3. 소환을 받고 정당한 사유 없이 출석하지 아니한 때
4. 피해자, 당해 사건의 재판에 필요한 사실을 알고 있다고 인정되는 자 또는 그 친족의 생명·신체·재산에 해를 가하거나 가할 염려가 있다고 믿을 만한 충분한 이유가 있는 때
5. 법원이 정한 조건을 위반한 때

③ 법원은 피고인이 정당한 사유 없이 보석조건을 위반한 경우에는 결정으로 피고인에 대하여 1천만원 이하의 과태료를 부과하거나 20일 이내의 감치에 처할 수 있다.

④ 제3항의 결정에 대하여는 즉시항고를 할 수 있다.

제103조【보증금 등의 몰취】① 법원은 보석을 취소하는 때에는 직권 또는 검사의 청구에 따라 결정으로 보증금 또는 담보의 전부 또는 일부를 몰취할 수 있다.

② 법원은 보증금의 납입 또는 담보제공을 조건으로 석방된 피고인이 동일한 범죄사실에 관하여 형의 선고를 받고 그 판결이 확정된 후 집행하기 위한 소환을 받고 정당한 사유 없이 출석하지 아니하거나 도망한 때에는 직권 또는 검사의 청구에 따라 결정으로 보증금 또는 담보의 전부 또는 일부를 몰취하여야 한다.

제104조【보증금 등의 환부】구속 또는 보석을 취소하거나 구속영장의 효력이 소멸된 때에는 몰취하지 아니한 보증금 또는 담보를 청구한 날로부터 7일 이내에 환부하여야 한다.

제104조의2【보석조건의 효력 상실 등】① 구속영장의 효력이 소멸한 때에는 보석조건은 즉시 그 효력을 상실한다.

② 보석이 취소된 경우에도 제1항과 같다. 다만, 제98조제8호의 조건은 예외로 한다.

제105조【상소와 구속에 관한 결정】상소기간 중 또는 상소 중의 사건에 관하여 구속기간의 갱신, 구속의 취소, 보석, 구속의 집행정지와 그 정지의 취소에 대한 결정은 소송기록이 원심법원에 있는 때에는 원심법원이 하여야 한다.

제209조【준용규정】 …… 제93조, 제101조제1항, 제102조제2항 본문(보석의 취소에 관한 부분은 제외한다) 및 제200조의5는 검사 또는 사법경찰관의 피의자 구속에 관하여 준용한다.

의 의	법원이 보증금의 납부 기타 일정한 조건을 붙여 구속의 집행을 정지하고 구속된 피고인을 석방하는 제도	
종 류	필요적 보석원칙 청구보석	① 보석을 **청구**하면 **제외사유 없는 한** 법원은 보석을 **허가하여야 함**(§95) [행시 03, 국9 10, 경 09/2차] ∴ **보석제외사유가 있으면 허가하지 않을 수 있음**(허가하지 않아야 ×) ② 보석제외사유(허가하지 않을 수 있는 사유) 　㉠ 사형, 무기 or **장기 10년** 넘는 징역·금고 　㉡ **누범** or **상습범** 　㉢ 증거인멸 or **증**거인멸 염려 충분한 이유 　㉣ 도망 or **도망** 염려 충분한 이유 　㉤ **주**거 불분명 　㉥ 피해자 / 증인 / 친족의 생명·신체·재산에 **해**를 가함 or 가할 염려 충분한 이유 [정리] 장이/누상/증/도/주/해 ∴ 보석해야 하는 건 아니야.
	임의적 보석	보석제외사유 해당해도 상당한 이유(예 병보석) 有 → **직권** or 피고인 등 **청구** → 결정으로 **보석 허가 可**(직권보석, 청구보석, §96) [법원 09/10] ∴ 보석청구 없어도 임의적 보석 可
결정절차		보석절차 : 청구 → 심리(기일지정 – 통지 – 출석 – 심문) → 결정 ① 청구 : 피고인 / 법배직형 / 가동고 ② 심리 : 수소법원 / 지체 없이 기일지정 / 검사의견 – 지체 없이, 구속력 × ③ 결정 : 7일 이내, 허가결정 – 즉시항고 × / 항고 ○, 기각결정 – 항고 ○ [정리] 보석은 지없/지없/7/항/항 밟아라.
	청 구	① 청구권자 : **피고인/변호인/법/배/직/형/가/동/고**(§94 = 적부심청구권자) [법원 09] but **피의자 ×** ② 청구방법 : ㉠ 서면주의, ㉡ 심급 불문, **상소기간 중 可**(소송기록 있는 법원 결정 : §105, 규칙 §57①)
	심 리	① 심문기일 지정과 통지 　㉠ 지정 : 보석청구받은 법원은 **지체 없**이 심문기일을 지정(규칙 §54의2①) [경 08/1차] 　㉡ 통지 : 즉시 검사 / 변호인 / 보석청구인 및 구금 관서의 장에게 심문기일·장소 통지(규칙 동②) → 구금 관서의 장은 심문기일에 피고인 출석(동항) ② 검사의 의견의 필요적 청취와 구속력 　㉠ 필요적 청취 : **검사의 의견을 물어야 함**(§97①) [법원 11/17] 　㉡ 검사의 의견표명 : **지체 없**이 의견 표명(동③) [법원 08, 경 08/1차] → 특별한 사정 없는 한 의견요청을 받은 날의 **다음 날까지**(규칙 §54①) 　　[정리] ⓐ 보석 : 검사 의견 물을 것, ⓑ 구속집행정지 : 급속 제외, ⓒ 구속취소 : 검사 청구 or 급속 제외 　㉢ 법원에 대한 **구속력 無** ③ 피고인심문

수사와 양소

CHAPTER 02 강제처분과 강제수사 **133**

| 결정절차 | 결 정 | ① 기한 : 보석청구일 ~ **7일** 이내 원칙(규칙 §55) [국9 15, 법원 17]
② 보석청구기각결정
　㉠ 보석청구가 부적법하나 이유 없는 때
　㉡ 불복 : **보통항고** ○(§403②), 즉시항고 × [행시 03]
③ 보석허가결정
　㉠ 보석청구가 이유 있는 때
　㉡ 보석조건 부과 : 보증금납입은 필수조건 ×
　㉢ 불복 : **보통항고** ○(§403②), 즉시항고 × [국9 10, 경 08/1차]
④ 보석조건
　㉠ 아래 조건 중 하나 이상의 조건 정함(§98 **1·2·5·7·8은 선이행, 3·4·6·9는 후이행, 후이행은 선이행으로 변경 可**, §100①) [법원 07, 국7 09])
　　1. 법원이 지정하는 일시·장소에 출석하고 증거를 인멸하지 아니하겠다는 **서**약서 제출
　　2. 보증금 납입 **약**정서 제출
　　3. **도**주를 방지하기 위하여 행하는 조치를 받아들일 것
　　4. 피해자 등의 생명·신체·재산에 **해**를 가하는 행위를 하지 아니하고 주거·직장 등 그 주변에 접근하지 아니할 것
　　5. 피고인 아닌 자(제**3**자) 작성 출석보증서 제출
　　6. 법원의 허가 없이 외국으로 **출**국하지 아니할 것을 서약
　　7. 법원이 지정하는 방법으로 **피**해자의 권리 회복에 필요한 금전을 공탁하거나 그에 상당하는 담보 제공
　　8. 피고인이나 법원이 지정하는 자가 **보**증금을 납입하거나 담보를 제공할 것 : 보석취소 시 자동실효되지 않는 유일한 조건
　　9. 그 밖에(**기**타) 피고인의 출석을 보증하기 위하여 법원이 정하는 적당한 조건 이행
　　[정리] 서/약/3/피/보는 선이행(서류나 돈은 먼저 내라), 도/해/출/기는 후이행
　㉡ 보석조건 결정 시 고려사항
　　ⓐ 고려사항 : 범죄의 **성**질 및 **죄**상, 증거의 **증명**력(증거능력 ×), 피고인의 **전**과·**성**격·**환**경 및 **자**산(경력 ×), 피해자에 대한 배상 등 범행 후의 **정황**에 관련된 사항(§99①) [법원 07, 국7 09, 경 04/3차, 경 08/3차, 경 09/2차, 경 13/2차]
　　　[정리] 성/죄/증명 성/전/환/자/정황 고려
　　ⓑ **이행할 수 없는 조건 부과 不可**(동②) [국7 09]
　㉢ 보석조건의 변경·이행유예 : 可 [경승 10] ← **직권 or 보석청구권자**(검사 ×) [검·교정7 09]의 **신청**(§102①) [국7 09]
　㉣ 보석조건의 실효 [법원 09/11, 경 13/2차]
　　ⓐ 구속실효 : **구속영장 효력 소멸** → 보석조건 즉시 실효(§104의2①)
　　　∴ 사형·자유형 확정 or 무죄·면소·공소기각·형면제·벌금·과료 판결선고 → 보석조건 즉시 실효 [법원 07/11, 경 13/2차]
　　ⓑ **보석취소** : 보석조건 즉시 실효 but **보증금 납입 or 담보 제공** 조건(§98 8.)은 **예외**(§104의2②) |

결정절차	집 행	① 선이행, 후이행(§100①) ② 보증금의 제3자 납입 허가 可(동②) ③ **보증서**(언제든 납입 기재 要, 동④)로써 **보증금 갈음 허가 可**(동③) [경 13/2차] ④ 보석조건 관련 공사단체의 적절한 조치 요구 可(동⑤) [법원 08] ⑤ 보석조건 위반의 제재 　㉠ 피고인 : **1천만원 이하 과태료 or 20일 이내 감치**(§102③) 　㉡ 출석보증인(§98 5.) : **500만원 이하 과태료**(§100의2①) 　㉢ 모두 **즉시항고** ○(§102④, §100의2②)
보석 취소		① 보석취소사유와 절차(§102②) 　㉠ 보석취소사유 [국9 15] : ⓐ **도망**, ⓑ 도망·죄증인멸 **염려** 충분한 이유, ⓒ 소환에 정당한 이유 없이 불**출석**, ⓓ 피해자 등의 생명·신체·재산에 가**해** or 가해 염려 충분한 이유(**보복의 위험**), ⓔ 법원 지정 **조**건 위반 　㉡ 절차 : **직권** or **검사청구** → 법원의 결정

🔎 **퍼써 정리 | 피의자보석의 재구속, 보석취소, 구속집행정지취소사유 비교**

피의자보석의 재구속 사유	보석취소 사유	구속집행정지취소 사유
도/염/출/조	도/염/출/보/조	도/염/출/보/조 *cf.* 국회의원 석방요구 시 ×

		② 보석취소의 효과 　㉠ 집행정지 구속영장 효력 다시 발효 : 검사는 **보석취소결정 등본**(피고인에게 송달 不要)으로 피고인 재구금(규칙 §56①本) [법원 10, 경 14/2차, 경 15/1차] ∴ 별도 구속영장 不要 　㉡ 급속 : 재판장·수명법관·수탁판사 재구금 지휘 可(동 단서) 　㉢ 보석조건 실효 but **보증금납입조건 실효 ×** [국9 10] ③ 불복 : **보통항고**(§403②)
보증금	몰 취	① 임의적 몰취 : **보석취소** 시 **직권** or **검사 청구**(§103①) [법원 17] ∴ 보석취소결정과 보증금몰취결정 **동시 不要**(2000모22) [국9 11/16] ② 필요적 몰취 : **형선고판결 확정 후** 소환에 정당한 사유 없이 **불출석** or **도망** 시 **직권** or **검사 청구**(동②)

🔎 **퍼써 정리 | 피의자보석과 피고인보석의 임의적 · 필요적 몰수**

	피의자보석(§214의4)	피고인보석(§103)
임의적 몰수	① 적보 / 도염출조 - 재구속 ② 법원의 재구속	보석취소
필요적 몰수	유죄판결확정 후 도망 등	유죄판결확정 후 도망 등

	환 부	① 구속취소 ② 보석취소 ③ 구속실효 시 **몰취 ×** 보증금 등 청구일부터 **7일** 이내 환부(§104) [경 13/1차, 경 13/2차]

	보증금	구속영장실효	검사의 의견	예 외	불 복
보 석	○	실효 ×	물어야 하고 검사는 지체 없이 표명	×	보통항고
구속집행 정지	×	실효 ×	물어야 함	급속을 요하는 경우	보통항고
구속취소	×	실효 ○	물어야 하고 검사는 지체 없이 표명	급속을 요하는 경우 검사의 청구가 있는 때	즉시항고

🔗 한줄판례 Summary

피고인 보석 취소의 경우 **보증금 몰수사건**의 사물관할 : **단독판사**(2001모53) [법원 19]

Ⅵ 구속의 집행정지

의 의	법원 · 수사기관이 상당한 이유가 있는 때 결정으로 구속된 피고인·피의자를 친족 · 보호단체 기타 적당한 자에게 부탁하거나 피고인 · 피의자의 주거를 제한하여 구속의 집행을 정지시키는 제도(§101①, §209) [법원 10]

💡 퍼써 정리 | 피고인보석과 구속집행정지의 구별

	피고인보석	구속집행정지
구속영장의 효력	유지	
피고인의 청구권	○	**×(직권)**
주 체	법원	법원 · 수사기관 [경찰 04]
대 상	피고인	피고인 · 피의자
검사의 의견 청취	○	**○(급속 시 ×)**
보증금	○	×
주거제한	○	
취소사유	동일	

절 차	직 권	① 구속집행정지는 **직권**에 의함 ② 피의자 · 피고인 등 **신청권 ×**
	피고인	① 주체 : 법원 ② 사유 : 상당한 이유(예 중한 질병) ③ 절차 : **검사 의견 청취 but 급속 시 예외**(§101②) [법원 10]

절차	피고인	④ 결정 : 법원의 결정 → 구속피고인을 친족·보호단체 기타 적당한 자에게 부탁 or 주거 제한 → 구속집행정지(§101①)
		⑤ 불복
		  ㉠ **검사 즉시항고 위헌**(2011헌가36)
		  ㉡ ∴ **보통항고만 ○**(§403②)

	피의자	① 주체 : 검사 or 사법경찰관(§209)
		② 절차
		  ㉠ 사경 구속집행정지 : (체포 or) 구속 피의자 석방 시 **검사 석방지휘 不要, 석방 후 검사에게 통보·보고**(사법경찰관의 구속영장신청을 검사가 기각한 경우 포함, 수사준칙 §36)
		  ㉡ 법원에의 통지 : 피의자 석방(예 구속집행정지·구속취소) 시 검사는 지체 없이 영장발부 법원에 서면 통지(§204)

취소	사유·절차	① 사유 : **도/염/출/보/조**(= 보석취소사유와 동일) ② 직권 or 검사 청구 → 결정으로 (보석 or) 구속집행정지 취소(§102②, §209) [경 04, 경 10/2차]
	재구금	구속집행정지 취소결정 → 집행정지 구속영장 다시 발효 → **별도 결정 없이 재구금** (= 보석취소 시 재구금) [법원 07]
관련 문제	감정유치	① 감정유치장 집행 → 유치기간 **구속집행정지 간주** ② 감정유치처분 취소 or 유치기간 만료 → 구속집행정지 취소 간주(§172의2, §221의3②)
	국회의원	① 구속 국회의원에 대한 **국회 석방요구**(헌법 §44) → 당연히 구속영장 집행정지(§101④)(but 현행범 ×) [법원 10] ② **법원의 별도 결정 不要** ∴ 석방요구 통고 받은 검찰총장 즉시 석방지휘 → 수소법원 통지(동⑤) ③ 국회 회기 중 국회의원 구속집행정지 취소 ×(§102②)

💡 퍼써 정리 | 구속집행정지

	피의자	피고인
구속집행정지	검사 / 사경 할 수 있다.	법원 직권 할 수 있다.
구속집행정지취소	검사 / 사경 할 수 있다.	법원 직권 / 검사청구 할 수 있다.
구속취소	검사 / 사경 해야 한다.	법원 직권

Ⅶ 구속의 실효

1. 구속취소

의 의	법원·수사기관이 구속의 사유가 없거나 소멸된 때 직권 또는 청구에 의하여 결정으로 피고인 또는 피의자를 석방하는 제도(§93, §209, §200의6)

퍼써 정리 | 구속집행정지와 구속취소의 구별

	구속집행정지	구속취소
구속영장의 효력	유지	상실
피고인 등의 청구권	×(직권)	○(직권 or 청구)
주 체	법원·수사기관 [경 04]	
대 상	피고인·피의자	
검사의 의견청취	○(급속 시 ×)	○(검사청구 or 급속 시 ×)
검사의 즉시항고	×	○

사 유	구속의 사유가 없거나 소멸된 때 ① 구속사유 無 : 부적법한 구속 ② 구속사유 소멸 : 구속 계속이 부당한 경우 ∴ **형이 그대로 확정되어도 잔여형기 8일 이내**(83모42) [경찰 04/3차], **미결구금일수만으로 본형 형기 초과 명백**(91모25) → 구속취소 要 ③ 구속취소사유 × : **이미 구속영장 실효된 경우 구속취소 不可**(99초355)

절 차	피고인 구속취소	① 직권 or 검사 / 피고인 / 변호인 / 변호인선임권자(법/배/직/형) 청구(§93) [국9 02, 경 08/3차, 경 15/1차] → **가족 / 동거인 / 고용주 ×** [정리] 적부심/보석청구권자 : 피/변/법배직형/가동고, 구속취소 : 직/검/피/변/법배직형 ② **검사 의견 청취** but **검사 청구 or 급속 시 不要**(§97②) ③ 검사 지체 없이(다음 날까지, 규칙 §54) 의견 표명(동③) ④ 원칙적으로 청구일 ~ **7일** 이내 법원 결정(규칙 §55) ⑤ 불복 : **검사 즉시항고** ○(§97④) [법원 10, 경 04]
	피의자 구속취소	① 피고인구속취소 절차와 유사 ② 사경 구속취소 시 (**검사 석방지휘 폐지**) 검사에게 통보 or 보고(수사준칙 §36) ③ 검사는 지체 없이 영장발부 법원에 서면 통지(§204)

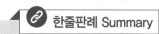
한줄판례 Summary

제1심 항소심 **판결선고 전 구금일수만으로도** 구속을 필요로 하는 **본형 형기를 초과할 것이 명백** → 구속취소 (91모25)

2. 구속의 당연실효

구속기간 만료	① 通說 : 구속영장 당연 실효 ② 判例 : **당연 실효 ×** ∴ 별도 법원 결정 要(64도428) [경 05/1차]
석방내용 **판결 선고**	① 무죄 / 면소 / 형면제 / 형선고유예 / 형집행유예 / 공소기각 / 벌금 / 과료 판결 선고 → 구속영장 실효(§331) [법원 09/13/14/15, 국9 10/12/14, 경 11/1차] ② **관할위반판결**은 : **구속실효 ×** ∴ 선고 전 소송행위 유효 [경 08/2차] ③ 부정수표단속법위반죄로 벌금형 선고 : 벌금 가납 시까지 구속영장 실효 ×(동법 §6)
사형·자유형 확정	**사형·자유형 판결 확정** → 즉시 집행(형기에 초일 산입, §459, 형법 §84①, §85) ∴ 구속영장 실효 [행시 02]

> 🔗 **한줄판례 Summary**

무죄 등 판결 선고 후 석방대상 피고인을 의사에 반하여 **교도소로 연행**하는 것은 헌법 §12 규정 위반(95헌마247)

🔅 퍼써 정리 | 체포·구속·석방제도 핵심정리

① 체포·구속제도

	영장체포	긴급체포	현행범체포	피의자구속	피고인구속
사 유	① 출석요구 불응 ② 불응 우려	① 긴급성 ② 중대성 : 장3↑ ③ 필요성 : 도망 또는 도망·증거 인멸 염려	① 명백성 ② 필요성 : 도망 또는 도망·증거 인멸 염려	① 객관적 범죄혐의 ② 구속사유 ㉠ 주거부정 ㉡ 도망 ㉢ 증거인멸 및 도망의 염려	
주 체	검사 지휘 사경 집행	검사 / 사경	All	검사 지휘 사경 집행	법원
경 미	주거 부정 출석요구 불응	無	주거 부정	주거 부정	주거 부정
절 차	체포영장청구 • 체포영장 발부 : 불복 × • 체포영장집행 • 체포통지 24h • 구속영장신청 48h	긴급체포 • 긴급체포서 작성 • 체포통지 • 구속영장신청 – 지체 없이	현행범체포 • 체포통지 • 구속영장신청 48h	구속영장청구 • 구인을 위한 구속영장 발부 • 영장실질심사 : 다음 날까지 • 영장발부 – 불복 ×	사전청문 • 구속영장 발부 : 불복 – 항고 • 구속집행 • 구속통지
재체포 · 재구속	제한 ×	동일범죄사실 × *cf.* 영장체포 ○	제한 ×	다른 중요증거 × 동일범죄사실 ×	제한 ×

② 석방제도

	구속적부심	피의자보석	피고인보석	구속집행정지	구속취소
주 체	청구 – 법원	법원 직권	청구 – 법원 법원 직권	법/검/경 직권	청구 – 법/검/경 법/검/경 직권
대 상	피의자	피의자	피고인	피의자 / 피고인	피의자 / 피고인
사 유	불법 / 부당 (구속의 필요성)	법원의 재량	제외사유 없는 한 필요적 보석 (제외사유 있어도 임의적 보석 ○)	상당한 이유	① 구속사유 × ② 사후적 소멸
불허 · 제외 사유		① 죄증인멸 염려 ② 피해자 등에게 해를 가할 염려	① 사/무/장10↑ ② 누범 / 상습범 ③ 죄증인멸 염려 ④ 도망 염려 ⑤ 주거부정 ⑥ 피해자 등에게 해를 가할 염려	無	
절 차	심사의 청구 • 법원의 심사 • 법원의 결정	구속적부심청구 • 법원의 심사 • 석방결정	보석청구 • 법원의 심리 • 피고인심문 • 보석결정 • 보석집행	법원 • 검사의견 물음 (예외 – 급속)	구속취소청구 • 법원 – 검사의견 물음(예외 : 검사 청구 / 급속) • 취소결정
보증금	×	○		×	
검사 의견	×		○	○ 예외 – 급속	○ 예외 – 검사청구 / 급속
영장 효력	상실		유지(집행정지)		상실
재구속 · 취소	① 도망 ② 죄증인멸	① 도망 ② 도망·죄증인멸 염려 ③ 출석거부 ④ 법원 조건 위반	취소사유 ① 도망 ② 도망·죄증인멸 염려 ③ 출석거부 ④ 피해자 등에게 해를 가할 염려 ⑤ 법원 조건 위반		無
불 복	無	보통항고			즉시항고

I 압수·수색

조문정리

제1편 총칙

제10장 압수와 수색

제106조【압수】 ① 법원은 필요한 때에는 피고사건과 관계가 있다고 인정할 수 있는 것에 한정하여 증거물 또는 몰수할 것으로 사료하는 물건을 압수할 수 있다. 단, 법률에 다른 규정이 있는 때에는 예외로 한다.

② 법원은 압수할 물건을 지정하여 소유자, 소지자 또는 보관자에게 제출을 명할 수 있다.

③ 법원은 압수의 목적물이 컴퓨터용디스크, 그 밖에 이와 비슷한 정보저장매체(이하 이 항에서 "정보저장매체 등"이라 한다)인 경우에는 기억된 정보의 범위를 정하여 출력하거나 복제하여 제출받아야 한다. 다만, 범위를 정하여 출력 또는 복제하는 방법이 불가능하거나 압수의 목적을 달성하기에 현저히 곤란하다고 인정되는 때에는 정보저장매체 등을 압수할 수 있다.

④ 법원은 제3항에 따라 정보를 제공받은 경우 개인정보 보호법 제2조제3호에 따른 정보주체에게 해당 사실을 지체 없이 알려야 한다.

제107조【우체물의 압수】 ① 법원은 필요한 때에는 피고사건과 관계가 있다고 인정할 수 있는 것에 한정하여 우체물 또는 통신비밀보호법 제2조제3호에 따른 전기통신(이하 "전기통신"이라 한다)에 관한 것으로서 체신관서, 그 밖의 관련 기관 등이 소지 또는 보관하는 물건의 제출을 명하거나 압수를 할 수 있다.

③ 제1항에 따른 처분을 할 때에는 발신인이나 수신인에게 그 취지를 통지하여야 한다. 단, 심리에 방해될 염려가 있는 경우에는 예외로 한다.

제108조【임의 제출물 등의 압수】 소유자, 소지자 또는 보관자가 임의로 제출한 물건 또는 유류한 물건은 영장 없이 압수할 수 있다.

제109조【수색】 ① 법원은 필요한 때에는 피고사건과 관계가 있다고 인정할 수 있는 것에 한정하여 피고인의 신체, 물건 또는 주거, 그 밖의 장소를 수색할 수 있다.

② 피고인 아닌 자의 신체, 물건, 주거 기타 장소에 관하여는 압수할 물건이 있음을 인정할 수 있는 경우에 한하여 수색할 수 있다.

제110조【군사상 비밀과 압수】 ① 군사상 비밀을 요하는 장소는 그 책임자의 승낙 없이는 압수 또는 수색할 수 없다.

② 전항의 책임자는 국가의 중대한 이익을 해하는 경우를 제외하고는 승낙을 거부하지 못한다.

제111조【공무상 비밀과 압수】 ① 공무원 또는 공무원이었던 자가 소지 또는 보관하는 물건에 관하여는 본인 또는 그 해당 공무소가 직무상의 비밀에 관한 것임을 신고한 때에는 그 소속공무소 또는 당해 감독관공서의 승낙 없이는 압수하지 못한다.

② 소속공무소 또는 당해 감독관공서는 국가의 중대한 이익을 해하는 경우를 제외하고는 승낙을 거부하지 못한다.

제112조【업무상비밀과 압수】 변호사, 변리사, 공증인, 공인회계사, 세무사, 대서업자, 의사, 한의사, 치과의사, 약사, 약종상, 조산사, 간호사, 종교의 직에 있는 자 또는 이러한 직에 있던 자가 그 업무상 위탁을 받아 소지 또는 보관하는 물건으로 타인의 비밀에 관한 것은 압수를 거부할 수 있다. 단, 그 타인의 승낙이 있거나 중대한 공익상 필요가 있는 때에는 예외로 한다.

제113조【압수·수색영장】 공판정 외에서 압수 또는 수색을 함에는 영장을 발부하여 시행하여야 한다.

제114조【영장의 방식】 ① 압수·수색영장에는 다음 각 호의 사항을 기재하고 재판장이나 수명법관이 서명날인하여야 한다. 다만, 압수·수색할 물건이 전기통신에 관한 것인 경우에는 작성기간을 기재하여야 한다. 〈개정 2020.12.8.〉

1. 피고인의 성명
2. 죄명
3. 압수할 물건
4. 수색할 장소·신체·물건
5. 영장 발부 연월일
6. 영장의 유효기간과 그 기간이 지나면 집행에 착수할 수 없으며 영장을 반환하여야 한다는 취지

7. 그 밖에 대법원규칙으로 정하는 사항

② 제1항의 영장에 관하여는 제75조제2항을 준용한다. 〈개정 2020.12.8.〉

제115조【영장의 집행】 ① 압수·수색영장은 검사의 지휘에 의하여 사법경찰관리가 집행한다. 단, 필요한 경우에는 재판장은 법원사무관 등에게 그 집행을 명할 수 있다.

② 제83조의 규정은 압수·수색영장의 집행에 준용한다.

제116조【주의사항】 압수·수색영장을 집행할 때에는 타인의 비밀을 보호하여야 하며 처분받은 자의 명예를 해하지 아니하도록 주의하여야 한다. 〈개정 2020.12.8.〉

제117조【집행의 보조】 법원사무관 등은 압수·수색영장의 집행에 관하여 필요한 때에는 사법경찰관리에게 보조를 구할 수 있다.

제118조【영장의 제시와 사본교부】 압수·수색영장은 처분을 받는 자에게 반드시 제시하여야 하고, 처분을 받는 자가 피고인인 경우에는 그 사본을 교부하여야 한다. 다만, 처분을 받는 자가 현장에 없는 등 영장의 제시나 그 사본의 교부가 현실적으로 불가능한 경우 또는 처분을 받는 자가 영장의 제시나 사본의 교부를 거부한 때에는 예외로 한다. 〈개정 2022.2.3.〉

제119조【집행 중의 출입금지】 ① 압수·수색영장의 집행 중에는 타인의 출입을 금지할 수 있다.

② 전항의 규정에 위배한 자에게는 퇴거하게 하거나 집행종료시까지 간수자를 붙일 수 있다.

제120조【집행과 필요한 처분】 ① 압수·수색영장의 집행에 있어서는 건정을 열거나 개봉 기타 필요한 처분을 할 수 있다.

② 전항의 처분은 압수물에 대하여도 할 수 있다.

제121조【영장집행과 당사자의 참여】 검사, 피고인 또는 변호인은 압수·수색영장의 집행에 참여할 수 있다.

제122조【영장집행과 참여권자에의 통지】 압수·수색영장을 집행함에는 미리 집행의 일시와 장소를 전조에 규정한 자에게 통지하여야 한다. 단, 전조에 규정한 자가 참여하지 아니한다는 의사를 명시한 때 또는 급속을 요하는 때에는 예외로 한다.

제123조【영장의 집행과 책임자의 참여】 ① 공무소, 군사용 항공기 또는 선박·차량 안에서 압수·수색영장을 집행하려면 그 책임자에게 참여할 것을 통지하여야 한다.

② 제1항에 규정한 장소 외에 타인의 주거, 간수자 있는 가옥, 건조물(建造物), 항공기 또는 선박·차량 안에서 압수·수색영장을 집행할 때에는 주거주(住

居主), 간수자 또는 이에 준하는 사람을 참여하게 하여야 한다.

③ 제2항의 사람을 참여하게 하지 못할 때에는 이웃 사람 또는 지방공공단체의 직원을 참여하게 하여야 한다.

[전문개정 2020.12.8.]

제124조【여자의 수색과 참여】 여자의 신체에 대하여 수색할 때에는 성년의 여자를 참여하게 하여야 한다.

제125조【야간집행의 제한】 일출 전, 일몰 후에는 압수·수색영장에 야간집행을 할 수 있는 기재가 없으면 그 영장을 집행하기 위하여 타인의 주거, 간수자 있는 가옥, 건조물, 항공기 또는 선차 내에 들어가지 못한다.

제126조【야간집행제한의 예외】 다음 장소에서 압수·수색영장을 집행함에는 전조의 제한을 받지 아니한다.

1. 도박 기타 풍속을 해하는 행위에 상용된다고 인정하는 장소

2. 여관, 음식점 기타 야간에 공중이 출입할 수 있는 장소. 단, 공개한 시간 내에 한한다.

제127조【집행중지와 필요한 처분】 압수·수색영장의 집행을 중지한 경우에 필요한 때에는 집행이 종료될 때까지 그 장소를 폐쇄하거나 간수자를 둘 수 있다.

제128조【증명서의 교부】 수색한 경우에 증거물 또는 몰취할 물건이 없는 때에는 그 취지의 증명서를 교부하여야 한다.

제129조【압수목록의 교부】 압수한 경우에는 목록을 작성하여 소유자, 소지자, 보관자 기타 이에 준할 자에게 교부하여야 한다.

제130조【압수물의 보관과 폐기】 ① 운반 또는 보관에 불편한 압수물에 관하여는 간수자를 두거나 소유자 또는 적당한 자의 승낙을 얻어 보관하게 할 수 있다.

② 위험발생의 염려가 있는 압수물은 폐기할 수 있다.

③ 법령상 생산·제조·소지·소유 또는 유통이 금지된 압수물로서 부패의 염려가 있거나 보관하기 어려운 압수물은 소유자 등 권한 있는 자의 동의를 받아 폐기할 수 있다.

제131조【주의사항】 압수물에 대하여는 그 상실 또는 파손 등의 방지를 위하여 상당한 조치를 하여야 한다.

제132조【압수물의 대가보관】 ① 몰수하여야 할 압수물로서 멸실·파손·부패 또는 현저한 가치 감소의 염려가 있거나 보관하기 어려운 압수물은 매각하여 대가를 보관할 수 있다.

② 환부하여야 할 압수물 중 환부를 받을 자가 누구인지 알 수 없거나 그 소재가 불명한 경우로서 그 압수물의 멸실·파손·부패 또는 현저한 가치 감소의 염려가 있거나 보관하기 어려운 압수물은 매각하여 대가를 보관할 수 있다.

제133조【압수물의 환부, 가환부】 ① 압수를 계속할 필요가 없다고 인정되는 압수물은 피고사건 종결 전이라도 결정으로 환부하여야 하고 증거에 공할 압수물은 소유자, 소지자, 보관자 또는 제출인의 청구에 의하여 가환부할 수 있다.

② 증거에만 공할 목적으로 압수한 물건으로서 그 소유자 또는 소지자가 계속 사용하여야 할 물건은 사진촬영 기타 원형보존의 조치를 취하고 신속히 가환부하여야 한다.

제134조【압수장물의 피해자환부】 압수한 장물은 피해자에게 환부할 이유가 명백한 때에는 피고사건의 종결 전이라도 결정으로 피해자에게 환부할 수 있다.

제135조【압수물처분과 당사자에의 통지】 전3조의 결정을 함에는 검사, 피해자, 피고인 또는 변호인에게 미리 통지하여야 한다.

제136조【수명법관, 수탁판사】 ① 법원은 압수 또는 수색을 합의부원에게 명할 수 있고 그 목적물의 소재지를 관할하는 지방법원 판사에게 촉탁할 수 있다.

② 수탁판사는 압수 또는 수색의 목적물이 그 관할 구역 내에 없는 때에는 그 목적물 소재지지방법원 판사에게 전촉할 수 있다.

③ 수명법관, 수탁판사가 행하는 압수 또는 수색에 관하여는 법원이 행하는 압수 또는 수색에 관한 규정을 준용한다.

제137조【구속영장집행과 수색】 검사, 사법경찰관리 또는 제81조제2항의 규정에 의한 법원사무관 등이 구속영장을 집행할 경우에 필요한 때에는 미리 수색영장을 발부받기 어려운 긴급한 사정이 있는 경우에 한정하여 타인의 주거, 간수자있는 가옥, 건조물, 항공기, 선차 내에 들어가 피고인을 수색할 수 있다. 〈개정 2019.12.31.〉

제138조【준용규정】 제119조, 제120조, 제123조와 제127조의 규정은 전조의 규정에 의한 검사, 사법경찰관리, 법원사무관 등의 수색에 준용한다.

제2편 제1심

제1장 수사

제215조【압수, 수색, 검증】 ① 검사는 범죄수사에 필요한 때에는 피의자가 죄를 범하였다고 의심할 만한 정황이 있고 해당 사건과 관계가 있다고 인정

할 수 있는 것에 한정하여 지방법원판사에게 청구하여 발부받은 영장에 의하여 압수, 수색 또는 검증을 할 수 있다.

② 사법경찰관이 범죄수사에 필요한 때에는 피의자가 죄를 범하였다고 의심할 만한 정황이 있고 해당 사건과 관계가 있다고 인정할 수 있는 것에 한정하여 검사에게 신청하여 검사의 청구로 지방법원판사가 발부한 영장에 의하여 압수, 수색 또는 검증을 할 수 있다.

제216조【영장에 의하지 아니한 강제처분】 ① 검사 또는 사법경찰관은 제200조의2·제200조의3·제201조 또는 제212조의 규정에 의하여 피의자를 체포 또는 구속하는 경우에 필요한 때에는 영장 없이 다음 처분을 할 수 있다. 〈개정 2019.12.31.〉

1. 타인의 주거나 타인이 간수하는 가옥, 건조물, 항공기, 선차 내에서의 피의자 수색. 다만, 제200조의2 또는 제201조에 따라 피의자를 체포 또는 구속하는 경우의 피의자 수색은 미리 수색영장을 발부받기 어려운 긴급한 사정이 있는 때에 한정한다.

2. 체포현장에서의 압수, 수색, 검증

② 전항 제2호의 규정은 검사 또는 사법경찰관이 피고인에 대한 구속영장의 집행의 경우에 준용한다.

③ 범행 중 또는 범행직후의 범죄 장소에서 긴급을 요하여 법원판사의 영장을 받을 수 없는 때에는 영장 없이 압수, 수색 또는 검증을 할 수 있다. 이 경우에는 사후에 지체 없이 영장을 받아야 한다.

제217조【영장에 의하지 아니하는 강제처분】 ① 검사 또는 사법경찰관은 제200조의3에 따라 체포된 자가 소유·소지 또는 보관하는 물건에 대하여 긴급히 압수할 필요가 있는 경우에는 체포한 때부터 24시간 이내에 한하여 영장 없이 압수·수색 또는 검증을 할 수 있다.

② 검사 또는 사법경찰관은 제1항 또는 제216조제1항제2호에 따라 압수한 물건을 계속 압수할 필요가 있는 경우에는 지체 없이 압수수색영장을 청구하여야 한다. 이 경우 압수수색영장의 청구는 체포한 때부터 48시간 이내에 하여야 한다.

③ 검사 또는 사법경찰관은 제2항에 따라 청구한 압수수색영장을 발부받지 못한 때에는 압수한 물건을 즉시 반환하여야 한다.

제218조【영장에 의하지 아니한 압수】 검사, 사법경찰관은 피의자 기타인의 유류한 물건이나 소유자, 소지자 또는 보관자가 임의로 제출한 물건을 영장 없이 압수할 수 있다.

제218조의2【압수물의 환부, 가환부】① 검사는 사본을 확보한 경우 등 압수를 계속할 필요가 없다고 인정되는 압수물 및 증거에 사용할 압수물에 대하여 공소제기 전이라도 소유자, 소지자, 보관자 또는 제출인의 청구가 있는 때에는 환부 또는 가환부하여야 한다.

② 제1항의 청구에 대하여 검사가 이를 거부하는 경우에는 신청인은 해당 검사의 소속 검찰청에 대응한 법원에 압수물의 환부 또는 가환부 결정을 청구할 수 있다.

③ 제2항의 청구에 대하여 법원이 환부 또는 가환부를 결정하면 검사는 신청인에게 압수물을 환부 또는 가환부하여야 한다.

④ 사법경찰관의 환부 또는 가환부 처분에 관하여는 제1항부터 제3항까지의 규정을 준용한다. 이 경우 사법경찰관은 검사의 지휘를 받아야 한다.

제219조【준용규정】제106조, 제107조, 제109조 내지 제112조, 제114조, 제115조제1항 본문, 제2항, 제118조부터 제132조까지, 제134조, 제135조, 제140조, 제141조, 제333조제2항, 제486조의 규정은 검사 또는 사법경찰관의 본장의 규정에 의한 압수, 수색 또는 검증에 준용한다. 단, 사법경찰관이 제130조, 제132조 및 제134조에 따른 처분을 함에는 검사의 지휘를 받아야 한다.

제220조【요급처분】제216조의 규정에 의한 처분을 하는 경우에 급속을 요하는 때에는 제123조제2항, 제125조의 규정에 의함을 요하지 아니한다.

1. 의 의

압 수	증거물 또는 몰수할 것으로 예상되는 물건의 점유를 취득하는 강제처분(압류, 영치, 제출명령) *cf.* 몰수는 형법상 형벌(형법 §41 9.) ① 압류 : 물리적 강제력을 사용하여 유체물의 점유를 점유자의 의사에 반하여 수사기관·법원에 이전하는 강제처분(§106①, §219) ② 영치 : 점유의 이전이 점유자의 의사에 반하지 않지만 일단 점유이전 후에는 점유자가 점유를 임의로 회복할 수 없는 강제처분(유류물·임의제출물 압수, §108, §218) ③ 제출명령 : **법원**(수사기관 × [행시 04, 경 11/2차])이 압수할 물건을 지정하여 소유자·소지자·보관자에게 당해 물건의 제출을 명하는 것(§106②)
수 색	증거물 또는 몰수할 물건이나 체포할 사람을 발견하기 위하여 사람의 주거·신체 또는 물건·장소에 대해서 행해지는 강제처분

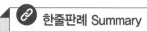 한줄판례 Summary

① <u>우편물 통관검사절차</u> : 압수·수색 ×(2013도7718) [국7 17]
② 세관 공무원이 수출입물품을 검사하는 과정에서 **마약류**가 감추어져 있다고 밝혀지거나 그러한 의심이 드는 경우 : 압수·수색 ○, 영장주의 원칙 적용 ○(2014도8719)

2. 목적물

(1) 압수의 목적물

목적물		법원·수사기관은 필요한 때 피고·피의사건과 관계가 있다고 인정할 수 있는 것에 한정하여 증거물 또는 몰수할 것으로 사료하는 물건 압수 可(§106①, §219)
	증거물	① 증거물 멸실 방지 → 형사절차 진행을 위한 절차확보 목적 ② 동산·부동산 불문 but 사람의 신체 자체 × ③ 신체 분리된 일부(두발, 체모, 손톱, 발톱, 혈액, 정액, 침, 소변) ○ ④ 사람의 사체 ○(*cf.* 사체의 해부·내부검사 : 검증 또는 감정) [행시 02]

목적물	증거물	⑤ 출판물 ○ but **출판사전검열금지에 따른 제한**(헌법 §21②)(91모1)
	몰수물	향후 형 집행에 대비한 판결확보 목적
	정보 저장 매체	압수의 목적물이 컴퓨터용 디스크 등 정보저장매체인 경우 ① **기억된 정보의 범위를 정하여 출력 or 복제** ② (if not) 정보저장**매체** 등 **압수**(§106③, §219) 　→ **이후 전자정보 출력 or 복사도 압수·수색 집행 ○ ∴ 혐의사실 관련부 　분 한정 要**(2009모1190; 2011도10508; 2011모1839 전합 – 종근당압수 　수색사건) [법원 16, 국7 13, 국9 12/16, 경 16/1차] ③ 정보 제공받은 법원·수사기관은 정보주체(개인정보법 §2 3.)에게 해당 　사실 지체 없이 고지 要(§106④, §219) ④ 압수·수색 전기통신은 작성기간 기재 要(§114① 단서, §219)
특 칙	우체물 전기통신	체신관서 등이 소지·보관하는 우체물 or 전기통신 ① 법원은 피고·피의사건 관련성 ○ 한정 제출명령 or 압수(≠ 감청) 可 　(§107①, 수사기관은 압수 可, §219) ② 위 경우 발신인 or 수신인에게 그 취지 통지 要(but 심리 방해 염려 시 　예외, §107③) ③ 우체물·전기통신은 압수 목적물 요건보다 완화 : 우체물과 전기통신은 　**증거물 또는 몰수물 不要**
	군사상 비밀	① **책임자 승낙** 없이 압수·수색 **不可** ② 국가 중대 이익 해하는 경우 외에는 승낙 거부 ×(§110, §219)
	공무상 비밀	① **공무소·관공서 승낙** 없이 압수 **不可** [법원 09, 경 01/2차, 경 09/2차] ② 국가 중대 이익 해하는 경우 외에는 승낙 거부 ×(§111, §219) [국9 17]
	업무상 비밀	변호사 / 의사 / 성직자 등(전직 포함)이 업무상 소지·보관하는 물건으로 ① 타인의 비밀에 관한 것은 압수 거부 可 ② But **타인 승낙** or 중대한 공익 → 예외(§112, §219) [경 09/2차] [정리] ① 형소법상 압수거부권자(§112) = 증언거부권자(§149) : 변/변/공/공/세 　(무사)/대/의/한/치/약/약/조/간(호사)/종/견(직) ② 형법상 업무상 비밀누 　설죄(§317)의 주체 : 의/한/치/약/약/조/변/변/공/공/대/보(조자 : 간호사 등)/ 　차(등의직에 있던 자)/종/종 ∴ 형법과 형소법의 차이 : 세무사 　※ 감정인·교사·법무사·관세사·건축사·공인중개사 ×

🔗 한줄판례 Summary

① 전자정보에 대한 압수·수색 영장 집행 원칙 : **혐의사실과 관련된 부분만을 문서 출력, 해당 파일 복사**
　(2009모1190) [경 15/1차]
② 저장매체를 옮긴 후 출력·복사 방법 : **관련된 부분으로 한정**, 구분 없이 임의로 출력 혹은 복사하는 행위
　는 위법(2009모1190)
③ 열람·복사 시 적법한 집행 절차 : 피압수·수색 당사자나 변호인의 **계속적인 참여권 보장**(2009모1190)
④ 피의자 甲에 대한 공직선거범죄 사실로 발부받은 압수·수색 영장 – 乙, 丙의 공직선거범죄 녹음파일
　발견 : 甲에 대한 압수·수색 영장과 **무관** ∴ 乙, 丙의 녹음파일을 甲의 압수·수색 영장으로 압수했다면
　위법(2013도7101) [국9 15, 경 15/3차]
⑤ 수사기관이 컴퓨터 등 정보처리장치에 저장된 전자정보 외에 **원격지 서버에 저장된 전자정보**를 압수·수색
　하기 위해서는 압수·수색영장에 적힌 '압수할 물건'에 별도로 원격지 서버 저장 전자정보가 특정되어 있

어야 함 → ∴ 압수·수색영장에 적힌 '압수할 물건'에 컴퓨터 등 정보처리장치 저장 전자정보만 기재되어 있다면 컴퓨터 등 정보처리장치를 이용하여 원격지 서버 저장 전자정보 압수 不可(2022도1452) [경 23/2차]
⑥ 수사기관은 하드카피나 이미징 등 형태에 담긴 전자정보를 탐색하여 **혐의사실과 관련된 정보를 선별하여 출력하거나 다른 저장매체에 저장하는 등으로 압수를 완료**하면 혐의사실과 관련 없는 전자정보를 삭제·폐기하여야 함(∴ 더 이상 수사기관의 탐색, 복제 또는 출력 대상이 될 수 없음, 2018도19782) [경 23/2차]
⑦ 피의자가 휴대전화를 임의제출하면서 **수사기관에게 클라우드 등에 접속하기 위한 아이디와 비밀번호를 임의로 제공하였다면** 위 클라우드 등에 저장된 전자정보를 임의제출하는 것으로 볼 수 있음(2020도14654) [경 23/2차]

(2) 수색의 목적물

피고인·피의자의 신체, 물건 또는 주거 기타 장소	피고·피의사건과 **관계가 있다**고 인정할 수 있는 것에 한정(§109①, §219)
피고인·피의자 **아닌 자**의 신체, 물건, 주거 기타 장소	**압수할 물건이 있음**을 인정할 수 있는 경우에 한함(§109②, §219) [경 02/1차]

3. 요건(압 – 관/필/비)

범죄혐의	죄를 범하였다고 의심할 만한 정황(§215①②) : 구속영장 발부와 같은 객관적 혐의에 이르지 않는 정도의 단순한 혐의(多)
관련성	① 사건과 **관계가 있다**고 인정할 수 있는 것에 **한정**(§106①, §109①, §215①②) ② 관련성 없는 압수 → 영장주의 위반 → 위법수집증거(2009모1190 : 영장 기재된 피의자와 **무관**한 타인의 범죄사실에 관한 녹음파일 압수는 **위법**)
필요성	① 증거수집과 범죄수사를 위하여 필요한 때에만(§106①, §109①, §215①②) ② 의미 : 단지 수사 위해 필요 × → 압수 않으면 수사 목적 달성 不可 ○(2003모126 [경 08/1차, 경 13/2차, 경 15/3차])
비례성	보충성원칙(임의수사로는 안 됨), 최소침해원칙(필요한 범위 限), 법익균형원칙(수사상 필요 정도와 피압수자 불이익 정도의 균형)

🔗 한줄판례 Summary

① 압수·수색의 목적이 된 범죄나 이와 관련된 범죄의 경우에는 … 그 관련성은 압수·수색영장에 기재된 혐의사실의 내용과 수사의 대상, 수사 경위 등을 종합하여 **구체적·개별적 연관관계가 있는 경우에만 인정**되고, 혐의사실과 **단순히 동종 또는 유사 범행이라는 사유만으로 관련성이 있다고 할 것은 아님** (2017도13458) [경 20/1차]
② 추가 자료들로 인하여 밝혀진 피고인의 乙, 丙, 丁에 대한 간음목적 유인, 미성년자의제강간, 13세 미만 미성년자강간, 통신매체이용 등 범행은 압수·수색영장의 범죄사실(미성년자 甲에 대한 간음목적 유인, 통신매체이용음란)과 **단순히 동종 또는 유사 범행인 것을 넘어서서 이와 구체적·개별적 연관관계가 있는 경우**로서 객관적·인적 관련성을 모두 갖추었으므로 추가 자료들은 위법하게 수집된 증거에 해당하지 않음(2019전도130) [경 20/2차]
③ 피해자가 임의제출한 피의자 소유의 2대의 휴대폰 사건 : 범죄발생 시점 사이에 상당한 간격이 있고 피해자 및 범행에 이용한 휴대전화도 전혀 다른 피고인의 2013년 범행에 관한 동영상 → 임의제출에 따른 압수의 동기가 된 범죄혐의사실(2014년 범행)과 구체적·개별적 연관관계 있는 전자정보로 보기 어려움(2016도348)
④ 영장에 기재된 문언에 반하여 **피고인이 아닌 피고인의 동생을 피의자로 하여 발부된 이 사건 영장**을 집행하면서 피고인 소유의 휴대전화 등을 압수한 것은 **위법**(2020도14654).

4. 절 차

(1) 압수·수색영장 발부

법원의 압수수색	공판정 내		**영장 不要**(≠ 피고인구속)
	공판정 외		① **영장 발부 要**(§113) ← 검사 청구 不要, 직권 발부 　[정리] 법원의 검증 : 공판정 내·외 불문 영장 不要 ② 재판장 or 수명법관 서명날인 ③ 검사의 지휘에 의하여 사법경찰관리 집행 [경 05/1차] but 재판장은 법원사무관 등에게 집행 명할 수 있음(§115①, 법원사무관은 사경에게 보조요청 可, §117) ④ 법원의 압수·수색 시 법원사무관 등 참여 要(규칙 §60)
수사기관 압수수색	영장청구	검사 영장청구	① 지방법원판사에게 청구(§215①) [국9 17] ② 서면(영장청구서)(규칙 §107①)
		사경 영장신청	① 검사에게 신청(§215②) ② 독자적 영장청구권 ×
	영장발부	영장 방식	① 피고인의 성명(불분명 시 인상·체격 등 특정할 수 있는 사항으로 표시 可), 죄명, **압수할 물건, 수색할 장소·신체·물건**, 발부 연월일, 유효기간과 그 기간을 경과하면 집행에 착수하지 못하여 영장을 반환하여야 한다는 취지 기타 대법원규칙으로 정한 사항(압수·수색·검증사유) 기재 ② 관할지방법원판사 **서명날인** ③ 전기통신은 작성기간 기재 [경 05/1차] (이상 §114, §219, §75②)
		일반영장 금지	① 영장에는 압수할 물건, 수색할 장소·신체·물건이 명시적·개별적으로 표시·기재 要(§114①, §219, 규칙 §58) 　[경 05/1차, 경 05/2차] ② 피의사건과 **관계가 있는 모든 물건** = 일반영장 → **영장주의 反** ③ 압수장소 **보관 중**인 물건을 압수장소에 **현존하는** 물건으로 해석 ×(2008도763 : 제주도지사실 압수·수색 사건) [법원 12/13, 국9 12/1차, 국9 13/1차, 경 10, 경 12/1차, 경 11/1차, 경 12/2차, 경 14/1차, 경 16/1차]
		별건압색 금지	① 별건 발부 압수·수색영장으로 영장 미기재 본건 압수·수색은 영장주의 위반 ② But 압수 해제 후 본건 압수수색영장을 발부받아 다시 압수는 적법(96모34) [법원 17]
		종료 후 재집행 금지	압수·수색영장으로 압수·수색 실시 **집행 종료 후** 동일 영장 유효기간 내 **다시 압수·수색 ×**(99모161) [국7 17, 국9 17, 법원 13/24, 경 05/1차, 경 05/2차, 경 08/3차, 경 11/2차, 경 12/1차, 경 12/2차, 경 13/1차, 경 13/2차, 경 14/2차, 경 24/1차, 경승 24]
		불복금지	영장 발부 or 기각결정은 불복 不可(수임판사)

(2) 압수·수색영장의 집행

집행 기관		① **검사의 지휘**에 의하여 **사법경찰관리 집행** [경 05/1차] → 관외집행·촉탁집행 可, §115②, §83 ② 검사의 압수·수색·검증 시 검찰청수사관 등 참여 要, 사법경찰관은 다른 사경관리 참여 要(규칙 §110)
집행 방법	영장제시 및 사본교부	① 처분을 받는 자에게 **영장 사전제시 要**+처분을 받는 자가 **피고인인 경우에는 그 사본교부**(§118) (피해자 등 사건관계인의 개인정보가 피의자 방어권 보장을 위하여 필요한 정도를 넘어 불필요하게 노출되지 않도록 유의 : 수사준칙 §32의2) → 피의자로부터 영장 사본 교부 확인서를 받아 사건기록에 편철 → 피의자가 영장의 사본을 수령하기를 거부하거나 영장 사본 교부 확인서에 기명날인 또는 서명하는 것을 거부하는 경우에는 검사 또는 사법경찰관이 영장 사본 교부 확인서 끝부분에 그 사유를 적고 기명날인 또는 서명(수사준칙 §32의2) ② **영장제시 현실적 불가능 시**(예 피처분자 현장 없음) 또는 처분을 받는 자가 **영장제시나 사본교부를 거부한 때 영장제시 없이 압수수색 可**(§118 단서)(이상 §219에 의해 수사기관의 압수·수색에 준용) ③ 수인 대상 시 **모두에게 개별 제시하고 사본 교부**(수사준칙 §38②) ④ 사후제시의 방법에 의한 **긴급집행 ×** [법원 12, 경 01/3차, 경 13/1차, 경 13/2차, 경 14/2차] ≠ 체포·구속영장 미소지 긴급집행 ○(§85③④, §200의6, §219)
	집행 중 조치	출입금지·퇴거·개봉·집행중지·폐쇄 등 ① 영장집행 중 출입 금지 可(§119, §219) ② 집행 시 건정을 열거나 개봉 기타 필요한 처분 可(§120, §219) ③ 영장집행 중지 시 집행종료 시까지 장소 폐쇄 可(§127, §219)
	당사자 참여권	① 원칙 : **검사, 피의자·피고인·변호인**은 압수·수색영장의 집행에 참여 可(§121, §219) [경 05/1차, 경 14/2차] ∴ 미리 집행일시·장소 참여권자에게 **통지 要** [행시 02, 경 13/1차] ② 예외 : **참여하지 아니한다는 의사를 명시** or **급속**을 요하는 때에는 미리 통지 不要(§122, §219) [법원 12, 경 11/2차]
	당사자 책임자 참여 / 공무소 군사시설	공무소, 군사용 항공기·선박·차량 내 영장 집행 시 **책임자**(직원 ×)에게 참여 통지 要(§123①, §219)
	일반 건조물 등	① 위 장소 이외 타인의 주거, 간수자 있는 가옥, 건조물, 항공기·선차 내 영장 집행 시 **주거주, 간수자 또는 이에 준하는 자** 참여 要 ② (if not) **이웃 사람**(인거인) or **지방공공단체 직원** 참여 要(§123②, §219)
	여자 신체 수색	여자 신체수색 시 **성년 여자** 참여 要(§124, §219) [국9 09, 경 03/1차, 경 10/1차] [정리] 여자 신체검사 시 성년 여자 or 의사(§141③)
	야간집행 / 원칙 ×	일출 전, 일몰 후 영장에 **야간집행 기재 없으면** 들어가지 못함(§125, §219) [법원 10, 경 01/3차, 경 05/2차]
	예외 ○	① **도박 기타 풍속을 해하는 행위** 상용 인정 장소 : ○ ② **여관·음식점 기타 야간에 공중이 출입할 수 있는 장소 : 공개한 시간 내**에 한하여 ○(§126, §219) [법원 10, 경 12/1차, 경 13/1차]

집행후	압수목록 작성교부	① 압수한 경우 **압수목록** 작성 & 소유자 / 소지자 / 보관자 기타 준할 자에게 **교부 要**(§129, §219) [법원 10, 경 06/1차] ② 압수물목록 : 작성 연월일 기재, 사실과 부합하게 물건의 특징을 **구체적으로 기재 要**(상세목록에는 **정보의 파일 명세가 특정**되어 있어야 하고, 이를 **출력한 서면을 교부**하거나 **전자파일 형태로 복사**해주거나 **이메일을 전송하는 등의 방식**으로도 할 수 있음, 2017도13263) ③ 교부시점 : 압수 **직후 현장**에서 바로 작성 · 교부(2008도763) [경 11/1차, 경 14/2차, 경 15/2차]
	압수조서 작성편철	① 검증 · 압수 · 수색은 조서 작성 要(§49①) ② 압수조서 : 품종, 외형상 특징, 수량 기재 要(§49③), cf. 수사준칙 §40 : 압수 경위까지 기재) ③ 편철 : 압수조서는 피압수자에게 **교부 ×**, 서류에 편철함
	없을 때	수색한 경우 증거물 · 몰수대상물 없는 때에는 **수색증명서 교부 要**(§128, §219) [법원 10]

🔗 한줄판례 Summary

① 피의자의 이메일 계정에 대한 접근권한에 갈음하여 발부받은 압수 · 수색영장에 따라 **원격지의 저장매체**에 적법하게 접속하여 내려 받거나 현출된 전자정보를 대상으로 하여 범죄 혐의사실과 관련된 부분에 대하여 압수 · 수색하는 것은 … 형사소송법 제120조 제1항에서 정한 압수 · 수색영장의 집행에 필요한 처분에 해당함(2017도9747) [법원 19, 경 18/2차, 경 19/2차, 경 23/2차, 경승 20]

② 수사기관이 재항고인의 휴대전화 등을 압수할 당시 재항고인에게 압수 · 수색영장을 제시하였는데 재항고인이 영장의 구체적인 확인을 요구하였으나 수사기관이 **영장의 범죄사실 기재 부분을 보여주지 않았고**, 그 후 재항고인의 변호인이 재항고인에 대한 조사에 참여하면서 영장을 확인한 것은 형사소송법 제219조, 제118조에 따른 적법한 압수 · 수색영장의 제시라고 인정하기 어려움(2019모3526)

③ 피해자 등 제3자가 피의자의 소유 · 관리에 속하는 정보저장매체를 영장에 의하지 않고 임의제출한 경우 → 피의자에게 참여권을 보장하고 압수한 전자정보 목록을 교부하는 등 피의자의 절차적 권리를 보장하여야 함(2016도348)

④ 임의제출한 피압수자에 더하여 피의자에게도 참여권이 보장되어야 하는 '피의자의 소유 · 관리에 속하는 정보저장매체' : 피의자가 압수 · 수색 당시 또는 이와 시간적으로 근접한 시기까지 해당 정보저장매체를 현실적으로 지배 · 관리하면서 그 정보저장매체 내 전자정보 전반에 관한 전속적인 관리처분권을 보유 · 행사하고, 그 저장된 전자정보에 대하여 실질적인 피압수자로 평가할 수 있는 경우 → 이에 해당하는지 여부는 압수 · 수색 당시 외형적 · 객관적으로 인식 가능한 사실상의 상태를 기준으로 판단함(2021도11170)

⑤ 수사기관이 정보저장매체에 기억된 정보 중에서 범죄 혐의사실과 관련 있는 정보를 선별한 다음 정보저장매체와 동일하게 복제하여 생성한 파일(이미지 파일)을 제출받아 압수하였다면(압수 · 수색 절차 종료) 수사기관이 수사기관 사무실에서 위 이미지 파일을 탐색 · 복제 · 출력하는 과정에서 **피의자 등에게 참여의 기회 보장 不要**(2017도13263) [경 24/2차]

⑥ 수사기관이 피의자로부터 범죄혐의사실과 관련된 전자정보와 그렇지 않은 전자정보가 섞인 매체를 임의제출 받아 사무실 등지에서 정보를 탐색 · 복제 · 출력하는 경우 피의자나 변호인에게 참여의 기회를 보장하고 압수된 전자정보가 특정된 목록을 교부해야 하나, 그러한 조치를 하지 않았더라도 절차 위반행위가 이루어진 과정의 성질과 내용 등에 비추어 **피의자의 절차상 권리가 실질적으로 침해되지 않았다면 압수 · 수색이 위법하다고 볼 것은 아님**(2019도4938) [경 23/2차]

⑦ **증거은닉범 B가 본범 A로부터 은닉을 교사받고 소지 · 보관 중이던 A 등의 정보저장매체를 임의제출**하는 경우 증거은닉범행의 피의자이면서 임의제출자인 B에게만 참여의 기회를 부여하고 A 등에게 참여의 기회를 부여하지 않은 것은 적법(2022도7453)

5. 압수·수색·검증과 영장주의의 예외

사전영장이 필요하지 않은 대물적 강제처분				
체포 · 구속	전 (목적)	체포·구속목적의 피의자수색(§216①1.)	요급처분 ○	사후영장 ×
	중 (현장)	① 체포·구속현장에서의 압수·수색·검증(§216①2.) ② 피고인 구속현장에서의 압수·수색·검증(§216②)	요급처분 ○	사후영장 ○ 지체 없이 (체포 ~ 48h) 청구
	후 (현장 ×)	긴급체포된 자가 소지·소유·보관하는 물건에 대한 압수·수색·검증(§217①) 24h	요급처분 ×	
범죄장소		(범행 중·직후) 범죄장소에서의 압수·수색·검증(§216③)	요급처분 ○	사후영장 ○ 지체 없이 받을 것
임의 제출물		임의제출물의 압수(§108, §218)	요급처분 ×	사후영장 ×
법원 내		법원의 공판정에서의 압수·수색(§113) cf. 공판정 외 : 영장 要		
검 증		① 법원의 검증(§139) : 공판정 내·외 불문 ② 변사자 긴급검증(§222)		

[정리] 대인적 강제처분의 영장주의의 예외 : 긴급체포(§200의3)와 현행범체포(§212)

(1) 체포·구속목적의 피의자 수색

의 의		검사·사경은 피의자 체포·구속 시 (피의자의 발견을 위하여) 필요한 때에는 영장 없이 타인의 주거 등 내에서 피의자 수색 可(§216①1.本) [법원 17, 국9 13, 경간 13, 해간 12] but **영장체포 or 구속**하는 경우의 피의자 수색은 <u>미리 수색영장을 발부받기 어려운 긴급한 사정이 있는 때에 한정</u>(2019.12.31. 개정 동但) cf. 법원의 피고인 구속영장 집행 시의 피고인 수색도 同(§137)
요 건	주 체	① 검사 or 사법경찰관만 可 ② **사인 ×** → 사인의 현행범체포를 위한 타인 주거 수색 不可 [해간 12, 경승 11, 경 03/1차]
	필요성	피의자의 발견을 위해서만 인정 ≠ 이미 피의자를 발견하고 체포·구속 위해 추적하며 주거 등 들어간 것은 수색 아닌 체포·구속(§216①2.)
	체포 전	① 제1호 수색은 **체포 전**일 것 ≠ 체포한 후 수색은 동 제2호 ② 구별실익 : 제1호는 사후영장 不要, 제2호는 必要
	타 인	피의자와 제3자의 주거 모두 포함
	개연성	영장주의 예외 ∴ 주거 등에 **피의자 존재 개연성 소명 要**
	긴급성	① 영장주의 예외 ∴ 별도로 수색영장 발부받기 어렵다는 긴급성 要(2015헌바370; 2016헌가7) ② 2019.12.31. 개정 동호 단서 : ㉠ **영장체포**와 **구속** 시 **긴급성 要**, ㉡ ∴ 긴급체포·현행범체포 시 별도 긴급성 不要
영 장		**사후영장 不要** [경승 09/11]

(2) 체포 · 구속현장에서의 압수 · 수색 · 검증

의 의	① 검사 · 사경은 피의자 체포 · 구속 시 필요한 때에는 영장 없이 체포 · 구속 현장에서 압수 · 수색 · 검증 可(§216①2.) [국9 13, 경 04/1차, 경 06/2차, 경 15/1차] ② 취지 : 부수처분설과 긴급행위설		
요 건	체포 현장	시간적 접착성	① 체포와의 **시간적 접착성 要** ② 의미 : 체포설 〉 체포착수설 〉 현장설 〉 체포접착설
		장 소	피체포자의 신체 및 그가 직접 지배하는 장소 要
	대 상		① 무기 · 흉기 or 피의사건과 **관련성** 있는 증거물 要 ② 별건의 증거물 × ∴ 임의제출 or 영장 要
요급 처분	§216 처분 시 **급속**을 요하는 때 → §123②(**주거주 등 참여**)과 §125(**야간집행제한**)의 규정 **준수 不要**(§220) [정리] §220 요급처분 : §216 적용 ○ but §217①과 §218에는 적용 ×		
사후 영장	영장 청구		① 체포현장에서 압수한 물건을 계속 압수할 필요가 있는 경우 ② **지체 없이** 압수수색영장 **청구**(구속영장과 관계없이 해야 [국7 08, 교정9 특채 10]) → **체포한 때 ~ 48시간** 이내(§217②) [국9 17, 법원 15/17, 국7 08]
	반 환		청구한 압수수색영장 발부 × → 압수물 **즉시 반환**(환부, 동③)

> 🔗 **한줄판례 Summary**
>
> ① 피체포자의 **집에서 20m 떨어진 곳에서 체포**하여 수갑을 채운 후 **그 집으로 가서 집안을 수색하여 압수**한 칼과 합의서 → 위법수집증거(2009도14376)
> ② 피고인을 현행범인으로 체포하면서 **체포현장에서 영장 없이 대마를 압수**하고 그 다음 날 피고인을 석방했음에도 **사후** 압수 · 수색 **영장을 발부받지 않은 때** → 위법수집증거(2008도10914 : 스와핑카페 사건)
> [법원 12, 국9 17, 국7 12/23, 경 13/1차, 경 14/1차]

(3) 피고인 구속현장에서의 압수 · 수색 · 검증

의 의	① 검사 · 사경은 피고인 구속영장 집행 시 필요한 때에는 집행현장에서 영장 없이 압수 · 수색 · 검증 可(§216②) [정리] 피고인 구속현장 압수 · 수색 · 검증과 임의제출물 압수(§218) : 공소제기 이후임에도 수사기관 강제처분 허용 ② 성격 : ㉠ 피고인 구속은 집행기관으로서의 활동, ㉡ but 집행현장 압수 · 수색 · 검증은 **수사기관 강제처분** ∴ **법관에 대한 결과보고 · 압수물제출 의무 ×**
범 위	피고인 구속영장 집행 시에만 적용 ∴ 증인 구인장 집행에는 적용 ×
수 색	① 검사 / 사경관리 / 법원사무관 등(§81②)은 구속영장 집행 시 필요한 때에는 **미리 수색영장을 발부받기 어려운 긴급한 사정이 있는 경우에 한정하여**(2019.12.31. 개정) 타인의 주거 등 내에서 **피고인 수색** 可(§137) ② 구속영장 집행을 위한 재판의 집행처분 ∴ 사후영장 不要(= §216①1.)
요 급	급속을 요하는 때 → 주거주 등 참여 및 야간집행 제한 적용 ×(§220)

(4) 범죄장소에서의 압수·수색·검증

의 의	범행 중 또는 범행 직후의 범죄장소에서 긴급을 요하여 법원판사의 영장을 받을 수 없는 때 영장 없이 압수·수색·검증 可(§216③) [행시 04]	
요 건	범죄장소	① **범행 중 또는 범행 직후의 범죄장소** 要 ② 피의자 현장 소재 不要, **체포·구속 不要** [법원 15, 경 08/2차, 경 09/2차, 경 15/1차]
	긴급성	① 긴급을 요하여 법원 판사의 영장을 받을 수 없는 때 ② **긴급성 불비 시 (사후영장에도) 위법**(2009도14884; 2014도16080)
요 급	**급속을 요하는 때 → 주거주 등 참여 및 야간집행 제한 적용 ×**(§220)	
사후 영장	압수·수색·검증 후 **지체 없이** 압수·수색·검증**영장을 받아야** (청구 ×) 함(§216③ 제2문) [법원 15/17, 국7 07, 경 02/1차, 경 06/2차, 경 13/1차, 경 15/1차]	

🔗 한줄판례 Summary

① 범죄의 증적이 현저한 준현행범인의 요건(§211②3.)이 갖추어져 있고 범행시각으로부터 사회통념상 범행 직후라고 볼 수 있는 시간 내라면, 의식불명된 피의자를 곧바로 후송한 **병원응급실 등의 장소도** 제216조 제3항의 범죄장소 O(2011도15258) [경 24/1차]
② 불법게임장 주변 순찰 중 남자들을 우연히 목격하고 따라 들어가 (**상당한 부피·무게로 은폐·은닉 어려운**) 불법게임기 압수·수색은 위법(2009도14884)
③ 음주운전 중 교통사고를 내고 의식불명 상태에 빠져 병원으로 후송된 운전자에 대하여 의료인으로 하여금 필요최소한도에서 수사기관이 **영장 없이 강제채혈(可)** 후 지체 없이 사후영장을 받지 않으면 위법 (2011도15258, 압수 후 작성된 압수조서 등도 위법, 90도1263) [국9 17]

(5) 긴급체포된 자에 대한 압수·수색·검증

의 의	검사·사경은 긴급체포된 자가 소유·소지·보관하는 물건에 대하여 긴급히 압수할 필요가 있는 경우에는 체포한 때로부터 24시간 이내에 한하여 영장 없이 압수·수색·검증 可(§217①) [법원 17]	
요 건	대 상	① **현실로 긴급체포된 자**(긴급체포 할 수 있는 자 ×)가 **소유·소지·보관**하는 물건 ② 긴급체포 사유 당해범죄와 **관련된** 물건 限(2008도2245) [경 12/1차, 경 13/1차, 경 15/2차, 경 15/3차]
	긴급성	긴급히 압수할 필요가 있는 경우일 것
	시 한	**체포**한 때 ~ **24시간** 이내 [법원 15, 국9 09/14, 경 04/3차, 경 15/1차]
요 급	**§220 요급처분** : §216에만 적용 O, **§217①에는 적용 ×** ∴ 긴급체포된 자 24h 내 압수·수색·검증은 주거주참여 要, 야간집행 제한 O	
사후 영장	① 압수한 물건을 계속 압수할 필요가 있는 경우 ② **지체 없이** 영장 **청구**(구속영장과 관계없이 해야) → **체포 ~ 48시간**(§217②) ③ 영장을 받지 못하면 압수물 **즉시 환부**(동③) [국9 13, 경 15/3차]	

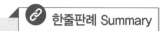

(6) 유류물·임의제출물 등의 압수(영치)

의 의	검사·사경은 피의자·피고인·기타인의 유류한 물건이나 소유자·소지자·보관자가 임의로 제출한 물건 영장 없이 압수 可(§218, 법원도 可, §108) [법원 09, 경 15/1차]	
목적물	유류물	범죄현장에서 발견된 범인이 버리고 간 흉기, 혈흔, **지문**(2008도7471), 족적, 범행현장에서 발견된 **강판조각**(2011도1902) 등
	임의 제출물	① 증거물·몰수물 제한 × ② 소유자·소지자·보관자 : **적법한 권리자 不要** ∴ 진료목적으로 채혈된 혈액을 보관하는 **간호사**(98도968) [국9 15, 경 08/3차], 재소자가 맡긴 비망록을 보관하는 **교도관**(2008도1097) ○ ③ 임의제출물 × : ㉠ 소유자·소지자·보관자 **아닌 자**로부터 제출받은 쇠파이프 및 그 사진(2009도10092) [국7 10/23, 경 13/1차, 경 16/1차], ㉡ 운전 중 교통사고를 내고 의식을 잃은 채 병원 응급실로 호송된 피의자로부터 수사기관의 영장 없는 요구에 의하여 **의사가 강제채혈한 혈액**(2009도2109), ㉢ 영장에 의하지 아니하고 수사기관이 요구하여 금융회사로부터 제출받은 고객의 **금융정보**(2012도13607)
사후 영장	① 임의제출물 압수에는 **사후영장 不要** [경 06/2차] ② But 압수조서 작성, 압수목록 교부, 압수 계속 不要 시 즉시 환부는 同 ③ 임의제출물을 소유권 포기로 볼 수는 없음	

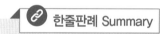

6. 압수물의 처리

(1) 압수물의 보관과 폐기

자청보관 원칙	① 압수물은 압수한 법원·수사기관 청사로 운반하여 직접 보관 원칙 ② 상실·파손 등 방지를 위한 상당한 조치 要(§131, §219)
위탁보관	① 운반·보관 **불편** 압수물은 간수자를 두거나 소유자 또는 적당한 자의 승낙을 얻어 보관하게 할 수 있음(§130①, §219) [법원 10] ② 사법경찰관 위탁보관은 검사 지휘 要(폐기처분·대가보관 同, §219但)
폐기처분	**위험**발생 염려 있는 압수물 [경 10/1차] or 법령상 생산·제조·소지·소유·유통 **금지** 압수물 → 부패 염려 or 보관 곤란 → 폐기 可(§130②③, §219, 단, **금지물은 권리자 동의 要**) [법원 09, 경15/3차]

	대상	① **몰수**하여야 할 압수물 or **환부**하여야 할 압수물 중 환부를 받을 자가 누구인지 **알 수 없거나 그 소재가 불명**한 경우 [경 04/2차, 경 04/3차, 경 12/3차] → **멸실·파손·부패·현저 가치 감소** 염려 or 보관 곤란 → 매각하여 대가 보관 可(§132, §219) ② **증거물** : 그 존재·형태 자체 중요 ∴ 환가처분 **不可**
대가보관 환가처분	통지	검사 / 피해자 / 피고인 / 변호인에게 **미리 통지 要**(§135, §219)
	몰수	**대가보관금**이 몰수의 대상인 압수물(66도886; 96도2477)

💡 퍼써 정리 | 압수물의 보관과 폐기

위탁보관	운반·보관 불편
폐기처분	위험물 / 금지물 – 동의 要
대가보관	몰수물 or 환부대상물 : 멸실 or 보관 곤란 증거물 ×

[정리] 위 – 불편/폐 – 위험/대 – 몰멸

> **🔗 한줄판례 Summary**
>
> ① **위탁보관**은 공법상 권력작용 ×, 단순한 사법상 임치계약 ○ ∴ 수탁자와 법원 간 명시적인 임치료 약정 없는 한 보관자는 **임치료 청구 不可**(68다285) [주사보 03]
> ② 몰수하여야 할 물건이 아니면 멸실·부패 염려 있어도 **환가처분 不可**(64다1150)

(2) 압수물의 가환부와 환부

가환부	잠정적	압수효력 유지 • 처분금지의무 • 보관의무 • 제출의무	**임의적 가환부**	• 압수 계속 필요 ○ • **증거물** ○ • **임의적 몰수물** ○ • 필요적 몰수물 ×
			필요적 가환부	• 증거물 ○ • **몰수물** ×
환부	종국적	압수효력 상실	• **압수 계속 필요** × • 증거물 × • 몰수물 ×	• **필요적 환부** • 청구 필요 × • 사전종결

① 가환부

의의	압수의 효력은 그대로 존속시키면서 압수물을 소유자 등에게 잠정적으로 돌려주어 그에 대한 사용을 가능하게 하는 제도
대상	① **압수를 계속할 필요가 있다고 인정되는 압수물** 　㉠ **증거에 공할 압수물** : 가환부 可(**임의적 가환부**, §133①後, §219) [경 08/3차] 　㉡ **증거에만 공할 목적으로 압수한 물건** : 소유자·소지자 계속 사용 要 → 사진촬영 / 기타 원형보존 조치 & 신속 가환부 要(**필요적 가환부**, §133②, §219) [법원 10, 경 11/1차] ② **임의적 몰수** 대상물 : **임의적 가환부** 可(97모25) [경 10/2차, 경 11/2차]

절 차	청 구	① 소유자·소지자·보관자·제출인의 **청구** ② 법원 또는 수사기관의 결정(§133①, §218의2②④)
	통 지	검사 / 피해자 / 피고인 / 변호인에게 **미리 통지 要**(§135, §219)
효 력		① 환부와 달리 압수 효력 지속 ∴ 가환부받은 자는 압수물 보관의무 ∴ 소유자라도 임의 처분 不可 → 법원·수사기관 요구 시 **제출의무**(94모42) [경 07/2차, 경 09/1차] ② 가환부한 장물 : 별도 선고 없으면 환부 선고 간주(§333③) [법원 05/09, 경 08/3차, 경 11/2차]

② 환 부

의 의		압수를 계속할 필요가 없을 때 압수를 해제하여 압수물을 종국적으로 소유자·제출인에게 반환하는 법원 또는 수사기관의 처분 [경 09/2차]
대 상		**압수를 계속할 필요가 없다**고 인정되는 압수물 [경 07/2차, 경 09/2차] ∴ 몰수 대상 압수물 : 환부 × ∴ 증거에 공할 압수물 : (가환부 ○ but) 환부 ×(66모58)
절 차	청구 不要	① 법원·수사기관 결정(§133①, §219, 재판선고 시 판결) ② 사법경찰관은 검사 지휘 要(§218의2④ 제2문) ③ 소유자 등 **청구 不要**
	포 기	**환부청구권의 포기 ×** → 법원·수사기관 **환부의무 소멸 ×** 고/**환**/약/진/상 : 포기 ×
	통 지	검사 / 피해자 / 피고인 / 변호인에게 **미리 통지 要**(§135, §219)
	결 정	압수 계속 필요 無 → 피고사건 **종결 전**이라도 결정으로 환부 要(**필요적 환부 결정**, §133①, §219) [법원 17]
	국고 귀속	① 압수물 환부받을 자 소재불명 등 → 검사는 관보 공고 → 3월 이내 환부 청구 無 → 국고귀속(§486①②) ② 위 기간 내에도 가치 없는 물건 폐기 可, 보관곤란 물건 공매하여 대가 보관 可(동③)
효 력		① 환부 → 압수 효력 상실 ② 환부받은 자의 **실체법상 권리 확인·확정 효력 無**(94모51 전합) [경 02/1차, 경 09/1차] 　→ 이해관계인은 **민사소송 권리 주장 可**(§333④) ③ 압수해제 간주 : 압수한 서류·물품 **몰수선고 無** → **압수해제 간주**(§332) ∴ 환부 要 　[법원 15, 경 02/1차, 경 13/3차] ④ **압수 ≠ 몰수** : 몰수(형벌)는 압수물만 하는 것이 아님 ∴ **위법한 압수물도 몰수 可** 　(2003도705), 압수 후 판결선고 전 피고인에게 **환부된 물건도 몰수 可**(76도4001) 　[사무관 05] ⑤ 환부 후 재압수 : 공범자 범죄수사 필요 또는 몰수될 가능성 있으면 검사는 압수해제 된 물품을 **다시 압수 可**(96모34) [경 08/2차, 경 15/3차]

압수장물 피해자 환부	의 의	압수한 장물은 피해자에게 환부할 이유가 명백한 때에는 피고사건의 종결 전이라도 결정으로 피해자에게 환부 可(§134, §219) *cf.* 판결에 의한 압수장물 환부선고는 §333
	요 건	피해자에게 환부할 이유가 **명백**한 경우일 것 ∴ 인도청구권에 관하여 사실상· 법률상 **다소라도 의문**이 있는 경우 **환부 不可**(84모38)
	절 차	① 피고사건 **종결 전** : **임의적 환부결정**(§134, §219) ② 종국재판 시 : **필요적 환부판결** 선고(§333)
	효 력	피해자 환부선고가 있어도 이해관계인은 **민사소송절차로 권리 주장 可**(§333④) [경승 14, 경 08/3차]
수사기관 환부 · 가환부	의 의	검사·사경 → 사본을 확보한 경우 등 압수를 계속할 필요가 없다고 인정되는 압수물 및 증거에 사용할 압수물 → 공소제기 전이라도 소유자 / 소지자 / 보관자 / 제출인 **청구 → 환부 or 가환부 要**[경 12/1차]**(공소제기 전 필요적 환부· 가환부, §218의2①④)** [정리] **필요적 가환부** : ① 증거에만 공할 압수물(§133②), ② 공소제기 전 증거에 사용 할 압수물에 대한 수사기관의 가환부
	사 경	사법경찰관 환부·가환부는 검사 지휘 要(동④但) [경 09/2차]
	거 부	검·경 거부 → 신청인은 해당 검사의 소속 검찰청에 대응한 법원에 압수물 의 환부·가환부결정 청구 可(동②)
	통 지	피해자 / 피의자 / 변호인에게 **미리 통지 要**(§135, §219) [경 09/2차]

🔗 한줄판례 Summary

① 관세포탈된 물건인지 알 수 없어 **기소중지처분**을 한 경우 당해 압수물은 국고에 귀속시킬 수 없으며 압
수를 더 이상 계속할 필요도 없어 **환부 要**(94모51 전합) [행시 04, 법원 13]

② (환부청구권은 필요적 환부의무에 대응하는 절차법적 공권) 피압수자가 **소유권이나 환부청구권을 포기**
하는 경우에도 법원·수사기관의 **환부의무는 소멸 ✕**(∴ 법원·수사기관은 환부결정 要, 94모51 전합)
[법원 17, 행시 02, 국9 12/14/24, 경 09/1차, 경 11/1차, 경 12/2차, 경 13/2차, 경 15/3차]

③ 수사단계에서 **소유권을 포기한 압수물**이라 하더라도 형사재판에서 몰수형이 선고되지 않은 경우라면,
피압수자는 국가에 대하여 **민사소송반환청구 可**(2000다27725) [경 15/3차]

💡 퍼써 정리 | 환부

압수물의 환부	법원의 공판 중에는 필요적 환부결정(형사소송법 제133조 제1항)
압수장물의 피해자 환부	법원의 공판 중 또는 수사기관의 수사 중에는 임의적 환부결정(형사소송 법 제134조, 제219조)
공소제기 전 수사기관의 압수물의 환부·가환부	소유자·소지자·보관자·제출인의 청구 시 필요적 환부·가환부(형사소 송법 제218조의2 제1항)

Ⅱ 수사상의 검증

제1편 총칙

제11장 검증

제139조【검증】법원은 사실을 발견함에 필요한 때에는 검증을 할 수 있다.

제140조【검증과 필요한 처분】검증을 함에는 신체의 검사, 사체의 해부, 분묘의 발굴, 물건의 파괴 기타 필요한 처분을 할 수 있다.

제141조【신체검사에 관한 주의】① 신체의 검사에 관하여는 검사를 받는 사람의 성별, 나이, 건강상태, 그 밖의 사정을 고려하여 그 사람의 건강과 명예를 해하지 아니하도록 주의하여야 한다.
② 피고인 아닌 사람의 신체검사는 증거가 될 만한 흔적을 확인할 수 있는 현저한 사유가 있는 경우에만 할 수 있다.
③ 여자의 신체를 검사하는 경우에는 의사나 성년 여자를 참여하게 하여야 한다.
④ 시체의 해부 또는 분묘의 발굴을 하는 때에는 예(禮)에 어긋나지 아니하도록 주의하고 미리 유족에게 통지하여야 한다.
[전문개정 2020.12.8.]

제142조【신체검사와 소환】법원은 신체를 검사하기 위하여 피고인 아닌 자를 법원 기타 지정한 장소에 소환할 수 있다.

제143조【시각의 제한】① 일출 전, 일몰 후에는 가주, 간수자 또는 이에 준하는 자의 승낙이 없으면 검증을 하기 위하여 타인의 주거, 간수자 있는 가옥, 건조물, 항공기, 선차 내에 들어가지 못한다. 단, 일출 후에는 검증의 목적을 달성할 수 없을 염려가 있는 경우에는 예외로 한다.
② 일몰 전에 검증에 착수한 때에는 일몰 후라도 검증을 계속할 수 있다.
③ 제126조에 규정한 장소에는 제1항의 제한을 받지 아니한다.

제144조【검증의 보조】검증을 함에 필요한 때에는 사법경찰관리에게 보조를 명할 수 있다.

제145조【준용규정】제110조, 제119조 내지 제123조, 제127조와 제136조의 규정은 검증에 관하여 준용한다.

제2편 제1심

제1장 수사

제219조【준용규정】제106조, 제107조, 제109조 내지 제112조, 제114조, 제115조제1항 본문, 제2항, 제118조부터 제132조까지, 제134조, 제135조, 제140조, 제141조, 제333조제2항, 제486조의 규정은 검사 또는 사법경찰관의 본장의 규정에 의한 압수, 수색 또는 검증에 준용한다. 단, 사법경찰관이 제130조, 제132조 및 제134조에 따른 처분을 함에는 검사의 지휘를 받아야 한다.

의의	개념		사람·물건·장소의 성질과 형상을 오관의 작용에 의하여 인식하는 강제처분
	구별 개념	법원검증	증거조사의 일종으로서 영장 不要
		승낙검증	① **임의수사** ∴ **적법** ② 음주운전 혐의자에 대한 **호흡측정 후** 오류가 있을만한 **합리적 사정** 有 → **혈액채취 측정 可** → **운전자의 자발적 의사 要**(2014도16051)
		실황조사	① 수사기관의 범죄현장 기타 장소(교통사고·화재사고 등 현장)에 임하여 실제 상황을 조사하는 활동 ② 원칙적으로 **검증**에 준하는 강제수사 ∴ (당사자 동의 不要 장소 or 당사자 동의 하의 실황조사는 임의수사 but) 사고장소에서 긴급을 요하여 **영장 없이 행해진 실황조사**는 범죄장소 긴급검증(§216③, 88도1399) → **지체 없이 사후영장 발부 要**

요 건	① 범죄혐의, ② 사건 관련성, ③ 검증의 필요성, ④ 비례성(= 압수수색)		
절 차	① 수사기관의 검증은 법원의 검증에 관한 규정 준용(§219) ∴ 검증영장청구 / 검증영장발부 / 영장기재사항 / 영장집행방법 등은 압수·수색과 同 ② 신체검사 / 사체해부 / 분묘발굴 / 물건파괴 / 기타 필요처분 可(§219, §140) [경 06/2차] → 시체해부 / 분묘발굴 시 예(禮) 준수, 미리 유족에 통지 要(§141④) ③ 조서 작성 要(§49①), 도화·사진 첨부 可(동②) ④ 수사기관 검증조서는 전문증거(§312⑥ : 적 + 성)		
신체 검사		의 의	① 사람의 신체 자체를 검사의 대상으로 하는 강제처분 ② 원칙적으로 검증(§140, §219) [경 06/2차]
		구별 개념	① 신체수색 : 신체 외부(표면)이나 착의에서 증거물을 찾는 강제처분(§109, §219), 역시 영장주의 적용(§215) ② 감정으로서의 신체검사 : 전문적 지식·경험 要(혈액채취, X선 촬영)
		절 차	① 영장주의 : 수사상 신체검사도 검증이므로 검증영장 要 ② 영장주의의 예외 : 체포·구속현장, 범죄장소, 긴급체포된 자 영장없는 긴급검증 可(§216, §217①) → 사후영장 要(= 압수·수색) ③ 신체검사에 관한 주의 ㉠ 피의자 대상 원칙 but 피의자 아닌 자 대상 可(§141②) → 증거가 될 만한 흔적을 확인할 수 있는 현저한 사유가 있는 경우에만[경 09/2차] ㉡ 건강과 명예를 해하지 아니하도록 주의(동①) ㉢ 여자 신체검사 : **의사 or 성년 여자** 참여 要(동③) [경 09/2차] [정리] 여자의 신체 수색 : 성년의 여자 참여(§124)
	체내 검사	의 의	신체의 내부에 대한 검사(보다 엄격한 기준 적용)
		체내 수색	① 구강 내, 항문 내, 질 내 등 신체 내부 수사기관의 수색 ② 압수할 물건이 신체의 내부에 있을 고도의 개연성과 검사방법의 상당성이 구비될 경우에 한하여 허용 ③ 압수수색영장 & 검증영장 병용설(多) but **判例는 택일설**
		체내 검증	신체 내부에 대한 수사기관의 검증(검증영장 要)
		체내물 강제채취	<table><tr><td>의 의</td><td>① 혈액·정액·뇨 등 수사기관 강제채취 ② 강제채뇨, 강제채혈</td></tr><tr><td>요 건</td><td>① 사건 관련성, ② 강제채취 필요성, ③ 증거로서의 중요성, ④ 대체수단의 부존재(보충성), ⑤ 의학적으로 상당하다고 인정되는 방법(채취방법의 상당성)</td></tr><tr><td>절 차</td><td>① 多 : 검증영장 및 감정처분허가장 병용설 ② 判例 : **택일설** → 검증영장 or 감정처분허가장 택일설(2009도2109), 압수·수색영장 or 감정처분허가장 택일설(2011도15258) [국7 13, 국9 12/14, 경 11/2차, 경 13/1차]</td></tr></table>
		연하물 강제배출	① 연하물 등 위장 내에 있는 물건을 구토제·하제 등을 사용하여 강제로 배출시키는 것 ② 요건 : 압수할 물건이 위장 내 존재(압수물 존재의 명백성) 외 강제채취와 유사 ③ 영장 관련 判例는 명시적이지 않지만 택일설 취지

피의자가 인근 병원 응급실 등 소변채취에 적합한 장소로 이동하는 것에 동의하지 않거나 저항하는 등 임의동행을 기대할 수 없는 사정이 있는 때에는 수사기관으로서는 <u>소변채취에 적합한 장소로 피의자를 데려가기 위해서 필요 최소한의 유형력을 행사</u>하는 것이 허용된다. 이는 형사소송법 제219조, 제120조 제1항에서 정한 '<u>압수·수색영장의 집행에 필요한 처분</u>'에 해당함(2018도6219) [경 18/3차]

III 수사상의 감정

조문정리

제2편 제1심

제1장 수사

제221조 【제3자의 출석요구 등】 ② 검사 또는 사법경찰관은 수사에 필요한 때에는 감정·통역 또는 번역을 위촉할 수 있다.

제221조의3 【감정의 위촉과 감정유치의 청구】
① 검사는 제221조의 규정에 의하여 감정을 위촉하는 경우에 제172조제3항의 유치처분이 필요할 때에는 판사에게 이를 청구하여야 한다.
② 판사는 제1항의 청구가 상당하다고 인정할 때에는 유치처분을 하여야 한다. 제172조 및 제172조의2의 규정은 이 경우에 준용한다.

제221조의4 【감정에 필요한 처분, 허가장】 ① 제221조의 규정에 의하여 감정의 위촉을 받은 자는 판사의 허가를 얻어 제173조제1항에 규정된 처분을 할 수 있다.
② 제1항의 허가의 청구는 검사가 하여야 한다.
③ 판사는 제2항의 청구가 상당하다고 인정할 때에는 허가장을 발부하여야 한다.
④ 제173조제2항, 제3항 및 제5항의 규정은 제3항의 허가장에 준용한다.

제1편 총칙

제13장 감정

제172조 【법원 외의 감정】 ① 법원은 필요한 때에는 감정인으로 하여금 법원 외에서 감정하게 할 수 있다.
② 전항의 경우에는 감정을 요하는 물건을 감정인에게 교부할 수 있다.
③ 피고인의 정신 또는 신체에 관한 감정에 필요한 때에는 법원은 기간을 정하여 병원 기타 적당한 장소에 피고인을 유치하게 할 수 있고 감정이 완료되면 즉시 유치를 해제하여야 한다.
④ 전항의 유치를 함에는 감정유치장을 발부하여야 한다.
⑤ 제3항의 유치를 함에 있어서 필요한 때에는 법원은 직권 또는 피고인을 수용할 병원 기타 장소의 관리자의 신청에 의하여 사법경찰관리에게 피고인의 간수를 명할 수 있다.
⑥ 법원은 필요한 때에는 유치기간을 연장하거나 단축할 수 있다.
⑦ 구속에 관한 규정은 이 법률에 특별한 규정이 없는 경우에는 제3항의 유치에 관하여 이를 준용한다. 단, 보석에 관한 규정은 그러하지 아니하다.
⑧ 제3항의 유치는 미결구금일수의 산입에 있어서는 이를 구속으로 간주한다.

제172조의2 【감정유치와 구속】 ① 구속 중인 피고인에 대하여 감정유치장이 집행되었을 때에는 피고인이 유치되어 있는 기간 구속은 그 집행이 정지된 것으로 간주한다.
② 전항의 경우에 전조 제3항의 유치처분이 취소되거나 유치기간이 만료된 때에는 구속의 집행정지가 취소된 것으로 간주한다.

제173조 【감정에 필요한 처분】 ① 감정인은 감정에 관하여 필요한 때에는 법원의 허가를 얻어 타인의 주거, 간수자 있는 가옥, 건조물, 항공기, 선차 내에 들어 갈 수 있고 신체의 검사, 사체의 해부, 분묘발굴, 물건의 파괴를 할 수 있다.
② 전항의 허가에는 피고인의 성명, 죄명, 들어갈 장소, 검사할 신체, 해부할 사체, 발굴할 분묘, 파괴할 물건, 감정인의 성명과 유효기간을 기재한 허가장을 발부하여야 한다.
③ 감정인은 제1항의 처분을 받는 자에게 허가장을 제시하여야 한다.

④ 전2항의 규정은 감정인이 공판정에서 행하는 제1항의 처분에는 적용하지 아니한다.

⑤ 제141조, 제143조의 규정은 제1항의 경우에 준용한다.

수사상 감정 위촉	의 의	① 감정 : 특별한 전문지식 있는 자가 그 전문지식을 이용하여 일정한 사실판단을 하는 것 ② 수사상 감정위촉 : 임의수사로서 검사·사경은 수사에 필요한 때에는 감정 위촉 可(§221②), 감정수탁자는 선서의무 등 無 ③ 법원의 감정 : 법원의 증거조사(§169, §184) [행시 04], 감정의 명을 받은 자는 감정인으로서 선서의무, 허위감정죄(형법 §154) 적용
	성 질	① 임의수사 : 감정위촉 그 자체는 임의수사로서 영장 不要 ② 강제수사 : 강제력의 행사가 불가피한 감정유치와 감정처분은 감정유치장(§221의3)과 감정처분허가장(§221의4) 要
수사상 감정 유치	의 의	피의자의 정신·신체를 감정하기 위하여 일정 기간 동안 병원 기타 적당한 장소에 피의자를 유치하는 강제처분(§221의3, §172③)
	대 상	(구속·불구속) 피의자 ○, 제3자 ×, 피고인 ×(∵ 법원 감정유치) [정리] 제3자에 대한 신체검사(검증)는 可(§141②)
	요 건	① 정신·신체 감정 위해 계속적 유치·관찰 要 ② 범죄혐 要 cf. 감정유치는 구속사유와는 무관
	절 차	① 검사는 감정유치 필요시 판사에게 청구(§221의3①) ② 청구가 상당하면 판사는 유치처분(동②) with 감정유치장 발부 要(§172④) ③ 판사는 기간을 정하여 병원 기타 적당한 장소에 피의자 유치 可, 감정완료 시 즉시 유치 해제 要(§172③) ④ 감정유치 시 판사는 직권 또는 수용 장소 관리자의 신청에 의하여 사법경찰관리에게 피의자의 간수 명령 可(동⑤) ⑤ 감정유치기간 　㉠ 재정기간 : 법률상 제한 無[경 03/3차] 　㉡ 연장·단축 可 : 연장은 검사 청구, 판사 결정(동⑥) 　㉢ 미결구금일수 산입 : 유치기간은 미결구금일수산입(형법 §57)에 있어서는 구속 간주(§172⑧) [법원 11, 국9 10, 경 02/3차]
	구속 관계	① 구속에 관한 규정 감정유치에 준용 but 보석 ×(§172⑦) ② ∴ 감정유치 피의자 → 접견교통권, 구속적부심 청구, (구속취소에 준하여) 감정유치 취소청구 ○ ③ 구속기간 제외 : 감정유치 기간 구속은 그 집행이 정지된 것으로 간주(§172의2①) [법원 11, 경 03/3차] ∴ 감정유치처분 취소 or 유치기간 만료 → 구속집행정지 취소 간주(동②)

	의 의	감정수탁자(수탁감정인)는 감정에 필요한 경우 판사의 허가를 얻어 감정에 필요한 처분 可(§221의4①, §173①)
수사상 감정 처분 허가	필요 처분	주거 등 진입 / 신체검사 / 사체해부 / 분묘발굴 / 물건파괴(§173①) [정리] 검증필요처분과 유사 : 신/사/분/물/기(§140)
	절 차	① (감정수탁자가 집행 but) 허가청구는 검사(§221의4②) ② 상당하면 판사 **감정처분허가장** 발부(동③) ③ 감정처분허가장 기재사항 : 피의자의 성명, 죄명, 들어갈 장소, 검사할 신체, 해부할 사체, 발굴할 분묘, 파괴할 물건, 감정수탁자의 성명과 유효기간(§221의4④, §173②) [정리] 법원의 감정은 감정인이 법원의 허가 要(§173①), 수사상 감정처분은 감정수탁자가 지방법원판사의 허가 要(청구는 검사) ④ 감정수탁자는 감정처분을 받는 자에게 허가장 제시 要(§221의4④, §173③) ⑤ 신체검사 주의규정(§141)과 야간집행제한규정(§143)은 수사상 감정처분 집행에 준용(§221의4④, §173⑤)

03 수사상의 증거보전

✅ 조문정리

제1편 총칙

제15장 증거보전

제184조 【증거보전의 청구와 그 절차】 ① 검사, 피고인, 피의자 또는 변호인은 미리 증거를 보전하지 아니하면 그 증거를 사용하기 곤란한 사정이 있는 때에는 제1회 공판기일 전이라도 판사에게 압수, 수색, 검증, 증인신문 또는 감정을 청구할 수 있다.
② 전항의 청구를 받은 판사는 그 처분에 관하여 법원 또는 재판장과 동일한 권한이 있다.
③ 제1항의 청구를 함에는 서면으로 그 사유를 소명하여야 한다.
④ 제1항의 청구를 기각하는 결정에 대하여는 3일 이내에 항고할 수 있다.

제2편 제1심

제1장 수사

제221조의2 【증인신문의 청구】 ① 범죄의 수사에 없어서는 아니될 사실을 안다고 명백히 인정되는 자가 전조의 규정에 의한 출석 또는 진술을 거부한 경우에는 검사는 제1회 공판기일 전에 한하여 판사에게 그에 대한 증인신문을 청구할 수 있다.
③ 제1항의 청구를 함에는 서면으로 그 사유를 소명하여야 한다.
④ 제1항의 청구를 받은 판사는 증인신문에 관하여 법원 또는 재판장과 동일한 권한이 있다.
⑤ 판사는 제1항의 청구에 따라 증인신문기일을 정한 때에는 피고인·피의자 또는 변호인에게 이를 통지하여 증인신문에 참여할 수 있도록 하여야 한다.
⑥ 판사는 제1항의 청구에 의한 증인신문을 한 때에는 지체 없이 이에 관한 서류를 검사에게 송부하여야 한다.

I 수사상 증거보전청구

의의	개념	판사가 수사절차에서 미리 증거조사 또는 증인신문을 하여 그 결과를 보전하여 두는 제도 → 여기서 정리하는 수사상 증거보전절차(§184)와 다음에 정리하는 수사상 증인신문절차(§221의2)
	구별	① 수사와의 차이 : 판사 처분, 증거보전 필요성 要 ② 법원의 증거조사와의 차이 : 수임판사 처분, 제1회 공판기일 전
	취지	강제처분권 없는 피의자·피고인에게도 유리한 증거 수집·보전의 기회를 보장하여 공정한 재판의 이념 실현
요건	증거보전 필요성	① **미리 증거를 보전하지 않으면 증거 사용 곤란** 사정(§184①) ② 증거조사 곤란뿐 아니라 증명력 변화 예상도 포함 예 증인 – 생명위독·해외여행, 진술번복 염려(≠ 수사상증인신문), 증거물 멸실·훼손·변경의 위험성, 현장·원상 보존 불가능 등
	시한	① 형사입건 이후 **제1회 공판기일 전**(모두절차 완료 전 = 증거조사 시작 전) 要 ∴ **공소제기 전후 불문**(§184①) [행시 02, 법원 11, 국7 08, 경 01/2차, 경 06/2차, 경 14/2차] ② 형사입건 전 **내사단계 ×**(79도792) ③ **제1회 공판기일 이후 ×**(∵ 79도792, 수소법원 증거조사 可) [경 13/2차] ∴ **항소심 ×, 재심 ×**(84모15) [국7 15, 경 05/1차, 경 12/3차]
절차	청구 청구권자	① **검사·피고인·피의자·변호인**(명反독 – 명/구/보/**증보**/증이/공)(§184①) [법원 06/07, 국7 08/09/15, 국9 13, 경 02/1차, 경 14/1차] ∴ 사법경찰관·피해자 [법원 06]·피내사자 × ② 성폭력피해자 측의 증거보전청구요청권(2023.10.12. 시행 성폭법 §41, 아청법 §27) ㉠ 증거보전청구 요청권자 : **성폭력범죄·아동청소년대상 성범죄의 피해자·법정대리인·사법경찰관** ㉡ 사유 : **피해자가 공판기일에 출석하여 증언하는 것에 현저히 곤란한 사정이 있을 때**(19세미만피해자등인 경우 이에 해당되는 것으로 간주) ㉢ 증거보전청구의 요청 : 요청권자는 위 사유를 소명하여 피해자 진술 영상녹화물 그 밖의 증거에 대하여 **검사에게 증거보전청구 요청 可** ㉣ 검사의 증거보전청구 : ⓐ 검사는 타당하면 증거보전청구 可, ⓑ but **19세미만피해자등이나 그 법정대리인이 증거보전 요청을 하는 경우에는 원칙적 증거보전청구 要**
	관할	① **관할지방법원 판사**(수임판사) → **공소제기 후에도 not to 수소법원**(규칙 §91) [법원 11, 경 02/1차] ② 관할 : 피의자 소재지 ×, **해당 증거 소재지 or 증인 주거지·현재지 등의 관할지방법원** ○(규칙 동조) [국9 13, 경 12, 경 13/2차, 국가 15]
	방식	**서면**으로 그 **사유 소명 要**(§184③) [정리] 서면으로 그 사유를 소명해야 하는 것 : ① **기**피신청, ② 수사상 **증거보전**, ③ 수사상 **증인**신문청구, ④ **정**식재판청구, ⑤ 증인**거**부권, ⑥ **상소권회**복 (증보/증인/정/기/거/상회)
	내용	① **압수·수색·검증·증인신문·감정** 청구 可 [행시 02, 경 15/3차] ② **피의자신문·피고인신문** 청구 **不可** [법원 08/11, 국7 08/09/15, 국9 13, 경 06/2차, 경 13/2차, 경 14/2차, 경 15/3차]

절차	청구	내용	③ **공범자·공동피고인**은 제3자 ∴ **증인신문 可**(86도1646) [국7 13/15, 국9 13, 경 01/3차, 경 11/1차, 경 13/1차, 경 13/2차, 경 14/2차]	
		결정	① 인용결정 : 청구가 적법하고 필요성 有 → 판사는 증거보전 要 → 별도 결정 不要 [경 06/2차] ② 기각결정 : 청구 부적법 or 필요성 無 ← 기각결정은 **3일 이내 항고 可** (§184④) [법원 08, 국7 09, 국9 13, 경 11/1차, 경 12/2차, 경 12/3차, 경 13/2차, 경 14/2차, 경 15/3차]	
	증거 보전	참여	① 증거보전청구받은 판사는 법원·재판장과 동일한 권한(동②) [국7 00, 경 14/1차] ∴ 증인 소환·구인·유치 可(§68, §71·71의2), 압수·수색·검증·증인신문·감정 可 [국9 08] ② 당사자의 참여권 보장 : 판사 압수·수색·검증·증인신문·감정 시 검사 / 피의자 / 피고인 / 변호인 **참여권 보장 要**(§121, §122, §145, §163, §176, §177) → 시일·장소 미리 통지 ③ **참여권배제조서**의 증거능력 : ㉠ **위법수집증거**(91도2337) [국7 08/09, 경 13/2차] but ㉡ **증거동의** 있으면 인정(86도1646) [정리] 위법수집증거임에도 증거동의의 대상 : 이외에 공판정 진술 번복 참고인 진술조서도 同(99도1108)	
증거 이용	보관		압수한 물건 또는 작성한 조서는 **판사 소속 법원에 보관** [법원 11, 주사보 07] ∴ 검사에게 송부 不可	
	열람 등사		검사·피고인·피의자·변호인은 **판사**(법원 ×)의 **허가**를 얻어 서류·증거물 **열람·등사 可**(§185, 제1회 공판기일 전후 불문) [법원 08, 경 04/3차, 경 06/2차, 경 11/1차, 경 15/3차] → 증거보전 청구인뿐 아니라 상대방도 열람·등사권 ○	
	증거		**법관 면전 조서**(절대적 ○, **§311** 제2문) [법원 08, 경 01/3차, 경 14/2차]	

🔗 한줄판례 Summary

증거보전절차 증인신문조서 중 **피의자 진술기재 부분은 증거능력 ×**(84도508)

▌Ⅱ 수사상 증인신문청구

의의	개념		범죄 수사에 없어서는 아니 될 사실을 안다고 명백히 인정되는 자가 참고인조사(임의수사)를 위한 출석·진술 거부 시 그 진술증거의 수집과 보전을 위해 제1회 공판기일 전에 한하여 검사가 판사에게 그에 대한 증인신문을 청구하여 그 진술을 확보하는 대인적 강제처분(§221의2①)
	구별	증거 보전	① 공통점 : 수소법원 이외의 판사 처분, 제1회 공판기일 전에 한함, 당사자 참여권 보장, 조서는 절대적 증거능력 인정 ② 차이점 : 증거보전은 미리 행하는 공판의 성격(공개), 증인신문은 검사 청구를 받은 수임판사에 의한 수사의 성격(비공개)
		법원	판사 처분 ∴ 수소법원에 의한 증인신문과 다름

요 건	필요성	① **범죄수사에 없어서는 아니 될 사실을 안다고 명백히 인정되는 자**(중요참고인)가 출석 or 진술 거부(§221의2①) [경 09/2차, 경 12/2차, 경 13/1차] 　㉠ 피의사실 존재 要 : 수사기관의 **수사 개시 要** 　㉡ 증인신문 대상인 참고인 : 피의자 소재를 알고 있는 자, 범행의 목격자, 범죄의 증명에 없어서는 아니 될 지식을 가지고 있는 참고인의 소재를 알고 있는 자, 공범자·공동피고인 ○ but 감정인 × 　㉢ 범죄수사에 없어서는 아니 될 사실 : 범죄성립요건에 관한 사실, 정상관계 사실, 기소·불기소처분 및 양형에 중요한 영향을 미치는 사실 ○ ② **출석거부** : 정당한 이유 있는 거부(증언거부권자)도 포함 ③ **진술거부** : 일부거부·전부거부 불문, 진술을 하였으나 진술조서에 서명·날인 거부도 포함
	번복 염려 위헌	수사기관에게 임의의 진술을 한 자가 공판기일에 **전의 진술과 다른 진술을 할 염려** 요건(구법 §221의2②)은 헌재 위헌결정(94헌바1)으로 **삭제** → 진술번복 염려로는 수사상 증인신문청구 不可
	시 한	**제1회 공판기일 전, 공소제기 전후 불문** [경 09/1차, 경 09/2차, 경 14/1차]
절 차	청 구	① **검사만 청구권** ○, 사법경찰관 × [행시 02] ② 관할은 수소법원 아닌 **판사**(수임판사) → 공소제기 이후에도 판사에게 ③ **서면**으로 **사유 소명 要**(동③, 증보/**증인**/정/기/거/상회)
	심사 결정	① 인용결정 : 판사는 청구 적법 / 이유 有 증인신문 要(별도 결정 不要) ② 기각결정 : 부적법 or 이유 無 ← 증거보전청구 기각결정과 달리 **불복 ×**
	판사 참여	① 청구받은 판사는 법원·재판장과 동일한 권한(§221의2④) ② **당사자의 참여권 보장**(동⑤, 규칙 §112) but 통지받은 피의자·피고인·변호인 **출석은 증인신문 요건 ×** [국9 09, 경 09/2차]
송 부	송 부	증인신문 후 판사는 지체 없이 **검사에게 서류 송부**(§221의2⑥)
	열 람	피의자·피고인·변호인에게 서류 **열람·등사권 ×** [경 09/2차]
	증 거	**법관 면전 조서**(절대적 ○, §311 제2문)
관 련		**특정범죄의 범죄신고자** 등에 대하여 법 §184 또는 §221의2에 따른 **증인신문**을 하는 경우 판사는 직권으로 또는 검사의 신청에 의하여 그 과정을 비디오테이프 등 **영상물로 촬영 명하는 것 可**(범죄신고자법 §10①, 영상물은 **검사에게 송부**) → 영상물 수록 범죄신고자 등 진술은 증거 미(동③)

퍼써 정리 | 증거보전 · 증거개시 · 증거조사제도와의 비교

	수사상 증거보전	수사상 증인신문	증거개시	증거조사
절 차	당사자 참여권 ○		검사 의견(지체 없이)	사실심리절차(공판)
신청기간	제1회 공판기일 전 (공소제기 전후 불문)		공소제기 후	제한 ×
관할법원	지방법원 판사(수임판사)		수소법원	

	수사상 증거보전	수사상 증인신문	증거개시	증거조사
청구권자 [경 10/2차]	피의자, 피고인, 변호인, 검사	검사	피고인, 변호인, 검사	검사, 피고인 또는 변호인 / 직권 / 범죄피해자
증거 보관 이용	수임판사 법원 보관	검사에게 증인신문 조서 송부	검사보관서류 • 서류 또는 물건목록 • 열람·등사 거부 × 피고인 / 변호인 보관서류 • if 검사가 교부 거부 • 교부 거부 ○	증거신청 → 증거결정
내 용	압수, 수색, 검증, 증인신문, 감정	증인신문	소송서류 열람·등사	증거서류 – 낭독 증거물 – 제시 영상녹화물 – 전부 또는 일부 재생 증인신문
불 복	3일 이내 항고	×	×	즉시 이의신청 (항고 ×)
요 건	증거멸실, 증거가치 변화 위험	참고인 출석거부, 진술거부	검사 보관서류 • 전면적 개시 피고인 / 변호인 보관서류 • 현장부재·심신상실 등 법률상·사실상 주장을 한 때	증거능력 ○

💡 퍼써 정리 | 증거보전과 증인신문

	증거보전	증인신문
요 건	증거의 사용 곤란·증거보전의 필요성	참고인의 출석거부·진술거부
청구권자	검사·피고인·피의자·변호인	검사
청구내용	압수·수색·검증·증인신문 또는 감정	증인신문
불 복	3일 이내 항고	불복 ×
보 관	판사 소속법원 보관 판사 허가 ○ → 열람·등사 ○	검사 보관 열람·등사 ×
기 간	제1회 공판기일 전	

CHAPTER 03 수사의 종결

01 사법경찰관과 검사의 수사종결

I 수사종결의 의의와 종류

의의	개념	① 공소제기 여부를 결정할 수 있을 정도로 피의사건이 규명되었을 때 수사절차를 종료하는 행위(수사종결처분) ② 2020.2.4. 수사권 조정 개정법은 검사의 사법경찰관 수사지휘권 폐지 → 사법경찰관에게도 1차적 수사종결권 부여
	권한	① 사법경찰관의 수사종결처분 : 1차적·제한적 권한 ② 검사의 수사종결처분 : 최종적·궁극적 권한
종류	사경	**의의** ① 2020.2.4. 개정법은 **사법경찰관에게 1차적 수사종결권 부여**(§245의5) ② **검사에게 보완수사요구권·재수사요청권 부여**(§197의2, §245의8) ③ **고소인 등에게 이의신청권 부여, 고발인 제외**(§245의6, §245의7)
		1차적 수사 종결권 사법경찰관은 범죄를 수사한 때 ① **범죄의 혐의가 인정되면 검사에게 사건을 송치**(검찰송치, §245의5 1.) ② **그 밖의 경우**(혐의 없음, 죄가 안 됨, 공소권 없음, 각하)**에는 그 이유를 명시한 서면과 함께 관계 서류와 증거물을 검사에게 송부**(사건불송치, 동2.) → 검사는 송부받은 날부터 **90일 이내** 사법경찰관에게 반환
		검찰 송치 보완수사 요구 ① 검찰송치사건에 대한 검사의 보완수사요구권(§197의2①1.) ㉠ 주체 : 검사 ㉡ 대상 : 사경의 검찰송치사건 ㉢ 사유 : 공소제기 여부 결정 또는 공소의 유지에 관하여 필요한 경우 ㉣ 절차 : ⓐ 검사는 **사법경찰관에게 보완수사 요구** → ⓑ 사경은 정당한 이유가 없는 한 **지체 없이 이행(사법경찰관은 보완수사요구가 접수된 날로부터 3개월 이내에 보완수사를 마쳐야 함, 수사준칙 §60④)** *cf.* 사경은 보완수사 이행 결과 사건송치 해당 없다고 판단하면 불송치 or 수사중지 可, 수사준칙 §60⑤ ② 보완수사의 주체 : 검사는 사법경찰관으로부터 송치받은 사건에 대해 보완수사가 필요하다고 인정하는 경우 ㉠ **직접 보완수사**하거나 ㉡ **사법경찰관에게 보완수사를 요구**할 수 있음(수사준칙 §59①본문, 구 수사준칙은 사경보완수사 원칙이었으나, 위 수사준칙에서 변경됨)

종류	사경		

| | | 검찰 송치 보완수사 요구 | [보충] 수사준칙 §59①단서
다만, 법 제197조의2 제1항 제1호 전단의 경우(**송치사건의 공소제기 여부 결정에 관한 보완수사**)로서 **다음 각 호의 어느 하나에 해당하는 때**에는 특별히 사법경찰관에게 보완수사를 요구할 필요가 있다고 인정되는 경우를 제외하고는 **검사가 직접 보완수사를 하는 것을 원칙**으로 한다.
1. 사건을 수리한 날(이미 보완수사요구가 있었던 사건의 경우 보완수사 이행 결과를 통보받은 날)로부터 1개월이 경과한 경우
2. 사건이 송치된 이후 검사에 의하여 해당 피의자 및 피의사실에 대해 상당한 정도의 보완수사가 이루어진 경우
3. 법 제197조의3 제5항, 제197조의4 제1항, 제198조의2 제2항에 따라 사법경찰관으로부터 송치받은 경우
4. 제7조 또는 제8조에 따라 검사와 사법경찰관이 사건 송치 전에 수사할 사항, 증거수집의 대상, 법령의 적용 등에 관하여 협의를 마치고 송치한 경우 |

(이어서)

검찰 송치 보완수사 요구 칸:

[보충] 2010년 7월 제정 구 수사준칙에 의하면, 검사는 보완수사가 필요하다고 인정하는 경우에는 특별히 직접 보완수사를 할 필요가 있다고 인정되는 경우를 제외하고는 사법경찰관에게 보완수사를 요구하는 것을 원칙으로 하였고(2020.10.7. 수사준칙 §59①), 관련 기출문제에서도 "사경 검찰송치 사건에 대하여 '특별히 직접 보완수사를 할 필요가 있다고 인정되는 경우'라면 검사는 예외적으로 직접적 보완수사권 행사 可"[경 22/1차]의 내용으로 출제된 바 있음

사건 불송치 이의신청 칸:

① 사경의 고소인 등에 대한 사건불송치처분 통지(§245의6)
　㉠ 주체 : 사법경찰관
　㉡ 기간·방식 : 검사에게 송부한 날 ~ **7일** 이내, **서면**
　㉢ 대상 : 고소인·고발인·피해자 또는 그 법정대리인
　㉣ 내용 : 사건을 검사에게 **송치하지 아니하는 취지와 이유**
　㉤ 고소인 등의 통지요구 : 불송치 통지를 받지 못한 경우 사법경찰관에게 불송치 통지서로 통지 요구 可(수사준칙 §53②)
② 사건불송치처분에 대한 고소인 등의 이의신청(§245의7)
　㉠ 주체 : 사법경찰관으로부터 위 통지를 받은 사람(**고발인 제외**)
　㉡ 대상 : **해당 사법경찰관의 소속 관서의 장**
　㉢ 이의신청 기간 : **제한 無**
　㉣ 사경의 검찰송치의무 : 사법경찰관은 이의신청이 있는 때에는 **지체 없이 검사에게 사건을 송치**하여야 함(→ 사법경찰관의 수사종결권은 1차적·**제한적 수사종결권**의 의미)

사건 불송치 재수사 요청 칸:

① 불송치사건에 대한 검사의 재수사요청권(§245의8)
　㉠ 주체 : 검사
　㉡ 사유 : 사경의 사건불송치가 **위법 또는 부당**한 때
　㉢ 기간·방식 : 관계서류·증거물 송부받은 날 ~ **90일** 이내(수사준칙 §63①, 예외 有), 이유를 문서로 명시 [경 22/1차]
　㉣ 절차 : ⓐ 검사의 **재수사요청** → ⓑ 사법경찰관 **재수사(재수사요청 접수일로부터 3개월 이내에 재수사 완료 要, 수사준칙 §63④)**
② 재수사결과에 대한 검사의 재수사요청권 재행사 or 사건송치요구
　㉠ **원칙적 제한** : 사경 사건 불송치결정 유지 재수사결과 통보 → 검사 **다시 재수사 요청 or 송치요구 不可**(수사준칙 §64②本)

종류	사경	사건 불송치 재수사 요청		ⓛ **예외적 허용** : if 사건불송치 **위법·부당 시정** × → 재수사결과 통보일 ~ **30일** 이내 검사 **사건송치요구 可**(동③)

종류	검사	공소 제기	의의	수사결과 범죄의 객관적 혐의 충분, 소송조건 구비, 유죄판결받을 수 있다는 판단 시 행하는 검사의 소송행위(§246)
			방식	① 관할법원에 공소장 제출(§254①) ② 벌금·과료·몰수 사건은 공소제기와 동시에 약식명령 청구 可(§449)

불기소처분

의의	① 검사가 피의사건에 대하여 공소를 제기하지 않기로 하는 처분 ② 협의의 불기소처분과 기소유예(수사준칙 §52①) ③ 불기소처분 이후 : 수사 재개 可 → 즉시고발사건에서 **고발이 있으면** 불기소 이후에도 별도 고발 없이 공소제기 可(2009도6614) [국9 09, 경 05/2차]

협의의 불기소처분

	구성요건	위법성	책임	소송조건
검사	× **혐의 없음**	조각사유 ○		× **공소권 없음**
		죄가 안 됨 [국7 13, 교정9 특채 12, 경 04/2차]		
법원	무죄판결			형식재판

cf. 각하 : 고소·고발사건에서 불기소처분사유 명백한 경우 등

기소유예	피의사실 인정 but 형법 §51(양형조건) 참작 → 공소제기하지 않는 처분(§247 – 기소편의주의)

기타 처분

기소중지	피의자의 소재불명 또는 참고인중지의 사유 외의 사유로 수사를 종결할 수 없는 경우 잠정적 수사 중지(수사준칙 §52①3.)
참고인중지	참고인·고소인·고발인 또는 같은 사건 피의자의 소재불명으로 수사를 종결할 수 없는 경우 잠정적 수사 중지(동 §52①4.)
공소보류	국가보안법 위반, 형법 §51 참작 → 2년간 공소제기 보류(국가보안법 §20, 기소유예와 유사)
타관송치	사건이 그 소속 검찰청에 대응한 법원의 관할 × → 사건을 관할법원에 대응한 검찰청검사에게 송치(§256)
군검찰송치	사건이 군사법원의 재판권에 속하는 때 관할 군검찰부 검찰관에게 송치 → 송치 전 소송행위 유효(§256의2 등)
소년부 송치 등	소년 피의사건 수사 결과 보호처분 사유가 있다고 인정한 때 → 사건을 관할 소년부에 송치(소년 §49①) *cf.* 이외에 가정폭력범죄로서 보호처분 적절 인정 → 관할가정법원 또는 지방법원에 송치하는 가정보호사건송치(가폭 §11①), 성매매자에게 성매매법상 보호처분 적절 → 보호사건으로 관할법원에 송치하는 성매매보호사건송치(성매매처벌 §12①) 등이 있음

사법경찰관의 1차적 수사종결		검사의 감독과 고소인 등의 통제	
검찰송치		보완수사 필요시 ① 원칙 : 검사 직접 or 보완수사 요구 ② 예외 : 직접 보완수사	① 공소제기 ② 불기소처분
사건불송치	불송치이유서 · 관계서류 · 증거물 송부	① **90일** 내(예외 ○) 　　㉠ 반환 or ② 사경 재불송치 시 　　㉠ 원칙 : 검사 재재수사요청 ×, 송치요구 × 　　㉡ 예외 : 위법·부당 시 **30일** 내 사건송치요구 ○	㉡ 재수사요청(1회 한정)
	고소인 등에 대한 통지(**7일**)	고소인 등의 이의신청 ① **기간 제한** × ③ 검찰송치의무 발생	② 소속 경찰관서의 장에게

▋ Ⅱ 수사종결처분의 부수절차

1. 검사의 고소·고발사건 처리 및 수사종결처분 통지

고소 · 고발	수리일 → 수사완료, 공소제기 여부 결정	**3월** 이내(훈시, §257)
고소인 · **고발인**	① **공소제기 / 불기소 / 공소취소 / 타관송치** ② 불기소 이유 설명 청구시 서면으로 [행시 02, 국9 09/17, 경 05/2차]	① 처분일 ~ **7일** 이내(§258①) ② 청구일 ~ **7일** 이내(§259) [국9 04, 경 05/2차]
피의자	(고소·고발 불문) **불기소 / 타관송치**	즉시(§258②)
피해자	① **공소제기** 여부 / **공판일시**·장소·재판 결과 / 피의자·피고인구속·석방 등 **구**금 관련 사실 ② 피해자 or 법정대리인(피해자 사망 시 배/직/형) **신청**	신속하게(§259의2) [법원 11/16, 국7 08, 국9 09/14/17, 경 09/2차]

[정리] 고고공불취타 – 7/고고불이유청 – 7/피불타 – 즉/피해자 – 공공구 – 신청

[정리] 통지는 서면으로 함

2. 압수물의 환부

1	**불기소처분** 시 검사는 압수물을 원래의 점유자에게 **필요적 환부**(94모51 전합)
2	피의자가 **소유권포기**의 의사표시 **시에도 환부**(동 判例)
3	압수물이 장물로서 피해자에게 환부해야 할 이유가 명백한 경우 검사는 압수된 장물을 피해자에게 환부(§219, §333①②)

Ⅲ 불기소처분에 대한 불복

검찰 항고	항고	의의	검사의 불기소처분에 불복하는 고소인·고발인이 보다 상급검찰청 검사장에게 항고하여 불기소처분의 당부를 다투는 제도
		항고권자	① 검사의 불기소처분에 불복하는 **고소인·고발인** ○ ② **고소하지 않은 피해자 : 검찰항고** × [국9 09/14] (**헌법소원** ○)
		대상	① 검사의 불기소처분 : **협의의 불기소처분, 기소유예** ○ ② 공소취소·타관송치 × ③ 검찰항고 대상범죄 : **제한 無**
		기간	① 불기소처분통지(§258①)를 받은 날부터 **30일** 이내(검찰 §10④) ② 기간경과 항고는 기각 but 중요증거 새로 발견 예외(동⑦)
		절차 · 방식	① 지방검찰청·지청 거쳐 서면 관할 고검 검사장에게 항고(동①) ② 해당 지검·지청 검사 항고이유 인정 → **처분경정**(更正) [법원 10]
		처리	① 고등검찰청 검사장 항고이유 인정 → 소속 검사로 하여금 불기소처분 　직접 경정 可 ② 이 경우 고검 검사는 지검·지청 검사 직무수행 간주(동②)
	재항고	의의	항고기각처분에 불복하여 검찰총장에게 그 당부를 다투는 제도
		재항고 권자	**재정신청이 가능한 자**(고소인 및 형법 §123 ~ 126 고발인)를 **제외**한(재정신청권자는 재항고 不可, 동③) 검찰항고권자(= 주로 고발인)
		기간	항고기각 결정을 통지받은 날 또는 항고 후 항고에 대한 처분이 이루어지지 아니하고 3개월이 지난 날부터 **30일** 이내(동⑤)
		절차 · 방식	① 고검 거쳐 서면으로 검찰총장에게 재항고(동③) ② 해당 고검 검사 재항고이유 인정 → 처분경정
재정 신청			고소인(형법 §123 ~ 126 고발인 포함)이 검사의 불기소처분을 통지받은 때, 검찰항고를 거쳐 그 검사 소속 지검 소재지 관할 고등법원에 그 당부에 관한 재정을 신청할 수 있는 제도(§260① 이하, 177p 기소강제절차에서 후술)
헌법 소원		의의	공권력의 행사·불행사로 인하여 헌법상 기본권을 침해받은 자가 헌법재판소에 그 권리구제를 청구하는 제도(헌법 §111①5.)
		대상	① **검사의 불기소처분** ○ ② 검사의 공소제기 × ∵ 공소제기하면 법원 재판 可
		요건	① 공권력의 행사 또는 불행사(대상적격)(이하 헌재 §68①) ② 헌법상 보장된 기본권을 침해받은 자(청구인적격) ③ 법원의 재판 제외(재판소원금지원칙) ④ 다른 법률에 구제절차가 있는 경우에는 그 절차를 모두 거칠 것(보충성) ⑤ 기타 : 청구인능력, 권리보호이익
	청구 권자	고소인	모든 고소사건 **재정신청 可** & 재정신청 법원 재판은 헌법소원 不可 → 고소인은 **헌법소원 不可** [경 12/1차]
		고발인	고발인은 제3자 & 헌법소원은 **자기 기본권 침해만 可** → 고발인은 자기관련성 없어 **헌법소원 不可** [경 15/1차, 국9 17]

		미고소 피해자	고소인 아니므로 **검찰항고·재정신청 不可** & 불기소처분으로 자기의 재판절차 진술권 침해 → **헌법소원 可**(2008헌마399·400병합; 2008헌마387) [국9 17]
헌법 소원	**청구 권자**	기소 유예	if 혐의 없음, 불기소 아닌 기소유예 → **피의자** 평등권·행복추구권 침해 → **헌법소원 可**(89헌마56; 2008헌마257) [국7 00, 국9 01]
	효력		검사의 불기소처분을 취소하는 헌법재판소의 결정 → 불기소사건을 재기하여 수사하 는 검사는 헌재결정에 맞도록 성실히 수사하여 결정(95헌마290)

💡 **퍼써 정리 | 불기소처분 불복유형 신청권자별 정리**

	고소인	고발인		미고소피해자	기소유예 피의자
		형법 §123~126	그 이외의 자		
검찰항고	○	○	○	×	×
검찰재항고	×	×	○	×	×
재정신청	○	○	×	×	×
헌법소원	×	×	×	○	○

02 공소제기 후의 수사

의의 · 쟁점	① 검사의 공소제기 → 수소법원이 강제처분권 행사 but 공소유지(또는 그 결정)를 위한 검사의 수사의 필요성 존재 ② 공소제기 후 수사 무제한 허용 → 법원의 심리에 지장 초래 & 피고인의 당사자지위와 충돌 → 공소제기 후 수사는 구체적인 허용범위가 문제되는 것		
공소제기 후 강제수사	**원칙**		공소제기로 강제처분권은 법원 귀속 ∴ **원칙 不可**
	피고인 체포 · 구속		① 체포는 피의자만 可 ∴ 검사 **피고인 체포 不可** ② 피고인구속은 수소법원 권한(§70) ∴ **검사는 피고인 구속 不可, 구속영장 청구 不可** (법원 직권발동 촉구만 可) [국9 13]
	압수 · 수색 · 검증	**원칙**	① 공소제기 후 압수·수색·검증 허용 여부 학설 대립 ② 부정설(通·判) ∴ 기소 후 강제처분은 법원 권한 → **검사가 기소 후 수소법원 외 판사에게 발부받은 압수·수색영장으로 수집한 증거의 증거능력 ×**(2009도10412) [법원 15, 국9 12, 경 12/1차, 경 15/2차, 경 15/3차, 경 16/1차]
		예외	① 피고인 구속영장 집행현장 압수·수색·검증(§216②) ② 임의제출물의 압수(§218)

	원칙	공소제기 후 임의수사 **금지할 필요 없음** but 일정한 한계 要
공소제기 후 임의수사	피고인 신문	① 공소제기 후 수사기관이 피고인을 공판정 외 장소에서 신문 可? : **긍정설**(判), 부정설(多), 절충설 대립 ② 判例 : **피고인에 대한 진술조서가 공소제기 후 작성**되어도 **증거능력** ○(84도 1646) [국9 13]
	참고인 조사 쟁점	① 공소제기 후 제1회 공판기일 전후 불문 원칙적 허용 ② But 공판정에서 피고인에게 유리한 증언을 한 증인을 수사기관이 공판정 외에서 참고인으로 조사하여 공판정의 증언내용을 번복시키는 것이 허용되는가?
	참고인 조사 허용 여부	① 通說 : 공판중심주의 소송구조를 침해하는 위법한 수사이므로 위증사건의 수사가 개시된 경우가 아닌 한 不可 ② 判例 : **증언번복 진술조서**는 **증거동의**하지 않는 한 **증거능력 부정**(99도1108 전합) [국7 10, 국9 13, 법원 14, 경 05/1차] ③ **증인**으로 소환된 사람을 **미리 수사기관에서 조사**한 진술조서의 증거능력도 같은 이유로 **부정**(2013도6825, 참고인의 동일 내용 법정 진술의 증명력 판단도 신중 要)

한줄판례 Summary

수사기관이 항소심 공판기일에 증인으로 신청하여 신문할 수 있는 사람을 특별한 사정 없이 미리 수사기관에 소환하여 작성한 진술조서는 피고인이 **증거로 할 수 있음에 동의하지 않는 한 증거능력이 없음**(2013도6825)

CHAPTER 04 공소의 제기

01 공소와 공소권이론

의 의			① 공소 : 법원에 대하여 특정한 형사사건의 심판을 요구하는 검사의 법률행위적 소송행위 ② 공소권 : 검사가 특정한 형사사건에 관하여 공소를 제기하고 수행하는 권한 → if not, 형식재판
공소권 남용론	의 의		① 공소권의 남용 : 검사가 자의적으로 공소권을 행사함으로써 소추재량권을 현저히 일탈한 것으로 여겨지는 경우 ② 자의적인 공소권의 행사 : 단순히 직무상의 과실에 의한 것만으로는 부족, 적어도 **미필적이나마 어떤 의도**가 있을 것(2001도3026) ③ 공소권 남용이론 : 공소제기의 절차와 방식이 적법하고 소송조건이 구비되어 있을지라도 공소권 남용의 경우 공소기각 또는 면소 등 형식재판으로 소송을 종결시켜야 한다는 이론
	인정 여부		학설 대립(긍정설 多), 判例는 누락기소 및 위법한 함정수사에 의한 기소의 경우 공소기각판결 선고 → **긍정설**
	유 형	혐의 없는 사건 공소제기	① 범죄의 객관적 혐의가 없음(유죄증거 불충분)에도 불구하고 공소제기 ② 공소기각결정설, 공소기각판결설(§327 2.), 무죄판결설(多)
		소추재량일탈 공소제기	① 기소유예처분을 함이 상당함에도 소추재량을 일탈하여 공소제기 ② 면소판결설, 공소기각판결설, 유죄판결설(通)
		차별적 기소	① 범죄의 성질과 내용이 유사한 다수의 피의자 중 일부는 수사 미개시 or 기소유예하였음에도 일부는 공소제기(선별기소, 불평등기소) ② 공소기각판결설(多 : 평등권 침해로 §327 2.), 실체판결설(少·判 : 기소편의주의상 형식재판사유 해당 ×, 90도646; 99도577; 2006도1623; 2010도9349) ③ 동일구성요건에 해당하는 행위에 대하여 기소된 자와 불기소된 자 있어도, 기소 부분은 공소권남용 ×
		누락기소	① 최초 공소제기 시 동시 소추 가능한 관련사건의 일부만 공소제기하고 항소심판결 선고 후 누락사건 공소제기(→ 병합심리에 의한 양형상 혜택 가능한 피고인 이익 침해) ② **공소기각판결설**(通·判), 유죄판결설(少)

공소권 남용론	유 형	누락기소	③ 判例 : 검사가 단순한 직무상 과실이 아닌 **미필적 의도가 있었다면** **공소기각판결**(2001도3026 : **무면허운전 기소 유죄확정 후 누락 절도 기소**)
		위법수사 공소제기	① **범의유발형 함정수사** 등 중대한 위법수사에 의한 공소제기 ② **공소기각판결설**(多·判, 2005도1247), 실체판결설(위법수집증거 배제법칙 적용설, 少) ③ 분류(判) : ㉠ 범의유발형 함정수사 공소제기는 공소기각판결, ㉡ **다른 중대한 위법수사 공소제기는 위법수집증거배제법칙 적용하여 실체재판**

🔗 **한줄판례 Summary**

검사의 소추재량은 스스로 **내재적인 한계**를 가지는 것이므로 검사가 자의적으로 공소권을 행사하여 피고인에게 실질적인 불이익을 가함으로써 **소추재량을 현저히 일탈**하였다고 판단되는 경우에는 이를 **공소권의 남용으로 보아 공소제기의 효력을 부인**할 수 있음(2016도5423) [법원 20]

---

02 공소제기의 기본원칙

Ⅰ 국가소추주의 · 기소독점주의

✅ **조문정리**

제2편 제1심

제2장 공소

제246조 【국가소추주의】 공소는 검사가 제기하여 수행한다.

제247조 【기소편의주의】 검사는 형법 제51조의 사항을 참작하여 공소를 제기하지 아니할 수 있다.

국가 소추주의	① 공소제기의 권한을 국가기관에게 전담하게 하는 원칙 ② 공소는 검사가 제기하여 수행(§246) ③ 즉결심판청구에 한하여 경찰서장이 행함(즉심 §3①) → **예외 없는 국가소추주의**
기소 독점주의	**의 의** ① 공소제기의 권한을 검사에게 독점시키는 원칙 ② 국가소추주의 · 기소독점주의 채택(§246)
	장단점 ① 장점 : 전국적으로 통일된 조직체를 이루고 있는 검사가 소추권을 행사함으로써 공소권행사의 적정성 보장 ② 단점 : 검사의 자의와 독선, 정치권력의 영향에 의한 전횡의 가능성

기소 독점주의	예 외	① **경찰서장의 즉결심판청구** : 20만원 이하의 벌금, 구류, 과료에 처할 사건, 법원에 직접 즉결심판청구(즉심 §2 · §3) → **기소독점주의의 예외** [정리] **재정신청**은 여전히 검사가 공소제기 ∴ **예외 아님** ② 법정경찰권에 의한 제재 : 법정질서 문란행위에 대한 법원의 법정경찰관에 의한 감치 · 과태료의 부과(법조 §61) but 감치 · 과태료는 형벌 아님 ∴ 기소독점주의의 예외 ×
	규 제	직접 규제	① 검찰항고 : 고소인 · 고발인이 고검장 · 검찰총장에게 항고 · 재항고하여 검사의 부당한 불기소처분 시정(검찰 §10) ② 재정신청 : 고소인 및 형법 §123 ~ 126 고발인이 검사의 불기소처분에 대하여 검찰항고 거쳐 관할 고등법원에 불복을 신청하여 검사의 공소제기 강제(§260 이하) ③ 헌법소원 : 재정신청 대상 전면 확대, 법원 재판 헌법소원 불허 ∴ 기소독점주의 규제책으로 큰 의미 없음
		간접 규제	① 불기소처분 통지 및 이유 고지 등 검사의 통지의무 : ㉠ 고소 · 고발 사건에 대하여 검사가 일정 처분 시 고소인 · 고발인에게 7일 내 통지(§258①), ㉡ 불기소처분 시 청구 있으면 7일 내 서면으로 이유 설명(§259), ㉢ 피해자 측 신청이 있으면 공소제기 여부 등 신속히 통지(§259의2) → 검사의 공소권 행사에 심리적 · 간접적 규제책이 될 수 있음 ② 친고죄 · 반의사불벌죄 : 고소 · 고발, 피해자의 처벌불원의사 부존재 소송조건 → 검사의 공소권 행사에 간접적 규제책

▌Ⅱ ▌ 기소편의주의

기소 법정 주의 · 기소 편의 주의	의 의	① 기소법정주의 : 수사 결과 범죄의 객관적 혐의가 충분히 인정되고 소송조건을 갖춘 경우 반드시 공소를 제기하여야 한다는 원칙 ② 기소편의주의 : 수사 결과 범죄의 객관적 혐의가 충분히 인정되고 소송조건을 갖춘 경우에도 기소유예를 허용하는 원칙	
	비 교	장 점	**기소법정주의** ① 검사의 자의와 정치적 영향 배제 ② 공소권 남용 방지 ③ 법적 안정성
			기소편의주의 ① 탄력적 운용을 통한 구체적 타당성 추구 ② 기소의 억제를 통해 낙인 방지 ③ 소송경제
	현 행	검사는 형법 §51의 사항을 참작하여 공소를 제기하지 아니할 수 있음(§247①) → **기소편의주의 채택**	

내용	기소 유예	① 의의 : 범죄혐의 충분, 소송조건 구비, 그럼에도 불구하고 검사가 형법 §51의 사항을 참작하여 재량으로 공소를 제기하지 않는 처분 ② 기소유예의 기준 : 형법 §51의 사항(예시적) ③ 기소유예의 효력 : ㉠ 확정력 없음 ∴ **수사의 재개나 공소제기 可**, ㉡ 기판력 없음 ∴ 법원이 유죄판결 선고해도 일사부재리원칙 위반 × ④ 조건부 기소유예 : 검사가 피의자에게 일정 지역에의 출입금지나 피해자에 대한 손해배상 등 일정한 의무를 부과하고 이를 준수하는 조건으로 하는 기소유예로서, 소년법상 선도조건부 기소유예(동법 §49의3), 가폭법상 상담조건부 기소유예(동법 §9의2) 등이 있음
	기소 변경 주의	① 공소제기 후 검사의 **공소취소**(§255)를 인정하는 원칙 [법원 03, 국7 02] ② 기소변경주의는 기소편의주의의 논리적 귀결
규제	불기소 규제	검찰항고, **재정신청**(기소강제절차 ∴ 기소편의주의의 **예외**), 불기소처분의 통지 및 이유 고지, 헌법소원, 특별검사제도 등
	기소 규제	① 현행법상 검사의 부당한 공소제기를 규제하는 명문 규정 無 ② 이론적으로 공소권남용이론이 學說·判例에 의하여 제기됨

Ⅲ 공소의 취소

⊘ 조문정리

제2편 제1심

제2장 공소

제255조【공소의 취소】① 공소는 제1심판결의 선고 전까지 취소할 수 있다. ② 공소취소는 이유를 기재한 서면으로 하여야 한다. 단, 공판정에서는 구술로써 할 수 있다.

의의		① 제기한 공소를 철회하는 검사의 법원에 대한 법률행위적 소송행위 [행시 04] ② 형소법은 공소취소 인정(§255①) → 기소변경주의 선언
사유		법률상 **제한 無** ∴ 변경된 사정으로 불기소처분이 상당한 경우 足 예 공소제기 부적법, 증거불충분 공소유지 곤란, 소송조건 결여 판명
절차	주체	공소취소는 **검사만** 可 → 법원 不可 [법원 02]
	방식	① **서면** or (공판정에서는) **구술**(동②) → 피고인 동의 **不要** [행시 04, 법원 02/13/15, 경 05/1차, 경 15/2차] ② 7일 내 고소인·고발인 서면 통지 **要**(§258①)
	시기	① **제1심판결 선고 전까지 취소 可**(§255①) [법원 11/15, 경 05/1차] ② **항소심 파기환송·파기이송 후** or **재심**절차(76도3203) × [행시 04, 법원 14] ③ **약식명령 고지 후** × but 정식재판청구로 공판절차 개시되면 ○ [법원 14] ④ **재정신청 → 공소제기결정 → 검사 공소제기 후** ×(§264의2)

<table>
<tr><td rowspan="3">효 과</td><td rowspan="2">공소
기각
결정</td><td>① 법원의 공소기각결정(§328①1.) [행시 04]</td></tr>
<tr><td>② 공소취소 효력 범위 = 공소제기 효력 범위 ∴ 일죄의 일부 = 전부
③ 공소기각결정 ← 즉시항고 ○(§328②) but 검찰항고·재정신청 ×(∵ 불기소처분 아니므로) [경 05/1차]</td></tr>
<tr><td>재기소
제한</td><td>① 공소취소 → 공소기각결정 확정 → 다른 중요한 증거를 발견한 경우에 한하여 → 다시 공소제기 可(§329) [법원 09/15/16, 경 05/1차]
② 다른 중요한 증거를 발견한 경우 : 새로 발견된 증거를 추가하면 충분히 유죄의 확신을 가질 수 있을 정도의 증거가 발견된 때(77도1308)
[정리] 다른 중요증거 발견 要 : ① 피의자구속 – 석방 – 재구속요건, ② 공소취소 – 재기소요건, ③ 재정신청기각결정 – 기소(다중이 구/기/재)
③ 종전 범죄사실 변경 재기소 시에도 재기소제한(2008도9634) [법원 13]
④ 재기소제한 위반 공소제기 : 공소기각판결(§327 4.)</td></tr>
</table>

<table>
<tr><td rowspan="8">공소
사실
철회</td><td>구 별</td><td>① 공소취소 ≠ 공소사실의 철회
② 공소취소 : 공소사실의 동일성이 없는 경우
③ 공소사실의 철회 : 공소사실의 동일성이 있을 때 공소장 변경</td></tr>
<tr><td rowspan="7">효 과</td><td>① 공소취소 → 법원 허가 不要 → 공소기각결정 → 재기소제한 ○
② 공소사실의 일부 철회 → 법원 허가 要 → 철회되지 않은 나머지 공소사실 심리 (86도1487 [경 08/2차]; 88도67 [법원 13/14]) → 재기소 제한 ×(2004도3203)</td></tr>
<tr><td colspan="3">💡 퍼써 정리 ┃ 공소취소와 공소사실의 철회의 구별</td></tr>
</table>

	공소의 취소	공소사실의 철회(공소장변경)
공소사실의 동일성	• 공소제기 자체의 철회 • 동일성이 없는 수개의 공소사실의 전부 또는 일부의 철회	동일성이 인정되는 일개의 공소사실의 부분사실에 대한 철회
방 식	• 원칙 : 서면 • 예외 : 공판정에서는 구술 可	• 원칙 : 서면 • 예외 : (피고인 재정 – 동의 or 이익) 구술
시 기	1심판결 선고 전	규정이 없으므로 항소심도 可
법원의 허가	×	○
소송계속	종결	유지
법원의 조치	공소기각결정	철회 외 부분만 심판
재기소 제한	• 다른 중요증거 발견 시만 ○ • 위반 시 공소기각판결	×

🔗 한줄판례 Summary

① 공소취소로 인한 재기소 제한 : 종전 범죄사실의 범죄의 태양, 수단, 피해의 정도, 범죄로 얻은 이익 등 범죄사실의 내용을 추가 변경하여 재기소 하는 경우에도 제한(2008도9634)
② 수개의 공소사실이 서로 동일성이 없고 실체적 경합관계 : 공소장 변경 ×, 공소 취소 ○(86도1487) [법원 13/14]

조문정리

제2편 제1심

제2장 공소

제260조【재정신청】 ① 고소권자로서 고소를 한 자 (형법 제123조부터 제126조까지의 죄에 대하여는 고발을 한 자를 포함한다. 이하 이 조에서 같다)는 검사로부터 공소를 제기하지 아니한다는 통지를 받은 때에는 그 검사 소속의 지방검찰청 소재지를 관할하는 고등법원(이하 "관할 고등법원"이라 한다)에 그 당부에 관한 재정을 신청할 수 있다. 다만, 형법 제126조의 죄에 대하여는 피공표자의 명시한 의사에 반하여 재정을 신청할 수 없다.

② 제1항에 따른 재정신청을 하려면 검찰청법 제10조에 따른 항고를 거쳐야 한다. 다만, 다음 각 호의 어느 하나에 해당하는 경우에는 그러하지 아니하다.

1. 항고 이후 재기수사가 이루어진 다음에 다시 공소를 제기하지 아니한다는 통지를 받은 경우
2. 항고 신청 후 항고에 대한 처분이 행하여지지 아니하고 3개월이 경과한 경우
3. 검사가 공소시효 만료일 30일 전까지 공소를 제기하지 아니하는 경우

③ 제1항에 따른 재정신청을 하려는 자는 항고기각 결정을 통지받은 날 또는 제2항 각 호의 사유가 발생한 날부터 10일 이내에 지방검찰청검사장 또는 지청장에게 재정신청서를 제출하여야 한다. 다만, 제2항제3호의 경우에는 공소시효 만료일 전날까지 재정신청서를 제출할 수 있다.

④ 재정신청서에는 재정신청의 대상이 되는 사건의 범죄사실 및 증거 등 재정신청을 이유있게 하는 사유를 기재하여야 한다.

제261조【지방검찰청검사장 등의 처리】 제260조제3항에 따라 재정신청서를 제출받은 지방검찰청검사장 또는 지청장은 재정신청서를 제출받은 날부터 7일 이내에 재정신청서·의견서·수사 관계 서류 및 증거물을 관할 고등검찰청을 경유하여 관할 고등법원에 송부하여야 한다. 다만, 제260조제2항 각 호의 어느 하나에 해당하는 경우에는 지방검찰청검사장 또는 지청장은 다음의 구분에 따른다.

1. 신청이 이유 있는 것으로 인정하는 때에는 즉시 공소를 제기하고 그 취지를 관할 고등법원과 재정신청인에게 통지한다.
2. 신청이 이유 없는 것으로 인정하는 때에는 30일

이내에 관할 고등법원에 송부한다.

제262조【심리와 결정】 ① 법원은 재정신청서를 송부받은 때에는 송부받은 날부터 10일 이내에 피의자에게 그 사실을 통지하여야 한다.

② 법원은 재정신청서를 송부받은 날부터 3개월 이내에 항고의 절차에 준하여 다음 각 호의 구분에 따라 결정한다. 이 경우 필요한 때에는 증거를 조사할 수 있다.

1. 신청이 법률상의 방식에 위배되거나 이유 없는 때에는 신청을 기각한다.
2. 신청이 이유 있는 때에는 사건에 대한 공소제기를 결정한다.

③ 재정신청사건의 심리는 특별한 사정이 없는 한 공개하지 아니한다.

④ 제2항제1호의 결정에 대하여는 제415조에 따른 즉시항고를 할 수 있고, 제2항제2호의 결정에 대하여는 불복할 수 없다. 제2항제1호의 결정이 확정된 사건에 대하여는 다른 중요한 증거를 발견한 경우를 제외하고는 소추할 수 없다.

⑤ 법원은 제2항의 결정을 한 때에는 즉시 그 정본을 재정신청인·피의자와 관할 지방검찰청검사장 또는 지청장에게 송부하여야 한다. 이 경우 제2항제2호의 결정을 한 때에는 관할 지방검찰청검사장 또는 지청장에게 사건기록을 함께 송부하여야 한다.

⑥ 제2항제2호의 결정에 따른 재정결정서를 송부받은 관할 지방검찰청 검사장 또는 지청장은 지체 없이 담당 검사를 지정하고 지정받은 검사는 공소를 제기하여야 한다.

제262조의2【재정신청사건 기록의 열람·등사 제한】 재정신청사건의 심리 중에는 관련 서류 및 증거물을 열람 또는 등사할 수 없다. 다만, 법원은 제262조제2항 후단의 증거조사과정에서 작성된 서류의 전부 또는 일부의 열람 또는 등사를 허가할 수 있다.

제262조의3【비용부담 등】 ① 법원은 제262조제2항제1호의 결정 또는 제264조제2항의 취소가 있는 경우에는 결정으로 재정신청인에게 신청절차에 의하여 생긴 비용의 전부 또는 일부를 부담하게 할 수 있다.

② 법원은 직권 또는 피의자의 신청에 따라 재정신청인에게 피의자가 재정신청절차에서 부담하였거나 부담할 변호인선임료 등 비용의 전부 또는 일부의

지급을 명할 수 있다.

③ 제1항 및 제2항의 결정에 대하여는 즉시항고를 할 수 있다.

④ 제1항 및 제2항에 따른 비용의 지급범위와 절차 등에 대하여는 대법원규칙으로 정한다.

제262조의4 【공소시효의 정지 등】 ① 제260조에 따른 재정신청이 있으면 제262조에 따른 재정결정이 확정될 때까지 공소시효의 진행이 정지된다.

② 제262조제2항제2호의 결정이 있는 때에는 공소시효에 관하여 그 결정이 있는 날에 공소가 제기된 것으로 본다.

제264조【대리인에 의한 신청과 1인의 신청의 효력, 취소】 ① 재정신청은 대리인에 의하여 할 수 있으며 공동신청권자 중 1인의 신청은 그 전원을 위하여 효력을 발생한다.

② 재정신청은 제262조제2항의 결정이 있을 때까지 취소할 수 있다. 취소한 자는 다시 재정신청을 할 수 없다.

③ 전항의 취소는 다른 공동신청권자에게 효력을 미치지 아니한다.

제264조의2【공소취소의 제한】 검사는 제262조제2항제2호의 결정에 따라 공소를 제기한 때에는 이를 취소할 수 없다.

의 의	① 기소강제절차 : 검사의 불기소처분에 불복하는 고소인 등의 재정신청에 의해 법원이 공소제기 결정을 한 경우 검사에게 공소제기를 강제하는 제도 ② 취지 : 기소독점주의 · 기소편의주의 → 검사의 자의적 공소권 행사 규제 ③ 2007 ~ 2016년 개정법의 특징 　㉠ 재정신청 대상 범죄 → 모든 범죄로 확대 　㉡ 신청인 : 원칙적으로 고소인으로 제한 　㉢ 검찰항고전치주의 원칙 　㉣ 부심판결정에 의한 기소의제 및 공소유지 담당변호사 제도 폐지 → 재정결정서에 따른 검사의 기소의무 강제제도로 전환 　㉤ 재정신청사건기록의 열람 · 등사 제한 　㉥ 재정신청 기각 · 취소 시 재정신청인 비용부담 可(이상 07년 개정) 　㉦ 고발인은 형법 §123 ~ 125 범죄만 재정신청 可 → 형법 §126(피의사실공표) 포함(2011년 개정) 　㉧ 재정신청 기각결정 즉시항고 可(2016.1.6. 개정)	

재정 신청	**신청권**	① <u>고소인</u> or <u>형법 §123 ~ 126(§126 피공표자 명시의사 反 ×) 고발인</u> ② <u>대리인</u> ○ ③ <u>고소하지 않은 피해자</u> × [국7 08, 국9 08, 경 10/1차, 경 11/2차, 경 15/2차]
	대 상	① <u>고소인</u> : <u>모든 범죄</u>에 대한 검사의 불기소처분 [국9 16] ② 고발인 : 대상범죄 제한 ③ <u>협의의 불기소처분</u> or <u>기소유예처분</u> ○(86모58) [법원 17, 국9 16] ④ 검사의 <u>내사종결 · 공소제기 · 공소취소</u> ×(∵ 불기소처분 ×) [행시 04] ⑤ <u>공소시효 완성 시</u> : 재정신청 ×
	신청 절차 — 검찰 항고 전치 주의	① 전치주의 원칙 : 재정신청하려면 <u>검찰항고 거쳐야 함</u>(§260②) ② 전치주의 <u>예외</u>(동但) 　㉠ 항고 → <u>재</u>기수사 → 불기소처분 통지 　㉡ 항고 → 항고에 대한 처분 없이 <u>3</u>개월 경과 　㉢ 공소<u>시</u>효 만료일 30일 전까지 공소제기 없음 [정리] 재(기수사)/3(개월)/시(효만료 30일 전) 검찰항고 不要

재정
신청
	신청
	절차
		신청
		방식
			① 재정신청 사유 기재한 **재정신청서** 제출(동③④)
			② 부적법한 재정신청 : ㉠ 재정신청서 기재사항 미기재(2000모216), ㉡ 재
			정신청보충서를 제출하면서 원래의 재정신청에 재정신청 대상으로 포함
			되어 있지 않은 고발사실 추가(97모30)
			③ 제출대상 : 검사 소속 **지검장·지청장**(동③) [법원 08/10/12]
			④ 재정신청기간
			   ㉠ 전치한 경우 : 항고기각결정 통지일 ~ **10일** 이내
			   ㉡ 전치주의 예외
			      ⓐ 재기수사 불기소통지 or 검찰항고 미처분 3개월 경과 : 사유발생일
			         ~ **10일** 이내
			      ⓑ 공소시효만료 30일 전까지 공소제기 없음 : 공소시효 만료일 **전날**
			         까지(만료일까지 ×) [법원 12, 국9 14, 경 10/1차, 경 12/1차, 경 12/2차,
			         경 14/2차]
			⑤ 재정신청기간의 성격 : 불변기간 ∴ 기간 도과 시 무효(97모30) & **재소**
			자특칙(§344①) **적용 ×**(98모127)

		효 력	① 공소시효정지 : **재정신청 ~ 재정결정 확정까지**(§262의4①) [주사보 07, 국7 02, 경 08/1차, 경 15/1차] ② 공동신청권자 중 1인의 신청 : 전원 효력 ○(§264①) [경 12/3차, 경 14/2차]
		취 소	① 시기 : 고등법원의 재정결정이 있을 때까지 ② 방식 : **서면** [법원 12, 국7 02] (취소 / 포기 / 철회 중 유일한 서면주의) ③ 취소대상 : ㉠ 관할 고등법원 but ㉡ 기록 관할 고법 송부 전에는 그 기록이 있는 검찰청 검사장 또는 지청장에게(§264②, 규칙 §121①) ④ 재재정신청 금지 : 재정신청취소 → (다른 중요한 증거 발견된 경우라도) **다시 재정** **신청 不可**(§264②) [법원 07] but **다른 공동신청권자에게 효력 無**(동③) [국7 02, 국9 16](재정신청과 취소의 차이)
	지검 처리	검찰 항고 전치	재정신청서를 제출받은 지검장·지청장 → 재정신청서 제출일 ~ **7일** 이내 → 재정신청서 / 의견서 / 수사관계서류 / 증거물 → 관할 고검 경유 → 관할 고등법원에 송부(§261本) 검찰항고를 거친 경우 : 10 − 7 − 10 − 3월 검찰항고기각 → 10일 내 재정신청 → 지검장 / 지청장 7일 내 고법송부 → 고법 10일 내 피의자 / 재정신청인통지 → 고법 3개월 내 결정
		전치 예외	(검찰항고전치주의 예외의 경우) 지검장·지청장은 ① 신청 이유 有 : 즉시 공소제기 ② 신청 이유 無 : **30일** 이내 관할 고법 송부(§261)
고법 심리 결정	구 조		형사소송유사설 ① 재판 : 고법은 항고의 절차에 준하여 결정 & 증거조사 可(§262②) ② 수사 : 심리 비공개, 관계서류 열람·등사 제한
	관 할		검사 소속 지방검찰청 소재지 관할 고등법원(§260①) [국9 08]
	심 리	접수 통지	① 기한 : 재정신청서 송부일 ~ **10일** 이내 ② 대상 : **피의자**(§262①) & 재정신청인(규칙 §120)에게 통지 [법원 12, 국9 16, 경 12/3차, 경 13/1차]

고법 심리 결정	심리	기간	**3개월**(§262②) → **훈시기간**에 불과(90모58) [국9 17]
		방식	① 항고절차 준하여 심리 : **서면심리 可, 구두변론 不要** [국9 17] ② 증거조사 : 필요시 **증거조사 可**(§262②) [경 11/2차, 국9 17] ③ 특별한 사정이 없는 한 **공개하지 아니함**(수사단계, §262③) ④ 열람·등사 　㉠ 재정신청사건 심리 중 **관련 서류 및 증거물** 열람·등사 × 　㉡ 법원은 **증거조사과정에서 작성된 서류**의 전부·일부 열람·등사 **허가 可** 　　(§262의2) [법원 17]
	재정 결정	기각	① 사유 : 법률상 방식에 위배되거나 이유 없는 때(§262②1.) [행시 02, 국9 14, 경 12/2차] 　㉠ 법률상 방식 위배 : 검찰항고 없이 재정신청한 경우 등 　　　*cf.* 재정신청서 고법 제출 시 기각결정 ×(지검장에게 송부) 　㉡ 이유 없음 : 불기소처분 정당 ∴ **불기소처분 위법 but 기소유예할 만한** 　　**사건** 재정신청 이유 없음(**기각**결정, 97모30) [법원 07, 국7 02] ② 기각결정 확정 시 공소제기 제한 　㉠ **다른 중**요한 증거를 새로 발견한 경우를 제외하고 **소추 ×**(동④) [국9 　　17] → 다른 피해자의 고소 있어도 同(66도1222) 　㉡ 소추제한은 재정신청기각결정 확정사건만 ∴ **기각결정 대상사건 아닌** 　　**사건**은 고소내용 포함되어도 **기소제한 ×**(2012도14755) [국9 14, 법원 15, 　　변시 17]
		인용	① 사유 : 적법하고 이유 있는 때(공소제기결정, 동②2.) ② 공소제기결정 시 **결정일 공소제기 간주**(§262의4②) ∴ 공소시효 정지효 발생 [경 12/1차, 경 15/1차]
	송부		① 재정결정 후 즉시 그 정본을 재정신청인, 피의자와 관할 지방검찰청검사장 또는 지청장에게 송부 ② 공소제기결정은 사건기록과 함께 관할 지검장·지청장(관할법원 × ∴ 공소장일본 주의)에게 송부(§262⑤)
	불복	기각	기각결정에 영향을 미친 헌법 / 법률 / 명령 / 규칙 위반 있음을 이유로 하는 때에 한하여 대법원에 **즉시항고 ○**(헌재 한정위헌 – 2008헌마578– 에 따른 2016.1.6. 개정 §262④)
		인용	공소제기결정에 대한 **불복 不可** [법원 08/17, 경 06/2차, 경 12/1차]
공소 제기	지정		공소제기결정 송부받은 지검장·지청장은 지체 없이 담당검사 지정(동⑥)
	공소 제기 유지	검사	지정받은 검사 **공소제기 要**(동⑥, **기소강제주의**) ∴ 기소독점주의 예외 ×, 기소편의주의 예외 ○) [국9 08/14]
		취소 금지	① 검사 **공소제기 후 취소 不可**(공소유지의무, §264의2) ② But 공소장변경 可(88도2428), 상소 可 [법원 08, 국9 14/16, 경 12/2차, 경 12/3차]

	취지	재정신청 대상범죄 전면 확대에 따른 재정신청 남용 억제책으로서 재정신청인에게 국가 또는 피의자의 비용을 부담케 하는 제도
비용 부담	부담	① 국가에 대한 비용부담결정(§262의3①) 　㉠ 사유 : 재정신청기각결정 or 재정신청취소 　㉡ 재정신청인에게 비용 전부·일부 **임의적** 부담 [경 08/2차, 경 10/1차, 경 12/2차, 국9 17] ② 피의자에 대한 비용부담결정(동②) 　㉠ 절차 : 직권 또는 피의자의 신청 　㉡ 재정신청인에게 피의자 비용(변호사선임료 등, 규칙 §122의4) 전부·일부 **임의적** 　　부담 [경 14/2차]
	불복	**즉시항고** ○(§262의3③) [경 12/3차]

재정신청

① 재정신청 기각결정에 대한 재항고나 그 재항고 기각결정에 대한 즉시항고로서의 재항고에 대한 법정기간의 준수 여부는 도달주의 원칙에 따라 재항고장이나 즉시항고장이 **법원에 도달한 시점을 기준으로 판단**하여야 하고, 거기에 **재소자 피고인 특칙은 준용되지 아니함**(2013모2347 전합) [국7 11]

② 형사소송법 제262조 제4항 후문에서 말하는 '다른 중요한 증거를 발견한 경우'란 재정신청 기각결정 당시에 제출된 증거에 새로 발견된 증거를 추가하면 충분히 유죄의 확신을 가지게 될 정도의 증거가 있는 경우를 말하고, **단순히 재정신청 기각결정의 정당성에 의문이 제기되거나 범죄 피해자의 권리를 보호하기 위하여 형사재판절차를 진행할 필요가 있는 정도의 증거**가 있는 경우는 여기에 해당하지 않음(2014도17182)

③ 법원이 재정신청 대상 사건이 아님에도 이를 간과한 채 형사소송법 제262조 제2항 제2호에 따라 **공소제기결정**을 하였더라도, 그에 따른 공소가 제기되어 본안 사건의 절차가 개시된 후에는 다른 특별한 사정이 없는 한 **본안 사건에서 위와 같은 잘못을 다툴 수 없음**(2017도13465) [국9 19, 법원 19]

03 공소제기의 방식

✓ 조문정리

제2편 제1심

제2장 공소

제254조 【공소제기의 방식과 공소장】 ① 공소를 제기함에는 공소장을 관할법원에 제출하여야 한다.
② 공소장에는 피고인수에 상응한 부본을 첨부하여야 한다.
③ 공소장에는 다음 사항을 기재하여야 한다.
1. 피고인의 성명 기타 피고인을 특정할 수 있는 사항
2. 죄명
3. 공소사실
4. 적용법조

④ 공소사실의 기재는 범죄의 시일, 장소와 방법을 명시하여 사실을 특정할 수 있도록 하여야 한다.
⑤ 수개의 범죄사실과 적용법조를 예비적 또는 택일적으로 기재할 수 있다.

규칙 제118조 【공소장의 첨부서류】 ① 공소장에는, 공소제기 전에 변호인이 선임되거나 보조인의 신고가 있는 경우 그 변호인선임서 또는 보조인신고서를, 공소제기 전에 특별대리인의 선임이 있는 경우 그 특별대리인 선임결정등본을, 공소제기 당시 피고인이 구속되어 있거나, 체포 또는 구속된 후 석방된 경우 체포영장, 긴급체포서, 구속영장 기타 구속

에 관한 서류를 각 첨부하여야 한다.

② 공소장에는 제1항에 규정한 서류 외에 사건에 관

하여 법원에 예단이 생기게 할 수 있는 서류 기타 물건을 첨부하거나 그 내용을 인용하여서는 아니 된다.

I 공소장의 제출

서면주의	① 공소를 제기함에는 **공소장을 관할법원에 제출 要**(§254①)
	② 공소장에는 검사의 기명날인 또는 서명 要(§57①, 2010도17052)
	③ 서면주의 : 급속을 요하는 경우라도 구술에 의할 수 없음 [국9 07]
첨부서류	공소장 부본	① 피고인의 수에 상응하는 **부본** 첨부 要(§254②) ② 법원은 지체 없이(적어도 1회 공판기일 전 5일까지) 피고인 or 변호인에게 공소장부본 송달 要(§266)
	변호인 선임서	공소제기 전 변호인선임, 보조인신고, 특별대리인선임 시 → **변**호인선임서 / 보조인신고서 / 특별대리인선임결정등본(규칙 §118①)
	구속관련 서류	공소제기 당시 피고인 구속 중 or 체포·구속 후 석방 시 → 체포영장 / 긴급 체포서 / 구속영장 기타 **구**속에 관한 서류(同) [주사보 07]

🔗 한줄판례 Summary

서면인 공소장의 제출 없이 공소를 제기한 경우에는 이를 허용하는 특별한 규정이 없는 한 ··· **공소제기가 성립**되었다고 볼 수 없다. ··· 공소사실을 전자적 형태의 문서로 작성하여 그 **문서가 저장된 저장매체**를 첨부한 경우에도 마찬가지로 적용된다. ··· 법원은 **저장매체에 저장된 전자적 형태의 문서 부분을** 고려함이 없이 서면인 공소장이나 공소장 변경신청서에 기재된 부분만을 가지고 공소사실 특정 여부를 판단하여야 함(2015도3682) [국9 17, 경간 17/18]

II 공소장의 기재사항

의 의	① 필요적 기재사항 : **피**고인의 성명 기타 피고인을 특정할 수 있는 사항, **죄명**, **공소사실**, **적용법** 조(§254③) + 피고인의 **구속** 여부(규칙 §117①2.)
	② 기타 사항 기재 可 : 법 §254③은 필요적 기재사항을 규정한 데 불과 ∴ 그 이외의 사항의 기재 금지 ×(83도1979)
	③ 임의적 기재사항 : 수개 범죄사실과 적용법조 **예비적 or 택일적 기재 可**(§254⑤)

필요적 기재 사항	피고인 특정				① 피고인의 주민등록번호 등, 직업, 주거 및 등록기준지 기재(기타 특정 가능 사항 기재, 규칙 §117) ② 피고인이 법인 → 사무소 및 대표자의 성명과 주소 기재(규칙 §117) ③ 특정의 정도 : 피고인과 타인을 구별할 수 있을 정도 ④ 불특정의 효과 : 공소제기의 절차가 법률의 규정에 위반하여 무효인 때 → **공소기각 판결**(§327 2., 결정 ×) [법원 13, 국9 07]
	죄 명				① 기재방법 : 죄명은 적용법조와 함께 심판대상을 정하는 보조적 기능, 공소사실이 복수인 경우 명시된 공소사실의 죄명을 모두 표시 ② 오기재의 효과 : 죄명기재에 오류가 있어도 공소제기는 유효
	공소 사실	기재 방법	의 의		공소장에 기재된 구체적 범죄사실 = 법원의 현실적 심판의 대상 [행시 04]
			정 도	특 정	공소사실의 기재는 **범죄의 시일, 장소와 방법을 명시**하여 사실을 특정할 수 있도록 하여야 함(§254④) → 법원의 심판대상의 명확 & 피고인의 방어권 행사의 보장 [행시 04]
				기 준	① 다른 범죄사실과 구별될 수 있을 정도(96도197) [경 08/2차] 　㉠ 일시 : 이중기소나 시효에 저촉되지 않는 정도 [행시 04] 　㉡ 장소 : 토지관할을 가름할 수 있는 정도 　㉢ 방법 : 범죄구성요건을 밝히는 정도(89도112; 89도 2020) [국9 08, 경 06/1차] ② 개괄적 표시 부득이한 경우 : 공소사실의 일부 **다소 불명확** 하게 적시되어도 공소제기 **유효**(86도2260; 91도2085; 2006도48) [행시 04, 국9 11/17]
				구체적 검토 — 교사범·방조범	**정범**의 범죄사실도 특정 要(81도2422; 88도251, 공범종속성) [법원 16, 경 14/1차]
				구체적 검토 — 경합범	경합범을 이루는 **각 범죄사실별**로 공소사실 특정 要 [국9 08, 경 14/1차] → 判例는 각 범행의 일시·장소·방법이 막연히 기재된 경우 공소사실 특정 인정 ×
				구체적 검토 — 포괄 일죄	전체 범행의 시기와 종기, 범행방법, 범행 횟수 또는 피해액의 합계 및 피해자나 상대방 명시로 足 → **개개의 행위 구체적 특정 不要**(99도2934) [국9 08, 경 06/1차]
		불특정			① 공소기각의 판결(§327 2.) ② 하자의 치유 　㉠ 공소사실이 **전혀 특정되지 아니한 경우** : 추완 × → 공소기각판결 　㉡ 공소사실이 **부분적으로 불명확한 경우** : 검사 스스로 또는 법원의 석명에 의해 **보정 可**(82도293 등)
	적용 법조				① 기재방법 : 형법각칙·특별법의 본조뿐 아니라 형법총칙의 관계조문(예 중지미수, 불능미수, 교사, 방조, 죄수)도 빠짐없이 기재 ② 오기재·미기재의 효과 　㉠ 원칙 : 피고인 방어권 행사에 실질적 불이익 없는 한 공소제기 유효 　㉡ 공소사실·죄명 기재, **적용법조 미기재** : 공소제기 **유효**(2000도6113) 　㉢ 공소사실 기재, 죄명과 적용법조 미기재 : 공소제기 무효

임의적 기재 사항	**의의**	① 예비적 기재 : 심판의 순서 정함 → 선순위의 사실(주위적·본위적)이 인정되지 않으면 후순위의 사실(예비적)의 심판을 구하는 공소장 기재방식 ② 택일적 기재 : 심판의 순서를 정하지 않음 → 어느 사실 인정해도 좋음 ③ **공소장변경 시** 예비적·택일적 기재 : 可 but **공소사실의 동일성이 인정되는 범위 내에서만 可** ④ 공소장일본주의 : 예비적·택일적 기소는 공소장일본주의의 예외
	범위	**공소사실과 동일성 인정되지 않아도 예비적·택일적 기재 허용**(判, 65도114 전합) [국7 08, 국9 14, 경 08/3차]
	법원의 심판	① 심판의 대상 　㉠ 예비적 기재 : 예비적 공소사실도 현실적 심판 대상 　　ⓐ 항소심은 주위적 공소사실 유죄 인정 1심판결 파기, 공소장변경 없이 예비적 공소사실 유죄 인정 可 　　ⓑ **예비적 공소사실 유죄 인정**되어 그 부분 피고인만 상소해도 **주위적 공소사실까지 상소심의 심판대상**(2006도1146) 　㉡ 택일적 기재 : 전부 현실적 심판 대상 ∴ 항소심은 하나의 사실을 유죄로 인정한 1심판결 파기, 다른 사실 유죄 인정 可(70도2660) [국9 13/14] ② 심판의 순서 　㉠ 예비적 기재 : 검사의 기소순위에 따름 ∴ **주위적 공소사실 간과, 예비적 공소사실 먼저 판단은 위법**(상소이유, §361의5①, 75도3238; 76도1126) 　㉡ 택일적 기재 : 순서제한 無 ∴ **하나 유죄 인정 → 검사상소 ×**(81도1269) ③ 판단의 방법 　㉠ 예비적 기재 　　ⓐ 주위적 유죄 인정 : 판결주문에 주위적 유죄 표시로 충분 → 예비적 공소사실은 판결주문 및 판결이유에서도 판단 不要 　　ⓑ 주위적 배척, 예비적 유죄 인정 : 판결주문에 예비적만 유죄 표시 → **판결이유에서 주위적 배척 이유 명시 要**(75도3238; 76도1126) [국7 07] 　　ⓒ **모두 유죄 인정 ×** : 1개의 무죄판결 선고 & 판결이유에서 **전부 배척 이유 명시 要** [국9 14] 　㉡ 택일적 기재 　　ⓐ 어느 하나 유죄 인정 : 판결주문에 인정 사실만 유죄 표시 　　ⓑ **전부 무죄** : 1개의 무죄판결 선고 & **전부 배척 이유 명시 要** [국9 14] ④ 기판력의 범위 : 예비적·택일적으로 기재된 공소사실 전부에 미침

수사와 공소

🔗 **한줄판례 Summary**

① 공소제기의 취지가 오해를 불러일으키거나 명료하지 못한 경우라면 법원은 형사소송규칙 제141조에 의하여 검사에 대하여 **석명권을 행사하여 그 취지를 명확하게 하여야 함**(2017도3448)

② 저작재산권 침해행위에 관한 공소사실의 특정은 침해 대상인 저작물 및 침해 방법의 종류, 형태 등 침해행위의 내용이 명확하게 기재되어 있고 피고인의 방어권 행사에 지장이 없는 정도이면 되고, 각 저작물의 **저작재산권자가 누구인지 특정되어 있지 않다고 하여 공소사실이 특정되지 않았다고 볼 것은 아님**(2014도1196) [국9 20, 경 20/2차]

③ 제3자뇌물수수죄에서 부정한 청탁의 내용은 구체적으로 기재되어 있지 아니더라도 공무원 또는 중재인의 직무와 제3자에게 제공되는 이익 사이의 **대가관계를 인정할 수 있을 정도로 특정되면 충분함**(2016도19659)

CHAPTER 04 공소의 제기 185

의 의	개 념	검사가 공소제기 할 때에는 공소장 하나(一本)만 제출하여야 한다는 원칙
	근 거	**당사자주의** 소송구조 [국9 07], 예단배제원칙 [행시 04], 공판중심주의·직접심리주의, 증거재판주의 및 위법수집증거의 배제

내 용	규 칙		공소장에는 변호인선임서·보조인신고서·특별대리인선임결정등본, 체포영장, 긴급체포서, 구속영장 기타 구속에 관한 서류 외에 사건에 관하여 법원에 예단이 생기게 할 수 있는 서류 기타 물건을 첨부하거나 그 내용을 인용하여서는 아니 됨(규칙 §118②)
	첨부 금지	원 칙	법관의 심증 형성에 영향을 줄 수 있는 서류 기타 물건(사건기록, 수사서류, 증거물 등)을 공소장에 첨부할 수 없음
		예 외	공소장에는 공소장**부본**(§254②) / **변**호인선임서 / 보조인신고서 / 특별대리인선임결정등본 / **구**속관련서류 첨부해야 함(규칙 동②) [법원 08/14, 국9 07]
	인용 금지	원 칙	증거 기타 예단 발생 가능한 문서 내용 인용 금지
		예 외	① 공소장일본주의는 **공소사실 특정과 조화**를 이룰 수 있는 선에서 공소사실 기재·표현의 허용범위·한계 설정(2009도7436 전합) ② **문서의 기재내용 그 자체가 범죄구성요건에 해당**하는 경우에는 공소사실의 특정을 위하여 내용 인용 허용 ㉠ 명예훼손·모욕·협박 등과 같이 특정한 표현의 구체적인 내용에 따라 범죄의 성부가 판가름되는 경우 ㉡ 특허권·상표권 침해사범처럼 사안의 성질상 도면 등에 의한 특정이 필요한 경우
	여사 기재 금지	의 의	① 공소장에 법령(§254③)이 정한 이외의 법원에 예단이 생기게 할 수 있는 사유 나열 금지(餘事 기재 금지, 기타 사실의 기재 금지) ② **명문규정 無** but 일본주의 내용으로 **인정**(通·判, 93도3145) ③ But 判例는 전과, 범죄동기, 여죄의 기재 허용
		전 과	① 通說 : 공소장일본주의 위반 ② 判例 : **허용설**(긍정설)(66도793; 90도1813)
		경 력	악성격·악경력 기재 원칙적 금지 but 공소사실의 내용을 이루거나(例 공갈·강요·협박의 수단) 밀접한 관련 있으면(例 상습성 인정자료) **허용**
		동 기	① 通說 : 범죄동기 기재 원칙적 금지 ② 判例 : **허용설**(2007도748; 2009도7436 전합; 2010도6388 전합)
		여 죄	① 多數說 : 법원은 검사에게 삭제를 명하면 足(공소제기 유효) ② 判例 : **허용설**(83도1979)

위 반	원 칙	**공소기각판결**(§327 2.) [행시 03, 국9 11/12]
	하자 치유	① 문제의 소재 : 법관의 예단을 생기게 할 정도가 아닌 여사기재의 경우, 예외적으로 하자의 치유가 허용되는가 → 학설 대립 ② 判例 : ㉠ 피고인 측 **이의 無** & ㉡ 공판절차 진행, 증거조사절차 완료, 법관의 **심증 형성** → 공소장일본주의 위반 주장 不可(**하자치유** 긍정설, 2009도7436 전합) [법원 13, 국7 13/14, 국9 11/12/16]

적용 범위	시기	공소장일본주의는 공소제기에 대해서만 적용 ∴ **공소제기 이후 각종 절차의 개시에는 적용 ×** 例 공판절차갱신 후의 절차[행시 03, 국9 09], 상소심 절차[행시 03], 파기환송·이송 후의 절차[행시 03, 국9 09]
	예외	**약식** ① 약식절차는 **공소장일본주의의 예외** ∴ 검사 약식명령 청구 시 수사기록과 증거물 제출 要(§449, 규칙 §170) [행시 04, 국9 16] ② But ⓐ 법원이 약식명령을 할 수 없거나 부적당하고 인정하여 공판절차에 의하여 심판(§450) or ⓑ 정식재판청구가 있는 때 → 공소장일본주의 적용 ③ 약식명령에 정식재판청구 시 법원이 증거서류·증거물 검사에 반환 없이 보관 : (공소장일본주의의 적용 여부 학설 대립) 判例는 부정설을 취하여 공소제기절차 **위법 ×**(2007도3906) [국7 14, 법원 13/14/24, 경간 12, 변시 17]
		즉결 ① 즉결심판절차 역시 **공소장일본주의의 예외** ∴ 경찰서장 즉결심판 청구 시 서류 또는 증거물을 판사에게 제출 要(즉심 §4) ② 즉결심판에 정식재판청구 시 사건기록과 증거물을 지체 없이 관할법원에 송부 要(즉심 §14③)(2008도7375) [행시 04, 국9 16]

🔗 한줄판례 Summary

① 공소장에 기재된 **범의, 공모관계, 동기** : 위법 ×(92도1751)
② 공소장에 누범이나 상습범을 구성하지 않는 **전과사실** 기재 : 위법 ×(66도793) [법원 13/14, 국7 14]
③ 공소장에 **소년부 송치처분 등의 범죄 전력과 직업 없음**을 기재 : 위법 ×(90도1813) [국9 09, 경승 13]
④ 공소장일본주의 위배의 **하자 치유** : 공소장 기재 방식에 관하여 피고인 측으로부터 **이의제기 ×** + 법관의 **심증형성** 이루어진 단계(2009도7436 전합) [법원 13, 법승 14, 국7 11/13/14, 국9 11/12, 경승 13]

04 공소제기의 효과

✓ 조문정리

제2편 제1심

제2장 공소

제248조【공소의 효력 범위】① 공소의 효력은 검사가 피고인으로 지정한 자에게만 미친다. 〈개정 2020. 12.8.〉

② 범죄사실의 일부에 대한 공소의 효력은 범죄사실 전부에 미친다. 〈개정 2020.12.8.〉

의 의	공소제기 ① 수사절차는 종결되고 법원의 공판절차 개시(소송**계속**) ② 공소**시효** 정지 ③ 법원의 심**판**의 범위가 공소장에 기재된 공소사실로 한정(심판범위의 한정) ④ **강**제처분의 권한이 수사기관에서 법원으로 이전 ⑤ 피의자가 피**고**인의 지위를 가짐		
소송법상 효과	**소송 계속**	**의 의**	① 소송계속(訴訟係屬) : 피고사건이 수소법원의 심리와 재판의 대상이 되 어 있는 상태 ② 검사 공소제기(유효·무효 불문)로 발생 　*cf.* 성명모용 피모용자가 형식적 피고인이 되는 경우처럼 공소제기 없이도 발생 可 　[경 05/2차] ③ 공소제기 무효 → 소송계속은 발생
		종 류	① 실체적 소송계속 : 형식적 소송조건과 실체적 소송조건 구비, 공소제기 적법·유효 → 법원은 유·무죄의 실체재판 ② 형식적 소송계속 : 소송조건 구비 ×, 공소제기 부적법·무효 → 법원은 형식재판
		적극효	① 법원 : 사건을 심판하여야 할 권리·의무 ② 검사·피고인 : 당사자로서 심판 관여, 심판받을 권리·의무
		소극효	① 이중기소의 금지 : 공소제기가 있으면 동일사건에 대하여 다시 공소를 제기할 수 없음(공소제기의 외부적 효과) ② 이중기소의 효과 　㉠ **동일법원** 이중기소 : **공소기각판결**(§327 3.) 　㉡ **다른 법원** 이중기소 : 관할의 경합 → 사물관할 경합 시 합의부우선 　(§12), 토지관할 경합 시 선착수우선(§13) → 심판할 수 없게 된 법원은 　**공소기각결정**(§328①3.) [경 15/1차]
	시효 정지		공소제기(적법·유효 不要 [국9 08, 경 04/2차]) → 공소시효 정지(§253①前) → **공소기각 / 관할위반** 재판 **확정**된 때 다시 진행(동後) [경 04/2차, 경 05/2차]
	심판 범위		공소제기의 효과 → 공소장 기재된 피고인(인적 효력범위) & 공소사실과 단일성·동일성 인정되는 사실(물적 효력범위)에 미침
공소제기 효력범위	**심판 대상**		① 법원의 심판대상 : 공소사실대상설, 소인대상설, 절충설, 이원설(多·判) ② 이원설 : ㉠ 공소장에 기재된 공소사실이 **현실적 심판의 대상** ㉡ 공소사실의 단일성과 동일성이 인정되는 사실이 **잠재적 심판의 대상** ③ 공소제기의 물적 효력범위 = 법원의 잠재적 심판대상 ④ 잠재적 심판대상 → 공소장변경 있어야 현실적 심판대상
	인적 효력 범위	**피고인**	① 공소는 검사가 피고인으로 지정한 이외의 **다른 사람에게 그 효력이 미치지 아니함**(§248) ② **불고불리의 원칙**(83도1979; 2000도3350; 2005도9743)
		진 범	① 공소제기 후 진범이 새로이 발견되어도 피고인이 아니므로 **공소제기 효력 미치지 않음** ② ∴ 진범에 대해서는 새로운 공소제기 要 [행시 03, 경 15/1차]

공소제기 효력범위	인적 효력 범위	공 범	① 공범 중 1인에 대한 공소의 제기는 **다른 공범자에 대해서는 효력이 미치지 않음** [법원 13/16, 국9 07, 경 05/2차, 경 12/1차] ② But **공소시효 정지효는 다른 공범자에게도 미침(§253②)** [법원 08/10, 국7 08, 국9 08/09/14, 경 05/2차, 경 12/1차, 경 14/2차, 경 15/1차]
	물적 효력 범위	공소 불가분	**의 의** ① **범죄사실의 일부에 대한 공소의 효력은 범죄사실 전부에 미침** (**공소불가분원칙**, 우리말 순화 개정법 §248②) [행시 03, 법원 08/11, 경 15/2차] ② **공소사실의 단일성과 동일성**이 인정되는 전범위에 미침
			단일성·동일성 ① 공소사실의 단일성 : 사건이 1개인 것(소송법적 행위 단일성) ② 공소사실의 동일성 : 시간이 지나며 사실관계가 재구성되는 동적 과정에 불구하고 전후 사실이 기본적인 점에서 동일한 것(기본적 사실의 동일성) ③ **공소사실의 단일성·동일성** = **공소제기의 물적 효력범위** = **법원의 잠재적 심판대상**(현실적 심판대상 ×) = **공소장변경의 한계**(§298① 제2문) = **기판력의 객관적 범위**

[공소제기의 효력이 미치는 범위 연습]
A와 B는 2016년 1월 절도, 3월 절도, 5월 절도,
7월 살인을 공동으로 범함

검사는 3월 절도와 5월 절도에 대하여 A를 상습절도로 공소를 제기 — 현실적 심판대상	공소제기의 효력은 A의 1월 절도에만 미침 – 잠재적 심판대상 = 공소장변경 要
	A의 살인 × – 추가기소(별도의 공소제기)
	B : × – 인적 효력범위(불고불리원칙)를 벗어남. but 상습절도 공소시효 정지는 인정

		일죄 일부 공소 제기	**의 의** 소송법상 일죄의 전부에 대해서 범죄혐의가 인정되고 소송조건이 구비되어 있음에도 불구하고 검사가 일죄의 일부만 공소제기 예 강도상해죄나 강도강간죄 혐의가 충분함에도 검사가 강도죄로만 공소제기
			적 법 ① 허용 여부 : 부정설, 긍정설, 절충설 ② 多·判 : 기소편의주의에 의해 공소제기는 **검사의 재량**, 공소불가분원칙도 일죄 일부기소 전제한 규정 ∴ **긍정설** [국7 08, 국9 14]
			효 력 공소불가분원칙에 의해 **일죄의 전부에 미침** [법원 13] but (아직 잠재적 심판대상에 불과) 전체범죄 유죄판결에는 **공소장변경 必要**
			친고죄 ① 의의 : 친고죄에서 고소가 없거나 고소가 취소된 경우에도 그 수단인 일부 범죄행위(비친고죄)만으로 공소제기 ② 적법성 : (학설 대립 but) 공소제기 **위법**이므로 공소기각판결 (§327 2.) [국7 08/09, 국9 07, 경 05/2차]

공소제기
효력범위
	물적
	효력
	범위
		일죄
		일부
		공소
		제기
			포괄
			일죄
				① 의의 : **상습사기**와 같은 포괄일죄의 일부에 대하여 공소제기가 있은 후 검사가 그 포괄일죄의 일부에 해당하는 나머지 범죄사실을 추가로 기소(별개의 독립한 **상습사기**로 기소)
				② 원칙 : 이중기소금지원칙 위반 ∴ **공소기각판결**(§327 3.)
				③ 예외 : 심리과정에서 전체 포괄일죄 확인 시 실체재판 可
				  ㉠ 검사가 단순일죄를 먼저 기소한 후 포괄일죄인 상습범행을 추가기소하였는데 심리과정에서 전후 기소된 범죄사실이 상습범의 포괄일죄 구성 확인(**단순사기 + 상습사기 = 상습사기**) : 석명 후 **공소장변경의제** 실체재판(99도3929)
				  ㉡ 검사가 수개의 범행을 먼저 기소한 후 별개의 범행을 추가기소하였는데 심리과정에서 전후 기소된 범죄사실이 포괄일죄 구성 확인(**실체적 경합범 + 일죄 = 포괄일죄**) : 석명 없이 **공소장변경의제** 실체재판(2007도2595)

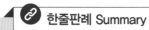 **한줄판례 Summary**

하나의 행위가 여러 범죄의 구성요건을 동시에 충족하는 경우 공소제기권자는 자의적으로 공소권을 행사하여 소추재량을 현저히 벗어났다는 등의 특별한 사정이 없는 한 증명의 난이 등 여러 사정을 고려하여 그중 **일부 범죄에 관해서만 공소를 제기할 수도 있음**(2017도13458) [경 20/1차]

05 공소시효

조문정리

제2편 제1심

제2장 공소

제249조【공소시효의 기간】 ① 공소시효는 다음 기간의 경과로 완성한다.
1. 사형에 해당하는 범죄에는 25년
2. 무기징역 또는 무기금고에 해당하는 범죄에는 15년
3. 장기 10년 이상의 징역 또는 금고에 해당하는 범죄에는 10년
4. 장기 10년 미만의 징역 또는 금고에 해당하는 범죄에는 7년
5. 장기 5년 미만의 징역 또는 금고, 장기 10년 이상의 자격정지 또는 벌금에 해당하는 범죄에는 5년
6. 장기 5년 이상의 자격정지에 해당하는 범죄에는 3년
7. 장기 5년 미만의 자격정지, 구류, 과료 또는 몰수에 해당하는 범죄에는 1년

② 공소가 제기된 범죄는 판결의 확정이 없이 공소를 제기한 때로부터 25년을 경과하면 공소시효가 완성한 것으로 간주한다.

제250조【두 개 이상의 형과 시효기간】 두 개 이상의 형을 병과(倂科)하거나 두 개 이상의 형에서 한 개를 과(科)할 범죄에 대해서는 무거운 형에 의하여 제249조를 적용한다.
[전문개정 2020.12.8.]

제251조【형의 가중, 감경과 시효기간】 형법에 의하여 형을 가중 또는 감경한 경우에는 가중 또는 감경하지 아니한 형에 의하여 제249조의 규정을 적용한다.

제252조【시효의 기산점】 ① 시효는 범죄행위의 종료한 때로부터 진행한다.
② 공범에는 최종행위의 종료한 때로부터 전공범에 대한 시효기간을 기산한다.

제253조【시효의 정지와 효력】 ① 시효는 공소의 제

기로 진행이 정지되고 공소기각 또는 관할위반의 재판이 확정된 때로부터 진행한다.

② 공범의 1인에 대한 전항의 시효정지는 다른 공범자에게 대하여 효력이 미치고 당해 사건의 재판이 확정된 때로부터 진행한다.

③ 범인이 형사처분을 면할 목적으로 국외에 있는 경우 그 기간 동안 공소시효는 정지된다.

④ 피고인이 형사처분을 면할 목적으로 국외에 있는 경우 그 기간 동안 제249조제2항에 따른 기간의 진행은 정지된다. 〈개정 2024.2.13.〉

제253조의2【공소시효의 적용 배제】 사람을 살해한 범죄(종범은 제외한다)로 사형에 해당하는 범죄에 대하여는 제249조부터 제253조까지에 규정된 공소시효를 적용하지 아니한다.

총설	의의	개념	범죄행위가 종료한 후 검사가 일정 기간 공소를 제기하지 않고 방치하는 경우 국가의 소추권이 소멸되는 제도
		구별	① 형의 시효 : 재판확정으로 국가형벌권 발생 상태에서 일정 기간 형집행을 받지 않은 경우 형집행을 면제하는 제도(형법 §77~) ② 공소시효 : 국가의 공소권을 발동할 수 있는 기간 → 완성 시 형식재판인 면소판결을 하는 제도 [경 02/2차]
	본질		① 실체법설, 소송법설, 병합설 대립 ② 判例 : **실체법설**(92헌마284; 94헌마246, 공소시효정지사유 법률규정 要)
기간	시효 기간	기간	공소시효는 법정형의 경중에 따라 다음 기간의 경과로 완성(§249①) [행시 03, 법원 10, 경 05/3차, 경 10/1차, 경 13/1차] 1. 사형 : 25년 [국9 09] 2. 무기징역·무기금고 : 15년 3. 장기 10년 이상의 징역·금고 : 10년 [경 14/2차] 4. 장기 10년 미만의 징역·금고 : 7년 5. 장기 5년 미만의 징역·금고, 장기 10년 이상의 자격정지 또는 벌금 : 5년 [경승 11/12, 경 08/2차, 경 14/2차] 6. 장기 5년 이상의 자격정지 : 3년 [경 12/1차, 경 12/2차] 7. 장기 5년 미만의 자격정지, 구류, 과료 또는 몰수 : 1년 [행시 03] [주의] 형의 시효(형법 §78) : 사형 30(삭제 2023.8.8), 무기 20, 벌금·몰수 5
		살인	① 사람을 **살해**한 범죄(**종범 제외**)로 **사형** : 공소시효 ×(§253의2) ② 이 법 시행 전 범한 범죄로 아직 공소시효가 완성되지 아니한 범죄에 대하여 적용(**부진정소급효**, 부칙 §2)
		의제 시효	① 공소가 제기된 범죄는 판결의 확정이 없이 공소를 제기한 때로부터 **25년**을 경과하면 공소시효 완성 간주(**의제공소시효**, §249②) ② 법원은 **면소판결**로 소송 종결 [법원 08, 경 09/1차, 경 11/2차, 경 13/1차, 경 14/2차]
	기준	법정형 — 기준	공소시효기간 기준 형 : **법정형**(처단형 ×) [법원 15, 사무관 06]
		법정형 — 중형	병과형·선택형은 **무거운 형** 기준(§250) [법원 09/10/15, 경 06/1차, 경 12/2차, 경 13/2차]
		법정형 — 가중 감경	① 형법에 의한 가중·감경 : **가중·감경하지 아니한 형** 기준(§251)[행시 04, 법원 09/10, 국9 10, 경 03/2차, 경 06/1차, 경 13/2차, 경 15/1차] ② 특별법에 의한 가중·감경 : §251는 형법에만 적용(72도2976) [경 15/2차] ∴ **특별법상 법정형** 기준(80도1959) [법원 08/11, 경 09/1차, 경 12/2차]

기준	법정형	공 범	**정범의 형** 기준(절도방조는 절도 기준)
		양벌 규정	법인처벌 양벌규정은 사업주 법정형 기준설(본서) vs. 행위자(종업원) 법정형 기준설 대립
		변 경	법 개정 신법 법정형이 가벼워진 경우에는(형법 §1②) **신법 법정형** 기준 (87도84 [경 12/2차, 경 15/1차] ; 2008도4376) [법원 08, 국9 12/17, 국7 23]
	범죄 사실	원 칙	공소장에 기재된 공소사실에 대한 법정형 기준
		기 재	예비적·택일적 기재 : 각 범죄사실 기준
		변 경	① 공소장변경으로 법정형에 차이가 발생한 경우 　→ (공소장변경 시가 아니라 **최초공소제기 시** 기준) **변경된 공소 　　사실에 대한 법정형**이 공소시효 완성 여부 기준(2001도2902) 　　[법원 24] ② Same → 법원이 **공소장변경하지 않고도** 인정 可 사실 법정형 기 　준(2013도6182) [국9 17, 국7 23]
기간	기산점 · 계산	기산	원 칙
			① **범죄행위가 종료한 때**로부터 진행(§252①) [경 12/2차] ② 범죄의 실행행위 자체의 종료 시 ×, 범죄행위가 **최종적으로 완료** 　된 시점(범죄완료시설, 결과발생시설) ○

			구체적 적용	결과범 · 과실범
				① **결과가 발생한 때**로부터 공소시효 진행 ② 과실범도 결과범이므로 같은 기준(96도1231)
				거동범 · 미수범
				행위종료 시부터(99도4459)
				즉시범
				기수 = 종료 ∴ **기수 시**부터(79도622; 94도2752 [국9 12]; 2009도875 [국9 12])
				계속범
				기수 ≠ 종료, 기수 이후 위법행위 계속 ∴ **공소시효 진행 ×** ∴ 법익침해 종료된 때부터(2001도3990; 2005도7032)
				포괄 일죄
				최종의 범죄행위가 종료된 때부터(2014도5939) [법원 08/14, 경 09/1차, 경 15/1차]
				상·경
				과형상 일죄 : **각 죄 개별적**으로(2006도6356) [국9 24, 국7 23]
				결과적 가중범
				중한 결과가 발생한 때부터

		공범 특칙	① **최종행위 종료한 때**부터 **全공범** 시효기간 기산(§252②) [법원 10, 경 13/2차] ② 공범 : 교사범·종범·공동정범뿐 아니라 대향범 등 **필요적 공범 포함**
		계산 방법	① 시효기간의 초일은 시간을 계산함이 없이 1일로 산정(**초일 산입**, §66①) ② 말일이 공휴일·토요일이어도 시효기간에 **산입**(동③但)

정 지	**의 의**			① 공소시효의 정지 : 일정한 사유로 인하여 공소시효의 진행이 정지되고, 그 정지사유가 소멸한 때로부터 나머지 시효기간이 진행되는 제도 ② 공소시효 **중단** × ≠ 형법상 형의 시효정지(형법 §79), 중단(형법 §80) [경 04/2차, 경 13/1차]

정 지	**사 유**	**형 소**	**공소 제기**	공소제기(적법·유효 불문) → 공소시효정지 → **공소기각·관할위반 확정**된 때 다시 진행(§253①) [행시 02, 법원 14/15, 경 04/2차, 경 05/2차, 경 06/1차, 경 14 /2차]

			**국외
			도피**
				형사처분 면할 목적 국외에 있는 경우 그 기간 동안 **공소시효 및 의제공소시효 모두 정지**(동③④) [법원 11, 경 15/2차]
				① '국외에 있는'
				  ㉠ 국내에서 범죄를 저지르고 국외로 도피한 경우 ○
				  ㉡ 국외에서 범죄를 저지르고 **국외에서 체류를 계속** ○(2015도5916) [국9 16, 경 16/1차]
				② **형사처분을 면할 목적**
				  ㉠ 국외체류 유일한 목적 한정 不要 ∴ 여러 목적 중 하나 足
				  ㉡ **형사처분 면탈 목적과 양립할 수 없는 주관적 의사가 명백히 드러나는 객관적 사정 존재하지 않는 경우** : **목적 인정**(2008도4101; 2011도8462; 2013도2510) [법원 09/15, 경 16/1차]
				  ㉢ 목적은 **당해 사건**에 관한 것 要(2013도9162) [경 16/1차]
				  ㉣ 증명책임 : 검사 [경 15/1차]

			재정 신청	재정신청 → 공소시효정지 → 고등법원 **재정결정**(기각·공소제기 불문) **확정**까지(§262의4①) [법원 17]
		특별법	**헌 정**	1979.12.12.과 1980.5.18. 전후 발생 헌정질서파괴범죄 공소시효특례법 §2의 헌정질서파괴범죄행위에 대하여 국가의 소추권행사에 장애사유가 존재한 기간(5·18민주화운동법 §2①)
			대통령	대통령의 재직기간 중에는 내란·외환 제외 공소시효 정지(대통령 불소추특권, 헌법 §84)(94헌마246; 95헌마100)
			소 년	소년부판사 소년**보**호사건의 심리개시결정을 한 때 → 공소시효정지 → 보호처분결정 확정까지(소년 §54) [경 02/3차]
			가폭 성매매	가정폭력처벌법상 가정폭력범죄 및 성매매처벌법상 성매매범죄에 대한 **보**호사건 법원 송치된 때 → 공소시효 정지 → 불처분결정 확정된 때 다시 진행(가폭법 §17①, 성매매 §17①)
		유추 적용		① **재정신청 시 공소시효정지규정**(§262의4①)을 검사의 불기소처분에 대한 헌법소원심판청구에 **유추적용** ×(92헌마284; 94헌마246) ② 검찰항고, 관할위반 확정, 재심청구 : 공소시효 정지 × [경 02/3차, 경 04]
	효력 범위	**주 관**		① 공소시효정지효는 공소제기된 피고인만 ∴ 범인 아닌 자 공소제기 → 진범 공소시효정지 × ② **공범에 관한 특칙** ㉠ 의의 : 공범 1인 시효정지는 **다른 공범자에게 효력** ○ [법원 10, 국9 08/09/12, 경 12/1차] & 당해 사건 **재판확정된 때부터 진행** [법원 10, 국9 16](§253②)

정 지	효력 범위	주 관	○ 공범 : ⓐ **구성요건해당 + 위법**행위한 자 要 ∴ **책임조각** ○, 1인이 **범죄의 증명이 없음** ×(98도462l) [국7 23], ⓑ 임의적 공범 ○, **대향범 등 필요적 공범** ×(2012도4842) [국9 16/24, 경 15/2차] [정리] 공범에 대한 불가분원칙 : ① 친고죄의 고소, ② 공소시효정지(공소 ×) © 확정된 재판 : 종국재판이면 **종류 불문**(동①과 차이)
		객 관	① 공소사실과 단일성·동일성이 인정되는 전범위 ② 포괄일죄 / 과형상일죄 일부 공소제기 → 다른 부분 공소시효정지
완 성	전		수사 중 피의사건 공소시효 완성 → 검사는 공소권 없음 불기소처분
	후		공소제기 후 공소시효 완성 판명 → 법원은 면소판결(§326 3.) [법원 15, 국9 09, 경 03/2차, 경 13/1차] if 유·무죄 실체판결 → 항소·상고이유
특 례	헌 정		① 형법상 내란죄, 외환죄, 군형법상 반란죄, 이적죄 등 헌정질서파괴범죄와 집단살해죄의 방지와 처벌에 관한 협약에 규정된 집단살해에 해당하는 범죄에 대해서는 공소시효 배제(헌정범죄시효법 §3) ② 집단살해죄, 인도에 반한 죄, 전쟁범죄 등 공소시효 배제(국제형사재판소 관할 범죄 처벌법 §6)
	성폭력		① 미성년자 / 아동·청소년에 대한 성폭력범죄 공소시효 기산 특례 : 피해 미성년자 등이 **성년에 달한 날부터 진행**(성폭법 §21①, 아청법 §20①) [법원 13, 경 15/3차] ② 성폭법 적용 강간·강제추행 등(성폭법 §2 3., 4., §3~§9) 및 아청법 적용 아동·청소년에 대한 강간·강제추행·유사성행위 등(아청법 §7) 죄의 공소시효 연장 특례 : **디엔에이(DNA) 증거 등 과학적 증거 있는 때 공소시효 10년 연장**(성폭법 §21②, 아청법 §20②) [경 15/3차]
	배 제		① **13**세 미만 or 신체적·정신적 **장**애 있는 사람에 대하여 강간, 유사강간, 강제추행, 준강간, 준강제추행, 강간 등 상해·치상, (형법·성폭법·아청법상) 강간 등 살인·치사 등 죄 : **공소시효 배제**(성폭법 동③④, 아청법 동③④) ② **소급효** ×(判, 2015도1632)

🔗 한줄판례 Summary

① '범인이 형사처분을 면할 목적으로 국외에 있는 경우'는 범인이 국내에서 범죄를 저지르고 형사처분을 면할 목적으로 국외로 도피한 경우에 한정되지 아니하고, 범인이 국외에서 범죄를 저지르고 형사처분을 면할 목적으로 **국외에서 체류를 계속하는 경우도 포함**(2015도5916) [경간 14, 국9 24, 국7 17, 법원 17, 경 19/2차, 경 20/2차]

② 형사소송법 제253조 제2항에서 말하는 '공범'에는 **뇌물공여죄와 뇌물수수죄 사이와 같은 대향범 관계에 있는 자는 포함되지 않음**(2012도4843) [법행 13/14, 국9 17, 경간 17, 변시 17, 법원 20, 경승 20]

MEMO

4

PART

공판

CHAPTER

01 공판절차

01 공판절차의 기본원칙

	개 념	공소제기 후 소송계속이 종료할 때까지 법원이 행하는 심리와 재판의 전 과정
공판 절차	공판 중심 주의	① 의의 : 형사사건의 실체에 대한 법원의 유죄·무죄의 심증 형성은 공판기일의 심리에 의하여 형성하여야 한다는 원칙 ② 제도적 표현 　㉠ 공소장일본주의 : 예단 없이 공판심리에 의하여 심증 형성 　㉡ 공판기일의 증거조사 : 공판기일 외에서 수집된 모든 증거는 공판기일의 증거조사를 거쳐야 함 　㉢ 증거능력의 제한 : 수사단계 작성 서류는 공판기일 증거조사에 의해 그 성립의 진정이 증명되어야만 증거능력 인정 　㉣ 국민참여재판의 도입 : 공판절차에 국민들이 배심원으로 참여하여 형사사법에 대한 신뢰 회복과 정당성 확보
공판 절차 기본 원칙	공개 주의	① 의의 : 일반국민에게 법원의 재판과정 방청을 허용하는 원칙(공개재판원칙), "형사피고인은 상당한 이유가 없는 한 지체 없이 **공개재판을 받을 권리**를 가진다(**헌법** §27③ 제2문)" ≠ 밀행주의, 당사자공개주의 ② 한계 - 비공개심리 or 퇴정 　㉠ "재판의 심리와 판결은 공개한다. 다만, '**심리**'는 국가의 안전보장 또는 안녕질서를 방해하거나 선량한 풍속을 해할 염려가 있을 때에는 **법원의 결정으로 공개하지 아니할 수 있다**(헌법 §109, 법조 §57①)" → but **판결의 선고는 반드시 공개** [법원 08, 경 12/1차]& 재판의 공개금지의 사유는 엄격한 제한해석 要(2005도5854) 　㉡ 재판장의 법정질서 유지를 위한 퇴정명령 　　ⓐ 법정 존엄·질서 해할 우려 있는 자에게 입정금지·퇴정명령 可(법조 §58②) [국7 14] 　　ⓑ 법정질서 유지 위해 방청인 제한 可(방청규칙 §2) 　　ⓒ 허가 없이 녹음·녹화하는 자(법조 §59) 퇴정명령 可(방청규칙 §3) [경간 12] 　㉢ 공판진행 중 비공개·퇴정, 중계시설·가림시설에 의한 증인신문 　　ⓐ 법원은 **범죄피해자 증인신문** 시 피해자·법정대리인·검사 신청에 의하여 필요한 경우 심리 **비공개 결정 可**(§294의3①) 　　ⓑ 재판장은 **증인·감정인**이 피고인 또는 어떤 재정인의 면전에서 **충분한 진술을 할 수 없다**고 인정한 때에는 **퇴정 可**(피고인을 위해 다른 피고인 퇴정도 可, §297①, but 추후 실질적 **반대신문권 보장 要**, if not, 위법수집증거)

**공판
절차
기본
원칙**
	**공개
	주의**
		ⓒ 법원은 **중계시설 또는 차폐시설(가림시설)을 통하여** 증인신문 시, 심리 **비공개 결정 可**(증인 측도 증인보호 등 사유로 증인신문 비공개 신청 可, 규칙 §84의6①②)
		ⓔ 특별법상 소년보호사건·가정보호사건·성폭력사건 등 비공개 심리
		    cf. 소년형사사건은 공개원칙
		③ 공개주의위반의 효과
		    ㉠ 당해 절차 증인의 증언의 **증거능력** ×(2013도2511) [국9 15/17, 경 10/1차]
		    ㉡ 절대적 항소이유(§361의5 9.), 상대적 상고이유(§383 1.)

	구두 변론 주의	① 의의 : 법원은 당사자의 구두에 의한 주장 및 입증과 같은 변론을 근거로 심리·재판해야 한다는 주의 ② 구두주의 : 법원이 구술에 의하여 제공된 소송자료에 의하여 피고사건에 대한 실체판단을 행하는 주의, "공판정에서의 변론은 구두로 하여야 한다(§275의3)" ③ 변론주의 : 법원이 당사자의 주장과 입증 등의 변론에 의거하여 재판을 하는 주의, "**판결**은 법률에 다른 규정이 없으면 **구두변론(口頭辯論)을 거쳐서 하여야 한다**(필요적 변론, §37①, 형소법은 구두변론주의 명시 [경간 12])" [정리] But 대법원판결에 대한 정정판결은 구두변론에 의하지 않음(§401①), (판결과는 달리) **결정·명령**은 **구두변론 不要**(임의적 변론, §37②)

	**직접
	심리
	주의**
		① 의의 : 법원이 공판기일에 공판정에서 직접 심리·조사한 증거만을 실체판단의 기초로 삼을 수 있다는 원칙(직접주의)
		② 내용
		    ㉠ 형식적 직접주의 : 수소법원 직접 조사 원칙 → 공판개정 후 판사의 경질 시 공판절차 갱신 要(§301, but 판결선고는 不要)
		    ㉡ 실질적 직접주의 : 원본증거를 재판의 기초로 삼을 것 → 원본증거의 대체물(전문증거) 사용 원칙적 금지(2010도3846 등) [경 12/1차]

	**집중
	심리
	주의**
		① 의의 : 공판기일 2일 이상 필요사건은 연일 계속해서 심리해야 한다는 원칙(계속심리주의), 07년 개정법에 의한 명문화(§267의2)
		② 제도적 표현
		    ㉠ 집중심리주의 선언 : "공판기일의 심리는 집중되어야 하며, 심리에 2일 이상이 필요한 경우에는 부득이한 사정이 없는 한 **매일 계속 개정**하여야 한다(**연일심리원칙**, §267의2①②)" [경 11/2차, 경 12/1차, 경간 12, 경승 13, 경 11/2차, 경 12/1차] if not, 전회 공판기일부터 **14일**(훈시규정) 이내 다음 공판기일 지정 要(동④) [경간 12, 경승 13]
		    ㉡ 재판장은 여러 공판기일 일괄 지정 可(동③)
		    ㉢ 즉일선고원칙 : **판결선고는 변론종결기일에 함**이 원칙(§318의4, but 특별한 사정 있으면 따로 선고기일 지정)
		    ㉣ 특강범죄 심리 : 특정강력범죄사건 심리도 연일 집중심리 → if not 다음 공판기일은 **7일** 이내(특강 §10①②)
		③ 집중심리주의 운용을 위한 보완 : 증거개시(§266의3·4), 공판준비절차(§266의5)

조문정리

제2편 제1심

제3장 공판

제1절 공판준비와 공판절차

제298조【공소장의 변경】 ① 검사는 법원의 허가를 얻어 공소장에 기재한 공소사실 또는 적용법조의 추가, 철회 또는 변경을 할 수 있다. 이 경우에 법원은 공소사실의 동일성을 해하지 아니하는 한도에서 허가하여야 한다.
② 법원은 심리의 경과에 비추어 상당하다고 인정할 때에는 공소사실 또는 적용법조의 추가 또는 변경을 요구하여야 한다.
③ 법원은 공소사실 또는 적용법조의 추가, 철회 또는 변경이 있을 때에는 그 사유를 신속히 피고인 또는 변호인에게 고지하여야 한다.
④ 법원은 전3항의 규정에 의한 공소사실 또는 적용법조의 추가, 철회 또는 변경이 피고인의 불이익을 증가할 염려가 있다고 인정한 때에는 직권 또는 피고인이나 변호인의 청구에 의하여 피고인으로 하여금 필요한 방어의 준비를 하게 하기 위하여 결정으로 필요한 기간 공판절차를 정지할 수 있다.

형사소송규칙 제142조【공소장의 변경】 ① 검사가 법 제298조제1항에 따라 공소장에 기재한 공소사실 또는 적용법조의 추가, 철회 또는 변경(이하 "공소장의 변경"이라 한다)을 하고자 하는 때에는 그 취지를 기재한 공소장변경허가신청서를 법원에 제출하여야 한다.
② 제1항의 공소장변경허가신청서에는 피고인의 수에 상응한 부본을 첨부하여야 한다.
③ 법원은 제2항의 부본을 피고인 또는 변호인에게 즉시 송달하여야 한다.
④ 공소장의 변경이 허가된 때에는 검사는 공판기일에 제1항의 공소장변경허가신청서에 의하여 변경된 공소사실·죄명 및 적용법조를 낭독하여야 한다. 다만, 재판장은 필요하다고 인정하는 때에는 공소장변경의 요지를 진술하게 할 수 있다.
⑤ 법원은 제1항의 규정에도 불구하고 피고인이 재정하는 공판정에서는 피고인에게 이익이 되거나 피고인이 동의하는 경우 구술에 의한 공소장변경을 허가할 수 있다.

Ⅰ 심판의 대상

현실적 심판대상	공소장 기재 공소사실
잠재적 심판대상	공소사실과 동일성이 인정되는 사실 → 현실적 심판대상이 되기 위해서 공소장변경 要

Ⅱ 공소장변경

1. 의 의

의 의	① "검사는 법원의 허가를 얻어 공소사실의 동일성을 해하지 않는 한도 안에서 공소사실 또는 적용법조의 추가, 철회 또는 변경을 할 수 있다(§298①)" [경 04/3차, 경 15/2차] ② 취지 : 피고인의 방어권 보장 및 형벌권의 적정한 행사

형태	**공소 사실 추가**	① 의의 : 공소장에 기재된 공소사실 이외에 새로운 공소사실과 그에 대한 적용법 조를 부가하는 것 　㉠ 단순추가 예 상습절도의 공소사실에 다른 절도의 공소사실 추가 　㉡ 예비적 추가 예 사기의 공소사실에 예비적으로 횡령의 공소사실 추가 　㉢ 택일적 추가 예 사기의 공소사실에 택일적으로 횡령의 공소사실 추가 ② 한계 : **공소사실의 동일성을 해하지 않는 한도 안에서만 可**(이하 공소사실의 철 회, 변경도 同) ③ 추가기소와의 구별 : 전혀 별죄에 속하는 공소사실을 심판대상으로 추가하는 것은 공소장 변경(추가)이 아니라 별건의 기소(**추가기소**) ∴ 추가기소는 법원의 허가 不要, 항소심에서는 不可 ④ 공소장의 임의적 기재사항과의 구별 : 공소사실의 예비적·택일적 기재는 범죄 사실의 동일성 不要
	공소 사실 철회	① 의의 : 추가의 정반대로서 공소사실 중 일부를 심판대상에서 제외시키는 것으 로서, 포괄일죄 또는 과형상 일죄를 이루는 여러 공소사실 중의 일부 또는 예 비적·택일적으로 기재된 공소사실에 대한 철회 ② 공소취소와의 구별 : 공소사실의 동일성이 인정되지 않는 경우는 공소장변경 이 아니라 **공소취소** ∴ 법원의 허가 不要, 항소심에서는 不可
	공소 사실 변경	① 의의 : 철회와 추가를 한꺼번에 행하는 것 ② 공소장정정·보정과의 구별 : 공소장의 명백한 오기·누락이나 불명확한 부분 을 **정정·보정**하는 것(예 피고인표시정정, 공소사실의 특정 요인 - 일시·장소· 방법 - 에 관한 하자의 보정)은 공소장변경이 아님 ∴ 법원의 허가 不要, 법원 의 심판대상의 실질적 변동 없음

이 부분은 사이드 탭.

PART 04

2. 공소장변경의 한계

공소사실 동일성	의 의		공소장변경은 **공소사실의 동일성**을 해하지 아니하는 한도에서 허용
	단일성		자연적 의미의 행위가 1개인 경우로서 일정한 시점을 기준으로 하나의 사건으로 파악되는 경우 = 소송법상 일죄
	협의의 동일성		① 시간의 경과에 따라 소송의 동적·발전적 변화에 의하여 사실관계의 증감변 경이 일어남에도 불구하고 전후의 범죄사실이 동질성을 유지함(시간적 전후 동일성) ② 수개의 행위로 범하더라도 전후의 동질성이 유지된다면 협의의 동일성 인정 ③ 동일인의 동일 재물에 대한 1.1. 10시 절도와 12시 장물취득
동일성의 기준	문제의 소재		어느 정도 동일해야 공소사실의 동일성을 인정할 수 있는가
	학설 판례	의 의	기본적 사실동일설(다수설 및 94년 이전 판례), 죄질동일설, 구성요 건공통설, 소인공통설, 수정된 기본적 사실동일설(94년 이후 판례) 대립

동일성의 기준	학설 판례	기본적 사실 동일설	① 공소사실의 기초가 되는 사회적 사실관계가 다소 차이가 있다 하 더라도 그 기본적인 점에서 동일하면 동일성을 인정해야 한다는 입장(다수설 및 과거의 판례, 82도2156 등) ② 일체의 법률적·규범적 관점을 배제하고 순수하게 자연적·전법 률적 관점에서 범죄사실의 동일성 판단 ③ 공소장변경 전후의 공소사실이 시간적·장소적으로 밀접한 관계 에 있거나(밀접관계), 일방의 범죄가 인정되는 때에는 타방의 범 죄성립을 인정할 수 없는 관계(양립불가관계, 택일관계)에 있는 때 기본적 사실의 동일성 인정
		수정된 기본적 사실 동일설	① 1994년 3월 전원합의체 판결 : 기본적 사실관계의 동일성을 판단 함에 있어서는 보호법익·죄질 등 규범적 요소도 아울러 고려(93도 2080) ② 동일인의 동일 재물에 대한 1.2. 새벽 2시 장물취득과 1.1. 오후 11시 40분의 강도상해는 동일성 부정
동일성의 효과	인 정		① 공소제기의 효력 ○, 공소장변경 可, 기판력 ○ ② 일부 판결확정 후 나머지 죄 공소제기 시 면소판결
	부 정		① 공소제기 효력 ×, 공소장변경 不可, 기판력 × ② 일부 판결확정 후 나머지 죄 공소제기 시 실체재판

[공소사실의 동일성 판례정리]

동일성 인정(공소장변경 ○, 기판력 ○)

1. 살해하려고 목을 조르고 폭행한 사실에 대한 **살인미수** → 강간하려고 위 폭행을 가했으나 미수에 그치고 상해를 입힌 사실에 대한 **강간치상죄**(84도666)
2. 참고인에 대하여 허위진술을 하여 달라고 요구하면서 행한 **참고인에 대한 협박** → 겁을 먹은 참고 인으로 하여금 허위진술케 함으로써 조사를 받고 있던 자를 증거불충분으로 풀려나게 하였다는 **범인도피죄**(85도897) [국9 16]
3. **감금죄**의 공소사실 → 그 감금상태에서 피해자 명의의 인감증명서를 이용하여 회사의 대표이사 명의나 회사 부지의 소유자 명의를 변경하여 경영권을 빼앗았다는 내용의 **폭처법위반(공갈)죄**(98 도749) [교정9 특채 12]
4. 당초 공소제기된 **명예훼손** → 변경허가신청된 공소사실이 모두 피고인이 **같은 일시에 같은 장소에서 같은 청중들 앞에서 한 연설 중에 같은 피해자의 명예를 훼손**하였다는 것이고 위 각 공소사실에서 적시된 바가 **모두 피해자의 이단성에 관련된 것**인 경우(93도2950)
5. **장물양여죄** → 절도죄(64도664)
6. 97.2.2. 00:00경 승합차에 대한 **절도** → 97.2.2. 01:40경 승합차가 장물임을 알면서 운전하여 간 **장물운반**(98도1483) [교정9 특채 12]
7. 흉기를 휴대하고 다방에 모여 하였다는 **강도예비** → 폭력범죄에 공용될 우려가 있는 **흉기를 휴대 하였다는 폭처법위반**(86도2396) [국9 16]
8. **사기죄** → 공소사실 중 **기망행위의 방법**(약속어음 결제의사·능력이 없음에도 결제할 것처럼 가장 하며 약속어음 할인)**만을 추가**(99도375)

9. 아파트 건축회사 협상대표 甲이 각 세대당 금 2백만원의 보상금지급요구 문제 등에 관한 협상권한을 위임받은 아파트입주자 대표 乙에게 보상금을 전체 금 2천만원으로 대폭 감액하여 조속히 합의하여 달라고 부탁한 사안에서, 乙이 甲으로부터 금원을 교부받은 사실 : **공갈죄** → **배임수재죄**(92도2033)

10. 피해자에게 **다방을 경영하게 해주겠다**는 명목으로 금원을 수령한 사실 : **횡령죄** → **사기죄**(83도2500; 83도3074) [국9 16]

11. 인터넷설치업자에게 타인의 주민등록번호를 불러준 사실 : **사문서위조죄** → 인터넷설치업자의 휴대정보단말기에 타인명의를 서명한 사실 : **사서명위조죄**(2011도14986)

12. 기본적 중요사실이 동일함이 명백한 변경전 **공정증서원본불실기재 및 동행사죄** → **강제집행면탈죄**(74도1676) [교정9 특채 12]

13. **저작권법위반** → 항소심에서 공소사실 중 나머지 사실은 그대로 둔 채 공소사실의 **피해자만 변경**(2007도8705) [국9 09]

14. (고발도 객관적 불가분원칙은 인정되므로) **범칙사실(조세포탈)** 일부에 대한 고발 → 그 과세기간 내의 조세포탈기간이나 포탈액수를 추가(2009도3282)

동일성 ×(공소장변경 ×, 기판력 ×)

1. **장물취득죄** → **강도상해죄**(93도2080 전합) [국9 15]

2. **상해**의 공소사실 → 폭처법위반(집단·흉기 등 **협박**) : 범행 장소와 피해자가 동일하고 시간적으로 밀접되어 있으나 수단·방법 등 범죄사실의 내용이나 행위태양이 다를 뿐만 아니라 죄질에도 현저한 차이가 있어 기본적인 사실관계가 동일하지 않음(2008도3656)

3. 경범죄처벌법상 **음주소란** 범칙행위 → 위험한 물건인 **과도를 들고 협박**하였다는 폭처법위반(집단·흉기 등 협박)죄 (2012도6612) [국7 23]

4. **과실로 교통사고**를 발생시켰다는 교통사고처리특례법위반죄 → 고의로 교통사고를 낸 뒤 **보험금**을 청구하여 수령하거나 미수에 그쳤다는 **사기 및 사기미수죄**(2009도14263)

5. 아파트를 사전분양한 **주택건설촉진법위반죄** → 건축·분양의사나 능력 없이 **아파트분양대금을 편취**하였다는 **사기죄**(2011도1651)

6. 피고인이 갑에게 **필로폰 약 0.3g을 교부**하였다고 하는 마약류관리에 관한 법률 위반(향정) → 피고인이 갑에게 필로폰을 구해 주겠다고 속여 갑 등에게서 **필로폰 대금 등을 편취하였다는 사기**(2010도16659)

7. **비자금의 사용**으로 인한 업무상횡령의 점 → **비자금의 조성**으로 인한 업무상 **배임**(2007도4784)

8. 공소외인으로부터 피해자를 위한 **합의금**을 교부받아 보관 중 이를 **횡령** → 피해자를 기망하여 **위임장 사본**을 편취하였다는 **사기**(2001도116)

9. 회사의 대표이사가 **회사자금을 빼돌려 횡령** → 그중 일부를 **배임증재에 공여**(2009도13463) [국7 23]

10. 토지거래허가구역 내 토지에 대한 **미등기전매 후 근저당권 설정한 배임죄** → 매매대금을 편취하였다는 **사기죄**(2011도3469)

11. 약식명령이 확정된 **약사법위반죄** → 보건범죄단속에 관한 **특별조치법위반죄**(2009도4785)

12. 2개월 내에 작위의무를 이행하라는 **행정청의 지시를 이행하지 아니한 행위** → 7개월 후 다시 같은 내용의 지시를 받고 이를 이행하지 아니한 행위(주택건설촉진법위반죄, 93도1731)

공소사실 동일성 – 인정례

① 일죄의 일부의 범죄사실에 대하여 공소가 제기된 뒤에 항소심에서 나머지 부분을 추가하였다고 하여 공소사실의 동일성을 해하는 것이라고 볼 수 없음(2013도8118) [국9 17, 국7 17, 경 18/3차]

② 변경된 공소사실이 변경 전의 공소사실과 기본적 사실관계에서 동일하다면 그것이 새로운 공소의 추가적 제기와 다르지 않다고 하더라도 항소심에서도 공소장 변경을 할 수 있다. … 항소심에서의 공소장변경이 피고인의 심급의 이익을 박탈한다고 보기도 어려움(2017도7843)

공소사실 동일성 – 부정례

① 피고인들에 대한 법인세 포탈의 공소사실에 피고인 乙에 대한 종합소득세 포탈의 예비적 공소사실을 추가하는 검사의 공소장변경허가신청은 허가 不可(2013도9330)

② '공무원이 甲이 여행업자 乙과 공모하여 탐방행사의 여행경비를 과다 청구하는 방법으로 학부모들을 기망하여 2017.5.1.부터 2018.9.23.까지 총11회에 걸쳐 6,500만원을 편취하였다'라는 공소사실과 공소장변경에 의하여 예비적으로 추가하고자 하는 '공무원 甲이 자신에게 탐방행사를 맡겨준 사례금 명목으로 2018.8.1.부터 2018.12.1.까지 총5회에 걸쳐 乙로부터 1,300만원의 뇌물을 수수하였다'라는 사실은 그 시기와 수단·방법 등의 범죄사실의 내용이나 행위 태양 및 피해법익이 다르고 죄질에도 현저한 차이가 있어 그 기본적인 사실관계가 동일하다고 보기 어려우므로, … 공소사실의 동일성 범위 내의 것이라고 할 수 없음(2015도1968)

3. 공소장변경의 필요성

의의		공소사실의 동일성 인정 ∴ 공소장변경 가능한 경우임을 전제 → 과연 공소장변경을 해야 하는가 = 법원이 어떠한 범위에서 공소장 변경 없이 공소장 기재 공소사실과 다른 사실을 인정할 수 있는가	
학설 판례		① 동일벌조설, 법률구성설, 사실기재설 대립 ② 사실기재설 : 공소장 기재 사실과 다른 사실을 인정함으로써 **피고인의 방어권 행사에 실질적 불이익을 초래하는 경우** 공소장을 변경해야 함(通·判) ③ 피고인의 방어권 행사에 대한 실질적 불이익 : 공소사실의 기본적 동일성 이외에도 법정형의 경중 및 그러한 경중의 차이에 따라 피고인이 자신의 방어에 들일 노력·시간·비용에 관한 판단을 달리할 가능성이 뚜렷한지 여부 등 요소 종합 판단(2007도4749; 2010도14391)	
구체적 검토	구성 요건 同	일시·장소 변경	일시가 약간 다르거나 오기를 바로잡을 때 ① 원칙 : 공소장변경 不要 ② 예외 : **방어권 행사에 실질적 불이익 ○ → 공소장변경 必要**(判例, 82도2156; 92도1824) [법원 17]
		수단·방법 변경	① 원칙 : 공소장변경 不要 → **살인죄의 목을 조른 범행도구가 달라진 것**은 공소장변경 不要 ② 예외 : **사기죄의 기망의 방법이 서로 다른 경우, 신용카드사용으로 인한 사기에 있어서 신용카드 절취 여부가 서로 달라진 경우, 과실범의 과실의 내용이 서로 다른 경우** 공소장변경 **必要** [법원 12, 해간 12]

구성 요건 同	객체· 피해자 변경	① 원칙 : 공소장변경 不要 → **재산죄의 객체를 재물에서 이익으로** 달리 인정하는 경우, **재산죄의 객체는 같은데 피해자를 달리 인정**하는 경우 (공소장 기재 사기·횡령 피해자와 다른 실제 피해자를 적시하여 유 죄로 인정 [경 13/1차] → 이때 **법원의 인정의무도 有**), 범죄의 객체 중 일부만을 인정하는 경우 공소장변경 **不要** ② 예외 : **알선수재죄**나 **정당의 공천관련 금품수수죄**의 공소장 기재 **금품 수수사실을 이익**을 수수한 것으로 인정하는 경우, 횡령목적물의 소유자 (위탁자)를 다르게 인정하는 경우, **배임죄의 피해자**를 **전혀 다른 자**로 인정하는 경우 공소장변경 **必要**		
	기타 변경	**단순한 상해 정도, 인과관계의 진행에 차이**가 있는 경우, **중뢰물전달자가 다른 경우** → 공소장변경 **不要**		
구체적 검토	원칙	① 구성요건을 달리 인정하고자 하는 것은 피고인의 방어에 영향을 미침 ∴ 공소장변경 **必要** ② **구성요건을 달리하면서 보다 무거운 범죄로 변경하는 경우** [과실범 → 고의범, 예비·음모 → 미수, 미수 → 기수, 사기 → 상습사기(2006도 5041), 사실적시명예훼손 → 허위사실적시명예훼손(2001도5008)]		
구성 요건 異	예 외	축소 사실 인정	의 의	① 구성요건을 달리하는 사실이지만 공소장에 기 재된 **공소사실 내에 포함된 사실을 인정**하는 경 우 공소장변경 不要(大는 小를 포함, **강간치상 → 강간, 강도상해 → 절도와 상해**) ② **축소사실임에도 공소장변경 必要** : 축소사실을 인정하는 것이 피고인의 **방어권 행사에 실질적 불이익**을 초래하는 경우 ㉠ **고의범을 과실범으로** 인정하는 경우 [경승 10] ㉡ **미수를 예비·음모**로 인정하는 경우(82도2939) [국7 15, 경승 09] ㉢ 업무상과실치사는 단순과실치사로 인정하는 경우(공소권면제특례 배제, 68도1998) [경 14/1차]
			법원의 인정 의무	① (학설 대립 but) ㉠ **원칙적 부정**(93도3058), ㉡ **예외적**으로 축소사실의 범죄성립의 명백성, 사 안의 중대성, 형사처벌의 상당한 필요성 있으면 **인정** ② **살인죄 → 폭행·상해, 체포·감금** 인정 要(2007 도616), **필로폰투약 기수 → 미수** 인정 要(99도 3674)

PART 04
입부

구체적 검토	구성 요건 異	예 외	법률 평가만 달리 함	법률 평가만 변경	① 사실인정에는 변화가 없고 그 사실에 대한 **법적 평가** **만을 달리하는 경우** : 원칙적 공소장변경 **不要** 　㉠ 식당 주인의 수표 현금교환 심부름을 맡은 식 　　당 종업원의 수표 영득행위를 **절도 → 횡령** 　㉡ **배임 → 횡령**(99도2651) [법원 12, 국7 10, 경승 　　08, 경 08/2차, 경 13/1차] 　㉢ **장물취득 → 장물보관**(인정의무 有) ② But **공소장 기재 적용법조보다 법정형이 무거운** **적용법조를 인정하는 경우** : 석명으로 적정한 방 어권 행사 기회 제공한 경우 아니면(2010도 14391) 공소장변경 **必要**(2007도10601)
				범죄 참가 형태만 변경	**정범·공범의 형태·종류에 대한 평가만을 달리하는** **경우**(예 **단독정범 → 공동정범 또는 합동범, 공동정** **범 → 방조범** : 2001도4792) ① 원칙 : 공소장변경 **不要** ② 예외 : 방어권 행사에 **실질적 불이익** 염려 있으면 공소장변경 **必要**
				죄수 평가만 변경	**죄수에 대한 법적 평가만 달리하는 경우** 공소장변경 **不要** ① **실체적 경합 → 포괄일죄 / 상상적 경합**(87도546) ② **포괄일죄 / 상상적 경합 → 실체적 경합**(86도 2075; 87도527)

[구성요건이 같은 경우 공소장변경 필요 / 불요 판례정리]

① 범죄의 일시·장소의 변경

공소장변경 필요 : **범죄단체 가입의 일시가 서로 다른 경우**
1. 피고인이 1985.5. 중순경 범죄단체(시라소니파)에 가입하였다는 공소사실 → 가입시기를 1986.5.경 　으로 인정(92도2596) 2. (범죄단체의 구성원으로 활동한 사실이 인정된다) 공소장에 기재된 시일 → 그 이전의 어느 시일을 　범죄단체에 가입한 시일로 인정 : 범죄단체에 가입한 시일은 범죄사실을 특정하는 중요한 요건일 　뿐만 아니라 범죄에 대한 공소시효가 완성되었는지 여부를 결정짓는 요소임(93도999) 3. 피고인이 1987.3.경 신양오비파에 행동대장으로 가입하여 신양오비파를 구성하였다(폭처법 §4 2. 　의 공소사실) → 피고인이 1988.9.경 신양오비파에 가입하였다(동3.의 범죄사실)(92도1824)

공소장변경 불요 : **일시의 오기임이 명백한 경우**
공소장 기재 공소사실은 첫 번째 범죄의 시일이 "1982.10.2." → 첫 번째 범죄의 시일을 "1982.10.20."로 인정 : "1982.10.20."의 오기임이 명백하고, 오기된 범죄의 시일을 바로잡는 것이 실질적 불이익을 주지 않는 이상 공소장변경 불요(87도546; 79도1032; 87도1801)

② 범죄의 수단·방법의 변경

<table>
<tr><td colspan="2">공소장변경 필요 : 사기죄의 기망의 방법, 과실범의 과실의 내용이 서로 다른 경우</td></tr>
</table>

1. 피고인 1과 2가 A로부터 매수한 크레도스 승용차의 할부금이 남아 있음에도 **피고인 2가 마치 A인 것처럼 가장**하면서 피해자 B에게 위 승용차에 남아 있는 할부금이 없다고 거짓말을 하여 이에 속은 피해자로부터 그 자리에서 매매대금 명목으로 금 9,500,000원을 교부받아 이를 편취 → 피고인 1과 2가 **A의 대리권이 없으면서도 대리권이 있는 양 행세**하여 B를 기망하였다는 사기 : 그 범행 내용에 있어서 위 공소사실 기재 사기죄와는 다른 것(98도231)

2. **절취한 신용카드를 사용한 사기**의 공소사실 → **신용카드 절취 여부와 무관하게** 신용카드 사용으로 인한 **사기**를 인정할 수 있다는 검사 주장의 범죄사실 : 범죄행위의 내용 내지 태양에서 서로 달라 이에 대응할 피고인의 방어행위 역시 달라질 수밖에 없어, 공소장변경 없이 공소사실과 다른 범죄사실을 인정할 수 없음(2003도2252)

3. **횡단보도 앞에서 횡단보행자가 있는지 여부를 잘 살피지 아니하고** 또 신호에 따라 **정차하지 아니하고** 시속 50킬로미터로 진행한 과실 → **보조제동장치나 조향장치를 조작하지 아니하였다**는 과실(88도1691) [법원 12]

4. 교통사고처리특례법 제3조 제2항 단서 제1호 위반사실(**신호 위반**) → 같은 조항 단서 제6호의 위반(**횡단보도에서의 보행자 보호의무 위반**)(91도2674)

<table>
<tr><td>공소장변경 불요 : 살인죄의 목을 조른 범행에 사용된 도구가 서로 다른 경우</td></tr>
</table>

피고인이 범행에 사용한 도구는 피고인이 신고 있던 **양말**(늘였을 때의 길이 약 70cm)임 → 이를 **스카프**로 잘못 인정 : 피고인의 방어권 행사에 아무런 지장이 없고 범죄의 성립이나 양형조건에도 영향이 없는 것이므로 위법이 아님(94도2511)

③ 범죄의 객체·피해자의 변경

<table>
<tr><td>공소장변경 필요 : 국가적 법익에 대한 죄의 객체, 횡령목적물의 소유자(위탁자),
배임죄의 피해자를 전혀 다르게 인정한 경우</td></tr>
</table>

1. **금품**을 수수하였다는 **알선수재죄**의 공소사실 → 공소장변경 없이 금융상의 편의제공을 받아 **이익**을 수수한 것으로 인정 : 범죄행위 내용·태양이 서로 달라 그에 대응할 피고인의 방어행위 역시 달라질 수밖에 없어 그에 대하여 공판절차에서 심리가 되어 있다 하더라도 피고인의 방어권행사상 실질적인 불이익을 초래하므로 위법(98도667)

   [유사] **정당의 공직후보자 추천 관련 금품**수수 → 금원을 대여함으로써 **금융이익** 상당의 재산상 **이익** 수수 (2008도11042)

   [유사] 실거래금액으로 신고한 540,000,000원과의 차액인 155,150,000원을 뇌물로 수수 → 농지취득자격증명을 필요로 하여 본등기를 경료할 수 없는 토지를 처분하여 현금화하는 재산상이익을 취득하여 뇌물로 수수(2021도3791)

2. 공소사실 → 횡령목적물의 소유자(위탁자) 및 보관자의 지위, 영득행위의 불법성을 다르게 각 인정(91도1605)

3. **피해자가 A로 기재된 배임의 공소사실 → 피해자를 A가 아닌 B의 상속인들로 보는 배임** : 공소사실과 달리 B의 상속인들을 피해자로 인정할 경우 그에 대응할 피고인의 방어방법이 달라질 수밖에 없어 그의 방어권 행사에 실질적인 불이익을 초래할 염려가 있음(2009도10701)

공소장변경 불요 : 사기죄의 객체나 사기죄·횡령죄의 피해자가 서로 다른 경우
1. **변제의사·능력 없이 피해자로부터 금원을 편취**하였다는 공소사실 → 피해자에게 제3자를 소개케 하여 **동액의 금원을 차용하고 피해자에게 그에 대한 보증채무를 부담케 하여 재산상 이익을 취득**하였다고 인정 : 차용액, 기망의 태양, 피해의 내용이 실질에 있어 동일한 것(84도312)
2. **재물 편취의 사기죄**로 공소를 제기 → 실제로는 **이익 편취의 사기죄**가 인정되는 경우 : 금액, 기망의 태양, 피해의 내용이 실질에 있어 동일(2003도7828 : 법원의 심판의무를 인정한 사례)
3. 공소장기재의 **횡령피해자** → **다른 피해자** 인정(77도3522)
4. 공소장 기재의 **사기피해자** → **다른 피해자** : 서로 다른 것이 판명된 경우에는 공소사실에 있어서 동일성을 해하지 아니하고 피고인의 방어권 행사에 실질적 불이익을 주지 아니하는 한 공소장변경절차 없이 직권으로 공소장 기재의 사기피해자와 다른 실제의 피해자를 적시하여 이를 유죄로 인정**해야 함**(87도2168; 92도1983; 2001도6876) [경 13/1차]

④ 기타 사항의 변경

공소장변경 불요 : 상해정도, 인과관계의 중간경로, 증뢰물전달자의 차이
1. 공소장에 약 **4개월간의 치유를 요하는 상해**라고 적시 → **약 8개월간의 치료를 요하는 것**으로 인정 : 상해정도의 차이만 가지고는 기본적 사실의 동일성이 깨어진다고 볼 수 없음(84도1803)
2. 피고인이 위와 같은 내용의 **과실로 피해자가 위험을 느끼고 당황하여 중심을 잃고 땅에 넘어지게 하여 사망케 하였다**는 공소사실기재 → 피고인 운전의 트럭이 피해자 운전의 오토바이를 추월하기 위하여 우측으로 **너무 근접하여 운행한 과실로 위 트럭 왼쪽 뒷바퀴부분으로 위 오토바이의 오른쪽을 충격하여 피해자로 하여금 위 오토바이와 함께 넘어져 사망**에 이른 것으로 인정 : 과실과 사망에 관한 **인과관계의 중간경로를 설명**한 데 불과하므로 그 중간사실에 차이가 있어도 과실과 치사 간에 인과관계가 있다면 공소장 변경 요하지 않음(89도1557)
3. [유사] 과실범의 **주의의무위반의 내용이 다소 추가·부연**된 경우(94도1888; 97도3079)
4. 세무서직원인 피고인 甲·乙이 공소외 관광회사 부사장으로부터 동 회사의 갑종근로소득세 등을 선처해 달라는 부탁과 함께 금 4천5백만원을 수뢰하여 그 중 5백만원을 상사인 피고인 丙에게 전달한 경우 : 피고인 丙에 대한 뇌물수수 공소장에 **증뢰물전달자는 공범 중 1인인 乙 → 甲으로 바꾸어 인정**(84도682)
5. 수뢰 후 부정처사의 점에 관하여 공소장에는 "피고인은 **甲으로부터** 1회에 30만 원씩 5회에 걸쳐 합계 150만 원을 교부받고" → "피고인은 **甲으로부터 직접 또는 위 도박장에서 잔심부름을 하던 乙을 통하여** 1회에 금 30만원씩 5회에 걸쳐 합계 금 150만원을 교부받고"(2003도1060)

[법원의 축소사실 인정의무 관련 판례정리]

법원의 축소사실 인정의무가 인정되는 경우 : 전자의 공소사실 부정 → 후자의 범죄 인정 要
1. **살인죄** → (12층에서 추락시킨 행위 ×) **폭행·상해, 체포·감금**(2007도616)
2. **야간 또는 2인 이상이 공동하여 폭행·협박** → **폭행·협박**(90도2022)
3. **특가법상 도주운전치상** → **업무상 과실치상**(90도1238)
4. **준강간죄 장애미수** → **준강간죄 불능미수**(2021도9043)
5. 폭처법상 **야간흉기휴대주거침입죄** → **주거침입죄**(90도401)
6. **사기죄** → **피해자가 다른 사기죄**(87도2168)
7. 본범이 습득한 신용카드로 물건을 구입해주기로 하고 받은 **장물취득** → **장물보관**(2002도3881) [국7 15]
8. **필로폰 투약 기수** → **필로폰 투약 미수**(99도3674)
9. **향정신성의약품**을 제조·판매하여 영리를 취할 목적으로 그 원료가 되는 물질을 소지 → (영리목적 ×) 향정신성의약품 제조목적으로 원료물질 소지(2002도3881)

법원의 축소사실 인정의무가 부정되는 경우 : 전자의 공소사실 부정 → 후자의 범죄 인정 不要
1. 상해치사죄 → (폭행사실은 인정되나 인과관계 ×, 공동가공 ×) 상해죄 또는 폭행죄(90도1090) [경승 12]
2. **폭행치사죄** → (단순히 가슴을 민 행위에 대한) **폭행죄**(84도2089) [국9 11, 경승 12]
3. 허위사실적시 명예훼손 → 사실적시 명예훼손(2007도1220)
4. 횡령죄 → (범죄성립도 분명치 않은) 배임죄(2007도11125)

[공소장변경의 필요성 판례정리]

구성요건이 달라지면 실질적 불이익이 있어 공소장변경을 요한다는 사례
1. **고의범** → **과실범**(80도2824)
2. **미수** → **예비·음모**(관세포탈 미수 → 관세포탈예비 : 82도2939, **비지정문화재수출 미수** → **비지정문화재수출예비·음모** : 99도2461) [경승 09, 경 13/1차, 경 14/1차]
3. **살인죄** → **폭행치사죄**(살인죄의 구성요건이 반드시 폭행치사 사실을 포함한다고 할 수 없음, 81도1489) [행시 03, 국7 10, 국9 08, 해간 12, 경승 09]
4. **폭행치상죄** → **폭행죄**(70도2216) [경 12/1차]
5. 폭처법위반(집단·흉기 등 **폭행**) → 폭처법위반(집단·흉기 등 **협박**)(2007도8772)
6. **업무상 과실치사죄** → **단순과실치사죄**(68도1998) [경 16/1차, 경 14/1차]
7. **특가법상 도주차량운전(치상)죄** → **도로교통법상 교통사고 후 구호조치불이행(유기)죄**(교통사고에 업무상 과실이 인정되지 아니하는 경우임, 91도711; 93도656)
8. **업무상 과실재물손괴 후 조치불이행** → **교통사고 미신고**(90도2462)
9. **특가법상 미성년자약취 후 재물취득미수** → **특가법상 미성년자약취 후 재물요구기수**(2008도3747) [경 12/1차]
10. **강간치상죄** → **폭처법위반(상해)죄**(93도1898)
11. **강간치상죄**(예비적 : 상해) → **강제추행치상죄**(68도776) [국7 10, 경승 09]
12. 성폭법상 주거침입**강간**미수죄 → 성폭법상 주거침입강제**추행**죄(2008도2409)
13. **사실적시** 명예훼손 → **허위사실적시** 명예훼손(2001도5008) [경 16/1차, 경 14/1차]
14. **명예훼손죄** → **모욕죄**(70도1859) [해간 12, 경 03/1차, 경 08/1차, 경 08/3차]
15. **특수절도죄** → **장물운반죄**(64도681) [경 01/1차, 경 08/1차]
16. **특가법상 누범절도**(동 §5의4⑤) → **특가법상 상습절도**(동①)(2005도6925)
17. **특수강도죄** → **특수공갈죄**(68도695 전합) [경승 09, 경 01/1차, 경 08/1차, 경 14/1차]
18. **강도상해교사죄** → **공갈교사죄**(92도3156) [법원 09]
19. **사기죄** → **상습사기죄**(2006도5041) [경 16/1차]
20. **장물보관죄(고의범)** → **업무상과실장물보관죄(과실범)**(83도3334) [경 14/1차]
21. 강제집행면탈죄 → 권리행사방해죄(양죄는 그 행위태양 등 요건이 다름, 70도1859)
22. **증뢰물전달죄** → **뇌물수수죄**(65도785)
23. 변호사법상 알선수재죄 중 **금품수수죄** → **금품수수약속죄**(93도735)
24. **공무집행방해죄** → **폭행·협박죄**(91도2395)

[정리] ① 사-불 / 상-필, ② 도주운전-유기-필요, 도주운전-미신고-필요, 도주운전-과실-불요
③ 강간-추행-필요, 강간치상-준강제추행-불요, ④ 명-모-필, ⑤ 누-상-필, ⑥ 강-공-필 등

[축소사실의 인정]

1. **위력자살결의죄** → **자살교사죄**(2005도5775)

2. **폭처법상 야간·공동 폭행·협박죄** → **폭행·협박죄**(인정의무 有, 90도2022)

3. **특가법상 도주차량운전**(치상) → **교특법상 업무상 과실치상**(2007도828)

4. **강간죄** → **폭행죄**(2010도10512)

5. **강간치상죄** → **강간죄**(2001도6777) [국9 11, 경승 123]

6. **강간치상죄** → **준강제추행죄**(2007도7260) [국9 09/11, 경승 12/13, 경 12/1차]

7. **강간치사죄** → **강간죄**(or 강간미수죄)(68도1601) [경 01/1차, 경 05/2차]

8. **강제추행치상죄** → **강제추행죄**(96도1922) [행시 03, 법원 12, 경 03/1차, 경 05/2차]

9. **허위사실적시 명예훼손죄** → **사실적시 명예훼손죄**(96도1232) [국7 10/15 경승 08]

10. **폭처법상 야간흉기휴대주거침입죄** → **주거침입죄**(인정의무 有, 90도401)

11. **특수절도죄** → **절도죄**(73도1256) [국9 05, 해간 12, 경 08/3차]

12. **특가법상 상습절도죄** → **절도죄**(84도34) [국7 10, 경 08/3차]

13. **강도상해죄** → **(야간주거침입)절도죄와 상해죄**(65도599)

14. **강도상해죄** → **주거침입죄 및 상해죄**(96도755)

15. **강도강간죄** → (특수강도미수와) **강도죄**(87도792) [경승 08, 경 05/2차, 경 08/3차]

16. **성폭법상 특수강도강간미수죄** → **특수강도죄**(96도1232) [경 08/1차]

17. **특가법상 누범준강도죄** → **준강도죄**(82도1716,82감도348)

18. **뇌물수수죄** → **뇌물수수약속죄**(86도1223)

19. **수뢰 후 부정처사죄** → **뇌물수수죄**(99도2530) [국9 11, 경승 13]

20. **특가법상 수뢰죄** → **수뢰죄**(94도129)

[법률적 평가만의 변경]

21. **배임죄** → **횡령죄**(양죄 모두 신임관계 위반죄이며 형의 경중의 차이가 없음, 99도2651) [법원 12, 국7 10, 국9 16, 경승 08, 경 08/2차, 경 13/1차]

22. **장물취득죄** → **장물보관죄**(인정의무 有, 2003도1366) [경 05/1차]

[범죄참가 형태만의 변경]

23. **단독정범** → **공동정범**(90도1977; 99도1911; 2007도309) [국9 09]

24. **공동정범** → **방조범**(피고인의 방어권 행사에 실질적 불이익을 주지 않는 경우에 가능, 95도456; 2002도995) [국9 11, 경승 13]

25. [비교] 공동정범으로 공소가 제기되었는데 **단 한 번도 언급된 바 없는 방조사실**을 공소장변경 없이 그대로 유죄로 인정하는 것은 위법(94도1684; 2001도4792)

[죄수 평가만의 변경]

26. **실체적 경합** → **포괄일죄 or 상상적 경합**(87도546) [경승 10, 경 14/1차]

27. **포괄일죄 or 상상적 경합** → **실체적 경합**(86도2075; 87도527; 2005도5996)

28. **특가법상 관세포탈의 상습일죄** → 개개의 관세법 §180①의 포탈행위로 인정하여 **경합범**으로 처단(80도217)

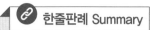
한줄판례 Summary

1. 공소장변경의 필요성

① 적용법조의 기재에 **오기·누락**이 있거나 또는 적용법조에 해당하는 구성요건이 **충족되지 않을 때**에는 공소사실의 동일성이 인정되는 범위 내로서 피고인의 방어에 실질적인 불이익을 주지 않는 한도에서 법원이 **공소장변경의 절차를 거침이 없이** 직권으로 공소장 기재와 다른 법조를 적용할 수 있지만, 공소장에 기재된 적용법조를 **단순한 오기나 누락으로 볼 수 없고 구성요건이 충족**됨에도 법원이 공소장변경의 절차를 거치지 아니하고 **임의적으로 다른 법조를 적용하여 처단할 수는 없음**(2015도12372) [국9 17]

② 법원이 **공소장변경 없이 직권으로 그보다 형이 무거운** '도로교통법 제148조의2 제1항 제1호, 제44조 제1항'을 적용하여 처벌하는 것은 불고불리의 원칙에 반하여 피고인의 **방어권 행사에 실질적인 불이익**을 초래함(대법원 2019.6.13. 2019도4608) [경 19/2차]

2. 구성요건이 다른 경우

피고인이 성폭력범죄의 처벌 등에 관한 특례법 위반(장애인**강간**) 및 성폭력범죄의 처벌 등에 관한 특례법 위반(장애인 **강제추행**)으로 기소된 사안에서, **공소장변경절차 없이** 각각 성폭력범죄의 처벌 등에 관한 특례법 위반(장애인**위계 등 간음**)죄와 성폭력범죄의 처벌 등에 관한 특례법 위반(장애인**위계등추행**)죄로 인정한 원심의 조치는 **정당**함(2014도9315)

3. 범죄참가 형태

단독범으로 기소된 것을 다른 사람과 **공모**하여 동일한 내용의 범행을 한 것으로 인정하는 경우에 이로 말미암아 피고인에게 예기치 않은 타격을 주어 방어권 행사에 실질적 불이익을 줄 우려가 없다면 공소장변경 **不要**(2018도5909)

4. 절 차

검사의 신청에 의한 공소장 변경	검사 신청	방 식	① 서면 or 구술 ② **서면** : 검사는 법원에 **공소장변경허가신청서** 제출 [국7 15, 경 15/2차] with 피고인 수에 상응한 **부본** 첨부(규칙 §142①②) ③ **구술** : 피고인이 **재정**하는 공판정에서는 피고인에게 **이익**되거나 피고인이 **동의**하는 경우 구술 可(동⑤)
		시 기	① 검사는 **변론종결 전에** 공소장변경 신청 要 ② **변론종결 후 신청 시 법원 허가 의무 無** : 적법하게 공판의 심리를 종결하고 판결선고 기일까지 고지한 후 검사의 공소장변경신청과 변론재개신청이 있는 경우, 법원이 종결한 공판의 심리를 재개하여 공소장변경을 허가할 의무 없음(2001도6484 등) [법원 12, 국7 09, 경 08/3차] ③ But 법원이 종결된 **변론을 재개**한 경우 : 검사는 공소장변경 **신청**할 수 있음(94도1520)
	법원 허가	신청 고지	① 신청 시 신속히 피고인 측에게 고지 : 공소장변경신청이 있을 때에는 법원은 그 사유를 신속히 **피고인 또는 변호인에게 고지**(§298③) ② 피고인 or 변호인 : 변호인 이외에 피고인에게 별도로 고지하지 않았다 하더라도 위법 ×(2001도1052) [국9 14/15]

검사의 신청에 의한 공소장 변경	법원 허가	신청 고지	③ 고지의 방식 : 공소장변경허가신청서 부본 송달(규칙 §142③) → 피고인에 대하여 공소장변경신청서의 부본이 공판정에서 교부되어도 피고인이 그 법정에서 변경된 기소사실에 대하여 충분히 진술·변론한 이상 판결결과 영향 無(85도1041)
		기 각	검사의 신청이 시기에 현저히 늦음 or 부적법(동일성 ×)
		허가 의무	**공소사실의 동일성이 인정되는 경우** 공소장변경 **허가** : 법원의 재량 ×, **의무** ○(98도1438) [법원 15, 국7 01/07, 국9 14, 경 15/2차, 행시 04, 검7 07, 경승 14] → 불이익변경금지원칙을 이유로 신청을 불허하는 것 不可(2011도14986)
		허가 결정	명시적 허가결정 不要 → 변경된 공소사실에 대하여 심판하였다면 허가결정 有 인정(2002도587)
		허가 취소	공소장변경 **허가결정에 위법**사유 有(동일성 ×) → 공소장변경 허가를 한 법원 이 스스로 **취소** 可(2001도116) [국7 09, 국9 11/12, 경 08/2차]
		불 복	① **항고 不可** : 공소사실 동일성이 인정됨에도 법원이 공소장변경 허가하지 않은 경우 **검사가 바로 이를 다툴 수 없음** [국7 09/13, 국9 09/12/14/16, 경 05/1차] ∵ 판결 전 소송절차에 관한 결정(§403①) ② **상소 可** : 결정의 위법이 판결에 영향을 미친 경우 **종국판결에 대한 상소** ○ (87모17) [국7 09/13, 국9 12/16, 경 15/1차, 경 16/1차]
	변경 후 절차	검사 낭독	① 검사의 낭독 : 공소장변경 허가 시 검사는 공판기일에서 공소장 변경허가 신청서에 의하여 변경된 공소사실·죄명 및 적용법조 낭독 ② 요지 진술 可 : but 재판장은 공소장 변경 요지 진술하게 할 수 있음(규칙 §142④)
		공판 절차 정지	① 의의 : 법원은 공소장변경이 **피고인의 불이익을 증가할 염려** 있다고 인정한 때 → **직권** or **피고인·변호인의 청구** → 피고인 필요한 방어 준비 위해 결정 으로 필요한 기간 공판절차 **정지 可**(§298④) ② 임의적 정지 : **경합범**으로 기소되었던 수개의 범죄사실을 **상습범**으로 변경 한 정도 → 공판절차 정지할 정도로 방어권 행사에 불이익 초래 × → 공판 절차 **정지 不要**(85도1193) [국7 10]
	변경 효과	대 상	공소장변경에 의하여 잠재적 심판대상이 현실적 심판대상으로 변경
		하자 치유	① 공소사실 특정 : 공소제기 시 공소장 기재 공소사실이 일정수준 특정되지 않아도 공소장변경으로 하자 치유 可 ② 소송조건 흠결의 치유 : 공소제기 당시 친고죄·반의사불벌죄의 소송조건 흠결, 이중기소, 공소시효 만료 등 위법 有 → **공소사실·적용법조 적법하게** **변경되면 하자 치유**(85도1435; 89도1317; 2001도2902; 2011도2233 등)
		이 송	단독판사사건이 공소장변경으로 합의부사건이 된 경우 → **합의부 이송** 결정 (§8②)
		시효 완성	① 기준시점 : 공소시효 완성 여부는 공소장변경 시가 아니라 **원래의 공소제기 시** 기준 ② 처리 : **변경된 공소사실** 공소제기 당시 기준 공소시효가 이미 완성 → 면소 판결

법원의 공소장 변경 요구	의 의	법원이 심리의 경과에 비추어 상당하다고 인정할 때 공소사실 또는 적용법조의 **추가 또는 변경(철회 ×)**을 요구하는 것(§298②) [국9 16, 경 08/2차]
	방식 시기	① 법원의 공소장변경요구는 소송지휘에 관한 결정 [경승 10] (공판정 구두로) ② 사실심 : 제1심 ○, 항소심 ○ [경승 10], 변론종결 후 변론재개하여 요구 可
	성 질	① 법조문 : "법원은 심리의 경과에 비추어 상당하다고 인정할 때에는 공소사실 또는 적용법조의 추가 또는 변경을 **요구하여야 한다**(§298②)" ② 學說·判例 : 의무설, 재량설, 예외적 의무설 대립, 判例는 **재량설**(97도1516) [법원 09, 국7 13, 국9 12, 경 15/2차]
	효 과	① 형성적 효력설, 권고적 효력설, 명령적 효력설(多) 대립 ② 결론 : 법원의 공소장변경요구는 **형성효 없음**
절차별 허용 여부	2심	① **허용** : 항소심은 원칙적 속심 ∴ 공소장변경 可 [행시 02, 법원 09/16, 국9 16, 경 15/2차] ② 상고심에서 항소심으로 : 상고심에서 **파기환송되어 열린 항소심** ○(94도3297; 2011도2233) [국7 13/15, 국9 09, 법원 09, 경 15/3차]
	3심	상고심은 법률심인 사후심 ∴ **不可** [경 01/3차]
	간이 공판	증거능력·증거조사에 관해서만 특칙 인정, 공판절차 일반규정 적용 배제되지 않음 ∴ 공소장변경 **허용** [행시 02]
	약 식	서면심리, 피고인 소환 不要 ∴ 공소장변경 **不可**
	재 심	**이익재심원칙 범위**에서 공소장변경 **허용**

🔗 한줄판례 Summary

1. **공소장변경 – 절차 – 신청**
   검사가 구술로 공소장변경허가신청을 하면서 변경하려는 공소사실의 일부만 진술하고 나머지는 전자적 형태의 문서로 저장한 **저장매체를 제출**하였다면, 공소사실의 내용을 **구체적으로 진술한 부분**에 한하여 **공소장변경허가신청**이 된 것으로 볼 수 있을 뿐임(2016도11138) [경간 20]

2. **공소장변경 – 절차 – 법원의 허가**
   검사가 제출한 공소장변경허가신청서는 즉시 그 부본을 피고인에게 송달하여야 하므로, 이를 **송달하지 않은** 채 공판절차를 진행한 원심의 조치에는 절차상의 법령위반이 있다. 그러나 그러한 경우에도 피고인의 방어권이나 변호인의 변호권 등이 본질적으로 침해되었다고 볼 정도에 이르지 않는 한 **그것만으로 판결에 영향을 미친 위법이라고 할 수 없음**(2018도16117)

✓ 조문정리

제2편 제1심

제3장 공판

제1절 공판준비와 공판절차

제266조【공소장부본의 송달】 법원은 공소의 제기가 있는 때에는 지체 없이 공소장의 부본을 피고인 또는 변호인에게 송달하여야 한다. 단, 제1회 공판기일 전 5일까지 송달하여야 한다.

제266조의2【의견서의 제출】 ① 피고인 또는 변호인은 공소장 부본을 송달받은 날부터 7일 이내에 공소사실에 대한 인정 여부, 공판준비절차에 관한 의견 등을 기재한 의견서를 법원에 제출하여야 한다. 다만, 피고인이 진술을 거부하는 경우에는 그 취지를 기재한 의견서를 제출할 수 있다.

② 법원은 제1항의 의견서가 제출된 때에는 이를 검사에게 송부하여야 한다.

제266조의5【공판준비절차】 ① 재판장은 효율적이고 집중적인 심리를 위하여 사건을 공판준비절차에 부칠 수 있다.

② 공판준비절차는 주장 및 입증계획 등을 서면으로 준비하게 하거나 공판준비기일을 열어 진행한다.

③ 검사, 피고인 또는 변호인은 증거를 미리 수집·정리하는 등 공판준비절차가 원활하게 진행될 수 있도록 협력하여야 한다.

제266조의6【공판준비를 위한 서면의 제출】 ① 검사, 피고인 또는 변호인은 법률상·사실상 주장의 요지 및 입증취지 등이 기재된 서면을 법원에 제출할 수 있다.

② 재판장은 검사, 피고인 또는 변호인에 대하여 제1항에 따른 서면의 제출을 명할 수 있다.

③ 법원은 제1항 또는 제2항에 따라 서면이 제출된 때에는 그 부본을 상대방에게 송달하여야 한다.

④ 재판장은 검사, 피고인 또는 변호인에게 공소장 등 법원에 제출된 서면에 대한 설명을 요구하거나 그 밖에 공판준비에 필요한 명령을 할 수 있다.

제266조의7【공판준비기일】 ① 법원은 검사, 피고인 또는 변호인의 의견을 들어 공판준비기일을 지정할 수 있다.

② 검사, 피고인 또는 변호인은 법원에 대하여 공판준비기일의 지정을 신청할 수 있다. 이 경우 당해 신청에 관한 법원의 결정에 대하여는 불복할 수 없다.

③ 법원은 합의부원으로 하여금 공판준비기일을 진행하게 할 수 있다. 이 경우 수명법관은 공판준비기일에 관하여 법원 또는 재판장과 동일한 권한이 있다.

④ 공판준비기일은 공개한다. 다만, 공개하면 절차의 진행이 방해될 우려가 있는 때에는 공개하지 아니할 수 있다.

제266조의8【검사 및 변호인 등의 출석】 ① 공판준비기일에는 검사 및 변호인이 출석하여야 한다.

② 공판준비기일에는 법원사무관 등이 참여한다.

③ 법원은 검사, 피고인 및 변호인에게 공판준비기일을 통지하여야 한다.

④ 법원은 공판준비기일이 지정된 사건에 관하여 변호인이 없는 때에는 직권으로 변호인을 선정하여야 한다.

⑤ 법원은 필요하다고 인정하는 때에는 피고인을 소환할 수 있으며, 피고인은 법원의 소환이 없는 때에도 공판준비기일에 출석할 수 있다.

⑥ 재판장은 출석한 피고인에게 진술을 거부할 수 있음을 알려주어야 한다.

제266조의9【공판준비에 관한 사항】 ① 법원은 공판준비절차에서 다음 행위를 할 수 있다.

1. 공소사실 또는 적용법조를 명확하게 하는 행위
2. 공소사실 또는 적용법조의 추가·철회 또는 변경을 허가하는 행위
3. 공소사실과 관련하여 주장할 내용을 명확히 하여 사건의 쟁점을 정리하는 행위
4. 계산이 어렵거나 그 밖에 복잡한 내용에 관하여 설명하도록 하는 행위
5. 증거신청을 하도록 하는 행위
6. 신청된 증거와 관련하여 입증 취지 및 내용 등을 명확하게 하는 행위
7. 증거신청에 관한 의견을 확인하는 행위
8. 증거 채부(採否)의 결정을 하는 행위
9. 증거조사의 순서 및 방법을 정하는 행위
10. 서류 등의 열람 또는 등사와 관련된 신청의 당부를 결정하는 행위
11. 공판기일을 지정 또는 변경하는 행위
12. 그 밖에 공판절차의 진행에 필요한 사항을 정하는 행위

② 제296조 및 제304조는 공판준비절차에 관하여 준용한다.

제266조의10【공판준비기일 결과의 확인】 ① 법원은 공판준비기일을 종료하는 때에는 검사, 피고인 또는 변호인에게 쟁점 및 증거에 관한 정리결과를 고지하고, 이에 대한 이의의 유무를 확인하여야 한다.
② 법원은 쟁점 및 증거에 관한 정리결과를 공판준비기일조서에 기재하여야 한다.

제266조의12【공판준비절차의 종결사유】 법원은 다음 각 호의 어느 하나에 해당하는 사유가 있는 때에는 공판준비절차를 종결하여야 한다. 다만, 제2호 또는 제3호에 해당하는 경우로서 공판의 준비를 계속하여야 할 상당한 이유가 있는 때에는 그러하지 아니하다.
1. 쟁점 및 증거의 정리가 완료된 때
2. 사건을 공판준비절차에 부친 뒤 3개월이 지난 때
3. 검사·변호인 또는 소환받은 피고인이 출석하지 아니한 때

제266조의13【공판준비기일 종결의 효과】 ① 공판준비기일에서 신청하지 못한 증거는 다음 각 호의 어느 하나에 해당하는 경우에 한하여 공판기일에 신청할 수 있다.
1. 그 신청으로 인하여 소송을 현저히 지연시키지 아니하는 때
2. 중대한 과실 없이 공판준비기일에 제출하지 못하는 등 부득이한 사유를 소명한 때
② 제1항에도 불구하고 법원은 직권으로 증거를 조사할 수 있다.

제266조의14【준용규정】 제305조는 공판준비기일의 재개에 관하여 준용한다.

제266조의15【기일 간 공판준비절차】 법원은 쟁점 및 증거의 정리를 위하여 필요한 경우에는 제1회 공판기일 후에도 사건을 공판준비절차에 부칠 수 있다. 이 경우 기일 전 공판준비절차에 관한 규정을 준용한다.

제266조의17【비디오 등 중계장치 등에 의한 공판준비기일】 ① 법원은 피고인이 출석하지 아니하는 경우 상당하다고 인정하는 때에는 검사와 변호인의 의견을 들어 비디오 등 중계장치에 의한 중계시설을 통하거나 인터넷 화상장치를 이용하여 공판준비기일을 열 수 있다.
② 제1항에 따른 기일은 검사와 변호인이 법정에 출석하여 이루어진 공판준비기일로 본다.
③ 제1항에 따른 기일의 절차와 방법, 그 밖에 필요한 사항은 대법원규칙으로 정한다.
[본조신설 2021.8.17.]

제267조【공판기일의 지정】 ① 재판장은 공판기일을 정하여야 한다.
② 공판기일에는 피고인, 대표자 또는 대리인을 소환하여야 한다.
③ 공판기일은 검사, 변호인과 보조인에게 통지하여야 한다.

제268조【소환장송달의 의제】 법원의 구내에 있는 피고인에 대하여 공판기일을 통지한 때에는 소환장송달의 효력이 있다.

제269조【제1회 공판기일의 유예기간】 ① 제1회 공판기일은 소환장의 송달 후 5일 이상의 유예기간을 두어야 한다.
② 피고인이 이의없는 때에는 전항의 유예기간을 두지 아니할 수 있다.

제270조【공판기일의 변경】 ① 재판장은 직권 또는 검사, 피고인이나 변호인의 신청에 의하여 공판기일을 변경할 수 있다.
② 공판기일 변경신청을 기각한 명령은 송달하지 아니한다.

제273조【공판기일 전의 증거조사】 ① 법원은 검사, 피고인 또는 변호인의 신청에 의하여 공판준비에 필요하다고 인정한 때에는 공판기일 전에 피고인 또는 증인을 신문할 수 있고 검증, 감정 또는 번역을 명할 수 있다.
② 재판장은 부원으로 하여금 전항의 행위를 하게 할 수 있다.
③ 제1항의 신청을 기각함에는 결정으로 하여야 한다.

제274조【당사자의 공판기일 전의 증거제출】 검사, 피고인 또는 변호인은 공판기일 전에 서류나 물건을 증거로 법원에 제출할 수 있다.

제1편 총칙

제9장 피고인의 소환, 구속

제68조【소환】 법원은 피고인을 소환할 수 있다.

제74조【소환장의 방식】 소환장에는 피고인의 성명, 주거, 죄명, 출석일시, 장소와 정당한 이유 없이 출석하지 아니하는 때에는 도망할 염려가 있다고 인정하여 구속영장을 발부할 수 있음을 기재하고 재판장 또는 수명법관이 기명날인 또는 서명하여야 한다.

제76조【소환장의 송달】 ① 소환장은 송달하여야 한다.
② 피고인이 기일에 출석한다는 서면을 제출하거나 출석한 피고인에 대하여 차회기일을 정하여 출석을 명한 때에는 소환장의 송달과 동일한 효력이 있다.
③ 전항의 출석을 명한 때에는 그 요지를 조서에 기재하여야 한다.
④ 구금된 피고인에 대하여는 교도관에게 통지하여 소환한다.
⑤ 피고인이 교도관으로부터 소환통지를 받은 때에는 소환장의 송달과 동일한 효력이 있다.

1	(광의의) 공판준비절차	공판기일에서의 심리를 준비하기 위하여 공판기일 전에 수소법원에 의하여 행하여지는 일련의 절차
2	절차적 공판준비	공판기일 전 공소장부본의 송달, 국선변호인의 선정, 제1회 공판기일의 지정과 피고인의 소환
3	실체적 공판준비	증거를 미리 수집·정리하여 공판기일에 신속한 실체심리가 이루어지도록 하는 공판기일 전 증거조사
4	(협의의) 공판준비절차	법 §266의5 이하

▌ I ▐ 절차적 공판준비

<table>
<tr>
<td rowspan="2">공소장
부본
송달</td>
<td>송 달</td>
<td>공소제기 시 법원은 지체 없이(제1회 공판기일 전 5일까지) 공소장부본(참여재판대상사건은 참여재판안내서도 함께, 국참규 §3①)을 피고인 or 변호인에게 송달(§266) [법원 07/11, 국9 12, 경 11/2차]
[정리] 5일이 법정기간 : ① 공소장부본 송달, ② 제1회 공판기일 유예기간(§269①), ③ 제2회 이후의 공시송달효력(§64④但)</td>
</tr>
<tr>
<td>이 의</td>
<td>공소장부본송달 하자 or 제1회 공판기일 유예기간 위반 → 피고인·변호인은 피고인 모두진술까지는 이의신청 → if not 하자 치유</td>
</tr>
<tr>
<td>의견서
제출</td>
<td colspan="2">① 피고인·변호인은 공소장부본 송달일 ~ 7일 이내 공소사실 인정 여부, 공판준비절차 관련 의견 등 기재한 의견서 법원 제출(§266의2①本) [법원 11]
② 피고인 진술거부 시 그 취지 기재 의견서 제출 可(동但) [법원 11]</td>
</tr>
<tr>
<td>국선변호인
선정고지</td>
<td colspan="2">국선변호사건(§33), 필요적변호사건(§282) 피고인에게 변호인이 없는 경우 → 재판장은 피고인에게 국선변호인을 선정하게 된다는 취지 또는 선정을 청구할 수 있다는 취지를 서면으로 고지(규칙 §17)</td>
</tr>
<tr>
<td rowspan="2">제1회
공판기일
지정과
변경</td>
<td>지 정</td>
<td>① 재판장은 공판기일 지정(§267①) [국9 12]
② 성질 : 재판의 일종인 명령 ∴ 법원이 공판기일 지정하지 아니하여도 변호인·피고인은 수소법원에 공판기일지정 신청 不可 [국9 12]</td>
</tr>
<tr>
<td>변 경</td>
<td>① 직권 or 신청 : 재판장 직권 or 검사·피고인·변호인 신청에 의하여 공판기일 변경 可(§270①, 규칙 §125) [국9 13, 경 11/2차]
② 변경신청 기각명령 송달 不要(§270②) [법원 11]</td>
</tr>
<tr>
<td rowspan="3">공판기일
통지와
피고인
소환</td>
<td>통 지</td>
<td>공판기일 통지는 검사, 변호인과 보조인에게(§267③) [경 11/2차]
[비교] 공판준비기일 통지는 검사, 피고인(출석권) 및 변호인에게(§266의8③)</td>
</tr>
<tr>
<td>소 환</td>
<td>공판기일에는 피고인, 대표자 또는 대리인 소환(§267②) [경 11/2차]</td>
</tr>
<tr>
<td>소 환
소환장
송달</td>
<td>① 피고인(대표자·대리인) 소환은 소환장 발부(§73)·송달 원칙(§76①)
② 제1회 공판기일 유예기간 : 피고인 소환장 송달 후 5일 이상 유예기간 要(§269①) but 피고인 이의 없으면 不要(동②) [법원 09]
[비교] 제2회 이후의 공판기일 소환장은 출석일시 12시간 이전 but 피고인 이의 없으면 不要(규칙 §45) [경 03/3차]</td>
</tr>
</table>

			③ 제1회공판기일소환장의 송달시기 : 공소장부본 송달 전 송달해서는 안 됨(규칙 §123) but 동시 송달은 피(실무)
공판기일 통지와 피고인 소환	소 환	소환장 송달	④ 기재 : 소환장에는 피고인의 성명, 주거, 죄명, 출석할 일시·장소, 정당한 이유 없이 출석하지 아니하는 때에는 도망할 염려가 있다고 인정하여 구속영장을 발부할 수 있음을 기재하고 재판장 또는 수명법관이 **기명날인 or 서명**(17.12. 개정 §74) [법원 08] ⑤ 소환장 송달의 의제 　㉠ 법원 구내 소재 피고인에게 공판기일 통지(§268) [법원 07/10] 　㉡ 피고인이 출석하겠다는 취지 기재 서면 제출(§76②前) [법원 07/08] 　㉢ 출석한 피고인에게 다음 기일을 정하고 출석을 명한 때(동後, 출석명령 조서 기재 要, 동③) [법원 07/08] 　㉣ 구금피고인 소환 : 교도관에게 통지하여 소환 → **피고인이 교도관으로부터 소환 통지를 받은 때**(§76④⑤) [법원 07/08] 　　[정리] ① 소송서류는 교도소장에게 송달, ② 소환장은 피고인이 교도관으로부터 소환통지를 받아야 송달 [교정9 특채 12] ⑥ 송달의 효과 : 출석의무 부담 → 정당한 이유 없이 불응 시 구인(§74) 　∴ 질병 기타의 사유로 출석하지 못할 때에는 의사의 진단서 기타 자료 제출 要(§271) [경 08/1차]

🔗 한줄판례 Summary

공소장부본의 송달

제1심이 **공소장 부본을 피고인 또는 변호인에게 송달하지 아니한 채 공시송달**의 방법으로 피고인을 소환하여 피고인이 공판기일에 출석하지 아니한 가운데 제1심 공판절차가 진행된 경우, … **항소심**은 피고인 또는 변호인에게 **공소장 부본을 송달**하고 적법한 절차에 의하여 소송행위를 **새로이** 한 후 항소심에서의 진술과 증거조사 등 심리 결과에 기초하여 다시 판결하여야 함(2013도9498) [경간 14, 경 15/1차, 국7 20, 법원 20]

▌Ⅱ 실체적 공판준비

	의 의	공판기일에서의 효율적이고도 신속한 심리를 위하여 공판기일 전에 행하는 증거조사
공판기일 전 증거조사	범 위	① 법원은 검사, 피고인 또는 변호인의 신청에 의하여 공판준비에 필요하다고 인정한 때에는 **공판기일 전**에 피고인 또는 증인을 신문할 수 있고 검증, 감정 또는 번역을 명할 수 있음(§273①) [법원 11, 경 11/2차] → 신청기각은 결정으로 (동③) ② 수명법관이 증거조사 피(동②) ③ 검사, 피고인 또는 변호인은 공판기일 전에 서류나 물건을 증거로 법원에 제출 피(§274) [법원 15, 경 11/2차]
	시 기	공소장일본주의와의 관계 ∴ §273·274의 공판기일 전 : **제1회 공판기일 이후**의 공판기일 전(多)

공무소 등에 대한 조회에 의한 보고와 서류송부의 요구	의 의	법원은 직권 또는 검사, 피고인이나 변호인의 신청에 의하여 공무소 또는 공사단 체(개인 ×)에 조회하여 필요한 사항의 보고 또는 그 보관서류의 송부를 요구 可 (역시 신청기각은 결정으로)(§272) [국9 17]
	열람 지정	수소법원으로부터 위 서류의 인증등본 송부요구를 받은 법원 등은 원칙적으로 신 청인·변호인에게 당해서류를 **열람**하게 하여 필요한 부분을 **지정**할 수 있도록 하 여야 하며 정당한 이유 없이 이에 대한 협력을 거절하지 못한다(**열람·지정권**, 규칙 §132의4③)

▌ III 협의의 공판준비절차

의 의	개 념	집중심리를 위하여 사건에 대한 쟁점을 정리하고 입증계획을 수립하는 절차
	성 질	① 법원이 필요하다고 인정하는 경우에 거칠 수 있는 **임의적 절차**(§266의5① : 부칠 수 있다) [법원 15, 국7 10, 국9 09, 경승 11, 경 12/3차, 경 15/1차] ② 국민참여재판에서는 필수적 절차(국참 §36①本)
	종 류	① 주장 및 입증계획 등을 **서면**으로 준비하게 하는 방법 ② 공판준비**기일**을 여는 방법(공판준비기일절차) [법원 10, 경 15/1차]
서면 제출 공판 준비		① 검사, 피고인 또는 변호인은 법률상·사실상 주장의 요지 및 입증취지 등이 기재된 **서면**을 법원에 **제출** 可(§266의6①) [국7 08] ② 재판장은 검사·피고인·변호인에게 위 서면 제출을 명할 수 있음(동②) → 위 서면에는 증거 × or 증거신청 의사 없는 자료에 기초하여 법원에 예단·편견 발생 염려 사항 기재 금지(규칙 §123의9③) ③ 법원은 제출된 서면의 부본을 상대방에게 송달(§266의6③) ④ 재판장은 공소장 등 법원에 제출된 서면에 대한 설명을 요구하거나 그 밖에 공판준비에 필요 한 명령 可(동④)
공판 준비 기일	준비 기일 지정	직권 or 신청에 의한 공판준비기일의 임의적 지정 ① 법원의 **직권**에 의한 지정 : 법원은 검사, 피고인 또는 변호인의 의견을 들어 공판준 비기일 **지정** 可(§266의7①) ② 당사자 신청에 의한 지정 : 검사, 피고인 또는 변호인은 법원에 대하여 공판준비기일 의 지정 **신청 可** but 당해 신청에 관한 법원의 결정에는 **불복 不可**(동②) [법원 10/12, 국7 08/14, 경 11/1차, 경 12/3차, 경 14/2차]
	통지 국선	① 법원의 공판준비기일 통지 → **검사, 피고인 및 변호인(모두)에게**(또는 ×)(§266의8③) [경 11/1차] ② **필요적 변호** : 법원은 공판준비기일이 지정된 사건에 관하여 변호인이 없는 때에는 직 권으로 변호인 선정 要(국선변호인, 동④) [법원 10/15, 국7 10, 국9 09/14, 경승 11, 경 12/3차]

	출 석	① 검사와 변호인 : 공판준비기일 **출석의무**(§266의8①) [국7 08, 경 12/3차]
		  cf. 피고인이 출석하지 아니하는 경우 상당하다고 인정하는 때에는 비디오 등 중계장치에 의한
		  중계시설을 통하거나 인터넷 화상장치를 이용하여 공판준비기일 可
		② 법원사무관 등 : 공판준비기일 **참여의무**(조서작성, 동②) [법원 08]

공판 준비 기일	출 석	③ 피고인 : **출석의무** ×, **출석권** ○ 　㉠ 법원은 필요시 피고인 **소환 可** 　㉡ **출석권** : 법원 **소환 없어도 공판준비기일 출석 可**(동⑤) [법원 08/10/12, 국7 10/14, 　　경승 11, 경 14/2차, 경 16/1차]
	진 행	① 재판장의 출석 피고인에 대한 **진술거부권 고지**(동⑥) [법원 08, 경 14] ② 수소법원 주재 but 합의부원으로 하여금 진행하게 할 수 있음 [국9 09] → 수명법관은 　법원·재판장과 동일한 권한(§266의7③) [경 11/1차] ③ **공개 원칙** [법원 12, 경 11/1차] but 절차진행 방해 우려 시 **비공개 可**(동④ ∴ 반드시 　공개 ×) [법원 08, 국7 09, 경 12/3차, 경 16/1차] → 법원의 재량 ∴ 당사자의 의사나 증거 　인멸의 우려는 요건이 아님 [법원 08] ④ 검사는 증명하려는 사실을 밝히고 그 증명에 사용할 증거를 신청하여야 하며, 피고인· 　변호인은 검사의 증명사실과 증거신청에 대한 의견을 밝히고 공소사실에 관한 사실상· 　법률상 주장과 그에 대한 증거를 신청하여야 함(§266의9①) → 검사·피고인·변호 　인은 특별한 사정이 없는 한 필요한 증거를 공판준비절차에서 일괄하여 신청(규칙 　§123의8②) [경 10/2차] ⑤ 검사·피고인·변호인 이의신청 可(§266의9②, §296, §304) ⑥ 법원은 집중심리를 하는 데 필요한 심리계획 수립 [경 14/2차] (규칙 §123의8①) ⑦ 검사, 피고인 또는 변호인은 공판준비 또는 공판기일에서 법원의 허가를 얻어 구두 　로 상대방에게 상대방이 보관하고 있는 서류 등의 열람 또는 등사 신청 可(규칙 §123 　의5①)
	내 용	① 법원은 공판준비절차에서 다음 행위를 할 수 있음(§266의9①)

공소사실 등과 관련된 쟁점의 정리	1. 공소사실 또는 적용법조를 명확하게 행위 2. 공소사실 또는 적용법조의 추가·철회 또는 변경을 허가하는 　행위 : **공소장변경** ○ [법원 12, 국7 10, 국9 12, 경승 11] 3. 공소사실과 관련하여 주장할 내용을 명확히 하여 사건의 쟁 　점을 정리하는 행위 4. 계산이 어렵거나 그 밖에 복잡한 내용에 관하여 설명하도록 　하는 행위	
증거신청 등을 통한 입증계획의 수립	5. 증거신청을 하도록 하는 행위 6. 신청된 증거와 관련하여 입증취지 및 내용 등을 명확하게 하는 　행위 7. 증거신청에 관한 의견을 확인하는 행위 8. 증거 채부의 결정을 하는 행위 9. 증거조사의 순서 및 방법을 정하는 행위	
증거개시에 관한 결정	10. **서류 등의 열람 또는 등사**와 관련된 신청의 당부를 결정하는 　행위 [국9 12]	
공판절차 진행의 준비	11. 공판기일을 지정 또는 변경하는 행위 12. 그 밖에 공판절차의 진행에 필요한 사항을 정하는 행위	

② 법원이 할 수 없는 행위 : ㉠ 공소장일본주의와의 관계상 신청된 증거에 대한 **증거조사
(및 판결선고) 不可** [경 09/1차], ㉡ 압수·수색영장의 발부에 관한 **결정 不可**, ㉢ **증거보
전청구의 인용 여부 결정 不可** [국9 12]

PART 04

	사유	① 쟁점 및 증거의 정리 **완료** ② 사건을 공판준비절차에 부친 뒤 **3개월** 경과 ③ 검사·변호인 또는 소환받은 피고인이 **출석하지 아니한** 때 　→ 공판준비절차 종결 要 [경간 12, 경승 13] But ②, ③ → 공판준비 계속할 상당한 이유 有 → **종결 不要**(§266의12)
종 결	결과 확인	공판준비기일 종료 시 법원은 검사, 피고인 또는 변호인에게 쟁점 및 증거에 관한 정리결과를 고지 & 이의 유무 확인 & 쟁점 및 증거에 관한 정리결과를 **공판준비기일조서**에 기재 要(§266의10) [국7 08]
	효 과	① **실권효** 원칙 : **공판준비기일 신청 × 증거 → 공판기일 증거 신청할 수 없음이 원칙** 　(§266의13①本) ② 예외 [법원 08, 국7 09, 경간 12, 경승 13] 　㉠ 신청으로 인하여 소송을 현저히 **지**연시키지 아니함 　㉡ 공판준비기일 미제출에 중대한 과실 없는 등 **부**득이한 사유 소명 　　→ 예외적으로 공판기일 증거 **신청 可**(동但) [법원 15, 경 16/1차] ③ 실권효 제재에도 법원은 **직권 증거조사 可**(동②) [국7 14, 경 15/1차] [정리] 실권 - 부/지/직
준 용	재 개	공판준비기일 종결 후 법원은 필요시 직권 또는 검사·피고인·변호인 신청으로 **공판준비기일 재개결정 可**(변론재개 준용, §266의14) [경간 12, 경승 13]
	기일 간	공판준비기일 종결 후 법원은 쟁점·증거정리 필요시 **제1회 공판기일 후에도** 사건을 **공판준비절차**에 부칠 수 있음(**기일 간 공판준비절차**, §266의15) [법원 09/15, 국9 09, 경간 12, 경승 13, 경 15/1차, 경 16/1차] [정리] 공소제기 - 공판 전 준비절차(§266의5 이하, 공판준비기일의 진행, 협의의 공판준비절차, 증거정리 등 입증계획 수립은 가능하나 증거조사는 안 됨) - 제1회 공판기일(증거조사) - 공판기일 전 증거조사(§273·§274) / 기일 간 공판준비절차(§266의15) 가능 - 제2회 공판기일 - 위와 동일

04 증거개시

⊘ 조문정리

제1편 총칙

제4장 변호

제35조 【서류·증거물의 열람·복사】 ① 피고인과 변호인은 소송계속 중의 관계 서류 또는 증거물을 열람하거나 복사할 수 있다.
② 피고인의 법정대리인, 제28조에 따른 특별대리인, 제29조에 따른 보조인 또는 피고인의 배우자·직계친족·형제자매로서 피고인의 위임장 및 신분관계를 증명하는 문서를 제출한 자도 제1항과 같다.
③ 재판장은 피해자, 증인 등 사건관계인의 생명 또는 신체의 안전을 현저히 해칠 우려가 있는 경우에는 제1항 및 제2항에 따른 열람·복사에 앞서 사건관계인의 성명 등 개인정보가 공개되지 아니하도록 보호조치를 할 수 있다.
④ 제3항에 따른 개인정보 보호조치의 방법과 절차, 그 밖에 필요한 사항은 대법원규칙으로 정한다.

제2편 제1심

제3장 공판

제1절 공판준비와 공판절차

제266조의3【공소제기 후 검사가 보관하고 있는 서류 등의 열람·등사】 ① 피고인 또는 변호인은 검사에게 공소제기된 사건에 관한 서류 또는 물건(이하 "서류 등"이라 한다)의 목록과 공소사실의 인정 또는 양형에 영향을 미칠 수 있는 다음 서류 등의 열람·등사 또는 서면의 교부를 신청할 수 있다. 다만, 피고인에게 변호인이 있는 경우에는 피고인은 열람만을 신청할 수 있다.

1. 검사가 증거로 신청할 서류 등
2. 검사가 증인으로 신청할 사람의 성명·사건과의 관계 등을 기재한 서면 또는 그 사람이 공판기일 전에 행한 진술을 기재한 서류 등
3. 제1호 또는 제2호의 서면 또는 서류등의 증명력과 관련된 서류 등
4. 피고인 또는 변호인이 행한 법률상·사실상 주장과 관련된 서류 등(관련 형사재판확정기록, 불기소처분기록 등을 포함한다)

② 검사는 국가안보, 증인보호의 필요성, 증거인멸의 염려, 관련 사건의 수사에 장애를 가져올 것으로 예상되는 구체적인 사유 등 열람·등사 또는 서면의 교부를 허용하지 아니할 상당한 이유가 있다고 인정하는 때에는 열람·등사 또는 서면의 교부를 거부하거나 그 범위를 제한할 수 있다.

③ 검사는 열람·등사 또는 서면의 교부를 거부하거나 그 범위를 제한하는 때에는 지체 없이 그 이유를 서면으로 통지하여야 한다.

④ 피고인 또는 변호인은 검사가 제1항의 신청을 받은 때부터 48시간 이내에 제3항의 통지를 하지 아니하는 때에는 제266조의4제1항의 신청을 할 수 있다.

⑤ 검사는 제2항에도 불구하고 서류 등의 목록에 대하여는 열람 또는 등사를 거부할 수 없다.

⑥ 제1항의 서류 등은 도면·사진·녹음테이프·비디오테이프·컴퓨터용 디스크, 그 밖에 정보를 담기 위하여 만들어진 물건으로서 문서가 아닌 특수매체를 포함한다. 이 경우 특수매체에 대한 등사는 필요 최소한의 범위에 한한다.

제266조의4【법원의 열람·등사에 관한 결정】 ① 피고인 또는 변호인은 검사가 서류 등의 열람·등사 또는 서면의 교부를 거부하거나 그 범위를 제한한 때에는 법원에 그 서류 등의 열람·등사 또는 서면의 교부를 허용하도록 할 것을 신청할 수 있다.

② 법원은 제1항의 신청이 있는 때에는 열람·등사 또는 서면의 교부를 허용하는 경우에 생길 폐해의 유형·정도, 피고인의 방어 또는 재판의 신속한 진행을 위한 필요성 및 해당 서류 등의 중요성 등을 고려하여 검사에게 열람·등사 또는 서면의 교부를 허용할 것을 명할 수 있다. 이 경우 열람 또는 등사의 시기·방법을 지정하거나 조건·의무를 부과할 수 있다.

③ 법원은 제2항의 결정을 하는 때에는 검사에게 의견을 제시할 수 있는 기회를 부여하여야 한다.

④ 법원은 필요하다고 인정하는 때에는 검사에게 해당 서류 등의 제시를 요구할 수 있고, 피고인이나 그 밖의 이해관계인을 심문할 수 있다.

⑤ 검사는 제2항의 열람·등사 또는 서면의 교부에 관한 법원의 결정을 지체 없이 이행하지 아니하는 때에는 해당 증인 및 서류 등에 대한 증거신청을 할 수 없다.

제266조의11【피고인 또는 변호인이 보관하고 있는 서류 등의 열람·등사】 ① 검사는 피고인 또는 변호인이 공판기일 또는 공판준비절차에서 현장부재·심신상실 또는 심신미약 등 법률상·사실상의 주장을 한 때에는 피고인 또는 변호인에게 다음 서류 등의 열람·등사 또는 서면의 교부를 요구할 수 있다.

1. 피고인 또는 변호인이 증거로 신청할 서류 등
2. 피고인 또는 변호인이 증인으로 신청할 사람의 성명, 사건과의 관계 등을 기재한 서면
3. 제1호의 서류 등 또는 제2호의 서면의 증명력과 관련된 서류 등
4. 피고인 또는 변호인이 행한 법률상·사실상의 주장과 관련된 서류 등

② 피고인 또는 변호인은 검사가 제266조의3제1항에 따른 서류 등의 열람·등사 또는 서면의 교부를 거부한 때에는 제1항에 따른 서류 등의 열람·등사 또는 서면의 교부를 거부할 수 있다. 다만, 법원이 제266조의4제1항에 따른 신청을 기각하는 결정을 한 때에는 그러하지 아니하다.

③ 검사는 피고인 또는 변호인이 제1항에 따른 요구를 거부한 때에는 법원에 그 서류 등의 열람·등사 또는 서면의 교부를 허용하도록 할 것을 신청할 수 있다.

④ 제266조의4제2항부터 제5항까지의 규정은 제3항의 신청이 있는 경우에 준용한다.

⑤ 제1항에 따른 서류 등에 관하여는 제266조의3제6항을 준용한다.

의 의			피고인 또는 변호인이 공소제기된 사건과 관련된 검사 보관 서류나 물건을 열람·등사하고 (§266의3 이하) 검사도 피고인 또는 변호인의 일정한 주장과 관련된 서류 등의 열람·등사를 요구할 수 있도록 하는 제도(§266의11) [법원 16, 국9 08/22] → 불의의 타격 미연에 방지, 당사자주의 근간인 실질적 무기평등에 의한 공정한 재판과 집중심리에 의한 신속한 재판 → 실체적 진실 발견에 기여		
피고인 · 변호인의 열람 · 등사권	의 의		① 소송계속 중의 관계서류·증거물 열람·복사권(§35①) ② 공소제기 후 검사 보관 중의 서류 등에 대한 열람·등사·서면교부신청권(§266의3)	
	내 용	법원보관 서류 등 열람 등사권	① 의의 : 피고인과 변호인은 소송계속 중의 관계서류 또는 증거물을 열람·복사할 수 있음(§35①) ② 주체 ㉠ **피고인 : 변호인이 있어도 열람·복사 모두 可**(≠ §266의3①但) ㉡ 변호인의 열람·등사권 : 피고인과 중복하여 변호인의 고유권 ㉢ 피고인의 **법정대리인, 특별대리인, 보조인** 또는 피고인의 **배우자·직계친족·형제자매**로서 피고인의 **위임장 및 신분관계를 증명하는 문서**를 제출한 자 : 열람·복사권 ○(동②) ③ 객체 : 소송계속 중(공소제기 후)의 관계서류·증거물(**공소제기 후 + 법원 보관**) ∴ 공소제기 이전 수사서류 × ④ 보호조치 : 재판장은 피해자, 증인 등 사건관계인의 생명 또는 신체의 안전을 현저히 해칠 우려가 있는 경우 사건관계인의 성명 등 개인정보가 공개되지 아니하도록 보호조치 可(동③)	
		검사보관 서류 등 열람 등사권	주 체	**피고인 또는 변호인** but **피고인에게 변호인이 있는 경우 피고인은 열람만** 신청 可(§266의3①但) [법원 16/17, 국7 15, 경 11/2차, 경 12/2차, 경 12/3차, 경 14/1차, 경 15/3차, 경 16/1차, 경승 13]
			시 기	**공소제기 후** [국7 15, 경 12/3차] → 제1회 공판기일 후에도 可
			대 상	① 검사가 공소제기한 사건에 관한 서류 또는 물건의 **목록** ② 공소사실의 인정 또는 양형에 영향을 미칠 수 있는 다음 **서류 등**(§266의3①, 도면·사진·녹음테이프·비디오테이프·컴퓨터용디스크, 그 밖에 정보를 담기 위하여 만들어진 특수매체 포함, 동⑥) [경승 10, 경 12/2차, 경 16/2차] ㉠ 검사가 **증거**로 신청할 서류 등 : 검사 신청 예정 증거라면 **피고인에게 유리한 증거도 포함(전면적 개시)** [국9 13] ㉡ 검사가 **증인**으로 신청할 사람의 성명·사건과의 관계 등을 기재한 서면 또는 그 사람이 공판기일 전에 행한 진술을 기재한 서류 등 ㉢ 위 ㉠㉡의 서면 또는 서류 등의 **증명력**(증거능력 ×)과 관련된 서류 등 : 증명력을 탄핵할 수 있는 증거 포함 ㉣ 피고인·변호인이 행한 법률상·사실상 **주장**과 관련된 서류 등 : **관련 형사재판기록, 불기소처분기록 등 포함** [정리] 거/인/명/주를 보여줌

피고인 · 변호인의 열람 · 등사권	내용	검사보관 서류 등 열람 등사권	제한	사유	국가안보, 증인보호의 필요성, 증거인멸의 염려, 관련사건의 수사에 장애를 가져올 것으로 예상되는 구체적인 사유 등 열람·등사·서면교부를 허용하지 아니할 상당한 이유 → 검사는 열람·등사·서면교부 거부 [법원 09] or 그 범위 제한 可(동②) [법원 10, 국7 08, 경승 10]
				거부 금지	서류 등의 목록은 열람·등사 거부 不可(동⑤) [법원 09/16, 국7 08/09, 국9 12, 경승 10, 경 12/3차, 경 16/1차] ∴ 서류·물건의 목록 열람·등사 신청 시 → 국가안보 또는 증인보호의 필요성이 있어도 검사는 거부 不可 [국7 09] [정리] 국/보/염/장은 거부돼, 단 목록은 알려줘.
				특수	특수매체 등사는 필요 최소한의 범위에 한하여 허용(동⑥ 제2문)
				통지	열람·등사·서면교부 거부 or 범위 제한 시 → 검사는 지체 없이 그 이유를 서면으로 신청인에게 통지(동③) [국7 12, 경 12/2차, 경 12/3차, 경 14/2차, 경 16/1차]
			실효성 보장	허용 신청	① 검사 서류 등 열람·등사·서면교부 거부 or 범위 제한(§266의4①) or ② 열람·등사·서면교부 신청 후 48시간 이내 거부·제한 이유 서면 미통지(§266의3④) → 피고인·변호인은 법원에 열람·등사·서면교부 허용 신청(by 서면, 규칙 §123의4) 可 [법원 10, 국9 22, 경승 13, 경 11/2차, 경 13/2차]
				법원 결정	① 법원(수소법원)은 제반사정 고려하여 검사에게 열람·등사·서면교부 허용 명령 可(§266의4②) ② 검사 의견 제시 기회 부여 要(동③) ③ 필요시 법원은 검사에게 해당 서류 등 제시 요구 可, 피고인이나 그밖의 이해관계인 심문 可(동④)
				불복	① 법원 결정에 즉시항고 不可 ∴ 결정 고지 시 즉시 집행력 발생(2011다48452) [국9 22] ② 보통항고(§402)도 不可(判例, 2009헌마257 [국7 15/23, 경 13/2차] - 용산참사사건 ; 2012모1393 [국7 15, 경 14/2차])
				실권	① 검사의 증거신청 금지 : 법원의 허용결정을 검사가 지체 없이 이행하지 아니한 때 → 증거신청 ×(§266의4⑤) [경승 13, 경 11/2차, 경 12/2차, 경 12/3차, 경 14/2차] ② 실권효의 의미 : 검사 실권효 감수하여도 열람·등사 거부할 수 있다는 의미는 아님 → 검사 처분 분명히 위헌

피고인 · 변호인의 열람 · 등사권	내 용	검사보관 서류 등 열람 등사권	남용 금지	피고인 · 변호인은 서면 및 서류 등 사본을 당해 사건 또는 관련 소송의 준비에 사용할 목적이 아닌 다른 목적으로 다른 사람에게 교부 또는 제시 不可(§266의16①) → 위반 시 1년 이하의 징역 또는 500만원 이하의 벌금(동②)
피고인 · 변호인의 증거개시 의무		의 의		피고인 · 변호인이 공판기일 · 공판준비절차에서 현장부재 등 일정한 주장을 한 때 → 검사는 피고인 · 변호인에게 일정 서류 등의 열람 · 등사 · 서면교부 요구 可(§266의11)
	내 용	시 기		공소제기 이후의 **공판기일 또는 공판준비절차**
		범위와 대상	범 위	① **현장부재(알리바이)**, **심신상실 · 심신미약** 등 법률상 · 사실상 주장(**한정설**, 通, 동①) [경 14/2차] ② 피고인 · 변호인의 **제한적 개시의무** ≠ 검사의 전면적 개시의무 [경승 13, 경 11/ 2차]
			대 상	① 피고인 · 변호인이 증거로 신청할 서류 등 ② 피고인 · 변호인이 증인으로 신청할 사람의 성명, 사건과의 관계 등을 기재한 서면 ③ 위 ①② 서류 등 또는 서면의 증명력과 관련된 서류 등 ④ 피고인 · 변호인이 행한 법률상 · 사실상의 주장과 관련된 서류 등
		거 부		① if **검사** 서류 등 열람 · 등사 · 서면교부 **거부**한 때 → 피고인 · 변호인도 **거부 可** [법원 16] ② But 피고인 · 변호인 열람 · 등사 · 서면교부 **신청에 법원의 기각**결정 시에는 피고인 · 변호인의 **거부 不可**(동②)
		실효성 보장		① 피고인 · 변호인 증거개시 거부 시 → 검사는 법원에 신청(동③) ② **실권효** : 피고인 · 변호인 법원 허용결정 지체 없이 이행하지 아니한 때 → **증거신청 ×** [경승 10]

05 공판정의 심리

I 공판정의 구성

⊘ 조문정리

제2편 제1심

제3장 공판

제1절 공판준비와 공판절차

제276조【피고인의 출석권】 피고인이 공판기일에 출석하지 아니한 때에는 특별한 규정이 없으면 개

정하지 못한다. 단, 피고인이 법인인 경우에는 대리인을 출석하게 할 수 있다.

제277조【경미사건 등과 피고인의 불출석】 다음 각 호의 어느 하나에 해당하는 사건에 관하여는 피고인의 출석을 요하지 아니한다. 이 경우 피고인은 대리인을 출석하게 할 수 있다.

1. 다액 500만원 이하의 벌금 또는 과료에 해당하는 사건
2. 공소기각 또는 면소의 재판을 할 것이 명백한 사건
3. 장기 3년 이하의 징역 또는 금고, 다액 500만원을 초과하는 벌금 또는 구류에 해당하는 사건에서 피고인의 불출석허가신청이 있고 법원이 피고인의 불출석이 그의 권리를 보호함에 지장이 없다고 인정하여 이를 허가한 사건. 다만, 제284조에 따른 절차를 진행하거나 판결을 선고하는 공판기일에는 출석하여야 한다.
4. 제453조제1항에 따라 피고인만이 정식재판의 청구를 하여 판결을 선고하는 사건

제277조의2【피고인의 출석거부와 공판절차】 ① 피고인이 출석하지 아니하면 개정하지 못하는 경우에 구속된 피고인이 정당한 사유 없이 출석을 거부하고, 교도관에 의한 인치가 불가능하거나 현저히 곤란하다고 인정되는 때에는 피고인의 출석 없이 공판절차를 진행할 수 있다.
② 제1항의 규정에 의하여 공판절차를 진행할 경우에는 출석한 검사 및 변호인의 의견을 들어야 한다.

제278조【검사의 불출석】 검사가 공판기일의 통지를 2회 이상 받고 출석하지 아니하거나 판결만을 선고하는 때에는 검사의 출석 없이 개정할 수 있다.

제279조【재판장의 소송지휘권】 공판기일의 소송지휘는 재판장이 한다.

제279조의2【전문심리위원의 참여】 ① 법원은 소송관계를 분명하게 하거나 소송절차를 원활하게 진행하기 위하여 필요한 경우에는 직권으로 또는 검사, 피고인 또는 변호인의 신청에 의하여 결정으로 전문심리위원을 지정하여 공판준비 및 공판기일 등 소송절차에 참여하게 할 수 있다.
② 전문심리위원은 전문적인 지식에 의한 설명 또는 의견을 기재한 서면을 제출하거나 기일에 전문적인 지식에 의하여 설명이나 의견을 진술할 수 있다. 다만, 재판의 합의에는 참여할 수 없다.
③ 전문심리위원은 기일에 재판장의 허가를 받아 피고인 또는 변호인, 증인 또는 감정인 등 소송관계인에게 소송관계를 분명하게 하기 위하여 필요한 사항에 관하여 직접 질문할 수 있다.
④ 법원은 제2항에 따라 전문심리위원이 제출한 서면이나 전문심리위원의 설명 또는 의견의 진술에 관하여 검사, 피고인 또는 변호인에게 구술 또는 서면에 의한 의견진술의 기회를 주어야 한다.

제279조의3【전문심리위원 참여결정의 취소】 ① 법원은 상당하다고 인정하는 때에는 검사, 피고인 또는 변호인의 신청이나 직권으로 제279조의2제1항에 따른 결정을 취소할 수 있다.
② 법원은 검사와 피고인 또는 변호인이 합의하여 제279조의2제1항의 결정을 취소할 것을 신청한 때에는 그 결정을 취소하여야 한다.

제279조의4【전문심리위원의 지정 등】 ① 제279조의2제1항에 따라 전문심리위원을 소송절차에 참여시키는 경우 법원은 검사, 피고인 또는 변호인의 의견을 들어 각 사건마다 1인 이상의 전문심리위원을 지정한다.
② 전문심리위원에게는 대법원규칙으로 정하는 바에 따라 수당을 지급하고, 필요한 경우에는 그 밖의 여비, 일당 및 숙박료를 지급할 수 있다.
③ 그 밖에 전문심리위원의 지정에 관하여 필요한 사항은 대법원규칙으로 정한다.

제279조의5【전문심리위원의 제척 및 기피】 ① 제17조부터 제20조까지 및 제23조는 전문심리위원에게 준용한다.
② 제척 또는 기피 신청이 있는 전문심리위원은 그 신청에 관한 결정이 확정될 때까지 그 신청이 있는 사건의 소송절차에 참여할 수 없다. 이 경우 전문심리위원은 해당 제척 또는 기피 신청에 대하여 의견을 진술할 수 있다.

제279조의6【수명법관 등의 권한】 수명법관 또는 수탁판사가 소송절차를 진행하는 경우에는 제279조의2제2항부터 제4항까지의 규정에 따른 법원 및 재판장의 직무는 그 수명법관이나 수탁판사가 행한다.

제279조의7【비밀누설죄】 전문심리위원 또는 전문심리위원이었던 자가 그 직무수행 중에 알게 된 다른 사람의 비밀을 누설한 때에는 2년 이하의 징역이나 금고 또는 1천만원 이하의 벌금에 처한다.

제279조의8【벌칙 적용에서의 공무원 의제】 전문심리위원은 형법 제129조부터 제132조까지의 규정에 따른 벌칙의 적용에서는 공무원으로 본다.

제280조【공판정에서의 신체구속의 금지】 공판정에서는 피고인의 신체를 구속하지 못한다. 다만, 재판장은 피고인이 폭력을 행사하거나 도망할 염려가 있다고 인정하는 때에는 피고인의 신체의 구속을 명하거나 기타 필요한 조치를 할 수 있다.

제281조【피고인의 재정의무, 법정경찰권】 ① 피고인은 재판장의 허가 없이 퇴정하지 못한다.
② 재판장은 피고인의 퇴정을 제지하거나 법정의 질서를 유지하기 위하여 필요한 처분을 할 수 있다.

제282조【필요적 변호】 제33조제1항 각 호의 어느

하나에 해당하는 사건 및 같은 조 제2항·제3항의 규정에 따라 변호인이 선정된 사건에 관하여는 변호인 없이 개정하지 못한다. 단, 판결만을 선고할 경우에는 예외로 한다.

제283조【국선변호인】제282조 본문의 경우 변호인이 출석하지 아니한 때에는 법원은 직권으로 변호인을 선정하여야 한다.

제299조【불필요한 변론 등의 제한】재판장은 소송관계인의 진술 또는 신문이 중복된 사항이거나 그 소송에 관계없는 사항인 때에는 소송관계인의 본질적 권리를 해하지 아니하는 한도에서 이를 제한할 수 있다.

제302조【증거조사 후의 검사의 의견진술】피고인신문과 증거조사가 종료한 때에는 검사는 사실과 법률적용에 관하여 의견을 진술하여야 한다. 단, 제278조의 경우에는 공소장의 기재사항에 의하여 검사의 의견진술이 있는 것으로 간주한다.

제3편 상소

제2장 항소

제365조【피고인의 출정】① 피고인이 공판기일에 출정하지 아니한 때에는 다시 기일을 정하여야 한다.
② 피고인이 정당한 사유 없이 다시 정한 기일에 출정하지 아니한 때에는 피고인의 진술 없이 판결을 할 수 있다.

제3장 상고

제389조의2【피고인의 소환 여부】상고심의 공판기일에는 피고인의 소환을 요하지 아니한다.

소송촉진 등에 관한 특례법

제23조【제1심 공판의 특례】제1심 공판절차에서 피고인에 대한 송달불능보고서(送達不能報告書)가 접수된 때부터 6개월이 지나도록 피고인의 소재(所在)를 확인할 수 없는 경우에는 대법원규칙으로 정하는 바에 따라 피고인의 진술 없이 재판할 수 있

다. 다만, 사형, 무기 또는 장기(長期) 10년이 넘는 징역이나 금고에 해당하는 사건의 경우에는 그러하지 아니하다.

법원조직법

제58조【법정의 질서유지】① 법정의 질서유지는 재판장이 담당한다.
② 재판장은 법정의 존엄과 질서를 해칠 우려가 있는 사람의 입정(入廷) 금지 또는 퇴정(退廷)을 명할 수 있고, 그 밖에 법정의 질서유지에 필요한 명령을 할 수 있다.

제61조【감치 등】① 법원은 직권으로 법정 내외에서 제58조제2항의 명령 또는 제59조를 위반하는 행위를 하거나 폭언, 소란 등의 행위로 법원의 심리를 방해하거나 재판의 위신을 현저하게 훼손한 사람에 대하여 결정으로 20일 이내의 감치(監置)에 처하거나 100만원 이하의 과태료를 부과할 수 있다. 이 경우 감치와 과태료는 병과(併科)할 수 있다.
② 법원은 제1항의 감치를 위하여 법원직원, 교도관 또는 경찰공무원으로 하여금 즉시 행위자를 구속하게 할 수 있으며, 구속한 때부터 24시간 이내에 감치에 처하는 재판을 하여야 하고, 이를 하지 아니하면 즉시 석방을 명하여야 한다. 〈개정 2020.12.22.〉
③ 감치는 경찰서유치장, 교도소 또는 구치소에 유치(留置)함으로써 집행한다.
④ 감치는 감치대상자에 대한 다른 사건으로 인한 구속 및 형에 우선하여 집행하며, 감치의 집행 중에는 감치대상자에 대한 다른 사건으로 인한 구속 및 형의 집행이 정지되고, 감치대상자가 당사자로 되어 있는 본래의 심판사건의 소송절차는 정지된다. 다만, 법원은 상당한 이유가 있는 경우에는 소송절차를 계속하여 진행하도록 명할 수 있다.
⑤ 제1항의 재판에 대해서는 항고 또는 특별항고를 할 수 있다.
⑥ 제1항의 재판에 관한 절차와 그 밖에 필요한 사항은 대법원규칙으로 정한다.

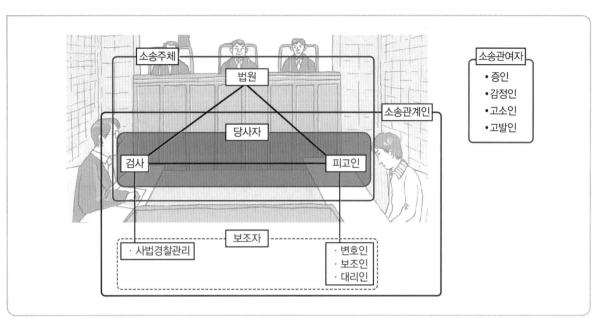

공판정의 구성요소	① 공판기일에는 공판정에서 심리(§275①)	
	② 공판정은 판사와 검사, 법원사무관 등이 출석하여 개정(동②)	
	③ **검사의 좌석과 피고인 및 변호인의 좌석은 대등**하며(당사자주의), **법대의 좌·우측에 마주보고 위치하고** [경 14/1차], **증인의 좌석은 법대의 정면**에 위치 but **피고인신문 시 피고인은 증인석에 좌석**(동③) [법원 08]	

검사의 출석	원칙	① 검사의 출석은 공판개정의 요건(§275②, 당사자주의)
		② 검사의 출석 없이 개정 → 소송절차 법령위반(항소이유·상고이유, §361의5 1., §383 1.)
	예외	① 검사의 불출석에도 개정할 수 있는 경우(§278) [법원 08/15, 경 15/2차] 　　㉠ 공판기일통지를 **2회 이상** 받고 출석하지 아니한 때 [법원 09, 국9 09/13, 경 15/2차] 　　㉡ **판결만을 선고**하는 때 [행시 04, 법원 15, 경 15/2차]
		② 2회 이상 불출석 : **연속 불출석 不要**(66도1415; 66도1710; 2000도2879 등) [국9 09/13] if 검사 불출석 재판 시 변론종결하는 경우 → 검사의 의견진술이 있는 것으로 간주(§302但)
		③ 판결만 선고 : 2회 이상 불출석 아니어도 판결만 선고 可

피고인의 출석	원칙		① 공판개정의 요건 & 피고인의 권리·의무 : 피고인이 공판기일에 출석하지 아니한 때에는 특별한 규정이 없으면 개정 不可(§276本)
			② 재정의무 : 피고인은 출석의무뿐 아니라 재정의무 有 ∴ 출석한 피고인은 재판장의 허가 없이 퇴정하지 못하며, 재판장은 피고인의 퇴정 제지 可(§281)
	예외 : 의/법 경/유 퇴/불 약/상	의사 무능력/ 법인	① 의사무능력자 피고인 불출석 재판 : **형법 §9 ~ 11 적용받지 않는 범죄사건** 피고인이 의사능력이 없는 경우 그 **법정대리인** 또는 특별대리인이 출석한 때 피고인 출석 不要(§26, §28)
			② 법인 피고인 　　㉠ **대표자** 소송행위 대표(§27) [법원 15] 　　㉡ if 대표자 없을 때는 법원이 선임한 **특별대리인**(§28) 　　㉢ even if 대표자·특별대리인 有 → 다른 대리인 출석 可(§276但) 　　　　→ 대리권 수여사실 증명 서면 법원 제출 要(규칙 §126)

피고인의 출석	예외 : 의/법 경/유 퇴/불 약/상	경미사건 /유리한 재판	아래의 경우 피고인의 출석을 요하지 않음. 다만 출석권이 상실되는 것은 아니므로 대리인을 출석하게 할 수 있음	
			경미 사건	① 다액 **500만원 이하**의 **벌금, 과료** 사건 : 피고인 출석 不要 (§277 1., 인정신문 포함 [국9 09/13]) [법원 07, 국9 16, 경 08/3차] ② 장기 **3년 이하의 징역·금고**, 다액 **500만원을 초과**하는 **벌금, 구류** [국9 09/13] 사건에서 불출석 허가 : 피고인의 **불출석 허가신청**(공판기일 구술, 공판기일 외는 서면)이 있고 법원이 **허가**한 경우 피고인 출석 不要 [법원 07/08, 국9 16, 경 08/3차] but **인정신문기일**(§284)·**판결선고기일**에는 **출석 要** ③ **즉결심판**사건 : **벌금·과료** 선고 시 **출석 不要**(즉심 §8의2) but **구류** 선고 시 **출석 要**
			유리한 재판	① **공소기각·면소** 재판 명백한 사건 : 출석 不要(§277 2.) [법원 07/08, 국9 09/14, 경 13/1차] but 무죄판결, 형 면제·선고유예·집행유예판결(모두 실체재판) 시 출석 要 [경 08/3차] ② 피고인이 **사물변별 또는 의사결정능력이 없는 상태 or 질병**으로 인하여 출정할 수 없는 경우 → (공판절차 정지 원칙, §306① but) **무죄·면소·형면제·공소기각**재판 명백 시 피고인 출석 不要(§306④) [국7 10]
		퇴정		① 피고인이 재판장의 허가 없이 퇴정하거나 재판장의 질서유지를 위한 퇴정명령을 받은 때 불출석 재판 可(§330) → **증거동의의제(방어권 남용설**, 90도646; 90도672; 91도865) ② 증인 등이 피고인등 면전에서 충분한 진술을 할 수 없을 때 → 피고인 등을 퇴정하게 하고 진술하게 할 수 있음(§297①) [법원 16] → 증인 등의 진술 종료 시 퇴정한 피고인 입정 후 법원사무관 등으로 하여금 진술의 요지 고지 要(반대신문권 보장, 동②) [법원 16]
		불출석	구속 피고인	① 구속된 피고인 정당한 사유 없이 **출석 거부 & 교도관에 의한 인치가** 불가능 or **현저히 곤란**(둘 다, 2001도114) → 불출석 재판 可(§277의2①) [법원 24] ② 이 경우 출석한 검사 및 변호인 의견 들어야 함(동②) [법원 08/10/15]
			소재 불명	① **사형, 무기**, 장기 **10년**이 넘는 징역·금고 사건 **제외** → **제1심** 공판절차 피고인 **송달불능보고서 접수된 때부터 6개월**이 지나도록 피고인의 소재를 확인할 수 없는 경우 → 불출석 재판 可(소촉 §23) [행시 02] ② 소재불명으로 볼 수 없는 경우 ㉠ 피고인 주소지 피고인 미거주로 구속영장 수차 집행불능 (2014모1557) ㉡ 피고인이 구치소·교도소 등에 수감 중인 경우(2013도2714) [법원 16]

피고인의 출석	예외 : 의/법 경/유 퇴/불 약/상	불출석	항소심	① 항소심 **2회 연속 불출석** 시 불출석 재판 可(§365) ② 항소심 제1회 공판기일 불출석 재판 不可 [법원 11] ③ 전제조건 : 2회에 걸쳐 적법한 공판기일소환장을 받는 등 **적법한 공판기일의 통지**를 받음(88도419; 2010도16538)
			약 식	① 약식명령에 **정식재판을 청구**한 피고인 **2회 연속 불출석** 시 불출석 재판 可(§458②에 의한 §365 준용) [법원 08] ∴ **이러한 제1심 절차에는 소촉법 §23 적용 ×** ② 전제조건 : 적법한 공판기일 통지 要(2011도16166)
		약식/ 출석 부적당	약 식	① 약식절차 : 서면심리 ∴ 피고인 소환 不要 ② 약식명령에 대하여 **피고인만 정식재판을 청구하여 판결을 선고하는 사건** : 피고인 출석 不要(§277 4.) [법원 07, 국9 15, 경 08/3차]
			상고심	상고심은 법률심 ∴ **변호사인 변호인만** 피고인을 위하여 **변론 可** ∴ **피고인 소환 不要**(§387, §389의2) [비교] 단, 피고인에 대한 공판기일통지서의 송달은 해야 한다(규칙 §161).
			치료 감호	법원은 피치료감호청구인이 **심신상실**(형법 §10①)로 공판기일에의 출석이 불가능한 경우에는 피치료감호청구인의 출석 없이 개정 可(치료감호법 §9)
변호인의 출석	원 칙			① 변호인(당사자 ×)의 출석은 공판개정 요건 × ② if 필요적 변호사건 × → 사선변호인 불출석 → 공판개정 ○
	예 외	필요적 변호		① **필요적 변호사건** : §33① 각 호(필요국선), 동②(청구국선), ③(재량국선) 규정에 따라 변호인이 선정된 사건 → 변호인 없이 개정 不可 → 변호인 없거나 불출석 시 법원은 직권으로 변호인 선정 要(국선변호인, §283) [국9 09] ② 필요적 변호 위반 시 효과 ㉠ 필요적 변호사건 공판절차가 변호인 없이 이루어진 경우 **일체의 소송행위는 무효**(2011도6325 등) ㉡ 필요적 변호사건과 그렇지 않은 사건을 **병합**하여 심리한 경우에도 **마찬가지**로 적용(2011도2279) ㉢ but 무효인 것은 변호인 불출석 기일의 소송행위에 한함 ∴ 변호인 출석기일 소송행위는 유효(99도915) ③ 예외 : **판결만 선고할 경우**는 변호인 출석 不要(§282但)
		퇴 정		필요적 변호사건이어도 피고인이 재판거부의 의사를 표시하고 재판장의 허가 없이 퇴정하고 **변호인마저 이에 동조하여 퇴정**한 경우 → 피고인 측의 방어권의 남용 내지 변호권의 포기 → 수소법원은 불출석 재판 진행 可(§330 적용, 90도646; 91도865)
전문 심리 위원				법원은 소송관계를 분명하게 하거나 소송절차를 원활하게 진행하기 위하여 필요한 경우에는 직권으로 또는 검사, 피고인 또는 변호인의 신청에 의하여 결정으로 전문심리위원을 지정하여 공판준비 및 공판기일 등 소송절차에 참여하게 할 수 있음(§279의2①) cf. 검사 - 전문수사자문위원

1. 피고인의 출석
   ① 피고인이 고지된 선고기일인 **제5회 공판기일에 출석하지 않았더라도** 제4회 공판기일에 출석한 이상 2회 연속으로 정당한 이유 없이 출정하지 않은 경우에 해당하지 않아 형사소송법 제365조 제2항에 따라 제5회 공판기일을 개정할 수 없음(2019도5426)
   ② 피고인은 **제2회 공판기일에 코로나바이러스감염증 – 19 검사**를 받을 예정으로 출석하지 못한다는 취지의 불출석 사유서를 제출한 채 출석하지 아니하였는데, **5주 뒤에 진행된 제3회 공판기일까지 검사 결과 및 후속조치에 관한 자료를 제출하지 않았고 제3회 공판기일에 출석하지도 아니하였다.** … 이는 2회에 걸쳐 정당한 사유 없이 공판기일에 출정하지 아니한 것임(2020도9475)

2. 전문심리위원의 참여
   전문심리위원과 관련된 절차 진행 등에 관한 사항을 당사자에게 적절한 방법으로 적시에 통지하여 **당사자의 참여 기회가 실질적으로 보장**될 수 있도록 세심한 배려를 하여야 함(2018도19051) [국7 20]

▌Ⅱ 소송지휘권

의의	개 념	심리를 원활히 하는 등 소송절차를 신속·정확·공평하게 진행할 수 있도록 법원에게 부여한 사법권에 내재하는 고유한 권한
	구 별	① 소송지휘권 : 소송(공판) 자체를 지휘하는 작용 → 피고사건의 실체심리와 직접 관계가 있는 재판작용(사법권) ② 법정경찰권 : 사건의 실체와는 관계없이 법정의 질서유지만을 목적으로 하는 사법행정작용(사법행정권)
내 용	재판장의 소송 지휘권	① **공판기일의 소송지휘는 재판장이 함**(§279) ∵ 공판기일에 일어나는 상황에 신속·적정하게 대응하기 위해 수소법원의 권한인 소송지휘권을 재판장에게 포괄 위임 ② 내용 : 공판기일의 **지정과 변경**(§267, 270) [국9 13], 진술거부권의 고지(§283의2), 인정신문(§284), 증인신문순서의 **변경**(§161의2③④), 증인신문사항의 제출명령(규칙 §66), 피고인신문순서의 **변경**(§296의2②③), 피고인신문 시 재정인 **퇴정**명령(규칙 §140의3) [국9 13], **불필요한 변론의 제한**(§299), **석명권**(규칙 §141) 등 ③ 불필요한 변론의 제한 : 재판장은 소송관계인의 진술 또는 신문이 중복된 사항이거나 그 소송에 관계없는 사항인 때에는 소송관계인의 **본질적 권리를 해하지 아니하는 한도에서 제한 可**(§299) [국9 13] *cf.* 심지어 피고인 최후진술도 제한 可 ④ 석명권 : 재판장은 소송관계를 명료하게 하기 위하여 검사, 피고인 또는 변호인에게 **사실상과 법률상의 사항** [국9 13]에 관하여 **석명을 구하거나 입증 촉구 可**(규칙 §141①, 합의부원도 可, 동②) & 검사·피고인·변호인은 재판장에게 석명을 위한 발문 요구 可(동③)

내 용	법원의 소송 지휘권	① 법원의 소송지휘권 : 방어권 보호나 실체적 진실발견을 위하여 중요한 의미가 있는 사항은 법률에 의하여 법원에 유보 ② 내용 : 국선변호인의 선정(§283), 특별대리인의 선임(§28), 공소장변경의 허가(§298), 공소장변경요구(§298②), 간이공판절차 개시결정(§286의2), 공판기일 전 증거조사(§273①), 증거신청에 대한 결정(실체진실 발견을 위해 중요한 의미, §295), 증거조사에 대한 이의신청의 결정(§296), 증인신문사항 미제출을 이유로 한 증거결정의 취소(규칙 §67), 재판장의 처분에 대한 이의신청의 결정(§304), 공판절차의 정지(§306), 변론의 분리·병합·재개(§300, 305) 등
행 사	방 법	① 재판장의 소송지휘권 : **명령**의 형식에 의함(법원의 의사 범위 내 要) ② 법원의 소송지휘권 : **결정**의 형식에 의함
	불 복	① 재판장의 소송지휘권 : 당사자 등 소송관계인은 **이의신청 可**(§304①, 규칙 §136) → 수소법원은 즉시 결정 要(§304②, 규칙 §138) ② 법원의 소송지휘권 : 판결 전 소송절차에 관한 결정이므로 **항고 및 이의신청 不可**(§403)

▌Ⅲ 법정경찰권

의 의		법정의 질서를 유지하고 심판에 대한 방해를 제지하거나 배제하기 위하여 법원이 행하는 권력적 작용
내 용	주 체	(본래 법원의 권한 but) 법원조직법은 법정질서유지의 신속성을 기하기 위하여 재판장의 권한으로 규정(법조 §58①)
	질서 유지	재판장은 법정의 질서유지를 위하여 필요한 예방조치 可 예 법정의 존엄과 질서를 해할 우려가 있는 자의 입정금지·퇴정 등 법정의 질서유지에 필요한 명령(법조 §58②), 방청권의 발행과 소지품검사(방청규칙 §2), 피고인에 대한 간수명령(§280) 등
	방해 배제	재판장은 법정의 질서를 회복하기 위하여 방해행위 배제 可 예 피고인의 퇴정의 제지 및 법정질서 유지를 위하여 필요한 처분(§281②), 피고인·방청인 퇴정명령(§297, 법조 §58②) [교정9 특채 11], 관할경찰서장에 대한 경찰관의 파견요구(법조 §60①) 등
	제 재	① 재판장이 한 명령 또는 녹화 등의 금지규정에 위반되는 행위를 하거나 폭언·소란 등으로 법원의 심리를 방해하거나 재판의 위신을 현저히 훼손한 자 → 법원은 결정으로 20일 이내의 감치 또는 100만원 이하의 과태료에 처하거나 이를 병과 可(법조 §61①) ② 위 결정에 대해서는 항고 또는 특별항고 可(동⑤)

	시 간	법정경찰권은 공판기일의 심리를 개시할 때부터 종료 시까지(이와 근접·밀착한 전후시간 포함)에 한하여 행사 可 [교정9 특채 11]
한 계	장 소	① 원칙적으로 법정 내에서만 행사 ② But 법정 심리와 질서유지에 영향을 미치는 범위 내에서는 법정 외의 장소까지도 행사 可 *cf.* 형법상 법정·국회회의장모욕죄(§138)
	인	① 법정경찰권은 소송관계인 등 심리절차와 관계있는 모든 자(방청인, 피고인·변호인·검사·법원사무관·배석판사 등)에게 행사 ② 합의부원(배석판사)에게도 재판장 법정경찰권 행사 可 [교정9 특채 11]

06 공판기일의 절차

✅ 조문정리

제2편 제1심

제3장 공판

제1절 공판준비와 공판절차

제283조의2 【피고인의 진술거부권】 ① 피고인은 진술하지 아니하거나 개개의 질문에 대하여 진술을 거부할 수 있다.
② 재판장은 피고인에게 제1항과 같이 진술을 거부할 수 있음을 고지하여야 한다.

제284조 【인정신문】 재판장은 피고인의 성명, 연령, 등록기준지, 주거와 직업을 물어서 피고인임에 틀림없음을 확인하여야 한다.

제285조 【검사의 모두진술】 검사는 공소장에 의하여 공소사실·죄명 및 적용법조를 낭독하여야 한다. 다만, 재판장은 필요하다고 인정하는 때에는 검사에게 공소의 요지를 진술하게 할 수 있다.

제286조 【피고인의 모두진술】 ① 피고인은 검사의 모두진술이 끝난 뒤에 공소사실의 인정 여부를 진술하여야 한다. 다만, 피고인이 진술거부권을 행사하는 경우에는 그러하지 아니하다.
② 피고인 및 변호인은 이익이 되는 사실 등을 진술할 수 있다.

제287조 【재판장의 쟁점정리 및 검사·변호인의 증거관계 등에 대한 진술】 ① 재판장은 피고인의 모두진술이 끝난 다음에 피고인 또는 변호인에게 쟁점의 정리를 위하여 필요한 질문을 할 수 있다.
② 재판장은 증거조사를 하기에 앞서 검사 및 변호인으로 하여금 공소사실 등의 증명과 관련된 주장 및 입증계획 등을 진술하게 할 수 있다. 다만, 증거로 할 수 없거나 증거로 신청할 의사가 없는 자료에 기초하여 법원에 사건에 대한 예단 또는 편견을 발생하게 할 염려가 있는 사항은 진술할 수 없다.

제290조 【증거조사】 증거조사는 제287조에 따른 절차가 끝난 후에 실시한다.

제291조 【동전】 ① 소송관계인이 증거로 제출한 서류나 물건 또는 제272조, 제273조의 규정에 의하여 작성 또는 송부된 서류는 검사, 변호인 또는 피고인이 공판정에서 개별적으로 지시설명하여 조사하여야 한다.
② 재판장은 직권으로 전항의 서류나 물건을 공판정에서 조사할 수 있다.

제291조의2 【증거조사의 순서】 ① 법원은 검사가 신청한 증거를 조사한 후 피고인 또는 변호인이 신청한 증거를 조사한다.
② 법원은 제1항에 따른 조사가 끝난 후 직권으로 결정한 증거를 조사한다.
③ 법원은 직권 또는 검사, 피고인·변호인의 신청에 따라 제1항 및 제2항의 순서를 변경할 수 있다.

제292조 【증거서류에 대한 조사방식】 ① 검사, 피고인 또는 변호인의 신청에 따라 증거서류를 조사하는 때에는 신청인이 이를 낭독하여야 한다.
② 법원이 직권으로 증거서류를 조사하는 때에는 소지인 또는 재판장이 이를 낭독하여야 한다.
③ 재판장은 필요하다고 인정하는 때에는 제1항 및 제2항에도 불구하고 내용을 고지하는 방법으로 조

사할 수 있다.

④ 재판장은 법원사무관 등으로 하여금 제1항부터 제3항까지의 규정에 따른 낭독이나 고지를 하게 할 수 있다.

⑤ 재판장은 열람이 다른 방법보다 적절하다고 인정하는 때에는 증거서류를 제시하여 열람하게 하는 방법으로 조사할 수 있다.

제292조의2【증거물에 대한 조사방식】① 검사, 피고인 또는 변호인의 신청에 따라 증거물을 조사하는 때에는 신청인이 이를 제시하여야 한다.

② 법원이 직권으로 증거물을 조사하는 때에는 소지인 또는 재판장이 이를 제시하여야 한다.

③ 재판장은 법원사무관 등으로 하여금 제1항 및 제2항에 따른 제시를 하게 할 수 있다.

제292조의3【그 밖의 증거에 대한 조사방식】도면·사진·녹음테이프·비디오테이프·컴퓨터용디스크, 그 밖에 정보를 담기 위하여 만들어진 물건으로서 문서가 아닌 증거의 조사에 관하여 필요한 사항은 대법원규칙으로 정한다.

제293조【증거조사 결과와 피고인의 의견】재판장은 피고인에게 각 증거조사의결과에 대한 의견을 묻고 권리를 보호함에 필요한 증거조사를 신청할 수 있음을 고지하여야 한다.

제294조【당사자의 증거신청】① 검사, 피고인 또는 변호인은 서류나 물건을 증거로 제출할 수 있고, 증인·감정인·통역인 또는 번역인의 신문을 신청할 수 있다.

② 법원은 검사, 피고인 또는 변호인이 고의로 증거를 뒤늦게 신청함으로써 공판의 완결을 지연하는 것으로 인정할 때에는 직권 또는 상대방의 신청에 따라 결정으로 이를 각하할 수 있다.

제295조【증거신청에 대한 결정】법원은 제294조 및 제294조의2의 증거신청에 대하여 결정을 하여야 하며 직권으로 증거조사를 할 수 있다.

제296조【증거조사에 대한 이의신청】① 검사, 피고인 또는 변호인은 증거조사에 관하여 이의신청을 할 수 있다.

② 법원은 전항의 신청에 대하여 결정을 하여야 한다.

제296조의2【피고인신문】① 검사 또는 변호인은 증거조사 종료 후에 순차로 피고인에게 공소사실 및 정상에 관하여 필요한 사항을 신문할 수 있다. 다만, 재판장은 필요하다고 인정하는 때에는 증거조사가 완료되기 전이라도 이를 허가할 수 있다.

② 재판장은 필요하다고 인정하는 때에는 피고인을 신문할 수 있다.

③ 제161조의2제1항부터 제3항까지 및 제5항은 제1항의 신문에 관하여 준용한다.

제302조【증거조사 후의 검사의 의견진술】피고인 신문과 증거조사가 종료한 때에는 검사는 사실과 법률적용에 관하여 의견을 진술하여야 한다. 단, 제278조의 경우에는 공소장의 기재사항에 의하여 검사의 의견진술이 있는 것으로 간주한다.

제303조【피고인의 최후진술】재판장은 검사의 의견을 들은 후 피고인과 변호인에게 최종의 의견을 진술할 기회를 주어야 한다.

제304조【재판장의 처분에 대한 이의】① 검사, 피고인 또는 변호인은 재판장의 처분에 대하여 이의신청을 할 수 있다.

② 전항의 이의신청이 있는 때에는 법원은 결정을 하여야 한다.

제330조【피고인의 진술 없이 하는 판결】피고인이 진술하지 아니하거나 재판장의 허가 없이 퇴정하거나 재판장의 질서유지를 위한 퇴정명령을 받은 때에는 피고인의 진술 없이 판결할 수 있다.

I 개 관

① 모두절차, ② 사실심리절차, ③ 판결선고절차의 3단계 절차

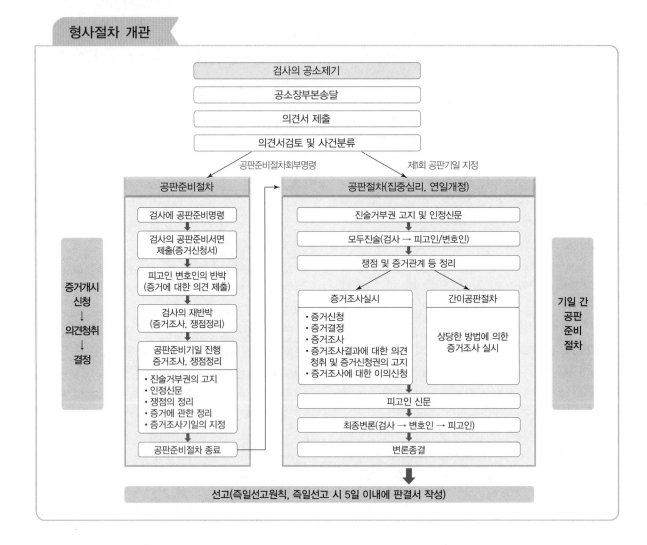

II 모두절차

진술거부권 고지	① 모두절차는 **진술거부권의 고지에서부터 시작** ② 피고인은 진술거부권 有 & 재판장은 고지 要(§283의2) [법원 09]
인정신문	① 재판장은 피고인의 성명 / 연령 / 등록기준지 / 주거 / 직업을 물어서 피고인임에 틀림없음을 확인 要(§284) ② **인정신문에 대해서도 진술거부 可** [경승 11/12]
검사의 모두진술	① 검사는 공소장에 의하여 공소사실 / 죄명 / 적용법조 **낭독 要**(§285本, **필수적 절차**) [국7 14] ② But 재판장은 검사에게 공소의 요지를 진술하게 할 수 있음(동但) ③ 항소심과 상고심에서는 검사의 모두진술 不要

피고인의 모두진술	의 의	① 피고인은 검사의 모두진술이 끝난 뒤에 공소사실의 인정 여부 **진술 要**(§286①本) ② But 피고인 **진술거부권 행사 시 不要**(동但) ③ 검사 모두진술처럼 피고인 모두진술도 **필수적 절차**
	내 용	① 재판장 : 검사 모두진술 후 **피고인에게 공소사실 인정 여부 물어야 함**(규칙 §127 의2①) [법원 09] ② 피고인 : 진술거부권 有 ∴ 진술의무 없음 ③ 피고인·변호인 : 이익되는 사실 등은 진술 可(§286②) ④ 피고인의 1심 공판정에서의 자백 : 법원은 그 공소사실에 한하여 간이공판절 차 개시결정 可(§286의2) ⑤ 모두진술절차에서의 피고인의 신청 : 관할이전신청(§15), 기피신청(§18), 국선 변호인 선정청구(§33②), 공판기일변경신청(§270) 등 ⑥ 모두진술절차에서 피고인 신청 없을 시 하자의 치유 : **토지관할위반신청(§320** **②)**, **공소장부본송달(§266但)** 하자 이의신청, 제1회 공판기일 유예기간 이의신청 (§269) 등
재판장 쟁점정리와 당사자의 입증계획 진술		① 재판장은 피고인 모두진술 후 피고인·변호인에게 쟁점의 정리를 위하여 필요한 질문 可(§287①) ② 재판장은 증거조사 전 검사 및 변호인으로 하여금 공소사실 등의 증명과 관련된 주장 및 입증계획 등을 진술하게 할 수 있음(동②) → 검사 및 변호인은 증거로 할 수 없거나 증거로 신청할 의사가 없는 자료에 기초하여 법원에 예단·편견 발생 염려 있는 사항을 진술할 수 없음(동但)

Ⅲ 사실심리절차

1. 개 관

① **증거조사**(검사 – 피고인 – 직권), ② **피고인신문**, ③ **최종변론**(검사 – 변호인 – 피고인)

2. 증거조사

(광의의) 증거조사 절차(전과정에 대한 이의신청 可, 단, 증거결정에 대해서는 제한적)
① 증거신청(예 참고인진술조서 증거신청) → ② 심리(법원 – 증거능력) → ③ 결정(채택 or 기각)
(법령위반만 이의신청) → ④ (협의의) 증거조사(예 낭독) → ⑤ 피고인의견 … 피고인신문

의의				① 법원이 사건에 관한 사실의 인정과 양형에 관한 심증을 얻기 위해 진행하는 증거신청, 심리, 증거결정, 이의신청, (협의의) 증거조사 등 일련의 절차 ② 재판장의 쟁점정리 및 당사자의 입증계획 등 진술절차(§287) 끝난 후 실시(§290) [경 10/2차]
증거결정까지의 절차	당사자의 신청에 의한 증거조사	증거신청	의의	① 증거신청 : 법원에 대하여 특정한 증거조사의 시행을 구하는 당사자의 소송행위로서, 서류나 물건을 증거로 제출하고, 증인·감정인·통역인 또는 번역인의 신문을 신청하는 것 ② 사실조회의 신청이나 공무소 등이 보관하고 있는 서류에 대한 송부요구의 신청(§272, 규칙 §132의4) 등도 포함
			신청권자	① 검사/피고인·변호인 : 서류·물건 증거 제출, 증인·감정인·통역인·번역인 신문 신청 可(§294) [법원 09] ← 재판장은 피고인(검사 ×)에게 권리보호에 필요한 증거조사를 신청할 수 있음을 고지 要(§293) ② **법정대리인·특별대리인·보조인** : 피고인을 위하여 피고인의 **명시적 의사에 반하지 않는 한** 독립하여 증거신청할 수 있음 ③ 범죄피해자·법정대리인(피해자 사망 시 배우자·직계친족·형제자매 포함) : 신청하면 피해자 등 증인신문 要 원칙(§294의2①)
			신청시기	① 제한 없음 : 모두절차 종료 후 신청이 원칙이나, 제1회 공판기일 후 공판기일 전의 신청도 可(§273) ② **공판준비절차와 실권효** : 공판준비절차에서 신청하지 아니한 새로운 증거 → 소송을 현저히 지연시키지 아니함 or 중대한 과실 없이 공판준비절차에서 제출하지 못하는 등 부득이한 사유 소명한 때(에만) → 공판기일 신청 可 (§266의13) ③ 실기한 신청의 각하 可(§294②, 후술)
			순서	**검사** 먼저 → 다음 **피**고인·**변**호인(규칙 §133) [법원 11, 경승 13/14, 경 10/2차]
			신청방식	① 검사·피고인·변호인은 서류·물건을 증거로 제출함으로써 증거신청(§294①) ② 증거신청은 서면 or 구술로 할 수 있음(규칙 §176) & 법원은 필요 인정 시 서면 제출을 명할 수 있음(규칙 §132의2④) ③ 일괄신청의 원칙 : 필요한 증거를 **일괄하여 신청**(원칙, 규칙 §132, 공판준비절차에서도 同, 규칙 §123의8②) [법원 11, 경승 13/14, 경 10/2차] ④ **입증취지**(증거와 요증사실과의 관계)의 **구체적 명시** 要 (규칙 §132의2①), **자백보강증거·정상관계증거는 이를 특히 명시** 要(동②), 서류·물건 **일부** 증거신청 시 증거로 할 부분 **특정하여 명시** 要(동③) [법원 11, 경승 13, 경 10/2차] → if not, 법원은 증거신청 기각 可(동⑤)

증거결정 까지의 절차	당사자의 신청에 의한 증거조사	증거신청	신청 방식	⑤ 영상녹화물 조사신청 　㉠ **피고인 아닌 피의자**(**피고인이 된 피의자** ×, 구법 §312 　② 삭제)의 **진술을 영상녹화**한 사건에서 조서의 **실질적 진정성립** 부인 시 → **검사**는 그 부분의 성립의 진정을 증명하기 위하여 **영상녹화물 조사 신청 可**(2020.12.28. 개정 규칙 §134의2①) 　㉡ **피의자가 아닌 자**가 조서의 **실질적 진정성립** 부인 시에도 같음(규칙 §134의3①) → **검사**는 피의자 아닌 자의 **영상녹화 동의 서면 첨부 要**(동②)
			철 회	① 증거신청 당사자 (증거채택결정 이후에도) 증거신청 **철회 可** 　→ 법원은 직권조사할 증거 아닌 한 증거결정 취소 要 　∴ **직권조사는 위법 ×** ② But 증거조사 완료된 증거에 대한 철회는 不可
		증거결정	의 의	① 증거신청(§294)에 대한 법원의 증거조사 여부에 관한 결정 (§295前, 증거채부결정) ② 채택결정 : 신청된 증거조사를 하기로 하는 증거결정 ③ 각하결정·기각결정 : 증거조사를 하지 않기로 하는 증거결정
			성 질	① 學說 : 기속재량설 ② 判例 : **자유재량설**(법원의 자유재량, 82도3216; 95도826 등) ∴ 법원은 피고인·변호인이 신청한 증거에 대하여 불필요하다고 인정할 때에는 증거조사를 하지 않아도 위법 × [국7 13, 경간 12, 경승 10/11/12]
			절 차	① 임의적 의견청취 : 법원은 증거결정 시 필요하면 그 증거에 대한 검사·피고인·변호인의 의견을 들을 수 있음 (규칙 §134①) → 들어야 하는 것은 아님 [경승 10] ② 증거능력에 관한 상대방의 필요적 의견진술 　㉠ 원칙 : 법원은 서류·물건 증거결정 시 제출자로 하여금 그 서류·물건을 **상대방에게 제시**하게 하여 **상대방으로 하여금 그 서류·물건의 증거능력 유무에 관한 의견을 진술하게 하여야 함**(동②本) 　㉡ 예외 : 간이공판절차 개시로 증거동의 간주 시 (법 §318의3) 상대방 의견진술 不要(규칙 동②但) ③ **증거 미채택 시 증거제출 금지** : 법원은 증거신청 기각·각하, 증거신청 결정 보류 시 → 증거신청인으로부터 당해 증거서류·증거물 제출받아서는 안 됨(동④) [법원 11, 국9 13, 경승 13, 경 10/2차]

증거결정 까지의 절차	**당사자의 신청에 의한 증거조사**	**증거결정**	종 류	① **실기한 신청의 각하** : 검사, 피고인·변호인이 고의로 증거를 뒤늦게 신청 → 공판 완결 지연 인정 → 법원은 직권 or 상대방의 신청으로 각하결정 可(§294②) [법원 09, 국7 09, 국9 13, 경 15/1차] ② **채택결정** : 증거조사 ○ ③ **기각결정** : ㉠ 증거신청 법정 방식 위반(규칙 §132의2 ⑤), ㉡ 증거능력 없거나 관련성 없음 등 경우 → 증거조사 ×
			불 복	① 증거결정 **법령위반 한하여 이의신청 可**(규칙 §135의2) ② 이외 증거결정에 대한 독립하여 불복하는 방법 無(판결 전소송절차 결정, §403) ∴ **즉시항고·보통항고 모두 不可** ③ 채증법칙 위반 사실 오인이 판결에 영향을 미친 경우 **판결에 대한 상소만 可**(90도646)
	법원의 직권	의 의		법원은 직권으로 증거조사를 할 수 있음(§295後) [경승 14]
		성 질		① 通說 : 실체적 진실 발견 위한 법원의 권한이자 의무(권한·의무설) ② 判例 : **의무 ×**(77도535; 79노127)
		보 충		당사자주의·구두변론주의 강화 07년 개정법 → 법원의 직권에 의한 증거조사는 당사자 신청에 의한 증거조사에 대한 보충적·이차적 성격
증거 조사의 실시	**의 의**			법원이 사건에 관한 사실인정과 양형에 관한 심증을 얻기 위하여 각종의 증거방법을 조사하여 그 내용을 감지(증명력 판단)하는 소송행위
	순 서			① **검사** 신청 증거 먼저 조사 → **피고인** / **변호인** 신청 증거 조사 후 → 법원은 **직**권으로 결정한 증거 조사(§291의2①②) [경승 12] ② 법원의 순서 변경 : 직권 or 검사 / 피고인 / 변호인 신청 → 증거조사 순서 **변경 可**(동③) [법원 09, 국7 09, 국9 13, 경 15/1차] ③ 자백조서 : §312·313에 따라 증거로 할 수 있는 피고인 또는 피고인 아닌 자의 진술을 기재한 조서 또는 서류가 **피고인의 자백 진술을 내용**으로 하는 경우 → 다른 증거를 조사한 **후에 조사** 要(규칙 §135) [법원 11, 경승 13, 경 10/2차]
	공판정			① 원칙 : 증거조사는 공판기일에 공판정에서 수소법원이 해야 함 ② 예외 : 공판정 외에서의 증거조사도 허용 but 당해 증거조사에 의하여 작성된 조서는 차회 공판기일에 공판정에서 조사 要
	조사 대상	의 의		관련성 있고 증거능력 있는 증거로서 증거채택결정을 받은 증거
		구 분		① 증거서류 : 서면의 내용이 증거로 되는 것 ② 증거물인 서면 : 서면의 내용과 동시에 그 존재·상태도 증거로 되는 것 → 내용기준설(通·判, 2013도2511) [법원 14, 국9 15/17, 경 16/1차]
	조사 방식	개 관		① 원칙 : 검사 / 피고인 / 변호인 등 증거신청인이 주체가 되어 각자가 증거로 제출한 서류·물건 등 중 필요한 것을 공판정에서 **개별적으로 지시·설명하여 조사**(§291①) ② 개별조사원칙 : 서류·물건의 표목을 특정하여 증거별로 할 것 ∴ **개괄적·일괄적 증거조사 不可** ③ 직권 : 증거신청인이 아니라도 재판장이 **직권**으로 할 수 있음(동②)

증거 조사의 실시	조사 방식	증거 서류	① ㉠ 당사자 신청에 따라 증거서류 조사 시 → **신청인 낭독**(§292①) [국7 13] ㉡ 법원 직권 조사 시 → **소지인 or 재판장 낭독**(동②) [국7 15] ② ㉠ 재판장은 필요시 **내용 고지(요지의 고지)** 방법으로 조사 可(동③) 　㉡ 재판장은 **법원사무관** 등에게 위 낭독·고지하게 할 수 있음(동④) ③ 재판장은 제시하여 열람하게 하는 방법으로 조사 可(동⑤) [국7 09]
		증거물	① 당사자 신청에 따라 증거물 조사 시 → **신청인 제시**(§292의2①) ② 법원 직권 조사 시 → **소지인 or 재판장 제시**(동②) ③ 재판장은 **법원사무관** 등에게 제시하게 할 수 있음(동③) [국7 09]
		기 타	① 의의 : 도면·사진·녹음테이프·비디오테이프·컴퓨터용디스크, 　그 밖에 정보를 담기 위하여 만들어진 물건으로서 문서가 아닌 　증거의 조사방식은 대법원규칙이 정함(§292의3) ② 영상녹화물 　㉠ 원진술자 참여 하의 적법성 확인 : **검사 영상녹화물** 조사 신청 　　시 → 법원은 결정 전 '**원진술자와 함께**' 피고인·변호인으로 하 　　여금 그 영상녹화물이 적법한 절차와 방식에 따라 작성되어 　　봉인된 것인지 여부에 관한 **의견을 진술하게 하여야 함**(규칙 　　§134조의4①) 　㉡ 공판준비·공판기일에 봉인 해체 & 영상녹화물의 전부·일부 　　**재생**하여 조사(동③) ③ 컴퓨터용디스크 등 정보저장매체 　㉠ 인증 등본 제출 : 기억된 문자정보를 증거자료로 하는 경우에 　　는 **읽을 수 있도록 출력하여 인증한 등본**을 낼 수 있음(규칙 　　§134의7①) [경 15/1차] 　㉡ 법원 명령 or 상대방 요구 시 → 증거신청 당사자는 **입력자**·입 　　력일시·**출력자**·출력일시 **밝힐 것**(동②) [경 15/1차] ④ 녹음·녹화매체 　㉠ 증거조사 신청 시 녹음·녹화 대상자 등 소명 : 증거조사 신청 　　시 **음성·영상 녹음·녹화 등 된 사람, 녹음·녹화 등 한 사람**, 　　녹음·녹화 등 일시·장소 **밝혀야 함**(규칙 §134의8①) 　㉡ 녹음·녹화매체 등을 **재생**하여 **청취 or 시청**하는 방법으로 조사 　　(동③) ⑤ 문서가 아닌 도면·사진 등 정보저장 물건 : 특별 규정 없으면 　형소법상 증거서류·증거물 조사방식(§292, §292의2) 규정 준용 　(규칙 §134의9)
	의 견		① 증거조사 결과에 대한 피고인의 의견 청취 : 재판장은 **피고인**(검사 ×)에게 **각 증거조사의 결과에 대한 의견을 물어야 함**(§293) → ∴ 피고인은 증거조사 결과 의견제시할 수 있음 [국7 09] ② 위 의견제시절차는 간이공판절차에는 적용 ×

증거 조사의 실시	이의 신청	의 의	검사, 피고인 또는 변호인은 증거조사에 관하여 **이의신청** 可(§296①) → 법원은 **즉시 결정** 要(동②, 규칙 §138) [국7 09] *cf.* 재판장의 처분에 대한 이의신청(§304①)
		대 상	증거신청, 증거결정, 증거조사의 순서, 방법, 증거능력 등 널리 증거 조사에 관한 모든 절차와 처분
		사 유	① **법령의 위반(위법)**(예 증거능력이 없는 증거를 채택하는 증거결정 에 대한 이의신청, 증인에게 유도신문을 한다는 것을 이유로 한 이의신청) or **상당하지 아니함(부당)**(예 감정인이 부적당하다는 것 을 이유로 한 이의신청) [국7 15, 경 14/1차] ② But 증거신청에 대한 법원의 **증거결정**(§295)에 대한 이의신청 : **법령 위반 사유만** 可(규칙 §135의2但) [국7 13/14, 국9 13, 경승 10, 경 15/1차]
		방 식	① 개개의 행위·처분·결정 시마다 즉시 해야 함(규칙 §137) ② 서면 or 구두(규칙 §176), 그 이유 간결하게 명시 要(규칙 §137) [법원주사보 04, 국7 14]
		치 유	당사자의 본질적 권리를 해치는 중대한 하자가 아닌 한, 즉시 이의신 청을 하지 아니하면 절차상 하자는 치유
		법원 결정	① 기각결정 ㉠ **시기에 늦은 이의신청, 소송지연만 목적함이 명백한 이의신청** : 이유 판단 없이 결정으로 기각 but **시기 늦은 이의신청이 중요한 사항 대상** → **시기에 늦은 것만을 이유로 하여 기각 不可**(규칙 §139①) [경 14/1차] ㉡ 이유 없다 인정되는 이의신청 : 결정으로 기각(동②) ㉢ 재이의신청 : 이의신청에 대한 결정에 대하여 다시 이의신청 시에도 결정으로 기각(일사부재리효, 규칙 §140) ② 인용결정 : 이의신청 이유 있음 → 이의신청 대상 행위·처분· 결정을 중지·철회·취소·변경하는 등 그 이의신청에 상응하는 조치 要(동③) ③ **증거배제결정** ㉠ **증거조사 마친 증거가 증거능력 없다는 이의신청**이 이유 있다고 인정(재증거조사는 不要 [경14/1차]) → 그 **증거의 전부 또는 일부 를 배제**하는 결정(동④) ㉡ 증거배제결정은 이의신청 없더라도 **직권으로 可** ④ 이의신청에 대한 결정에 대한 불복 ㉠ **재이의신청 不可** : 이의신청에 대한 결정으로 판단된 사항에 대 해서는 다시 이의신청 할 수 없음(규칙 §140) [경 14/1차] ㉡ **항고 不可** ∵ 판결 전 소송절차에 관한 결정(§403①) [국7 14]
		조 서	이의신청이 있었다는 사실, 그 사유 및 이에 대한 결정 등은 공판조서 기재 要(§51②11.·14.)

3. 피고인신문

의 의	개 념	검사 또는 변호인은 증거조사 종료 후 순차로 피고인에게 공소사실 및 정상에 관하여 필요한 사항을 신문할 수 있고, 재판장도 필요하다고 인정하는 때에는 피고인 신문 可(임의적 절차, §296의2①②)
	시 기	① 원칙 : **증거조사가 모두 끝난 후**에 실시(동①) ② 예외 : **재판장은 증거조사 완료 전이라도 피고인신문 허가 可**(동但)
순 서		① 검사와 변호인은 순차로 공소사실과 정상에 관한 필요사항 직접 신문 [경승 14] ② **재판장도 필요시 신문 可** [법원 09, 국9 08] ③ 증인신문처럼 피고인신문도 순서 변경 可(동③, §161의2③) ④ 합의부원은 재판장에게 고하고(허가 不要) 신문 可(§296의2③, §161의2⑤)
방 법		① **피고인은 증인석에 좌석**(§275③) [법원 09] ② **교호신문**(당사자 신청에 의한 증인신문 방식) 준용(§296의2③, §161의2①) ③ 재판장은 필요시 신문**순서 변경 可**(§296③, §161의2③) ④ **주신문**에서 진술의 **증명력을 다투기 위한 신문(탄핵신문) 可**(= 증인신문의 주신문) [경 13/1차] ⑤ 진술 강요, 답변 유도, 위압적·모욕적 신문 ×(규칙 §140의2) ⑥ 퇴정 후 피고인신문 : 피고인이 다른 공동피고인 또는 그 밖의 어떤 재정인의 면전에서 **충분한 진술을 할 수 없다**고 인정될 때 → 재판장은 **퇴정**하게 하고 진술시킬 수 있음 (§297① 제2문, 규칙 §140의3) [법원 09, 국9 13] → 공동피고인 퇴정 시 피고인 진술이 종료한 때 재판장은 퇴정시켰던 공동피고인 **입정**시켜 법원사무관 등에게 **진술 요지를 알려주게 해야 함**(반대신문권 보장, §297②) ⑦ **신뢰관계인 임의적 동석** : ㉠ 피고인이 신체적·정신적 **장애**로 사물변별 or 의사결정·전달능력 **미약**한 경우 또는 ㉡ 피고인의 **연령·성별·국적 등** 사정 고려하여 심리적 **안정** 도모와 원활한 **의사소통** 위해 필요한 경우 → 직권 or 피고인·법정대리인·검사의 신청으로 신뢰관계에 있는 자 **동석 可**(§276의2①)

4. 최종변론

의 의	① 증거조사와 피고인신문이 끝나면 당사자의 의견진술(최종변론) 진행 ② 재판장은 중복된 사항이거나 소송에 관계없는 사항인 때 검사·피고인·변호인의 본질적 권리를 해치지 아니하는 범위 내에서 **의견진술 시간 제한 可**(§299, 규칙 §145) [법원 11]
검사의 의견진술	① 논고 : 증거조사와 피고인신문이 종료한 때에는 검사는 사실과 법률적용에 관하여 의견 진술 要(§302本) ㉠ 검사 불출석 재판 : **검사 출석 없이 개정**한 때(§278) → **의견진술 있는 것으로 간주** (§302但) [법원 11] ㉡ 검사 불출석 재판 사유가 없는 경우 → 검사에게 의견진술 기회 부여하지 않고 변론종결하면 위법 [행시 02]

검사의 의견진술	ⓒ **검사에게 의견진술의 기회를 부여**하였다면 → 검사가 의견진술을 하지 않고 판결 선고한 것은 **위법** ×(74도3293) [법원 11, 국7 14] ② 구형 : 양형에 관한 검사의 의견 but 법원에 대한 **구속력** × ∴ 법원은 구형을 초과하는 형 선고 미(83도1789; 88도2211) *cf.* 검사는 자신의 구형대로 형이 선고되어도 상소 미
피고인과 변호인의 의견진술	① 재판장은 검사의 의견을 들은 후 피고인과 변호인에게 최종의 의견을 진술할 기회를 주어야 함(§303) ② 최종진술의 기회는 **피고인과 변호인 모두에게** 주어야 함 ③ 기회를 주지 않고 종결하는 것은 위법(75도1010) [행시 02, 법원 11, 경간 12] ④ **변호인이 공판기일통지서를 받고도 공판기일에 출석하지 않아** 변호인의 최종의견진술 없이 변론을 종결하는 것은 **위법** ×(76도4376) [행시 02]
변론종결	① 피고인의 최후진술을 끝으로 변론 종결 ② But 법원은 직권 또는 검사·피고인·변호인의 신청에 의하여 결정으로 종결한 변론 재개 미(§305)

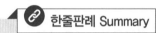 한줄판례 Summary

피고인이나 변호인에게 최종의견진술의 기회를 주지 아니한 채 변론을 종결하고 판결을 선고하는 것은 소송 절차의 **법령 위반**(2018도327) [국7 18]

Ⅳ 판결선고절차

내부적 성립		① 단독판사 : 별도의 절차를 거침이 없이 판결의 내용을 정함 ② 합의부 : 법관 3인의 합의절차 要, 심판의 합의는 공개 ×(법조 §65)
판결선고 방법		① 공판정에서 재판서에 의함(§42) ② 재판장이 하며, 주문을 낭독하고 이유의 요지를 설명(§43) ③ 상소기간·상소법원 고지 : 형을 선고하는 경우 → 재판장은 피고인에게 상소할 기간과 법원 고지 要(§324) [국7 14] & 상소장을 제출하여야 할 원심법원도 함께 고지 要(§359, §375) ④ 훈계 : 재판장은 판결을 선고하며 피고인에게 적절한 훈계 미 [법원 08] ⑤ 필수적 공개 : **판결선고는 반드시 공개**(헌법 §27③, 법조 §57①)
선고기일	즉일선고 원칙	① **판결선고는 변론종결기일**(익일 ×)에 함(§318의4①本) [경간 12] ② 변론종결기일에 판결선고 시 **판결선고 후 판결서 작성** 미(동②) → 이 경우 **5일** 이내 작성 要(규칙 §146)
	예 외	특별한 사정이 있는 때 → **따로 선고기일 지정** 미(동但) → 변론종결 후 **14일** (**훈시기간**) 이내로 지정 要(동③) [국9 12]

피고인의 출석	① <u>판결선고기일에도 피고인 출석 要</u> ∴ 피고인 불출석 상태에서 판결선고는 위법
	cf. 검사·변호인 출석은 不要
	② 피고인이 진술하지 아니하거나, 재판장의 허가 없이 퇴정하거나, 재판장의 질서유지를 위한 퇴정명령을 받은 때 → 피고인의 출석 없이 판결 可(§330) → 피고인의 출석 없이 개정할 수 있는 경우에도 同
선고의 효과와 선고 후 절차	① 판결선고 → 당해 심급의 공판절차 종결 → 상소기간 진행
	② 판결선고 사실은 공판조서 기재 要(§51②14.)
	③ 판결선고법원에서의 소송계속의 종결 : 판결선고 시 종결 × → 상소제기 or 상소포기 or 상소기간의 도과 시 종결 ○ ∴ **판결선고 후에도 (원심)법원은** 소송기록이 상소법원에 도달하기 전까지는 피고인의 구속(85모12), 구속기간의 갱신, 구속취소, 보석취소, 구속집행정지 등에 관한 **결정을 하여야 함**(§105, 규칙 §57) [법원 17]
	④ 피고인에 대한 판결서등본의 송부(규칙 §148)
	㉠ 판결선고일로부터 **7일** 이내에 **피고인에게 판결서등본 송부**(피고인 **동의 시 초본** 송달 可)
	㉡ 불구속피고인·석방피고인(§331)에 대한 송부 : 피고인이 송달을 **신청**하는 경우에 한하여 판결서등본 또는 초본 송달

07 증인신문 · 감정과 검증

⊘ 조문정리

제1편 총칙

제12장 증인신문

제146조 【증인의 자격】 법원은 법률에 다른 규정이 없으면 누구든지 증인으로 신문할 수 있다.

제147조 【공무상 비밀과 증인자격】 ① 공무원 또는 공무원이었던 자가 그 직무에 관하여 알게 된 사실에 관하여 본인 또는 당해 공무소가 직무상 비밀에 속한 사항임을 신고한 때에는 그 소속공무소 또는 감독관공서의 승낙 없이는 증인으로 신문하지 못한다.
② 그 소속공무소 또는 당해 감독관공서는 국가에 중대한 이익을 해하는 경우를 제외하고는 승낙을 거부하지 못한다.

제148조 【근친자의 형사책임과 증언 거부】 누구든지 자기나 다음 각 호의 어느 하나에 해당하는 자가 형사소추(刑事訴追) 또는 공소제기를 당하거나 유죄판결을 받을 사실이 드러날 염려가 있는 증언을 거부할 수 있다.
1. 친족이거나 친족이었던 사람
2. 법정대리인, 후견감독인
[전문개정 2020.12.8.]

제149조 【업무상비밀과 증언거부】 변호사, 변리사, 공증인, 공인회계사, 세무사, 대서업자, 의사, 한의사, 치과의사, 약사, 약종상, 조산사, 간호사, 종교의 직에 있는 자 또는 이러한 직에 있던 자가 그 업무상 위탁을 받은 관계로 알게 된 사실로서 타인의 비밀에 관한 것은 증언을 거부할 수 있다. 단, 본인의 승낙이 있거나 중대한 공익상 필요있는 때에는 예외로 한다.

제150조 【증언거부사유의 소명】 증언을 거부하는 자는 거부사유를 소명하여야 한다.

제150조의2 【증인의 소환】 ① 법원은 소환장의 송달, 전화, 전자우편, 그 밖의 상당한 방법으로 증인을 소환한다.
② 증인을 신청한 자는 증인이 출석하도록 합리적인 노력을 할 의무가 있다.

제151조 【증인이 출석하지 아니한 경우의 과태료 등】
① 법원은 소환장을 송달받은 증인이 정당한 사유 없이 출석하지 아니한 때에는 결정으로 당해 불출석으로 인한 소송비용을 증인이 부담하도록 명하고, 500만원 이하의 과태료를 부과할 수 있다. 제153조에 따라 준용되는 제76조제2항·제5항에 따라 소환장의 송달과 동일한 효력이 있는 경우에도 또한 같다.

② 법원은 증인이 제1항에 따른 과태료 재판을 받고도 정당한 사유 없이 다시 출석하지 아니한 때에는 결정으로 증인을 7일 이내의 감치에 처한다.
③ 법원은 감치재판기일에 증인을 소환하여 제2항에 따른 정당한 사유가 있는지의 여부를 심리하여야 한다.
④ 감치는 그 재판을 한 법원의 재판장의 명령에 따라 사법경찰관리·교도관·법원경위 또는 법원사무관 등이 교도소·구치소 또는 경찰서유치장에 유치하여 집행한다.
⑤ 감치에 처하는 재판을 받은 증인이 제4항에 규정된 감치시설에 유치된 경우 당해 감치시설의 장은 즉시 그 사실을 법원에 통보하여야 한다.
⑥ 법원은 제5항의 통보를 받은 때에는 지체 없이 증인신문기일을 열어야 한다.
⑦ 법원은 감치의 재판을 받은 증인이 감치의 집행 중에 증언을 한 때에는 즉시 감치결정을 취소하고 그 증인을 석방하도록 명하여야 한다.
⑧ 제1항과 제2항의 결정에 대하여는 즉시항고를 할 수 있다. 이 경우 제410조는 적용하지 아니한다.

제152조【소환불응과 구인】정당한 사유 없이 소환에 응하지 아니하는 증인은 구인할 수 있다.

제153조【준용규정】제73조, 제74조, 제76조의 규정은 증인의 소환에 준용한다.

제154조【구내증인의 소환】증인이 법원의 구내에 있는 때에는 소환함이 없이 신문할 수 있다.

제155조【준용규정】제73조, 제75조, 제77조, 제81조 내지 제83조, 제85조제1항, 제2항의 규정은 증인의 구인에 준용한다.

제156조【증인의 선서】증인에게는 신문 전에 선서하게 하여야 한다. 단, 법률에 다른 규정이 있는 경우에는 예외로 한다.

제157조【선서의 방식】① 선서는 선서서(宣誓書)에 따라 하여야 한다.
② 선서서에는 "양심에 따라 숨김과 보탬이 없이 사실 그대로 말하고 만일 거짓말이 있으면 위증의 벌을 받기로 맹세합니다."라고 기재하여야 한다.
③ 재판장은 증인에게 선서서를 낭독하고 기명날인하거나 서명하게 하여야 한다. 다만, 증인이 선서서를 낭독하지 못하거나 서명을 하지 못하는 경우에는 참여한 법원사무관 등이 대행한다.
④ 선서는 일어서서 엄숙하게 하여야 한다.
[전문개정 2020.12.8.]

제158조【선서한 증인에 대한 경고】재판장은 선서할 증인에 대하여 선서 전에 위증의 벌을 경고하여야 한다.

제159조【선서 무능력】증인이 다음 각 호의 1에 해당한 때에는 선서하게 하지 아니하고 신문하여야 한다.
1. 16세 미만의 자
2. 선서의 취지를 이해하지 못하는 자

제160조【증언거부권의 고지】증인이 제148조, 제149조에 해당하는 경우에는 재판장은 신문 전에 증언을 거부할 수 있음을 설명하여야 한다.

제161조【선서, 증언의 거부와 과태료】① 증인이 정당한 이유 없이 선서나 증언을 거부한 때에는 결정으로 50만원 이하의 과태료에 처할 수 있다.
② 제1항의 결정에 대하여는 즉시항고를 할 수 있다.

제161조의2【증인신문의 방식】① 증인은 신청한 검사, 변호인 또는 피고인이 먼저 이를 신문하고 다음에 다른 검사, 변호인 또는 피고인이 신문한다.
② 재판장은 전항의 신문이 끝난 뒤에 신문할 수 있다.
③ 재판장은 필요하다고 인정하면 전2항의 규정에 불구하고 어느 때나 신문할 수 있으며 제1항의 신문 순서를 변경할 수 있다.
④ 법원이 직권으로 신문할 증인이나 범죄로 인한 피해자의 신청에 의하여 신문할 증인의 신문방식은 재판장이 정하는 바에 의한다.
⑤ 합의부원은 재판장에게 고하고 신문할 수 있다.

제162조【개별신문과 대질】① 증인신문은 각 증인에 대하여 신문하여야 한다.
② 신문하지 아니한 증인이 재정한 때에는 퇴정을 명하여야 한다.
③ 필요한 때에는 증인과 다른 증인 또는 피고인과 대질하게 할 수 있다.
④ 삭제

제163조【당사자의 참여권, 신문권】① 검사, 피고인 또는 변호인은 증인신문에 참여할 수 있다.
② 증인신문의 시일과 장소는 전항의 규정에 의하여 참여할 수 있는 자에게 미리 통지하여야 한다. 단, 참여하지 아니한다는 의사를 명시한 때에는 예외로 한다.

제163조의2【신뢰관계에 있는 자의 동석】① 법원은 범죄로 인한 피해자를 증인으로 신문하는 경우 증인의 연령, 심신의 상태, 그 밖의 사정을 고려하여 증인이 현저하게 불안 또는 긴장을 느낄 우려가 있다고 인정하는 때에는 직권 또는 피해자·법정대리인·검사의 신청에 따라 피해자와 신뢰관계에 있는 자를 동석하게 할 수 있다.
② 법원은 범죄로 인한 피해자가 13세 미만이거나 신체적 또는 정신적 장애로 사물을 변별하거나 의사를 결정할 능력이 미약한 경우에 재판에 지장을 초

래할 우려가 있는 등 부득이한 경우가 아닌 한 피해자와 신뢰관계에 있는 자를 동석하게 하여야 한다.

③ 제1항 또는 제2항에 따라 동석한 자는 법원·소송관계인의 신문 또는 증인의 진술을 방해하거나 그 진술의 내용에 부당한 영향을 미칠 수 있는 행위를 하여서는 아니 된다.

④ 제1항 또는 제2항에 따라 동석할 수 있는 신뢰관계에 있는 자의 범위, 동석의 절차 및 방법 등에 관하여 필요한 사항은 대법원규칙으로 정한다.

제164조【신문의 청구】 ① 검사, 피고인 또는 변호인이 증인신문에 참여하지 아니할 경우에는 법원에 대하여 필요한 사항의 신문을 청구할 수 있다.

② 피고인 또는 변호인의 참여 없이 증인을 신문한 경우에 피고인에게 예기하지 아니한 불이익의 증언이 진술된 때에는 반드시 그 진술내용을 피고인 또는 변호인에게 알려주어야 한다.

③ 삭제

제165조【증인의 법정 외 신문】 법원은 증인의 연령, 직업, 건강상태 기타의 사정을 고려하여 검사, 피고인 또는 변호인의 의견을 묻고 법정 외에 소환하거나 현재지에서 신문할 수 있다.

제165조의2【비디오 등 중계장치 등에 의한 증인신문】 ① 법원은 다음 각 호의 어느 하나에 해당하는 사람을 증인으로 신문하는 경우 상당하다고 인정할 때에는 검사와 피고인 또는 변호인의 의견을 들어 비디오 등 중계장치에 의한 중계시설을 통하여 신문하거나 가림 시설 등을 설치하고 신문할 수 있다. 〈개정 2021.8.17.〉

1. 아동복지법 제71조제1항제1호·제1호의2·제2호·제3호에 해당하는 죄의 피해자
2. 아동·청소년의 성보호에 관한 법률 제7조, 제8조, 제11조부터 제15조까지 및 제17조제1항의 규정에 해당하는 죄의 대상이 되는 아동·청소년 또는 피해자
3. 범죄의 성질, 증인의 나이, 심신의 상태, 피고인과의 관계, 그 밖의 사정으로 인하여 피고인 등과 대면하여 진술할 경우 심리적인 부담으로 정신의 평온을 현저하게 잃을 우려가 있다고 인정되는 사람

② 법원은 증인이 멀리 떨어진 곳 또는 교통이 불편한 곳에 살고 있거나 건강상태 등 그 밖의 사정으로 말미암아 법정에 직접 출석하기 어렵다고 인정하는 때에는 검사와 피고인 또는 변호인의 의견을 들어 비디오 등 중계장치에 의한 중계시설을 통하여 신문할 수 있다. 〈신설 2021.8.17.〉

③ 제1항과 제2항에 따른 증인신문은 증인이 법정에 출석하여 이루어진 증인신문으로 본다. 〈신설 2021.

8.17.〉

④ 제1항과 제2항에 따른 증인신문의 실시에 필요한 사항은 대법원규칙으로 정한다. 〈신설 2021.8.17.〉

제166조【동행명령과 구인】 ① 법원은 필요한 때에는 결정으로 지정한 장소에 증인의 동행을 명할 수 있다.

② 증인이 정당한 사유없이 동행을 거부하는 때에는 구인할 수 있다.

제167조【수명법관, 수탁판사】 ① 법원은 합의부원에게 법정 외의 증인신문을 명할 수 있고 또는 증인 현재지의 지방법원판사에게 그 신문을 촉탁할 수 있다.

② 수탁판사는 증인이 관할구역 내에 현재하지 아니한 때에는 그 현재지의 지방법원판사에게 전촉할 수 있다.

③ 수명법관 또는 수탁판사는 증인의 신문에 관하여 법원 또는 재판장에 속한 처분을 할 수 있다.

제168조【증인의 여비, 일당, 숙박료】 소환받은 증인은 법률의 규정한 바에 의하여 여비, 일당과 숙박료를 청구할 수 있다. 단, 정당한 사유없이 선서 또는 증언을 거부하는 자는 예외로 한다.

제13장 감정

제169조【감정】 법원은 학식 경험있는 자에게 감정을 명할 수 있다.

제170조【선서】 ① 감정인에게는 감정 전에 선서하게 하여야 한다.

② 선서는 선서서에 의하여야 한다.

③ 선서서에는 「양심에 따라 성실히 감정하고 만일 거짓이 있으면 허위감정의 벌을 받기로 맹세합니다」라고 기재하여야 한다.

④ 제157조제3항, 제4항과 제158조의 규정은 감정인의 선서에 준용한다.

제171조【감정보고】 ① 감정의 경과와 결과는 감정인으로 하여금 서면으로 제출하게 하여야 한다.

② 감정인이 수인인 때에는 각각 또는 공동으로 제출하게 할 수 있다.

③ 감정의 결과에는 그 판단의 이유를 명시하여야 한다.

④ 필요한 때에는 감정인에게 설명하게 할 수 있다.

제172조【법원 외의 감정】 ① 법원은 필요한 때에는 감정인으로 하여금 법원 외에서 감정하게 할 수 있다.

② 전항의 경우에는 감정을 요하는 물건을 감정인에게 교부할 수 있다.

③ 피고인의 정신 또는 신체에 관한 감정에 필요한 때에는 법원은 기간을 정하여 병원 기타 적당한 장소에 피고인을 유치하게 할 수 있고 감정이 완료되

면 즉시 유치를 해제하여야 한다.

④ 전항의 유치를 함에는 감정유치장을 발부하여야 한다.

⑤ 제3항의 유치를 함에 있어서 필요한 때에는 법원은 직권 또는 피고인을 수용할 병원 기타 장소의 관리자의 신청에 의하여 사법경찰관리에게 피고인의 간수를 명할 수 있다.

⑥ 법원은 필요한 때에는 유치기간을 연장하거나 단축할 수 있다.

⑦ 구속에 관한 규정은 이 법률에 특별한 규정이 없는 경우에는 제3항의 유치에 관하여 이를 준용한다. 단, 보석에 관한 규정은 그러하지 아니하다.

⑧ 제3항의 유치는 미결구금일수의 산입에 있어서는 이를 구속으로 간주한다.

제172조의2【감정유치와 구속】 ① 구속 중인 피고인에 대하여 감정유치장이 집행되었을 때에는 피고인이 유치되어 있는 기간 구속은 그 집행이 정지된 것으로 간주한다.

② 전항의 경우에 전조 제3항의 유치처분이 취소되거나 유치기간이 만료된 때에는 구속의 집행정지가 취소된 것으로 간주한다.

제173조【감정에 필요한 처분】 ① 감정인은 감정에 관하여 필요한 때에는 법원의 허가를 얻어 타인의 주거, 간수자 있는 가옥, 건조물, 항공기, 선차 내에 들어 갈 수 있고 신체의 검사, 사체의 해부, 분묘발굴, 물건의 파괴를 할 수 있다.

② 전항의 허가에는 피고인의 성명, 죄명, 들어갈 장소, 검사할 신체, 해부할 사체, 발굴할 분묘, 파괴할 물건, 감정인의 성명과 유효기간을 기재한 허가장을 발부하여야 한다.

③ 감정인은 제1항의 처분을 받는 자에게 허가장을 제시하여야 한다.

④ 전2항의 규정은 감정인이 공판정에서 행하는 제1항의 처분에는 적용하지 아니한다.

⑤ 제141조, 제143조의 규정은 제1항의 경우에 준용한다.

제174조【감정인의 참여권, 신문권】 ① 감정인은 감정에 관하여 필요한 경우에는 재판장의 허가를 얻어 서류와 증거물을 열람 또는 등사하고 피고인 또는 증인의 신문에 참여할 수 있다.

② 감정인은 피고인 또는 증인의 신문을 구하거나 재판장의 허가를 얻어 직접 발문할 수 있다.

제175조【수명법관】 법원은 합의부원으로 하여금 감정에 관하여 필요한 처분을 하게 할 수 있다.

제176조【당사자의 참여】 ① 검사, 피고인 또는 변호인은 감정에 참여할 수 있다.

② 제122조의 규정은 전항의 경우에 준용한다.

제177조【준용규정】 감정에 관하여는 제12장(구인에 관한 규정은 제외한다)을 준용한다.
[전문개정 2020.12.8.]

제178조【여비, 감정료 등】 감정인은 법률의 정하는 바에 의하여 여비, 일당, 숙박료 외에 감정료와 체당금의 변상을 청구할 수 있다.

제179조【감정증인】 특별한 지식에 의하여 알게 된 과거의 사실을 신문하는 경우에는 본장의 규정에 의하지 아니하고 전장의 규정에 의한다.

제179조의2【감정의 촉탁】 ① 법원은 필요하다고 인정하는 때에는 공무소·학교·병원 기타 상당한 설비가 있는 단체 또는 기관에 대하여 감정을 촉탁할 수 있다. 이 경우 선서에 관한 규정은 이를 적용하지 아니한다.

② 제1항의 경우 법원은 당해 공무소·학교·병원·단체 또는 기관이 지정한 자로 하여금 감정서의 설명을 하게 할 수 있다.

제14장 통역과 번역

제180조【통역】 국어에 통하지 아니하는 자의 진술에는 통역인으로 하여금 통역하게 하여야 한다.

제181조【청각 또는 언어장애인의 통역】 듣거나 말하는 데 장애가 있는 사람의 진술에 대해서는 통역인으로 하여금 통역하게 할 수 있다.
[전문개정 2020.12.8.]

제182조【번역】 국어 아닌 문자 또는 부호는 번역하게 하여야 한다.

제183조【준용규정】 전장의 규정은 통역과 번역에 준용한다.

제11장 검증

제139조【검증】 법원은 사실을 발견함에 필요한 때에는 검증을 할 수 있다.

제140조【검증과 필요한 처분】 검증을 함에는 신체의 검사, 사체의 해부, 분묘의 발굴, 물건의 파괴 기타 필요한 처분을 할 수 있다.

제141조【신체검사에 관한 주의】 ① 신체의 검사에 관하여는 검사를 받는 사람의 성별, 나이, 건강상태, 그 밖의 사정을 고려하여 그 사람의 건강과 명예를 해하지 아니하도록 주의하여야 한다.

② 피고인 아닌 사람의 신체검사는 증거가 될 만한 흔적을 확인할 수 있는 현저한 사유가 있는 경우에만 할 수 있다.

③ 여자의 신체를 검사하는 경우에는 의사나 성년 여자를 참여하게 하여야 한다.

④ 시체의 해부 또는 분묘의 발굴을 하는 때에는 예(禮)에 어긋나지 아니하도록 주의하고 미리 유족에게 통지하여야 한다.

[전문개정 2020.12.8.]

제142조【신체검사와 소환】법원은 신체를 검사하기 위하여 피고인 아닌 자를 법원 기타 지정한 장소에 소환할 수 있다.

제143조【시각의 제한】① 일출 전, 일몰 후에는 가주, 간수자 또는 이에 준하는 자의 승낙이 없으면 검증을 하기 위하여 타인의 주거, 간수자 있는 가옥, 건조물, 항공기, 선차 내에 들어가지 못한다. 단, 일출 후에는 검증의 목적을 달성할 수 없을 염려가 있는 경우에는 예외로 한다.

② 일몰 전에 검증에 착수한 때에는 일몰 후라도 검증을 계속할 수 있다.

③ 제126조에 규정한 장소에는 제1항의 제한을 받지 아니한다.

제144조【검증의 보조】검증을 함에 필요한 때에는 사법경찰관리에게 보조를 명할 수 있다.

제145조【준용규정】제110조, 제119조 내지 제123조, 제127조와 제136조의 규정은 검증에 관하여 준용한다.

Ⅰ 증인신문

1. 의 의

① 증인으로부터 그 체험사실의 진술을 듣는 절차, 즉 증인에 대한 증거조사절차
② 증거조사인 동시에 강제처분

2. 증인의 의의와 증인적격

증인의 의의	개 념	① 법원 또는 법관에 대하여 자신이 과거에 경험한 사실을 진술하는 제3자 ② 감정증인 : 특별한 지식·경험에 의하여 지득하게 된 과거의 사실을 진술하는 자 → 대체성이 없으므로 증인(§179) [행시 04, 국7 13, 경 14/1차]		
	구 별	① 감정인 : 전문적 지식이나 특별한 경험에 근거한 판단의 결과를 보고하는 자 → 대체성이 있으므로 구인 不可		

차이점 / 유사점 표:

		증 인	감정인
	차이점	① **대체성 없어 구인 可** ② 보수 × ③ 판단자료 제공 ④ 예외적으로 선서 不要 ⑤ 구두로 보고	① **대체성 있어 구인 不可** ② 보수 ○ ③ 판단능력 보충 ④ 반드시 선서 要 [경승 10] ⑤ 서면으로 보고
	유사점	① 여비·일당 받음 ② 선서의무 있음 ③ 기피제도 없음 ④ 당사자 참여권 있음(§163①, §176①) ⑤ 증언거부권(자기·근친자형사책임, 업무상비밀)(§148·149, §177)	

② 참고인 : 수사기관에 대하여 진술하는 피의자 외의 자

증인 적격	의의	① 증인이 될 수 있는 자격 → 법률에 다른 규정 없으면 누구든지 증인 신문 可(§146) ∴ 증인적격에는 제한 × → 책임무능력자, 어린아이, 피고인의 친인척도 증인적격 ○ [경승 10] ② **증인적격 있어야 증인신문 可** ∴ 증인적격 없는 자의 증언은 증거능력 없음 [경간 12]
	공무원	① **증인거부권자 : 공무원 또는 공무원이었던 자**가 그 직무에 관하여 알게 된 사실 → 본인 또는 당해 공무소가 직무상 비밀에 속한 사항임을 신고한 때 → 소속 공무소 또는 감독관공서의 **승낙** 없이는 **증인 신문 不可**(§147①) [법원 14] ② But 소속 공무소 또는 당해 감독관공서는 국가에 중대한 이익을 해하는 경우를 제외하고는 승낙 거부 不可(동②)
	법관	① 당해 사건 심판 법관 : 증인적격 없음 ② 제척사유 : 당해 법관이 증인이 된 경우(§17 4.) ③ 당해 사건 공판절차 관여하는 법원사무관 등도 같음(§25①)
	검사	① 당사자인 검사 : 증인적격 없음(多) ② 수사검사 : 공소유지에 관여하지 않으므로 증인적격 ○(조사자증언, §316①) ③ **검찰수사관·사법경찰관 : 증인적격** ○(95도535; 2001헌바41) [국9 14, 경 13/2차, 행시 03]
	변호인	피고인의 보호자 → 제3자 아님 ∴ 증인적격 ×(多)
	피고인	① 피고인의 **진술거부권**이 침해될 우려가 있어 **증인적격 ×** [행시 02] ② 피고인의 법정대리인·특별대리인·대리인(§277), 피고인인 법인의 대표자·대리인(§276但) 등도 증인적격 ×
	공동 피고인	① 부정설, 긍정설, 절충설(通·判, 2008도3300 등) 대립 ② 절충설 　㉠ **공범자**인 공동피고인 : 당해사건에 관한 피고인으로서 진술 거부권 有 → **증인적격 ×** → 증인신문 위해선 **변론 분리 要** [국7 10, 교정9 특채 10, 경 10/1차, 경 12/2차, 경 14/1차] 　㉡ **공범자 아닌** 공동피고인 : **증인적격** ○ [법원 14/15, 국7 15, 국9 13/14/15, 경간 13, 경 12/2차] → 증인신문 위해선 **선서 要** [국7 13]

🔗 한줄판례 Summary

① 피고인에 대한 사건과 <u>다른 공소사실</u>로 기소되어 병합심리된 공동피고인의 진술 : 피고인에 대한 사건에 관하여 **증인의 지위** ○(82도1000) [국7 10, 교정9 특채 10, 경 10/1차]
② **증언거부권이 고지**되었음에도 피고인이 증언거부권을 행사하지 않고 허위로 진술 : **위증죄 성립** ○ (2012도6848)

3. 증인의 의무와 권리

(1) 증인의 의무

출석 의무	의 의	① 증인적격이 있는 자로서 적법한 소환을 받은 자는 누구나 증인으로 출석할 의무 있음 ② 공판기일뿐만 아니라 공판준비절차(§273) · 증거보전절차(§184)의 증인신문에 소환된 증인도 인정 [국9 08]
	소 환	① 증인소환의 방식 　㉠ **소환장의 송달, 전화, 전자우편, 그 밖의 상당한 방법**(§150의2①) 　㉡ 소환장 발부 · 방식 · 송달 피고인소환규정 준용(§153, 73, 74, 76) 　㉢ 증인의 출석의무는 소환이 적법한 경우에 한하여 인정 　㉣ 증인 소환장 송달시기 : 출석할 일시 **24시간** 이전에 송달 要 but 급속을 요하는 경우 예외 ○(규칙 §70) [행시 03, 국9 08] 　　[정리] 피고인 소환장 송달은 1회 기일은 5일 전, 2회 기일부터는 12시간 전 (규칙 §45, 피고인 이의 없으면 예외 ○), 　㉤ 소환 不要 : 증인이 법원의 구내에 있는 때(§154) [국7 08] 　　[정리] ① 소환의 대상 : 피고인 · 증인 · 감정인 · 통역인 · 번역인 　　　　　② 통지의 대상 : 검사 · 변호인 · 보조인 등 ② 구인 　㉠ 증인이 정당한 사유 없이 소환에 응하지 아니한 때 → **구인** 可(§152, 소환장 송달에 의한 소환의 경우 불출석제재도 可) 　㉡ 증인 구인영장 집행 시 급속을 요하는 때라도 영장을 소지하지 않고서는 집행 不可(∵ §85③ 준용 ×), 호송 중 가유치 不可(∵ §86 준용 ×) ③ 출석의무 없는 자 　㉠ **증인거부권자**(§147 : 공무상 비밀)는 출석의무 無 　㉡ **증언거부권자**(§148, 149)는 증언은 거부할 수 있으나 **출석 자체를 거부할 수는 없음** [교정9 특채 12] ④ 동행명령 　㉠ 의의 : 법원 출석 증인에 대하여 법원 밖의 증인신문 장소까지 재판부 · 수명법관과 함께 갈 것을 명하는 결정 　㉡ 절차 : 법원은 필요한 때에는 결정으로 지정한 장소에 증인의 동행을 명할 수 있음 → 정당한 사유 없이 동행 거부 → **구인** 可(§166) but **과태료 · 비용배상 · 감치 不可** 　　[정리] ① 소환장 송달받은 증인의 소환불응 : 구인 ○, 소용비용부담 · 과태료 ○ 　　　　　② 동행명령을 받은 증인의 동행거부 : 구인 ○, 소용비용부담 · 과태료 ×
	불출석 제재	① 소송비용 부담과 과태료 부과 　㉠ **소환장을 송달받은 증인**(소환장 송달 의제 포함 [법원 08/11, 국7 08])이 정당한 사유 없이 출석하지 아니한 때 → 법원은 결정으로 ⓐ 당해 불출석으로 인한 **소송비용**을 증인이 **부담**하도록 명하고 ⓑ **500만원 이하의 과태료**(벌금 ×) 부과 可(§151①) [국9 10, 경승 10/14]

출석
의무
	불출석
	제재
		[정리] 증인이 기일에 출석한다는 서면 제출 or 출석한 증인에 대하여 차회 기일을 정하여 출석을 명한 때(§76②), 증인이 교도관으로부터 소환 통지를 받은 때(동⑤) : 소환장 송달 의제(§151① 제2문)
		ⓒ But 전화·전자우편, 그 밖의 상당한 방법으로 증인을 소환한 경우(§150의2①) : 소송비용 부담, 과태료 부과 ×(=동행명령 거부 시)
		② 감치
		  ㉠ 증인이 과태료 재판을 받고도 정당한 사유 없이 다시 출석하지 아니한 때 → 결정으로 증인을 7일 이내 감치에 처함(§151②) [경승 14]
		  ㉡ But 감치재판 받은 증인이 감치 집행 중에 증언을 한 때 → 즉시 감치결정을 취소하고 증인 석방(동⑦)
		③ 불복 : 법원의 소송비용부담·과태료·감치결정에 대해서는 즉시항고 可 but 재판집행정지 ×(동⑧後) [국9 10, 경승 14]
		[정리] 즉시항고의 집행정지효가 없는 경우 : 기피신청에 대한 간이기각결정에 대한 즉시항고, 증인 불출석 제재결정에 대한 즉시항고

선서 의무	의 의	① 출석한 증인은 신문에 앞서 선서를 해야 함(§156本) [경 13/1차] ② 선서능력 있는 증인이 선서 없이 한 증언 : 증거능력 ×(78도1031)

	선서의
	절차
	방법
		① 위증의 벌 경고
		  ㉠ 재판장은 선서 전 위증의 벌 경고 要(§158)
		  ㉡ 경고 없이 증언한 경우 : 해당 증언 자체는 유효, 위증죄 可
		② 선서서
		  ㉠ 선서는 선서서에 의함(§157①)
		  ㉡ 선서서 기재사항 : "양심에 따라 숨김과 보탬이 없이 사실 그대로 말하고 만일 거짓말이 있으면 위증의 벌을 받기로 맹세합니다"(동②)
		  ㉢ 증인은 선서서 낭독 & 기명날인 or 서명 [법원 16] → 선서서 낭독 不可 or 서명 不可 시 참여한 법원사무관 등이 대행(동③) [법원 11/16]

	선서 무능력	① 증인이 16세 미만 or 선서의 취지를 이해하지 못하는 때 : 선서하게 하지 아니하고 신문 要(§159) [법원 11/14/15/16, 국9 10, 경승 14, 경 13/1차] ② 선서무능력자에게 선서를 시키고 증언케 한 경우 : 선서 무효 ∴ 위증죄 × but 증언 효력은 영향 無 [행시 02/03, 국9 08/14, 교정9 특채 12, 경 04/2차]
	위반 시 제재	① 과태료 부과 : 증인이 정당한 이유 없이 선서 거부 → 결정으로 50만원 이하의 과태료(§161①) [정리] 자기나 친족 등과 현저한 이해관계 사항에 관한 신문을 받은 때 선서를 거부할 수는 있는 제도(민소법 §324)는 형소법에 없음 [법원 14] ② 소송비용 부담, 감치 無(≠ 출석의무 위반 시) ③ 과태료부과결정에 대한 즉시항고 可(§161②)
증언 의무	의 의	양심에 따라 숨김과 보탬이 없이 사실 그대로 증언할 의무(§157②)
	증언 능력	① 의의 : 과거에 경험한 사실을 그 기억에 따라 진술할 수 있는 정신적인 능력 → 증인적격 있어도 증언능력 없으면 증언의 증거능력 × ② 구별 : 형사미성년자(책임무능력자, 형법 §9)·선서무능력자도 증언능력 인정될 수 있음

증언 의무	증언 능력	③ 유아의 증언능력 : 단지 공술자의 **연령만에 의할 것이 아니라 그 지적 수** **준에 따라 개별적·구체적으로 결정**(2004도3161) [국9 14] ∴ 사고 당시 10 세 남짓한 초등학교 5학년생(84도619) [행시 02/03, 국7 13, 경승 10, 경 14/1차], 사고 당시 만 3년 3월 남짓, 증언 당시 만 3년 6월 남짓된 강간치상 피해자인 여아(91도579), 사건 당시 만 4세 6개월, 제1심 증언 당시 만 6세 11개월 피해자인 유아(99도3786)의 증언능력도 인정
	위반 시 제재	① 증인이 정당한 이유 없이 증언을 거부한 때에는 결정으로 **50만원** 이하의 **과태료**에 처할 수 있음(§161①) ② 정당한 이유 : 증인거부권(§147) or 증언거부권(§148) 있는 경우 ③ 과태료부과결정에 대한 **즉시항고** 可(§161②)

(2) 증인의 권리

증언 거부권	의의	① 증언의무가 있는 증인이 일정한 법률상의 사유에 기하여 증언을 거부할 수 있는 권리 ② 증인거부권자와는 달리 출석 자체를 거부할 수 없음 → 변호사가 업무상 알게 된 비밀 : 증언거부권 ○ but 출석 거부 不可 [국9 08]
	내용	① 의의 : **자기, 친족, 친족이었던 사람, 법정대리인, 후견감독인**에게 **형사소추·공소제기·유죄판결**을 받을 사실이 드러날 염려 있는 증언을 거부할 수 있음(§148) [법원 05/11/14, 경 13/1차] ② 근거 : 헌법상 진술거부권(헌법 §12②, 영미의 자기부죄거부 특권) [경승 14]과 신분관계로 인한 정의(情誼)상 정책적 고려 ③ 거부의 범위 ⑦ 형사책임의 존부(⑩ 구성요건적 사실)와 양형에 불이익을 초래할 수 있는 모든 사실(⑩ 누범·상습범 인정의 기초될 사실, 집행유예의 취소사유에 해당하는 사실) ⓛ But **이미 유죄·무죄·면소판결 확정**(기판력)된 사실은 **증언** **거부 不可**(2005도10101) → 유죄판결 확정된 증인이 재심청구 예정이어도 同(2011도11994) [국9 15/16, 경 12/2차, 법원 17]
		① 의의 : 변호사, 변리사, 공증인, 공인회계사, 세무사, 대서업자, 의사, 한의사, 치과의사, 약사, 약종상, 조산사, 간호사, 종교의 직에 있는 자 또는 이러한 직에 있던 자가 그 **업무상 위탁을** **받을 관계로 알게 된 사실로서 타인의 비밀**에 관한 것은 증언을 거부 可 [국7 08] but **본인의 승낙 or 중대한 공익상 필요** 있는 때에는 **예외**(§149) [국9 08] [정리] 업무상 비밀에 대한 압수거부권자(§112)와 같음, 형법상 업무상 비밀누설죄(형법 §317)의 주체와 같음(세무사 제외) [정리] 공무상 비밀은 증인거부권, 업무상 비밀은 증언거부권 ② 범위 : 증언거부권자는 제한적 열거(通) ∴ 교사·교수·법무사 등 해당 ×

증언 거부권	고지	① 위 자에게 재판장은 신문 전에 증언을 거부할 수 있음 설명 要(§160) ② **증언거부권 불고지 증언의 증거능력 : 긍정설**(判, 4290형상23) [법원 03, 국9 08]과 부정설(多) 대립 ③ 위증죄 성부 : 증언거부권 불고지로 증언거부권 행사에 사실상 장애 있 다면 위증죄 불성립(2008도942 전합)
	행사 포기	① 증언 거부 시에는 **거부의 사유 소명 要**(§150) [국7 08, 경승 14] ≠ 피고인의 진술거부권 행사 ② 행사 시기 : 신문 개시 전, 신문 도중 不問 but 증언거부 이전까지의 증 언내용은 증거 ○ ③ 증언거부권의 포기 : 증언거부권자도 증언거부권을 포기하고 증언 可 (≠ 피의자·피고인의 진술거부권) but 증인이 주신문에 증언 후 반대신 문에 증언 거부 不可
비용 청구권		① 소환받은 증인은 법률규정에 따라 여비·일당과 숙박료 청구 可 but **정당한 사유 없이 선서·증언 거부한 자는 예외**(§168) [국9 08] ② 재정증인(§154) : 소환당한 자 아님 ∴ 비용청구권 無
열람 등사권		증인은 자신에 대한 증인신문조서 및 그 일부로 인용된 속기록, 녹음물, 영상녹화물 또는 녹취서의 열람·등사 또는 사본 청구 可(규칙 §84의2)
기 타		① **성폭력범죄 피해자**가 **19세미만피해자등**인 경우(구법상 13세 미만 아동 또는 신체적· 정신적 장애로 의사소통·의사표현에 어려움이 있는 자이었으나, 법개정으로 대폭 확 대) → 직권 or 검사, 피해자, 그 법정대리인 및 변호인의 신청 → 결정으로 **진술조력인** 으로 하여금 증인신문에 참여하여 중개하거나 보조하게 할 수 있음(2023.7.11. 개정 성폭법 §37①) ② 특정강력범죄사건의 증인이 피고인 측으로부터 생명·신체에 해를 입거나 입을 염려 있다고 인정 → 검사는 관할 경찰서장에게 증인의 신변안전조치 요청 要(특강법 §7②)

> 🔗 **한줄판례 Summary**
>
> ① 자신에 대한 **유죄판결이 확정**된 증인이 확정판결에 대하여 **재심을 청구할 예정**인 경우 : **증언거부권 없음**
>   (2011도11994) [국7 17, 국9 15, 법원 17, 경 12/2차]
> ② 범행을 하지 않은 자가 범인으로 공소제기 되어 피고인의 지위에서 **허위자백**하고, 나아가 공범에 대한
>   **증인**의 자격에서 증언을 하면서 그 공범과 함께 **범행하였다고 허위의 진술**을 하는 경우 : **증언거부권 고지**
>   **대상** ○(2010도10028)

4. 증인신문의 방법

(1) 당사자의 참여권

의 의	① 검사·피고인·변호인은 증인신문 참여 可 ② 법원은 (공판기일 외) 증인신문의 시일·장소를 검사·피고인·변호인에게 미리 통지 要 but 불참의사 명시 시 예외(§163) [정리] 공판기일 증인신문은 당사자 출석 要, 공판기일 외 증인신문은 법원이 당사자에게 시일·장소 통지로 족함 ③ 감정인도 재판장의 허가를 얻어 증인신문 참여 可(§174)

신문 청구	① 검사·피고인·변호인 증인신문 불참 시 → 법원에 대하여 필요한 사항의 신문 청구 可 (§164①) ② 피고인·변호인 참여 없이 증인신문 시 **피고인에게 예기되지 않은 불이익 증언이 진술** 된 때 → 반드시 그 진술내용을 **피고인·변호인에게 알릴 것**(동②)
침해 효과	① 증인신문 시일·장소를 당사자에게 통지하지 않고 실시한 증인신문 → 위법 ∴ 해당 증언 증거능력 × ② **피고인 참여 신청에도 피고인 참여 없이 실시한 증인신문 → 변호인 참여하여도 위법** (68도1481) ③ 하자의 치유 : **차회 공판기일** 공판정에서 당해 증인신문조서 증거조사 시 증인신문결과 고지 → 피고인·변호인이 **이의를 하지 아니한 때** → 책문권 포기로 **하자 치유**(73도 2967)

(2) 증인에 대한 신문방법

> 증인신문 절차의 예
> 증거신청(검사의 목격자 증인 신청) → 심리(증인적격) → 결정(채택 or 기각)(법령위반만 이의신청)
> → 증거조사(증인신문) → 검사 주신문(탄핵신문 : ○, 유도신문 : 원칙 × / 예외 ○) → 피고인 반대
> 신문 → 검사 재주신문 → (재판장허가에 의한) 피고인 재반대신문

증인신문 시기	① 모두절차의 재판장 쟁점정리절차를 마친 뒤 증거조사절차에서 진행 ② But 검사·피고인·변호인의 신청 → 법원이 공판준비에 필요하다고 인정한 때 → (1회 공판기일 이후) 공판기일 전 → 증인신문 可(공판기일 전 증거조사, §273)
준비절차	① 증인 인정신문 : 재판장은 증인으로부터 주민등록증 등 신분증을 제시받거나 그 밖 의 적당한 방법으로 증인이 틀림없음을 확인(규칙 §71) → (피고인 인정신문과 달리) 증인 인정신문 증언거부권 행사 不可 ② 재판장의 경고·고지 등 　㉠ 선서 전 위증의 벌 경고(§158) 　㉡ 선서무능력자 아닌 한(§159) 신문 전 선서를 하게 함(§156, 단 다른 법률규정 　　있으면 사후선서 可) 　㉢ 증언거부권자(§148, 149)에게는 증언거부권 고지(§160)
개별신문 대질	① 개별신문 　㉠ **각 증인**에 대하여 신문(§162①) 　㉡ **신문하지 않는 증인 재정 시 → 퇴정** 명함(동②) 　㉢ But 퇴정명령은 법원의 **재량** ∴ 다른 증인 면전 증인신문 위법 × ② 필요시 증인과 다른 증인 또는 피고인과 **대질** 可(동③) [경 07/1차]
증인의 신문방법	① 구두로 함이 원칙(for 반대신문) [경 07/1차] ② 개별적·구체적 신문 : 포괄적·추상적 질문 허용 × ③ 위협적·모욕적 신문 : 절대 금지(규칙 §74②1.) ④ 원칙적으로 금지되나 정당한 이유 시 예외인 신문방법(동2.~4.) 　㉠ 전의 신문과 중복되는 신문 　㉡ 의견을 묻거나 의논에 해당하는 신문 　㉢ 증인이 직접 경험하지 아니한 사항에 해당하는 신문

<table>
<tr>
<td rowspan="7">증인의
신문방법</td>
<td>

⑤ **서류·물건의 제시에 의한 신문**이 허용되는 경우

    ㉠ 증인에 대하여 서류 또는 물건의 성립, 동일성 기타 이에 준하는 사항에 관하여 신문을 할 때(규칙 §82①)

    ㉡ 기억환기 필요시 : 증인의 기억이 명백치 아니한 사항에 관하여 **기억을 환기시켜야 할 필요**가 있을 때 → **재판장의 허가** 要 → 서류의 내용이 증인의 진술에 **부당한 영향을 미치지 아니하는 범위** 내(규칙 §83①②) [국9 15]

⑥ 증인 진술 내용 **영상녹화물**의 사용 : 기억이 명백치 아니한 사항에 관하여 **기억을 환기시켜야 할 필요**가 있을 때 → **증인에게 재생하여 시청**하게 할 수 있음(§318의2②)

⑦ 피고인 등의 퇴정과 피고인의 반대신문권의 보장

    ㉠ 피고인 등의 퇴정 : 재판장은 증인·감정인이 피고인·재정인의 면전에서 **충분한 진술을 할 수 없다**고 인정한 때 → 그를 **퇴정**하게 하고 진술하게 할 수 있음 = 피고인이 다른 피고인의 면전에서 충분한 진술을 할 수 없다고 인정한 때에도 同(§297①) [법원 16, 국9 14] ∴ 일정한 경우 **피고인의 직접적 증인 대면의 제한 可**

    ㉡ 피고인의 반대신문권의 보장 : 증인·감정인·공동피고인의 진술이 종료한 때 → 퇴정한 피고인을 **입정**하게 한 후 법원사무관 등으로 하여금 **진술의 요지를 고지**하게 하여야 함(동②) ∴ **피고인의 반대신문권 배제 不可**(2009도9344; 2011도15608) [국9 13, 경 13/1차, 경 14/1차, 경 15/3차]

    ㉢ 피고인의 반대신문권 침해 시 효과

        ⓐ 원칙 : **피고인에게 실질적인 반대신문의 기회를 부여하지 아니한 채** 이루어진 증인의 법정진술은 **위법수집증거**

        ⓑ 하자의 치유 : **차회 공판기일**에서 재판장이 증인신문결과 등을 공판조서(증인신문조서)에 의하여 고지 → 피고인이 **이의 없다**고 진술하여 책문권 포기 의사를 명시 → **하자 치유**(2009도9344) [국7 13, 경간 12, 경 13/1차, 경 14/1차]

</td>
</tr>
</table>

(3) 교호신문제도

<table>
<tr>
<td>의 의</td>
<td>

① 당사자주의적 신문방식 : 증인을 당사자 쌍방이 주신문 → 반대신문 → 재주신문 → 재신문의 순으로 신문하여 반대신문권을 보장하는 신문방식

② 증인신청한 검사·변호인·피고인이 먼저 신문 → 다음에 다른 검사·변호인·피고인이 신문(§161의2①) [국7 09] → 당사자 증인신문이 끝난 뒤 재판장·합의부원 신문(동②⑤)

③ 직권주의 가미 : 재판장은 어느 때나 신문할 수 있고 위 순서를 변경할 수 있음(동③)

</td>
</tr>
<tr>
<td rowspan="2">방 식</td>
<td>

주신문	반대신문	재주신문	재신문
① 증명할 사항(증인 신청한 이유) ② 탄핵신문 ○ ③ 유도신문 : 원칙×, 예외 ○	① 주신문에 나타난 사항 ② 새로운 사항 : 재판장 허가 要 → 주신문 ③ 탄핵신문 ○ ④ 유도신문 ○	① 반대신문에 나타난 사항 ② 나머지 同	재판장의 허가 要

</td>
</tr>
</table>

방 식	주신문	① 의의 : 증인을 신청한 당사자가 먼저 하는 신문 → 증명할 사항과 이에 관련된 사항(규칙 §75①) 신문 ② 탄핵신문 　㉠ **증언의 증명력을 다투기 위하여 필요한 사항에 관한 신문 可**(규칙 §77 　　①)[해간 12, 경 10/1차] 　㉡ But 증인의 명예를 해치는 내용의 신문 不可(동②) [국9 14, 해간 12, 　　경 10/1차] ③ **유도신문** 　㉠ **원칙적 금지** : 신문자가 희망하는 답변을 암시하면서 신문하는 유도 　　신문 금지(규칙 §75②) [법원 17] 　㉡ 예외적 허용 : **주신문에 있어서 유도신문이 허용되는 경우**(동但) 　　ⓐ 증인과 피고인과의 관계, 증인의 경력, 교우관계 등 실질적인 신문 　　　에 앞서 미리 밝혀둘 필요가 있는 **준비**적인 사항 　　ⓑ 검사, 피고인 및 변호인 사이에 다툼이 없는 **명백**한 사항 　　ⓒ 증인이 주신문을 하는 자에 대하여 **적의** 또는 반감을 보일 경우 　　ⓓ 증인이 종전의 진술과 **상반**되는 진술을 하는 때에 그 종전진술 　　　에 관한 신문 [국9 14] 　　ⓔ 기타 유도신문을 필요로 하는 **특별**한 사정이 있는 경우 　　　[정리] 준비가 명백하면 적의 진술이 상반되는 특별한 사정이 생긴다! 　㉢ 재판장의 조치 : 허용되지 아니하는 유도신문은 제지하여야 하고, 　　유도신문의 방법이 상당하지 않으면 제한 可(동③) 　㉣ 위반의 효과 　　ⓐ 원칙 : **허용되지 않는 유도신문**에 의한 증언은 **위법** 　　ⓑ 하자의 치유 : 주신문 시 허용되지 않는 유도신문 → **그다음 공판 　　　기일**에 재판장이 증인신문 결과 등을 공판조서에 의하여 고지 → 　　　피고인 · 변호인이 "변경할 점과 **이의할 점이 없다**"고 진술하여 책 　　　문권 포기 의사 명시 → 유도신문에 의하여 이루어진 주신문의 　　　**하자 치유**(2012도2937) [국9 15]
	반대신문	① 의의 : 주신문 후에 반대당사자가 하는 신문 → 주신문에 나타난 사항 　과 이에 관련된 사항 및 증언의 증명력을 다투기 위하여 필요한 사항 　(규칙 §76①, §77①) 신문 ② 주신문에 나타나지 아니한 **새로운 사항 신문 : 재판장의 허가 要**[경 13/1차] 　→ if 허가 ○ → 그 사항에 관하여는 **주신문**으로 봄(규칙 §76④⑤) ③ 유도신문 　㉠ 원칙 : **반대신문 시 유도신문 허용**(동②) [국9 10, 경 13/1차] 　㉡ 재판장의 제한 : 유도신문 방법이 **상당하지 아니할 때 제한 可**(동③)
	재주신문	① 의의 : 반대신문이 끝난 후 주신문을 한 검사 · 피고인 · 변호인이 반대 　신문에 나타난 사항과 이와 관련된 사항에 관하여 다시 하는 신문(규칙 　§78①) ② 재주신문은 주신문의 예에 의함(동②) ③ 반대신문에 나타나지 아니한 새로운 사항 신문 : 재판장의 허가 要 → 　if 허가 ○ → 그 사항에 관하여는 주신문으로 봄(동③, 규칙 §76④⑤)

방 식	재신문	① 의의 : (주신문·반대신문·재주신문은 재판장 허가 요하지 않는 당사자의 증인신문권 행사라면) 이후의 증인신문은 **재판장의 허가**를 얻어야만 다시 신문 可(재신문, 추가신문, 규칙 §79) [경 13/1차] ② 재신문(재반대신문) 이후의 재재주신문이나 재재반대신문 등의 추가신문도 **모두 재판장의 허가 要**
수정 예외	직권주의	① 재판장의 직권에 의한 신문 및 순서의 변경 : 당사자의 교호신문 도중 → **재판장은 어느 때나 신문 可 & 신문순서 변경 可**(§161의2③) ② **법원의 직권에 의한 증인신문** : 可(§295) → **신문방식은 재판장이 정하는 바에 의함**(§161의2④) → 재판장 신문 후 검사·피고인·변호인이 신문하는 때에는 반대신문의 예에 의함(규칙 §81) ③ **범죄피해자 등 신청**에 의한 피해자 등에 대한 증인신문 : 신청 시 원칙적으로 신문 要(§294의2①) → 신문방식은 **교호신문방식이 아니라 재판장이 정하는 바에 의함**(§161의2④) [국7 13]
	간 이	**간이공판절차**에 있어서는 **교호신문방식에 의하지 않고 법원이 상당하다고 인정하는 방법**으로 신문 可(§297의2) [경 13/1차]

(4) 공판정 외의 증인신문

의 의	① 공판기일이 아닌 일시와 공판정이 아닌 장소에서 행하여지는 증인신문(공판기일 외 증인신문) ② 법원은 증인의 연령·직업·건강상태 기타의 사정을 고려하여 검사·피고인·변호인의 의견을 묻고 법정 외에 소환하거나 현재지에서 신문 可(§165)
동 행	법원은 필요한 때에는 결정으로 지정한 장소에 증인의 동행을 명할 수 있음 → 정당한 사유 없이 동행을 거부하는 때 구인 可(§166) but 소송비용부담·과태료부과·감치 ×
촉 탁	① 법원은 합의부원(수명법관)에게 법정 외의 증인신문을 명하거나 증인 현재지의 지방법원판사(수탁판사)에게 그 신문을 촉탁 可(§167①) ② 수탁판사는 if 증인이 관할구역 내 현재 × → 현재지 지방법원판사에게 전촉 可(동②)
증거 조사	① 공판기일 외 증인신문 조서는 다시 **공판기일에 낭독 등의 방식의 증거조사**가 이루어져야 유죄의 증거가 될 수 있음(2000도3265) [경 13/1차] ② 소송관계인의 참여 없이 시행한 법정 외 증인신문조서에 대해 **공판기일 증거조사 자체를 시행하지 않은 경우** → **위법수집증거**(67도613) [경 06/2차]

(5) 범죄피해자의 비디오 등 중계장치 등에 의한 증인신문

의 의	법원은 아동 등 일정한 범위의 범죄피해자를 증인으로 신문하는 경우 → 검사와 피고인·변호인의 의견을 들어 → 비디오 등 중계장치에 의한 중계시설을 통하여 신문하거나 차폐시설 등을 설치하고 신문 可(§165의2)
대 상	① **아동복지법상 아동매매죄 등** 범죄(동법 §71①1.~3.)의 **피해자**(법 §165의2 1.) ② **아청법상 아동·청소년 강간·강제추행죄 등** 범죄(동법 §7, §8, §11~§15, §17①)의 대상이 되는 **아동·청소년 또는 피해자**(법 §165의2 2.) ③ 범죄의 성질, 증인의 연령, 심신의 상태, 피고인과의 관계, 그 밖의 사정으로 인하여 **피고인 등과 대면**하여 진술하는 경우 **심리적인 부담으로 정신의 평온을 현저하게 잃을 우려**가 있다고 인정되는 자(동3.) [경 15/3차]

결 정	① 법원은 위 대상자를 증인으로 신문할 결정을 할 때 → 비디오 등 중계장치에 의한 중계시설 또는 차폐시설을 통한 신문 여부를 함께 결정해야 함(규칙 §84의4①) ② 증인신문 전 or 중 결정 可(동②)
설 치	① <u>피고인</u> 외에 <u>검사, 변호인, 방청인 등</u>에 대하여도 **차폐시설 등을 설치 可** ② **변호인**에 대한 차폐시설 설치는 **예외적으로 허용**(2014도18006) [경 15/3차, 변시 17]
반대신문	피고인의 증인 대면권은 제한될 수밖에 없음 but 피고인의 반대신문권은 보장 要

(6) 법정에 출석하기 어렵다고 인정되는 증인의 비디오 등 중계장치에 의한 증인신문

의 의	법원은 법정에 출석하기 어렵다고 인정되는 증인을 증인으로 신문하는 경우 → 검사와 피고인 · 변호인의 의견을 들어 → 비디오 등 중계장치에 의한 중계시설을 통하여 신문 可(§165의2②)
대 상	① <u>멀리 떨어진 곳</u> 또는 <u>교통이 불편한 곳</u>에 살고 있는 증인 ② <u>건강상태 등 그 밖의 사정으로 말미암아 법정에 직접 출석하기 어렵다고 인정</u>하는 증인

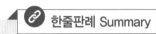 한줄판례 Summary

<u>피고인이 정당한 사유 없이 출석하지 않는 경우</u>, 이미 출석하여 있는 **증인** : **공판기일 외의 신문**으로 진행 (<u>다음 공판기일에 서증조사 要</u>, 2000도3265) [경 13/1차]

5. 피해자의 진술권

의 의	개 념	① <u>범죄로 인한 피해자 등의 신청</u>이 있는 경우 → 법원은 그 피해자 등을 **증인으로 신문하여야 함** & 이 경우 피해자에게 당해 사건에 관한 <u>의견을 진술할 기회를 주어야 함</u>(§294의2①②) ② 피해자 증인신청 시 → not 법원의 재량 but 증인신문해야 함 ③ **형사피해자의 진술권은 헌법상 기본권**(헌법 §27⑤)
	개 정	07년 개정법은 피해자 진술권을 증인신문의 방식으로 보장하는 행태는 그대로 유지하되 공판정진술권의 내용을 보다 확대 [경 15/1차] ① 신청주체의 확장 : **피해자 이외의 자** ○ ② 배제사유의 축소 : <u>수사절차에서의 충분한 진술</u> → 배제사유 × ③ 진술내용의 확대 ④ 피해자 신청 시 검사의 처분결과 통지(§259의2) ⑤ 공판기록열람 · 등사신청권(§294의4) ⑥ 공판절차 · 수사절차에 신뢰관계자 동석(§163의2, §221③)
피해자 정보권	수사 종결 통지	범죄**피해자** or 그 법정대리인(피해자 사망 시 : 배우자 · 직계친족 · 형제자매)의 **신청**이 있는 때 → 검사(법원 ×)는 당해 사건의 **공소제기** 여부, **공판**의 일시, 장소, 재판결과(재판의 진행경과 ×), 피의자, 피고인의 구속 · 석방 등 **구**금에 관한 사실 등을 통지 要(§259의2)
	소송 기록 열람 등사	① 신청 ㉠ 소송계속 중인 사건의 **피해자**(피해자 <u>사망 or 심신 중대 장애</u> 시 : 배우자 · 직계친족 · 형제자매 포함) ㉡ 피해자 본인의 **법정대리인**(피해자가 의사무능력자인 경우)

	소송
	기록
	열람
	등사
			ⓒ 이들로부터 **위임**을 받은 피해자 본인의 **배우자·직계친족·형제자매·변호사**
			→ **소송기록의 열람·등사를 재판장에게 신청** 可(§294의4①)
			② 재판장의 조치와 허가
			  ㉠ 위 신청을 지체 없이 검사·피고인·변호인에게 통지(동②)
			  ㉡ **임의적 허가**
			    ⓐ 피해자 등의 권리구제를 위하여 필요하다고 인정하거나 그 밖의
			      정당한 사유가 있는 경우(예 피해자의 손해배상청구에 도움)
			    ⓑ 범죄의 성질·심리의 상황 그 밖의 사정을 고려하여 상당하다고 인
			      정하는 때
			    → 열람·등사 허가 可(동③, ≠ 피고인·변호인 열람·등사권, §35①)
			  ㉢ 재판장은 등사 허가 시 사용목적 제한 or 적당한 조건 부과 可(동④)
			③ 불복 : 재판장의 열람·등사 허가 및 사용목적의 제한과 조건 부과의 재판
			  에 대하여는 **불복 不可**(동⑥)

피해자 정보권	신뢰 관계자 동석	임의적 동석	범죄피해자 증인신문 시 증인의 연령, 심신의 상태, 그 밖의 사정 을 고려하여 증인이 **현저하게 불안 또는 긴장**을 느낄 우려가 있다 고 인정되는 때 → 법원의 직권 또는 피해자·법정대리인·검사의 신청 → 피해자와 신뢰관계에 있는 자를 **동석하게 할 수 있음**(§163 의2①) [법원 15]
		필요적 동석	범죄피해자가 **13세 미만** or 신체적·정신적 **장애**로 사물을 변별하 거나 의사를 결정한 능력이 미약한 경우 → 재판에 지장을 초래할 우려가 있는 등 부득이한 경우가 아닌 한 → 법원은 피해자와 신뢰 관계에 있는 자를 **동석하게 하여야 함**(동②) [국9 15] [정리] 불안은 혼자 할 수 있는데, 13장은 함께 해야 한다.

		범위
		의무
			① 신뢰관계자의 범위 : 배우자, 직계친족, 형제자매, 가족, 동거
			  인, 고용주, 변호사, 그 밖에 피해자의 심리적 안정과 원활한
			  의사소통에 도움을 줄 수 있는 사람(규칙 §84의3①)
			② 신뢰관계자의 의무 : 법원·소송관계인의 신문 또는 증인의 진
			  술을 방해하거나 그 진술의 내용에 부당한 영향을 미칠 수 있는
			  행위를 해서는 안 됨(법 §163의2③)
			③ 동석자가 부당하게 재판진행 방해 시 → 재판장은 **동석 중지**시
			  킬 수 있음(규칙 §84의3③) [법원 20]
			  [정리] 신뢰관계자의 동석 : ① 피의자신문(§244의5), ② 참고인조사
			    (피해자, §221③), ③ 피고인신문(§276의2), ④ 증인신문(피해자,
			    §163의2)

절차	신청
	·
	결정
		신청
		주체
			① **피해자** : 직접적 법익주체뿐 아니라 범죄행위로 법률상 불이익
			  을 받는 자 포함
			② **법정대리인**
			③ 피해자 **사망** 시 → 그 **배우자·직계친족·형제자매** 포함(§294의2
			  ①) [국7 09, 경 15/2차] ← **교통사고 사망자의 부모** ○(92헌마48)
			  [경승 10, 경 14/1차]

절차	신청·결정	결정	① 피해자 진술도 증인신문절차에 의함 ∴ 피해자 등의 증인신문 신청과 법원의 결정 要 ② 법원의 직권에 의한 증거조사도 可(§295)
		의무	위 요건을 갖춘 경우 → 일정한 경우(이미 **충분** 진술, 현저 **지연** 우려)를 제외하고 → 법원은 **피해자 등을 증인신문하여야 함**(원칙적 의무, §294의2①本) [경승 12, 행시 04, 법원 15/16, 경 06/1차, 경 15/1차]
	방식		① 불출석 시 철회 간주 　㉠ 신청인이 출석통지를 받고도 **정당한 이유 없이 출석하지 아니한 때** → **신청을 철회한 것으로 봄**(§294의2④) [경 14/1차] 　㉡ 소환이 아니라 출석통지에 의함 ∴ 불출석 시 **구인 不可** ≠ 보통의 증인 소환(§150의2, §152) ② 피해자 증인신문 시 의견진술권 보장 　㉠ **의견진술권 부여 의무** : 법원이 피해자 등을 증인으로 신문하는 경우 → 피해의 정도 및 결과, 피고인의 처벌에 관한 의견 그 밖에 당해 사건에 관한 **의견을 진술할 기회를 주어야 함**(§294의2②) [국7 10, 국9 09/15, 경 14/1차] 　㉡ 범죄사실 인정 사항이 아닌 경우 의견진술의 방식 　　ⓐ 증인신문 절차 不要 : 법원은 직권 또는 피해자 등의 신청에 따라 → 피고인의 처벌에 관한 의견 등 위 사항으로서 **범죄사실의 인정에 해당하지 않는 사항**에 관하여 → **증인신문에 의하지 아니하고 의견을 진술하게 할 수 있음**(규칙 §134의10①) [국7 15] 　　ⓑ 재판장은 피해자 등에게 위 의견진술에 갈음하여 의견을 기재한 서면을 제출하게 할 수도 있음(규칙 §134의11①) 　　ⓒ 위 진술과 서면은 **범죄사실의 인정을 위한 증거로 할 수 없음**(규칙 §134의12) [국7 15] ③ 심리의 비공개 可 　㉠ 피해자 증인신문 시 → 당해 피해자·법정대리인·검사의 신청 → 결정으로 **심리를 공개하지 아니할 수 있음**(§294의3①) [법원 16, 국7 09, 국9 10/14, 경승 14, 경 14/1차, 경 15/2차] 　㉡ 위 비공개결정은 이유를 붙여 고지(동②) 　㉢ 비공개결정 시에도 → 법원은 적당하다고 인정되는 자의 재정 허가 可(동③) ④ 교호신문 방식 不要 　㉠ 피해자 등의 진술도 **증인신문의 절차에 의함** 　㉡ 변론종결 전에는 언제든지 可 　㉢ 증인신문 방식은 **교호신문 방식에 의하지 아니하고 재판장이 정하는 바에 의함**(§161의2④)
	제한		① **피**해자 진술권 행사 제한사유 　㉠ 피해자 등이 **이미 당해 사건에 관하여 공판절차(수사절차 ×)에서 충분히 진술**하여 다시 진술할 필요가 없다고 인정되는 경우 　㉡ 피해자 등의 진술로 인하여 **공판절차가 현저하게 지연**될 우려가 있는 경우 → 피해자 증인신문 不要(§294의2①但) [국9 14, 경승 10, 경 06/1차, 경 15/1차, 경 15/2차] ② 수의 제한 : 동일한 범죄사실에서 신청인이 여러 명인 경우 → 법원은 **진술할 자의 수 제한 可**(동③)(96모94) [법원 16, 국7 09, 경 06/1차, 경 14/1차]

기 타		① 성폭력피해자 진술의 영상물 촬영·보존 ㄱ 수사기관의 영상녹화의무 : 19세미만피해자등 → 피해자의 진술 내용과 조사 과정을 비디오녹화기 등 **영상물 녹화장치로 녹화·보존 要**(2023.7.11. 개정 성폭법 §30①) but **피해자 또는 법정대리인(단, 법정대리인이 가해자이거나 가해자의 배우자인 경우는 제외)이 원하지 아니하는 의사**를 표시한 경우에는 **촬영 不可(동③)** ㄴ 수사기관의 조사 전 설명의무 : 19세미만피해자등을 조사하기 전에 ⓐ 조사 과정이 영상녹화된다는 사실, ⓑ 영상녹화된 영상녹화물이 증거로 사용될 수 있다는 사실을 피해자에게 설명하여야 함(동②) ② **성폭력피해자** 국선변호사 선임 ㄱ 사유 : 아동·청소년대상 성범죄의 피해자 또는 성폭력범죄의 피해자에게 변호사가 없는 경우 ㄴ 검사의 국선변호사 선정 : ⓐ **검사는 국선변호사 선정 可**, ⓑ but **19세미만피해자등에게 변호사가 없는 경우에는 국선변호사 선정 要**(2023.7.11. 개정 성폭법 §27, 아청법 §30) ③ 배상명령신청 : 피해자는 제1심 또는 제2심 공판의 변론종결 시까지 사건이 계속된 법원에 피해배상 신청 可(인지 첨부 不要, 소촉법 §26①) ④ 판결공시 : **피해자의 이익을 위하여 필요**하다고 인정할 때 → **피해자의 청구**가 있는 경우에 한함 → **피고인의 부담으로 판결공시의 취지를 선고할 수 있음**(형법 §58①) [법원 11/14] *cf.* 무죄판결(필요적 공시)·면소판결(임의적 공시) 시에는 피고인 청구 **不要**(동②③) ⑤ 범죄피해자구조 : 타인의 범죄행위로 인하여 생명·신체 피해를 입은 국민은 법률(범죄피해자보호법)이 정하는 바에 의하여 국가로부터 구조를 받을 수 있음(헌법 §30)

▮ II 감정·통역·번역

1. 감 정

의 의	의 의	① 개념 : 특수한 지식·경험을 가진 제3자가 그 지식·경험에 의하여 알 수 있는 법칙(경험법칙) 또는 그 법칙을 적용하여 얻은 판단을 법원에 보고하는 것(신체감정, 인영·필적·지문 등의 감정) → 법원은 학식경험 있는 자에게 감정을 명할 수 있음(§169) ② 감정인 : 법원으로부터 감정의 명을 받은 자 ③ 감정인신문 : 감정인신문은 증거조사의 성질을 가지고 그 진술이 증거로 되는 점에서 증인과 유사 ∴ **증인신문에 관한 규정은 구인에 관한 규정을 제외하고는 감정에 대하여 준용**(§177)
	구 별	① 감정수탁자 : 수사기관으로부터 감정위촉을 받은 자(§221②) |	감정인	감정수탁자 | |---|---|---| | 명령자·위탁자 | 법원·법관 | 수사기관 | | 선서의무 | ○ | × | | 허위감정죄 | 적용 | 적용 × | | 소송관계인의 참여권 | ○ | × | ② 증인 : 자신이 과거에 체험한 사실을 진술하는 자(비대체적) ③ 감정증인 : 특별한 전문지식에 의하여 알게 된 과거에 경험한 사실을 진술하는 자로서 비대체적이므로 증인에 해당함

절차 방법	자격	① 감정인적격 : 학식경험 있는 자이면 인정되고(§169) 감정인은 법원이 지정함(동조) ② 감정인적격·감정거부권 : 증인적격·증언거부권 규정 준용(§177)
	소환 신문	① 출석 : 증인소환의 방법에 의함 ∴ 소환·동행명령 可 ② 불출석제재 : 소환 불응 → 소송비용부담·과태료 可(§177, §151) but 증인이 아니므로 **구인 不可**(§177) ③ 선서 : 감정 전에 선서서에 의하여 선서 要(§170①②) ∴ 선서하지 않은 감정인의 감정은 증거능력 無 ④ 신문방식 : 주신문, 반대신문, 재주신문의 순(§177, §161의2)

	실시
	권한
	의무
		① 법원은 필요한 때에는 감정인으로 하여금 법원 외에서 감정하게 할 수 있고(§172①) 이 경우 감정 필요 물건을 감정인에게 교부 可(동②)
		② 감정인의 권한
		  ㉠ 감정처분권(감정에 필요한 처분 권한)
		    ⓐ 내용 : 감정인 → **법원의 허가**를 얻어 → 타인의 주거, 간수자 있는 가옥·건조물·항공기·선차 내에 들어갈 수 있고, 신체검사·사체해부·분묘발굴·물건파괴 可(§173①, 법원의 강제처분)
		    [정리] 수사상 감정수탁자는 판사의 허가 要(§221의4)
		    ⓑ 법원의 감정처분허가
		      - 피고인의 성명·죄명, 들어갈 장소, 검사할 신체, 해부할 사체, 발굴할 분묘, 파괴할 물건, 감정인의 성명과 유효기간을 기재한 허가장(**감정처분허가장**) 발부 要(§173②)
		      - 감정인은 처분을 받는 자에게 허가장 제시 要(동③)
		      - But 공판정 내 감정처분은 허가장 不要(동④)
		  ㉡ 열람등사권·참여권·신문권
		    ⓐ 열람등사권·참여권 : 감정인은 → 재판장의 허가를 얻어 → 서류·증거물 열람·등사 & 피고인·증인신문 참여 可(§174①)
		    ⓑ 신문요청권·신문권 : 감정인은 피고인·증인의 신문을 구하거나 재판장의 허가를 얻어 **직접 발문 可**(동②)
		  ㉢ 비용청구권 : 감정인은 법률에 따라 여비·일당·숙박료, 감정료와 체당금(감정을 위하여 지출한 비용)의 변상 청구 可(§178)
		③ 당사자의 참여권
		  ㉠ 검사·피고인·변호인은 감정에 참여 可(§176①)
		  ㉡ 감정처분 일시·장소는 미리 검사·피고인·변호인에게 통지 要 but 불참의사 명시 or 급속 시 예외(§176②, §122)
		④ 감정서 제출의무
		  ㉠ 서면보고원칙 : 감정인은 감정의 경과와 결과를 **서면**(구술 ×)으로 제출하여야 함(§171①) → 감정보고는 **감정서의 제출**에 의함 [법원 07]
		  ㉡ 감정인이 수인인 때에는 각각 또는 공동으로 제출 可(동②)
		  ㉢ 감정인의 결과에는 판단의 이유 명시 要(동③) → 필요시 감정인에게 설명하게 할 수 있음(동④)

감정 유치	의 의	피고인의 정신 또는 신체를 감정하기 위하여 일정 기간 동안 병원 기타 적당한 장소에 피고인을 유치하는 강제처분(§172③)
	절 차	① 영장주의 : 수소법원은 **감정유치장** 발부 要(동④) ② 집행 : **구속영장 집행규정 준용**(동⑦) ③ 기간 : 감정유치기간은 법원이 정하는 **재정기간**(동①) ∴ 법원은 필요한 때에는 유치기간 연장 or 단축 可(동⑥) ④ 불복 : 법원의 피고인 감정유치결정은 **항고 可**(§403②)

	구 속	① 구속규정의 준용
		   ㉠ 원칙 : 감정유치에 준용(§172⑦) → 불구속피고인 감정유치장 발부·구속 시 범죄사실의 요지, 감정유치의 이유, 변호인을 선임할 수 있음을 알려주고 변명할 기회를 주어야 함 [법원 11]
		   ㉡ 예외 : **보석 규정은 예외**(동但) ∴ **감정유치된 자에 대한 보석 不可**(필요적 보석, 임의적 보석 모두 ×) [법원 11, 경승 13]
		② **미결구금일수 산입** : **감정유치는 구속으로 간주**(동⑧)
		③ 구속집행정지
		   ㉠ 구속피고인 **감정유치기간은 구속집행정지 간주**(§172의2①)
		   ∴ 감정유치기간은 **구속기간 산입 ×**
		   ㉡ 구속집행정지 취소 간주 : 감정유치처분 취소 or 유치기간 만료

감정 촉탁		① 의의 : 법원은 공무소·학교·병원 기타 상당한 설비가 있는 단체·기관에 대하여 감정 촉탁 可(법원의 감정촉탁, §179의2① 제1문)(*cf.* 수사상 감정위촉 : §221②) ② 선서 不要 : 감정촉탁의 특성상 감정인 선서 규정 적용 ×(동 제2문) ③ 법원은 당해 공무소·학교·병원·단체·기관이 지정한 자로 하여금 감정서의 설명을 하게 할 수 있음(동②) → 감정서 설명 시 검사·피고인·변호인 참여 要(규칙 §89의3①)

2. 통역과 번역

(1) ① 국어에 통하지 아니하는 자의 진술에는 통역인으로 하여금 **통역 要**(의무, §180) → 외국인이라도 국어에 통하면 통역 不要, 내국인이어도 국어에 통하지 아니하면 통역 要(2007도9327)

② 청각 또는 언어장애인의 진술은 **통역 可**(§181)

③ 감정에 관한 규정은 통역에 준용(§183)

(2) ① 국어 아닌 문자 또는 부호는 **번역 要**(의무, §182) [법원 13]

② 감정에 관한 규정은 번역에 준용(§183)

Ⅲ 검증

<table>
<tr><td rowspan="2">의의</td><td>개념</td><td>법관이 오관의 작용에 의하여 사물의 존재와 상태를 직접 실험·관찰하여 인식하는 증거조사방법</td></tr>
<tr><td>성질</td><td>① 증거조사인 동시에 강제처분
② 강제처분 : 물건·장소 소유·보관·관리자 및 신체검사의 상대방은 검증에 응할 의무 有
③ 영장주의 : 법원이 직접 시행 ∴ 영장 不要 [경 09/2차]</td></tr>
<tr><td rowspan="3">절차</td><td>요건</td><td>① 법원은 사실을 발견함에 필요한 때 → 검증 可(§139)
② 물건의 존재·형태·성상이 증거자료가 검증의 객체 ○ → 검증 목적물 제한 無</td></tr>
<tr><td>준비</td><td>① 공판기일의 검증 : 별도의 준비절차 不要
② 공판기일(공판정) 외 검증
　㉠ 검증기일 지정 要
　㉡ 재판장이 미리 검증의 일시·장소를 검사·피고인·변호인에게 통지 要 but 불참의사 명시 or 급속 시 예외(§145, §121·122)(= 압수·수색 영장의 집행, 증인신문, 감정인신문)
　㉢ 법원은 신체검사를 위해 피고인 또는 피고인 아닌 자를 법원 기타 지정한 장소에 소환 可(§68, §142) → 소환장에는 신체검사를 하기 위하여 소환한다는 취지 기재 要(규칙 §64)</td></tr>
<tr><td>실시</td><td>① 검증에 필요한 처분 : 신체검사·사체해부·분묘발굴·물건파괴 기타 필요한 처분(§140), 자물쇠를 열거나 개봉 기타 필요한 처분(§145, §120) 可 → 사법경찰관리 보조 명할 수 있음(§144)
② 법원은 검증 실시 중 타인의 출입금지 可 → 위반 시 퇴거 or 검증 종료 시까지 간수자를 붙일 수 있음(§145, §119)
③ 필요시 압수 可 → 영장 발부 不要
④ 검증 중지 시 → 장소 폐쇄 or 간수자 둘 수 있음(§145, §127)
⑤ 신체검사에 대한 특칙
　㉠ 피검자의 성별·연령·건강상태 기타 사정을 고려하여 그 사람의 건강과 명예를 해하지 아니하도록 주의 要(§141①)
　㉡ 피고인 아닌 자의 신체검사 : 증적의 존재를 확인할 수 있는 현저한 사유 要(동②)
　㉢ 여자의 신체 검사 : 의사 or 성년의 여자 참여 要(동③)
　㉣ 사체해부·분묘발굴 : 예(禮)를 잊지 아니하도록 주의하고, 미리 유족에게 통지 要(동④)
⑥ 제한
　㉠ 야간검증의 제한
　　ⓐ 원칙 : 일출 전·일몰 후에는 가주·간수자 또는 이에 준하는 자의 승낙이 없으면 검증을 하기 위하여 타인의 주거, 간수자 있는 가옥·건조물·항공기·선차 내에 들어가지 못함(§143①本)</td></tr>
</table>

절차	실시	ⓑ 예외 : 가주 등 승낙 없어도 야간 검증 가능한 경우 　– 일출 후에는 검증 목적 달성할 수 없을 염려 있는 경우(동但) 　– 일몰 전 검증을 개시하여 일몰 후까지 계속하는 경우(동②) 　– 도박 기타 풍속을 해치는 행위에 상용된다고 인정되는 장소, 음식점, 여관처럼 야간에도 공중이 출입할 수 있는 장소(공개한 시간 내)(동③, §126) ⓛ 군사상 비밀을 요하는 장소 : 책임자 승낙 없이는 검증 不可 but 국가의 중대한 이익 해하는 경우 아니면 승낙 거부 不可(§145, §110) ⓒ ⓐ 공무소, 군사용 항공기·선차 내에서의 검증 시 그 책임자에게 참여할 것을 통지 要, ⓑ 타인의 주거, 간수자 있는 가옥·건조물·항공기·선차 내에서 검증 시 주거주·간수자 또는 이에 준하는 자 참여 要 (§145, §123)
검증 조서	작성	① 검증조서 작성 要(§49①) → 검증조서에는 검증 목적물의 현상을 명확하게 하기 위하여 도화·사진 첨부 可(동②) ② **공판정에서 행한 검증**은 독립된 검증조서에 의하지 않고 **공판조서에 기재**(§51②10.)
	증거 조사	① 검증조서의 성격 : 오관의 작용에 의하여 인식한 결과를 기재한 보고문서임과 동시에 하나의 진술조서로서 전문증거의 성격 ② 증거조사 　㉠ 수소법원의 **공판기일 검증** : **검증결과가 바로 증거**가 됨 ∴ 검증조서의 증거조사 문제 발생 無 　㉡ **공판기일 외 검증** : (수명법관·수탁판사·수소법원의) 검증결과가 **바로 증거가 되는 것이 아니라 검증조서가 서증으로서 증거가 됨** ③ 법원·법관의 검증조서 : 증거능력 有(**§311**)

08 공판절차의 특칙

ⓥ 조문정리

제2편 제1심

제3장 공판

제1절 공판준비와 공판절차

제286조의2 【간이공판절차의 결정】 피고인이 공판정에서 공소사실에 대하여 자백한 때에는 법원은 그 공소사실에 한하여 간이공판절차에 의하여 심판할 것을 결정할 수 있다.

제286조의3 【결정의 취소】 법원은 전조의 결정을 한 사건에 대하여 피고인의 자백이 신빙할 수 없다고 인정되거나 간이공판절차로 심판하는 것이 현저히 부당하다고 인정할 때에는 검사의 의견을 들어 그 결정을 취소하여야 한다.

제297조의2 【간이공판절차에서의 증거조사】 제286조의2의 결정이 있는 사건에 대하여는 제161조의2, 제290조 내지 제293조, 제297조의 규정을 적용하지 아니하며 법원이 상당하다고 인정하는 방법으로 증거조사를 할 수 있다.

제318조의3 【간이공판절차에서의 증거능력에 관한 특례】 제286조의2의 결정이 있는 사건의 증거에 관하여는 제310조의2, 제312조 내지 제314조 및 제316조의 규정에 의한 증거에 대하여 제318조제1

항의 동의가 있는 것으로 간주한다. 단, 검사, 피고인 또는 변호인이 증거로 함에 이의가 있는 때에는 그러하지 아니하다.

제306조【공판절차의 정지】 ① 피고인이 사물의 변별 또는 의사의 결정을 할 능력이 없는 상태에 있는 때에는 법원은 검사와 변호인의 의견을 들어서 결정으로 그 상태가 계속하는 기간 공판절차를 정지하여야 한다.

② 피고인이 질병으로 인하여 출정할 수 없는 때에는 법원은 검사와 변호인의 의견을 들어서 결정으로 출정할 수 있을 때까지 공판절차를 정지하여야 한다.

③ 전2항의 규정에 의하여 공판절차를 정지함에는 의사의 의견을 들어야 한다.

④ 피고사건에 대하여 무죄, 면소, 형의 면제 또는 공소기각의 재판을 할 것으로 명백한 때에는 제1항, 제2항의 사유 있는 경우에도 피고인의 출정 없이 재판할 수 있다.

⑤ 제277조의 규정에 의하여 대리인이 출정할 수 있는 경우에는 제1항 또는 제2항의 규정을 적용하지 아니한다.

제301조【공판절차의 갱신】 공판개정 후 판사의 경질이 있는 때에는 공판절차를 갱신하여야 한다. 단, 판결의 선고만을 하는 경우에는 예외로 한다.

제300조【변론의 분리와 병합】 법원은 필요하다고 인정한 때에는 직권 또는 검사, 피고인이나 변호인의 신청에 의하여 결정으로 변론을 분리하거나 병합할 수 있다.

제305조【변론의 재개】 법원은 필요하다고 인정한 때에는 직권 또는 검사, 피고인이나 변호인의 신청에 의하여 결정으로 종결한 변론을 재개할 수 있다.

I 간이공판절차

의 의
① 의의 : 피고인이 공판정에서 자백한 경우에 형사소송법이 규정하는 증거조사절차를 간이화하고 증거능력의 제한을 완화하여 심리를 신속하게 진행하기 위한 공판절차(§286의2) [국9 10, 경 12/3차] ② 연혁 : 영미의 기소인부절차(arraignment)에서 유래됨 • **간이공판절차** : 1심 공판정에서의 피고인의 자백(구성요건, 위법성, 책임 모두 인정) → 간이공판절차 : 증거조사 간이화 • **증거조사의 간이화** : 증거신청 → 심리 : 증거능력(전문증거만 인정, 위수증·자백배제는 제외) → 결정 (채택) : 증거조사는 하되 방식은 간이화(증명력 제한은 그대로 유지 ∴ 자백보강법칙 ○) → 증거조사 결과에 대한 피고인 의견도 생략

1. 간이공판절차의 개시

개시의 요건	제1심 관할사건	제1심	① 지방법원 또는 그 지원의 **제1심 관할사건**에 대해서만 인정 [국9 12] ② 항소심·상고심 : × [국9 14, 경 03/2차]
		범위	① **단독판사** 관할사건 ○ ② **합의부** 관할사건 ○ [행시 02/04, 법원 08/12/13/15, 경승 12/13, 경 13/2차]
		참여 재판	① 간이공판절차 × (국참법 §43) ② 배심원단의 규모를 축소하는 간소한 형태 ○ (국참법 §13①)
	피고인의 공판정에서의 자백	자백의 주체	① **피고인** → 피고인인 법인의 대표자(§27), 의사무능력자인 피고인의 법정대리인(§26), 특별대리인(§28) ○ ② 변호인 × ③ 피고인의 출석 없이 재판할 수 있는 사건에서 대리인 ×

		자백의 내용	① 공소장에 기재된 현실적 심판대상인 공소사실에 대하여 자백 要
			② 공소사실에 대한 자백 : **공소장에 기재된 범죄사실 전부 인정하고 위법성조각사유나 책임조각사유의 원인되는 사실의 부존재 인정** [법원주사보 07, 국7 08, 전의경 09] (≠ 증거로서의 자백)
			  ㉠ 공소사실 인정하면서 죄명·적용법조만을 다툼 ○ [행시 03]
			  ㉡ 공소사실 인정하면서 정상관계사유나 형면제의 원인되는 사실 주장 ○
			③ 명시적 不要, 묵시적 足
			  ㉠ 명시적 유죄 인정 진술 不要 [행시 04]
			  ㉡ **위법성조각사유·책임조각사유는 주장·진술하지 않는 것으로 충분**(81도2422; 87도1269) [국7 15, 법원 12, 경승 13, 경 13/2차]
			④ 자백으로 인정되지 않는 경우
			  ㉠ 공소사실을 인정하면서도 **범의 부인** [행시 03]
			  ㉡ **검사의 신문에는 공소사실을 자백하다가 변호인의 반대신문에는 부인**(97도3421) [법원 14]
			  ㉢ "공소사실은 모두 사실과 다름없다"고 하면서 **술에 만취되어 기억이 없다**는 취지로 진술(범의를 부인함과 동시에 심신상실·심신미약의 주장임, 2004도2116) [경승 12]

		신빙성	① **신빙성 要** ② 신빙성 없는 자백은 간이공판절차의 취소사유 (§286의3)
		시기와 장소	① 자백은 **공판기일**에 해야 함(원칙적으로 피고인의 모두진술까지) → ∴ 재판장은 피고인 모두진술 끝난 다음 피고인·변호인에게 자백 여부 확인 위해 필요한 질문 可 (§287①) ② 자백은 **공판정**에서 해야 함 → 수사절차·공판준비절차 [국9 12] 에서의 자백은 간이공판절차 개시 不可

개시의 요건	피고인의 공판정 에서의 자백	일부자백	① **1개의 공소사실의 일부만 인정 : 자백 ×** → 소송법상 불가분 관계의 일부에 대한 자백도 간이공판절차 **不可** → 일죄, 포괄일죄, 과형상 일죄 또는 예비적·택일적 공소사실의 일부 자백(나머지 부인) 시 자백 부분만 특정하여 간이공판절차로 심판 **不可** [행시 02, 법원 14, 경 03/3차] ② **경합범 공소사실 중 일부만 자백 : 일부자백 ○** → 자백 부분만 간이공판절차 **可** [국9 10, 경승 11] ③ **수인의 피고인 중 일부만 자백 : 자백피고인은 간이공판절차 可**
개시 결정			① 법원의 재량에 의한 **임의적 개시** : 간이공판절차 개시요건 구비된 때 → 법원은 그 공소사실에 한하여 간이공판절차에 의하여 **심판할 것을 결정할 수 있음**(§286의2) → 결정 여부는 법원의 의무가 아니라 **재량** [행시 02, 법원 12/13, 국9 12, 경승 13, 경 04/1차, 경 12/3차, 경 14/2차] → 피고인이 공판정에서 공소사실에 대하여 자백한 경우 간이공판절차에 의하여 심판하지 아니하였다 하여도 위법 × ② 불복 　㉠ 간이공판절차 개시결정에 독립하여 **항고 不可**(§403①) [국7 15, 국9 10, 경 12/3차] 　㉡ 간이공판절차개시의 요건을 갖추지 못하였음에도 불구하고 그에 의하여 심판한 경우 → 판결에 영향을 미친 법령위반을 이유로 항소·상고는 可(§361의5 1., §383 1.)

🔗 한줄판례 Summary

① 검사가 신문할 때 공소사실은 사실과 다름없다고 진술하다가 **변호인의 반대신문에서는 부인** : 공판정에서의 자백 × - 간이공판 ×(97도3421)
② 법정에서 '공소사실은 모두 사실과 다름없다'고 하면서 **술에 만취되어 기억이 없다**는 취지로 진술 : 간이공판 ×(2004도2116) [국9 17, 법원 17, 경승 12]

2. 간이공판절차의 특칙

증거능력 제한의 완화	전문법칙의 배제	① **증거동의의 의제** : 간이공판절차에 있어서는 §310의2, §312 내지 §314(검사 또는 사법경찰관 작성의 각종 조서 및 진술서와 진술 기재 서류, 감정서 등) 및 §316(전문진술)의 규정에 의한 증거에 대하여 §318①의 동의가 있는 것으로 간주(§318의3本) [법원 16, 경 06/1차, 경 14/2차] ② 예외 : 검사, 피고인 또는 변호인이 증거로 함에 **이의가 있는 때에는 그러하지 아니함**(동但) [경 02/3차, 해간 12] ③ 간이공판절차에서 전문증거 증거신청 시 → 상대방의 이의 없으면 → 증거동의 간주 → 증거채택결정에 이어 증거조사 可 ④ 간이공판절차 증거동의의제 **증거조사 완료 후** 피고인이 항소심에서 범행을 부인하여도 → **항소심에서 계속 증거 ○**(97도3421) [법원 08/16, 경승 11, 경 13/2차, 전의경 09]

증거능력 제한의 완화	완화의 범위	① 간이공판절차에서 증거능력의 제한의 완화 　㉠ 전문법칙에 한함 [국9 12] 　㉡ **위법수집증거배제법칙·자백배제법칙 : 완화되지 않고 그대로 적용** 　　[법원 12] ② 간이공판절차에서 증명력 　㉠ 증명력의 제한은 완화되지 않음 　㉡ **자백보강법칙(§310)은 그대로 적용** [법원 12, 국7 08/15, 경승 13, 경 03/ 　　3차, 경 10/1차, 경 14/2차] ∴ 간이공판절차에서 피고인의 자백이 유일 　　한 증거인 경우 → 유죄의 증거 ×
증거조사 방식의 간이화		① 간이공판절차에서는 **법원이 상당하다고 인정하는 방법으로 증거조사 可**(§297의2)(80도 333; [법원 14] 90도1755) [국9 14, 경 13/2차] ② But 간이공판절차라도 **증거조사 절차 자체 생략 不可** [행시 03, 국9 02, 경 10/1차]
	배제범위	배제 ○	① 증인신문을 함에 있어 **교호신문방식 不要**(§161의2 부적용) ② 증거조사의 시기도 반드시 재판장의 쟁점정리 및 검사·변호 　인의 증거관계 등에 대한 진술 후일 필요 없음(§290 부적용) ③ 서류·물건의 증거조사 시 **개별적으로 지시·설명 不要**(§291 　부적용) ④ 서류·물건의 증거조사 방법도 **반드시 제시, 낭독, 내용 고지, 　열람 등에 의할 필요 없음**(§292 부적용) ⑤ **증거조사의 종료 시 피고인에게 증거조사결과에 대한 의견을 　묻거나 증거신청권을 알려 줄 필요 없음**(§293 부적용) [행시 　04, 법원 08/13, 경승 10/12, 전의경 09] ⑥ 증인·감정인·공동피고인 신문 시 **피고인 퇴정 不要**(§297 　부적용)(이상 §297의2)
		배제 ×	① 증인의 **선서**(§156) ② 당사자의 증거조사**참여권**(§163) ③ 당사자의 증거**신청권**(§294) ④ 증거조사에 대한 **이의신청권**(§296) → 간이공판절차에도 적용(당사자의 권리는 배제 ×)
공판 절차에 관한 일반규정의 적용	의 의	증거능력·증거조사방식 특칙 인정 이외는 공판절차 일반규정 그대로 적용
	내 용	① **공소장변경 可** [행시 02, 국7 08, 경승 10, 경 04/1차] ② 간이한 방식에 의한 재판서 작성 不可 ③ 법원은 유죄판결 외에도 공소기각·관할위반·**무죄판결 선고 可** [행시 　04, 경승 10, 경 06/1차]

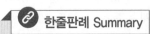 한줄판례 Summary

간이공판절차에서의 증거조사 : **증거방법을 표시하고 증거조사내용을 '증거조사함'이라고 표시**하는 방법 ○
(80도333) [법원 14]

3. 간이공판절차의 취소

의 의			피고인의 자백이 **신빙할 수 없다**고 인정되거나 간이공판절차로 심판하는 것이 **현저히 부당하다**고 인정할 때 → 검사의 의견을 들어 → 개시결정 **취소하여야 함**(§286의3) [법원 08/13/17, 국7 08]
사 유	신빙성 ×	의 의	피고인이 **진의에 의하여 자백한 것이 아니라고 의심**되는 때(임의성 의심도 포함) [법원 08/13, 국7 08, 국9 14]
		내 용	자백이 신빙성은 있으나 보강증거는 없는 경우 → 자백보강법칙 적용 → 무죄판결 선고 ∴ 간이공판절차 취소사유 해당 ×
	현저히 부당	의 의	간이공판절차의 **요건을 갖추지 못한 경우**(요건불비) or 요건 구비해도 간이공판절차에 의한 심판이 **부당한 경우**(부당) [법원 08/13, 국7 08, 국9 14]
		내 용	① 원시적 흠결, 후발적 흠결 모두 포함 : **자백을 철회한 경우**, 공소장변경 후 변경된 공소사실에 대하여 피고인이 부인한 경우 ② (간이공판절차 요건 구비 but) 간이공판절차에 의한 심판이 제도의 취지에 비추어 부당한 경우 : 공범 중 일부의 피고인 또는 1인의 피고인의 수개의 공소사실 가운데 일부에 대해서만 간이공판절차를 개시하였으나, 증거조사 절차가 극히 복잡하게 되어 불편한 때와 같이 다 같이 심판하는 것이 효율적인 경우
절 차			① 법원의 직권에 의한 결정 ② 사전에 **검사의 의견을 들어야 함** but 검사의 의견은 **구속력 無** [법원 08/13, 국7 08/15] ③ 취소사유가 있는 때 → 법원은 **반드시 취소**해야 함 [국9 14, 전의경 09]
효 과			① 원칙 : 간이공판절차 취소 → **공판절차 갱신**(§301의2本) [법원 08/17, 국9 10, 경 12/3차, 전의경 09] → ∴ 정식의 증거조사절차에 의하여 다시 심판 ② 예외 : **검사와 피고인·변호인이 이의가 없는 때**(적극적 명시 要) → 공판절차 갱신 **不要**(동但) [법원 14, 경 12/3차, 경 14/2차] → 취소 후의 소송절차만 통상의 방식으로 진행

📝 퍼써 정리 | 간이공판절차 개시와 취소의 비교

	요 건	검사의 의견	법원의 판단
간이공판절차 개시	피고인이 제1심 공판정에서 자백하는 때	不要	법원의 재량
간이공판절차 취소	• 피고인의 자백이 신빙할 수 없다고 인정될 때 • 간이공판절차로 심판하는 것이 현저히 부당하다고 인정된 때	要	법원의 의무

Ⅱ 공판절차의 정지와 갱신

1. 공판절차의 정지

의 의	일정한 사유가 발생한 경우에 법원이 결정으로 공판절차의 진행을 일시 정지하는 것 (§306) [국9 10]		
취 지	피고인의 방어권 행사 보장[국9 10]		
사 유 [국7 14]	피고인의 **심신상실과** 질병 [국9 10]	원 칙	① 피고인이 **사물변별 또는 의사결정을 할 능력이 없는 상태**에 있는 때 → 법원은 **검사와 변호인의 의견을 들어서** → 결정으로 그 상태가 계속하는 기간 **공판절차를 정지하여야 함**(§306①) [국7 10, 경 09/1차] → **의사의 의견**도 들어야 함(동③) ② 피고인이 **질병으로 인하여 출정할 수 없는 때** → 법원은 **검사와 변호인의 의견**을 들어서 → 결정으로 출정할 수 있을 때까지 **공판절차를 정지하여야 함**(동②) [법원 15] → **의사의 의견**도 들어야 함(동③)[법원 15] ③ 이상의 심신상실과 질병으로 인하여 공판절차를 정지하는 경우 → 피고인의 청구는 요건이 아님
		예 외	피고인에게 유리한 재판 또는 경미한 사건은 정지 不要 ① 유리한 재판 : 피고사건에 대하여 **무죄 · 면소 · 형의 면제** 또는 **공소기각**의 재판을 할 것이 명백한 때 → 피고인의 출정 없이 재판 可 ∴ 공판절차 정지 不要(동④) [국7 10] ② 경미사건으로서 대리인이 출석할 수 있는 경우 　㉠ 다액 **500만원 이하의 벌금 · 과료** 　㉡ **공소기각 · 면소**재판할 것이 명백 　㉢ 장기 **3년 이하의 징역 · 금고**, 다액 **500만원 초과 벌금 · 구류**에서 피고인의 **불출석허가신청**이 있고 법원이 허가 　　단, 인정신문절차 및 판결선고일에는 출석 要 　㉣ **약식절차에서 피고인만 정식재판청구**를 하여 **판결을 선고** → 공판절차의 정지 不要(§306⑤)
	공소장의 변경		① **공소장변경**이 피고인의 **불이익을 증가할 염려**가 있다고 인정한 때 → 법원은 **직권** 또는 **피고인이나 변호인의 청구**에 의하여 → 피고인으로 하여금 필요한 방어의 준비를 하게 하기 위하여 결정으로 필요한 기간 **공판절차를 정지** 可(§298④) [국9 10, 경 09/1차] ② 피고인의 불이익 증가 시 임의적 정지(유일) ③ 경합범으로 기소된 수개의 범죄사건을 상습범으로 공소장변경을 허가한 경우 → 공판절차 정지 不要(85도1193) [국7 10] ④ 공소사실 변경에도 **공판절차를 정지하지 않아도 위법** ×(2005도6402) [정리] 공소장변경의 경우에는 피고인 측에게 정지청구권이 인정되고, 검사의 의견을 들을 필요가 없으며, 공판절차를 정지해야 하는 것이 아니고 정지할 수 있는 것에 불과함 ≠ 피고인의 심신상실 · 질병으로 인한 공판절차정지

사 유 [국7 14]	소송절차의 정지	법원의 결정에 의하지 않고 일정 사유가 있으면 소송절차가 정지되는 경우 ① 법관 등에 대한 **기**피신청이 있는 때 → 기피신청이 부적법하여 기각하는 경우(간이기각결정)를 제외하고 → 소송진행 정지 but 급속을 요하는 경우 정지 不要(§22) [경 09/1차] ② 법원은 그 계속 중인 사건에 관하여 토지**관**할의 병합심리 신청, 관할지정신청 또는 관할이전신청이 제기된 경우 → 그 신청에 대한 결정이 있기까지 소송절차 정지 but 급속을 요하는 경우 정지 不要(규칙 §7) [경 09/1차] ③ **재**심청구가 경합된 경우 → 상소법원은 하급법원의 소송절차가 종료할 때까지 소송절차 정지(규칙 §169②) ④ 법원이 법률의 위**헌** 여부의 심판을 헌법재판소에 제청한 때 → 당해 소송사건의 재판은 헌법재판소의 위헌 여부의 결정이 있을 때까지 정지 but 법원이 긴급하다고 인정한 경우 종국재판 외의 소송절차 진행 可(헌재 §42①) [정리] 심/헌/기/공/관/재
효 과		① 공판기일의 공판절차의 정지 : 정지되는 것은 공판기일의 공판절차에 한함 ∴ 구속·보석에 관한 재판이나 공판준비는 정지기간 중에도 진행 可 ② 공판절차가 정지된 기간 → <u>법원의 구속기간에 산입하지 아니함</u>(§92③) ③ 공판절차의 정지사유가 있음에도 불구하고 공판절차 진행 → 항소이유(§361의5 1.) or 상고이유(§383 1.) ④ 법원이 공판절차정지결정을 취소하거나 정지기간이 경과한 경우 → 공판절차를 다시 진행 → 피고인의 심신상실을 이유로 공판절차를 정지한 경우 이외에는 → 공판절차 갱신(다시 처음부터 진행) 不要(규칙 §143)

🔆 퍼써 정리 | 공판절차정지 요점정리

정지결정	공판절차의 정지는 법원의 결정에 의함
직권 및 청구	① 심신상실·질병 : 법원의 **직권** ② 공소장변경 : **직권** or **피고인·변호인의 청구**
의견청취	① 심신상실·질병 : **검사·변호인 및 의사의 의견** ② 공소장변경 : <u>×</u>(∵ 청구 ○)
정지기간	제한 ×. 법원은 일정기간을 정하여 정지

2. 공판절차의 갱신

<table>
<tr>
<td rowspan="2" style="vertical-align:middle;text-align:center">의 의</td>
<td style="text-align:center">개 념</td>
<td colspan="2">이미 진행된 공판절차를 무시하고 다시 그 절차를 진행하는 것</td>
</tr>
<tr>
<td style="text-align:center">구별개념</td>
<td>
파기환송·이송판결에 의한
공판절차

공판절차의 갱신은 판결선고 이전에만 可 ∴ 파기환송 또는 이송판결에 의하여 원심법원이 공판절차를 진행하는 것과는 다름 [경승 12]
</td>
<td>
사건이송에 의한 공판절차

공판절차 갱신은 공판절차를 진행한 법원이 다시 그 절차를 진행하는 것 ∴ 사건의 이송(§8, §16의2)에 의하여 이송받은 법원이 공판절차를 다시 진행하는 것과는 다름
</td>
</tr>
<tr>
<td style="text-align:center">사 유
[경 09/1차]</td>
<td colspan="3">

① 판사의 **경질**
  ㉠ 공판개정 후 <u>**판사의 경질**</u>이 있는 때 → <u>**판결의 선고만을 하는 경우를 제외**</u>하고는 → 공판절차 **갱신**하여야 함(§301) [법원 12/16, 경 09/1차, 경 14/2차]
  ㉡ 단독판사가 바뀐 경우, 합의부 구성원 중 일부가 바뀐 경우, 경질의 이유 不問
  ㉢ 공판절차를 갱신하지 않은 때 → 사건의 심리에 관여하지 않은 판사가 판결에 관여한 경우 → **절대적 항소이유**(§361의5 8.) [법원 12]
② **간이**공판절차결정의 취소
  ㉠ <u>**간이공판개시결정의 취소**</u> → 공판절차 갱신 要 but 검사와 피고인·변호인이 이의가 없는 때에는 不要(§301의2) [법원 12/15, 경 09/2차, 경 14/2차]
  ㉡ 공판절차를 갱신하지 않은 때 → 소송절차의 법령위반으로 상대적 항소이유(§361의5 1.)
③ 피고인의 **심신상실로 인하여 공판절차가 정지된 경우 그 정지사유가 소멸한 때**
  ㉠ 이후의 공판기일에 공판절차 갱신 要(규칙 §143)
  ㉡ But **질병**으로 공판절차가 정지되고 그 정지사유 소멸한 때 → **갱신 ×** [법원 12, 경 09]
  ㉢ 공판절차를 갱신하지 않은 때 → 소송절차의 법령위반으로 상대적 항소이유(§361의5 1.)
④ **국민참여재판**에서 **새로 재판에 참여하는 배심원 또는 예비배심원이 있는 때**(국참법 §45) [법원 11, 교정9급 특채 12, 경 14/2차]
[정리] 경질/간이/심신/배심 (간이 경질되면 심신이 배신(배심)하니, 다시 해라)

</td>
</tr>
<tr>
<td style="text-align:center">갱신절차</td>
<td colspan="3">

① 종래의 절차를 무효로 하고 진술거부권 고지절차부터 다시 시작 [법원 13]
② 증거조사
  ㉠ 재판장은 원칙적으로 다시 증거조사(규칙 §144 4., 5.)
  ㉡ But **증거능력 없다**고 인정되는 서류·물건, 증거로 함이 상당하지 아니하다고 인정되고 검사, 피고인 및 변호인이 <u>**이의를 하지 아니하는**</u> 서류·물건은 **재증거조사 不要**(동5.但)
  ㉢ 증거조사의 방식 : 정식의 방식에 의함이 원칙 but 검사와 피고인·변호인 동의 시 그 전부·일부에 관하여 상당하다고 인정하는 방법으로 可(동②)

</td>
</tr>
</table>

갱신 전 소송행위의 효력	판사경질	① 증인신문·피고인신문 등 실체형성행위는 효력 상실 ② 변호인선임·증거결정 등 **절차형성행위는 효력 유지**
	간이공판취소	실체형성행위·절차형성행위 모두 효력 상실
	심신상실 회복	실체형성행위·절차형성행위 모두 효력 상실

▌Ⅲ 변론의 병합·분리·재개

변론의 병합과 분리	의의	변론의 병합	수개의 관련사건(§11)이 사물관할이 같은 **조직법상 동일법원**의 1개 또는 수개의 재판부에 계속된 경우 → 1개의 재판부가 진행하는 하나의 공판절차에 수개의 사건을 병합하여 동시에 심리하는 것(§300) [정리] 수인의 피고인에 대한 변론이 병합된 경우 → 공동피고인이 됨 ∴ 공범관계가 인정된다면 증인적격 부정
		변론의 분리	병합된 수개의 관련사건을 분리하여 **조직법상 동일법원**의 1개 또는 수개의 재판부에서 각각 별도의 절차로 심리하는 것(§300)
		구별	① 변론의 병합·분리 : 조직법상 동일법원 전제 ② (관할) 병합심리·분리심리 : 조직법상 서로 다른 법원(관할)의 수개의 재판부에 계속된 수개의 관련사건 간에 행해짐 → 병합심리(§6, §10), 분리심리(§7, §9)
	절차		① 법원의 **직권** or 검사·피고인·변호인의 **신청** → 법원의 결정 → 변론의 병합·분리(§300) ② **법원의 결정은 재량** : 법원은 재량에 의하여 필요하다고 인정한 때 → 변론 분리·병합 可(§300) [법원 11, 경 11/1차] ③ 동일한 피고인에 대하여 각각 별도로 2개 이상의 사건이 공소제기되었을 경우 → **반드시 병합 심리해야 하는 것은 아님** ∴ 별도로 공소제기된 사건을 병합 심리하여 달라는 피고인의 신청을 꼭 받아들여야 하는 것은 아님(2004도5529 등) but 경합범 처벌로 인한 피고인의 이익은 고려 要(98모89)
변론의 재개	의의		일단 종결한 변론을 다시 여는 것 → 검사의 의견진술(§302) 이전의 상태로 돌아가 앞서의 변론과 일체를 이루게 됨
	절차		① 법원의 **직권** or 검사·피고인·변호인의 **신청** → 법원의 결정 → 변론의 재개(§305) ② **법원의 결정은 재량** : 법원은 필요하다고 인정한 때 변론 재개 可 [행시 04, 법원 11, 경 11/1차]

🔗 한줄판례 Summary

① 법원이 **변론을 병합하지 아니하였다고 하여 형사소송절차를 위반한 것이라고 볼 수 없음**(90도764) [법원 11]
② 항소심 변론이 종결되고 판결선고기일까지 고지된 뒤에 **변론재개신청 : 허가 의무 ✕, 재량 O**(공소장변경이 가능한 시한과 변론의 재개, 94도1756) [국7 09, 법원 11, 경 11/1차]
③ 변론종결 후 **변론재개신청 : 결정은 법원의 재량**(2014도1414)

Ⅳ 국민참여재판

공소제기 → 부본송달(5일, 피고인 의사 확인서면) → 의견서(7일, 희망 여부) → 검사송부 → 공판 전 준비절차(필요적, 배심원 선정) → 기일지정, 통지, 출석 → [배심원 선서 → 재판장 설명] → 진술거부권 고지 ⋯ → 피고인신문 → 변론종결 → [(배심원)재판장 설명 → 평의 → 평결] → 선고

1. 의 의

개 념	국민의 형사재판 참여에 관한 법률에 의하여 도입(08년)된 배심원이 참여하는 형사재판 (국참법 §2 2.)		
특 징	① 국민참여재판은 배심제와 참심제를 혼합한 제도		
		배심원의 수	① 원칙 : 법정형이 사형·무기형인 경우에는 9명, 그 이외 7명 ② 예외 : 피고인이 공소사실 인정 시 5명 可 But 검사와 피고인 측 동의 시 9 → 7명 or 7 → 9명 可
		배심원 평결방식	① 원칙 : 만장일치 ② 예외 : 만장일치 × → 판사의견 청취 후 다수결
		배심원 평결의 기속력	기속 × But 배심원 평결과 다른 판결 시 : 판사는 피고인에게 이유를 설명하고 판결서에도 이유 기재
		배심원의 양형 관여	판사와 양형에 관하여 토의, but 의견만 개진
	② 구체적 특징 ㉠ 배심제는 만장일치제, 참심제는 법관과 참심원의 다수결 → 우리의 국민참여재판은 ⓐ 배심원은 원칙적으로 법관의 관여 없이 평의 진행 후 만장일치로 평결함 : 배심제적 요소 ⓑ 만장일치 평결에 이르지 못하면 법관의 의견 들은 후 다수결로 평결함 : 참심제적 요소 ⓒ ⓑ에서 법관 의견 진술 시에도 법관은 평결에는 참여 못함 : 본래의 참심제를 수정한 것 ㉡ 배심제는 배심원이 판사의 양형에 관여 못함, 참심제는 양형에서도 법관과 동일한 표결권 → 우리의 국민참여재판은 ⓐ 배심원이 심리에 관여한 판사와 함께 양형에 관하여 토의를 하는 것 : 참심제적 요소 ⓑ 배심원이 양형결정에 표결권을 가지지 못하고 단지 양형에 관한 의견만 개진 : 배심제적 요소 ⓒ 배심원의 평결은 법원을 기속하지 않고 단지 권고적 효력 : 본래의 배심제를 수정한 것		

2. 대상사건 및 관할

대상사건	① 범위 : **합의부 사건**(국참법 §5) 　㉠ 법원조직법 §32①에 따른 합의부 관할사건(제2호 민사사건, 제5호 제척·기피 　　사건 제외) 　㉡ 위 사건의 미수죄·교사죄·방조죄·예비죄·음모죄에 해당하는 사건 　㉢ 위 사건과 형사소송법 §11에 따른 관련사건으로서 병합하여 심리하는 사건 등 ② 대상사건 판단시점 : 공소제기 시 → 합의부관할사건이 국참법 시행 당시 공소제기 　되면 대상 ○(국참 부칙 ②) [법원 14] ③ 단독판사 사건 　㉠ 참여재판 **대상사건** × 　㉡ 단독판사사건도 **피고인 의사 확인 可**(국참규 §3의2) → 이후 재정합의결정에 　　의해 합의부사건이 되면 참여재판 可 ④ 헌법상 재판청구권과의 관계 : 국민참여재판을 받을 권리는 **헌법상 기본권인 재판** 　**청구권의 보호범위** × → 일정한 중죄사건으로 대상사건을 한정한 것은 평등권 침해 × 　(2008헌바12) [법원 14, 국9 16, 경승 12/13] ⑤ 참여재판 대상사건은 **필요적 변호사건**(국참법 §7) [법원 16, 경 09/1차, 경 11/1차, 　경 13/2차]		

관 할	참여심급	제1심만 ∴ 상소심에서는 참여재판 ×
	지원 관할의 특례	① 지방법원 지원 합의부가 심판권을 가지는 사건 중 **지방법원 지원** 　**합의부가 참여재판회부결정**을 한 사건 → 지방법원 본원 합의부 관 　할권 ○ ② 피고인 참여재판 원하는 의사 표시 → 지방법원 지원 합의부가 **배제** 　**결정을 하지 아니하는 경우** → 국민참여재판절차 회부결정을 하여 　사건을 **지방법원 본원 합의부로 이송** [법원 14]

	공소장변경에 의한 관할	원 칙	① 공소장변경으로 대상사건이 된 사건 → 법원은 피고인 　또는 변호인에게 국민참여재판에 관한 안내서를 지체 없 　이 송달 ② **공소사실의 일부 철회 또는 변경으로 인하여 대상사건에** 　**해당하지 아니하게 된 경우** → 법원은 **국참법에 따른 재** 　**판을 계속 진행** [법원 16, 교정9 특채 12, 경승 12/13, 경 12/3차, 　경 13/2차]
		예 외	① 위 ②의 경우 → 심리의 상황이나 그 밖의 사정을 고려 　하여 국민참여재판으로 진행하는 것이 **적당하지 아니하** 　**다고 인정하는 때** → 법원은 결정으로 당해 사건을 **지방** 　**법원 본원 합의부가 국민참여재판에 의하지 아니하고 심** 　**판하게 할 수 있음**(국참법 §6①) [국9 17, 경 15/3차] ② 위 결정은 **불복** ×(동②) [경 12/3차, 경 15/3차] ③ 법원의 결정 전에 행한 **소송행위는 그 결정 이후에도 그** 　**효력** ○(동④) [경 15/3차] ④ 위 결정이 있으면 배심원과 예비배심원은 해임된 것으 　로 봄

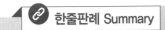 한줄판례 Summary

합의부에서 심판하기로 하는 결정을 거친 사건 : **국민참여재판의 대상사건** 포함 O(2014도1894) [법원 14, 경간 15]

3. 국민참여재판절차에의 회부

| 피고인 의사의 존중 | | ① 피고인 의사에 반하는 참여재판 금지 : 국민참여재판 대상사건에 해당하는 사건에 대한 공소가 제기된 경우라도 → **피고인이 국민참여재판을 원하지 아니하면** (또한 참여재판배제결정 – 국참법 §9① – 이 있는 때) → **국민참여재판 不可**(국참법 §5②)
② 피고인 의사의 확인
　㉠ **국민참여재판 대상사건의 피고인**에 대하여 → 법원은 국민참여재판을 원하는지 여부에 관한 **의사를 서면 등의 방식으로 반드시 확인**(국참법 §8①) [법원 14/15, 국7 13, 경승 13, 경 11/2차, 경 13 /1차]
　㉡ 국민참여재판 대상사건에 해당하지 않는 경우 → 피고인의 참여재판 의사 확인 不要(2011도15608)
③ 피고인의 국민참여재판 의사확인서의 제출
　㉠ **피고인은 공소장 부본을 송달받은 날부터 7일 이내** → **국민참여재판 희망의사가 기재된 서면 제출 要** [경승 11, 경 09/2차, 경 11/2차, 경 13/1차, 전의경 09]
　㉡ **재소자특칙** : 피고인이 서면을 우편으로 '발송'한 때, 교도소·구치소에 있는 피고인이 서면을 교도소장·구치소장 또는 그 직무를 대리하는 자에게 제출한 때에는 법원에 제출한 것으로 봄
　㉢ 피고인이 위 서면을 **제출하지 아니한 때** → 국민참여재판을 **원하지 않는 것**으로 봄(국참법 §8③) [법원 11, 경 09/2차] → 이 경우에도 법원은 심문 등을 통하여 피고인 의사 다시 확인 可(국참규 §4①後) |
| | 의사의 번복 및 제한 | ① 의사 번복 가능의 원칙 : 피고인은 공판준비기일 종료시 또는 제1회 공판기일 전까지 → 국민참여재판을 받을 것인지에 대한 의사 번복 可
　㉠ 당초 국민참여재판을 희망하지 않는다는 의사확인서를 제출한 피고인 → **제1회 공판기일이 열리기 전까지** 의사를 변경하여 참여재판 신청 可
　㉡ 7일 이내에 의사확인서를 제출하지 아니한 피고인 → **제1회 공판기일이 열리기 전까지** 참여재판 신청 可(2009모1032) [법원 16, 국9 16, 국7 13, 경승 13, 경 13/2차]
② 의사 번복이 안 되는 경우 : 법원의 결정이 있거나 일정한 절차가 진행된 후에는 의사 번복 ×(국참법 §8④)
　㉠ 국민참여재판을 하지 않기로 하는 법원의 결정(배제결정)이 있는 경우
　㉡ 국민참여재판절차에 회부하는 지방법원 지원 합의부의 결정(회부결정)이 있는 경우
　㉢ **공판준비기일 종결 or 제1회 공판기일이 열린 경우**
[연습] 7일 이내 참여재판 희망 의사확인서 제출 피고인 → '공판준비기일 종결' 되면 → 제1회 공판기일이 열리기 전이라도 → 종전 의사 **변경 不可** |

피고인
의사의
존중
	서면제출 후
	절차
		① 피고인이 국민참여재판 희망의사 서면 제출 → 법원은 사건을 국민참여
		재판절차에 회부하고 **공판준비기일 지정 要**(필요적 공판준비기일지정)
		② 위 ①의 경우 별도의 국민참여재판 개시 결정 不要 [경승 13]
		③ 제1심 법원의 **국민참여재판 진행 결정에 대해서는 항고 不可**(2009모
		1032) [국9 14, 경승 13]
		④ 피고인이 국민참여재판을 **원하지 않는다면** → 법원이 그 필요를 인정
		한다 하더라도 **국민참여재판 진행 不可** [법원 14]
		  ㉠ 피고인이 국민참여재판을 희망하지 않는 서면을 제출
		  ㉡ 피고인이 7일 이내 희망서면을 제출하지 않음
		  ㉢ 법원의 참여재판 배제결정이 있는 때 → 법원은 사건을 통상재판
		    절차에 회부(이 경우 공판준비절차는 임의적)

	의사확인 절차 미이행 시 소송행위의 무효와 하자의 치유	① 피고인의 참여재판을 받을 권리 : 참여재판 대상사건 피고인은 **국민 참여재판으로 재판을 받을 권리**를 有 ② 의사확인절차 미이행의 위법 : 법원에서 피고인이 국민참여재판을 원 하는지에 관한 **의사 확인절차를 거치지 아니한 채 통상의 공판절차로** 재판 진행 → 피고인의 국민참여재판을 받을 권리에 대한 **중대한 침해** ∴ 그 절차는 **위법** & 이러한 위법한 공판절차에서 이루어진 소송행위 도 **무효**(2011도7106; 2011도15484) [법원 14/16, 국7 13, 경 13/1차] ③ 하자의 치유 : 위 ②의 경우에도 → 피고인에게 **항소심**에서 국민참여 재판 절차 등에 관한 **충분한 안내** & 그 희망 여부에 관하여 숙고할 수 있는 **상당한 시간**이 사전에 부여 → 피고인이 국민참여재판을 원 하지 아니한다고 하면서 이러한 **제1심의 절차적 위법을 문제삼지 아니 할 의사를 명백히 표시**한 경우 → 그 **하자가 치유**되어 제1심 공판절차 는 적법하게 됨(2012도1225) [법원 14/15/16, 국7 13, 국9 15/22, 경 13/2차]
통상재판 절차에의 회부	의 의	① 피고인의 국민참여재판 희망의사에도 불구하고 법원은 국민참여재판 배제결정이나 통상절차 회부결정을 통하여 통상의 재판에 의할 수 있음 ② 피고인이 법원에 **국민참여재판 신청** → 법원이 **배제결정도 하지 않고** 통상의 공판절차로 재판을 진행하는 것은 **위법**(2011도7106) [국7 13]

	참여재판
	배제결정
		① 의의 : 피고인이 국민참여재판을 희망하였음에도 일정한 사유가 있다
		고 인정되는 경우 국민참여재판을 하지 아니하기로 하는 법원의 결정
		(국참법 §9①)
		② 참여재판 배제결정 사유(국참법 §9①)
		  ㉠ 배심원·예비배심원·배심원후보자 또는 그 친족의 생명·신체·
		    재산에 대한 **침해** 또는 침해의 우려가 있어서 출석의 어려움이
		    있거나 직무를 공정하게 수행하지 못할 염려가 있다고 인정되는
		    경우
		  ㉡ **공범** 관계에 있는 피고인들 중 일부가 국민참여재판을 원하지 아니
		    하여 국민참여재판의 진행에 어려움이 있다고 인정되는 경우 [경승
		    13, 경 15/3차]

통상재판 절차에의 회부	참여재판 배제결정	ⓒ 성폭법 §2의 **성폭력범죄** 피해자 또는 법정대리인이 국민참여재판을 원하지 아니하는 경우 ⓔ 그 밖에 국민참여재판으로 진행하는 것이 **적**절하지 아니하다고 인정되는 경우 ③ 절차 ⊙ 법원은 **공소제기 후부터 공판준비기일이 종결된 다음 날**(종결일 ×) **까지** 국민참여재판을 하지 아니하기로 하는 결정 可(국참법 §9①) [경승 11, 경 08/1차, 경 11/1차, 경 11/2차, 경 15/3차, 전의경 09] ⓛ 법원은 배제결정 전 **검사, 피고인 또는 변호인의 의견**을 들어야 함 (동②) [경 09/2차] but 당사자의 의견은 **기속력 無** ④ 배제결정에 대한 불복 : 검사, 피고인 또는 변호인은 **즉시항고** 可(동③) [경 11/2차, 경 15/3차]
	통상절차 회부결정	① 의의 : 국민참여재판 진행 중 → 일정한 사유가 있다고 인정되는 경우 → **지방법원 본원 합의부**가 국민참여재판에 의하지 아니하고 **심판하게** 하는 법원의 결정(국참법 §11①) ② 통상절차 회부결정 사유(국참법 §11①) ⊙ 피고인의 질**병** 등으로 공판절차가 장기간 정지 ⓛ 피고인에 대한 **구**속기간의 만료 ⓒ **성폭력범죄** 피해자의 보호 ⓔ 그 밖에 국민참여재판을 계속 진행하는 것이 부**적**절하다고 인정하는 경우 ③ 절차 ⊙ 법원의 **직권** or 검사·피고인·변호인·성폭력범죄피해자·법정대리인의 **신청**(동①) ⓛ 법원은 회부결정 전 **검사·피고인 또는 변호인의 의견**을 들어야 함 (동③) ④ 회부결정에 대한 불복 : **불복 不可**(동③) ⑤ 통상절차 회부결정의 효력 ⊙ 배심원과 예비배심원은 **해임**된 것으로 봄(동④, 국참법 §6③) ⓛ But 통상절차 회부결정 전에 행한 **소송행위는 그 결정 이후에도 효력** ○(동④, 국참법 §6④)

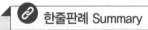

한줄판례 Summary

① 국민참여재판으로 진행하기로 하는 제1심 법원의 결정에 불복 ×(2009모1032) [법원 11/16, 국7 12, 국9 11/12/16, 경 13/2차]

② 피고인이 **국민참여재판을 신청**하였는데도 법원이 배제결정도 하지 않은 채 통상의 공판절차대로 진행 : **위법 +** 소송행위 **무효**(2011도7106) [국7 12, 사무관 12]

4. 배심원

(1) 배심원의 종류와 수

	배심원	예비배심원
배심원의 종류	재판에 참여하여 평의와 평결을 하는 배심원	① 배심원의 결원 등에 대비하여 두는 배심원 ② 재판에는 참여 but **평의 · 평결 ×** ③ 배심원에 대한 사항은 그 성질에 반하지 않는 한 예비배심원에 준용(국참법 §14②)
배심원의 수	① 원칙(국참법 §13①) 　㉠ 법정형이 **사형, 무기**징역 · 무기금고에 해당하는 대상사건 : **9**인의 배심원 참여 　㉡ **그 외**의 대상사건 : **7**인의 배심원 참여 　㉢ 피고인 · 변호인이 공판준비절차에서 공소사실의 주요내용을 **인정**한 때 : 법원은 **5**인의 배심원이 참여하게 할 수 있음(동①) [경 10/1차] ② 예외 : 사건의 내용에 비추어 특별한 사정 인정 & 검사, 피고인 또는 변호인의 동의 있는 경우 → 법원은 결정으로 배심원의 수를 7인과 9인 중에서 ①과 달리 정할 수 있음(동②) ③ **예비**배심원의 수 : 국민참여재판 진행 중 배심원이 해임되거나 사임하여 결원이 생기는 경우 등에 대비 → 법원은 **5인 이내**의 예비배심원을 둘 수 있음(국참법 §14①)

(2) 배심원의 자격 · 권리 · 의무

배심원의 자격	연령	배심원은 만 20세 이상의 대한민국 국민 중에서 선정(국참법 §16) [법원 15, 경 10/1차]
	결격사유	다음에 해당하는 사람은 배심원으로 **선정 不可**(국참법 §17) [경승 11, 경 12/1차] ① 피성년후견인 또는 피**한**정후견인 ② 파산자로서 **복**권되지 아니한 사람 [법원 15] ③ 금고 이상의 **실**형을 선고받고 그 집행이 종료(종료된 것으로 보는 경우 포함)되거나 집행이 면제된 후 **5년**을 경과하지 아니한 사람 ④ 금고 이상의 형의 집행**유**예를 선고받고 그 기간이 완료된 날부터 **2년**을 경과하지 아니한 사람 [경 15/3차] ⑤ 금고 이상의 형의 **선고유**예를 받고 그 선고유예기간 중에 있는 사람 ⑥ 법원의 판결에 의하여 **자**격이 상실 또는 **정**지된 사람 [정리] 한/복/실5/유2/선유/자정 (한복실오하는 유2와 선유는 배심원 안 되니 잠이나 자정?)
	직업적 제외사유	일정한 직업에 있는 사람은 배심원으로 선정하여서는 안 됨(국참법 §18) ① 대통령 ② 국회의원, 지방자치단체의 장 및 지방의회의원 ③ 입법부 · 사법부 · 행정부 · 헌법재판소 · 중앙선거관리위원회 · 감사원의 정무직 공무원

배심원의 자격	직업적 제외사유	④ 법관·검사 ⑤ 변호사·법무사 ⑥ 법원·검찰 공무원 ⑦ 경찰·교정·보호관찰 공무원 ⑧ 군인·군무원·소방공무원 또는 예비군법에 따라 동원되거나 교육훈련 　의무를 이행 중인 예비군 [경 10/1차]
	제척사유	배심원에서 **당연히 제척**되는 사람(국참법 §19) ① **피**해자 ② 피고인 또는 피해자의 **친**족이나 이러한 관계에 있었던 사람 ③ 피고인 또는 피해자의 **법**정대리인 ④ 사건에 관한 **증**인·감정인·피해자의 대리인 ⑤ 사건에 관한 피고인의 **대**리인·변호인·보조인 ⑥ 사건에 관한 **검**사 또는 사법경찰관의 직무를 행한 사람 ⑦ 사건에 관하여 **전**심 재판 또는 그 기초가 되는 조사·심리에 관여한 사람
	면제사유	직권 또는 신청에 따라 **배심원 직무의 수행을 면제할 수 있는 사람**(국참법 §20) [경승 11/14, 경 10/1차] ① 만 **70**세 이상인 사람 ② 과거 **5**년 이내에 **배심원후보자로서 선정기일에 출석**한 사람 [경 12/3차] ③ **금**고 이상의 형에 해당하는 죄로 **기소**되어 사건이 종결되지 아니한 사람 ④ 법령에 따라 **체포 또는 구금**되어 있는 사람 ⑤ 배심원 직무의 수행이 자신이나 제3자에게 **위해**를 초래하거나 직업상 회 　복할 수 없는 손해를 입게 될 우려가 있는 사람 ⑥ **중병**·상해 또는 장애로 인하여 법원에 출석하기 곤란한 사람 ⑦ 그 밖의 부득이한 사유로 배심원 직무를 수행하기 어려운 사람 [정리] 70세/5년/금/체/해/중병 (70세에서 5년 금방 지나면, 체해도 중병이니, 배심원 　에서 면제해)
배심원의 권리	의견 제시권	배심원은 국민참여재판을 하는 사건에 관하여 사실의 인정, 법령의 적용 및 형의 양정에 관한 **의견을 제시할 권한 有**(국참법 §12①) [경승 10, 국7 08/09/15, 국9 14, 경 11/1차]
	여비 일당	법원은 대법원규칙으로 정하는 바에 따라 배심원(예비배심원 및 배심원후보 자)에게 여비·일당 등을 지급함(국참법 §15)
	공판 절차상 권리	① 신문요청권 　㉠ 배심원과 예비배심원은 피고인·증인에 대하여 필요한 사항을 **신문하** 　　**여 줄 것을 재판장에게 요청 可**(국참법 §41①1.) [국7 08, 전의경 09] → 　　신문요청은 피고인·증인신문 종료 직후 서면에 의함(국참규 §33①) 　㉡ But 배심원이 피고인·증인에 대하여 **직접 신문 不可** [국7 09] ② 필기에 관한 허가 : 배심원과 예비배심원은 → **재판장의 허가**를 받아 → 　각자 **필기**를 하여 이를 평의에 사용 可(국참법 §41①2.)

| 배심원의
의무 | ① 법령을 준수하고 독립하여 성실히 직무를 수행하여야 함(국참법 §12②)
② 직무상 알게 된 비밀을 누설하거나 재판의 공정을 해하는 행위를 할 수 없음(동③)
③ 선서의무(국참법 §42①) · 출석의무 ○
④ 배심원과 예비배심원은 다음 행위를 하여서는 안 됨(국참법 §41②)
　㉠ 심리 도중에 법정을 떠나거나 평의 · 평결 또는 토의가 완결되기 전에 재판장의
　　허락 없이 평의 · 평결 또는 토의 장소를 떠나는 행위
　㉡ 평의가 시작되기 전에 당해 사건에 관한 자신의 견해를 밝히거나 의논하는 행위
　㉢ 재판절차 외에서 당해 사건에 관한 정보를 수집하거나 조사하는 행위
　㉣ 국참법에서 정한 평의 · 평결 또는 토의에 관한 비밀을 누설하는 행위 |

(3) 배심원의 선정

20세 이상 후보예정자명부 → 무작위 후보자 결정 → 선정절차 : 질문 - 기피신청(① 이유부기피신청 :
불선정결정 또는 기각결정, ② 무이유부기피신청 : 불선정결정) → 배심원 및 예비배심원 선정

| 선정예비
절차 | ① 배심원후보예정자명부 : **지방법원장**(법무부장관 ×) → 매년 주민등록자료를 활용하여
　배심원후보예정자명부 작성(국참법 §22③ 만 **20세** 이상 등재, 동①)[경승 11, 경 08/1차,
　전의경 09]
② 배심원후보자에 대한 배심원 선정기일 통지
　㉠ 법원은 배심원후보예정자명부 중에서 필요한 수의 배심원후보자를 무작위 추출 방식
　　으로 정하여 배심원과 예비배심원의 선정기일 통지(국참법 §23①)
　㉡ 법원은 선정기일통지서와 함께 질문표(결격사유, 직업 등에 따른 제외사유, 제척
　　사유, 면제사유 또는 불공평한 판단을 할 우려가 있는지 여부 등을 판단하기 위함)
　　송달 可(국참규 §16②)
③ 배심원후보자의 출석 및 검사 · 변호인에 대한 명부 송부
　㉠ 선정기일 통지를 받은 배심원후보는 → 법원으로부터 출석취소 통지를 받지 않는 한
　　→ 선정기일에 출석하여야 함(국참법 §23②③)
　㉡ **출석의무 위반 시 200만원 이하의 과태료** 부과 可(국참법 §60①1.)
　㉢ 법원은 선정기일의 **2일** 전까지 **검사와 변호인**에게 배심원후보자의 성명 · 성별 ·
　　출생연도가 기재된 명부 송부(국참법 §26①) |
| 선정
기일의
진행 | ① 검사 · 변호인과 피고인의 출석
　㉠ 선정기일의 통지 : 법원은 **검사 · 피고인 또는 변호인**에게 선정기일 통지 **要**(국참법 §27①)
　㉡ **검사 · 변호인** : 선정기일에 **출석해야 함**(동②, 출석의무 ○)
　㉢ **피고인** : 법원의 **허가**를 받아 출석 可(동②, 출석의무 ×)[경 12/3차]
　㉣ 국선변호인 : 변호인이 선정기일에 출석하지 아니한 경우 → 법원은 **국선변호인**을
　　선정하여야 함(동③)[경승 11]
② 선정기일의 진행
　㉠ 법원은 합의부원으로 하여금 선정기일의 절차를 진행하게 할 수 있음 → 수명법관
　　은 선정기일에 관하여 법원 또는 재판장과 동일한 권한 ○(국참법 §24①)
　㉡ 배심원선정기일은 **공개** ×(동②)
③ 배심원후보자에 대한 질문
　㉠ 법원의 질문 : 배심원후보자가 결격사유, 직업 등에 따른 제외사유, 제척사유, 면
　　제사유에 해당하는지 여부 또는 불공평한 판단을 할 우려가 있는지 여부 등을 판
　　단하기 위하여 배심원후보자에게 질문 可(국참법 §28① 제1문) |

선정
기일의
진행
		ⓒ 검사·피고인·변호인의 질문
		 ⓐ 질문요청 : 검사·피고인·변호인은 법원으로 하여금 필요한 질문을 하도록 요
		  청 可(동항 제2문)
		 ⓑ 직접질문 : 법원은 검사·변호인(피고인 ×)으로 하여금 **직접 질문하게 할 수 있음**
		  (동항 제2문)
		ⓒ 배심원후보자의 진술의무 : 배심원후보자는 질문에 대하여 정당한 사유 없이 진술
		 을 거부하거나 거짓 진술을 하여서는 아니 됨(동②)

	이유부
	기피
	신청
	불선정
	결정
	기각결정
		① 직권·**이유부기피신청**에 의한 **불선정결정**
		 ㉠ 의의 : 법원은 배심원후보자가 결격사유, 직업 등에 따른 제외사유, 제
		  척사유, 면제사유에 해당하거나 불공평한 판단을 할 우려가 있다고 인
		  정되는 때에는 **직권** or 검사·피고인·변호인의 **기피신청**에 따라 당해
		  배심원후보자에 대하여 불선정결정을 해야 함(국참법 §28③ 제1문)
		 ㉡ 불선정할 수 있는 배심원후보자의 **수에는 제한 없음**
		② 이유부기피신청 **기각결정**
		 ㉠ 법원은 기피신청 기각 시 이유 고지 要(동③ 제2문)
		 ㉡ 이유부기피신청 기각결정에 대해서는 즉시 이의신청 可(국참법 §29①)
		 ㉢ 이의신청에 대한 결정은 기피신청 기각결정을 한 법원이 함(동②)
		 ㉣ 이의신청에 대한 결정에 대해서는 불복 不可(동③)

	무이유부 기피 신청 불선정 결정	① 의의 : 배심원후보자에 대하여 아무런 기피 이유를 제시하지 않는 기피 신청 ② 특징 : 이유부기피신청과는 달리 **무이유부기피신청**은 그 횟수가 제한 ③ 횟수 : 검사와 변호인은 각자 **아래의 범위 내**에서 배심원후보자에 대하여 **이유를 제시하지 아니하는 기피신청**을 할 수 있음(국참법 §30①) [경 13/1차, 국9 17] ㉠ 배심원이 **9**인인 경우 : **5**인 ㉡ 배심원이 **7**인인 경우 : **4**인 ㉢ 배심원이 **5**인인 경우 : **3**인 ④ 방식 : 법원은 검사, 피고인 또는 변호인에게 순서를 바꿔 가며 무이유부 기피청을 할 수 있는 기회를 주어야 함(동③)(보통 검 - 변 - 검 - 변의 순) ⑤ 효과 : 무이유부기피신청 → 법원은 당해 배심원후보자를 **배심원으로 선정 할 수 없음**(동②) [경승 11, 전의경 09]
	배심원 및 예비 배심원의 선정	① 선정의 방식 : 무작위로 정한 배심원후보자에 대한 직권, 기피신청, 무이 유부기피신청에 따른 불선정결정(국참법 §31①) → 불선정결정 시 그 수만큼 위 절차 반복(동②) → 필요한 수의 배심원과 예비배심원 후보자 확정(동③) → 법원은 무작위의 방법으로 배심원과 예비배심원(2인 이상 시 순번 지정) 선정(동③) ② 법원은 배심원과 예비배심원에게 누가 배심원으로 선정되었는지 여부를 알리지 아니할 수 있음(동④)

(4) 배심원의 해임과 사임·임무의 종료·보호

배심원의 해임과 사임	① 배임원의 해임 　㉠ 배심원과 예비배심원이 의무를 위반하는 등 사유가 있으면 법원은 직권 or 검사· 　　 피고인·변호인의 신청에 따라 해임결정 可(국참법 §32①) 　㉡ 이때 법원은 **검사·피고인 또는 변호인의 의견**을 묻고 출석한 당해 배심원 또는 　　 예비배심원에게 **진술기회를 부여**하여야 함(동②) 　㉢ 배심원 해임결정에 대해서는 **불복 不可**(동③) [경 12/3차] 　[정리] **검사·피고인·변호인의 의견**을 물어야 하는 절차 : **전문**심리위원의 지정, 공판**준**비기일 　　 의 지정, 공판정 **외** 증인신문, **비**디오 등 중계장치에 의한 증인신문, **참여재판 배제결정**, 　　 **통상절차 회부결정**, 참여재판 **배심원의 해임·사임결정**, 배심원 해임·사임에 따라 배심 　　 원 추가선정이 필요함에도 추가선정이 부적절한 부분이 있어 남은 배심원으로 참여재판 　　 을 진행하는 결정 　　 → 전/준/외/비/참배/통회/해사 (전준애비가 참배를 통해 회상했어. 검피변 의견 물었다고) ② 배임원의 사임 　㉠ 배심원과 예비배심원이 직무를 계속 수행하기 어려운 사정이 있는 때 사임신청 可 　　 (국참법 §33①) 　㉡ 법원은 사임신청이 이유 있으면 검사·피고인 또는 변호인의 의견을 묻고 해임결정 可 　　 (동②③) 　㉢ 배심원 해임결정에 대해서는 불복 不可(동④) ③ 배심원의 해임 및 사임에 따라 배심원이 부족하게 된 경우의 처리 　㉠ 원칙 – 배심원의 선정과 추가선정 : 예비배심원은 미리 정한 순서에 따라 배심원이 됨 　　 → 이때 배심원이 될 예비배심원이 없는 경우 배심원 추가 선정(국참법 §34①) 　㉡ 예외 – **배심원 추가선정 없이 진행**(동②) 　　 ⓐ 국민참여재판 도중 심리의 진행 정도에 비추어 배심원을 추가선정하여 재판에 　　　 관여하게 하는 것이 부적절하다고 판단되는 경우 　　　 → **1인**의 배심원이 부족한 때에는 검사·피고인 또는 변호인의 **의견**을 듣고 　　　 → **2인 이상**의 배심원이 부족한 때에는 검사·피고인 또는 변호인의 **동의**를 받 　　　　 아 남은 배심원만으로 계속하여 국민참여재판을 진행하는 결정하는 것 可 　　 ⓑ But 배심원이 **5인 미만**이 되는 경우 → 배심원을 **추가선정**하여야 함
배심원의 임무의 종료	배심원과 예비배심원의 임무는 아래의 경우 종료됨(국참법 §35) ① 종국재판을 고지한 때 ② 공소사실의 일부 철회 또는 변경으로 인하여 대상사건에 해당하지 아니하게 되고 국 　 민참여재판으로 진행하는 것이 적당하지 아니하다고 인정한 때(국참법 §6①但) ③ 통상절차 회부결정(국참법 §11)을 고지한 때
배심원의 보호	① 불이익처우금지 : 누구든지 배심원·예비배심원 또는 배심원후보자인 사실을 이유로 　 해고하거나 그 밖의 불이익한 처우를 하여서는 안 됨(국참법 §50) ② 직무상 비밀 취득을 위한 접촉 금지 　㉠ 누구든지 당해 재판에 영향을 미치거나 배심원 또는 예비배심원이 직무상 취득한 비 　　 밀을 알아낼 목적으로 배심원 또는 예비배심원과 접촉하여서는 안 됨(국참법 §51①) 　㉡ 누구든지 배심원 또는 예비배심원이 직무상 취득한 비밀을 알아낼 목적으로 배심 　　 원 또는 예비배심원의 직무에 종사하였던 사람과 접촉하여서는 안 됨(동②) 　㉢ But 연구에 필요한 경우는 예외(동②但)

야
년
기

배심원의 보호	③ 개인정보 공개 금지 : 법령으로 정하는 경우를 제외하고는 누구든지 배심원·예비배심원 또는 배심원후보자의 성명·주소와 그 밖의 개인정보를 공개하여서는 안 됨(국참법 §52①) but 본인이 동의하는 경우에는 공개 可(동②) ④ 신변안전조치 : 재판장은 배심원 또는 예비배심원이 피고인이나 그 밖의 사람으로부터 위해를 받거나 받을 염려가 있다고 인정하는 때 또는 공정한 심리나 평의에 지장을 초래하거나 초래할 염려가 있다고 인정하는 때에는 배심원 또는 예비배심원의 신변안전을 위하여 보호, 격리, 숙박, 그 밖에 필요한 조치를 취할 수 있음(국참법 §53①) & 검사, 피고인, 변호인, 배심원 또는 예비배심원은 재판장에게 신변보호조치를 취하도록 요청할 수 있음(동②)

5. 국민참여재판의 절차

공판준비 절차	① 필수적 공판준비절차 : 재판장은 피고인이 국민참여재판을 원하는 의사를 표시한 경우에 사건을 **반드시 공판준비절차에 부쳐야 함**(국참법 §36①本) [법원 11, 국7 14, 교정9급 특채 12, 경간 12, 경승 13] ② 예외 　㉠ 공판준비절차에 부칠 필요가 없는 경우 : 피고인이 국민참여재판을 원하는 의사를 표시하였으나 공판준비절차에 부치기 전에 법원이 **참여재판 배제결정**(국참법 §9①)을 한 경우(국참법 §36①但) [법원 11] 　㉡ 공판준비절차에 부친 이후 공판준비절차를 종결할 수 있는 경우 : 피고인이 국민참여재판을 원하지 아니하는 의사를 표시하거나 법원이 참여재판 배제결정(국참법 §9①)을 한 경우(공판준비절차가 시작된 경우에도 법원의 재량으로 종결 可, 국참법 §36②)
공판준비 기일	① 필수적 공판준비기일의 지정 : 국민참여재판의 공판절차에서 법원은 주장과 증거를 정리하고 심리계획을 수립하기 위하여 **반드시 공판준비기일을 지정해야 함**(국참법 §37①) ② 국민참여재판의 공판준비절차의 특징 　㉠ 필수적 절차로서 반드시 공판준비기일을 지정하는 방식에 의해야 함 　㉡ 공판준비기일에는 검사와 변호인, 법원사무관 등이 반드시 참여하여야 하지만(법 §266의8①②), **배심원은 참여 不可**(배심원의 예단 방지, 국참법 동④) [국7 09, 경승 12] ③ 통상 재판의 공판준비기일절차와 같은 점 　㉠ 법원은 합의부원으로 하여금 공판준비기일을 진행하게 할 수 있으며 이 경우 수명법관은 공판준비기일에 관하여 법원 또는 재판장과 동일한 권한이 있음(국참법 동②, = 법 §266의7③) 　㉡ 공판준비기일은 **원칙적 공개** but 공개함으로써 절차의 진행이 방해될 우려가 있는 때에는 **비공개 可**(국참법 동③ = 법 §266의7④)
공판절차	① 공판기일은 배심원과 예비배심원에게 통지(국참법 §38) ② 공판정의 구성 　㉠ 공판정은 판사·배심원·예비배심원·검사·변호인 출석 개정(국참법 §39①) 　㉡ 검사와 피고인 및 변호인은 대등하게 마주보고 위치 but, 피고인신문을 할 때에는 피고인은 증인석에 위치(동②) 　㉢ **배심원과 예비배심원은 재판장과 검사, 피고인 및 변호인의 사이 왼쪽에 위치**(동③) 　㉣ **증인석은 재판장과 검사, 피고인 및 변호인의 사이 오른쪽에 배심원과 예비배심원을 마주보고 위치**(동④)

공판절차	③ 원칙적 속기 · 녹음 · 영상녹화 : 법원은 특별한 사정이 없는 한 공판정에서의 심리를 속기사로 하여금 **속기**하게 하거나 녹음장치 또는 영상녹화장치를 사용하여 **녹음 또는 영상녹화하여야 함** → 속기록 · 녹음테이프 · 비디오테이프는 공판조서와는 별도 보관 → 검사 · 피고인 또는 변호인은 비용을 부담하고 속기록 · 녹음테이프 · 비디오테이프 사본 청구 可(국참법 §40) ④ 배심원 · 예비배심원의 선서의무 ㉠ 배심원과 예비배심원은 법률에 따라 공정하게 그 직무를 수행할 것을 다짐하는 취지의 선서를 하여야 함(국참법 §42①) ㉡ 재판장은 피고인에게 진술거부권을 고지하기 전 위 선서를 하도록 하여야 함 ㉢ **선서 거부** → **해임사유**(국참법 §32①1.) & **200만원 이하의 과태료**(국참법 §60①2.) ⑤ 재판장의 최초설명의무 ㉠ 재판장은 배심원과 예비배심원에게 배심원과 예비배심원의 **권한**, **의무**, 재판절차, 그 밖에 직무수행을 원활히 하는 데 필요한 사항을 **설명하여야 함**(국참법 §42②) ㉡ **공소사실에 관한 설명은 해당되지 아니함**(2014도8377) [국9 16, 경 15/3차] ⑥ 배심원 · 예비배심원의 출석의무 ㉠ 배심원과 예비배심원은 공판정 외에서 검증, 증인신문 등 증거조사가 이루어지는 경우에도 출석하여야 함(국참규 §36①) ㉡ 법원은 배심원과 예비배심원에게 공판정 외 증거조사기일의 일시와 장소 통지 要(동②)
공판 절차상 특칙	① **필요적 변호** : 국민참여재판에 관하여 **변호인이 없는 때**에는 **법원은 직권으로 변호인을 선정하여야 함**(국참법 §7) [경 09/2차, 경 11/1차] ② 간이공판절차 적용 금지 ㉠ 국민참여재판에는 형사소송법의 간이공판절차 규정(법 §286의2) 적용 不可(국참법 §43) ㉡ 참여재판절차에서는 **피고인이 자백하여도 간이공판절차 회부 不可** [국7 08/10, 국9 14/17, 경승 10/11, 경 11/1차, 경 13/2차] ③ **배심원 또는 예비배심원은 법원의 증거능력에 관한 심리 관여 不可**(국참법 §44) [국7 08/ 09, 경승 10, 경 11/1차] ④ 공판절차 갱신 : 공판절차가 개시된 후 **새로 재판에 참여하는 배심원 또는 예비배심원**이 있는 때 → 공판절차 **갱신** 要(국참법 §45①) [법원 11, 교정9 특채 12]
재판장의 최종 설명과 배심원의 평의 · 평결 · 토의	① 재판장의 최종설명의무 ㉠ 재판장은 **변론이 종결된 후** 법정에서 배심원에게 공소사실의 요지와 적용법조, 피고인과 변호인의 주장의 요지, 증거능력 그 밖에 유의할 사항에 관하여 설명하여야 함 → 이때 필요한 경우에는 증거의 요지도 설명 可(국참법 §46①) ㉡ 재판장의 최종설명은 배심원들로 하여금 재판장의 의견 추측 불가 범위로 제한 要 ② 평의 · 평결 · 토의 ㉠ 평의와 **만장일치 평결**(국참법 §46②) ⓐ 심리에 관여한 배심원은 재판장의 설명을 들은 후 유 · 무죄에 관하여 평의하고, **전원의 의견이 일치하면 그에 따라 평결함** ⓑ 판사 의견의 임의적 청취 : **배심원 과반수의 요청** → 심리 관여 **판사의 의견을 들을 수 있음**

재판장의 최종 설명과 배심원의 평의 · 평결 · 토의	㉡ 다수결 평결(동③) 　ⓐ 판사 의견의 필요적 청취 : 배심원이 유·무죄에 관하여 전원의 <u>의견이 일치하지</u> 　　<u>아니하는 때</u> → 평결을 하기 전에 심리에 관여한 <u>판사의 의견을 들어야 함</u> 　ⓑ 이 경우 유·무죄의 평결은 다수결의 방법으로 함 　ⓒ 심리에 관여한 <u>판사</u>는 평의에 참석하여 의견을 진술한 경우에도 <u>평결에는 참여</u> 　　<u>不可</u> [법원 15, 국9 17, 국7 09, 경 11/2차] ㉢ 양형 토의와 의견 개진(동④) 　ⓐ 배심원의 만장일치 또는 다수결 평결이 <u>유죄</u>인 경우 → 배심원은 심리에 관여한 　　<u>판사와 함께</u> 양형에 관하여 <u>토의</u>하고 그에 관한 <u>의견 개진</u> 　ⓑ 재판장은 양형에 관한 토의 전에 처벌의 범위와 양형의 조건 등을 설명하여야 함 ③ 배심원의 평결과 양형의견의 효력 ㉠ 권고적 효력 : <u>배심원의 평결과 양형에 관한 의견은 법원을 기속하지 아니함</u>(동⑤) ㉡ 判例 : 국민참여재판에서 배심원이 만장일치의 의견으로 내린 무죄의 평결이 재판 　부의 심증에 부합하여 그대로 채택된 경우 → 증거의 취사 및 사실의 인정에 관한 　<u>제1심의 판단을 항소심에서 뒤집을 수 없음이 원칙</u>(2009도14065)
판결의 선고	① 즉일선고의 원칙(국참법 §48①②③) ㉠ 판결의 선고는 원칙적으로 변론을 종결한 기일에 하되, 특별한 사정이 있는 때에 　는 변론종결 후 14일 이내에 따로 선고기일을 지정 可 ㉡ 변론종결기일에 판결선고 시 판결서를 선고 후에 작성 可 ② 판결서 기재(국참법 §49) ㉠ 필요적 기재 : 판결서에는 배심원이 재판에 참여하였다는 취지를 기재하여야 함 ㉡ 임의적 기재 : 판결서에는 배심원의 의견을 기재 可 ③ 평결결과의 고지와 판결이유의 설명과 기재 ㉠ 재판장은 판결선고시 피고인에게 배심원의 평결결과를 고지하여야 하며, <u>배심원의</u> 　<u>평결결과와 다른 판결을 선고</u>하는 때에는 <u>피고인에게 그 이유를 설명</u>하여야 함(국참 　법 §48④) ㉡ 평결결과와 다른 판결선고 시 해당 이유의 필수적 기재 : 배심원의 평결결과와 다 　른 판결을 선고하는 때에는 → <u>판결서에 그 이유를 기재</u>하여야 함(국참법 §49②) 　[국7 08, 경 11/2차]

6. 벌 칙

① 형사처벌 : 배심원 등에 대한 청탁(국참법 §56), 위협(국참법 §57)과 배심원 등의 비밀누설(국참법 §58), 금품수수 등(국참법 §59)

② 과태료 부과 : 배심원 등의 출석의무 위반, 선서거부, 선정을 위한 질문서에 대한 거짓 기재 및 질문에 대한 거짓 진술 행위 → 법원의 결정으로 <u>200만원 이하의 과태료</u> 부과(국참법 §60①) → <u>즉시항고 可</u>(동②)

[정리] 참여재판에서 불복이 가능한 사항들 : ① 참여재판 배제결정과 과태료 부과결정에 대해서는 즉시항고 可
② 이유부기피신청 기각결정에 대해서는 이의신청 可

CHAPTER 02 증거

조문정리

제2편 제1심

제3장 공판

제2절 증거

제307조【증거재판주의】 ① 사실의 인정은 증거에 의하여야 한다.

② 범죄사실의 인정은 합리적인 의심이 없는 정도의 증명에 이르러야 한다.G

제308조【자유심증주의】 증거의 증명력은 법관의 자유판단에 의한다.

제308조의2【위법수집증거의 배제】 적법한 절차에 따르지 아니하고 수집한 증거는 증거로 할 수 없다.

제309조【강제 등 자백의 증거능력】 피고인의 자백이 고문, 폭행, 협박, 신체구속의 부당한 장기화 또는 기망 기타의 방법으로 임의로 진술한 것이 아니라고 의심할 만한 이유가 있는 때에는 이를 유죄의 증거로 하지 못한다.

제310조【불이익한 자백의 증거능력】 피고인의 자백이 그 피고인에게 불이익한 유일의 증거인 때에는 이를 유죄의 증거로 하지 못한다.

제310조의2【전문증거와 증거능력의 제한】 제311조 내지 제316조에 규정한 것 이외에는 공판준비 또는 공판기일에서의 진술에 대신하여 진술을 기재한 서류나 공판준비 또는 공판기일 외에서의 타인의 진술을 내용으로 하는 진술은 이를 증거로 할 수 없다.

제311조【법원 또는 법관의 조서】 공판준비 또는 공판기일에 피고인이나 피고인 아닌 자의 진술을 기재한 조서와 법원 또는 법관의 검증의 결과를 기재한 조서는 증거로 할 수 있다. 제184조 및 제221조의2의 규정에 의하여 작성한 조서도 또한 같다.

제312조【검사 또는 사법경찰관의 조서 등】 ① 검사가 작성한 피의자신문조서는 적법한 절차와 방식에 따라 작성된 것으로서 공판준비, 공판기일에 그 피의자였던 피고인 또는 변호인이 그 내용을 인정할 때에 한정하여 증거로 할 수 있다. 〈개정 2020.2.4.〉

② 삭제 〈2020.2.4.〉

③ 검사 이외의 수사기관이 작성한 피의자신문조서는 적법한 절차와 방식에 따라 작성된 것으로서 공판준비 또는 공판기일에 그 피의자였던 피고인 또는 변호인이 그 내용을 인정할 때에 한하여 증거로 할 수 있다.

④ 검사 또는 사법경찰관이 피고인이 아닌 자의 진술을 기재한 조서는 적법한 절차와 방식에 따라 작성된 것으로서 그 조서가 검사 또는 사법경찰관 앞에서 진술한 내용과 동일하게 기재되어 있음이 원진술자의 공판준비 또는 공판기일에서의 진술이나 영상녹화물 또는 그 밖의 객관적인 방법에 의하여 증명되고, 피고인 또는 변호인이 공판준비 또는 공판기일에 그 기재 내용에 관하여 원진술자를 신문할 수 있었던 때에는 증거로 할 수 있다. 다만, 그 조서에 기재된 진술이 특히 신빙할 수 있는 상태 하에서 행하여졌음이 증명된 때에 한한다.

⑤ 제1항부터 제4항까지의 규정은 피고인 또는 피고인이 아닌 자가 수사과정에서 작성한 진술서에 관하여 준용한다.

⑥ 검사 또는 사법경찰관이 검증의 결과를 기재한 조서는 적법한 절차와 방식에 따라 작성된 것으로서 공판준비 또는 공판기일에서의 작성자의 진술에 따라 그 성립의 진정함이 증명된 때에는 증거로 할 수 있다.

제313조【진술서 등】 ① 전2조의 규정 이외에 피고인 또는 피고인이 아닌 자가 작성한 진술서나 그 진술을 기재한 서류로서 그 작성자 또는 진술자의 자필이거나 그 서명 또는 날인이 있는 것(피고인 또는 피고인 아닌 자가 작성하였거나 진술한 내용이 포함된 문자·사진·영상 등의 정보로서 컴퓨터용디스크, 그 밖에 이와 비슷한 정보저장매체에 저장된 것을 포함한다. 이하 이 조에서 같다)은 공판준비나 공판기일에서의 그 작성자 또는 진술자의 진술에 의하여 그 성립의 진정함이 증명된 때에는 증거로

할 수 있다. 단, 피고인의 진술을 기재한 서류는 공판준비 또는 공판기일에서의 그 작성자의 진술에 의하여 그 성립의 진정함이 증명되고 그 진술이 특히 신빙할 수 있는 상태 하에서 행하여 진 때에 한하여 피고인의 공판준비 또는 공판기일에서의 진술에 불구하고 증거로 할 수 있다. 〈개정 2016.5.29.〉

② 제1항 본문에도 불구하고 진술서의 작성자가 공판준비나 공판기일에서 그 성립의 진정을 부인하는 경우에는 과학적 분석결과에 기초한 디지털포렌식 자료, 감정 등 객관적 방법으로 성립의 진정함이 증명되는 때에는 증거로 할 수 있다. 디만, 피고인 아닌 자가 작성한 진술서는 피고인 또는 변호인이 공판준비 또는 공판기일에 그 기재 내용에 관하여 작성자를 신문할 수 있었을 것을 요한다. 〈개정 2016.5.29.〉

③ 감정의 경과와 결과를 기재한 서류도 제1항 및 제2항과 같다. 〈신설 2016.5.29.〉

제314조【증거능력에 대한 예외】 제312조 또는 제313조의 경우에 공판준비 또는 공판기일에 진술을 요하는 자가 사망·질병·외국거주·소재불명 그 밖에 이에 준하는 사유로 인하여 진술할 수 없는 때에는 그 조서 및 그 밖의 서류(피고인 또는 피고인 아닌 자가 작성하였거나 진술한 내용이 포함된 문자·사진·영상 등의 정보로서 컴퓨터용디스크, 그 밖에 이와 비슷한 정보저장매체에 저장된 것을 포함한다)를 증거로 할 수 있다. 다만, 그 진술 또는 작성이 특히 신빙할 수 있는 상태 하에서 행하여졌음이 증명된 때에 한한다.

제315조【당연히 증거능력이 있는 서류】 다음에 게기한 서류는 증거로 할 수 있다.

1. 가족관계기록사항에 관한 증명서, 공정증서등본 기타 공무원 또는 외국공무원의 직무상 증명할 수 있는 사항에 관하여 작성한 문서
2. 상업장부, 항해일지 기타 업무상 필요로 작성한 통상문서
3. 기타 특히 신용할 만한 정황에 의하여 작성된 문서

제316조【전문의 진술】 ① 피고인이 아닌 자(공소제기 전에 피고인을 피의자로 조사하였거나 그 조사에 참여하였던 자를 포함한다. 이하 이 조에서 같다)의 공판준비 또는 공판기일에서의 진술이 피고인의 진술을 그 내용으로 하는 것인 때에는 그 진술이 특히 신빙할 수 있는 상태 하에서 행하여졌음이 증명된 때에 한하여 이를 증거로 할 수 있다.

② 피고인 아닌 자의 공판준비 또는 공판기일에서의 진술이 피고인 아닌 타인의 진술을 그 내용으로 하는 것인 때에는 원진술자가 사망, 질병, 외국거주, 소재불명 그 밖에 이에 준하는 사유로 인하여 진술할 수 없고, 그 진술이 특히 신빙할 수 있는 상태 하에서 행하여졌음이 증명된 때에 한하여 이를 증거로 할 수 있다.

제317조【진술의 임의성】 ① 피고인 또는 피고인 아닌 자의 진술이 임의로 된 것이 아닌 것은 증거로 할 수 없다.

② 전항의 서류는 그 작성 또는 내용인 진술이 임의로 되었다는 것이 증명된 것이 아니면 증거로 할 수 없다.

③ 검증조서의 일부가 피고인 또는 피고인 아닌 자의 진술을 기재한 것인 때에는 그 부분에 한하여 전2항의 예에 의한다.

제318조【당사자의 동의와 증거능력】 ① 검사와 피고인이 증거로 할 수 있음을 동의한 서류 또는 물건은 진정한 것으로 인정한 때에는 증거로 할 수 있다.

② 피고인의 출정 없이 증거조사를 할 수 있는 경우에 피고인이 출정하지 아니한 때에는 전항의 동의가 있는 것으로 간주한다. 단, 대리인 또는 변호인이 출정한 때에는 예외로 한다.

제318조의2【증명력을 다투기 위한 증거】 ① 제312조부터 제316조까지의 규정에 따라 증거로 할 수 없는 서류나 진술이라도 공판준비 또는 공판기일에서의 피고인 또는 피고인이 아닌 자(공소제기 전에 피고인을 피의자로 조사하였거나 그 조사에 참여하였던 자를 포함한다. 이하 이 조에서 같다)의 진술의 증명력을 다투기 위하여 증거로 할 수 있다.

② 제1항에도 불구하고 피고인 또는 피고인이 아닌 자의 진술을 내용으로 하는 영상녹화물은 공판준비 또는 공판기일에 피고인 또는 피고인이 아닌 자가 진술함에 있어서 기억이 명백하지 아니한 사항에 관하여 기억을 환기시켜야 할 필요가 있다고 인정되는 때에 한하여 피고인 또는 피고인이 아닌 자에게 재생하여 시청하게 할 수 있다.

제318조의3【간이공판절차에서의 증거능력에 관한 특례】 제286조의2의 결정이 있는 사건의 증거에 관하여는 제310조의2, 제312조 내지 제314조 및 제316조의 규정에 의한 증거에 대하여 제318조제1항의 동의가 있는 것으로 간주한다. 단, 검사, 피고인 또는 변호인이 증거로 함에 이의가 있는 때에는 그러하지 아니하다.

증거법 개관

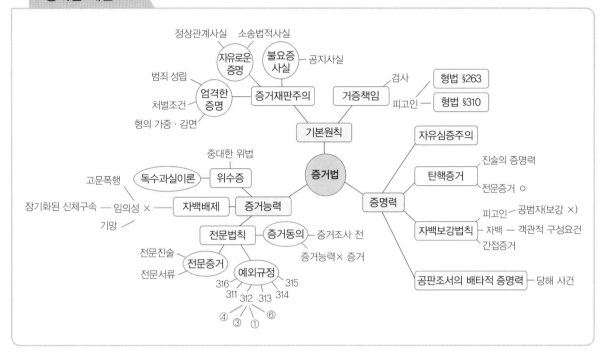

I 증거의 의의

의 의		① 증거 : 사실의 인정에 사용되는 객관적인 자료 ② 증명 : 증거에 의하여 사실관계가 확인되는 과정 ③ 요증사실 : 증명하고자 하는 사실 ④ 입증취지 : 증거와 요증사실과의 관계(규칙 §132의2①)
증거의 의미	증거방법	① 증인·증거물 등 사실인정에 사용될 수 있는 사람 또는 물건 그 자체 등 예 증인, 감정인, 증거물, 증거서류, 피고인(증거방법으로서의 지위 : 피고인의 진술은 유죄·무죄의 증거로 되며, 그 신체는 검증의 대상이 됨) [행시 03] ② 증거방법은 증거조사의 대상
	증거자료	증거방법을 조사하여 얻어진 내용 그 자체 예 (증인신문에 의하여 얻게 된) 증인의 증언, 감정인의 감정결과, (증거물의 조사에 의하여 얻게 된) 증거물의 성질과 상태, 서증의 의미내용, 피고인의 자백

직접증거와 간접증거	내용	증거자료와 요증사실과의 관계에 따른 분류 [경간 12] ① 직접증거 : 요증사실을 직접적으로 증명하는 증거(**피고인의 자백, 범죄현장을 목격한 증인의 증언**) ② 간접증거 : 요증사실을 간접적으로 증명하는 증거(정황증거)(범죄현장에서 채취된 피고인의 지문 [행시 03, 국9 08, 경 01/3차], 피고인의 옷에 묻은 피해자의 혈흔 [경간 12], 상해사건에 있어 피해자의 진단서 [경간 12, 경 01/1차]) [검7 07, 국9 08] [정리] 자백 및 목격자의 증언 외에는 간접증거 [정리] 피고인이 치사량의 모르핀을 소지하고 있는 것을 목격하였다는 증언 : 마약소지죄가 요증사실이면 직접증거, 살인죄가 요증사실이면 간접증거 ∴ 동일한 증거자료도 요증사실에 따라 직접증거가 될 수도 있고 간접증거가 될 수도 있음 [행시 03]
	구별의 실익	① 형사소송법은 증거의 증명력을 법관의 자유판단에 의존하는 자유심증주의 채택(§308) → **직접증거와 간접증거 사이에 증명력의 차이는 없음** [정리] 직접증거에 높은 증명력을 인정하였던 법정증거주의하에서는 간접증거와의 구별의 실익이 있으나, 자유심증주의하에서는 구별의 실익이 없음 [경간 12] ② 간접증거에 의한 증명 　㉠ **간접증거로도 범죄사실 증명 可**(96도1783) 　㉡ 논리칙과 경험칙을 적용하여 **합리적 의심이 없을 정도로 증명 要**(92오3327; 94도1335) 　㉢ 간접증거를 **개별적·고립적으로 평가하여서는 안 됨** → 모든 관점에서 상호 관련시켜 종합적으로 평가하고 치밀하고 모순 없는 논증 要(2008도8486; 2004도2221) [국9 12] 　㉣ **뚜렷한 확증도 없이 단지 정황증거 내지 간접증거들만으로 공소사실 유죄 인정** → 채증법칙을 위배하여 판결결과에 영향을 미친 사실오인의 **위법**(87도795) [국7 07, 경간 12]
인적 증거 물적 증거 증거서류	인적 증거	① 사람의 진술내용이 증거로 되는 것(인증) 예 증인의 증언, 감정인의 진술, 피고인의 진술 등 ② 증거조사의 방식 : 신문 예 증인신문, 감정인신문, 피고인신문
	물적 증거	① 물건의 존재 또는 상태가 증거로 되는 것(물증) 예 범행에 사용된 흉기, 절도죄의 장물, 위조문서, 무고죄의 고소장 등 ② 증거조사의 방식 : 검증
	증거서류 서증	증거서류와 증거물인 서면의 구별 : 서류의 내용만 증거인지(증거서류) 그밖에 서류의 존재·상태도 증거인지(증거물인 서면)에 따라 구별됨(내용기준설, 通·判)

증거서류	① 서면의 의미내용이 증거로 되는 것 예 공판조서, 검증조서, 피의자신문조서, 참고인진술조서, 의사의 진단서 등 ② 증거조사의 방식 : 낭독(→ 내용의 고지 → 제시하여 열람)
증거물인 서면	① 서면의 내용(증거서류)과 동시에 그 서면의 존재 또는 상태(증거물)가 증거가 되는 것 예 위조죄의 위조문서, 무고죄의 허위 고소장, 협박죄의 협박편지, 명예훼손죄의 수단인 인쇄물 등 ② 증거조사의 방식 : 제시 & 낭독(− 내용고지 − 제시·열람)(§292, §292의2)

본증과 반증	거증책임의 부담에 따른 분류	
	본 증	거증책임을 지는 당사자(거의 검사)가 제출하는 증거
	반 증	본증에 의하여 증명될 사실을 부정하기 위하여 반대당사자(거의 피고인)가 제출하는 증거

진술증거와 비진술증거	진술증거	의 의	① 사람의 진술의 의미내용이 증거로 되는 것 ② 진술과 그 진술이 기재된 서면 포함 ③ 진술증거에 대해서는 전문법칙(§310의2) 적용
		종 류	① 원본증거 : 사실을 체험한 자가 중간의 매개체를 거치지 않고 직접 법원에 진술하는 것(본래증거) 예 범행을 본 목격자의 공판정 진술 [경간 12] ② 전문증거 : 직접 체험한 자의 진술이 서면이나 타인의 진술의 형식으로 간접적으로 법원에 전달되는 것 → 원칙적으로 증거능력 부정(전문법칙) ③ 원진술의 내용의 진실이 요증사실이면 전문증거, 원진술의 존재 자체가 요증사실이면 원본증거
		증거 능력	① 원본증거 : 진술의 임의성, 증거수집절차의 적법성 要 ② 전문증거 : 진술의 임의성, 증거수집절차의 적법성 要 → 이후 전문법칙 적용
	비진술 증거		① 진술증거 이외의 증거 예 단순한 증거물이나 사람의 신체상태 등 ② 증거능력 : 수사기관이 수집한 비진술증거는 그 수집절차의 적법성이 인정되면 증거능력 ○ → 전문법칙 적용 ×

실질증거와 보조증거	① 실질증거 : 주요사실의 존부를 직접·간접으로 증명하기 위하여 사용되는 증거 ② 보조증거 : 실질증거의 증명력을 보강·감쇄하기 위하여 사용되는 증거 　㉠ 보강증거 : 증명력을 증강하기 위한 증거(증강증거) 　㉡ 탄핵증거 : 증명력을 감쇄하기 위한 증거 예 살인사건의 목격자 甲의 증언은 직접증거·원본증거이자 실질증거 → 증인 A가 현장에 있는 甲을 보았다고 증언하면 보강증거, 증인 B가 범행시각에 甲은 B와 함께 다른 곳에 있었다고 증언하면 탄핵증거

Ⅲ 증거능력과 증명력

증거능력	의 의	① 증거가 엄격한 증명의 자료로 사용될 수 있는 법률상의 자격 ② 증거능력은 **법률에 의하여 형식적으로 결정**
	내 용	진술의 임의성(§317), 자백배제법칙(§309), 위법수집증거배제법칙(§308의2), 전문법칙(§310의2), 증거동의(§318①)

증명력	의의	① 증거의 증거능력이 인정됨을 전제로, 문제되는 사실을 증명할 수 있는 증거의 실질적 가치(신빙성) ② 증명력은 법관의 주관적인 판단의 대상으로서 **법관의 자유판단**에 의함
	증거법칙	자유심증주의(기본원칙, §308), 탄핵증거(§318의2①), 자백의 보강법칙(§310), 공판조서의 배타적 증명력(§56)

02 증명의 기본원칙

I 증거재판주의

① 개념 : "사실의 인정은 증거에 의하여야 한다"(§ 307①) → 사실이란 범죄될 사실 → 범죄될 사실을 인정하려면 증거능력이 있고 적법한 증거조사를 거친 증거에 의하여야 함
② 취지 : 인권 보장 & 국가형벌권의 적정한 실현 도모

1. 증명 : 사실의 인정

공소제기 → 1st 소송조건 → 2nd 유죄 / 무죄
① 소송조건 : 친고죄의 고소, 공소시효 등은 자유로운 증명의 대상
② 유죄 : 형벌권의 존부와 범위는 증거능력 있는 증거에 의한 엄격한 증명의 대상

의의		① 증명 : 법관으로 하여금 사실의 존부에 관하여(단지 우월한 증명력을 가진 정도가 아니라) 합리적인 의심의 여지가 없을 정도의 확신을 가지게 하는 것 ② **범죄사실의 인정 : 합리적인 의심이 없는 정도의 증명**에 이르러야 함(§307②) [국9 08] ③ 합리적 의심(2008도8486; 2004도2221) [국9 09/12] 　㉠ 모든 의문·불신 아님 → 또한 **단순히 관념적인 의심이나 추상적 가능성에 기초한 의심** × 　㉡ **논리칙·경험칙에 기한 요증사실과 양립할 수 없는** 사실의 개연성에 대한 합리성 있는 의문(reasonable doubt) → **피고인에게 유리한 정황을 사실인정과 관련하여 파악한 이성적 추론에 그 근거를** 두어야 하는 것
소명과의 구별	증명	법관이 어떤 사실의 존부에 관하여 증거에 의하여 확신을 얻는 것
	소명	법관이 어떤 사실의 존부를 추측할 수 있게 하는 정도('그럴 수도 있겠다')의 심증을 갖게 하는 것 예 기피사유(§19②), 국선변호인 선정 청구사유(청구국선 피고인의 소명자료 제출, 규칙 §17의2), 수사상 증거보전청구사유(§184③), 공판준비기일종료 후 실권효저지사유(§266의13①), 수사상 증인신문청구사유(§221의2③), 증언거부사유(§150), 상소권회복청구사유(§346②), 정식재판청구권회복청구사유(§458②, §346②)

2. 증명의 방법

엄격한 증명	① 의의 : **법률상 증거능력이 있고 적법한 증거조사를 거친 증거에 의한 증명**[법원 15]
	② 대상 : 형벌권의 존부와 그 범위에 관한 사실(주요사실)
	  ㉠ **구**성요건해당사실(객관적·주관적 구성요건)
	  ㉡ **위**법성조각사유와 **책**임조각사유의 부존재
	  ㉢ **처**벌조건
	  ㉣ 법률상 **형**의 가중·감면 근거사실
	  ㉤ **간**접사실
	  ㉥ **경**험법칙 중 특별한 법칙
	  ㉦ **법**규 중 특별한 법규
	  ㉧ **보**강증거

자유로운 증명	① 의의 : **증거능력이 없는 증거 또는 적법한 증거조사를 거치지 아니한 증거에 의한 증명**
	  예 자백 증거 신청 시 → 자백의 임의성을 증명하기 위해 법관은 공판절차 외에서 제출된 서면이나 전화통화에 의해서도 사실을 인정 可
	② 대상
	  ㉠ **정**상관계사실
	  ㉡ **소**송법적 사실(소송조건, 증거능력)
	  ㉢ **탄**핵증거
	  ㉣ **명**예훼손죄의 사실증명(判)
	  ㉤ **심**신상실·심신미약(判)
	  ㉥ **몰**수·추징(判)

증명의 정도	① 심증형성의 정도 : 통상인으로서의 '합리적 의심이 없을 정도의 확신' 要 ② **엄격한 증명뿐만 아니라 자유로운 증명의 경우에도 법관의 합리적 의심이 없는 확신 要**[경승 11, 경 22/2차] → 엄격한 증명과 자유로운 증명은 증거능력의 유무와 증거조사의 방법에 차이가 있을 뿐이고, 심증의 정도에 차이가 있는 것은 아님

3. 엄격한 증명의 대상[법원 15]

공소 범죄사실 [법원 15]	의 의	① 범죄의 특별구성요건을 충족하는 구체적 사실로서 위법성과 책임을 구비한 것 ② 구성요건해당성·위법성·책임을 구성하거나 조각하는 사실(형법적 사실)에 대해서는 엄격한 증명 要
	구성요건 해당사실	구성요건에 해당하는 사실(요소)은 **객관적 구성요건요소**인가 **주관적 구성요건요소**인가를 불문하고 **모두 엄격한 증명**의 대상[경 09/1차]
		객관적 구성요건 요소

객관적 구성요건 요소:
- 행위주체
- 행위객체
- 행위(예 교사범에 있어 **교사의 사실**[행시 01, 경 03/1차, 경 09/1차])

공소 범죄사실 [법원 15]	**구성요건 해당사실**	객관적 구성요건 요소	• 결과의 발생 및 인과관계 • 행위수단 • 행위상황(예) 야간주거침입절도의 일출·일몰시각)
		주관적 구성요건 요소	• **고의**(2001도2064; 2002도4229; 2002도3131; 2004도7359) • **공모**(2000도1899; 2001도4947; 2002도603; 2001도606; 2012도16086) • **목적**(예) 강제집행면탈의 **강제집행을 면할 목적** [경 04/3차, 경 08 /3차], 2014도9030 [국9 15])

	**위법성과
	책임에
	관한 사실**
			① 위법성조각사유·책임조각사유의 부존재 : 구성요건해당성이 인정되면 위법성과 책임은 사실상 추정 → but 사실상의 추정은 피고인이 이를 다투면 깨짐 → <u>위법성조각사유와 책임조각사유의 부존재</u>에 대해서는 <u>검사가 엄격한 증명</u>을 해야 함[경 01/3차, 경 04/1차]
			② 예외
			  ㉠ **명예훼손죄의 위법성조각사유인 사실의 증명**(형법 §310) : 적시한 사실이 공공의 이익에 관한 것이고 진실한 사실임에 대해서는 – **거증책임을 행위자에게 부담**시키는 대신 – **자유로운 증명**으로 족함(判) [국9 17, 국7 14, 경간 15]
			  ㉡ **심신상실이나 심신미약**의 기초가 되는 사실 : **자유로운 증명**으로 족함 (判, 4294형상590; 71도212)

처벌조건			<u>객관적 처벌조건</u>과 <u>인적 처벌조각사유</u>와 같은 범죄의 처벌조건은 공소범죄 사실 자체는 아니나 형벌권의 발생에 직접 관련되는 사실이므로 엄격한 증명 要 [행시 04] 예 사전수뢰죄(형법 §129②)의 **공무원 또는 중재인이 된 사실**, 파산범죄에서 **파산선고의 확정** [경승 10], **친족상도례**의 경우 **일정한 친족관계**(직계혈족·배우자·동거친족·동거가족 또는 그 배우자, 형법 §328①)의 **부존재** [경 01/3차, 전의경 09]
형벌권의 범위에 관한 사실			① **형벌가중·감면사유** : 범죄사실 자체는 아니지만, 형벌의 종류나 형량은 이에 못지않게 피고인의 이익에 중대한 영향을 미침 ∴ 형의 가중·감면사유에 해당하는 사실에 대해서는 엄격한 증명 要 [경 03/1차] 예 **누범전과, 상습성** [국9 08, 경간 13], **심신미약**(判例는 자유로운 증명), 장애미수, 중지미수의 자의성 [경 08/3차], 불능미수, 자수·자복 등 [주의] 전과사실은 누범전과가 아니라면 형의 양정을 위한 일반적 정상관계사실에 불과하므로 소송경제의 관점에서 엄격한 증명 不要 ② **몰수·추징의 대상이 되는지 여부와 추징액의 인정** : 몰수·추징은 부가형으로서 형벌임 (형법 §41 9.) → (이에 엄격한 증명을 요한다는 것이 通說) but 判例는 몰수·추징의 대상이 되는지 여부나 추징액의 인정은 **엄격한 증명 不要**(91도3346) [법원 07, 국7 14, 국9 05/07/08/09/16, 해간 12, 경승 09/10, 전의경 09, 경 04/1차, 경 08/3차] [정리] 통설은 엄격한 증명의 대상으로 보지만, 판례는 자유로운 증명의 대상으로 보는 것 : ① **명**예훼손죄의 위법성조각사유인 사실의 증명, ② **심**신상실·심신미약, ③ **몰**수·추징 대상 여부 및 추징액의 인정 *명/심/몰에서는 자유롭게 증명해

간접사실 · 경험법칙 · 법규 · 보조사실	**간접사실**	주요사실의 존부를 간접적으로 추인하게 하는 사실 → 주요사실이 엄격한 증명을 요한다면 간접사실도 엄격한 증명 要 [국9 05] 예 피고인의 알리바이(현장부재)에 대한 증명의 경우에는, 피고인은 자유로운 증명으로 알리바이를 주장할 수 있으나, 이에 대한 **검사의 알리바이 부존재의 증명**은 결국 구성요건해당사실을 증명하는 것이므로 엄격한 증명 要 [교정9 특채 11]
	경험법칙	경험법칙이란 인간의 경험에서 결과적으로 얻어진 사물의 성상이나 인과관계에 관한 법칙 → 경험법칙 중 ① 일반적 경험법칙(총을 쏘거나 독극물을 먹여서 사람을 살해할 수 있음)은 공지의 사실이므로 증명 不要(불요증사실) but ② **특별한 경험법칙**(예 법관이 특별한 지식이 있어 개인적으로 알고 있는 법칙)과 같이 경험법칙의 내용이 명백하지 않고 그것이 엄격한 증명을 요하는 사실의 인정에 필요한 때에는 엄격한 증명 要
	법 규	① 법규의 존재와 내용은 직권조사사항이므로 불요증사실 but ② **외국법** · 관습법 · 자치법규와 같이 법규의 내용이 명백하지 않고 그것이 엄격한 증명을 요하는 사실을 인정하는 전제가 되는 경우에는 엄격한 증명 要(외국법규의 존재 [경 14/1차], 형법 §6但, 73도289) [해간 12, 경승 10/11]
	보강사실	증거의 증명력에 영향을 미치는 사실로서 ① 증명력을 감쇄시키는 사실에 대해서는 증거능력이 부정되는 탄핵증거를 가지고도 입증할 수 있으므로 자유로운 증명으로 충분 [경 03/2차, 경 14/1차] but ② 주요사실에 대한 증거의 증명력을 **보강**하는 보조사실에 대한 증명은 엄격한 증명 要

🔗 한줄판례 Summary

엄격한 증명

① 특가법 제5조의9 제1항 위반죄의 행위자에게 **보복의 목적**이 있었다는 점의 증명은 법관으로 하여금 합리적인 의심을 할 여지가 없을 정도의 확신을 생기게 하는 엄격한 증명에 의하여야 함(2014도9030) [국9 15]

② 공동정범의 성립요건인 **공동가공의 의사에 기한 상호 이용의 관계**는 합리적인 의심을 할 여지가 없을 정도로 증명 要(2015도5355)

③ **공모공동정범**에 있어서 **모의**는 '범죄될 사실 : 엄격한 증명 要(88도1114) [국9 05/08, 경승 09/11, 경 14/1차]

④ **위드마크(Widmark) 공식**(주취정도 계산)의 **전제사실** : 엄격한 증명 要(99도128)(2021도14074) [사무관 12, 국9 09, 경간 12]

⑤ **뇌물죄에서의 수뢰액** : 엄격한 증명 要(2009도2453) [사무관 12, 경 14/1차] ≠ 몰수 · 추징의 대상 여부 및 추징액 : 자유로운 증명

⑥ **횡령죄의 위탁관계 및 금전의 목적과 용도** : 엄격한 증명 要(횡령죄의 구성요건, 2013도8121) [법원 15, 경 24/2차]

4. 자유로운 증명의 대상

정상관계사실	의 의	법률에 규정된 형의 가중·감면사유 이외에 **형의 양정(양형)의 기초가 되는 정상과 관계된 사실** → 정상참작의 '정상(情狀)'에 해당하는 사실 예 피고인의 경력·전과·성격·환경, 범행 후의 정황(죄를 뉘우치는 정황) 등 형의 양형의 조건(형법 §51), 정상참작감경(형법 §53), 선고유예(형법 §59)·집행유예(형법 §62)의 조건이 되는 사실 등
	원 칙	형벌권 범위에 관한 사실임 but 정상관계사실은 복잡다단한 양상을 띠고 양형은 법관의 재량에 의하므로 **자유로운 증명으로 충분**(2010도750) [경 01/3차, 경 03/2차, 경 04/3차, 교정9 특채 11]
	예 외	범죄의 수단·방법, 피해의 정도는 오히려 공소범죄사실 자체의 내용 ∴ 엄격한 증명 要
소송법적 사실	**소송조건의** 존부 및 절차진행의 적법성에 관한 사실	형벌권의 존부 및 범위와 직접 관계가 없고 소송의 존속과 유지를 위한 조건에 불과함 ∴ 자유로운 증명으로 족함 • <u>친고죄에 있어서 고소의 유무</u>(98도2074) [법원 13/15, 국7 15, 국9 16, 해간 12, 경승 11, 경 04/1차, 경 06/1차, 경 08/3차, 경 12/1차, 경 14/1차, 경 15/2차, 경 22/2차] • 친고죄의 고소취소 및 반의사불벌죄의 처벌을 희망하지 않는다는 의사표시 또는 처벌희망 의사표시의 철회의 유무나 효력 여부(2010도5610) • 즉시고발사건에서 적법한 고발이 있었는지 여부(2021도404) • 피고인의 구속기간, 공소제기, 관할권의 존재, 피고인신문의 적법성 등
	증거의 **증거능력** 인정을 위한 기초사실	소송법적 사실에 속하므로 자유로운 증명으로 족함(多·判, 83도328; 83도1718) [법원 13, 검7 07, 국9 07/08, 경간 12, 경승 11, 경 06/1차, 경 14/1차, 경 16/1차, 전의경 09] (but 거증책임은 검사 부담) • **자백의 임의성** • <u>진술서의 진정성립</u> • **전문증거의 특신상태 등**
탄핵사실		(보강사실은 엄격한 증명 要 but) 증거의 증명력을 **탄핵(감쇄)**하는 사실은 자유로운 증명으로 족함 [경간 12, 경승 11, 경 03/2차, 경 08/3차, 경 09/1차]

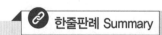
한줄판례 Summary

반의사불벌죄에서 '처벌불원의 의사표시' 또는 '처벌희망 의사표시 철회' : 자유로운 증명(2010도5610)

5. 불요증사실

증명이 필요 없는 사실, 즉 엄격한 증명은 물론 자유로운 증명도 필요 없는 사실		
공지의 사실	의 의	역사상 명백한 사실이나 자연계의 현저한 사실과 같이 보통의 지식이나 경험이 있는 사람이면 누구나 의심하지 않고 인정하는 사실
	내 용	① 모든 사람에게 알려져 있음을 요하지 않고 일정한 범위의 사람에게 일반적으로 알려져 있으면 충분(상대적 개념, 93도1730) ② 공지의 사실은 증명을 요하지 않음 but 반증이 금지되는 것은 아님
	법원에 현저한 사실	① 법원이 그 직무상 명백히 알고 있는 사실 예 당해 재판부가 이전에 선고한 판결·결정 [경간 13] ② But 공정한 재판을 담보하기 위해서는 법관이 알고 있는 사실이라 하더라도 증명 필요(通, 자유로운 증명으로 족함)
추정된 사실	법률상 추정된 사실	① 전제사실이 증명되면 반증이 없는 한 다른 사실을 인정하도록 법률에 규정되어 있는 경우 → 법률상 추정은 법관에게 추정된 사실의 인정이 강제되는 효과 ② But 실체적 진실주의, 자유심증주의 및 무죄추정의 원칙에 반하므로 형사소송에서는 인정할 수 없음
	사실상 추정된 사실	① 전제사실에 의하여 다른 사실을 추정하는 것이 논리적으로 합리적인 경우 예 구성요건해당성 인정 → 위법성·책임 사실상 추정 ② 사실상 추정된 사실은 증명 不要 → But 당사자 간에 다툼이 있으면 추정은 즉시 깨지므로 이 경우에는 증명 必要
거증금지사실		공무원의 직무상 비밀(§147)과 같이 증명으로 인하여 얻게 될 소송법적 이익보다 더 큰 초소송법적 이익 때문에 증명이 금지된 사실 → 원칙적으로 증명 不要

6. 증거재판주의의 위반

증거에 의하지 아니하고 공소사실 등을 인정하거나, 증거능력이 없는 증거에 의하여 공소사실 등을 인정하거나, 적법한 증거조사를 거치지 않은 증거에 의하여 공소사실 등을 인정 → 증거재판주의 위반 → 판결에 영향을 미친 법률위반으로 항소이유(§361의5 1.) 또는 상고이유(§383 1.)

Ⅱ 거증책임

1. 의 의

요증사실의 존부에 관하여 소송의 종결단계에서의 증명불능이 있을 때 증명불능으로 인한 불이익을 받게 되는 당사자의 지위

2. 거증책임의 분배

무죄추정의 원칙(§275의2)과 in dubio pro reo(의심스러울 때에는 피고인에게 유리하게)의 원칙에 따라 범죄의 성립과 형벌권의 발생에 영향을 미치는 모든 사실에 대하여 **검사가 거증책임**을 지는 것이 원칙(2003도5255) [법원 09, 국9 12/13, 경승 14]

적용 범위	공소범죄 사실과 처벌조건인 사실	공소범죄 사실	① 구성요건해당사실 및 위법성·책임의 존재 : 거증책임 검사 부담 [국9 13, 교정9 특채 10, 경 03/1차] ② 범죄성립조각사유 : 피고인이 **위법성조각사유나 책임조각사유**를 주장하는 경우 → 그 **부존재 거증책임 검사 부담** ③ 알리바이 : 피고인의 **알리바이** 주장에 대해서 법원이 확신을 갖지 못한 경우 → **거증책임 검사** 부담(多) [국7 14]
		처벌 조건인 사실	객관적 처벌조건의 존재 및 인적 처벌조각사유의 부존재 → 거증책임 검사 부담
	형의 가중·감면의 사유가 되는 사실	가중사유 사실	피고인에 불리한 사실 → 거증책임 검사 부담 예 누범전과 사실
		감면사유 사실	형의 감경·면제사유이지만 형벌권의 범위에 영향을 미침 ∴ **형의 감면사유의 부존재** → **거증책임 검사** 부담 [경 03/1차] 예 심신미약, 자수
	소송법적 사실	소송조건 존부	**소송조건**은 자유로운 증명 but 공소제기의 적법·유효요건이므로 **거증책임 검사** 부담 [경 03/1차] 예 **친고죄(반의사불벌죄)의 고소 및 그 취소**, 공소시효의 완성, 사면 등
		증거능력 전제사실	① 거증책임은 증거를 제출한 당사자에게 있음 ∴ 검사가 **피고인의 자필진술서**(2000도1743) [법원 13], 의사의 진단서(69도179), 서증(70도2109)을 증거로 제출할 경우 → **거증책임도 검사** 부담 ② **자백의 임의성**을 의심할 만한 합리적이고 구체적인 사실 → 피고인이 증명하는 것이 아님 → 무죄추정원칙상 **검사**가 그 **임의성의 의문점을 해소하는 입증**을 해야 함(2010 도3029 등) [법원 15, 국9 08/11/13/14/15, 교정9 특채 10]

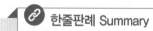 **한줄판례 Summary**

거증책임

선행차량에 이어 피고인 운전 차량이 피해자를 연속하여 역과하는 과정에서 피해자가 사망한 경우 피고인이 일으킨 **후행 교통사고 당시에 피해자가 생존해 있었다는 증거가 없다면** 설령 피고인에게 유죄의 의심이 있다고 하더라도 **피고인의 이익으로 판단**(2014도3163)

3. 거증책임의 전환

의의 및 예외적 허용		① 원칙적으로 검사가 부담하는 거증책임이 피고인에게 전가되는 예외적인 경우 ② 거증책임의 전환은 명문의 규정과 합리적 근거를 갖춘 경우에만 허용
상해죄의 동시범의 특례	형법 §263	"독립행위가 경합하여 상해의 결과를 발생하게 한 경우에 있어서 원인된 행위가 판명되지 아니한 때에는 공동정범의 예에 의한다"
	법적 성격	빈번하게 발생하는 상해·폭행사건에 대하여 피고인에게 소송법상 거증책임을 부담시키는 정책적 예외규정(거증책임전환규정설)
명예훼손죄의 위법성 조각사유	형법 §310	"<u>제307조 제1항의 행위가 진실한 사실로서 오로지 공공의 이익에 관한 때에는 처벌하지 아니한다</u>"
	법적 성격	① 判例는 거증책임전환설(*cf.* 通說은 검사거증책임부담설) → <u>형법 §310의 공익성과 진실성은 행위자가 증명</u> ② But 그 증명은 엄격한 증거에 의하여야 하는 것은 아니므로 <u>전문증거에 대한 증거능력의 제한을 규정한 법 §310의2는 적용될 여지 없음</u>(자유로운 증명, 95도1473) [국9 13, 경 24/2차, 교정9 특채 11]

■ Ⅲ 자유심증주의

1. 의 의

개 념		① 증거의 증명력을 법률로 정하지 않고 법관의 자유로운 판단에 맡기는 주의(증거평가 자유의 원칙) ② 법 §308 : "증거의 증명력은 법관의 자유판단에 의한다" ③ 충분한 증명력이 있는 증거를 합리적인 근거 없이 배척하거나 반대로 객관적인 사실에 명백히 반하는 증거를 아무런 합리적인 근거 없이 채택·사용하는 등으로 논리와 경험의 법칙에 어긋나는 것이 아닌 이상 → 법관은 자유심증으로 증거를 채택하여 사실을 인정할 수 있음
평 가	**법정증거주의**	**자유심증주의**
	① 증거의 증명력을 적극적 또는 소극적으로 법률로써 정해 놓는 주의 [행시 03] ② 장점 : 법관의 자의 방지 ③ 단점 : 천차만별한 증거의 증명력을 획일적으로 규정하면 실체적 진실발견에는 부당한 결과 초래 可	① 장점 : 법관이 구체적으로 타당한 증거가치를 평가하여 사안의 진상을 파악함으로써 <u>실체적 진실발견에 기여</u> 可 [교정9 특채 10] ② 단점 : 법관의 자의에 흐를 위험

2. 내 용

	법 관	합의부
자유판단의 주체	증명력 판단의 주체는 수소법원인 합의부 또는 단독판사가 아니라 **개개의 법관**(§308)	각 법관의 자유심증을 합의의 방식으로 결정 [보충] 참여재판의 경우 각 배심원이 증명력 판단의 주체(but 기속력 無, 국참법 §46⑤)

자유판단의 대상	증명력	① 자유판단의 대상은 증거능력이 아니라 **증거의 증명력** [국7 08] ② 증명력 : 요증사실의 인정을 위한 증거의 실질적 가치 ㉠ 신용력 : 증거 자체가 진실일 가능성 ㉡ 협의의 증명력 : 요증사실의 존재를 인정케 하는 힘
	증 거	증거능력 있는 증거로서 적법한 증거조사절차에 의하여 엄격한 증명을 하는 증거이든, 자유로운 증명을 하는 증거이든 그 증명력은 자유심증주의 적용

자유판단의 의미	자유판단	① 증명력 판단에는 법률적 제한 無 ② 증거의 취사와 이를 근거로 한 사실의 인정 → 경험칙에 위배된다는 등의 특단의 사정이 없는 한 → 사실심법원의 전권(87도2709) [국9 09]

[구체적 고찰]
① 증인의 증언
  ㉠ 증언의 취사선택의 자유 : 증인의 성년·미성년, 책임능력, 선서의 유무를 불문하고 증언의 증명력에는 법적 차이 無 → 선서한 증인의 증언과 선서하지 아니한 증인의 증언 중에서도 **법관은 선서하지 아니한 증인의 증언의 증명력을 인정하여 선서한 증인의 증언 배척 可** [행시 03]
  ㉡ 원본증거와 전문증거 : **본래증거인 공판정 진술보다 전문증거에 보다 높은 증명력을 부여할 수도 있음** [경간 14] → 증인이 수사기관에서의 진술을 법정에서 번복하였다 하더라도 **수사기관에서의 진술의 신빙성은 그 자체로서 판단하여야 하며 이를 번복하였다는 이유로 신빙성을 부정할 수는 없음**(2013도11650 전원합의체 : 한명숙 전총리 사건)
  ㉢ But 피고인이 범죄사실을 부인하고 **객관적 물증이 없는 사건에서 유일한 증인의 증언은 합리적 의심을 배제할 만한 신빙성이 있어야 함**(2014도1779)
② 피고인의 진술
  ㉠ **피고인의 자백이라 하더라도 다른 증거에 비해 우월적 증거가치가 인정되는 것은 아님**
  ㉡ **법관은 자백과는 다른 사실을 인정할 수도 있음**(92도2656)
③ 감정인의 의견
  ㉠ 법관은 감정인의 감정의견에 구속되지 않음
  ㉡ **법관은 감정결과에 반하는 사실을 인정할 수 있음**(71도212; 90도2210; 94도3163) [행시 03]
  ㉢ 감정의견이 상충된 경우에 다수의견을 따르지 않고 소수의견을 따를 수 있고, **여러 의견 가운데 각각 일부를 채용하여도 무방**(75도2068) [국9 24]
  ㉣ But 상반된 과학적 분석기법을 사용한 감정에 대해서는 면밀한 심리 要(2013도9605)

자유판단의 의미		④ 증거서류 　㉠ 공판조서의 기재내용이라 하더라도 공판정 외에서 작성된 조서의 기재내용보다 그 증명력이 강하지 않음 　㉡ **피고인의 공판정 진술도 증거서류에 기재된 내용보다 우월한 증명력을 가지는 것도 아님**(81도3148; 86도1547) [경간 15] ⑤ 동일증거의 일부증거와 종합증거 　㉠ 일부증거 : 법관은 하나의 증거의 **일부만 믿을 수 있음**(80도145; 95도2043 : 공동피고인 중 1인이 공동범행 자백 시 일부만 인정해도 됨) [국9 09/15, 경승 09] 　㉡ 종합증거 　　ⓐ **단독으로는 증명력이 없는 여러 증거가 불가분적으로 결합**하여 단일증거로는 인정되지 않던 **증명력을 가질 수 있음** [행시 03] 　　ⓑ 종합증거 가운데 모순 증거가 있거나 위법증거가 있는 경우 → 해당 증거 제외하고도 범죄사실을 인정할 수 있고 이것이 논리칙과 경험칙에 반하지 아니한다면 유죄의 증명력 ○(93도1936) ⑥ 간접증거 　㉠ 간접증거(정황증거)에 의하여 사실을 인정할 수 있음 　㉡ **간접증거를 개별적·고립적으로 평가해서는 안 되고** 모든 관점에서 빠짐없이 상호 관련시켜 **종합적으로 평가하고 치밀하고 모순 없는 논증을 하여야 함**(2008도8486; 2004도2221) [국7 08]
자유판단의 기준	한계	증명력의 판단은 **논리법칙과 경험법칙**에 부합하여야 함 [행시 03, 경 04/2차]
	논리법칙	① 인간의 추론능력에 비추어 보아 자명한 사고법칙 ② 계산착오, 개념의 혼동, 판결이유의 모순은 논리법칙 위반
	경험법칙	① 개별적인 체험의 관찰과 그 귀납적 일반화에 의하여 경험적으로 얻어진 판단법칙 ② 유형 　㉠ 필연법칙적 경험칙 : 예외를 허용하지 않는 물리학상의 원리나 자연법칙 등은 법관의 심증형성을 구속하므로 자유심증 불허용 　　예 혈액 감정에 의한 친자관계 확인, 혈중알콜농도 측정에 의한 음주운전 판단 　㉡ 사회심리적 경험칙 : 개연성 또는 가능성의 정도에 불과 → 예외가 가능하므로 법관의 심증형성 구속 ×

[구체적 고찰](보다 자세한 판례정리는 기본서 참조)
① 수사기관 작성 참고인진술조서의 증명력
　㉠ **수사기관이 원진술자의 진술을 기재한 조서는 원본증거인 원진술자의 진술에 비하여 본질적으로 낮은 정도의 증명력을 가질 수밖에 없다는 한계를 가짐**(2005도9730, 주의해야 할 判例의 표현)
　㉡ 엉성한 진술조서의 원진술자 불출석 사건 : 피고인이 조서 내용을 부인하고 **원진술자의 법정 출석과 피고인에 의한 반대신문이 이루어지지 못한 경우** → 조서를 **증거로 함에 피고인이 동의한 경우에도** → 이를 주된 증거로 하여 공소사실을 인정하는 것은 원칙적으로 허용될 수 없음**(2005도9730 : 증거동의에 의해 증거능력이 인정되더라도 증명력이 없음) [법원 08, 경승 10/12, 경 12/3차]

자유판단의 기준	② 자유심증과 상소 　㉠ **항소심법원이** 제1심(자유심증의 주체)에서 채용된 증거의 신빙성에 의문을 가지더 　　라도 **심리 없이 그 증거를 곧바로 배척할 수 없음** [국7 11, 경승 12] 　㉡ **증명력의 판단이 논리법칙과 경험법칙에 위배된 때** → 판결에 영향을 미친 사실오인 　　으로서 **항소이유** ○, 채증법칙위반으로서 **상고이유** ○(2013도1222; 2006도4994; 　　2008도7462 등) [교정9 특채 10] ③ 증거요지의 명시 : 유죄판결의 이유에는 증거의 요지 명시 要(§323①) → 위반 시 　절대적 항소이유(이유불비, §361의5 11.)

🔗 한줄판례 Summary

① 피고인이 수사기관에서부터 공판기일에 이르기까지 일관되게 범행을 자백하다가 **어느 공판기일부터 갑자기 자백을 번복한 경우 → 번복 진술이 납득할 만한 것이고 이를 뒷받침할 증거가 있는지 등을 살펴보아야 함**(2015도17869) [변시 17]

② 국회의원인 피고인이 甲 주식회사 대표이사 乙에게서 3차례에 걸쳐 약 9억원의 불법정치자금을 수수하였다는 내용으로 기소되었는데, 乙이 검찰의 소환 조사에서는 자금을 조성하여 피고인에게 정치자금으로 제공하였다고 진술하였다가, 제1심 법정에서는 이를 번복하여 자금 조성 사실은 시인하면서도 피고인에게 정치자금으로 제공한 사실을 부인하고 자금의 사용처를 달리 진술한 경우 → **자금 사용처에 관한 乙의 검찰진술의 신빙성이 인정** → 공소사실 유죄(2013도11650 전합) [변시 17]

③ 강간죄에서 공소사실을 인정할 증거로 **사실상 피해자의 진술이 유일**한 경우 → 피고인의 진술이 경험칙상 **합리성이 없고 그 자체로 모순되어 믿을 수 없음** → 공소사실 인정하는 직접증거는 아님 → but 이러한 사정은 법관의 자유판단에 따라 **피해자 진술의 신빙성을 뒷받침하거나 직접증거인 피해자 진술과 결합하여 공소사실을 뒷받침하는 간접정황이 될 수 있음**(2018도7709) [경 20/2차]

④ 피고인의 친딸로 가족관계에 있던 성폭력피해자가 '**마땅히 그러한 반응을 보여야만 하는 피해자**'로 보이지 않는다는 이유만으로 피해자 진술의 신빙성을 함부로 배척할 수 없음(2020도6965) [경 20/2차]

⑤ 과학적 분석기법을 사용하여 제출된 공소사실을 뒷받침하는 1차적 증거방법 자체에 오류가 발생할 가능성이 내포되어 있고, 그와 동일한 분석기법에 의하여 제출된 2차적 증거방법이 공소사실과 배치되는 소극적인 사실을 뒷받침하고 있는 경우 → **각 분석결과 사이의 차이점이 합리적인 의심 없이 해명 & 1차적 증거방법에 따른 결과의 오류가능성이 무시할 정도로 극소함이 인정** → 공소사실을 뒷받침하는 **1차적 증거방법만을 취신** → 자유심증주의의 한계를 벗어난 것이 아님(2013도9605)

⑥ **과학적 증거방법이** 사실인정에 있어서 상당한 정도로 구속력을 갖기 위한 요건 : **감정인이 전문적인 지식, 기술, 경험을 가지고 공인된 표준 검사기법으로 분석한 후 법원에 제출하였다는 것만으로는 부족** → 시료의 채취, 보관, 분석 등 모든 과정에서 시료의 동일성이 인정되고 인위적인 조작, 훼손, 첨가가 없었음이 담보되어야 하며 각 단계에서 시료에 대한 정확한 인수, 인계 절차를 확인할 수 있는 기록이 유지되어야 함(2017도14222)

⑦ 당해 형사재판에서 제출된 **다른 증거 내용** : 다른 확정판결의 증명력 판단을 배척 可(2011도15653)
[경간 20, 국9 15/24, 경승 14]

⑧ 진술조서의 기재 중 **일부만 믿어도 무방함**(80도145) [국9 09, 경승 09]

3. 자유심증주의의 예외

자백보강법칙	피고인의 자백이 증거능력 있고 신빙성이 있어도 → 보강증거가 없으면 → 자백의 증명력을 인정 不可(§310)
공판조서의 배타적 증명력	공판기일의 소송절차로서 공판조서에 기재된 것은 그 조서만으로써 증명(§56) → 반증이 허용되지 않으며 법관의 심증 여하를 불문함
진술거부권 증언거부권	① 피고인의 진술거부권 행사를 가지고 피고인에게 불리한 심증 형성 不可 ② 증언거부권(§148) 있는 증인의 증언거부권 행사를 가지고 피고인에게 불리한 심증 형성 不可

4. 자유심증주의와 in dubio pro reo의 원칙

의심스러울 때에는 피고인에게 유리하게 : 법원이 심리를 다하였으나 심증형성이 불가능한 경우 → in dubio pro reo의 원칙에 의해 무죄판결 선고

03 자백배제법칙

I 자백의 의의와 효과

1. 의의 및 요건

개념 및 성질		① 자백 : 피의자 또는 피고인이 자기의 범죄사실의 전부 또는 일부를 인정하는 진술 ② 성질 : 공소범죄사실을 직접 증명할 수 있는 직접증거이자, 전문증거에 대하여 원본증거가 되는 진술증거
요 건	**주 체**	진술자의 **법적 지위 불문** → 피고인으로서의 진술뿐만 아니라 피의자·참고인·증인 등의 지위에서 한 진술도 자백 ○ [국7 08, 경간 14]
	형 식	**구두·서면 불문** [사무관 00, 국7 08]
	상대방	**법원·법관·수사기관 불문** → 범죄사실을 **일기장**에 기재하는 것처럼 상대방이 없는 경우도 자백 ○ [사무관 00, 국7 08]
	단 계	공판정에서 행한 진술일 것 不要 → **재판상 자백과 재판 외 자백 不問**

| 요 건 | 자백의
내용 | ① 자기의 범죄사실을 인정하는 진술
  ⊙ **형사책임 인정 不要**
  ⓛ **구성요건해당사실 인정 + 위법성조각사유·책임조각사유 주장 = 자백 ○**
  ⓒ 간이공판절차 개시요건인 자백과는 다름 : 간이공판절차 개시요건인
    자백은 ⓐ 법관에 대하여 ⓑ 공판정에서 ⓒ 구성요건해당성·위법성·
    책임 모두 인정 要
② 자백에 해당하지 않는 경우
  ⊙ <u>모두절차에서 피고인이 "공소사실은 사실대로다"라고 진술</u>하였다.
    → **당연히 자백에 해당하는 것은 아님**(94도2865 : 전후의 진술을 종합
    하여 자백 여부 판단 要 [사무관 00])
  ⓛ 상업장부·항해일지·진료일지 또는 이와 유사한 금전출납부 등과 같
    이 범죄사실의 인정 여부와는 관계없이 자기에게 맡겨진 **사무를 처리**
    한 사무내역을 그때그때 계속적·기계적으로 기재한 문서 안에 공소사
    실에 일부 부합되는 사실의 기재가 있는 경우 → **별개의 독립된 증거**
    자료일 뿐 **범죄사실을 자백하는 문서는 아님**(94도2865 전합) [해간 12,
    전의경 09] |

🔗 **한줄판례 Summary**

피고인의 공소사실에 대한 '예, 있습니다' 또는 '예, 그렇습니다'라는 답변 : 자백 ×(84도141)

2. 자백의 효과

자백과 유죄의 인정	증거능력 인정의 요건	임의성	임의성이 없는 자백은 증거능력 ×(자백배제법칙, §309)
		적법성	자백을 획득한 절차가 위법하고 그 위법의 정도가 중대한 경우에는 증거능력 ×(위법수집증거배제법칙, §308의2)
		성립진정 내용인정	재판 외의 자백이 기재된 조서 기타의 서류는 공판절차에서 그 내용의 인정 or 성립의 진정이 인정되지 않으면 증거 능력 ×(전문법칙의 예외, §312①③, §313①②)

	증명력의
	요건
		신빙성	① 자백의 증거능력이 인정되어도 자백의 진실성·신빙성
			  까지 당연히 인정되는 것은 아님(92도2656)
			② 자백의 신용성(신빙성)이 인정되어야 유죄 ○(자유심증
			  주의, §308)

		보강증거	자백이 증거능력 있고 신빙성 있어 유죄의 심증을 얻은 경 우에도 → 보강증거가 없는 유일한 증거이면 → 유죄 × (자백보강법칙, §310)

간이공판
절차로의
진행
	① 피고인이 공판정에서 당해 공소사실에 대하여 자백(구성요건해당성 인정 + 위법성·
	  책임조각사유의 부존재 인정)한 경우 → 간이공판절차에 의하여 심판 可(§286의2)
	  [법원 17]
	② 간이공판절차에서의 전문증거는 원칙적으로 피고인의 증거동의 의제 [국9 17] but 검사,
	  피고인 또는 변호인이 증거로 함에 이의가 있는 때에는 동의 의제 ×(§318의3)		

Ⅱ 자백배제법칙

1. 의의와 이론적 근거

의 의	이론적 근거
① 임의성이 없거나 의심되는 자백은 증거능력이 부정된다는 법칙 ② "피고인의 자백이 고문·폭행·협박, 신체구속의 부당한 장기화 또는 기망 기타의 방법으로 임의로 진술한 것이 아니라고 의심할 만한 이유가 있는 때에는 이를 유죄의 증거로 하지 못한다(§309, <u>헌법</u> §12⑦)"	① 허위배제설, 인권옹호설, 절충설, 위법배제설, 종합설 ② 判例 : 허위배제설(77도210) → 위법배제설(97도1720) → 근래에는 절충설(97도3234; 98도3584; 99도4940; 2004도517; 2010도3029)

2. 요 건

(1) 자백의 임의성에 영향을 미치는 사유

고문, **폭**행, **협**박, **신**체구속의 부당한 장기화 또는 **기**망 **기**타의 방법(예시사유, 82도2413) [국7 07, 경승 12]	

| 고문
폭행
협박 | ① 고문·폭행·협박 : 형태의 제한은 없음 ∴ 피고인이 가족이나 다른 피고인 등 <u>타인이 고문당하는 것을 보고 자백한</u> 경우 → 고문에 의한 자백 [경승 15, 경 01/1차, 경 04/1차, 경 06/2차]
② 고문·폭행·협박과 자백의 **시점의 일치 不要**
　㉠ 피의자가 경찰에서 고문에 의해 자백을 한 후 검사에게 동일한 자백을 한 경우 : 검사 면전 자백이 경찰의 위법수사의 **효과가 미치는 상태**하에서 행해진 것이라면 증거능력 ×(81도2160; 92도2409; 2009도1603; 2010도11788) [법원 09, 국9 15, 경승 10]
　㉡ 피고인을 고문하여 조사한 경찰관이 검사 앞에까지 피고인을 데려간 경우 : 검사 앞에서도 <u>임의성 없는 심리상태 계속</u>된 것임(91도1) [국9 15, 경승 10, 경 01/1차]
　㉢ 수사기관에서 가혹행위로 임의성 없는 자백 후 법정에서도 <u>그 심리상태가 계속</u>되어 동일한 자백을 한 경우 : 증거능력 ×(2002도4469; 2009도1603; 2010도3029) [국9 15, 경 20/2차]
③ 자백배제법칙이 적용되지 않는 경우
　㉠ 경찰이 고문하여 수사한 사정이 검사의 수사과정에 **영향을 미치지 않은 경우** : 임의성 없는 자백은 아님(82도2943; 83도2436)
　㉡ <u>검사의 피의자신문조서가 경찰에서 송치받은 당일에 작성된 경우</u> : 임의성이 없거나 특신상태가 없다고는 할 수 없음(84도378) [경승 10, 경 02/3차] |

신체구속의 부당한 장기화	① 의의 : 구속기간 만료 이후 부당한 장기구금이 계속된 경우 or 처음부터 불법구금이 행해진 경우 포함 → **구속영장 없이 13여 일간 불법구속되어 있으면서 고문이나 잠을 재우지 않은 경우** : 자백의 증거능력 ×(82도2413) [경승 15, 경 01/1차] ② 자백배제법칙이 적용되지 않는 경우 　㉠ **경찰에서 부당한 신체구속을 당하였다 하더라도 검사 앞에서의 피고인의 진술에 임의성이 인정되는 경우** : 검사 작성 피의자신문조서의 증거능력 ○(83도1718) 　㉡ 수사기관에 영장 없이 연행되어 약 40일간 조사를 받아오다가 구속 송치된 후 **검사로부터 약 1개월간 4회 신문을 받으며 부당한 대우를 받음이 없이 자유로운 분위기에서 신문을 받으면서 자백한 경우** : 임의성 있는 진술(84도1846) [경간 12, 해간 12]
기 망	① 의의 : 위계를 사용하여 상대방을 착오에 빠지게 한 후 자백하게 하는 것 → 단순히 상대방의 착오를 이용하는 것으로는 부족 → 국가기관에 대하여 신문방법이 정당하지 않음을 비난할 수 있을 정도로 적극적인 사술이 사용될 것을 要 ② 자백배제법칙이 적용되는 경우 　㉠ **공범자가 자백하였다고 거짓말을** 하는 경우 [교정9 특채 11] 　㉡ **자백을 하면 피의사실을 불문에 붙이겠다고** 한 경우 [국9 07] 　㉢ **증거가 발견되었다거나 목격자가 있다고 기망**하여 자백을 받은 경우 　㉣ **피의사실을 가볍게 처리하게 보호감호 청구를 하지 않겠다고 기망**하여 자백을 받은 경우(85도2182) [교정9 특채 10, 경승 10/15]

기타의 방법	이익의 약속	① 의의 : 국가기관이 자백의 대가로 이익을 제공하겠다고 약속하고 자백하게 하는 것 ② 내용 　㉠ 형사처벌과 관련이 있는 이익을 약속하는 경우 　㉡ **특가법이 아니고 가벼운 형법상 단순수뢰죄로 기소 약속**(83도2782) [국9 09, 교정9 특채 10/11] 　㉢ 세속적 이익(예 가족 보호)도 포함 ③ 자백배제법칙이 적용되지 않는 경우 　㉠ 사소한 편의제공(예 식사, 담배, 커피)의 약속 　㉡ 약속에 의한 자백이 **이익과의 교환에 의한 것이 아닌 경우** : **증거가 발견되면 자백하겠다는 약속**이 검사의 강요·위계나 불기소 또는 경한 죄의 소추 등 **이익과 교환조건으로 된 것으로 인정되지 않는 경우** → 임의성에 의심 있는 자백은 아님(83도712) [국9 14, 교정9 특채 11, 경간 12, 경승 10, 경 01/1차, 경 02/3차]
	위법한 신문방법	① 기타의 방법에 속하지 않는 경우 : 이론적 추궁에 의한 신문은 허용 ② 야간신문(철야신문)의 문제 　㉠ 그 자체가 위법한 것은 아님 　㉡ 피의자가 **피로로 인하여 정상적인 판단능력을 상실할 정도의 수면부족상태에서의 자백** : 증거능력 ×(예 **30시간 동안 잠을 재우지 아니한 채 검사 2명이 교대로 신문한 끝에 받아낸 자백,** 95도1964) [국9 11, 교정9 특채 10, 경간 15, 경승 10, 경 02/3차]

기타의 방법	기본권의 침해	① 의의 : **진술거부권**(헌법 §12②, 법 §244의3, §283의2) **불고지, 변호인선임권**(헌법 §12⑤, 법 §88, §209, §244의3) **침해, 변호인과의 접견교통권**(헌법 §12④, 법 §34)을 **침해**하여 자백을 받는 경우 ② 내용 : 기본권을 침해하는 중대한 위법에 해당하므로 증거능력 × ③ 근거 : (다수설은 자백배제법칙에 근거 but) 判例는 **위법수집증거배제법칙**에 근거하여 자백의 증거능력 부정(진술거부권 불고지는 92도682 [법원 14, 국7 07, 국9 09, 경간 14, 경승 15]; 2008도8213; 2014도5939, 변호인선임권 침해는 2010도3359, 변호인과의 접견교통권 침해는 90도1586 [경승 09, 경 06/2차]) ④ 임의성이 부정되지 않는 경우 : **변호인 아닌 자와의 접견이 금지된 상태**에서 피의자신문조서가 작성된 경우(증거 ○, 84도846) [검9 07, 교정9 특채 10, 경간 12/13, 경승 10/15, 경 04/1차, 경 14/1차]
	거짓말탐지기 · 마취분석	① 거짓말탐지기 검사결과를 토대로 획득한 자백 : 피검사자의 동의가 있으면 검사절차 적법 ∴ 당해 자백의 증거능력 ○(제한적 긍정설, 多) ② 마취분석 : 피분석자의 동의 여하를 따지지 아니하고 증거능력 ×

(2) 인과관계의 요부

의 의	고문 · 폭행 등 임의성 의심사유와 자백 사이에 인과관계가 있어야 자백배제법칙이 적용되는가?
학 설	① 인과관계 불요설(多) : 인과관계 입증 곤란, 현행법은 자백의 임의성 의심되면 증거능력 부정 ② **인과관계 필요설**(判) : 임의성 의심사유와 자백 사이에 **인과관계가 존재하지 않는 것이 명백한 때** → 자백의 **임의성 인정**(84도135; 84도2252) [국9 14, 해간 12, 경 14/1차, 경 24/1차]

(3) 임의성의 입증

거증책임	① 진술의 임의성은 추정(97도1720) but 임의성에 대한 다툼이 있을 때에는 **자백의 임의성의 의문점을 해소하는 입증은 검사**가 해야 함(검사 거증책임, 通 · 判, 97도3234; 98도3584; 99도4940; 2004도517; 2004도7900; 2007도7760) [국9 08/11] ② 피고인 · 변호인이 검사 작성 피의자신문조서의 **임의성을 인정하였다가 이를 번복하는 경우에도 同**(2007도7760) [법원 14/15, 국9 14/08/11/13, 경간 14, 경승 15]
증명방법	자백의 임의성의 증명은 **자유로운 증명**으로 족함(83도1718; 94도2316) [국9 08/11/15, 경간 12/13/14, 경승 10/11] → 조서의 형식 · 내용, 진술자의 신분, 사회적 지위, 학력, 지능 정도 기타 여러 사정을 종합하여 **법원의 자유로운 심증으로 판단 可**(84도2630; 98도2890) [국9 08/14, 경간 12, 경승 11/15]

🔗 **한줄판례 Summary**

① 피고인이 경찰에서 가혹행위 등으로 인하여 임의성 없는 자백을 하고 그 후 검찰이나 법정에서도 **임의성 없는 심리가 계속되어 동일한 내용의 자백** → 임의성 없는 자백(2012도9879) [국9 15, 경 20/2차]
② **자백하면 가볍게 처리하고 보호감호를 청구하지 않겠다는 각서 작성** : 기망 – 증거 ×(85도2182) [교정9 특채 10, 경승 10/15]
③ **진술거부권 불고지** 획득 자백 : 자백배제법칙 ×, **위법수집증거** ○(92도682) [법원 14, 국7 07, 국9 09]

3. 효 과

임의성이 의심되는 자백의 증거능력	① 절대적으로 증거능력 無 ② **피고인의 동의가 있어도** → **증거능력** ×(§318①의 배제, 2004도7900) [법원 16, 경간 13/14, 경승 15] (2004도7900) ③ **탄핵증거로도 사용 不可**(§318의2의 배제) [국9 07, 경간 13, 경승 11/12/15] ④ 상소이유 : 임의성이 의심되는 자백을 유죄인정의 자료로 삼은 경우는 §309 및 §307 위반 → 상대적 항소이유(§361의5 1.) 및 상대적 상고이유(§383 1.) [경간 14]
2차적 증거의 증거능력	임의성이 의심되어 증거능력이 부정된 자백에 근거하여 획득된 다른 증거(2차적 증거, 파생증거)의 증거능력 → 독수과실의 예외에 해당하지 않는 한 → 증거능력 ×

04 위법수집증거배제법칙

Ⅰ 의의 및 근거

① 의의 : 위법한 절차에 의하여 수집된 증거의 증거능력을 부정하는 증거법칙
② **"적법한 절차에 따르지 아니하고 수집한 증거는 증거로 할 수 없다**(07년 신설 §308의2)" [국9 08]
③ 근거 : 헌법상 적정절차원칙(헌법 §12①), 수사기관의 위법수사 억지 [국9 10]

Ⅱ 적용범위

일반원칙	① 위법수집증거배제법칙은 증거수집의 절차에 **중대한 위법**이 있는 경우에 한하여 적용 ∴ 형식적으로 위법한 증거수집의 경우에도 그 위법의 정도가 경미한 경우 → 증거능력 ○ [국9 10] ② 중대한 위법 : **적법절차의 실질적 내용을 침해**하는 경우 ㉠ 수사기관의 증거수집활동이 **헌법규정을 위반**한 경우 ㉡ **형사소송법의 효력규정을 위반**한 경우

		헌법정신에 반하여 수집한 증거
개별적 검토	영장주의의 위반	① 영장 없이 한 강제처분, 영장 자체에 하자가 있는 경우, 영장의 발부나 집행 절차에 중대한 위법이 있는 경우 [국9 10] ② 영장 없이 한 강제처분의 경우 　㉠ <u>위법한 체포에 의한 유치 중에 작성된 피의자신문조서</u>(2000도5701) [국7 09, 국9 10/11, 경간 12, 경승 11/12/15, 경 08/3차, 경 06/1차] 　㉡ <u>영장 없이 압수한 후 임의제출동의서</u>를 받은 경우(2009도14376) [국7 13, 경간 15]
	적정절차의 위반	① 적정절차원칙 위반의 경우 　㉠ 수사기관이 <u>정당한 사유 없이 변호인을 참여하게 하지 아니한 채 피의자를 신문</u>하여 작성한 피의자신문조서(2010도3359) [법원 14/15, 국7 15, 경간 15, 경승 15, 경 16/1차] 　㉡ 야간압수·수색의 금지규정을 위반한 압수·수색 　㉢ 당사자의 참여권과 신문권을 침해한 증인신문 　㉣ 위법한 함정수사에 의하여 수집한 증거 　㉤ <u>진술거부권을 고지하지 않고 작성한 피의자신문조서</u> : 피의자신문인데 피의자신문조서가 아닌 진술조서를 작성하면서 미리 피의자에게 진술거부권을 고지하지 않은 경우 → 진술조서는 위법수집증거(2008도8213; 2010도8294) ② 적정절차원칙 위반이 아닌 경우 : <u>피의자의 지위에 있지 않은 자에 대하여 진술거부권이 고지되지 않은 채</u> 작성된 진술조서 → 위법수집증거 ×(2011도8125) [경승 24]
		형사소송법의 효력규정을 위반하여 수집한 증거
	증거수집 · 증거조사 절차의 위법	증거수집절차나 증거조사절차가 위법하여 무효인 경우 ① 공무상 비밀 등 거절권을 침해한 압수·수색 ② <u>선서 없이 한 증인신문</u> ③ <u>피고인에게 실질적인 반대신문의 기회를 부여하지 아니한 채 이루어진 증인신문</u>(but <u>하자 치유 可</u>, 2009도9344) ④ <u>위법한 공개금지결정</u>에 의하여 피고인의 공개재판을 받을 권리가 침해된 절차에서 이루어진 <u>증인신문</u>(하자 치유 不可, 2005도5854) [국9 17]
	절차의 위법이 중대하지 않은 경우	**절차의 위반이 경미한 경우** → 획득한 증거의 증거능력 ○ ① 하자 있는 증인소환절차에 따라 소환된 증인에 대한 증인신문 ② <u>위증의 벌을 경고하지 않고 한 증인신문</u> ③ <u>증언거부권자에게 증언거부권을 고지하지 않고 한 증인신문</u>(but 위증죄는 성립하지 않을 수 있음) ④ 검찰관이 <u>형사사법공조절차를 거치지 아니한 채 외국 호텔에서 작성한 참고인진술조서</u>(위법수집증거 × but 특신성 부정 → 증거능력 ×, 2011도3809) [법원 13, 경간 14/15, 경 12/1차, 국9 17]

		사인에 의한 위법수집증거
개별적 검토	문제의 소재	위법수집증거배제법칙(수사기관의 위법수사 억지)은 사인의 증거수집행위에 대해서는 원칙적으로 적용 × but 기본권의 대사인적 효력 및 국가의 기본권보호의무(헌법 §10後) 고려 → 사인 간 사진촬영·비밀녹음 등 사인이 위법하게 수집한 증거에 대해도 위법수집증거배제법칙이 적용되어야 하는가의 문제
	적 용	① **이익형량설** : 효과적인 형사소추 및 실체진실 발견의 공익과 개인의 인격적 이익 등 보호이익을 비교형량하여 사인의 위법수집증거의 허용 여부 결정 [(多·判), 소수설은 부정설] → **判例는 통비법 위반 비밀녹음을 제외한 대부분 인정** ② 이익형량에 의하여 사인의 위법수집증거의 증거능력을 인정한 경우 ㉠ 피고인이 범행 후 피해자에게 전화를 걸어오자 피해자가 증거를 수집하려고 그 전화내용을 녹음한 경우(97도240) [국9 16, 경간 14/15, 경승 10/11/15, 경 05/1차, 경 08/3차, 경 16/1차] ㉡ 제3자가 공갈목적을 숨기고 피고인의 동의하에 나체사진을 찍은 경우 → 피고인의 간통죄에 대한 증거 ○(97도1230) [행시 02, 국7 10, 국9 14, 경승 10/15, 경 04/3차, 경 11/2차, 경 12/1차] ㉢ 소송사기의 피해자가 제3자로부터 대가를 지급하고 취득한 절취된 업무일지(2008도1584) [법원 13, 국9 16/18/24, 경간 15] ㉣ 피고인의 배우자가 피고인 모르게 피고인의 휴대전화에 자동녹음 애플리케이션을 실행해 두어 자동으로 녹음된 피고인과 배우자 사이의 전화통화 녹음파일(2021도2299)
자백배제법칙의 관계	판 례	**진술거부권을 고지하지 아니하고 작성**된 피의자신문조서(92도682) 및 **변호인의 접견교통권을 침해한 상태에서 작성**된 피의자신문조서(90도1586)와 같이 헌법상 기본권을 침해하여 획득한 자백 → **위법수집증거배제법칙 적용**하여 증거능력 부정 [법원 24]
	통 설	자백배제법칙은 위법수집증거배제법칙의 특칙(자백배제법칙의 근거에 관한 위법배제설) ∴ 자백배제법칙 적용 → 자백 이외의 증거와 비진술증거는 위법수집증거배제법칙

🔗 한줄판례 Summary

① 수사기관의 절차 위반행위가 **적법절차의 실질적인 내용을 침해하는 경우에 해당하지 아니하고**, 오히려 그 증거의 증거능력을 배제하는 것이 형사사법 정의를 실현하려고 한 취지에 반하는 결과를 초래하는 예외적인 경우라면 증거능력 ○(2015도12400) [경승 20, 경간 20]

② **선거관리위원회** 진술이 **녹음된다는 사실을 미리 알려주지 않음** : 유죄의 증거 ×(선 - 진적 / 녹위, 2011도3509) [법원 17]

③ 외국인 체포시 영사통보권 불고지 → 원칙적으로 위법 → but 절차 위반의 내용과 정도가 중대하거나 절차 조항이 보호하고자 하는 외국인 피고인의 권리나 법익을 본질적으로 침해하였다고 볼 수 없다면 위법수집증배제원칙의 예외(경미한 위법) → 유죄의 증거 ○(2021도17103)

④ **영장담당판사의 서명만 있고 날인이 없는** 압수수색영장(위법), but 이러한 압수수색영장에 따라 압수한 파일 출력물과 이에 기초하여 획득한 2차적 증거인 피의자신문조서·법정진술은 증거능력 인정(2018도20504)

III 관련 문제

1. 독수의 과실이론

의 의	위법하게 수집된 1차적 증거(독수)에 의하여 2차적 증거(과실)가 발견된 경우 그 2차적 증거(파생증거)의 증거능력도 배제되어야 한다는 이론(독수독과이론) [경 15/1차]
원 칙	① 2차적 증거의 증거능력을 인정하면 위법수집증거배제법칙이 무의미하게 되므로 **독수과실의 증거능력도 부정**(원칙, 判, 2007도3061 전합) [법원 10/14, 경간 13/15, 경 15/1차] ② 2차적 증거의 증거능력 원칙적 부정 : **위법한 강제연행 상태에서 호흡측정** 방법에 의한 음주측정이 이루어진 후 → 강제연행 상태로부터 **시간적·장소적으로 단절되었다고 볼 수 없는 상황**에서 **피의자의 요구에 의하여 이루어진 혈액채취** 방법에 의한 음주측정 결과의 증거능력 → 피고인·변호인이 이를 **증거로 함에 동의한 경우에도 부정**(2010도2094) [국9 16]

독수과실의 예외	① 의의 : 위법한 1차적 증거수집과 2차적 증거수집 사이의 **인과관계의 희석 또는 단절 여부를 중심**으로 예외적인 경우에는 유죄인정의 증거로 사용 可(2008도11437) [법원 17, 국9 22, 경간 13, 경승 10, 경 09/1차, 경 15/1차]
	② 독수과실의 예외이론 : 희석이론, 불가피한 발견이론, 독립된 증거원이론, 선의이론 등이 제시되나, 判例는 특히 희석이론을 중심으로 독수과실 예외이론 전개
	③ 희석이론 : 위법수사로 획득한 1차적 증거의 오염이 그 후 피고인의 자발적 행위로 희석되어(순화되어) 2차적 증거의 증거능력에는 영향을 미치지 않는다는 이론(오염순화에 의한 예외이론)
	④ 判例 : 적법절차 위반행위의 영향이 차단되었거나 소멸되었다고 볼 수 있는 상태에서 수집한 2차적 증거의 증거능력 ○ [국9 15, 국9 개론 15]
	  ㉠ 진술거부권 불고지 자백 획득 후 자발적 진술 : **진술거부권을 고지하지 않은 상태에서** 임의로 행해진 피고인의 **자백** → **2차적 증거 중 피고인 및 피해자의 법정진술이 공개된 법정에서 임의로 이루어진 경우**(2008도11437) [법원 14]
	  ㉡ 영장 제시 없는 구속 후 변호인의 충분한 조력하의 자백 : **구속영장 집행 당시 영장이 제시되지 않았으나** → 구속적부심사 심문에서 구속영장을 제시받고 이후 **변호인과의 충분한 상의를 거쳐 공소사실에 대하여 자백**한 경우(2009도526) [경간 14]
	  ㉢ 영장 없이 강제연행하여 1차 채뇨 후 압수영장에 의한 2차 채뇨 : 피고인을 **영장 없이 강제로 연행한 상태에서** 마약 투약 여부의 확인을 위한 **1차 채뇨**절차가 이루어졌음 → 그 후 **압수영장에 기하여 2차 채뇨**절차가 이루어지고 그 결과를 분석한 소변 감정서 등이 증거로 제출된 경우(2012도13611) [국7 14, 경간 15]
	  ㉣ 영장 없이 계좌정보 획득 후 → **석방 후 자백** or 임의제출 or 독립된 제3자의 진술에 의한 증거수집
	  ㉤ 영장 무관 압수 증거물 → **환부한 후 임의제출** 받아 압수(단, 임의성은 검사 증명)

① 수사기관이 영장 발부의 사유로 된 범죄 혐의사실과 무관한 별개의 증거를 압수하였을 경우 → 수사기관이 별개의 증거를 피압수자 등에게 **환부하고 후에 임의제출받아 다시 압수** → 최초의 절차 위반행위와 최종적인 증거수집 사이의 **인과관계 단절**(2013도11233) [국7 16/17/20/23]

② **영장 없이 물건을 압수**한 직후 피고인으로부터 작성받은 압수물에 대한 **임의제출동의서** : 위법(2009도14376) [법원 18, 국7 13, 경간 15]

③ 피고인을 **영장 없이 강제로 연행한 상태**에서 **1차 채뇨**절차(위법), 그 후 **영장에 기하여 2차 채뇨**절차 진행 후 그 결과를 분석한 감정서 : 증거능력 인정(희석이론, 2012도13611) [국7 14, 경간 15]

2. 위법수집증거와 증거동의 및 탄핵증거

증거동의	① 반대신문권의 포기가 문제되지 않는 위법수집증거에 대해서는 **증거동의 인정 ×**(부정설, 通) [법원 15/16, 경 12/2차] ② 判例 　㉠ 원칙 – 증거동의 × : 적법한 절차에 따르지 아니하고 수집한 증거로서 증거능력이 없는 경우에는 피고인이나 변호인이 이를 증거로 함에 동의하였다고 하더라도 달리 볼 것은 아님 　　ⓐ **체포현장 긴급압수 후 사후영장을 받지 않은 위법수집증거 : 증거동의 대상 ×**(2009도11401) 　　ⓑ **소유자 등 아닌 자로부터 제출받은 쇠파이프**(임의제출물 아닌 위법수집증거) : **증거동의 대상 ×**(2009도10092) [국9 17] 　㉡ 예외 – 증거동의 ○ 　　ⓐ 피고인·변호인의 **참여권을 배제**한 증거보전절차상 증인신문**조서**(86도1646) [경 12/3차] 　　ⓑ 검사의 공소제기 후 수사과정에서 작성한 증인의 공판정 **증언**을 **번복**시키는 내용의 참고인진술**조서**(99도1108 전합) [법원 14/15, 경 14/2차]
탄핵증거	위법수집증거를 탄핵증거로 허용하면 법관의 면전에 제출되어 실체형성에 영향을 줌 ∴ 위법수집증거는 **탄핵증거로도 사용 不可**(通) [국9 10]

05 전문법칙

전문증거	의 의	① 개념 : 사실인정의 기초가 되는 경험사실을 경험자 자신이 직접 구두로 법원에 보고하지 아니하고 서면 또는 타인의 진술의 형식으로 간접적으로 법원에 보고하는 증거 ② 구별개념 – 원본증거 : 사실을 체험한 자가 중간 매개체를 거치지 않고 직접 법원에 진술하는 증거 예 피고인의 공판정에서의 자백 [행시 02, 국9 08, 경 06/1차], 현행범을 체포한 경찰관이 범행을 목격한 부분에 관한 진술(95도535) [경승 10/15] [연습] 甲을 현행범으로 체포한 경찰관이 법정에서 증인으로 출석하여 甲의 범행을 목격한 부분에 관하여 진술 → 甲이 경찰관의 목격진술의 내용을 부인해도 → 경찰관의 진술은 원본증거로서 증거능력 인정 ○ [교정9 특채 12]

전문증거	유 형	① 전문진술 : 사실을 직접 경험한 자의 원진술을 청취한 제3자가 그 원진술의 내용을 법원에 대하여 구두로 진술하는 경우(전문증언) ② 전문서류 　㉠ 진술서 : 사실을 직접 경험한 자 자신이 경험한 내용을 서면에 기재한 후 그 서면을 법원에 제출하는 경우의 서면 예 자술서, 진술서, 감정서, 진단서 　㉡ 진술녹취서 : 사실을 직접 경험한 자의 원진술을 청취한 제3자가 그 원진술 내용을 서면에 기재하고 법원에 제출하는 경우 예 수사기관 작성 피의자신문조서·참고인진술조서
전문법칙	의 의	① 개념 : 전문증거는 증거가 아니라는 점에서, 전문증거의 증거능력을 부정하는 증거법칙 → 전문법칙에 의하여, 증거능력이 부정되는 전문증거는 사실인정의 자료로 사용할 수 없을 뿐만 아니라 증거조사 자체도 허용 × ② 현행법 : "§311 내지 §316에 규정한 것 이외에는 공판준비 또는 공판기일에서의 진술(원본증거)에 대신하여 진술을 기재한 서류나 공판준비 또는 공판기일 외에서의 타인의 진술을 내용으로 하는 진술은 이를 증거로 할 수 없다(§310의2)"
	근 거	반대신문권의 결여 + 신용성의 결여 = 전문증거의 증거능력 부정
	적용범위	전문법칙의 적용을 받는 전문증거 = ① 진술의 의미내용이 증거가 되는 증거(진술증거)로서, ② 원진술의 내용인 사실이 요증사실이 되는(요증사실관련성), ③ 공판준비 또는 공판기일 외에서의 타인의 진술을 내용으로 하는 서류 또는 진술에 한함

	적용범위	진술 증거	① 진술증거 : 전문법칙은 **진술증거에 대해서만 적용** ○ [행시 02, 경 04/2차](∵ 반대신문은 진술에 대해서만 可) ② 비진술증거 : 전문법칙 적용 × 예 흉기, 지문, 위조문서 ③ 언어적 행동 : 원진술자의 **행동의 의미를 설명**하기 위하여 원진술자의 말을 옮기는 경우 → **전문증거 ×, 전문법칙 적용 ×** 예 甲이 乙을 껴안은 것이 폭행인지 아니면 우정의 표현인지를 설명하기 위하여 그 당시에 甲이 한 말을 증언하는 경우 [경간 13] : "가만 안 두겠어"라고 말을 하면서 껴안은 행위를 증언할 때, 위 말은 폭행이라는 행동의 의미를 설명하기 위한 간접증거인 비진술증거에 불과
	적용범위	요증 사실과의 관련성	① 요증사실과의 관계 　㉠ **원진술의 내용의 사실 여부가 요증사실**인 경우 : **전문증거** ○ 　㉡ **원진술의 존재 자체가 요증사실**인 경우 : **전문증거** ×(2008도5347; 2008도8007) [국7 13] ② 정황증거 : 전문진술이 원진술자의 **심리적·정신적 상황을 증명하기 위한 정황증거**로 사용되는 경우 → (진술내용의 진실성이 요증사실이 아니므로) **전문법칙 적용** × [국9 12] 예 살인 피의자 乙이 범행 직후 "나는 신이다", "나는 악을 징벌하는 슈퍼맨이다 [경간 13]"라고 말하는 것을 들은 甲이 그 사실을 증언하는 경우 : 피고인의 심신장애를 증명하는 정황증거일 뿐 전문증거 × [정리] 어떠한 진술을 하였다는 것 자체가 요증사실인 경우 또는 그 진술의 진실성과 관계없는 간접사실에 대한 정황증거로 사용 → 전문증거 아님 (99도1252) [법원 14/16, 국7 15, 국9 16, 경간 14, 경 14/1차, 경 22/2차, 경 24/2차]
	배제절차	전문법칙 적용 × 절차 : **간이공판절차, 약식절차** [행시 02, 국9 08], **즉결심판절차**

	의 의	증거능력 없는 전문증거가 예외적으로 증거능력이 인정되는 경우
	필요성	실체적 진실의 발견, 소송경제의 도모
전문 법칙의 예외이론	기 준	① **신용성의 정황적 보장** : 공판정 외에서의 원진술의 진실성이 여러 정황에 의하여 고도의 보장되어 있는 경우 → 진술내용의 진실성을 의미하는 것이 아니라, 그 진술의 진실성을 보장할 만한 구체적이고 외부적인 정황이 있음을 말하는 것(通·判, 2000도159) 예 "부지불각 중에 한 말", "사람이 죽음에 임해서 하는 말", "어떠한 자극에 의해서 반사적으로 한 말", "경험상 앞뒤가 맞고 이론정연한 말" 또는 "범행에 접착하여 범증은폐를 할 시간적 여유가 없을 때 한 말", "범행 직후 자기의 소행에 충격을 받고 깊이 뉘우치는 상태에서 한 말"(82도3248) ② **필요성** : 원진술과 같은 가치의 증거를 얻는 것이 불가능하거나 현저히 곤란하기 때문에 전문증거라도 사용하여 실체진실을 규명할 필요성이 있는 경우 예 원진술자의 사망·질병·외국거주·소재불명 등
	현행법상 예외	① 전문서류 : §311부터 §315까지 ② 전문진술 : §316

퍼써 정리 l 전문법칙의 예외 조문 총정리

법조문		제목(주제)	예외요건	적용대상 및 관련 내용	
§311		법원·법관 면전조서	절대적 증거능력 ○	공판준비 / 공판기일 / 검증조서 / 증거보전 / 증인신문	
§312	①	검사 작성 피의자신문조서	적법성/내용인정	당해 피고인 공범자 ○	• 검사임석 × → 증거능력 × • 간인 × → 증거능력 ×
	③	사경 작성 피의자신문조서	적/내		외국수사기관 ○
	④	검사 / 사경 작성 진술조서	적/실/반대신문권/특	공범자 피신조서 × 공범아닌자 피신조서 ○	• 화상서명 불능 → × • 검사작성 – 공피 성립 인정 → ○
	⑤	수사과정 작성 사인진술서	검사수사과정 → §312① / 사경수사과정 → §312③ / 수사과정 참고인 진술서 → §312④		• 일기, 메모도 포함 • 디스켓 내용 포함
	⑥	수사기관 작성 검증조서	적/성립진정	(영장주의)실황조사서	범죄장소검증 (지체 없이 영장)

§313	①·②	피고인진술서	자필서명날인 / 성립진정	정보저장매체(디지털증거) 포함 진술−성립진정 부인 시 → 객관적 증명 ○		
		피고인 아닌 자 진술서	자/성/반대신문기회 보장	성립진정 부인 시 → 객관적 증명 ○ 반대신문보장		
		피고인 진술기재서류	자/성/특신상태	• 피고인진술에 불구하고−완화요건(성립진정부인) • 성립진정 : 작성자(피고인 ×) 진술에 의함 / 객관 ×		
		피고인 아닌 자 진술기재서류	자/성	성립진정 : 진술자 진술에 의함 / 객관 ×		
	③	감정서	자/성/반	감정인의 감정보고서 / 감정수탁자의 감정서 피고인 아닌 자 진술서에 준함		
§314		§312·§313 증거 중 반대신문 결여된 증거	필요성−사 / 질 / 외 / 소 / 그 특신상태	• 공범자 피신 × • 공범아닌자 피신 ○ • 외국수사기관 문서 ○	○ 치매보복 재현 ×	× 출산 증언거부 진술거부
§315		당연 증거능력 있는 서류	1. 공권적 증명문서	공정증서등본 / 외국공무원 / 가족관계기록사항증명서		
			2. 업무상 통상문서	성매매업소메모리카드 / 항해일지 / 금전출납부(댓글파일 ×)		
			3. 기타특신문서	타사건공판조서 / 구속전피의자심문조서 / 구속적부심문조서		
§316	①	피고인진술내용 피고인 아닌 자 전문진술	특신상태	피고인 − 당해 피고인만 (∴ 공범자 & 공동피고인 ×) 조사자증언 포함		
	②	피고인 아닌 자 진술내용 피고인 아닌 자 전문진술	필요성 − 사/질/외/소/그 특신상태	피고인 아닌 자 − 공범자 & 공동피고인 ○ 조사자증언 포함 ※ 재전문서류 ○ / 재전문진술 ×(단, 동의 − ○)		

[관련 문제]
사진 / 녹음테이프 / 영상녹화물 / 정보저장매체 : 존재 / 상태 − 원본동일성(최량증거법칙) + 내용진실성 − 전문법칙

🔗 **한줄판례 Summary**

① 타인의 진술을 내용으로 하는 진술의 경우 : <u>원진술의 내용인 사실이 요증사실</u>인 경우에는 전문증거(2013도 12155) [경 20/1차, 경승 20, 경간 14]

② 제3자의 진술이 <u>간접사실에 대한 정황증거</u>로 사용될 때에는 반드시 전문증거가 되는 것은 아님(2014도10199) [경간 17, 국9 16, 법원 16, 국7 15]

Ⅰ 법원 또는 법관의 면전조서(§311)

의 의		① 법원 or 법관(수명법관 or 수탁판사 등)이 진술을 청취하고 그 결과가 조서로 작성된 것 → 성립의 진정과 신용성의 정황적 보장이 고도로 인정 → 증거능력 인정 ○ ② 조서 : **당해 사건**에 대한 조서만 ○ → 다른 사건에 대한 조서는 §315 3.의 특신문서로서 증거능력 인정 ○(多·判, 65도372)
종 류	**공판준비에서 피고인의 진술을 기재한 조서**	공판준비절차에서 피고인신문이 행해진 결과 작성된 조서(§273①)
	공판기일에 피고인의 진술을 기재한 조서	공판조서가 증거로 되는 경우 예 공판절차갱신 전의 공판조서, 파기 환송 또는 이송 전의 공판조서
	공판준비에서 피고인 아닌 자의 진술을 기재한 조서	공판준비절차에서 증인·감정인·통역인·번역인 등을 신문한 결과 작성된 조서
	공판기일에 피고인 아닌 자의 진술을 기재한 조서	피고인을 제외한 제3자(증인, 감정인, 공범자, 공동피고인)의 진술이 기재된 공판조서 예 공판절차갱신 전의 공판조서, 파기환송 또는 이송 전의 공판조서 등
	검증조서	검증은 공평한 제3자인 법원·법관이 직접 행하는 증거조사로 **법원· 법관 작성의 검증조서**는 당연히 증거능력 ○ → 당해 사건의 검증조서 로 제한
	§184 및 §221의2의 규정에 의하여 작성한 조서	**증거보전절차(§184)에 의하여 작성된 조서** 및 **제1회 공판기일 전에 검사 의 신청에 의하여 행한 증인신문절차(§221의2)에 의하여 작성된 조서** : 당연히 증거능력 ○ ① 피고인이 수사단계에서 다른 공동피고인에 대한 증거보전을 위하여 증인으로서 증언한 증인 신문조서는 그 다른 공동피고인에 대하여 증거능력 ○(66도276) ② 증거보전절차에서 작성한 증인신문조서에 **피의자의 진술이 기재**되어 있는 경우 §311에 의한 **증거능력 인정 ×**(84도508) [법원 12]

Ⅱ 피의자신문조서

1. 의의 및 증거능력 인정의 전제조건

의 의	① 검사 or 사법경찰관이 피의자를 신문하여 그 진술을 기재한 조서 ② **피의자의 진술 녹취·기재 서류·문서가 수사기관에서의 조사과정에서 작성된 것**이라면 **진술조서·진술서·자술서라는 형식을 취하여도 모두 피의자신문조서** ○(92도442; 2014 도1779) [국7 08, 국9 20, 법원 11/20, 경 16/1차, 경 20/1차, 경 20/2차]

의 의	③ 공범으로서 별도로 공소제기된 다른 사건의 피고인에 대한 수사과정에서 **담당 검사가 피의자와 그 사건에 관하여 대화하는 내용과 장면을 녹화한 비디오테이프의 녹화내용** : 피의자신문조서와 실질적으로 同 → **피의자신문조서**에 준하여 증거능력 검토 要(92도682) [법원 12, 국7 07/08, 경 05/06]
증거능력 인정의 전제조건	**진술의 임의성**	진술의 내용이 자백인 경우에는 §309(자백배제법칙)에 의하여, 자백 이외의 진술인 경우에는 §317(진술의 임의성)에 의하여 임의성 인정 要 [국7 08]
	진술획득 절차의 적법성	적법절차원칙을 지켜 수집한 증거여야 함(§308의2) ∴ 피의자신문절차에 중대한 위법이 있는 경우 위법수집증거배제법칙에 의하여 증거능력 부정

🔗 **한줄판례 Summary**

피고인이 피의자신문조서에 기재된 **진술의 임의성**을 다투면서 그것이 허위자백이라고 다투는 경우, **자유로운 심증**으로 위 진술이 임의로 된 것인지 여부 판단(2010도3029) [경승 20, 국7 16, 국9 11/14/15]

---

2. 검사 작성의 피의자신문조서(§312①)

의 의	검사가 작성한 피의자신문조서는 적법한 절차와 방식에 따라 작성된 것으로서 공판준비, 공판기일에 그 피의자였던 피고인 또는 변호인이 그 내용을 인정할 때에 한정하여 증거로 可(§312①, **2020.2.4. 개정, 2022.1.1. 시행**)
20년 개정취지	① 공판중심주의 강화 ② 검·경 수사권 조정
적용범위	검사가 작성한 피의자신문조서로서 ① **당해 피고인**에 대한 피의자신문조서, **당해 피고인에 대한 다른 사건**의 피의자신문조서 : §312① ② 당해 피고인의 **공범자**에 대한 피의자신문조서 : §312①(2023도3741) ③ **공범자 아닌 제3자**에 대한 피의자신문조서 : §312④
증거능력 인정요건 (§312①) : 적/내	검사가 작성한 피의자신문조서는 ① **적법성** : 적법한 절차와 방식에 따라 작성된 것으로서 ② **내용의 인정** : 공판준비, 공판기일에 그 피의자였던 피고인 또는 변호인이 그 내용을 인정할 때에 한정하여 → 증거 可
	적법한 절차와 방식	① 의의 : 검사가 작성한 피의자신문조서는 적법한 절차와 방식에 따라 작성된 것이어야 함 → 피의자신문사항(§242), 검사에 의한 피의자신문과 참여자(§243), 변호인의 피의자신문참여권의 보장(§243의2), 피의자신문조서의 작성방법(§244), 진술거부권의 고지(§244의3), 수사과정의 기록(§244의4), 장애인 등 특별히 보호를 요하는 자에 대한 특칙(§244의5) 등 형사소송법이 정한 제반 절차를 준수하고 조서의 작성방식에도 어긋남이 없어야 함(2011도7757)

증거능력 인정요건 (§312①) : 적/내	적법한 절차와 방식	② 신문의 주체 : 검사 　㉠ **범죄 인지절차가 이루어지기 전**이더라도 **검사가 범죄의 혐의가 있다고 보아 수사를 하면서 그 수사과정에서 작성**된 피의자신문조서 : **검사 작성** ○(2000도2968) 　㉡ **검찰주사가 검사가 참석하지 않은 상태에서** 피의자였던 피고인을 신문하여 작성하여 **검사는 검찰주사의 조사 직후 피고인에 개괄적으로 질문한 사실이 있을 뿐인 조서** : **검사 작성** ×(90도1483) 　㉢ **검찰에 송치되기 전에 구속피의자로부터 받은 검사 작성 피의자신문조서** : 특별한 사정이 보이지 않는 한 **검사 작성** ×(94도1228) ③ 기명날인 또는 서명 　㉠ 피의자의 간인 후 기명날인 또는 서명(§244③) 　　ⓐ 피고인의 **기명날인 및 간인이 없거나**, 피고인의 **기명만이 있고 그 날인이나 무인이 없거나, 간인이 없는** 검사 작성의 피고인에 대한 피의자신문조서 : 증거능력 ×(81도1370; 99도237) 　　ⓑ **날인이나 간인을 거절하여 그 뜻을 조서에 기재하여 둔 경우** : 증거능력 × = 피고인이 법정에서 그 임의성을 인정한 경우도 同(99도237) [해간 12, 경승 11] 　㉡ **검사의 기명날인 또는 서명이 없는** 피의자신문조서 : 공무원 작성 서류 요건(§57①) 갖추지 못한 것 → 무효, 증거능력 ×(2001도4091) 　　[국7 10, 해간 12] ④ 신문절차와 작성절차의 적법성 要 : **변호인의 피의자신문참여권을 침해**하고 작성된 피의자신문조서 → 증거능력 ×(2010도3359) ⑤ 열람·독문절차 위반 조서 : 수사기관이 피의자신문조서를 작성함에 있어서는 그것을 **열람하게 하거나 읽어 주어야 하는 것**(§244)이나 그 절차가 비록 **행해지지 않았다** → 증거능력 ○(87도2716)
	내용의 인정	① **공판준비, 공판기일에 그 피의자였던 피고인 또는 변호인이 그 내용을 인정하여야 함** ② 조서의 기재내용이 피의자의 진술내용과 일치하는 것을 의미하는 것이 아니라, 그 **조서의 기재내용이 객관적 진실(실제 사실)과 부합**함을 인정해야 함 ③ 검사 이외의 수사기관 작성 피의자신문조서의 증거능력 인정요건(§312③)과 동일해짐
	2020.2.4. 개정	① 적/실/특(구법의 요건) → **적/내**(개정법의 요건, 2022.1.1. 시행) ② 영상녹화물 기타 객관적 방법에 의한 **대체증명 규정(§312②)의 삭제** (2021.1.1. 시행)

3. 사법경찰관 작성의 피의자신문조서(§312③)

의 의	검사 이외의 수사기관 작성의 피의자신문조서(§312③)	
적용범위	① 사법경찰관 이외에 사법경찰관사무취급의 자격을 가진 **사법경찰리 포함**(81도1357; 82도1080) ② **외국의 권한 있는 수사기관** : 검사 이외의 수사기관에 **포함**(2003도6548)	
취 지	수사기관의 피의자신문은 신용성의 정황적 보장이 박약하고, 그 신문에 있어 행해질지 모르는 기본적 인권침해를 방지하려는 입법정책적 고려(82도1479 전합) → 고문 등 위법수사의 예방·억제장치로서의 독자적인 의미	
증거능력 인정요건 : 적/내	검사 이외의 수사기관이 작성한 피의자신문조서는 ① **적법성** : 적법한 절차와 방식에 따라 작성된 것으로서 ② **내용의 인정** : 공판준비 또는 공판기일에 그 피의자였던 피고인 또는 변호인이 그 내용을 인정할 때에 한하여 → 증거 可 [법원 08, 국7 08, 국9 09, 경간 14, 해간 12, 경승 10/14]	
	적법한 절차와 방식	① 사법경찰관이 작성한 피의자신문조서도 검사 작성 피의자신문조서와 마찬가지로 적법한 절차와 방식에 따라 작성된 것이어야 함 [경간 14] ② **진술거부권 행사 여부에 대한 피의자의 답변이 자필로 기재되어 있지 아니하거나 그 답변 부분에 피의자의 기명날인 또는 서명이 되어 있지 아니한** (§244의3② 위반) 사법경찰관 작성 피의자신문조서 : **증거능력 ×**(2010도3359) [국9 17]
	내용의 인정	① 의의 : 공판준비 또는 공판기일에 그 피의자였던 피고인 또는 변호인이 그 내용을 인정하여야 함 ② 조서의 기재내용이 피의자의 진술내용과 일치하는 것을 의미하는 것이 아니라 [법원사무관 07], 그 **조서의 기재내용이 객관적 진실(실제 사실)과 부합**함을 말함 [사무관 07, 국9 13, 경간 12, 경승 10/11, 경 15/3차, 경 16/1차] ③ 방법 : **피의자였던 피고인 또는 변호인의 진술**에 의하여야 함 ㉠ 피고인이 공판정에서 **내용을 부인**하는 경우 : **다른 증거에 의하여도 증거능력 ×** ㉡ 피고인을 조사하였던 **경찰관이 법정에 나와 조서의 실질적 진정성립을 증언**한 경우 : 피의자신문조서 **증거능력 부정은 마찬가지**(97도2211) [법원 10] [보충] But 이 경우 피고인 원진술의 **특신상태가 증명**되면 조사자증언(전문진술)의 **증거능력은 인정**(§316①) [국9 13, 경승 10/11, 경 14/2차]
적용범위	공동 피고인에 대한 피의자 신문조서	① §312③은 검사 이외의 수사기관이 작성한 **당해 피고인**에 대한 피의자신문조서를 유죄의 증거로 하는 경우뿐만 아니라, 검사 이외의 수사기관이 작성한 **당해 피고인과 공범관계에 있는 다른 피고인이나 피의자**에 대한 피의자신문조서를 당해 피고인에 대한 유죄의 증거로 채택할 경우에도 적용(79도287; 84도505; 86도1783; 96도667) ② **당해 피고인**이 공동피고인에 대한 피의자신문조서의 **내용을 부인**한 경우 : **증거능력 ×** [국7 17, 경간 13, 경승 12, 경 16/1차]

적용범위	공동 피고인에 대한 피의자 신문조서	③ **공동피고인**이 법정에서 경찰수사 도중 **피의자신문조서에 기재된 것과 같은 내용으로 진술하였다는 취지로 증언**한 경우(당해 피고인은 조서의 내용 부인) : (원진술자인 공동피고인이 그 자신에 대한 경찰 작성의 피의자신문조서의 진정성립을 인정하는 취지에 불과함) 위 증언은 위 조서와 분리하여 독자적인 증거가치 인정 × → **해당 증언 역시 유죄 인정의 증거로 사용 不可**(2009도1889) [경간 13, 경승 12/14, 국9 17]
	다른 사건의 피의자 신문조서	§312③은 당해 사건에서 피의자였던 피고인에 대한 피의자신문조서뿐만 아니라 전혀 **별개의 사건에서 피의자였던 피고인에 대한 피의자신문조서에도 적용**(94도2287)
관련 문제	증거동의	① 피의자신문조서도 **증거동의 대상** ○ [경간 13] ② 피고인이 증거로 함에 동의한 때에는 진정성립·내용인정 등을 조사할 要 ×
	탄핵증거	피고인이 내용을 부인하는 피의자신문조서도 **탄핵증거로 사용 可**(判, 2005도2617, 단, 탄핵증거로서의 증거조사는 要) [법원 10, 국7 09, 국9 08, 경 10/1차, 경 11/1차, 경 13/2차]

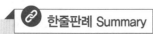

한줄판례 Summary

압수조서의 압수경위란 및 수사기관에 제출된 변호인의견서에 피의사실 자백 기재부분 → 피고인이 공판과정에서 일관되게 공소사실 부인, 피의자신문조서 내용 부인 시 모두 증거 ×(2020도16796)

Ⅲ 진술조서(§312④)

1. 의의와 증거능력

의 의	① 검사 또는 사법경찰관이 **피고인 아닌 자(참고인, 피해자 등)의 진술**을 기재한 조서(참고인진술조서) ② 피고인 아닌 자는 **당해 사건의 피고인 자신 이외의 모든 자** ∴ (검사 / 사경 작성) **공범 아닌 공동피고인에 대한 피의자신문조서도 §312④ 적용** ③ **피의자신문조서에 기재된 피고인 아닌 자의 진술** 부분 : **피의자신문의 동석자**(신뢰관계인)가 피의자를 대신하여 한 진술이 피의자신문조서에 기재되어 있는 경우 → 진술조서 ○ ∴ 당해 동석자에 대한 반대신문의 기회가 보장되는 진술조서의 증거능력 요건을 갖추어야만 증거 ○(2009도1322)
07년 개정취지	① 진술조서의 작성주체 : 검사와 사법경찰관을 구별하지 않음 ∴ 참고인진술조서의 경우 검사 작성 조서와 사법경찰관 작성 조서 사이에 그 증거능력 인정 요건에는 차이 無 [경 11/2차] ② 반대신문의 기회보장 : 검사 작성 공동피고인에 대한 피의자신문조서도 §312④에 따라 피고인의 반대신문권 보장 ∴ 공동피고인이 실질적 성립진정을 인정한 것만으로는 그 조서의 증거능력 인정 × → 당해 피고인 또는 변호인에게 반대신문권이 부여되어야만 함 [국9 13]

		검사 또는 사법경찰관이 피고인이 아닌 자의 진술을 기재한 조서는
증거능력 인정요건 : 적/실/ 반/특		① **적**법성 : 적법한 절차와 방식에 따라 작성된 것으로서, ② **실**질적 진정성립 : 진술한 내용과 동일하게 기재되어 있음이 공판준비 또는 공판기일에서의 원진술자의 진술이나 영상녹화물이나 그 밖의 객관적인 방법에 의하여 증명되고, ③ **반**대신문의 기회보장 : 피고인 또는 변호인이 공판준비 또는 공판기일에 그 기재내용에 관하여 원진술자를 신문할 수 있었으며, ④ **특**신상태 : 그 조서에 기재된 진술이 특히 신빙할 수 있는 상태 하에서 행하여졌음이 증명된 때에 한하여 → 증거 可
	적법한 절차와 방식	적법한 절차와 방식에 따라 작성된 것이어야 함 ① 외국에 거주하는 참고인과의 <u>전화대화 내용을 문답형식으로 기재</u>한 검찰주사보 작성의 수사보고서 : 원진술자의 기명날인 또는 서명이 없는 이상 증거능력 ×(98도2742) [경간 12, 경승 11] ② 사법경찰리 작성의 피해자에 대한 진술조서가 <u>피해자의 화상으로 인한 서명불능이라는 이유로 입회인에 의해 서명날인</u>된 경우 : 증거능력 ×(96도2865) [국9 16, 경 10/2차] ③ 진술조서에 <u>진술자의 실명 등 인적 사항이 기재되지 않은 경우</u> : 그 이유만으로 그 조서가 적법한 절차와 방식에 따라 작성되지 않은 것이라 볼 수 없음(2011도7757 : 수사기관이 진술자의 성명을 가명으로 기재하였으나 상당한 이유 有)
	실질적 진정성립	① 의의 : <u>당해 조서의 기재내용과 원진술자의 진술내용이 일치함</u> → 적극적으로 진술한 내용이 그 진술대로 기재되어 있어야 한다는 것뿐만 아니라 진술하지 아니한 내용이 진술한 것처럼 기재되어 있지 아니할 것 포함 (2011도8325) ② 실질적 진정성립의 인정 : 공판준비 또는 공판기일에서의 **원진술자의 진술**이나 (원진술자가 부인하는 경우에는) **영상녹화물 또는 그 밖의 객관적인 방법**에 의하여 증명되어야 함 [국7 09, 국9 08/09/10, 경간 13, 경승 15, 경 12/3차, 경 14/2차] 　㉠ 실질적 진정성립이 인정되지 않는 경우 : 진술이 특히 신빙할 수 있는 상태하에서 행하여졌다고 하더라도 증거능력 ×(2006도7342) [경간 14, 경승 12] 　㉡ 원진술자가 <u>형식적 진정성립을 인정하는 경우 실질적 진정성립의 추정</u> 여부 : **추정되지 않음** ∴ 원진술자의 진술(or 영상녹화물 기타 객관적 방법)에 의하여 인정되어야 함(2002도537 전합) [법원 10, 경간 15, 경 05/1차] 　㉢ 원진술자의 **명시적 진술**일 것 　　ⓐ 실질적 진정성립에 대하여 <u>이의하지 않았다거나 조서 작성절차와 방식의 적법성을 인정</u>할 뿐인 경우 : 실질적 진정성립 인정 不可

증거능력 인정요건 : 적/실/ 반/특	실질적 진정성립	ⓑ '입증취지 부인'이라고 진술할 뿐인 경우 : 조서의 진정성립을 인정하는 전제에서 그 증명력만을 다투는 것으로 단정해서는 안 됨(2011도8325) ⓒ "검찰·경찰에서 진술한 내용은 그대로 틀림없다" : 실질적 진정성립 인정 ×(76도3962 전합)" ⓓ "수사기관에서 사실대로 진술하고 진술한 대로 기재되어 있는지 확인하고 서명날인하였다" : 실질적 진정성립 인정 ×(96도1301; 2010도2722; 2012도13665) ⓔ 당해 공판절차에서 인정할 것 : 제3자에 대한 검사 작성의 피의자신문조서의 원진술자(제3자)가 자신에 대한 공판절차나 다른 공범에 대한 형사공판의 증인신문절차에서 진정성립을 인정한 경우 → 증거능력 부여 × → 제3자가 현재의 사건에 증인으로 출석하여 진정성립을 인정해야 함(99도3063) [국7 15] ⓜ 영상녹화물 또는 그 밖의 객관적인 방법에 의한 대체증명의 허용 : 07년 개정법에 의해 허용됨 ∴ 원진술자가 실질적 진정성립을 부인하는 경우 → 진술한 내용과 동일하게 기재되어 있음이 영상녹화물 기타 객관적 방법에 의하여 증명될 수 있도록 함 [국7 09, 국9 08, 경간 14, 해간 12, 경 12/1차] → 객관적·기계적 방법에 한정됨(多·判) ∴ 조사관·통역인 등의 인적 방법은 不可
	반대신문의 기회보장	① 의의 : 진술조서는 피고인 또는 변호인이 공판준비 또는 공판기일에 그 기재내용에 관하여 원진술자를 신문할 수 있어야 함(07년 개정) ② 원진술자의 공판정 출석 要 　㉠ 반대신문이 행해지려면 원진술자가 공판정에 출석 → 원진술자가 법정에 출석하지 않아 피고인·변호인의 반대신문의 기회가 보장되지 못한 경우 ∴ 진술조서는 증거능력 인정 × 　㉡ 필요성의 예외 : 원진술자가 사망·질병·외국거주·소재불명 그 밖에 이에 준하는 사유로 진술을 할 수 없음과 특신상태를 검사가 증명한 경우(§314)만 증거 ○ ③ 반대신문이 실제로 이루어질 필요는 없음 : 피고인 또는 변호인에게 반대신문의 기회가 보장되면 족함 [경간 14]
	특신상태	① 진술이 특히 신빙할 수 있는 상태 하에서 행하여졌음이 증명되어야 함 (07년 개정) ② 특신상태 : 영미법의 '신용성의 정황적 보장'과 같은 의미(多·判) → 조서 작성 당시 그 진술내용이나 조서 또는 서류의 작성에 허위개입의 여지가 없고, 그 진술내용의 신빙성이나 임의성을 담보할 구체적이고 외부적인 정황이 있는 경우(2007도3798 등) [국9 13, 경간 12, 해간 12, 경승 12/14, 경 15/2차] ③ 거증책임과 증명의 정도 　㉠ 거증책임 : 특신상태의 존재에 대한 거증책임은 검사에게 있음 → 특신상태 증명불능 시 당해 조서는 증거로 사용 不可

증거능력 인정요건 : 적/실/ 반/특	특신상태	ⓛ 증명의 정도 : 검사가 **자유로운 증명**으로 증명하면 족함(2000도 1743; 2012도2937) → **특신상태의 개연성이 있다는 정도로는 부족**하 고 **특신상태 부존재에 대한 합리적인 의심의 여지를 배제할 정도**에 이르러야 함(2013도12652; 2012도725) [법원 17] ⓒ 검찰관이 피고인을 뇌물수수 혐의로 기소한 후 형사사법 공조절차 를 거치지 아니한 채 **과테말라공화국에 현지출장하여 그곳 호텔에서** 뇌물공여자 甲을 상대로 참고인 진술조서를 작성한 경우 : 특신상 태 증명이 있다고 보기 어려워 진술조서는 증거 ×(2011도3809) [국7 18]

2. 영상녹화물의 용도와 조사신청

의 의		① 피의자신문에 있어서 피의자의 진술은 **미리 영상녹화사실을 알려주면** 영상녹화 可 (§244의2) ② 참고인조사에 있어서는 **참고인의 동의**를 받으면 영상녹화 可(§221①) ③ 영상녹화물은 **진술조서(§312④)의 실질적 진정성립을 증명**하는 용도로 사용 ○ ④ **검사 작성 피의자신문조서의 증명 용도 사용 ×**(2020.2.4. 개정에 의한 §312② 삭제)

영상
녹화물의
용도
	기억
	환기용
		① 의의 : 피고인 또는 피고인이 아닌 자의 진술을 내용으로 하는 영상녹화
		물은 → 공판준비 또는 공판기일에 피고인 또는 피고인이 아닌 자가 진
		술함에 있어서 → 기억이 명백하지 아니한 사항에 관하여 → **기억을 환
		기시켜야 할 필요**가 있다고 인정되는 때에 한하여 → 피고인 또는 피고
		인이 아닌 자에게 재생하여 시청하게 할 수 있음(§318의2②) [경승 13]
		② 신청
		  ㉠ 기억환기를 위한 영상녹화물의 재생은 **검사의 신청**이 있는 경우에 한함
		    (규칙 §134의5①)
		  ㉡ **피고인 신청권 ×** [법원 12], **법원의 직권 ×**
		③ 재생 · 시청 : **기억의 환기가 필요한 피고인 또는 피고인 아닌 자에게만**(검
		  사 ×) 이를 **재생**하여 **시청** [국7 09, 해간 12, 경 12/1차](규칙 §134의5①)

	본증 탄핵증거	① 수사기관의 영상녹화물은 범죄사실을 증명하는 **본증으로 사용 不可**(학설 대립 有) ② 피고인의 공판정 진술 내지 참고인의 법정증언에 대한 **탄핵증거로도 사용 不可**(§318의2①과 ②의 해석에 관한 통설, 학설 대립 有) [경간 13/14]

	성폭력
	피해자
	영상
	녹화물
		① 수사기관의 **영상녹화의무**
		  ㉠ 19세미만피해자등 → 피해자의 진술 내용과 조사 과정을 비디오녹화
		    기 등 **영상물 녹화장치로 녹화 · 보존 要**(성폭법 §30①)
		  ㉡ **피해자 또는 법정대리인이 이를 원하지 아니하는 의사를 표시한 경우
		    촬영 不可** [경간 14, 경승 15]

영상 녹화물의 용도	성폭력 피해자 영상 녹화물	② 증거능력 ㉠ 촬영한 영상물에 수록된 피해자의 진술은 → 공판준비기일 또는 공판기일에 **피해자**나 조사 과정에 **동석**하였던 **신뢰관계에 있는 사람** 또는 **진술조력인**의 진술에 의하여 그 **성립의 진정함이 인정**된 경우 → 증거 ○(동⑥, 19세 미만 피해자인 경우에는 위헌, 2018헌바524)[경간 14] ㉡ 위 규정으로 증거능력이 인정되는 것은 **영상물에 수록된 피해자의 진술 그 자체**임 ∴ 피해자에 대한 경찰 진술조서 or 조사과정 동석 신뢰관계자의 공판기일에서의 진술은 그 대상 ×(2009도12048)
조사신청		① **피고인이 아닌 피의자의 진술**을 영상녹화한 사건 ㉠ 피고인 아닌 피의자가 그 조서에 기재된 내용이 **자신이 진술한 내용과 동일하게 기재되어 있음을 인정하지 아니하는 경우** → 검사는 그 부분의 성립의 진정을 증명하기 위하여 **영상녹화물의 조사신청 可**(2020.12.28. 개정규칙 §134의2①) [참고] 종래 위 규칙의 조문에는 "**피고인이 된 피의자의 진술**을 영상녹화한 사건에서 피고인이 그 조서에 기재된 내용이 피고인이 진술한 내용과 동일하게 기재되어 있음을 인정하지 아니하는 경우"도 규정되어 있었으나, **2020.2.4. 개정**에 의하여 검사 작성 피고인이 된 피의자신문조서의 진정성립 증명을 위한 **영상녹화물 조사가 허용되지 않게 됨**에 따라(2021.1.1. 시행) 그 영상녹화물 증거조사 절차를 규정한 대법원규칙(형사소송규칙)도 개정 → 이에 동규칙 동조 ②의 "피고인이 된 피의자의 진술 영상녹화 조사신청 시에는 영상녹화를 마친 시각과 조사 장소 및 피고인 또는 변호인이 진술과 조서 기재내용의 동일성을 다투는 부분의 영상을 구체적으로 특정할 수 있는 시각을 기재한 '서면'을 검사가 제출하여야 한다"는 내용도 삭제됨 ㉡ 영상녹화물의 내용 요건 : 조사가 개시된 시점부터 조사가 종료되어 피의자가 조서에 기명날인 또는 서명을 마치는 시점까지 전과정이 영상녹화된 것으로 피의자의 신문이 영상녹화되고 있다는 취지의 고지(피의자신문 시 영상녹화를 위한 사전고지 요건), 영상녹화를 시작하고 마친 시각 및 장소의 고지, 진술거부권·변호인의 참여를 요청할 수 있다는 점 등의 고지, 조사를 종료하는 시각 등의 내용을 포함하는 것이어야 함(동③) ② **피의자 아닌 자의 진술**에 대한 영상녹화물의 조사 ㉠ 피의자가 아닌 자가 공판준비 또는 공판기일에서 조서가 자신이 검사 또는 사법경찰관 앞에서 **진술한 내용과 동일하게 기재되어 있음을 인정하지 아니하는 경우** → **검사**는 그 부분의 성립의 진정을 증명하기 위하여 **영상녹화물의 조사를 신청 可**(규칙 §134의3①) ㉡ 영상녹화 동의서 첨부의무 : 검사는 **피의자가 아닌 자가 영상녹화에 동의하였다는 취지로 기재하고 기명날인 또는 서명한 서면을 첨부**하여야 함(참고인 조사 시 영상녹화를 위한 사전동의 요건, 동②)

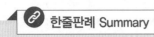 한줄판례 Summary

공동피고인(원진술자)이 법정에서 **진정성립을 인정**하고 그 임의성이 인정되는 경우 → 다른 공동피고인이 증거로 함에 동의하지 않아도 → 다른 공동피고인의 범죄사실에 대한 유죄의 증거 ○(95도2930) [법원 12, 국9 15, 경간 12]

Ⅳ 진술서

1. 의의 및 종류

의 의	피의자·피고인·참고인이 스스로 자기의 의사·사상·관념 및 사실관계를 기재한 서면 (⑩ 자술서, 진술서, 시말서) → 자필 不要(⑩ 타이프라이터 기타 부동문자로 작성 ○) [교정9 특채 11] → 당해 사건의 수사절차·공판절차에서 작성 不要 → 사건과 관계없이 작성된 일기나 메모 등 ○
종 류	① 수사과정에서 작성한 진술서(§312⑤) ② 그 밖의 과정에서 작성한 진술서(§313①②)

2. 수사과정에서 작성한 진술서(§312⑤)

의 의	① 피고인 또는 피고인이 아닌 자가 수사과정에서 작성한 진술서 : §312① ~ ④ 준용 (§312⑤) ② 수사기관이 진술조서를 작성하지 않고 피의자·참고인으로 하여금 직접 진술서를 작성·제출케 함으로써 §312의 엄격한 전문법칙 예외요건을 우회하여 §313의 완화된 요건을 적용받고자 한 시도를 타파·부정(82도1479 전합) [경 09/2차, 경 14/2차]	
증거능력 인정요건	검사의 수사과정에서 작성한 피고인(당해 피고인)이 된 피의자의 진술서(§312①)	① 적법한 절차와 방식 ② 내용의 인정 〈2020.2.4. 개정, 2022.1.1. 시행〉
	사법경찰관의 수사과정에서 작성한 피고인이 된 피의자의 진술서(§312③) [경 04/1차, 경 05/1차, 경 05/3차]	① 적법한 절차와 방식 ② 내용의 인정 [경 14/2차]
	검사·사법경찰관의 수사과정에서 작성한 피고인 아닌 자(참고인, 공동피고인 등 피고인이 되지 않은 피의자 포함)의 진술서(§312④)	① 적법한 절차와 방식 ② 실질적 진정성립 ③ 반대신문의 기회보장 ④ 특신상태

🔗 한줄판례 Summary

① 피고인 아닌 자가 수사과정에서 진술서를 작성 → 수사기관이 조사과정을 기록하지 아니하여 절차를 위반한 경우(법 §244의4③① 위반) → 진술서의 증거능력 ×(2013도3790) [국7 16, 경 16/1차]

② 압수조서 중 '압수경위'란에 기재된 피고인이 범행을 저지르는 현장을 직접 목격한 사람의 진술 → 법 §312⑤에서 정한 '피고인이 아닌 자가 수사과정에서 작성한 진술서'에 준하는 것 → 피고인이 증거로 함에 동의 → 유죄의 증거 ○ & 자백보강증거 ○(피고인의 휴대전화기 압수의 위법과는 무관한 별개의 증거, 2019도13290) [경 24/2차]

3. 그 밖의 과정에서 작성한 진술서(§313①②)

의 의	① §313①② : §311 · §312 이외에 피고인 또는 피고인 아닌 자가 작성한 진술서나 그 진술을 기재한 서류(이하 진술기재서류) 및 같은 내용을 담은 디지털증거에 관한 전문법칙의 예외요건을 규정한 것 ② §313①②의 진술서 : 수사 이전에 직접 작성하였거나 수사 과정에서 작성되지 아니한 (직접 작성한) 진술서를 피고인 또는 제3자가 법원에 직접 제출하거나, 공판심리 중에 직접 작성하여 법원에 제출한 진술서로 제한(§312⑤과의 구별) ③ §313①의 진술기재서류 : 변호인이나 수사기관 이외의 제3자가 피고인 또는 피고인 아닌 자의 진술을 기재한 서류		
16년 5월 개정	① **디지털증거의 포함** : 피고인 또는 피고인 아닌 자가 작성하였거나 진술한 내용이 포함된 문자 · 사진 · 영상 등의 정보로서 컴퓨터용디스크, 그 밖에 이와 비슷한 정보저장매체에 저장된 것(이하 디지털증거)이 포함됨(동③의 감정서도 같음)(§313①本, 동③) ② **진술서에 대한 진술 이외 객관적 방법에 의한 성립의 진정의 증명** : 진술서의 작성자가 그 성립의 진정을 부인하는 경우 → '과학적 분석결과에 기초한 디지털포렌식 자료, 감정 등 객관적 방법'(이하 '객관적 방법')으로 성립의 진정함이 증명되는 때에는 증거로 할 수 있도록 함(§313②本) ③ **피고인 아닌 자의 진술서에 대한 피고인 · 변호인의 반대신문권의 보장** : 피고인 또는 변호인이 공판준비 또는 공판기일에 그 기재내용에 관하여 참고인 등 당해 작성자를 신문할 수 있어야 한다는 요건이 추가(§313②但)		
증거능력 인정요건	진술서	피고인의 진술서 : **자 + 성** (진술 or 객관)	① **자필**이거나 **서명** 또는 **날인**이 있는 것 ② **성립의 진정의 증명** : 성립의 진정은 형식적 진정성립과 실질적 진정성립을 포함하는 개념 → 성립의 진정만 증명되면 되고 내용의 인정이나 특신상태 不要(§313①本) ㉠ 공판준비나 공판기일에서의 당해 **작성자(= 진술자)의 진술**에 의하여 증명 ㉡ 작성자가 성립의 진정을 부인하는 경우 → **객관적 방법에 의하여 성립의 진정 증명**(동②本)
		피고인 아닌 자의 진술서 : **자 + 성** (진술 or 객관) + **반**	① **자필 or 서명 or 날인** ② **성립의 진정의 증명** : 작성자(= 진술자)의 **진술 or 객관적 방법** ③ **반대신문권의 보장** : 피고인 또는 변호인이 공판준비 또는 공판기일에 그 기재내용에 관하여 작성자를 신문할 수 있었어야 함(동②但)

| 증거능력
인정요건 | 진술
기재서류 | 피고인의
진술기재서류
: **자** +
성(작성자) + **특** | ① **자필 or 서명 or 날인**
② **성립의 진정의 증명**(동①但, 이하 같음)
　㉠ **작성자의 진술**에 의하여 증명 要
　㉡ 원진술자(피고인)의 진술에 의한 증명 不要
　(㈠, 2012도7461 등)
　㉢ **객관적 방법에 의한 증명 不可** : §313②本은 진
　술서만 적용되고 진술기재서류에는 적용 ×(학
　설 대립 有)
③ **특신상태** : 진술조서의 특신상태와 같은 의미
④ '**피고인의 공판준비 또는 공판기일에서의 진술에 불
구하고**' : '**피고인의 실질적 진정성립을 부인하는 진
술에도 불구하고**'(완화요건설, ㈠, 반대견해로 가
중요건설 有) 작성자의 진정성립 인정 및 검사의
특신상태 증명이 있으면 증거능력 인정
⑤ **피고인의 진술서 특신상태** 요부 : (견해 대립) **판례
는 특신상태 검토**한 것도 있음(2000도1743)(예외
적 판례로 정리) |
| | | 피고인 아닌 자의
진술기재서류
: **자** +
성(진술자) | ① **자필 or 서명 or 날인**
② **성립의 진정의 증명**
　㉠ **진술자의 진술**에 의함(§313①本)
　㉡ **객관적 방법에 의한 증명 不可**(학설 대립 有) |

🔗 한줄판례 Summary

① **피해자가** 피고인으로부터 당한 공갈 등 피해 내용을 담아 **남동생에게 보낸 문자메시지를 촬영한 사진** :
피해자의 진술서 = 피고인 아닌 자의 진술서 : **자 + 성 (+ 반)**(2010도8735) [경 24/2차]

② **피고인의 자필로 작성된 진술서** : §313① 단서에 의하여 **특신상태 要**(2000도1743, 예외적 판례)

③ **피고인과의 대화 내용을 녹음한 녹음테이프** : 작성자의 진술에 의하여 **진술한 대로 녹음된 것임을 증명
+ 특히 신빙할 수 있는 상태** = 피고인의 진술을 기재한 서류 : 자 + 성 + 특(2012도7461)

④ **피고인의 동료 교사가 학생들과의 사적 대화** 중 피고인이 수업시간에 학생들에게 북한을 찬양·고무하는
발언을 하였다는 사실에 대한 **학생들의 대화 내용을 학생들 모르게 녹음한 녹음테이프** 및 그 검증조서 :
원진술자인 학생들의 진술에 의하여 성립의 진정이 증명되어야 함 = **피고인 아닌 자의 진술을 기재한 서류** :
자 + 성(96도2417)

⑤ **대검찰청 소속 진술분석관이 피해자와의 면담내용을 녹화한 영상녹화물** : 수사과정 외에서 작성된 것이
라고 볼 수 없으므로 법 제313조제1항 ×, 영상녹화물은 수사기관 작성 피의자신문조서나 피고인 아닌
자의 진술을 기재한 조서나 피고인 또는 피고인이 아닌 자가 작성한 진술서 모두 아니므로 **법 제312조에
의하여 증거능력 인정할 수도 없음**

Ⅴ　수사기관의 검증조서(§312⑥)

| 의 의 | 수사기관이 검증을 실시하고 그 결과를 기재한 서면
① 수사기관의 영장에 의한 검증(§215), 영장에 의하지 아니한 검증(§216, §217, 당사자 참여 ×),
　승낙에 의한 검증 등의 결과를 기재한 조서, 당해 사건 이외 다른 사건의 검증조서 : 포함 ○
② **수사보고서에 검증의 결과**에 해당하는 기재가 있는 경우 : 실황조사서에 해당하지 않고 단지
　수사의 경위 및 결과를 **내부적으로 보고하기 위하여 작성된 서류에 불과함** → 전문법칙 예외
　규정의 적용대상 × → 기재부분은 **증거 ×**(2000도2933) [경 06/2차] |

증거능력 인정요건 : 적/성		검사 또는 사법경찰관이 검증의 결과를 기재한 조서는 ① **적**법성 : 적법한 절차와 방식에 따라 작성된 것으로서, ② **성**립의 진정 : 공판준비 또는 공판기일에서의 작성자의 진술에 따라 그 성립의 진정함이 증명된 때에는 → 증거 可
	전제조건 영장주의	(승낙검증이 아닌) 검증은 강제처분 → 영장주의 → **영장주의에 위반**하여 이루어진 검증의 결과를 기재한 조서 → **위법수집증거배제법칙**(§308의2) → 증거 ×
	적법한 절차와 방식	① 적법한 절차와 방식에 따라 작성 要 ② 적법한 절차와 방식에 따르지 아니한 경우 : 수사기관의 검증 시 당사자의 참여권(§219, §145, §122, §121)이 보장되지 아니하였거나 신체검사 시 주의사항(§219, §141)을 준수하지 아니한 경우 → 증거 ×
	성립의 진정	① **작성자의 진술**에 의한 성립의 진정의 인정 [국9 10, 경 08/1차, 경 09/2차, 경 10/1차] ② 작성자 : 검증조서의 **작성자인 검사 또는 사법경찰관** → 검증에 참여한 자에 불과한 사법경찰리나 피고인은 성립의 진정 인정 ×(76도500) [경 02/3차, 경 12/3차] ③ **영상녹화물 등에 의해서는 증명 不可**
관련 문제	검증조서 기재 진술	① 의의 : 수사기관의 검증조서에 기재된 검증참여자의 진술의 증거능력 요건 ② **사법경찰관이 작성한 검증조서**에 기재된 **피고인의 진술기재 부분(진술내용 및 범행 재연 부분)** : 검증조서가 아닌 피의자신문조서 → 피고인이 **내용을 인정**할 때에만 증거 ○(98도159; 2003도6548) [국9 12, 교정9 특채 12, 경 07/1차] [정리] ① 검사 작성 검증조서에 기재된 피고인이 된 피의자의 진술 : §312① 　　　 ② 사법경찰관 작성의 검증조서에 기재된 피고인이 된 피의자의 진술 : §312③ 　　　 ③ 검사 또는 사법경찰관 작성 검증조서에 기재된 피의자 아닌 재(참고인·공동피고인)의 진술 : §312④
	실황조사서의 증거능력	① 실황조사서 : 임의수사의 한 방식으로 수사기관이 교통사고, 화재사고 등 범죄현장 기타 장소에 임하여 실제 상황을 조사하고 그 실황조사의 경위와 결과를 기재한 서류(검찰사건사무규칙 §51) ② 실황조사 : **범행 중 or 범행 직후 사고현장**에서 행해지는 **영장주의의 예외인 긴급검증**에 해당 → **지체 없이 사후검증영장을 발부받아야 함**(§216③) if not 위법수집증거(88도1399) [국9 09/22] ③ **실황조사서가 검사·사법경찰관의 의견 기재** 불과 : 증거능력 ×(83도948)

🔗 **한줄판례 Summary**

① **수사보고서에 검증의 결과에 해당하는 기재가 있는 경우** : 증거능력 ×(2000도2933)
② 피고인이 공판정에서 **사법경찰관이 작성한 실황조사서에 기재된 진술 내용 및 범행 재연의 상황을 모두 부인** : 증거능력 ×(사경작성 실황조사서에도 **§312③** 적용, 84도378; 89도1557) [경승 11, 경간 12, 경 10/2차]

VI 감정서(§313③)

의 의	감정의 경과와 결과를 기재한 서면(디지털증거 포함)
범 위	① 법원의 명령에 의한 감정인이 제출하는 감정서(§171) ○ ② 수사기관의 촉탁을 받은 감정수탁자가 작성한 감정서(§221의3) ○ ③ 사인이 의뢰하여 의사가 작성한 진단서 : 감정서 ×(∵ 법원의 명령이나 수사기관의 촉탁이 없었다는 점에서) → 피고인 아닌 자의 진술서에 준하여 §313①② 적용(4293형 상247)
증거능력의 인정요건 : 자/성/반	① 성립의 진정 : 작성자(감정인 또는 감정수탁자)의 **자필이거나 서명 또는 날인**이 있고, 그 작성자의 **공판진술 또는 객관적 방법에 의하여 그 성립의 진정함이 증명**되고 **피고인·변호인의 반대신문권이 보장**되어야 증거능력 有[행시 02, 경 10/2차] ② 감정인의 진술불능의 경우 : §314 적용 ∴ 특신상태 존재하면 증거능력 ○

VII 증거능력에 대한 예외(§314)

의 의		§312 또는 §313의 경우에 공판준비 또는 공판기일에 진술을 요하는 자가 사망·질병·외국거주·소재불명 그 밖에 이에 준하는 사유로 인하여 진술할 수 없고 그 진술 또는 작성이 특신상태 하에 행해졌음이 증명되면 그 조서 및 그 밖의 서류(디지털증거 포함)를 증거로 할 수 있음(§314)
성 격		① §312·§313 조서·서류가 원진술자의 진술불능으로 인하여 피고인이 반대신문권을 행사할 수 없는 경우에 대비한 보충적 규정(전문법칙의 예외의 예외, 전형적인 영미법상 전문법칙의 예외) ② **반대신문권의 결여된 전문증거**를 **필요성**에 근거하여 증거능력을 부여할 수 있는 **예외**규정
적용범위 : 반대신문권의 결여가 문제되는 증거	피고인이 된 피의자신문조서 피고인진술서	당해 피고인은 반대신문권의 주체 ○, 대상 × and 피고인의 출석 없이는 원칙적으로 공판이 개정되지 못함 ∴ §312①③의 피의자신문조서 및 §313①의 피고인 진술서·진술기재서류 → §314 적용 ×
	공범자 공동피고인 피의자신문조서	① **검사 작성 공범자 아닌 자에 대한 피의자신문조서** : §312④ 적용 → **§314 적용** ○(83도2945) ② **사법경찰관 작성 공범자 피의자신문조서** : §312③ 적용 → **당해 피고인 내용 부인 시 증거능력 부정** ∴ **§314 적용** ×(2003도7185 전합) [법원 13, 교정9 특채 11, 해간 12, 경승 10/14, 경 05/1차]
	참고인진술조서 참고인진술서	① 반대신문권의 결여로 증거능력 부정 → **전형적인 §314의 적용대상**에 해당 ○ ② **참고인 진술내용 포함 문자·사진·영상 등 정보로서 컴퓨터용디스크, 그 밖에 이와 비슷한 정보저장매체에 저장된 것 포함** ○(2016.5.29. 개정)

적용범위 : 반대신문권의 결여가 문제되는 증거	외국 수사기관 참고인진술조서	<u>외국 수사기관 작성 조서·서류</u> → **§314** 요건 갖추면 유죄 증거 ○(97도1351) [법원 13]
	진술자의 서명·날인이 없는 서류	외국에 거주하는 참고인과의 <u>전화 대화내용을 문답형식으로 기재</u>한 검찰주사보 작성 수사보고서 → <u>진술자 서명·날인 미기재</u> → 이미 <u>적법성 위반</u> ∴ **§314 적용 ×**(98도2742)

① **필요성** : 공판준비 또는 공판기일에 진술을 요하는 자가 **사**망·**질**병·**외**국거주·**소**재불명 그 밖에 이에 준하는 사유로 진술할 수 없는 때
② **특신상태** : 그 진술 또는 작성이 특히 신빙할 수 있는 상태 하에서 행하여졌음이 증명된 때에 한하여
→ 그 조서 및 그 밖의 서류(디지털증거 포함)를 증거로 可

증거능력 인정요건 : 필/특	필요성	① **사망·질병** : 질병은 공판이 계속되는 동안 **임상신문**이나 **출장신문**도 불가능할 정도의 중병 要(2004도3619) → 단지 **입원한 정도 ×**[경 03/2차] ② **외국거주** 　㉠ 영구적 不要, 일시적 포함 but **원진술자가 단지 외국에 있다는 사정만으로는 부족** → 가능하고 상당한 수단을 다하더라도 원진술자를 법정에 출석시킬 수 없는 사정 要(87도1446; 2004도5561; 2007도10004) [법원 12, 국7 10, 국9 15/17, 경승 13] 　㉡ **일본** 거주자를 증인 채택·환문 시도 → 외무부로부터 현재 일본 측에서 형사사건에 대하여는 **양국 형법체계상의 상이함**을 이유로 송달에 응하지 않고 있어 그 **송달이 불가능하다는 취지의 회신** → 증인 취소 : 외국거주 ○(87도1446) [법원 12, 경승 13] 　㉢ **미국** 내 주소지로 증인소환장 발송 → 원진술자가 법원에 경위서 제출, **장기간 귀국할 수 없음을 통보**한 경우 : 외국거주 ○ (2004도5561) [경 14/2차] 　㉣ 수사를 받던 중 **미국으로 불법도피**한 경우 : 증인소환장을 발송하는 등 조치를 취하지 않아도 원진술자 법정 신문을 기대하기 어려운 사정 인정 → 외국거주 ○(2001도5666) 　㉤ 원진술자가 **외국에 거주**하고 있어 공판정 출석을 거부하면서 **공판정에 출석할 수 없는 사정을 밝히고 있는 경우** : **증언 자체 거부의사 분명한 경우가 아닌 한** → 외국거주 ×(사법공조절차에 의한 증인소환 등 절차를 거쳐야 함, 2015도17115) ③ **소재불명 그 밖에 이에 준하는 사유** 　㉠ 의의 : **소환장이 송달불능**된 것으로는 부족하고 송달불능이 되어 **소재수사를 하였어도 소재를 확인할 수 없는 경우**여야 함(83도 931; 99도202; 2003도171)(**소환장 송달불능 + 소재수사에도 구인 불능**) [법원 12, 경승 13] 　㉡ **소재불명 그 밖에 이에 준하는 사유에 해당하는 경우** 　　ⓐ 원진술자가 **피고인의 보복이 두렵다**는 이유로 주소를 옮기고 **소환에도 응하지 않아 구인장을 발부하였으나 그 집행조차 되지 아니한 경우**(95도523) [국7 10] 　　ⓑ 일정한 주거를 가지고는 있으나 **법원의 소환에 계속 불응하고 구인하여도 구인장이 집행되지 아니하는 경우**(2000도1765) 　　　[법원 12, 경승 13]

증거능력 인정요건 : 필/특	필요성	

© 증인에 대한 **구인장의 강제력에 기하여** 증인의 법정 출석을 **위한 가능하고도 충분한 노력을 다하였음에도 끝내 구인의 집행이 되지 않는 경우**(2004도3619 등)

ⓓ 사망 또는 질병에 준하여 증인으로 소환될 당시부터 **기억력이나 분별력의 상실상태**인 경우

ⓔ **노인성 치매로 인한 기억력 장애**(91도2281) [국9 15, 경승 10]

ⓕ 진술자들이 모두 일정한 주거 없이 **전전유전하는 넝마주이** (68도488)

ⓖ **피해자(사건 당시 4세 6개월, 증언 당시 6세 11개월)**가 일정한 사항에 관하여 **기억이 나지 않는다는 취지로 진술하여 그 진술의 일부가 재현 불가능**하게 된 경우(99도3786) [국7 10, 경승 09/10/13]

ⓗ 원진술자가 **공판정에 진술을 한 경우라도** 증인신문 당시 일정한 사항에 관하여 **기억이 나지 않는다는 취지로 진술하여 그 진술의 일부가 재현 불가능**하게 된 경우(2005도9561) [국7 10]

ⓒ **소재불명 그 밖에 이에 준하는 사유에 해당하지 않는 경우**

  ⓐ **증인소환장을 송달받고 출석하지 않은 경우**

  ⓑ 주소불명으로 **소환장이 송달불능**된 경우

  ⓒ **형식적으로 구인장 집행이 불가능하다는 취지의 서면이 제출된 경우**

  ⓓ 소환장 송달불능 시 **소재탐지촉탁에 의해 소재확인을 하지 않은 경우**

  ⓔ **소재탐지촉탁을 하였으나 그 회보가 오지 않은 경우**(96도575)

  ⓕ **주소지가 아닌 곳으로 소환장**을 보내 송달불능이 되자 그곳에 소재탐지 끝에 소재불능회보를 받은 경우(79도1002) [경승 09/10]

  ⓖ 증인으로 소환받고 **출산을 앞두고 있다**는 사유로 출석하지 아니한 경우(99도915) [국9 15, 경간 15, 경승 09, 경 14/2차]

  ⓗ 만 5세 무렵에 당한 **성추행으로 인하여 외상 후 스트레스 증후군(PTSD)**을 앓고 있다는 등 이유로 공판정에 출석하지 아니한 약 10세 남짓의 성추행 피해자의 경우(2004도3619) [법원 12, 국7 10, 경승 09/10/13, 경 14/2차]

  ⓘ 법정에 출석한 증인이 **정당하게 증언거부권을 행사**하여 증언을 거부한 경우(2009도6788 전합) [법원 12/13/14/15/16/17, 국9 15/17, 경승 13, 경 12/2차] → **정당하게 증언거부권 행사한 것이 아니더라도** (피고인의 증언 거부사항 초래가 아닌 한) 역시 증거능력 ×(2018도13945 전합) [국7 23]

  ⓙ 증거서류의 진정성립을 묻는 검사의 질문에 대하여 피고인이 **진술거부권을 행사**하여 진술을 거부한 경우(2012도16001) [법원 16, 국7 15]

ⓔ 소재불명 기타 사유의 증명 : **검사 입증 要**(2006도7228) [법원 08, 국9 17]

| 증거능력
인정요건 :
필/특 | 특신상태 | ① 필요성이 인정되어도 <u>그 진술·작성이 특히 신빙할 수 있는 상태하에서</u>
행하여졌음이 증명된 때에 한하여 그 조서 및 그 밖의 서류를 증거로 미
② 특신상태의 의미는 <u>진술조서의 특신상태와 同</u> |

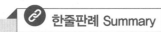 한줄판례 Summary

14~15년 전 성폭법위반(특수준강간)에 대하여 망인이 자살 직전 작성한 유서 → 특신상태 ×(2023도13406)

Ⅷ 당연히 증거능력 있는 서류(§315)

의 의		① 공무원 또는 외국공무원의 직무상 증명할 수 있는 사항에 관하여 작성한 문서 ② 업무상 필요로 작성한 통상문서 ③ 기타 특히 신용할 만한 정황에 의하여 작성된 문서는 당연히 증거능력 ○
범 위	**공권적 증명문서** (제1호)	① 의의 : 공무원·외국공무원이 공적인 증명을 목적으로 엄격한 증빙서류를 바 탕으로 하여 작성된 문서 → 고도의 신용성이 보장되고, 원본의 제출이나 작성공무원에 대한 신문이 어렵다는 필요성 때문에 증거능력 인정 ② 해당되는 문서 　㉠ **가족관계기록사항에 관한 증명서** [법원 08, 경승 14/15, 경 08/3차] 　㉡ **공정증서등본(등기부등본)** [법원 08] 　㉢ **공무원·외국공무원의 직무상 작성문서** [경 08/3차] 　㉣ **일본 하관(下關, 시모노세키) 세관서 통괄심리관 작성의 범칙물건감정서등본** 　　(83도3145) [국9 14, 경 12/1차, 경 15/3차] 　㉤ 기타 　　• **주민등록등본** [경간 13] 　　• 인감증명서·신원증명서 　　• 전과조회회보 　　• **국립과학수사연구원장 작성 감정의뢰회보서** [경 11/1차, 경 13/2차, 경 15/3차] 　　• **세관공무원이 작성한 감정서** [교정9 특채 12] 　　• **군의관(의사 ×)이 작성한 진단서** [경승 14, 경 09/2차] 　　• **보건사회부장관의 시가조사보고서** [경 08/3차] ③ 해당되지 않는 문서 　㉠ **검사의 공소장**(78도575)(형사재판을 청구하는 서류이지 그 자체가 실체 　　진실을 증명하지는 않음) [국7 00, 경승 15, 경 11/1차] 　㉡ **수사기관 작성 피의자신문조서·진술조서·검증조서** → §312 ○, §315 1. × 　㉢ **외국수사기관(FBI)**이 수사결과 얻은 정보를 회답하여 온 문서(79도1852) 　　[국9 09, 경 09/2차, 경 13/2차] 　㉣ **주중대사관 영사**가 작성한 사실확인서(공인을 제외한 부분)(2007도7257) 　　[법원 24] 　㉤ 기타 　　• 수사보고서 　　• **외국수사기관 작성 수사보고서** [경승 14] 　　• **육군과학수사연구소 실험분석관 작성 감정서**(76도2960) [경 08/3차, 경 11/1차, 　　　경 12/1차, 경 15/3차] 　　• 단순히 상급자 등에 대한 보고를 목적으로 작성된 문서(2007도7257)

	업무상 통상문서 (제2호)	① 의의 : 범죄사실의 인정 여부와는 관계없이 자기에게 맡겨진 **사무를 처리한 내역을 그때그때 계속적·기계적으로 기재한 문서** → 사무처리 내역을 증명하기 위해 규칙적·반복적으로 기재하여 기록자의 주관적 개입의 여지가 거의 없어 작성자를 소환해도 서면제출 이상의 의미 밖에 없으므로 증거능력 인정 ○ ② 해당되는 문서 　ⓐ **상업장부** [법원 08, 국9 16, 경 02/3차] 　ⓑ **항해일지** [국7 00, 국9 16, 경간 13] 　ⓒ 금전출납부·전표·통계표 　ⓓ **금전출납내역을 그때그때 기계적으로 작성한 비밀장부** [국7 15, 국9 09/14, 해간 12, 경승 10/13/14/15, 경 09/2차, 경 10/2차, 경 12/1차, 경 13/2차, 경 15/3차] ≠ 그 장부를 만들면서 외부에 보이기 위해 작성한 표면상의 장부는 포함 × 　ⓔ **의사의 진료부(진료일지)** [경 09/2차] 　ⓕ **성매매업소 작성 성매수자 정보 메모리카드**(2007도3219) ③ 해당되지 않는 문서 　ⓐ **사인인 의사가 작성한 진단서**(69도179) [국9 16, 경 03/2차, 경 07/1차, 경간 13] → §313①② ○, §315 2. × 　ⓑ **국정원 심리전단 사건의 425지논 파일과 시큐리티 파일**(2015도2625 전합) → §313① ×, §315 2. ×
범 위	**기타 특신문서** (제3호)	① 의의 : §315 1.·2.에 준할 정도로 고도의 신용성이 보장될 만한 정황에 의하여 작성된 문서 → 굳이 반대신문의 기회 부여 여부가 문제되지 않음 ② 해당되는 문서 　ⓐ 공공기록·역서·보고서 　ⓑ 정기간행물의 시장가격표, 스포츠기록 　ⓒ 공무소작성 각종 통계·연감 　ⓓ **다른 사건의 공판조서**(2004도4428) [국9 14, 경 08/3차] → §311(당해사건) ×, §315 3. ○ 　ⓔ **구속전피의자심문조서**(영장실질심사, 99도2317) 　ⓕ **구속적부심문조서**(2003도5693)(수임판사 ∴ §311의 공판준비기일·공판조서 ×) [국9 14, 법원 24, 교정9 특채 12, 경승 14/15, 경 09/1차, 경 11/1차, 경 12/1차, 경 13/2차] 　ⓖ **군법회의판결사본**(교도소장이 교도소 보관 중인 판결등본을 사본한 것)(81도2591) [법원 08, 경간 13, 경 11/1차] 　ⓗ **사법경찰관 작성의 새세대 16호에 대한 수사보고서** : 피고인이 검찰에서 소지 탐독사실을 인정하고 있는 새세대 16호라는 유인물의 내용을 분석하고 이를 **기계적으로 복사하여 그 말미에 그대로 첨부**한 문서(92도1211) [경 08/3차] ③ 해당되지 않는 문서 　ⓐ **주민들의 진정서** 사본(83도2613) [국9 09, 경 02/2차, 경 11/1차, 경 07/1차] 　ⓑ 감정서 [법원 08] → §313③ ○, §315 3. × 　ⓒ **피의자자술서** [경 07/2차] → §312⑤ or §313①② ○, §315 3. × 　ⓓ **체포·구속인접견부**(2011도5459) [국9 16, 국7 23, 법원 24, 경 24/2차] 　ⓔ **'425지논 파일'·'시큐리티 파일'**(2015도2625) 　ⓕ **수사기관의 의뢰에 따라 건강보험심사평가원에서 작성한 입원진료 적정성 여부 등 검토의뢰에 대한 회신**(2017도12671) [국9 20/19, 국7 20, 경 18/2차]

의 의	개 념	타인(乙, 원진술자)의 진술을 전해 들은 또 다른 타인(甲, 전문진술자)이 그 전문한 사실을 법원에 진술하는 것
	성 격	필요성과 신용성의 정황적 보장을 근거로 전문진술의 증거능력을 예외적으로 인정
피고인의 진술을 내용으로 하는 제3자의 진술 (§316①)	의 의	피고인이 아닌 자(조사자·조사참여자 포함)의 공판준비·공판기일 진술 → 피고인의 진술을 그 내용으로 하는 것 → 그 진술이 특히 신빙할 수 있는 상태하에서 행하여졌음이 증명된 때 → 증거 可(§316①) [경간 12, 해간 12, 경승 12/14]
	적용범위	① <u>원진술 : 피고인의 진술</u> 　㉠ 피고인의 지위에 행하여진 것 不要 　㉡ 피의자·참고인·기타 지위에서 행해진 것 포함 　㉢ <u>당해 피고인만</u> → ∴ 공동피고인·공범자 ×(동②의 피고인 아닌 자 ○) ② <u>전문진술</u> 　㉠ 피고인 아닌 자 　㉡ 사건 직후 피고인의 자백을 청취한 자 　㉢ 대질 등 수사과정에서 피고인의 진술을 들은 제3자 　㉣ 공소제기 전 피고인을 피의자로 조사하였거나 그 조사에 참여하였던 자 : 사법경찰관인 <u>조사자 법정증언</u> 증거능력 인정 [경 09/2차, 경 14/2차] 　　[정리] ① 조사자증언 → 원진술의 특신상태 ○ : §316①이 출제된 것으로 증거 ○ 　　　　　② 사법경찰관의 증언에 대해 피고인의 <u>내용 부인</u> : §312③이 출제된 것으로 증거 ×(97도2211) 　㉤ 조사한 검사 ○ : 공소제기 전 피고인을 피의자로 조사하였던 검사의 법정증언이 피고인의 진술을 그 내용으로 하는 것인 때 원진술의 특신상태 증명되면 증거 ○ [국9 13]
	증거능력 인정요건 (특)	〈특신상태〉 ① <u>피고인의 원진술이 특히 신빙할 수 있는 상태하에서 행하여졌음이 증명</u>되어야 함 　∴ 증인의 증언내용이 <u>피고인이 경찰에서 피의자로서 조사받을 때 담당수사경찰이 없는 자리에서 자기에게 자백진술을 하였다는 내용</u>인 경우 : 원진술의 <u>특신상태 ×</u> → 증거 ×(80도1289) ② 원진술자인 피고인 출석 전제함 ∴ 사망·질병·외국거주·소재불명 등은 본항의 요건 ×
피고인 아닌 자의 진술을 내용으로 하는 제3자의 진술 (§316②)	의 의	피고인 아닌 자의 공판준비·공판기일 진술 → 피고인 아닌 타인의 진술을 그 내용으로 하는 것 → 원진술자가 사망, 질병, 외국거주, 소재불명 그 밖에 이에 준하는 사유로 인하여 진술할 수 없고 그 진술이 특히 신빙할 수 있는 상태 하에서 행하여졌음이 증명된 때 → 증거 可 [경승 09, 경 10/1차]
	적용범위	① <u>원진술 : 피고인 아닌 타인의 진술</u> 　㉠ 증언능력 : 전문진술자가 원진술자로부터 진술을 들을 당시 원진술자는 <u>증언능력에 준하는 능력을 갖춘 상태 要</u>(2005도9561) 　　ⓐ 증언능력은 단지 공술자의 연령만으로 판단 ×, 지적 수준에 따라 개 　　<u>별적·구체적 결정</u>(99도3786; 2004도3161)

	적용범위	ⓑ 사고 당시 만 3세 3개월 내지 만 3세 7개월 가량이던 피해자인 여아 **(원진술자)의 증언능력 인정**되는 경우 : 피해여아 진료한 정신과 전문의 등의 전문진술은 증거 ○(2005도9561) [국9 17] ⓒ **제3자·공범자·공동피고인** : 원진술자(피고인 아닌 타인) 포함 ○ [국7 13, 국9 11, 경간 15, 해간 12, 경승 09/12/14, 경 15/2차] ② **전문진술** ㉠ 피고인 아닌 자 ㉡ 조사자 : 공소제기 전에 피고인 아닌 자를 조사하였거나 그 조사에 참여하였던 자 포함
피고인 아닌 자의 진술을 내용으로 하는 제3자의 진술 (§316②)	증거능력 인정요건 (필+특)	〈필요성 + 특신상태〉 ① **필요성** ㉠ 원진술자가 사망, 질병, 외국거주, 소재불명 그 밖에 이에 준하는 사유로 인하여 진술할 수 없어야 함 　ⓐ §314의 필요성과 同 　ⓑ 공범자의 진술을 내용으로 하는 제3자의 진술의 경우 : 필요성 부정 시 증거 × [행시 04] ㉡ 필요성 인정 : 원진술자가 **공판정에 출석하였으나** 증인신문 당시 일정한 사항에 관하여 **기억이 나지 않는다**는 취지로 진술하여 **그 진술의 일부가 재현 불가능**하게 된 경우 → **전문진술 증거** ○(2005도9561) 　[경 15/2차] ㉢ 필요성 부정 　ⓐ **원진술자가 법정에 출석하여 수사기관에서 한 진술을 부인하는 취지로 증언함** → 원진술자의 진술을 내용으로 하는 **조사자 증언의 증거능력** ×(2008도6985) [국7 13, 경승 10/11/14] 　ⓑ **상피고인(공동피고인)이 법정에서 간통사실을 부인함** → **상피고인의 진술을 그 내용으로 하는 증인들의 진술의 증거능력** ×(84도2279) 　[경승 09/11] ② **특신상태** : **§314의 특신상태와 同**

X 재전문

의 의	① 개념 : 전문증거를 그 내용으로 포함하고 있는 전문증거(이중의 전문) ② 재전문서류 : 전문진술을 기재한 조서 ③ 재전문진술 : 타인의 전문진술을 전해 들었다는 진술 ④ 재재전문서류 : 타인의 전문진술을 전해 들었다는 진술(재전문진술)을 기재한 조서 ⑤ 구체적 적용 　㉠ 성폭력 피해아동 A → 母 B에게 피해사실 진술 → B가 의사 C에게 A의 진술을 진술 　㉡ A가 법정에서 직접 증언 : 원본증거 　㉢ A에 대한 피해자조사를 통해 작성된 참고인진술조서 : 전문서류(§312④) 　㉣ (A가 공판정에 나올 수 없거나 나오더라도 그 진술의 일부가 재현 불가능하여) B가 대신 법정에 나와서 A의 성폭력 피해사실을 증언 : 전문진술(§316②) 　㉤ B에 대한 검사의 참고인조사를 통해 작성된 참고인진술조서 : 재전문서류(§316② + §312④)

의 의	→ ㉡은 원본증거로서 증거능력 ○, ㉢㉣㉤은 증거동의 or 전문법칙의 예외 적용되면 증거능력 ○ ⓗ C가 법정에 나와서 B로부터 전해 들은 A의 피해사실을 증언 : 재전문진술(only 증거동의) ⓢ C에 대한 검사 작성 참고인진술조서 : 재전문진술을 기재한 재재전문서류(only 증거동의) → ⓗⓢ은 전문진술을 원진술로 하므로 §316의 적용대상 × ∴ 전문법칙의 예외 적용 ×, 다만 피고인 측의 증거동의에 의해서만 증거능력 부여 可(이상 判例에 따른 정리)
증거능력	① 學說 대립 　㉠ 부정설 : 재전문은 이중의 예외이며 명문의 규정이 없으므로 증거로 할 수 없음 　㉡ 긍정설 : 재전문증거에 포함된 전문진술이 필요성과 신용성의 정황적 보장의 요건을 충족하면 재전문증거도 증거능력이 인정 ○(多) ② 判例 　㉠ **전문의 진술이 기재된 조서(재전문서류)** : 전문진술이 기재된 서류이므로 **§316와 §312 ~ §314의 적용을 받아 증거능력이 부여 可** → 예 피고인의 진술을 내용으로 하는 피고인 아닌 자의 진술이 기재된 조서 : §312부터 §314까지의 규정에 의하여 증거능력이 인정되어야 할 뿐만 아니라 §316①의 규정에 따라 피고인의 진술이 특히 신빙할 수 있는 상태 하에서 행하여졌음이 증명된 때에 한하여 → 증거능력 인정 ○(2000도159; 99도4814; 2005도5831 등) [경간 14] 　㉡ **재전문진술 또는 재전문진술이 기재된 재재전문서류** : **§316는 원진술이 전문진술이 아닌 형태를 규정할 뿐이므로 전문진술을 다시 전문한 진술에 대해서는 적용 不可(오로지 증거동의만 可)** 　　ⓐ §316에서는 실질상 단순한 전문의 형태를 취하는 경우에 한하여 예외적으로 그 증거능력을 인정하는 규정을 두고 있을 뿐, 재전문진술이나 재전문진술을 기재한 조서에 대하여는 달리 그 증거능력을 인정하는 규정을 두고 있지 아니하므로, **피고인이 증거로 하는 데 동의하지 아니하는 한 이를 증거로 할 수 없음**(2003도5255; 2003도171 등) [법원 12, 경간 14, 해간 12, 경승 09/10/13/14, 경 14/1차, 경 15/2차] 　　ⓑ **피해자가 어머니**에게 진술한 내용을 전해들은 **아버지**가 법정에서 그 내용을 진술한 경우 : 피해자와 어머니의 진술불능과 원진술의 특신상태가 증명되어도 **증거로 할 수 없음**(2000도159) [경간 14] 　㉢ 정리 : **재전문서류는 증거동의하지 않더라도 예외요건 갖추면 증거 ○** [법원 12, 경 14/1차, 경 15/2차], **재전문진술은 증거동의하지 않으면 증거 ×**

관련 문제	증거동의	재전문증거라도 피고인이 아무런 조건 없이 **증거로 함에 동의하였다면 증거능력 인정 ○**(2003도171) [국9 22, 법원 24, 경간 12]
	탄핵증거	재전문증거라도 **탄핵증거로 사용할 때에는 증거로 사용 可** [정리] 탄핵증거로도 사용할 수 없는 것 : ① 임의성 없는 자백, ② 위법수집증거, ③ 영상녹화물(§318의2②)

🔖 퍼써 정리 | 진술기재서(류)와 재전문서류의 구별

두 서류 모두 작성자와 진술자가 일치하지 않는다는 공통점이 있으나, 아래와 같은 차이가 있다.
① 진술기재서 : 타인의 진술을 기재한 서류로서, 이에 대해 원진술자의 서명·날인이 있는 서류를 말한다. 원진술자의 확인이 있으므로 단순한 전문증거의 형태에 속한다.
　예 대화녹음의 경우에도 진술자의 음성의 동일성이 확인되면 진술자의 자필서명·날인이 있는 것과 마찬가지이므로 여기의 진술기재서에 포함된다.

② 재전문서류 : 타인의 진술이 기재된 서류인 점에서 진술기재서와 동일하나 원진술자의 서명·날인이 없는 경우를 말한다. 원진술자의 확인절차가 결여되어 있으므로 전문진술이 기재된 서류로서 재전문증거에 속한다. 요컨대, 재전문서류에는 원진술자의 확인이 없다.

예 전형적으로는 ㉠ 전문진술자에 대하여 수사기관이 참고인 조사를 작성한 진술조서(전문진술자의 서명 등은 있으나 원진술자의 서명 등은 없음)라든가, ㉡ 원진술자의 진술을 작성자가 듣고(전문하고, 1차 전문) 그 내용을 작성자가 서류로 만든 경우(전문서류, 2차 전문)(원진술자의 서명·날인이 없음) 등이 여기에 해당한다.

[연습] 살인현장을 목격한 친구 B가 "甲이 길 가던 여자를 죽였다."고 A에게 말한 경우
　　㉠ 이를 A가 공판정에서 증언하는 경우 : 전문진술(제316조 제2항)
　　㉡ 수사기관이 A에 대한 참고인 조사를 통하여 작성한 진술조서 : 재전문서류(제316조 제2항, 제312조 제4항)
　　㉢ A가 자필로 일기장에 기재한 경우
　　㉣ B가 여기에 서명 또는 날인을 해준 경우 : 진술기재서(제313조 제1항)
　　㉤ B가 여기에 서명 또는 날인을 해주지 않은 경우(보통의 일기장) : 재전문서류(제316조 제2항, 제313조 제1항)

XI 진술의 임의성(§317)

의 의	① 전문증거가 전문법칙의 예외에 해당하는 경우에도 진술이 임의로 한 것이 아니면 증거 × ② 피고인 또는 피고인 아닌 자의 진술이 임의로 된 것이 아닌 것은 증거로 할 수 없고(§317 ①), 그 서류도 그 작성 또는 내용인 진술이 임의로 되었다는 것이 증명된 것이 아니면 증거로 不可(동②). 또한 검증조서의 일부가 피고인 또는 피고인 아닌 자의 진술을 기재한 것인 때에는 그 부분에 한하여 同(동③)
조사범위	① §309(자백배제법칙)는 §317(진술의 임의성)의 특별규정 ② §317에 의하여 임의성이 요구되는 진술 : 원본진술·전문진술을 불문하고 자백 이외의 일체의 진술증거(광의설) ③ 정리 : 자백의 임의성이 인정되지 않으면 §309, 자백 이외의 진술의 임의성이 인정되지 않으면 §317에 의하여 증거능력 ×
임의성의 조사와 증명	① 진술의 임의성은 **법원의 직권조사사항**(§1) ② 조사 : 진술의 임의성의 조사는 증거조사 전에 함(원칙) but 증거조사에 들어간 후에도 임의성에 의문이 있으면 다시 조사 可 ③ 증명의 정도 : 소송법적 사실이므로 **자유로운 증명**으로 족함

XII 전문법칙 관련 문제

| 사 진 | 사진의 성격 및 유형 | ① 성격 : 사진은 증거가치가 높지만 인위적 조작가능성이 있으므로 비진술증거로 취급할 것인가 진술증거로서 전문법칙을 적용할 것인가 문제됨
② 유형 : ㉠ 사본으로서의 사진, ㉡ 진술의 일부인 사진, ㉢ 현장사진 |

사 진	사본으로서의 사진	의 의	사진이 증거로 제출되어야 할 서면이나 증거물의 대용물로 사용되는 경우 예 문서의 사본, 범행에 사용된 흉기의 사진
		종 류	① 원본이 **비진술증거**이거나 **원진술의 존재 자체가 요증사실**인 경우 ㉠ 범행에 사용된 흉기를 찍은 사진 : 비진술증거에 불과 (증거능력 ○) ㉡ **정보통신망을 통하여 상대방에게 공포심·불안감을 유발하는 말·글 등을 반복적으로 도달**하게 하는 정보통신망법 위반의 공소사실 : **휴대전화기에 저장된 문자정보**는 범행의 직접적인 수단, 원진술의 존재 자체가 요증사실이므로 **전문증거 해당** ×(증거능력 ○, 2006도2556) [법원 12, 해간 12, 경승 13, 경 10/2차, 경 14/1차, 국9 17] → ∴ 위 문자메시지를 휴대전화기 화면에 띄워 촬영한 사진에 대해 **피고인이 성립 및 내용의 진정을 부인한다는 이유로 증거능력을 부정한 것은 위법** [해간 12, 경승 10/13/14] ㉢ **피고인이 수표를 발행하였으나 예금부족 또는 거래정지처분으로 지급되지 아니하게 하였다**는 부정수표단속법위반의 공소사실을 증명하기 위하여 제출되는 수표 : **전문증거 해당** ×(증거능력 ○, 2015도2275)(∵ 진술 대체물이 아니라 그 서류의 존재·상태 자체가 증거가 되는 증거물인 서면에 불과) ② **원본의 내용의 진실 여부가 요증사실**인 경우 : 군법회의 판결의 사본(81도2591)이나 주민들의 진정서 사본(83도2613) → 전문증거 ○
		증거능력 인정요건 : 원(최량 증거) + α(필요시 전문법칙)	〈사본으로서의 사진의 증거능력 : 사본의 존재·상태는 **원본과의 동일성**이 인정됨을 전제로(**최량증거법칙**), 사본의 내용에 대해서는 **요증사실과의 관계**에 따라 **전문법칙**의 적용 여부를 정함〉 ① 최량증거법칙 ㉠ 내용 : **원본의 존재, 사본 증거조사의 필요성(원본 제출의 불가능·곤란), 사본의 정확성(원본과의 일치)** 要 → 원본 증거를 법정에 제출할 수 없거나 그 제출이 곤란한 사정이 있고, 그 사진의 영상이 원본증거와 정확하게 같다는 사실이 증명되어야 함(2000도5461; 2006도2556) ㉡ 정리 : 최량증거법칙은 사본으로서의 사진, 녹음테이프의 사본(디지털녹음기 = 녹음테이프 = 녹취록), 영상녹화물(비디오테이프)의 사본, 전자기록(전자파일)의 출력물 등에서 원본과의 동일성 요건으로 기능 ② 전문법칙의 적용 여부 ㉠ **원본이 비진술증거이거나 원진술의 존재 자체가 요증사실**인 경우 : 최량증거법칙의 요건만으로 증거능력 인정 ㉡ **원본의 내용의 진실 여부가 요증사실인 경우** : 최량증거법칙뿐만 아니라 전문법칙의 예외 요건을 갖추어야 증거능력 인정

사 진	사본으로서의 사진	증거조사	① 증거물의 사본인 사진 : 증거물이므로 제시의 방법에 의함 (§292의2①) ② 서증의 사본인 사진 : 증거물인 서면과 같은 방식으로서, 사진에 대한 제시와 서면의 내용에 대한 낭독(또는 내용의 고지 또는 제시·열람)에 의함
	진술의 일부인 사진	의 의	사진이 진술증거의 일부분으로 사용되는 경우 예 검증조서·감정서에 사진이 첨부되는 경우 등
		증거능력 인정요건	① 진술증거의 일부 ∴ 진술증거인 검증조서나 감정서와 일체적으로 판단 ② But 사법경찰관 작성 검증조서 중 피고인 진술 기재 부분과 범행 재연의 사진 영상에 관한 부분 : §312③ 적용 ∴ 내용 부인 시 증거 ×(87도2692)
		증거조사	진술증거와 일체적으로 조사
	현장사진	의 의	범행장면과 그 전후 상황을 범인의 행동에 중점을 두어 촬영한 사진(예 현금인출기의 폐쇄회로 촬영사진 등)
		증거능력	① 위법수집증거배제법칙 　㉠ 현장사진이 증거로 인정되려면 위법수집증거가 아니어야 함 　㉡ 범죄의 현행성, 증거보전의 필요성·긴급성, 촬영방법의 상당성이 갖추어졌다면 사진촬영은 위법한 수사방법 ×(2013도2511; 99도2317) 　㉢ 사인에 의한 위법수집증거의 경우 : 공익의 우월성 有 → 증거능력 ○ ② 전문법칙의 적용 여부 : (견해 대립) 전문법칙을 유추적용하여 검증조서·진술서에 준하여 그 증거능력 제한(검증조서 등 유추적용설)(∵ 현장사진은 비진술증거임에도 불구하고 증거조작의 위험성 ○)
		증거조사	① (증거능력에는 전문법칙 적용 可 but) 비진술증거 → 제시의 방법에 의함(§292의2) ② 현장사진이 CD 등 녹화매체에 들어있으면 재생하여 시청하는 방법에 의함(규칙 §134의8)(2009도13846)
녹음 테이프	성격·유형		① 성격 : 녹음테이프(디지털녹음기 녹음파일 포함)는 높은 증거가치를 가진 과학적 증거방법 but 조작될 위험성이 있으므로, 녹음테이프에 대해서도 진술증거에 대해서 적용되는 전문법칙을 적용할 것인가가 문제됨 ② 유형 : ㉠ 진술녹음, ㉡ 현장녹음, ㉢ 비밀녹음
	진술녹음	의 의	녹음테이프에 사람의 진술이 녹음되어 있고 그 진술내용의 진실성이 증명의 대상으로 되는 경우
		성 격	진술에 대신하는 서류와 그 기능이 同 → 전문증거 ○, 전문법칙 적용

| 녹음
테이프 | 진술녹음 | 증거능력
인정요건
: 원 + 전 | 〈녹음테이프 및 그 사본의 존재·상태는 **최량증거법칙**에 의해, 그 내용은 **전문법칙**에 의해 증거능력 검토〉
① 기명날인 또는 서명의 요부 : 녹음테이프 등 전자매체는 서명·날인이 적합하지 않은 증거방법 → **과학적 방법에 의해 원진술자의 음성임이 증명되면 충분** → 별도로 작성자·진술자의 서명·날인 不要(通·判, 2001도6355; 2004도6323; 2005도2945; 2008도9414 등)
② 최량증거법칙
　㉠ 그 대화내용을 녹음한 **원본**이거나, 원본으로부터 복사한 사본일 경우에는 복사과정에서 편집되는 등의 **인위적 개작 없이 원본의 내용 그대로 복사된 사본**임이 증명되어야만 함(2001도6355; 2004도6323 [국9 09/16, 경 05/2차]; 2005도2945; 2006도8869 [경 14/1차]; 2008도9414; 2012도746; 2011도6035 등)
　㉡ 대화내용을 녹음한 보이스펜 등 디지털녹음기의 파일 원본을 녹음테이프에 복사한 후 이를 풀어쓴 녹취록 : **녹음테이프와 녹취록의 내용의 일치로는 부족**하고 **원본 내용 그대로 복사된 증명 要** → 녹음테이프 대화내용이 녹취록의 기재와 일치한다거나 녹음테이프의 대화 내용이 중단되었다고 볼 만한 사정이 없다는 녹음테이프에 대한 법원의 검증 결과만으로는 증거능력 ×(2008도9414)
　　　[법원 16, 국9 15/16, 경승 10, 경 14/1차]
　㉢ 디지털녹음기 녹음내용이 콤팩트디스크에 복사되어 그 내용을 담은 녹취록이 증거로 제출된 경우 : **원본동일성이 증명되지 않은 콤팩트디스크의 내용이나 이를 녹취한 녹취록**의 기재는 **증거능력** ×(2011도6035)
③ 전문법칙
　㉠ 내용 : 진술녹음의 증거능력은 진술서 또는 진술녹취서(진술기재서류)에 준하여 녹음테이프의 작성주체 및 원진술이 행해지는 단계에 따라 각각 §311 ~ §313를 준용하여 결정(多·判)
　㉡ **수사기관 아닌 사인이 피고인과의 대화내용을 녹음한 녹음테이프 : 피고인의 진술을 기재한 서류**(§313①但)
　　ⓐ 증거능력 인정요건 : 공판준비 또는 공판기일에서 그 **작성자의 진술**에 의하여 녹음테이프에 녹음된 피고인의 진술 내용이 피고인이 진술한 대로 녹음된 것임이 증명 + 그 진술이 **특히 신빙할 수 있는 상태** 하에서 행하여진 것임이 인정되어야 함(2005도2945)
　　ⓑ 원본에 대해 증거동의 있는 경우 : 녹취록에 대해서는 증거로 함에 부동의하였으나 피고인과의 대화 내용을 녹음한 **보이스펜 자체에 대하여는 증거동의**가 있었고 보이스펜, 녹음테이프 등에 녹음된 대화내용과 |

녹음 테이프	진술녹음	증거능력 인정요건 : 원 + 전	녹취록의 기재가 일치하는 것으로 확인되고 그 진술이 특히 신빙할 수 있는 상태 하에서 행하여진 것으로 인정되면 **증거능력** ○(2007도10804) [경 14/1차] ⓒ **사인이 녹음한 녹음테이프**의 검증조서 기재 중 **피고인의 진술내용**에 대해서는 **피고인의 내용의 인정 不要** (§312③ ×, §313① ○) [경승 10 유사] ⓒ **수사기관 아닌 사인이 피고인 아닌 사람과의 대화내용을 녹음한 녹음테이프** : **피고인 아닌 자의 진술의 기재한 서류** (§313①本) → 공판준비나 공판기일에서 **원진술자의 진술**에 의하여 그 녹음테이프에 녹음된 각자의 진술내용이 자신이 진술한 대로 녹음된 것이라는 점이 인정되어야 함 (96도2417; 98도3169; 2004도6323; 2005도2945; 2010도7497) → **특신상태 不要** [국9 09/16, 경 05/2차]
	현장녹음	의 의	대화내용이 아니라 범죄현장에서 범행에 수반하여 발생한 음성이나 음향을 녹음한 것
		증거능력	(기술한 현장사진의 증거능력과 유사한) 현장녹음은 비진술 증거임에도 그 녹음과정 조작·오류 위험을 고려, 전문법칙을 유추적용하여 검증조서 내지 진술서에 준하여 그 증거능력 검토 (견해 대립)
	비밀녹음		① 누구든지 통비법·형소법·군사법원법에 의하지 아니하고는 전기통신의 감청 및 공개되지 아니한 타인 간의 대화를 녹음·청취 不可(통비법 §3①) ② 불법감청에 의하여 지득·채록된 전기통신의 내용 및 공개되지 아니한 타인 간의 대화를 녹음·녹취한 것은 재판에서 증거로 사용 不可(통비법 §4, §14②) [경간 12, 경승 15] → 위법수집증거배제법칙보다 먼저 명문화된 규정 [경 09/2차]
		수사기관 비밀녹음	① 법령에 의하지 않고 **수사기관이 타인 간의 전기통신을 감청하거나 타인 간의 대화를 비밀녹음**한 경우 : 통비법 위반으로 **증거능력** × ② **수사기관이 대화당사자 중 일방의 동의를 받고 그 통화내용을 녹음**하게 한 경우 : 同(2010도9016) [국7 14, 국9 16, 경승 12, 경 02/1차]
		제3자 사인의 비밀녹음	① **공개되지 아니한 타인 사이의 대화를 양쪽 당사자들 몰래 녹음한 경우** : 통비법 §4, §14에 따라 **증거능력** ×(2001도3106; 2001도6213 - 렉카회사 감청사건) [경승 10/12, 경 14/1차] ② **제3자가 일방의 동의는 받은 경우** : 전화통화 당사자 일방의 동의를 받고 그 통화내용을 녹음하였다 하더라도 그 상대방의 동의가 없었던 이상 통비법 §3① 위반 → **증거** × (2002도123; 2006도4981 등) [경 14/1차]

녹음 테이프	비밀녹음	대화 당사자 사인의 비밀녹음	① 의의 : **대화당사자의 일방이 상대방 모르게 통화내용을 녹음**하는 것 → 타인 간의 대화를 녹음하는 것이 아니어서 **통비법상 감청 ×**(2006도4981) [국9 15] ② 증거능력 : (견해 대립 有) 대화당사자가 비밀녹음한 녹음테이프는 **위법수집증거 ×**(97도240) → **전문법칙 예외 요건** 갖추면 증거능력 ○ 　㉠ **원진술자가 피고인**인 경우 : §313① 단서 적용 → 공판준비 또는 공판기일에서 그 **작성자(고소인)의 진술**에 의하여 녹음테이프에 녹음된 피고인의 진술내용이 피고인이 진술한 대로 녹음된 것이라는 점이 증명 + 그 진술이 **특히 신빙할 수 있는 상태** 하에서 행하여진 것으로 인정 → 증거 ○(2001도3106) [국9 12] 　㉡ **원진술자가 피고인 아닌 자**인 경우 : §313①本 적용 → **원진술자의 진술**에 의하여 성립의 진정 증명 → 증거 ○(98도3169) [경 14/1차] [정리] 대화당사자인 사인의 비밀녹음 : 통비법 ×, 위수증 ×, 전문법칙 ○(§313①)
	증거조사		① 녹음·녹화매체 등에 대한 증거조사는 녹음·녹화매체 등을 재생하여 청취 또는 시청하는 방법에 의함(규칙 §134의8③) ② 녹음·녹화매체 등에 대한 증거조사 신청 시 음성이나 영상이 녹음·녹화 등이 된 사람, 녹음·녹화 등을 한 사람 및 녹음·녹화 등을 한 일시·장소를 밝혀야 하고, 녹음·녹화매체 등에 대한 증거조사를 신청한 당사자는 법원이 명하거나 상대방이 요구한 때에는 녹음·녹화매체 등의 녹취서, 그 밖에 그 내용을 설명하는 서면을 제출하여야 함(동①)
기타 특수매체	비디오 테이프 등 영상녹화물		① 의의 : 비디오테이프, 컴퓨터용디스크, 그 밖에 이와 유사한 방법으로 음성·영상이 녹음·녹화되어 이를 재생할 수 있는 매체 ② 성격 : 사진 + 녹음테이프의 복합적 성질 → 그 증거능력은 원칙적으로 사진 및 녹음테이프에 준하여 판단 ③ 증거 　㉠ **검사가 피의자와 대화하는 내용을 녹화한 비디오테이프** : 피의자신문조서에 준하여 증거능력 검토 ∴ 진술거부권 고지 없으면 위법수집증거(92도682) 　㉡ **수사기관 아닌 사인이 피고인이나 피고인 아닌 자와의 대화내용을 녹화한 영상녹화물** : 최량증거법칙(원본동일성) 및 (전문증거인 경우) 전문법칙에 따라 진술서(중 진술기재서류)에 준하여 **§313①本·但 적용** → 작성자 or 원진술자에 의하여 성립의 진정 증명(**피고인과의 대화내용이면 특신상태까지 증명 要**) → 증거 ○(2004도3161) [국9 12, 경 05/2차, 경 14/1차] ④ 영상녹화물의 증거조사방법 : 재생하여 시청함에 의함(규칙 §134의8③) ⑤ 성폭력피해자 진술에 대한 수사기관의 영상녹화물 　㉠ 의의 : 19세미만피해자등의 진술내용과 조사과정을 영상녹화장치에 의하여 녹화·보존해야 함(피의자·법정대리인 거부하면 不可하나, **법정대리인이 가해자이거나 가해자의 배우자인 경우는 촬영 要**)(2023.7.11. 개정 성폭법 §30①③)

	비디오 테이프 등 영상녹화물		ⓛ 영상녹화물의 증거능력 특례 : 적법한 절차와 방식(성폭법 §30④⑤⑥)에 따라 영상녹화된 것으로서 아래의 경우에는 증거로 할 수 있음(성폭법 §30의2①) ⓐ 증거보전기일, 공판준비기일 또는 공판기일에 그 내용에 대하여 피의자, 피고인 또는 변호인이 **피해자를 신문할 수 있었던 경우**(피해자에 대한 반대신문권의 보장, 동항1.) ⓑ 19세미만피해자등이 사망, 외국 거주, 신체적·정신적 질병·장애, 소재불명, 그 밖에 이에 준하는 경우로 공판준비기일 또는 공판기일에 출석하여 **진술할 수 없는 경우**. 다만, 영상녹화된 진술 및 영상녹화가 **특별히 신빙(信憑)할 수 있는 상태**에서 이루어졌음이 증명된 경우로 한정(반대신문권이 결여된 경우 필요성과 특신상태 要, 동항2.) ⓒ 동석자 진술 제외 : '촬영된 영상물에 수록된 피해자의 진술' 그 자체가 아니라, **동석하였던 신뢰관계자의 공판기일 진술**(피해자 진술 내용 전문진술)에 의해서는 **증거능력 취득 不可**(2009도12048)

		의 의	① 정보저장매체 : 전자적 방식으로 작성된 전자기록(전자파일, 한글프로그램 등으로 작성하여 저장한 진술서 등의 파일), 문자정보, 도면이나 사진 등의 정보를 저장하는 매체(예 컴퓨터용디스크나 USB메모리디스크, 외장하드디스크 등) → 컴퓨터 등의 정보처리장치에서 당해 정보를 화면상에 출력·시청하는 등의 방법으로 그 내용을 인식 可 ② 위법수집증거배제법칙 전제 : 전자기록에 대한 압수·수색·통신제한조치의 적법성 要 ③ 증거능력 : ㉠ 그 존재·상태에 관해서는 최량증거법칙, ㉡ (전문증거인 경우) 그 내용에 대해서는 전문법칙에 의한 심사
기타 특수매체	컴퓨터용 디스크 등 정보저장 매체	최량증거 법칙	① 원칙 : 원본 제출 ② 출력물 또는 복사물이 제출된 경우 ㉠ 원본이 존재 내지 존재하였을 것 ㉡ 원본의 제출이 불가능하거나 현저히 곤란할 것 ㉢ 원본과의 동일성 : 정보저장매체 원본이 압수 시부터 문건 출력 시까지 변경되지 않았다는 **무결성** 要(2013도2511) ⓐ 원칙 : 원본매체와 복사매체 사이의 **해시값의 동일함을 피압수당사자가 인정하는 방법**에 의하여 증명 ⓑ 경우에 따라서 **수사관·전문가의 증언 or 법원의 원본과 출력문건 대조 방법** 등에 의하여 증명 可 ⓒ **반드시 압수·수색과정을 촬영한 영상녹화물 재생 방법으로만 증명하는 것을 요하지는 않음**
		전문법칙	① 피고인 또는 피고인 아닌 사람이 정보저장매체에 입력하여 기억된 문자정보 또는 그 출력물을 증거로 사용하는 경우 : 그 내용의 진실성에 관하여는 전문법칙 적용 → §313①② 에 의하여 그 작성자 또는 진술자의 진술(**진술서에 대해서는 객관적 방법 可**)로써 성립의 진정함이 증명된 때(**피고인 아닌 자의 진술서에 대해서는 반대신문권의 보장 要**)에 한해 이를 증거로 사용 可 [경승 10, 경 14/2차, 경 15/1차]

기타 특수매체	컴퓨터용 디스크 등 정보저장 매체	전문법칙	② 원본파일이 공무원 작성 증명기록이나 기업체의 업무상 통상기록인 경우 : §315①②에 의해 당연히 증거능력 인정 ○ → 전자결재시스템에서 이루어지는 기안과 결재 등 ○, 성매매업소에서 영업에 참고하기 위하여 성매매 상대방에 관한 정보를 입력하여 작성한 메모리카드 ○(2007도3219) ③ 전문법칙이 적용되지 않는 경우 　㉠ 정보저장매체에 기억된 문자정보의 내용의 진실성이 아닌 그와 같은 내용의 **문자정보가 존재하는 것 자체가 증거**로 되는 경우(2010도3504 등) 　㉡ **어떤 진술을 하였다는 것 자체** 또는 **그 진술의 진실성과 관계없는 간접사실에 대한 정황증거**로 사용할 때(2013도2511 등)
		증거조사	① **읽을 수 있도록 출력·인증한 등본**(원본동일성 증명된 것 ○, 단순한 사본 ×)**을 내는 것 可**(규칙 §134의7①, 도면·사진도 同, 동③) [경 15/1차] ② 컴퓨터디스크 등에 기억된 문자정보를 증거로 하는 경우에 증거조사를 신청한 당사자는 법원이 명하거나 상대방이 요구한 때에는 컴퓨터디스크 등에 **입력한 사람과 입력한 일시, 출력한 사람과 출력한 일시를 밝혀야 함**(동②) [경 15/1차]
	거짓말탐지기 검사결과	의의 및 허용 여부	① 의의 : 거짓말탐지기(polygraph)란 사람의 진술 시 발생하는 신체변화를 기술적 방법으로 측정하여 그 진술의 진위를 판단하는 데 사용되는 기계장치를 말함 ② 허용 여부 : 피검사자의 **동의**가 있어야 허용(임의수사) [경 06/2차]
		검사결과의 증거능력 증명력	① 거짓말탐지기 검사결과의 증거능력 　㉠ **기계적 정확성 등 엄격한 전제요건**이 충족되지 아니하는 한 **증거능력**을 인정 ×(83도712; 84도36; 85도2208; 87도968 등) 　㉡ 전문법칙 : **감정서**(§313③) → 자필 등 + 성립의 진정 + 반대신문권 ② 증명력 : 증거능력이 인정되어도 **진술의 신빙성을 판단하는 정황증거**로서의 기능을 하는 데 그침(83도3146) [경 09/2차, 경 14/2차]
		관련 문제	① 진술거부권의 고지 요부와 침해 여부 　㉠ 고지 : 생리적 변화도 진술증거의 성질 　　∴ 진술거부권 고지 要 　㉡ 진술거부권 침해 여부 : 피검자의 동의가 있는 경우에만 可 → 거짓말탐지기 검사는 진술거부권 침해 ×(견해 대립)

기타 특수매체	거짓말탐지기 검사결과	관련 문제	② 거짓말탐지기의 검사결과가 사실이라면 자백하겠다고 약속함에 따라 이루어진 피검사자의 자백의 증거능력과 자백배제법칙 적용 여부 : 피검사자의 동의하에 이루어진 거짓말탐지기 검사의 결과를 피검사자가 인정하고 행한 자백은 임의성 인정 ○(§309의 자백배제법칙 적용 ×, 견해 대립) ③ 거짓말탐지기 검사결과의 탄핵증거 사용 : 거짓말탐지기 검사결과 자체를 유죄 인정의 자료로 삼을 수 없지만, 검사결과의 정확성과 신뢰성 요건이 충족됨을 전제로 진술의 신빙성을 판단하는 탄핵증거 사용 可(견해 대립)

06 당사자의 동의와 증거능력

Ⅰ 증거동의의 의의와 성질

의 의	① 개념 : 증거능력이 없는 증거에 대해서 증거능력을 부여하기 위한 당사자의 법원에 대한 소송행위 ② 현행법 : **"검사와 피고인이 증거로 할 수 있음을 동의한 서류 또는 물건은 진정한 것으로 인정한 때에는 증거로 할 수 있다(§318①)"** ③ 이론적 근거 : 반대신문권의 포기 + 법원의 진정성 인정(신용성의 정황적 보장) ④ 취지 : 증거동의가 있으면 원진술자를 공판기일에 증인으로 소환·신문할 필요가 없게 되어 재판의 신속과 소송경제에 기여
성 질 동의의 본질	① (처분권설 vs 반대신문권포기설 견해 대립) 형사소송에서 당사자처분권주의는 인정될 수 없다는 점에서 처분권설은 따를 수 없고, 당사자의 동의에 의한 증거능력을 인정하는 §318①은 **반대신문권을 포기하겠다는 피고인의 의사표시에 의하여 증거능력을 부여**하는 규정임(반대신문권포기설, 多·判, 82도2873) [국7 13, 국9 11, 경 15/2차] ② 반대신문포기설에 의하면 물건(증거물)에 대한 증거동의는 인정될 수 없으나, **§318①에서는 서류 또는 물건을 규정**하고 있기는 함
전문법칙과의 관계	① 전문법칙예외설(少·判)과 전문법칙부적용설(多) ② 判例 : §318①도 전문증거금지의 원칙에 대한 예외(82도2873)

Ⅱ 동의의 방법

주체와 상대방	주 체	당사자	① 증거신청 당사자의 상대방인 **검사와 피고인** [경 03/2차] : 일방당사자 신청 증거에 대해서는 반대당사자가 동의하면 됨 ② 피고인의 동의가 있으면 변호인의 동의 不要 ③ **법원**이 직권으로 채택한 증거 : **양당사자의 동의 要**
		변호인	① 종속대리권(通) vs **독립대리권**(判, 88도1628; 99도2029; 2013도3) [법원 11, 국9 09/13, 경간 12, 경승 10/11/13] ② **묵시적 의사에 반하여**(명시적 의사에 반하지 않는 범위에서) 행사할 수 있는 독립대리권(判) : **기**피신청(§18②), 증거**동**의, **상소**제기(§341②), 약식명령에 대한 **정식재판청구**(§458에 의한 §341②의 준용, 학설 대립) ③ 判例 : **피고인이 출석한 공판기일에서 증거로 함에 부동의**한다는 의견이 진술된 경우 → 그 후 피고인이 출석하지 아니한 공판기일에 **변호인만이 출석하여 종전 의견을 번복하여 증거로 함에 동의** → 변호인의 동의는 특별한 사정이 없는 한 **효력 ×**(2013도3) [국9 15, 경 14/1차, 경 16/1차, 경 22/1차]
	상대방		**법원에 대한 소송행위** : 동의의 의사표시 → 법원에 대해서 하여야 함 ∴ 반대당사자에 대한 동의의 의사표시는 증거동의로서의 효력 無
대 상	서류 or 물건	서 류	① 전문서류 : §318(증거동의)는 §310의2(전문법칙)에 대응하는 조문이므로 동의의 대상이 되는 서류는 증거능력이 없는 전문서류 [국9 08, 경 06/2차] ② 전문진술 : 원진술 또는 전문진술을 내용으로 하는 전문진술도 전문증거이므로 동의대상 ○(通·判, 83도516 등, 재전문진술도 포함)
		물 건	① 多 : 증거물은 반대신문과 관계가 없고 전문법칙도 적용되지 않으므로 동의의 대상 × ② 少·例 : §318에 서류뿐 아니라 물건도 규정되어 있는 점 등에 근거하여 동의의 대상이 됨 [경 03/3차] (2007도3906, 상해부위 촬영한 사진도 증거동의의 대상)
	증거의 범위	증거능력 없는 증거	① **증거능력 없는 전문증거**에 한함 [국9 08] ② **이미 증거능력이 있는 증거** : 증거동의 대상 × → 피고인이 진정성립을 인정한 검사 작성의 피의자신문조서(∵ 이미 증거능력이 인정되므로)
		임의성 없는 자백 및 위법수집 증거	① **임의성 없는 진술이나 진술 기재**(§309, §317) or **위법수집증거** : 증거동의의 **대상 ×**(∵ 자백배제법칙·위법수집증거배제법칙은 반대신문권 보장이나 직접심리주의와는 무관) ② 구체적 적용(判) ㉠ **수사기관이 영장주의에 위반하여 수집**(2009도11401; 2009도10092; 2009도2109; 2011도15258) or **불법감청으로 수집**(2010도9016)한 증거물 : **피고인·변호인 증거동의해도 증거 ×** [법원 11, 국7 10, 국9 13, 경간 15, 경승 12/13, 경 12/3차, 경 14/1차, 경 16/1차, 경 24/2차]

대상	증거의 범위	임의성 없는 자백 및 위법수집 증거	ⓛ 당사자의 **참여권**이 배제된 수사상 증거보전절차의 증인신문을 기재한 증인신문**조서**(86도1646) [경 12/3차] 와 공판정 **증언**을 마친 증인을 검사가 소환하여 이를 **번복**시키는 방식으로 작성한 참고인진술**조서**(99도1108 전합) [법원 14/15, 경 14/2차] : **증거동의하면 증거** ○ (§308의2의 위법수집증거배제법칙 명문화 이전 判例) ⓒ (07년 개정법 §308의2 명문화 이후 判例) **§218에 위반하여 임의로 제출받은 물건을 영장 없이 압수**한 경우 당해 압수물 및 압수물을 찍은 사진 : **증거동의해도 증거** ×(2009도10092 : 쇠파이프 임의제출 사건) [국7 10, 국9 13, 경 12/2차, 경 15/3차]
		유죄증거에 대한 반대증거	① **증거공통의 원칙** : 검사 제출 증거를 피고인이 공소사실을 부정하기 위해 사용할 때에는 증거동의 不要 　ⓐ **검사의 본증에 대한 피고인의 반증**(반대증거) : (성립의 진정이 증명되지 않거나) **증거동의가 없다 하더라도 증거로 可** (判)(80도1547; 94도1159) [법원 12, 경승 10/12/13, 경 02/3차, 경 07/1차] (∵ 증거동의는 증거가 유죄인정의 자료로 사용할 수 있음을 인정하는 의미) 　ⓑ **무죄취지의 반증** : 증거동의의 대상 × [국9 09, 경 13/1차] ② **피고인제출증거를 유죄의 증명을 위해 사용할 경우** 　ⓐ **검사가 사용할 경우** : 증거공통원칙에도 불구하고, **증거동의 또는 전문법칙의 예외요건을 갖추어야 함**(엄격한 증명의 원칙)(87도966) 　ⓑ **법원이 사용할 경우 : 증거동의 or 전문법칙 예외요건 要** 　∴ 법원은 **상대방의 원용(동의)**이 없는 한 **당해 서류의 진정성립 여부 등을 조사**하고 아울러 **당해 서류에 대한 피고인·변호인의 의견과 변명의 기회**를 준 다음이 아니면 당해 서증을 유죄인정의 증거로 쓸 수 없음 [경 13/1차]
시기와 방식	동의의 시기	사전동의	① 증거조사 전 증거결정 단계에서 사전적으로 행함 [경 02/1차, 경 03/2차] ② 공판기일 이외에 공판준비절차에서도 可
		사후동의	증거조사 도중 또는 종료 후에 전문증거임이 밝혀진 경우 → 그때부터 변론종결 시까지 동의 可 → 이 경우 증거능력이 소급적으로 인정
	동의의 방식	의사표시 방법	① 多 : 증거에 대하여 이의가 없다는 정도로는 부족 → 증거능력을 부여한다는 적극적인 의사가 명시적으로 표시되어야 함 ② 少·判 : 반대신문권 포기의사 또는 증거능력 부여 의사가 **적극적으로 혹은 충분히** 나타난 것(82도2873)이라면 **묵시적인 동의**도 허용 → 피고인이 전문증언에 "**별 의견이 없다**"고 진술하면 증거동의 ○(83도516) [법원 24]
		포괄적 동의	① 부정설 : 증거조사가 개별적이듯 증거동의도 개별적 방식 要 ② 긍정설 : **검사가 제시한 모든 증거에 대한 피고인·변호인의 포괄적인 동의도 허용**(判, 82도2873) [국7 13/16, 국9 09, 경승 10, 경 02/1차]

CHAPTER 02 증거 **347**

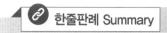
소유자, 소지자 또는 보관자가 아닌 자로부터 제출받은 물건 : 증거동의 不可(위수증, 2009도10092) [국7 10, 국9 13, 경 12/3차]

Ⅲ 동의의 의제

피고인의 불출석	개 념	① 피고인 **불출석 재판이 가능**한 경우 **피고인 불출석 & 대리인·변호인도 불출석** 시에는 증거동의 의제 ② 현행법 : 피고인의 출정 없이 증거조사를 할 수 있는 경우 → 피고인이 출정 하지 아니한 때에는 → **대리인 또는 변호인이 출정한 때를 제외**하고는 → 증거 동의 간주(§318②) [법원 10/11/16, 경간 12, 경 12/3차] → 피고인이 출정하였으나 진술만을 하지 아니한 때(§330)에도 同 ③ **대리인·변호인이 출정한 때** : 동의 여부 진술 可 ∴ **동의 간주 ×**(동②但)
	취 지	불출석 재판이 가능하였음에도 피고인이 불출석한 경우 전문증거의 증거능력을 결정하지 못하여 소송이 지연되는 것을 방지하기 위함

	적용범위	① 동의가 의제되는 경우
		 ㉠ 피고인이 **법**인인 경우에 대리인이 출석하지 아니한 경우(§276但)
		 ㉡ **경**미사건과 **공**소기각·**면**소의 재판을 할 것이 명백한 사건에 피고인이 출석
		  하지 아니한 경우(§277)
		 ㉢ **구**속된 피고인이 정당한 사유 없이 출석을 거부하고, 교도관리에 의한
		  인치가 불가능하거나 현저히 곤란하다고 인정되는 경우(§277의2①)
		 ㉣ **소**촉법 §23에 의하여, 피고인이 공시송달의 방법에 의한 공판기일의
		  소환을 2회 이상 받고도 출석하지 아니하여 법원이 피고인의 출정 없이
		  증거조사를 하는 경우(2010도15977) [법원 16]
		 ㉤ **약**식명령에 불복하여 정식재판을 청구한 피고인이 정식재판절차에서 2회
		  불출석하여 법원이 피고인의 출석 없이 증거조사를 하는 경우(2007도
		  5776) [국7 13, 국9 13/15/17, 경승 12/13]
		② **퇴**정·퇴정명령 : 피고인이 재판장의 허가 없이 퇴정하거나, 재판장의 퇴정
		명령에 의하여 출석하지 않는 경우(§330, §365, §438)에도 동의 의제(判,
		방어권남용설, 견해 대립) → 필요적 변호사건에서 변호인의 퇴정 시에도 同
		(피고인과 변호인이 재판장의 허가 없이 퇴정한 경우 피고인의 진의와는 관계
		없이 동의가 있는 것으로 간주, 91도865) [법원 16/24, 국9 14, 경 14/1차, 경 15/2차]

간이공판 절차의 특칙		간이공판절차의 결정(§286의2)이 있는 사건의 증거에 관하여는 → **검사·피고인·변호인의 이** **의가 있는 때를 제외**하고는 → 전문증거(§310의2, §312 ~ §314, §316)에 대하여 증거동의가 있는 것으로 간주(§318의3) → 증거법칙 중 전문법칙 배제되는 절차

Ⅳ 동의의 효과

증거능력의 인정	진정성의 인정	① 의의 : 당사자의 동의가 있으면 → §311 ~ §316의 요건을 갖추지 않은 전문증거 → <u>법원이 진정성을 인정한 때</u>에 한하여 → 증거능력 부여 [행시 03, 경간 12, 경승 13, 경 02/1차, 경 06/2차] ② 진정성 　㉠ 의미 : 전문증거의 <u>신용성을 의심스럽게 하는 유형적 상황</u>(진술서의 서명·날인의 흠결, 진술서의 기재내용이 진술과 다른 경우 등)<u>이 없음</u> (多, 유형적 상황설, 견해 대립) → ∴ 당사자가 동의한 증거라고 하더라도 나중에 위조되었다는 것이 밝혀진 경우에는 증거 × 　㉡ 判例 : 진술조서 말미의 진술자란의 서명 옆에 날인이 없고 진술자란의 서명이 그의 필적이라고 단정하기는 분명하지 않다 하더라도 조서에는 진술자의 <u>간인</u>이 되어 있고 <u>그 인영이 압수물가환부청구서와 압수물영수증 중의 인영과 동일한 것</u>으로 인정되는 경우 → 정황에 비추어 위 날인이 없는 것은 단순한 착오에 의한 누락 ∴ <u>진정한 것으로 인정</u> (82도63) ③ 증명의 정도 : 자유로운 증명으로 족함(通)
	증거능력의 인정 효과	① 반대신문권의 상실 　㉠ 동의한 당사자가 원진술자를 증인으로 신청하는 것 : 허용 × 　㉡ 법원이 진정성의 조사를 위하여 원진술자를 증인으로 신문하는 경우 : 동의한 당사자는 조서의 증거능력에 대한 반대신문 不可 ② 동의한 증거의 증명력을 다툴 수 있는지 여부 : 동의에 의하여 증거능력을 부여하는 것과, 증거능력 있는 증거의 증명력을 다투는 것은 별개의 문제 ∴ 동의한 당사자라 하더라도 반대신문 이외의 방법으로 동의한 증거의 증명력 탄핵 可(多)
동의의 효력범위	물적 범위	① 원칙 : 동의 효력은 대상으로 특정된 <u>서류·물건의 전부에 미침</u> [해간 12] ② 예외 : 동의한 서류·물건의 내용이 <u>가분적인 경우에는 일부 동의도 可</u> ③ 判例 : <u>현장지시는 검증조서에 해당</u>하므로 §312⑥이, <u>현장진술은 피의자신문조서</u>에 해당하므로 §312①③이 적용 → 피고인은 <u>현장지시만 동의 可</u>(90도1303)
	인적 범위	피고인이 수인인 경우 동의 효력은 <u>동의한 피고인에게만 미치고</u> 다른 피고인에게 미치지 않음(∵ 피고인은 각자 독립하여 반대신문권) [국9 08, 해간 12, 경 03/2차]
	시간적 범위	① 원칙 : 증거동의의 효력은 <u>공판절차의 갱신이 있거나 심급을 달리하는 경우에도 달라지지 않음</u> [법원 12, 국7 13, 국9 08, 해간 12] (∵ 이미 증거조사 완료) ② 구체적 적용 　㉠ <u>제1심에서 증거동의</u>를 하고, <u>제2심</u>에서 증거조사가 완료되기 전에 이를 <u>취소</u>한 경우 : <u>증거능력 상실 ×</u>(2007도5776; 2010도15977) [법원 12, 국7 13, 국9 08, 경 14/1차] (∵ 1심의 증거동의는 2심에서도 효력 유지, 증거동의의 철회는 증거조사 완료 전까지 가능한데, 1심의 증거조사는 이미 완료)

동의의 효력범위	시간적 범위	ⓛ **약식명령**에 불복하여 **정식재판**을 청구한 피고인이 정식재판절차에서 **2회 불출석**하여 법원이 피고인의 출석 없이 증거조사를 하고 증거조사 완료 후, 피고인이 **항소심**에 출석하여 공소사실을 부인하면서 간주된 **증거동의를 철회 또는 취소**한다는 의사표시를 한 경우 : 적법하게 부여된 **증거능력 상실 ×**(2007도5776) [국7 13, 법원 12/19, 국9 13/17, 경승 13, 경 12/3차, 경 15/2차](∵ 1심에서 §318②에 의한 증거동의 의제되고 증거조사 완료됨) ⓒ But **제1심의 공시송달에 의한 피고인 불출석 재판이 위법**한 경우 : 항소심으로서는 제1심의 증거동의 간주를 그대로 활용 **不可**(2012도986)

▌V▐ 동의의 철회 및 취소

철 회	① 증거동의는 절차형성행위이므로 절차의 안정성을 현저히 해하지 않는 한 철회 허용 [경 03/2차] ② 가능시기 : 증거조사착수전설, 증거조사완료전설, 구두변론종결전설 대립 → 절차의 확실성과 소송경제를 고려할 때 **증거조사완료전설**이 타당(多·判) [행시 02, 법원 11, 국7 14, 국9 13, 경승 10, 경 03/2차, 경 14/1차, 경 15/2차] ③ **증거동의**를 하고 일단 **증거조사가 종료된 후** 증거동의의 의사표시를 **취소 또는 철회**하여도 원칙적으로 이미 취득한 **증거능력 상실 ×**(83도267; 89도2366; 90도2525; 96도2507; 99도2029) [법원 24, 경 16/1차]
취 소	① 착오나 강박을 이유로 하여 증거동의를 취소할 수 있는가(협의의 취소) : 견해 대립 有 ② **判例** : 증거동의의 의사표시에 그 효력을 그대로 유지하기 어려운 **중대한 하자** & 그에 관하여 **피고인 또는 변호인에게 귀책사유가 없는 경우** → **취소 可**(긍정설, 多·判, 2007도7760)

> **한줄판례 Summary**
>
> 증거조사가 완료되기 전까지 취소 또는 철회할 수 있으나, **일단 증거조사가 완료된 뒤에는 취소 또는 철회가 인정되지 않음**(99도2029)

I 의의와 성질

의 의	개 념	① 개념 : 진술의 증명력을 다투기 위한 증거 [교정9 특채 10, 경간 12, 경 04/2차] ② 현행법 : "§312부터 §316까지의 규정에 따라 증거로 할 수 없는 서류나 진술이라도 → 공판준비 또는 공판기일에서의 피고인 또는 피고인이 아닌 자(조사자 포함)의 진술의 증명력을 다투기 위하여 → 증거로 할 수 있다(§318의2①)" ③ 요점 　㉠ 공판정 진술의 신빙성을 감쇄하기 위하여 제출되는 증거(영미증거법상 개념) 　㉡ **적극적으로 범죄사실의 존부를 증명하기 위한 증거 × → 엄격한 증명 不要**(85도441) [국7 23, 경승 09/11] 　㉢ 전문법칙 적용 × → **증거능력 없는 전문증거도 사용 可** [행시 03, 법원 16, 경 04/2차, 경 07/2차, 경 16/1차] (69도1028) [교정9 특채 10] 　㉣ **수사기관 영상녹화물** : 기억환기용(§318의2②) ∴ **탄핵증거 사용 不可**
	취지와 문제점	① 취지 　㉠ **자유심증주의의 보강** : 법관으로 하여금 증거가치를 재음미하게 함으로써 증명력 판단의 합리성 도모(cf. 자유심증주의의 예외 ×) 　㉡ 소송경제 : 반증이라는 번거로운 절차 없이 증거가치 판단 可 　㉢ 반대신문권의 효과적 보장 ② 문제점 　㉠ 법관의 심증형성이 증거능력 없는 탄핵증거에 의하여 영향받을 수 있음 　㉡ 탄핵증거라는 명목으로 증거능력 없는 수사기관에서의 자백 진술이 제한 없이 법정에 현출될 수 있음
성 질	탄핵증거와 전문법칙	진술의 증명력을 다투는 것에 불과 → 전문법칙의 예외요건을 갖추지 않아도 허용(通) [경 03/3차]
	탄핵증거와 자유심증주의	탄핵되는 증거의 증명력은 법관의 자유판단에 의하여 결정 → 자유심증주의의 예외가 아니라 오히려 이를 보강하는 제도

Ⅱ 허용범위와 자격

탄핵증거의 허용범위		① 탄핵증거로 제출될 수 있는 증거를 자기모순의 진술, 즉 동일인의 법정에서의 진술과 상이한 법정 외의 진술에 제한됨(한정설, **동일인 자기모순진술**에 한함) ② 참고 : 한정설, 비한정설(범죄사실 모두 허용, 자기모순진술 + 제3자진술), 절충설(자기모순진술 + 증인의 신빙성에 대한 순수한 보조사실의 입증증거), 이원설(피고인은 비한정, 검사는 한정) 대립
탄핵증거의 자격(탄핵증거 적격) 및 제한	탄핵증거 적격	① 탄핵증거가 될 수 있는 것 : 전문법칙에 의하여 증거능력이 인정되지 않는 서류나 진술 등 전문증거 [국9 08] = **증거능력 없는 전문증거** ② 구체적 적용 ㉠ **실질적 진정성립이 인정되지 않는 전문서류** : 탄핵증거 ○ ㉡ **진술자의 서명·날인이 없어 형식적 진정성립조차 갖추지 못하는 전문서류** : 탄핵증거 ○(81도370; 94도1159)(∵ 이상, 탄핵증거는 성립진정 不要) ㉢ **사법경찰관 작성 피의자신문조서에 대하여 피고인이 그 내용을 부인**한 경우 : 임의로 작성된 것이 아니라고 의심할 만한 사정이 없는 한 탄핵증거 ○(97도1770) [법원 10/16, 국7 09/15, 국9 08/13, 경 11/1차, 경 13/2차, 경 14/2차, 경 16/1차]
	탄핵증거 제한	① 입증취지와의 관계 ㉠ 탄핵증거는 증거의 **증명력을 감쇄하는(다투는) 용도로만 사용** ㉡ **범죄사실**(주요사실 or 그 간접사실) **인정의 증거로 사용 ×**(75도3433; 95도2945) [국7 09, 교정9 특채 10, 경승 09, 경 11/1차] ② **임의성 없는 자백·진술** : 자백배제법칙(§309)에 의하여 증거능력이 없는 자백 및 진술의 임의성 법칙(§317)에 의하여 증거능력이 없는 진술·서류 → **탄핵증거 ×**(97도1770; 2005도2617 등) → **당사자의 동의 여하 不問** [행시 02, 법원 16/24, 경승 11, 경 04/2차, 경 15/3차] ③ **위법수집증거** : 적법한 절차에 따르지 아니하고 수집한 증거(§308의2) → **탄핵증거 ×** ④ **공판정에서의 진술 이후의 자기모순진술** : 증인의 공판정에서의 증언 이후에 수사기관이 그 증인을 신문하여 작성한 진술조서는 공판중심주의와 공정한 재판의 이념에 반함(99도1108) [국7 10, 경 14/2차] ∴ 위법수집증거 → **탄핵증거 ×** ⑤ **진술을 내용으로 하는 영상녹화물** : "제1항에도 불구하고 피고인 또는 피고인 아닌 자의 진술을 내용으로 하는 영상녹화물은 …… 기억을 환기시켜야 할 필요가 있다고 인정되는 때에 한하여 …… 재생하여 시청하게 할 수 있다(07년 개정 §318의2②)" → 영상녹화물은 공판준비 또는 공판기일에서의 피고인 또는 피고인 아닌 자의 진술의 증명력을 다투기 위하여 증거로 사용 不可 [법원 08, 국7 09, 경승 10/11] = **탄핵증거 ×** [정리] 보강사실은 엄격한 증명의 대상(자백의 보강증거는 증거능력 要) ≠ 탄핵사실은 자유로운 증명의 대상(탄핵증거는 증거능력 없는 전문증거도 포함) but 임의성 없는 자백, 위법수집증거, 공판정 진술 후 자기모순진술, 진술내용 영상녹화물은 탄핵증거 ×

▌Ⅲ 탄핵의 대상과 범위

탄핵의 대상	진술의 범위		① 탄핵의 대상 : 공판준비 또는 공판기일에서의 피고인 또는 피고인 아닌 자의 진술의 증명력(신빙성) → 진술에는 진술 기재 서면도 포함 [경승 15] ② 공판정 외 진술도 서면의 형식으로 증거가 된 경우에는 탄핵의 대상 ○
	피고인 아닌 자 및 피고인의 진술	피고인 아닌 자의 진술	① 피고인 아닌 자가 공판기일에 행한 진술의 증명력도 탄핵 대상이 된다는 점에는 견해가 일치 ② 공소제기 전 피고인을 피의자로 조사하였거나 그 조사에 참여한 자의 진술도 포함
		피고인의 진술	① 견해 대립 → <u>긍정설</u>(判) [경간 14, 경 10/1차] ② 判例 : 피고인이 내용을 부인하여 증거능력이 없는 사법경찰리 작성의 피의자신문조서라도 <u>피고인의 법정진술을 탄핵하는 증거로 허용</u> ○(97도1770; 2005도2617) [국7 23]
	자기 측 증인의 탄핵		① <u>자기 측 증인의 증언에 대한 탄핵도 可</u> ② 교호신문의 주신문에서도 증인신청 당사자가 탄핵신문 可
탄핵의 범위 : 증명력을 다투기 위하여	문제점		① 탄핵증거는 진술의 증명력을 다투는 데 사용되어야 함(증명력 감쇄) ② 증명력 지지·보강은 포함 ×
	감쇄된 증명력의 회복		① 감쇄된 증명력을 회복시키는 용도로 사용할 수 있는가 : 견해 대립 ② 通說 : <u>감쇄된 증명력을 회복시키는 경우</u>도 증명력을 다투는 경우에 포함 → <u>탄핵증거의 사용 허용</u>(공평의 원칙에 의한 긍정설)

PART 04

부록

▌Ⅳ 탄핵증거의 조사방법

탄핵증거의 제출 - 보통의 증거제출과 같은 방식	원칙 : 탄핵증거 입증취지 명시	① 탄핵증거는 원칙적으로 <u>증거제출 당시 탄핵증거라는 취지로 제출 要</u> & 적어도 <u>증명력을 다투고자 하는 증거의 어느 부분에 의하여 진술의 어느 부분을 다투려고 하는지는 사전에 상대방에게 알려야 함</u>(입증 취지의 구체적 명시, 2005도2617) [국9 13, 국7 23, 법원 24, 해간 12, 경승 15/1차, 경승 10/1차, 경 11/1차, 경 13/1차, 경 14/2차, 경 15/3차, 경 16/1차, 경 24/1차] → 제출은 원칙적으로 정식의 증거조사와 같은 방식 [경 10/1차] ② 취지 : 상대방에게 이에 대한 공격·방어의 수단을 강구할 기회를 사전에 부여
	예외 : 유죄증거로 제출되어도 탄핵증거로 조사되면 적법	① 증거제출 당시 유죄를 입증하기 위한 증거로 제출되어 탄핵증거라는 입증취지를 명시하지 아니하였다 하여도 → <u>탄핵증거로 증거조사가 이루어지면</u> → <u>탄핵증거로 사용 可</u> [경승 11/15] (2005도2617) ② 예시 : 검사가 사법경찰관 작성 피의자신문조서를 피고인에 대한 유죄의 증거로 신청·제출 → 피고인·변호인이 증거동의하지 않고 내용부인 → 전문법칙에 의하여 증거 ×(§312③) → but 피고인 공판정 진술에 대한 탄핵증거 사용 可

| 탄핵증거의
조사방법
- 조사는 하되
상당하다고
인정되는 방식
조사 | ① 탄핵증거는 증거능력 없는 증거가 사용되는 경우이므로 **정식의 증거조사는 不要**
[법원 10, 교정9 특채 10, 경승 09, 경 11/1차, 경 14/2차]
② But 공개재판원칙상 공판정에서 **탄핵증거로서의 증거조사 要**(97도1770) [국7 09/15, 국9 13, 경 11/1차, 경 13/1차, 경 15/3차, 경 16/1차]
③ 증거조사의 방식 : **상당하다고 인정되는 방법**으로 실시 可(= 간이공판절차의 증거조사 방식)
㉠ 교호신문 不要
㉡ **증거신청의 과정에서 증거목록에 기재되지 않았고 증거결정이 있지 아니하였다** → but **공판과정에서 그 입증취지가 구체적으로 명시되고 제시까지 되었다** → 탄핵증거로서의 증거조사는 된 것임(2005도6271) [국9 13, 법원 24, 해간 12] |

08 자백의 보강법칙

I 의의

| 개 념 | ① 개념 : 증거능력이 있고 신빙성이 인정되는 자백에 의하여 법관이 유죄의 확신을 하는 경우에도 → 별도의 보강증거가 없으면 유죄로 인정할 수 없다는 증거법칙 [법원 04, 국9 08/14] → 증거능력 있고 신용성 있는 자백도 보강증거가 있어야 진실성이 담보되어 믿을 만하게 된다는 원칙
② 현행법 : "**피고인의 자백이 그 피고인에게 불이익한 유일의 증거인 때에는 이를 유죄의 증거로 하지 못한다**(§310 ← **헌법** §12⑦)"
③ 성질 : 자백의 증명력을 제한하는 자유심증주의의 예외 [행시 02, 국9 08/10, 교정9 특채 10, 경승 12, 경 01/3차]
④ 요약

자백 + 보강증거 = 유죄
㉠ 자백 : 피고인의 자백 ○, 공범자의 자백 ×, 객관적 구성요건 要, 주관적 구성요건 不要(주관적 구성요건은 자백만으로도 증명력 인정)
㉡ 보강증거 : 피고인의 자백 ×, 공범자의 자백 ○, 간접증거(정황증거) ○ |
| 근 거 | ① 허위자백으로 인하여 생길 수 있는 오판의 위험 방지
② 수사기관의 자백 편중 수사로 발생할 수 있는 인권침해 방지 [국9 10] |

Ⅱ 보강법칙의 적용범위

절 차	적용 ○	① 정식재판(헌법 §12⑦後) ○ ② **간이공판절차·약식명령절차** ○ [경 08/3차, 경 12/3차]
	적용 ×	① 즉결심판절차법의 적용을 받는 **즉결심판** [법원 10/12/17, 국9 10] ② 소년법의 적용을 받는 **소년보호사건**
보강을 필요로 하는 자백	피고인의 자백	① 보강법칙 적용의 전제조건 　㉠ 자백의 증거능력 要 ∴ 자백배제법칙 및 전문법칙에 의하여 증거능력 없는 　　자백은 보강증거가 있어도 유죄의 증거 × 　㉡ 자백의 신용성(신빙성)이 인정되어야만 보강법칙 적용 ② **피고인의 자백** 　㉠ 자백 당시의 지위 不問 : 피고인의 자백뿐 아니라 피의자·참고인·증인 　　일 때의 자백 모두 포함 ○ ≠ but 피고인의 자백이 아닌 증인의 증언이나 　　참고인의 진술 등은 보강증거가 없어도 유죄의 증거 可 　㉡ 자백의 상대방 不問 : 수사기관·사인 ○ 　㉢ 자백의 형태 不問 : 구두·서면 ○ → 자백 내용 진술뿐 아니라 자백 내용 　　기재된 진술조서·진술서·일기장·비망록(메모)·수첩 등 모두 포함 　㉣ **피고인이 공판정에서 법관의 면전에서 행하는 자백** : 역시 허위개입으로 인 　　한 오판의 위험성은 존재함 ∴ **보강법칙 적용**(通·判, 4292형상1043) [행 　　시 02, 법원 15/17, 국7 08, 경 04/2차]
	공범자의 자백	① 증거능력의 인정 여부 　㉠ **공범자의 공판정 자백**의 증거능력 　　ⓐ (견해 대립) 긍정설(判, 85도691; 87도973; 87도1020; 92도917 등) 　　ⓑ 피고인은 자백한 다른 공동피고인에 대하여 반대신문권 보장 → 공범자 　　　의 공판정 자백도 피고인의 공소사실에 대해서 **증거능력 有** [법원 17] 　㉡ 공범자의 공판정 외 자백의 증거능력 : 전문법칙 적용 ② 보강법칙의 적용 여부 　㉠ 문제점 : 공범자의 자백이 §310의 '피고인의 자백'에 포함되는가 → 공범 　　자의 자백이 피고인의 공소사실에 관한 유일한 증거인 경우에도 보강법 　　칙이 적용되는가 → 甲과 乙이 공범자인 경우 乙의 자백만으로 별도의 　　보강증거 없이 甲을 유죄로 인정할 수 있는가? 　㉡ 결론 : (견해 대립) **공범자의 자백을 §310의 피고인의 자백이라고 할 수 없음** 　　→ **공범자의 자백**에 대해서는 **보강증거 필요 없음**(判, 92도917) [법원 08, 　　국7 08/13/15, 국9 08/16, 교정9 특채 10, 경승 10/15, 경 14/1차, 경 16/1차] → §310 　　의 피고인의 자백에는 공범인 공동피고인의 진술 포함 × 　㉢ 적용 : 피고인이 부인하는 경우 **공범자의 자백만으로도 피고인에 대한 유죄 　　의 증거**로 삼을 수 있음 [법원 10/12/14/15, 국7 07, 국9 10/12/13, 경간 12/14, 경승 　　10/11/12, 경 15/1차]

PART 04

증거

III 보강증거의 자격

자백과는 독립된 증거능력 있는 증거	증거능력	의 의	보강증거는 자백의 증명력을 보강하여 유죄판결을 가능케 하는 증거 → ∴ 보강증거는 **증거능력 있는 증거**여야 함(엄격한 증명) [경 03/1차] ∴ 임의성 없는 자백·진술, 위법수집증거 : 보강증거 ×
		전문증거	전문법칙의 예외가 적용되지 않는 한 보강증거 ×(탄핵증거와의 차이)
	독립증거	의 의	① **피고인의 자백과는 실질적으로 독립된 증거가치를** 가지는 것 要 ② 피고인의 자백으로 본인의 자백 보강 : 허용 ×
		피고인의 자백	① **피고인의 자백** : 자백에 대한 독립증거 × → **보강증거 ×** ② 피고인의 수사단계 등 공판정 외에서의 자백(65도405; 66도634 전합; 81도1314) × ③ 피고인의 자백이 기재된 조서·진술서 등 증거서류 × ④ 항소심에서 행한 자백에 대한 제1심에서 행한 자백 × ⑤ 검증현장 피고인의 범행장면 재연(실연에 의한 자백에 불과함) ×
		피고인의 자백을 내용으로 하는 피고인 아닌 자의 진술	① **피고인의 자백을 내용으로 하는 제3자의 진술** → **보강증거 ×** ② 피고인으로부터 범행을 자백받았다는 피고인 아닌 자의 진술이나 피고인이 범행을 자인하였다는 것을 들었다는 피고인 아닌 자의 진술(81도1314; 2007도10937) → (피고인 아닌 자의 진술이라도) × [법원 10/14/15/17/22, 국9 12/14, 경간 12/14, 경승 10/11/13, 경 12/3차, 경 13/2차, 경 14/1차, 경 15/1차, 경 16/1차]
		수첩 장부 등	① 피고인이 범인으로 검거되기 전 작성한 **수첩·일기장·메모·상업장부 등**에 피고인의 범행이 포함되어 있는 경우 : (견해 대립) **보강증거** ○(긍정설, 判, 94도2865 전합) [법원 12, 국9 12/16, 경간 14, 해간 12, 경승 10/13/15, 경 11/1차] ② 상업장부·항해일지·진료일지 또는 이와 유사한 금전출납부 등과 같이 범죄사실의 인정 여부와는 관계없이 자기에게 맡겨진 **사무를 처리한 사무 내역을 그때그때 계속적·기계적으로 기재한 문서** 등 : 사무처리 내역을 증명하기 위하여 존재하는 문서 → (공소사실에 일부 부합되는 사실의 기재가 있더라도) 피고인이 범죄사실을 **자백하는 문서**는 아님(피고인의 자백 ×) → 피고인이 업무추진 과정에서 지출한 자금 내역을 기록한 수첩의 기재 내용은 자백에 대한 독립적인 **보강증거** ○(94도2865 전합)
		간접증거	① **간접증거(정황증거)** → **보강증거** ○(通·判) [법원 08/10/12/14, 교정9 특채 10, 경간 14, 경승 10, 경 12/1차, 경 12/3차, 경 13/2차, 경 15/1차] ② But 공소사실의 객관적 부분과는 관련 없는 **범행동기**(90도2010)나 **습성**(95도1794)에 관한 정황증거 : **보강증거 ×**

공범자의 자백	문제점	① 피고인의 자백이 있는 경우 공범자의 자백을 보강증거로 할 수 있는가? ② 공동피고인이 모두 자백한 경우에 상호 보강증거가 될 수 있는가?
	결 론	① (견해 대립) **공범자의 자백도 피고인의 자백에 대한 보강증거** ○(긍정설, 通· 判)[법원 10/12/14/15, 국7 07, 국9 10/12/13/16, 경간 12/14, 경승 10/11/12, 경 15/1차] ② 判例 : **공동피고인의 자백**은 이에 대한 피고인의 반대신문권이 보장되어 있 어 증인으로 신문한 경우와 다를 바 없으므로 **독립한 증거능력** ○(85도691; 92도917 등) → 피고인들 간에 이해관계가 상반되어도 同(2006도1944)

💡 퍼써 정리 | 기타 자백의 보강증거에 해당되는 주요사례

1. **위조 신분증의 현존**은 동 신분증의 제시행사사실의 자백에 대한 보강증거(82도3107) [국7 14, 경승 15, 경 06/2차]
2. **처가 간통사실을 자인하는 것을 들었고 가출과 외박이 잦았다는 내용의 남편 진술**은 간통자백에 대한 보강증거(83도686) [국7 14, 경 06/2차, 경 11/1차, 경 12/3차]
3. 피고인이 성명불상자로부터 반지 1개를 편취한 후 甲에게 매도하였다고 자백 → **甲은 같은 일시경 피고인으로부터 금반지 1개를 매입하였다고 진술**한 것은 보강증거(85도1838) [국7 14]
4. 뇌물공여의 상대방인 공무원이 뇌물을 수수한 사실을 부인하면서도 **그 일시 경에 뇌물공여자를 만났던 사실 및 공무에 관한 청탁을 받기도 한 사실 자체는 시인** → 뇌물을 공여하였다는 뇌물공여자의 자백에 대한 보강증거(94도993) [법원 24]
5. **자동차등록증에 차량의 소유자가 피고인으로 등록·기재**된 것 → 피고인이 그 차량을 운전하였다는 사실의 자백 부분에 대한 보강증거(무면허운전의 보강증거로 충분) [교정9 특채 10, 경간 12, 경승 10] (2000도2365)
6. 절도의 공소사실에 대한 피고인의 자백에서 충분히 진실성이 인정되는 경우 → **피고인의 집에서 해당 피해품을 압수한 압수조서와 압수물 사진**은 보강증거(2008도2343) [경간 12, 경승 10, 경 12/1차]
7. **운전을 하고 온 피고인으로부터 필로폰을 건네받았고 그 이틀 후 피고인으로부터 채취한 소변에서 나온 필로폰 양성반응** → 피고인이 자백한 도로교통법상 약물운전에 대한 보강증거(2010도11272) [경 12/1차]

💡 퍼써 정리 | 기타 자백의 보강증거에 해당되지 아니하는 주요사례

1. 자기 집 앞에 세워둔 화물차 1대를 도난당하였다는 참고인의 진술 → 피고인의 위 차를 타고 다른 지역에 가서 소매치기 범행을 하였다는 자백에 대한 보강증거 ×(85도2656)
2. **공소사실의 객관적 부분과 관련이 없는 것**(피고인의 주거침입 범행의 **범행의 동기**)에 관한 참고인의 전문진술 → 피고인의 주거침입 범행 자백에 대한 보강증거 ×(90도2010) [국7 14]
3. **소변검사 결과는 1995.1.17. 투약행위로 인한 것** → 1994년 6월부터 11월 사이 4회 투약행위에 대한 보강증거 ×(**투약습성에 대한 정황증거**만으로는 투약행위의 자백에 대한 보강증거가 될 수 없음)(95도1794)

[정리] 공범자의 자백
    ① 공범자의 자백의 보강증거 요부 : 不要(∵ §310의 피고인의 자백 ×)
    ② 공범자의 자백은 피고인의 자백에 대한 보강증거가 될 수 있는가 : 긍정
    ③ 공범자 모두 자백한 경우 상호 보강증거가 될 수 있는가 : 긍정
       ※ 단, 피고인의 자백의 증거능력 要, 공범자의 자백도 증거능력 要
    ④ 피고인 자백, 공범자 부인 시 : 피고인 무죄(∵ 보강증거 ×)
    ⑤ 피고인 부인, 공범자 자백 시 : 피고인 유죄, 공범자(if 보강증거 ×) 무죄

Ⅳ 보강증거의 범위

보강증거가 필요한 범위	문제의 소재	자백의 내용인 사실의 어느 범위까지 보강증거가 필요한가?
	결 론	① 죄체설 vs 진실성담보설(실질설) 대립 ② **진실성담보설** : 자백에 대한 보강증거는 **범죄사실의 전부 또는 중요부분을 인정할 수 있는 정도가 되지 아니하더라도**(죄체설 ×) [해간 12, 경승 13, 경 11/1차] **피고인의 자백이 가공적인 것이 아닌 진실한 것임을 인정할 수 있는 정도**로 족함(通·判, 98도159; 99도338; 2001도4091 등) 　㉠ 보강증거는 자백과 서로 어울려서 전체로서 범죄사실을 인정할 수 있으면 유죄의 증거로 충분 ∴ 정황증거도 보강증거 可 　㉡ 사람의 기억에는 한계가 있는 만큼 자백과 보강증거 사이에 어느 정도의 차이가 있어도 **중요부분이 일치하고 진실성이 담보되면 보강증거** 可 (2008도2343) [법원 09/10/11/15, 경간 13, 경승 10, 경 12/1차, 경 12/3차, 경 13/2차, 경 15/1차]
보강증거의 요부 및 증명력	요 부	① 보강증거 必要 : 범죄사실 = 피고인 자백 범죄의 **객관적 구성요건**에 해당하는 사실 ② 보강증거가 필요하지 않은 사실 　㉠ 범죄의 주관적 요소 : **고의·목적 등의 주관적 요소**는 자백만으로 인정할 수 있고 **보강증거 不要**(通·判) [법원 17, 경승 11, 경 10/1차] 　㉡ 범죄구성요건사실 이외의 사실 : **처벌조건, 누범가중사유인 전과**(79도1528; 81도1353), **확정판결의 존부** 및 **정상에 관한 사실** → 범죄를 구성하는 사실 × → **보강증거 不要** ∴ 피고인의 자백만으로도 인정 [법원 14, 교정9 특채 10, 경간 13/15, 해간 12, 경승 13, 경 11/1차, 경 13/2차] 　㉢ 범인과 피고인의 동일성 : 범죄사실에 대한 보강증거가 있는 이상, 범인과 피고인의 동일성은 피고인의 자백만으로도 인정(불필요설, 通) ③ 죄수와 보강증거의 요부 　㉠ **실체적 경합** : 각 범죄사실에 관하여 **보강증거 要**(4292형상122; 2007도10937) [국9 12, 경간 13] ∴ **필로폰 매수대금 송금사실**에 대한 증거가 필로폰 매수죄와 경합범 관계에 있는 **필로폰 투약행위**에 대한 보강증거가 될 수 없음(2007도10937) [경승 10] 　㉡ 상상적 경합 : 각 죄에 대해 필요하다는 학설 vs 소송법상 일죄로 처리하므로 가장 중한 죄에 대해서만 족하다는 학설 대립 　㉢ 포괄일죄 　　ⓐ 원칙 : 전체적으로 보강증거 있으면 족함 　　ⓑ 예외 : 개별적 행위가 모여 구성요건상 **독립된 가중적 처벌규정이 되는 경우**(예 **상습범** 등) → **각 행위에 대한 보강증거 要** → 투약습성에 관한 정황증거만으로 각 투약행위(향정신성의약품관리법위반죄의 포괄1죄인 상습범의 객관적 구성요건)가 있었다는 점에 관한 보강증거로 삼을 수는 없음(95도1794) [법원 11, 경간 13/15, 경승 11/13, 경 12/3차] [정리] 6개월간 6회의 절도행위가 상습절도죄의 포괄일죄를 구성하는 경우 : ① 공소사실의 특정, ② 공소장변경, ③ 공소시효에서는 전체적·포괄적으로 정하면 되나(이상 공소관련), ④ 보강증거에 있어서는 각 개별 행위에 대해 보강증거 要

보강증거의 요부 및 증명력	증명력	보강증거만으로는 범죄사실을 인정할 수 없더라도, **자백과 종합하여 범죄사실을 인정할 수 있을 정도의 증명력**이면 족함(진실성담보설, 상대설: (通·判), 2001도1897) [법원 11/14]

V 자백보강법칙 위반의 효과

상소이유	① 자백이 유일한 증거임에도 유죄판결을 선고한 경우 → 자백보강법칙 위반 → 판결에 영향을 미친 법령위반 → 상대적 항소이유(§361의5 1.)·상대적 상고이유(§383 1.)에 해당 ② 판결에 영향을 미친 법률위반 : **보강증거 없이 피고인의 자백만으로 유죄로 판단**한 경우 → 그 자체로 판결 결과에 영향을 미친 **위법**이 있는 것(2007도7835) [경승 10, 경 15/1차]
비상구제	자백이 유일한 증거임에도 유죄판결이 확정된 경우 ① 비상상고의 이유가 됨(§441) ② But 무죄의 증거가 새로 발견된 경우는 아님 → 재심사유(§420 5.)는 될 수 없음

09 공판조서의 증명력

I 의 의

개 념	① 공판조서의 배타적 증명력 : 공판기일의 소송절차가 법정의 방식에 따라 적법하게 행하여졌는지 여부를 인증하기 위하여 법원사무관 등이 공판기일의 소송절차 경과를 기술하는 조서 → 소송절차에 관한 사실은 공판조서의 기재가 소송기록상 명백한 오기인 경우를 제외하고는 공판조서에 기재된 대로 공판절차가 진행된 것으로 증명되고 **다른 자료에 의한 반증은 허용 ×**(절대적 증명력, 93도2505; 95도110; 96도173; 2005도5996) [법원 11/12, 경간 12, 경 10/2차] ② 현행법 : **"공판기일의 소송절차로서 공판조서에 기재된 것은 그 조서만으로써 증명한다**(§56)" [국9 08] ③ 성질 : 공판조서의 배타적 증명력은 자유심증주의의 예외
취 지	① 상소심절차의 지연 방지 ② 상소심에서 유·무죄의 실체심리에 집중할 수 있도록 함
공판조서의 정확성 보장	① 의의 : 공판조서의 배타적 증명력을 인정하기 위한 전제로서 공판조서 기재의 정확성을 보장하기 위한 장치 必要 ② 공판조서의 작성과 확인 　㉠ 작성 : 공판조서는 당해 공판에 참여한 법원사무관 등(법관 ×)이 작성(§51①) 　㉡ 확인 : 재판장과 참여한 법원사무관 등이 기명날인 또는 서명해야 함(§53①) ③ 공판조서 정리·고지·기재변경청구·이의제기권 및 열람·등사권 　㉠ 공판조서는 각 공판기일 후 신속히 정리하여야 함(§54①)

공판조서의 정확성 보장		㉡ 다음 회의 공판기일에 있어서는 전회의 공판심리에 관한 주요사항의 요지를 조서에 의하여 고지 but 다음 회의 공판기일까지 전회의 공판조서가 정리되지 아니한 때에는 조서에 의하지 아니하고 고지 可(동②) ㉢ 검사, 피고인 또는 변호인은 공판조서의 기재에 대하여 변경을 청구하거나 이의제기 可(§54③) → 이 경우 그 취지와 이에 대한 재판장의 의견을 기재한 조서를 당해 공판조서에 첨부(동④) ㉣ 피고인과 변호인은 소송계속 중의 관계서류·증거물 열람·등사 可(§35①) ㉤ 피고인은 공판조서의 열람·등사 청구 可(§55①, 읽지 못하는 때에는 공판조서의 낭독 청구 可, 동②) → 법원이 §55①②의 청구에 응하지 아니한 때에는 그 공판조서를 유죄의 증거로 할 수 없음(동③)(2003도3282)

Ⅱ 배타적 증명력이 인정되는 범위

공판기일의 소송절차	공판기일 절차	**'공판기일'**의 절차에 한함 ∴ 당해 사건에 관한 절차라 할지라도 '공판기일 외'에서 행하는 절차에 대해서는 배타적 증명력 × 예 증거보전절차, 공판준비절차, 공판기일 외의 증인신문·검증절차 등
	소송절차	① **'소송절차'**에 한함 ② 소송절차 : **소송절차의 적법성뿐만 아니라 그 존부도** 배타적 증명력 ○ 　㉠ 예 : 공판기일의 진술거부권 고지, **재판의 공개금지결정**, 공소장 변경의 신청 및 허가, **증거동의**, 증언거부권의 고지, **증인의 선서**, 증인이 증언하였다는 사실, 피고인이 진술하였다는 사실, 각 공판기일에 재판장이 피고인에게 **전회 공판심리에 관한 주요사항의 요지를 고지**한 사실(2003도3282), 검사·피고인·변호인의 최종변론이 있었다는 사실 등 　㉡ 공개금지결정사실 : 제1심 공판조서에 제1심법원이 **공개금지결정을 선고한 후** 위 수사관들에 대하여 비공개 상태에서 증인신문절차를 진행한 것으로 기재 → 그 공개금지결정 선고 여부에 대하여 공판조서 이외의 다른 방법에 의한 증명이나 반증은 허용되지 않음(2013도2511) [국7 23, 경간 14] 　㉢ 증거동의사실 : **피고인이** 변호인과 함께 출석한 공판기일의 공판조서에 **검사가 제출한 증거에 대하여 동의한다는 기재** → 피고인이 증거동의를 한 것으로 보아야 하며 이는 절대적인 증명력을 가짐(2015도19139) ③ 실체면은 제외 : 공판조서는 법원·법관의 면전조서로서 절대적 증거능력 인정(§311) but **실체면에 대해서는 배타적 증명력 ×** → 실체면은 다른 증거에 의하여 다툴 수 있음(예 증인이 증언한 내용, 피고인이 진술한 내용, 검사·피고인·변호인의 최종변론의 내용 등)
공판조서에 기재된 소송절차	기재된 소송절차	① 공판조서에 **기재된** 소송절차만 배타적 증명력 ○ ② 필요적 기재사항인가 아닌가는 不問
	기재되지 않은 소송절차	① **기재되지 않은 경우 – 자유심증주의** 　㉠ 공판조서에 기재되지 않은 소송절차 : 공판조서 이외의 자료에 의한 증명 허용 → 소송법적 사실에 관한 증명이므로 자유로운 증명으로 족함 → 예 1심의 공판조서에 증인이 출석하여 증언을 하였다고 기재되어 있고 선서 여부에 대해서 기재되어 있지 않은 경우, 자유로운 증명에 의함

공판조서에 기재된 소송절차	기재되지 않은 소송절차	ⓒ 사실상 추정 : 공판조서 미기재이어도 그 소송절차의 부존재가 추정되 는 것은 아님 → **법원이 통상 행하는 소송절차(인정신문)의 존재는 추정됨** (적법한 소송절차의 사실상 추정)(72도2421) ② **불분명한 기재, 명백한 오기의 경우 – 자유심증주의** 　ⓐ 공판조서의 기재가 불명확하거나 모순이 있는 경우 : 배타적 증명력 × 　　→ 법관의 자유로운 심증에 따름 　ⓑ 공판조서의 기재가 소송기록상 **명백한 오기**인 경우 : 오기 부분의 **배타적 　　증명력** × [경간 14] → **올바른 내용에 따라 증명력** 가짐(자유심증주의) 　　(95도110 등) [경간 14]

Ⅲ 배타적 증명력 있는 공판조서

당해 사건의 유효한 공판조서	당해 사건의 공판조서	① **당해 사건의 공판조서만** 배타적 증명력 ○ : 절대적 증거능력 인정 (§311), 절대적 증명력 인정(§56) ② 다른 사건의 공판조서의 배타적 증명력 × : 당연히 증거능력 인정 (§315 3.), 절대적 증명력 부정
	유효한 공판조서	① **유효한 공판조서만** 배타적 증명력 ○ ② 공판조서가 처음부터 작성되지 않는 경우나 도중에 멸실된 경우 또는 중대한 방식위반으로 무효인 경우 : **배타적 증명력 인정 ×** → 예 당해 공판기일에 **열석하지 아니한 판사가 재판장으로서 서명·날인**한 경우 (82도2940) [법원 08, 국7 09, 경승 10]
공판조서의 멸실·무효		① 문제의 소재 : 공판조서가 무효이거나 멸실된 경우에 상소심에서 원심의 소송절차의 위 법을 주장하면서 다른 자료를 사용할 수 있는가 ② 判例 : 다른 자료로 다툴 수 없으므로 파기환송해야 함(소극설, 4283형상9) ③ 通說 : 항소심의 심판은 파기자판 원칙, 공판조서의 멸실·무효는 결국 공판조서에 기 재되지 아니한 소송절차의 경우와 같음 → 자유심증주의에 의해 다른 자료에 의한 사실 의 인정 可(적극설)

재 판

01 재판의 기본개념

Ⅰ 재판의 의의와 종류

의의	① 협의의 재판 : 사건에 법령을 적용하여 이를 공권적으로 해결하는 법원의 의사표시(종국재판) ② 광의의 재판 : 법원 또는 법관이 소송절차에서 외부적으로 표시하는 일체의 의사표시(재판의 일반적 의미)			

종류	재판의 기능에 의한 분류	구 분	종국재판	종국전재판
		개 념	피고사건에 대한 소송계속을 그 심급에서 종결시키는 재판(1심·2심·3심의 판결)	소송 계속 진행을 위해 절차상의 문제를 해결하는 재판(중간재판)
		종 류	① 유죄·무죄판결 ② 관할위반·공소기각·면소의 재판 ③ 상소심의 파기자판·상소기각의 재판, 파기환송·파기이송의 재판	종국재판 이외의 결정·명령 예 보석허가결정 등 But **공소기각결정 등은 종국재판**
		취소 변경	재판을 한 법원의 취소·변경 不可	재판을 한 법원의 취소·변경 可
		상소 여부	원칙적 상소 허용	① 원칙 : 상소 불허(§403①) [국9 14] ② 예외 : 즉시항고 있거나, 압수·환부·구금·보석·감정유치(동②)
		결정 중 종국재판인 것 : 공소기각결정(§328), 항소기각결정(§360, §361의4), 상고기각결정(§376, §380), 항고기각결정(§407, §413) 등		
	재판의 내용에 의한 분류	구 분	실체재판	형식재판
		개 념	피고사건의 실체(범죄의 성부, 형벌권의 존부)를 판단하는 재판(본안재판)	소송조건 흠결을 이유로 사건을 종결시키는 재판(본안외재판)
		종 류	종국재판 중 **유죄·무죄판결**	종국전재판 종국재판 중 관할위반·공소기각·면소의 재판
		판 결	판결	판결·결정·명령
		기판력	○	원칙 : ×(예외 : 면소판결)
		실체재판은 모두 판결임 but 형식재판은 결정(공소기각결정)도 있음		

구 분	판 결	결 정	명 령
주 체	수소법원	수소법원 수명법관·수탁판사 可	재판장· 수명법관·수탁판사
성 격	종국재판의 원칙적 형식	종국전재판의 원칙적 형식	종국전재판

종 류	① 유죄·무죄판결
	② 공소기각판결
	③ 관할위반판결
	④ 면소판결
		① 종국전재판
		  예 보석허가결정 등
		② 종국재판
		  예 공소기각결정 등
			재판장 또는 법관 개인의 명령·처분
			예 재판장의 공판기일 지정, 퇴정명령
			* 약식명령 : 명령 ×
			(독립된 형식의 재판) [행시 04]

심 리	**구두변론 원칙**(§37①)	① **구두변론 생략 可**(임의적 변론, §37②) [국9 14] ② 필요시 사실조사 可(§37③) [교정9 특채 10]	
재 판	① 판결서에 의한 공판정 선고(§38本, §42) ② 이유 명시(§39本) [경간 15]	① 결정 명령 고지 : 재판서 작성 없이 조서에만 기재 可(§38但) ② 이유 명시 : 원칙 要 but 상소불허 결정과 명령 不要(§39但)	
불 복	① **항소**(§357) ② **상고**(§371) * 재심·비상상고 : 판결만 可	① **항고**(§402) ② **재항고**(§415) [경간 15]	① 원칙 : 상소방법 없음 [경간 15] ② 예외 : 이의신청(§304)·준항고(§416) 可 [경간 15]

[보충1] 판결 : 원칙적으로 구두변론에 의함 but ① 항소이유 없음이 명백하여 소송기록에 의하여 판결하는 경우(§364⑤), ② 상고법원이 소송기록만에 의하여 판결하는 경우(§390), ③ 정정판결(§401①) 등은 예외

[보충2] 결정 : 수명법관·수탁판사가 법원의 직무를 행할 수 있도록 되어 있는 경우(§136③, §145, §167③, §177 등) 수명법관·수탁판사도 결정 可. 사실조사를 위해 필요한 때에는 증인을 신문하거나 감정을 명할 수 있고 소송관계인을 참여하게 하는 것도 可(규칙 §24)

[보충3] 명령 : 수소법원이 아닌 재판장 또는 1인의 법관이 행하는 재판 → 명칭상 명령이라 하지 않더라도 명령에 해당
• 판결 → 반드시 선고를 거쳐 공표 要
• 그 밖의 결정·명령 → 고지에 의하여 공표[극소수의 예외(예 법조 §57② 의 공판 비공개결정은 선고)를 제외]

[보충4] 증거조사에 관한 결정이나 재판장의 처분(명령) → 법령 위반이 있는 경우 이의신청만 可

Ⅱ 재판의 성립 및 방식

1. 재판의 성립

내부적 성립	의 의	① 재판의 의사표시 내용이 당해 사건의 심리에 관여한 재판기관의 내부에서 결정되는 것 ② 심리에 관여하지 않는 법관이 재판의 내부적 성립에 관여한 경우 → 절대적 항소이유(§361의5 8.) 및 상대적 상고이유(§383 1.)
	시 기 (합의부의 재판)	① 합의부의 구성원인 법관들의 합의가 있을 때 내부적으로 성립 ② 합의는 **과반수**로 결정(법조 §66①) ③ **재판의 합의는 공개 ×**(동 §65)
	시 기 (단독판사의 재판)	① 합의의 단계가 없으므로 재판서 작성 시에 내부적으로 성립 ② 재판서의 작성이 없는 재판 : 재판의 고지 or 선고 시 내부적 성립과 외부적 성립이 동시 성립
	효 과	**재판이 내부적으로 성립하면 그 후에 법관이 경질되어도 공판절차 갱신 不要** (§301 단서) [행시 04, 국7 00]
외부적 성립	의 의	재판의 의사표시적 내용인 재판을 받는 자에 의해서 인식될 수 있는 상태에 이른 것
	시 기	**(판결) 선고** or **(결정·명령) 고지**에 의하여 외부적으로 성립
	선고 및 고지	① 재판의 선고·고지권자 : 재판장 ② 방법 　㉠ 공판정 : 재판서 　㉡ 기타의 경우 : 재판서 등본의 송달 또는 다른 적당한 방법 사용 　　(例 모사전송기에 의한 고지도 可) 　㉢ 단, 법률에 다른 규정이 있는 때에는 예외(§42) 　㉣ 재판의 선고·고지는 이미 성립한 재판을 대외적으로 공표하는 행위에 불과하므로 내부적 성립에 관여하지 않은 판사가 하여도 효력에는 영향 無 [국9 14]
	선고 및 고지 (선 고)	① 선고 : 공판정에서 판결의 내용을 구술로 선언 ② 선고 방식 : 주문 낭독 + 이유의 요지 설명(§43) 　→ 이유의 요지 설명방법 : 말 or 판결서 등본 or 판결서 초본의 교부 등 적절한 방법에 의함(규칙 §147①, 2016.6.27. 개정). 필요 시 적절한 훈계도 可(동②) ③ 상소제기기간의 기산일 : 재판의 선고에 관한 **상소제기기간**은 재판서의 송달과 관계없이 **재판선고일로부터 진행**
	선고 및 고지 (고 지)	① 고지 방식 : 재판서의 등본의 송달 기타 적당한 방식에 의함(2004모208) ② 상소제기기간의 기산일 : 재판서의 **등본의 송달일로부터 계산**

외부적 성립	효과	① 재판의 구속력 : 재판이 외부적으로 성립하면 ㉠ **종국재판**은 법적 안정성의 관점에서 **재판을 한 법원 자신도 그 내용을 철회·변경 不可** but ㉡ 종국전재판은 합목적성의 관점에서 철회·변경 널리 허용 ○ ② 상소기간의 진행 　㉠ **재판이 선고·고지된 날** ○(§343②)(선고 : 재판서 송달과 관계없이 **재판선고일로부터** 상소기간 진행, **판결문 송달받은 날** ×(92헌바) [경승 10], **고지 : 재판서 등본송달일로부터**) [경 12/3차, 경 13/1차] → 피고인이 불출석한 상태에서 재판을 하는 경우에도 同(2002모6) [법원 14] 　㉡ 상소제기기간의 **기산일** 　　ⓐ 기간계산의 일반원칙(§66① : 초일불산입)에 따라 **재판을 선고 or 고지한 날의 익일** 　　ⓑ 재판의 선고 시·고지 시에 상소권이 발생하므로 재판선고 or 고지된 당일에도 상소제기 可 ③ 무죄, 면소, 공소기각의 재판, 벌금, 집행유예, 선고유예, 형의 면제 판결 선고 시 : 그 선고와 동시에 구속영장 실효(§331) + 구속피고인 바로 석방 ④ 결정 및 명령 : 원칙적으로 고지에 의하여 집행력 발생, 가납명령이 있는 재산형도 선고 즉시 집행 可(§334)

2. 재판서

의 의	법관이 재판의 내용을 기재한 문서 → 그 형식에 따라 판결서(판결문), 결정서, 명령서로 구분 ① 원칙 : 재판은 **법관**이 작성한 **재판서**에 의하여 함(§38本) ② 예외 : **결정·명령**은 (대체로 중간재판이므로) **재판서를 작성하지 아니하고 조서에만 기재하여 할 수 있음**(동但) [법원 10] ③ "**재판을 함에는 반드시 재판서를 작성해야 한다**" × [법원 10] ← ∵ 재판 중 결정·명령은 공판조서에만 기재해도 되는 경우가 있으므로 ④ "**재판서·공판조서·증인신문조서의 작성주체는 법원사무관이다**" × ← 재판서는 그 작성주체가 법관이라는 점에서 법원사무관 등이 작성하는 공판조서, 증인신문조서 등 조서와는 구별됨
작성시기 및 효과	① 재판은 법원 또는 법관의 공권적 의사표시이고, 재판서는 이를 기재한 문서 ② 재판서의 작성시기 　㉠ 원칙 : 법관의(§38本) 사전작성(§42) 　㉡ 예외 : 변론을 종결한 기일에 판결을 선고하는 경우 → 판결서 사후작성 허용 (§318의4②) → 판결선고 후 **5일** 이내 작성(규칙 §146) ③ 재판서의 작성 없는 재판의 선고·고지 : 상대적 항소이유·상고이유 ④ 재판과 재판서의 내용이 일치하지 않는 경우 : 재판은 선고·고지에 의하여 효력이 발생하는 것이지 재판서에 의하여 효력이 발생하는 것은 아님 → 선고된 형과 판결 원본에 기재된 형이 다른 경우에는 **선고된 형을 집행**(81모8)

경 정	재판서	재판서에 <u>오기 기타 이에 유사한 오류</u>가 있는 것이 명백한 때 → 법원은 직권 or 당사자의 신청에 의하여 **경정결정** 可(규칙 §25①)
	대법원 판결	① <u>대법원</u>이 그 <u>판결내용에 오류</u>가 있음을 발견한 때 → 직권 or 검사·상고인·변호인의 신청에 의하여 **판결로써 정정** 可(§400①) ② 대법원판결의 정정은 그 대상도 판결 ; **정정의 방식도 판결**에 의함 　→ 일반적인 재판서의 경정(결정)에 비해 특별한 정정(판결)에 해당
기재사항	주 문	재판의 대상이 된 사실에 대한 최종적 결론
	이 유	① 의의 : 주문에 이르게 된 논리적 과정을 설명한 것 ② 이유의 명시 　㉠ <u>상소를 불허하는 결정이나 명령을 제외</u>하고 **재판에 이유 명시 要**(§39) 　㉡ 이유 기재의 정도 : §323가 유죄판결에 명시될 이유에 관하여 규정하고 있을 뿐 다른 규정 無 → 어느 재판에 어느 정도의 이유 기재를 요하느냐는 재판의 성격에 따라 결정(96모94; 2015도3260) [국7 23]
	기재요건	① 원칙적 기재사항 : 재판받는 자의 성명·연령·직업과 주거 기재(§40①) ② 재판을 받는 자가 법인인 경우 : 그 명칭과 사무소 기재(동②) [법원 09] ③ 판결서 : 기소한 검사, 공판에 관여한 검사의 관직·성명과 변호인의 성명 기재(동③)
	법관의 서명날인	① **재판한 법관**(법원사무관 등 ×)이 **서명날인**(§41①) ② 재판장이 서명날인할 수 없는 때에는 다른 법관이 그 사유 부기 + 서명날인, 다른 법관이 서명날인할 수 없는 때에는 재판장이 그 사유 부기 + 서명날인(동②) ③ 서명날인 　㉠ 판결서 기타 대법원규칙이 정한 재판서를 제외한 재판서 : **서명·날인에 갈음하여 기명·날인** 可(동③) 　㉡ **판결문** 및 각종 **영장** : **서명·날인 필수**(규칙 §25의2) [법원 08, 국7 10] 　㉢ (재판서도 공무원이 작성하는 서류이므로) 작성연월일 기재, 간인 또는 이에 준하는 조치 要(§57①②) 💡 **퍼써 정리 | 공판조서와의 비교** 　① 공판조서는 당해 공판에 참여한 법원사무관 등이 작성(§51①) ≠ 재판서는 법관 작성 　② 공판조서는 재판장과 참여한 법원사무관 등이 기명날인 or 서명(§53①) → 재판장이 기명날인 or 서명할 수 없는 때에는 다른 법관이 그 사유를 부기하고 기명날인 or 서명 → 법관 전원이 기명날인 or 서명할 수 없는 때에는 참여한 법원사무관 등이 그 사유를 부기하고 기명날인 or 서명(동②) ≠ <u>재판서의 경우에는 법원사무관 등의 서명·날인은 없음</u>
	기재사항 위반의 효과	① 판결에 이유를 붙이지 아니하거나 이유에 모순이 있는 것 : 절대적 항소이유(§361의5 11.) 및 상대적 상고이유(§383 1.) ② 재판서에 법관의 서명·날인이 없는 경우 : 판결에 영향을 미친 법률위반(§361의5 1., §383 1.)

송달
송부
교부청구
	송 달	① 판결
		    ㉠ 법원은 선고일로부터 **7일** 이내에 **피고인**(구속피고인)**에게 그 판결서 등본 송달**(피고인이 **동의**하는 경우 판결서 **초본** 송달 可, 2016.6.27. 개정규칙 §148①)
		    ㉡ **불구속 피고인**과 §331의 규정에 의하여 **구속영장의 효력이 상실된 구속 피고인** → 피고인이 송달을 **신청**하는 경우에 한하여 → 판결서 등본 or 판결서 초본 송달(동②)
		    ㉢ 2016.6.27. 규칙 §148①② 개정의 방향
		        ⓐ 피고인의 동의 또는 신청에 따라 판결서등본에 갈음하여 판결서 초본 송달
		        ⓑ 위 송달기간을 '선고일로부터 14일 이내' → '선고일부터 7일 이내'로 단축
		        ⓒ But 규칙 §148 소정의 구속 피고인에 대한 판결서등본 송부기간은 강행규정이 아니라 훈시규정에 불과함(95도826)
		② 결정·명령 : 공판정 외에서 고지하는 경우에는 재판서등본의 송달 또는 다른 적당한 방법 사용(§42)

	등본·초본송부	① **검사의 집행지휘를 요하는 재판** → 재판서 or 재판을 기재한 조서의 등본 or 초본을 → 재판의 선고 or 고지한 때로부터 **10일** 이내(14일 ×)에 검사에게 송부 ② But 법률에 다른 규정이 있는 경우는 예외(이상 §44) [법원 10]
	교부청구	① 피고인 기타의 소송관계인 : 비용 납입하고 재판서 또는 재판을 기재한 조서의 등본 or 초본 교부청구 可(§45) ② 고소인·고발인·피해자 : 위 청구 可 but 청구하는 사유 소명 要(규칙 §26②)

02   종국재판

⊘ 조문정리

제2편 제1심

제2장 공판

제3절 공판의 재판

제318조의4【판결선고기일】 ① 판결의 선고는 변론을 종결한 기일에 하여야 한다. 다만, 특별한 사정이 있는 때에는 따로 선고기일을 지정할 수 있다.
② 변론을 종결한 기일에 판결을 선고하는 경우에는 판결의 선고 후에 판결서를 작성할 수 있다.
③ 제1항 단서의 선고기일은 변론종결 후 14일 이내로 지정되어야 한다.

제319조【관할위반의 판결】 피고사건이 법원의 관할에 속하지 아니한 때에는 판결로써 관할위반의 선고를 하여야 한다.

제320조【토지관할 위반】 ① 법원은 피고인의 신청이 없으면 토지관할에 관하여 관할 위반의 선고를 하지 못한다.
② 관할 위반의 신청은 피고사건에 대한 진술 전에 하여야 한다.

제321조【형선고와 동시에 선고될 사항】 ① 피고사건에 대하여 범죄의 증명이 있는 때에는 형의 면제 또는 선고유예의 경우 외에는 판결로써 형을 선고

하여야 한다.

② 형의 집행유예, 판결 전 구금의 산입일수, 노역장의 유치기간은 형의 선고와 동시에 판결로써 선고하여야 한다.

제322조【형면제 또는 형의 선고유예의 판결】피고사건에 대하여 형의 면제 또는 선고유예를 하는 때에는 판결로써 선고하여야 한다.

제323조【유죄판결에 명시될 이유】① 형의 선고를 하는 때에는 판결이유에 범죄될 사실, 증거의 요지와 법령의 적용을 명시하여야 한다.

② 법률상 범죄의 성립을 조각하는 이유 또는 형의 가중, 감면의 이유되는 사실의 진술이 있는 때에는 이에 대한 판단을 명시하여야 한다.

제324조【상소에 대한 고지】형을 선고하는 경우에는 재판장은 피고인에게 상소할 기간과 상소할 법원을 고지하여야 한다.

제325조【무죄의 판결】피고사건이 범죄로 되지 아니하거나 범죄사실의 증명이 없는 때에는 판결로써 무죄를 선고하여야 한다.

제326조【면소의 판결】다음 경우에는 판결로써 면소의 선고를 하여야 한다.

1. 확정판결이 있은 때
2. 사면이 있은 때
3. 공소의 시효가 완성되었을 때
4. 범죄 후의 법령개폐로 형이 폐지되었을 때

제327조【공소기각의 판결】다음 각 호의 경우에는 판결로써 공소기각의 선고를 하여야 한다.

1. 피고인에 대하여 재판권이 없을 때
2. 공소제기의 절차가 법률의 규정을 위반하여 무효일 때

3. 공소가 제기된 사건에 대하여 다시 공소가 제기되었을 때
4. 제329조를 위반하여 공소가 제기되었을 때
5. 고소가 있어야 공소를 제기할 수 있는 사건에서 고소가 취소되었을 때
6. 피해자의 명시한 의사에 반하여 공소를 제기할 수 없는 사건에서 처벌을 원하지 아니하는 의사표시를 하거나 처벌을 원하는 의사표시를 철회하였을 때

[전문개정 2020.12.8.]

제328조【공소기각의 결정】① 다음 경우에는 결정으로 공소를 기각하여야 한다.

1. 공소가 취소되었을 때
2. 피고인이 사망하거나 피고인인 법인이 존속하지 아니하게 되었을 때
3. 제12조 또는 제13조의 규정에 의하여 재판할 수 없는 때
4. 공소장에 기재된 사실이 진실하다 하더라도 범죄가 될 만한 사실이 포함되지 아니하는 때

② 전항의 결정에 대하여는 즉시항고를 할 수 있다.

제329조【공소취소와 재기소】공소취소에 의한 공소기각의 결정이 확정된 때에는 공소취소 후 그 범죄사실에 대한 다른 중요한 증거를 발견한 경우에 한하여 다시 공소를 제기할 수 있다.

제330조【피고인의 진술없이 하는 판결】피고인이 진술하지 아니하거나 재판장의 허가 없이 퇴정하거나 재판장의 질서유지를 위한 퇴정명령을 받은 때에는 피고인의 진술없이 판결할 수 있다.

제331조【무죄 등 선고와 구속영장의 효력】무죄, 면소, 형의 면제, 형의 선고유예, 형의 집행유예, 공소기각 또는 벌금이나 과료를 과하는 판결이 선고된 때에는 구속영장은 효력을 잃는다.

Ⅰ 유죄판결

의 의	피고사건의 실체에 관하여 **범죄의 증명이 있는 때**에 선고하는 재판(§321)
판결이유	① 범죄사실, 증거의 요지, 법령의 적용 명시(§323①) ② 법률상 범죄의 성립을 조각하는 사유 또는 형의 법률상 가중·감면의 이유되는 사실의 진술이 있는 때에는 이에 대한 판단 명시(동②)

종류	**형 선고 판결**		① 피고사건에 대하여 범죄의 증명이 있는 때에는 형의 면제 또는 선고유예의 경우 외에는 판결로써 형을 선고(§321①) ② 형의 집행유예(형법 §62), 판결 전 구금의 산입일수(동 §57)(단, 헌재결정 · 대법원 판례에 의해 필요 없어짐), 노역장유치기간(동 §70, §69②)(이상 법 §321②), 가납명령(§334②), 압수장물의 환부(§333), 소송비용의 부담(§186) 등은 형의 선고와 동시에 판결로써 선고하여야 함 ③ 판결공시의 취지(형법 §58①)나 배상명령(소촉 §25)도 형의 선고와 동시에 선고 可
	형 면제 판결	의 의	형벌법규에 형을 면제하는 규정이 있는 경우에 행해지는 판결(§322)
		기 재	판결이유에서 면제할 형을 기재할 필요 ×(∵ 면제된 형을 이후 선고하는 경우 無)
		형을 면제할 수 있는 경우	① 과잉방위 · 과잉피난 · 과잉자구행위(형법 §21②, §22③, §23②) ② 중지범(동 §26) ③ 직계혈족 등 친족 간의 재산범죄(동 §328①) ④ 자수나 자복(동 §52, §90①但, §101①但, §175但 등)
	형 선고 유예 판결	의 의	자격정지 이상의 형을 받은 전과가 전혀 없는 자에 대하여 1년 이하의 징역, 금고, 자격정지 또는 벌금의 선고를 할 경우 양형의 조건(형법 §51)을 참작하여 개전의 정상이 현저할 때 판결로써 내리는 형의 선고를 유예하는 판결(동 §59, §322)
		주문 이유	① 주문 : "피고인에 대한 형의 선고를 유예한다"로만 표시 ② 이유 : 선고유예의 실효로 형을 선고할 경우(형법 §61)에 대비하여 유예한 형의 종류와 양 및 부수처분 명시
유죄 판결에 명시할 이유	① **형의 선고를 하는 때**에는 판결이유에 <u>범죄될 사실, 증거의 요지와 법령의 적용</u> 명시(§323①) ② **법률상 범죄의 성립을 조각하는 이유 또는 형의 가중 · 감면의 이유되는 사실의 진술이 있은 때**에는 이에 대한 판단 명시(동②) [국9 00] 💡 **퍼써 정리 ∣ 유죄판결에 명시할 이유 : 사/요/법/주** ① 범죄사실 : 구/(위 · 책 ×)/처/형 ② 증거요지 : 증거재판주의 ③ 법령적용 : 일부 미기재는 적법 ④ 범죄성립조각사유(위책) 및 형벌가중 · (필요적)감면사유의 진술 : 진술(주장) 시		
	범죄될 사실	의 의	특정한 구성요건에 해당하는 위법하고 유책한 구체적 사실
		범 위	① 구성요건해당사실 ㉠ 객관적 · 주관적 구성요건요소 : 객관적 구성요건요소(예 행위의 주체 · 객체 · 결과 · 인과관계 · 태양 · 상황). 주관적 구성요건요소(예 과실 · 목적 · 불법영득의사)에 속하는 사실은 모두 범죄될 사실 → 명시 要 → but 고의는 대체로 객관적 구성요건요소의 존재에 의하여 인정되는 것이므로 특히 명시 不要 ㉡ 예비 · 음모 · 미수 : 기본범죄를 범할 목적 및 외부적 준비행위, 미수죄에서 실행의 착수에 해당하는 사실과 장애미수 · 중지미수 · 불능미수의 구별 명시

유죄
판결에
명시할
이유
	범죄될
	사실
		범 위	ⓒ 공범
			  ⓐ **공동정범·교사범·종범의 구별 명시**
			  ⓑ 공모공동정범의 공모·모의는 공범자 상호 간의 의사의 연락에 의해 **공모·모의가 성립된 것이 밝혀지는 정도의 명시**(94도 1832; 93도3327) [국7 14]
			  ⓒ 교사범·종범은 **정범의 범죄사실 명시 要**(공범종속성원칙)
			    [국7 10, 검9 09, 경승 12]
			ⓔ 범죄의 일시와 장소
			  ⓐ (범죄사실 그 자체는 아니므로) 구체적으로 명확히 할 수 없는 경우에는 **필요한 범위에서 개괄적으로 명시 可**(86도1073) [국7 10]
			  ⓑ 범죄의 일시는 형벌규정 개정에 있어서의 그 적용법령을 결정하고, 행위자의 책임능력을 명확히 하며, 또 공소의 시효완성 여부를 명확히 할 수 있는 정도로 판시하면 됨(70도2536) [국9 08]
			② 위법성과 책임
			  ⊙ 구성요건에 해당하는 때에는 위법성과 책임이 사실상 추정
			    → ∴ 명시 不要
			  ⊙ 위법성조각사유와 책임조각사유의 진술이 있는 경우 그에 대한 판단을 명시하면 족하고(§323②) **범죄될 사실로서 명시할 필요는 없음**
			③ 처벌조건 : 범죄사실 자체는 아니나, 형벌권 발생을 좌우하므로 범죄될 사실에 준하여 명시 要
			④ 형의 가중·감면사유
			  ⊙ 법률상 가중·감면사유는 형벌권 범위에 관한 중요사실이므로 범죄사실에 준하여 명시 要
			  ⊙ But 임의적 감면사유나 **단순한 양형사유**(정상관계사실)는 특별한 경우(예 사형선고, 2015도5785 등)를 제외하고는 **명시 不要**(94도 2584) → 양형의 조건은 판결에 일일이 명시할 필요는 없음

		구체적 표시	형벌법규의 적용을 알 수 있도록, 그 범죄의 구성요건적 특징을 명확히 하여 그 범죄를 다른 범죄와 구별하여 그 동일성을 식별할 수 있을 정도로 구체적으로 표시
		경합범	각각의 범죄사실을 구체적으로 명시
		상상적 경합	사실상 수죄이므로 각각의 범죄사실을 구체적으로 명시하여야 함
		포괄 일죄	① 각각의 행위에 관한 특정은 不要 ② 전체 범행의 시기와 종기, 범행방법, 범행횟수, 피해액의 합계, 행위의 상대방 등을 명시하여 포괄적으로 표시(87도546) [국9 09]

유죄 판결에 명시할 이유	범죄될 사실	범죄 사실의 택일적 인정	① 공소장에 기재할 공소사실과 적용법조에 관해서는 택일적 기재 허용 (§254⑤) ② But **유죄판결의 이유에 명시하여야 할 범죄될 사실과 법령의 적용**에 대해서는 택일적 인정을 허용하는 명문의 규정 無 → 법원의 공권적 판단에는 명확성을 기해야 한다는 점에서 **不可**(93도558)
	증거의 요지	의 의	**범죄될 사실을 인정하는 자료가 된 증거의 요지**(증거재판주의, §307)
		명시 범위	**범죄될 사실의 내용을 이루는 사실** ① 전제조건 : 판결이유에 그 요지가 명시되어야 하는 증거는 적법한 증거조사를 거친 증거능력 있는 증거에 한함 ② **적극적 증거** : 범죄될 사실의 내용을 이루는 사실에 한함 → **범죄될 사실을 증명할 적극적 증거를 명시하면 족함** ③ **소극적 증거** : 범죄사실인정에 배치되는 소극적 증거까지 **거시하여 판단할 필요는 없음** ④ 고의 : 범죄될 사실의 내용을 이루지만, 객관적 구성요건요소에 의하여 그 존재가 인정되므로 이를 인정하기 위한 증거 적시 不要
			범죄될 사실 아닌 사실 ① 범죄의 원인·동기 및 일시·장소, 소송비용의 부담과 미결구금일수의 산입, 자백의 임의성이나 신빙성, 조서의 실질적 진정성립 등 소송법적 사실 → 범죄될 사실이 아니므로 증거거시 不要 ② 누범전과는 범죄될 사실 자체는 아니나, 범죄사실에 준하는 사실(형벌가중사유)이므로 증거요지 명시 要
		명시 정도	**증거의 중요부분 표시** ① 원칙 ㉠ 어떤 증거자료에 의하여 어느 범죄사실을 인정하였는가를 짐작할 수 있을 정도로 **증거의 중요부분**을 기재하면 족함 ㉡ **어느 증거의 어느 부분에 의하여 어느 범죄사실을 인정하였는가를 식별할 수 있도록 구체적으로 일일이 나누어 쓸 필요는 없음**(83도995; 87도1240; 2000도4298) [경승 12] ② 적법 : "**(피의자신문조서 내지 참고인진술조서 중) 판시사실에 일부 부합하는 진술 및 진술기재**"라는 정도로 설시(93도1969) ③ 위법 : "**피고인의 법정 진술과 적법하게 채택되어 조사된 증거들**" → 증거적시로 볼 수 없음(99도5312) [국9 09, 경승 10, 경 10/1차]

유죄 판결에 명시할 이유	법령의 적용	의 의		인정된 범죄사실에 대하여 실체형벌법규를 적용하는 것(죄형법정주의)
		명시 정도		어떤 범죄사실에 대하여 어떤 법령을 적용하였는가를 객관적으로 알 수 있도록 분명하게 명시(74도1477 전합)
		명시 방법	형법각칙 및 특별형법 규정	① 형사처벌의 직접적 근거규정이 되므로 명시 ② 조(條)뿐만 아니라 항(項)도 특정하여 기재함이 원칙 ③ But 형법각칙 **본 조만 기재, 항은 미기재** : 판결에 영향을 미친바 없다면 **위법** ×(상소이유 ×)(71도1334) [국9 15, 경승 11]
			형법총칙 규정	① 미수, 공범, 누범·심신장애인 등 형의 가중·감면사유, 경합범, 상상적 경합 등 죄수에 관한 규정 : 법령적용 명시 要 ② 공동정범의 성립을 인정하였다면 형법 §30을 누락한 잘못이 있어도 실제 이를 적용한 이상 위법 ×(83도1942) [경승 11] ∴ 법령적용 누락·오기가 판결에 영향이 없다면 위법 ×
			부수처분 규정	① 형집행유예(형법 §62), 노역장유치기간(형법 §70, §69②)(이상 §321②), 가납명령(§334②), 압수장물의 피해자환부(§333), 소송비용의 부담(§186) 등 부수처분 : 법령적용 명시함이 원칙 ② But 부수처분을 선고하면서 법령의 적용을 누락하여도 실제 이를 적용한 취지가 나타난 이상 → 위법 ×(71도510) [정리] 명시되지 않으면 위법인 적용법규 　　　형법각칙 또는 특별형법의 각 본조
			공소장 과의 관계	공소장변경의 필요성이 없다면 **법원은 공소장에 기재된 적용법조와 다른 법령 적용 可**(71도2099)
	소송 관계인의 주장에 대한 판단	의 의		**법률상 범죄의 성립을 조각하는 이유, 형의 가중·감면의 이유되는 사실의 진술이 있은 때** → 이에 대한 **판단 명시** 要(§323②)
		주장의 범위		① 원칙 : §323②의 주장은 소송관계인의 공판절차에서의 진술에 한함 ② 공판절차라면 증거조사·피고인신문·최종변론 등 심리의 단계 불문 ③ But 수사단계에서의 진술은 포함 × ④ 피고인의 진술이 없는 경우 　㉠ 피고인의 (심신장애) 진술이 없는 경우까지 법원 직권 판단 不要 (86도2530) 　㉡ 단순한 법적 평가에 대한 진술만으로는 본 주장에 속하지 않음
		명시 정도		① 判例 : 주장 채부의 결론만 표시하면 족함(4285형상82) ② 多 : 이유 설명 必要

			구성요건해당성조각사유	위법성조각사유 · 책임조각사유
유죄 판결에 명시할 이유	소송 관계인의 주장에 대한 판단	법률상 범죄 성립 조각 사유 진술	**구성요건해당성조각사유의 주장**은 단순한 범죄사실의 부인에 불과 → §323②의 범죄성립조각사유의 진술 ×(소극설, 少·判, 90도427, 견해 대립) [국7 14, 경 10/1차]	① 이 주장에 대해서는 판결이유에서 그 판단을 **명시하여야 함** ② **책임무능력 주장 배척**은 판단 근거 **명시 要** [행시 04] ③ But **단순한 범죄사실의 부인, 고의 또는 과실 없음, 법률의 착오**(65도876), **공소권 소멸 등 주장 : 판단 명시 不要**
			법률상 형의 가중사유에 해당하는 진술	법률상 형의 감면사유에 해당하는 진술
		법률상 형벌가중 감면사유 진술	① (주로 검사의) 상습범·특수범죄·누범(형법 §35②)·경합범(동 §38①2.) 해당한다는 주장 ② 형의 가중사유는 필요적 가중사유 ∴ 판결이유에서는 이에 대한 판단 명시 必要	① 필요적 감면사유 판단 명시 要 ② **자수 등 임의적 감면사유의 주장** : 유죄판결의 판결이유에서 **판단 不要**(89도420; 90도2906; 91도2241; 2001도872, 견해 대립) [국7 14, 경승 10/11]
	불비시 효과	이유 불비 모순	① **절대적 항소이유**(§361의5 11.) 및 **상대적 상고이유**(§383 1.)(2012도4701) [행시 04] ② **判例** : 유죄판결의 판결이유에는 범죄사실, 증거의 요지와 법령의 적용을 명시하여야 하는 것인바(§323①), **유죄판결 판결이유에서 그중 어느 하나를 전부 누락**한 것은 판결에 영향을 미친 법률위반 (2013도13673; 2009도3505) [국9 15]	
		§323② 위반	소송절차의 법령위반으로 상대적 항소이유(§361의5 1.) 및 상대적 상고이유(§383 1.)(견해 대립)	

🔗 한줄판례 Summary

피해회복에 관한 주장 : 작량감경사유에 해당하여 형의 양정에 영향을 미칠 수 있을지언정 **유죄판결에 반드시 명시 不要**(2017도14769) [국9 20, 경간 20]

PART 04

재판

Ⅱ 무죄판결

의 의			① 피고인의 행위의 구성요건해당성·위법성·책임 중 어느 하나가 조각되어 **범죄가 성립하지 아니하거나 범죄사실을 증명할 수 없을 때** 피고사건에 대하여 형벌권의 부존재를 확인하는 판결(§325) ② 주문 : "피고인은 무죄"라고 기재
사 유	피고사건이 범죄로 되지 아니하는 때		① 공소사실이 모두 증명되더라도 구성요건에 해당하지 않는 경우 ② 구성요건에 해당하여도 위법성조각사유나 책임조각사유가 존재하는 경우 ③ 당해 형벌조항이 **헌법에 위반되어 무효**인 경우(91도2825; 2010도5986 전합; 2008도7562 전합) [법원 12]
	범죄사실의 증명이 없는 때		① 공소사실의 부존재가 적극적으로 증명된 경우 ② 공소사실의 존부에 관하여 증거가 불충분하여 법관이 유죄의 확신을 하지 못하는 경우(의심스러운 때에는 피고인에게 유리하게 : in dubio pro reo) ③ 피고인의 증거능력 있는 자백이 충분히 신빙성이 있어 법관에게 유죄의 확신이 있다 하여도 그 보강증거가 없는 경우(§310)
판시방법	죄수와 무죄판결 (일부무죄선고의 가능 여부)	일 죄	'피고인은 무죄'라는 하나의 주문 기재
		경합범	① 수개의 범죄사실이 전부 무죄인 경우 : '피고인은 무죄'로 주문 기재 ② **일부가 무죄인 경우 : 주문에서 그 부분을 특정하여 무죄선고**
		상상적 경합 포괄일죄	① 전부 무죄인 경우 : '무죄'라고 주문에 기재 ② **일부 사실이 무죄**에 해당하는 경우 : 유죄판결의 주문에서는 무죄를 선고할 수 없고 그 **판결이유에서 그 무죄의 부분 설시**
	판결이유의 명시	명시 여부	무죄판결의 이유가 §325前 또는 後 중 어느 것에 의한 것인가는 설시되어야 함
		명시 정도	① 피고인에게 가장 유리한 판결이므로 무죄판결 이유의 명시는 검사로 하여금 상소제기 여부를 검토할 수 있을 정도이면 족함 ② 공소사실에 대하여 증거가 불충분한 때 : 개개의 증거를 채택하지 아니한 이유에 대한 개별적·구체적 설명 不要(75도3546)

효력	선고·공시 및 확정의 효력	선고의 효력	① 구속력 발생 : (판결이므로) 당해 법원에 의해서는 변경될 수 없고, 종국재판이므로 소송은 당해 심급에서 종결 ② 상소권 발생 ③ 무죄판결에 대한 검사의 상소 여부와 관계없이 **구속영장은 실효**(§331)
		무죄판결의 공시	① 피고사건에 대하여 무죄의 판결을 선고하는 경우 : **원칙적으로 무죄판결공시의 취지 선고**(형법 §58②本) ② But 피고인이 무죄판결공시 취지의 선고에 **동의 × or** 피고인의 동의를 받을 수 없는 경우 : **공시 不可**(동但) [법원 14] ③ 재심 : **무죄판결 원칙적 공고**(§440本) but 재심청구인이 **원하지 아니하는 경우 예외**(동但)
		확정의 효력	① 형식적 확정력 발생 ② **기판력** 발생 ③ **형사보상**(형보법 §1) 및 **비용보상**(§194의2①), **압수물환부**(§332) ④ 무죄판결 확정 후 동일사실에 대한 공소제기는 면소판결(일사부재리효) ⑤ But 무죄판결의 특성상 집행력은 발생 × ⑥ 심신상실을 이유로 무죄판결이 확정되더라도 **검사는 치료감호법에 의한 치료감호 독립 청구 可**(99도1194) [경간 15]
	무죄판결에 대한 상소	검 사	검사는 무죄판결에 대해서 상소 可
		피고인	피고인은 상소의 이익이 없으므로 상소 不可

🔗 **한줄판례 Summary**

해산명령불응죄에 있어서 해산명령 사유의 근거규정에 해당하는 집시법 제11조 제1호에 대해서만 **헌법불합치 결정**이 이루어졌다면 (해산명령불응에 대한 처벌규정인 동법 제24조에 대한 별도의 헌법불합치결정은 없더라도) ····· 법원은 §325 전단에 따라 **무죄** 선고(2018도17454)

Ⅲ 관할위반의 판결

의 의			피고사건이 법원의 관할에 속하지 아니할 때 하는 판결(§319)		
사 유	관할권의 부존재	의 의	피고사건이 법원의 관할에 속하지 아니하는 때 → 판결로써 관할위반의 선고(§319)		
		판단 시기	① 사물관할 : 공소제기 시 뿐만 아니라 재판 시까지도 관할권 존재 要 ② 토지관할 : 공소제기 시에만 관할권이 존재하면 족함		
		판단 기준	① 사물관할권의 유무 : 공소장에 기재된 공소사실을 표준으로 판단 ② 공소장이 변경된 경우 : 변경된 공소사실을 기준으로 판단		
		공소장 변경	① 공소장변경에 의하여 관할권 부존재의 하자 치유 可 ② 단독판사의 관할사건이 공소장변경에 의하여 합의부 관할사건으로 변경된 경우 : 법원은 결정으로 관할권 있는 법원에 이송(§8②)		
	토지 관할의 위반		① 법원은 피고사건에 대하여 **토지관할권**이 없는 경우에도 **피고인이 관할위반의 신청을 하지 않는 한** 관할위반의 선고 不可(§320①) ② 피고인의 관할위반의 신청은 **피고사건에 대한 진술 전**(모두진술)에 하여야 함(동②)		
효 력	소송행위		① 관할위반인 경우에도 **소송행위의 효력에는 영향** ×(§2) ② 관할위반의 판결을 선고한 법원의 공판절차에서 작성된 증인신문조서나 공판조서 등 → 증거로 사용 可		
	선고 및 확정	선고의 효력	① 관할위반의 판결선고 → 구속력 발생 + 소송은 당해 심급에서 종결 ② But **구속영장의 효력에는 영향 無**(§331, 구속실효 ×)		
		확정의 효력	① 형식적 확정력 + 내용적 구속력 발생 ② But 기판력 ×(일사부재리효 ×) ∴ 검사는 관할권 있는 법원에 공소제기 可 ③ 공소제기에 의하여 **정지되었던 공소시효는 관할위반판결의 확정 시부터 다시 진행**(§253①) 💡 **퍼써 정리 | 관할위반판결의 선고 · 확정** 관할위반판결의 선고는 (무죄판결 등 다른 판결과는 달리) 구속영장 실효사유는 아니나, 관할위반판결의 확정은 공소기각재판과 마찬가지로 공소시효의 재진행사유		
	상 소		① 검사 : 관할위반의 판결에 대해서 상소 可 ② 피고인 : 무죄를 구하는 상소 不可		

의 의	피고사건에 대하여 관할권 이외의 형식적 소송조건이 결여된 경우에 실체 심리 없이 소송을 종결시키는 재판	
성 격	형식재판 · 종국재판	
심리상의 특칙	구두변론	① 공소기각결정 : 절차상의 하자가 중대하고 명백하여 소송조건의 존부를 판단함에 있어 구두변론을 거치지 않아도 되는 경우(§37②, 임의적 변론) ② 공소기각판결 : 소송조건의 흠결이 비교적 중대하지 않고 그 흠결의 발견이 상대적으로 쉽지 않아 구두변론을 거쳐 이를 확인해보아야 하는 경우(§37①, 필요적 변론)
	출석의무의 면제	공소기각의 재판을 할 것이 명백한 사건에 관하여는 **피고인의 출석 不要**. 다만, 피고인은 **대리인**을 출석하게 할 수 있음(§277)
	공판절차 정지의 예외	공소기각의 재판을 할 것이 명백한 때에는 피고인이 **심신상실**상태에 있거나 **질병**으로 인하여 출정할 수 없는 때에도 공판절차를 정지하지 않고 **피고인의 출정 없이 재판 可**(§306④)
	불 복	공소기각재판에 대한 불복은 상소 ① 공소기각결정에 대한 불복방법 : **즉시항고**(§328②) ② 공소기각판결에 대한 불복방법 : **항소, 상고**
사 유	공소기각 재판사유 성격	① §327, §328 → 공소기각의 사유 규정. **한정적 열거**(86도1547) ② 공소기각재판사유는 실체재판인 무죄판결사유에 우선, 공소기각결정사유와 공소기각판결사유 경합 시 공소기각결정
	공소기각 결정사유 (§328①, 공/사/관/포)	① **공**소가 취소되었을 때(동1.) [행시 02/03] ② 피고인이 **사**망하거나 피고인인 법인이 존속하지 아니하게 되었을 때(동2.) ③ **관**할의 경합(§12, §13)으로 인하여 재판할 수 없는 때(동3.) ④ 공소장에 기재된 사실이 진실하다 하더라도 범죄가 될 만한 사실이 **포**함되지 아니하는 때(동4.) [법원 09, 경 09/1차, 국9 17]
	공소기각 판결사유 (§327, 재/법/이/재/ 취/처)	① 피고인에 대하여 **재판권**이 없는 때(재판권의 부존재, 동1.) [법원 10/15] 　㉠ 외국원수 · 외교사절 등 **치외법권자** 등의 재판권의 부존재의 경우 　㉡ 한미 간 군대지위협정(SOFA)에 의하여 규율되는 **주한 미합중국 군대**의 구성원, 군속, 가족 등이 우리나라 영토 내에서 범한 공무집행 중 범죄(동협정 §22③) 　*cf.* 군인이 일반법원에 기소된 경우 : 재판권은 없으나 법원은 공소제기된 사건을 관할 군사법원으로 이송해야 하므로(§16의2本) 공소기각판결사유 ×. 이 경우 이송 전 행한 소송행위는 이송 후에도 효력 유지(동但) ② 공소제기의 절차가 **법**률의 규정에 위반하여 무효인 때(공소제기절차의 무효, 동2.) 　㉠ 공소제기가 없는데 착오로 소송계속이 되는 경우 　㉡ **공소권이 없음**에도 공소가 제기된 경우(예 **국회의원의 면책특권**) 　㉢ 공소제기권자 아닌 자에 의하여 공소가 제기된 경우

<table>
<tr>
<td rowspan="2">사 유</td>
<td rowspan="2">공소기각
판결사유

(§327,
재/법/이/재/
취/처)</td>
<td>
  ⓔ 공소제기 당시 <u>소송조건이 결여</u>되어 있는 경우(예 <u>친고죄의 고소가</u>
   <u>없는 경우, 즉시고발사건에서 공무원의 고발이 없는 경우</u>)
  ⓜ 공소제기의 <u>방식에 중대한 하자</u>가 있는 경우(예 공소사실의 불특정)
  ⓗ <u>위법한 함정수사</u>에 의한 공소가 제기된 경우(2005도1247)
  ⓢ <u>누락기소와 같은 공소권남용</u>에 의한 기소의 경우(99도577; 2001도
   3026)
  ⓞ <u>성명모용</u>의 피모용자의 <u>형식적 피고인</u>이라는 불안정한 지위를 해소
   해주거나 <u>위장출석</u>의 위장출석자를 절차(<u>사실심리절차</u>)에서 배제할
   경우
  ⓩ <u>소년보호처분을 받은 소년에 대하여 동일한 사건(그 심리가 결정된 사</u>
   <u>건)에 대하여 공소가 제기된 경우</u>(96도47; 85도21)
   cf. 불법연행·위법체포·감금 등 중대한 위법수사에 의하여 공소가 제기된
    경우 : 위법수집증거배제법칙에 의하여 당해 증거의 증거능력은 부정되
    나 공소기각판결사유 ✕(判, 견해 대립) ∴ 증거능력은 부정, 공소제기는
    적법(90도1586; 96도561)
③ 공소가 제기된 사건에 대하여 다시 공소가 제기되었을 때(<u>이중기소</u>, 동3.)
 → <u>동일사건이 동일법원에 재차 이중기소</u>된 경우를 말함
  cf. • 동일사건이 서로 다른 법원에 이중기소된 경우 : 공소기각결정사유(§328
    ①3.)
   • 1개의 공소장에 동일사건 중복기재 : 공소장기재의 착오에 불과(82도
    1199)
④ §329의 규정에 위반하여 공소가 제기되었을 때(<u>재기소제한 위반</u>, 동4.)
⑤ 친고죄에 대하여 고소의 <u>취</u>소가 있은 때(<u>친고죄의 고소취소</u>, 동5.)
⑥ 반의사불벌죄에 대하여 <u>처</u>벌을 원하지 아니하는 의사표시가 있거나 처벌
 을 원하는 의사표시가 철회되었을 때(<u>반의사불벌죄의 처벌불원의사표시</u>,
 동6.) [법원 09]
  ㉠ 반의사불벌죄에 대하여 처벌불원 의사표시가 있음에도 공소가 제기
   된 경우
  ㉡ 처벌불원의사표시가 없어 공소가 제기된 이후 <u>1심판결선고 전</u>에 처벌
   을 희망하는 의사표시가 철회된 경우
  ㉢ <u>원심판결 선고 후 반의사불벌죄로 법률이 개정</u>된 경우(2005도4355)
   [법원 16]
  ㉣ 1심판결선고 전에 <u>부도수표가 회수</u>된 경우(2005도4435; 99도900)
   [국9 17]
</td>
</tr>
</table>

<table>
<tr>
<td rowspan="2">효 력</td>
<td rowspan="2">고지
·
선고</td>
<td>
<table>
<tr><th>공소기각판결</th><th>공소기각결정</th></tr>
<tr>
<td>① 공소기각의 판결서 : 법관 서명
 날인(§41①)
② 재판장이 법정에서 구두로 선고
 → 주문 낭독 및 이유 고지 설명
 要(§43)</td>
<td>① 공소기각의 결정서 : 서명날인
 에 갈음하여 기명날인 可(§41③)
② 재판장이 법정에서 구두 고지
 可. 재판서 등본의 송달에 의해
 서도 고지 可</td>
</tr>
</table>
</td>
</tr>
<tr>
<td>
① 공소기각의 재판 선고 or 고지 시 → 구속력 발생
② 종국재판이므로 소송은 당해 심급에서 종결, <u>구속영장 실효</u>(§331),
 상소권 발생
</td>
</tr>
</table>

효력		확 정	① 형식적 확정력과 내용적 구속력 발생 but 기판력 × ② **공소기각**(or **관할위반**)재판 **확정** 시부터 다시 **공소시효 진행**(§253) ③ **형사보상법**에 의한 보상청구 可
	상 소	공소기각 재판에 대한 상소	검사의 상소	상소 可 공소기각판결 – 상소, 공소기각결정 – **즉시항고**(§328②)
			피고인의 상소	무죄를 구하는 상소 不可
		상소심	상소제기 후 피고인이 당사자능력을 상실한 경우 → 상소법원 : **공소기각의 결정**(§382)

> **한줄판례 Summary**
>
> ① **보호처분의 변경**은 보호처분결정에 따른 위탁 또는 집행 과정에서 발생한 준수사항 위반 등 사정변경을 이유로 종전 보호처분 결정을 변경하는 종전 보호처분 사건에 관한 재판 → ∴ **종전 보호처분에서 심리가 결정된 사건이 아닌 사건**에 대한 공소제기·소년부송치는 **소년법 제53조 위반** ×(2018도3768)
> ② 범칙금 납부기간 도과 전 공소제기한 사건 : **경찰서장이 범칙행위에 대하여 통고처분** → 통고처분에서 정한 범칙금 납부기간까지는 원칙적으로 경찰서장은 즉결심판을 청구할 수 없고, **검사도 동일한 범칙행위에 대하여 공소를 제기할 수 없음**(공소기각판결, 2017도13409)

Ⅴ 면소판결

의 의		확정판결이 있는 등의 사유(§326 1.~ 4.)가 있는 때 선고하는 판결
본 질		① 형식재판 : 실체심리를 행할 필요성이 없기 때문에 피고사건의 실체심리에 들어가지 않고 형사절차를 종결시키는 형식재판(通·判) ② 근거 : 단순한 절차적 하자를 이유로 하는 것이 아니라 **소송추행 이익의 결여**에 근거 → 이에 동일한 공소사실에 대하여 다시 소추 금지(**영구재소차단효, 기판력 ○, 소송추행이익 결여설**)

사유
(§326,
확/사/시/폐)
	**확정판결이
	있은 때**
	(제1호)
		① 취지 : **확정판결의 기판력**에 기하여 **동일사건에 대한 재소 금지**
		② 확정판결의 범위
		  ㉠ 포함되는 것 : ⓐ **유·무죄의 실체판결**, ⓑ **면소판결**(확정판결이 있었던 이상 형의 실효 – 전과기록삭제 – 여부 불문), ⓒ **약식명령**(83도939; 92도2585), ⓓ **즉결심판**(81도1307; 83도1790; 85도1142; 86도2454; 89도1046) [교정9 특채 12], ⓔ 경범죄처벌법 또는 도로교통법상의 **범칙금납부** [법원 13, 경승 09]
		  ㉡ 포함되지 않는 것 : ⓐ **행정법상 과태료의 부과처분**(91도2536), ⓑ **외국의 확정판결**(83도2366), ⓒ 공소기각의 재판, ⓓ 관할위반의 판결, ⓔ 검사의 불기소처분, ⓕ **소년보호처분**을 받은 경우(判, 견해 대립)

사유 (§326, 확/사/시/폐)	**확정판결이 있은 때** (제1호)	③ 면소판결을 할 수 있는 범위 　㉠ 물적 : 확정판결의 범죄사실과 **동일성** 인정 　㉡ 시간적 : 확정판결의 **사실심판결선고 시까지의 범행부분** [행시 03] 　　→ ∴ 어떤 사실에 대하여 확정판결이 있은 후 재판의 사실심판결 　　선고 전에 범한 그 사실과 포괄일죄 또는 과형상 일죄의 관계에 있 　　는 사실에 대해 다시 공소가 제기 → 면소판결
	사면이 있은 때 (제2호)	① 취지 : **일반사면**에 의하여 형벌권 소멸 → 소송추행의 이익이 없는 경우 ② 사면의 범위 : 일반사면에 국한(**특별사면 포함 ×**) [법원 16, 교정9 특채 12]
	공소시효가 완성되었을 때 (제3호)	① 취지 : 미확정의 형벌권 소멸 → 소송추행의 이익이 없는 경우 ② 공소시효의 완성시기 : 공소제기 → 시효진행 정지 ∴ 면소판결을 하 　는 것은 **공소제기 시를 기준으로 이미 공소시효가 완성된 경우** ③ **의제공소시효** : 공소제기 시 공소시효가 아직 완성되지 않았지만 판결 　의 확정 없이 공소를 제기한 때로부터 **25년** 경과 → 공소시효 완성 의제 　(§249②) → ∴ 면소판결 [교정9 특채 11, 경간 14]
	범죄 후의 법령개폐로 형이 폐지되었을 때 (제4호) [국9 14]	① 취지 : 실체형법의 폐지에 따라 처벌의 필요가 인정되지 않는 경우 ② 형의 폐지 : 명문으로 벌칙을 폐지한 경우뿐만 아니라, 법령에 정해진 　유효기간의 경과 및 전법이 후법에 저촉됨으로써 실질상 벌칙의 효력 　이 상실된 경우 포함(78도1690) ③ **당초부터 위헌·무효**인 경우 : 형벌법령이 폐지되더라도 그 폐지가 당 　초부터 헌법에 위배되어 효력이 없는 법령에 대한 것 → **무죄판결** ○, 　**면소사유 ×** [법원 14, 국7 14] → 이 경우 면소를 선고한 판결에 대하여 　**상소 可**
효 력	선고 확정	① 면소판결 선고 시 : ㉠ 구속력 발생, ㉡ 당해 심급에서 소송 종결, ㉢ 　상소권 발생, ㉣ 선고와 동시에 **구속영장 실효**(§331), ㉤ 피고사건에 대 　하여 (무죄판결을 선고할 때에는 피고인의 동의하에 판결공시의 취지 　를 선고하여야 하나) 면소판결을 선고하는 경우 **판결공시의 취지 선고 　可**(형법 §58③) [법원 14] ② 면소판결 확정 시 : ㉠ 형식적 확정력과 기판력 발생, ㉡ 피고인 **형사 　보상 可**(형보법 §26①1.)
	상 소	① 검사 : 면소판결에 대해서 항소 및 상고 可 ② 피고인 : **면소판결에 대해서** 실체적 소송조건이 결여되어 있다는 점에 　서 **무죄를 주장하는 상소를 할 수 없음(원칙)** [행시 03/04] but 예외적으로 　당초부터 **헌법에 위배**되어 효력이 없는 법령이 판결 당시 폐지된 것을 　이유로 면소를 선고한 판결은 **상소 可**

관련 문제	심리의 특칙	① 면소판결 명백한 사건 → **피고인 출석 不要** [행시 03] → **대리인 출석 可** (§277) ② 면소판결 명백 시 피고인이 **심신상실상태·질병**으로 출정할 수 없는 때 → 공판절차 정지 × + **피고인의 출정 없이 재판 可**(§306④)
	죄수와 면소판결	① 경합범 : 개개의 범죄별로 면소판결 여부 결정 ② **포괄일죄 및 과형상 일죄** : 일부 면소사유 + 나머지 부분에 대해서 실체 판결 시 **주문에는 유죄·무죄**의 판단만 표시하면 족함(81도3277; 95도 2312)

🔗 한줄판례 Summary

공소사실 기재 범행일이 **종전 합헌결정일 이전**이고, 구 형법 제241조가 위 **위헌결정**으로 인하여 종전 합헌결정일의 다음 날로 소급하여 효력 상실(헌재 §47③但) → **법원은 면소판결**(§326 4.)(2019도15167)

03 재판의 확정과 효력

I 재판의 확정

의의	재판의 확정	재판이 통상의 불복방법에 의해서는 다툴 수 없게 되어 그 내용을 변경할 수 없게 된 상태
	재판의 확정력	재판은 선고에 의해서도 구속력 등 잠정적 효력이 발생하나 그 본래의 효력은 확정에 의하여 발생
재판확정 시기	불복신청 허용 × 재판	① 의의 : 선고 or 고지와 동시에 확정 ② 법원의 관할 또는 판결 전 소송절차에 관한 결정 : 즉시항고 가능 경우 제외하고 고지와 동시에 확정(§403) 예 공소장변경신청허가결정 → 고지 시 확정 [행시 02] ③ 항고법원·고등법원의 결정 : 재판에 영향을 미친 헌법·법률·명령·규칙의 위반을 이유로 대법원에 즉시항고를 할 수 있는 경우 제외하고 고지와 동시에 확정(§415, §419) ④ 대법원의 결정 및 판결 　㉠ **대법원의 결정**에 대해서는 불복 허용 × → **고지와 동시에 확정** 　㉡ **대법원의 판결**에 대해서도 판결의 정정이 허용(§400, §401) but §400 소정의 **판결정정신청기간을 기다릴 필요 없이** 선고와 동시에 **확정**(通·判, 67초22) [행시 04, 경 07]

재판확정 시기	불복신청 허용 ○ 재판	① 불복신청기간의 경과 　　㉠ 제1심과 항소심의 판결, 약식명령, 즉결심판 : 선고·고지일로부터 **7일** 　　　경과 시 재판확정(제1심·항소심 판결은 §358, §374, 약식명령은 §453, 　　　즉결심판은 즉심 §14, §16) 　　㉡ 즉시항고가 허용되는 결정·명령 : 고지일로부터 **7일** 경과 시 확정(§405) 　　㉢ 보통항고가 허용되는 결정 : 항고기간의 제한 無 ∴ 실익이 없게 된 때 　　　확정(§404) ② 불복신청의 포기·취하 : 검사·피고인·항고권자의 상소포기·취하 　　→ 재판확정(§349) [행시 02] 　　*cf.* 약식명령·즉결심판 : 정식재판청구의 포기·취하 → 재판확정(§454, 즉심 §14④) ③ 불복신청기각재판의 확정 : **대법원에서 상고기각재판을 하면 재판확정**(§364, 　　§399) but 원심법원의 상고기각결정은 즉시항고가 가능하므로(§376②) 이 　　경우에는 즉시항고 기간의 경과에 의하여 원심재판 확정 [행시 02]

▌Ⅱ　재판의 확정력

① 의의 : 재판 확정 시 그 재판의 본래적 효력인 재판의 확정력 발생 → 형식적 확정력과 내용적
　　확정력
② 정리 : 재판의 확정력 = 형식적 확정력(불가변력 + 불가쟁력) + 내용적 확정력[(대내적) 집행력 +
　　(대외적) 내용적 구속력(esp. 실체·면소 : 기판력)]

형식적 확정력	의의	① 형식적 확정 : 재판(종국재판·종국전재판·실체재판·형식재판 불문)이 통상의 　불복방법에 의하여 다툴 수 없게 된 상태 ② 형식적 확정력 : 소송절차가 확정적으로 종결되는 소송의 절차면에서의 효력 → 　재판의 형식적 확정에 의한 불가변경적 효력(법원에 의한 변경 不可)과 불가쟁적 　효력(소송관계인에 의한 변경 不可)
	효과	① 종국재판 : 형식적 확정력의 발생과 동시에 소송계속이 종결 ② 재판집행의 기준 : 재판의 형식적 확정은 재판집행의 기준시점 제공(§459) ③ 누범시효 등의 기준 : 유죄판결의 형식적 확정은 누범가중(형법 §35①), 선고유예 　의 실효(동 §61), 집행유예의 실효(동 §63)에 관한 기준시점 ④ 실질적 확정력의 근거 : 재판의 형식적 확정 → 재판의 실질적 확정력 발생의 전제 　∴ 실질적 확정력은 형식적 확정력 없이는 발생하지 아니함 [국9 02]
내용적 확정력	의의	① 내용적 확정 : 재판(형식재판·실체재판 불문 [행시 04])이 형식적 확정됨으로써 　재판의 의사표시적 내용이 확정되는 것(실질적 확정) ② 내용적 확정력 : 재판의 판단내용인 일정한 법률관계가 확정되는 효력(실질적 확 　정력) → 대내적으로는 집행력, 대외적으로는 내용적 구속력으로 나타남 → 여기 　서 실체재판의 내용적 구속력이 기판력

내용적 확정력	효과	대내적 효과 (집행력)	의의	확정재판의 당해 사건에 대한 집행력 → 형선고판결의 형벌 집행권 발생
			인정범위	① 집행력은 실체재판·형식재판을 불문, 집행을 요하는 재판에 한해 발생 ② 무죄판결 : 확정되어도 (기판력은 발생하나) 집행력은 발생 × ③ 보석허가결정 또는 구속영장의 발부 : 형식재판이지만 집행력 발생
			발생시기	① 원칙 : 재판의 형식적 확정에 의하여 발생 ② 예외 : 결정·명령은 (즉시항고 가능 제외하고) 고지에 의하여 집행력 발생(벌금의 가납재판도 확정 전에 집행 可)(§334, §477) ← 즉시항고를 제외하고는, 항고는 재판집행정지효 ×(§409, §410)
		대외적 효과	의의	동일한 사정하에서는 동일한 사항에 대하여 원래의 재판과 다른 판단을 할 수 없도록 하는 확정재판의 후소법원에 대한 효력(동일사건에 대한 후소법원의 심리 금지 : 내용적 구속력, 내용적 불가변력)
			인정범위	실체재판·형식재판 불문 & 발생
			확정된 형식재판의 내용적 구속력	① 내용적 구속력에 의한 차단효 : 형식재판이 확정되었음에도 다시 공소가 제기된 경우 공소기각의 판결을 선고하여야 함(원칙적 차단효) ② 내용적 구속력의 범위 : 형식재판의 내용적 구속력은 동일한 사정하의 판단된 동일한 사항에 대하여만 미침(사정변경이 있는 경우 예외)
			확정된 실체재판의 내용적 구속력	① 유죄·무죄의 실체판결(면소판결 포함) 확정 → 외부적 효력으로서 동일한 사건에 대해서 후소법원의 심리가 금지되는 효력 발생 ② 실체재판·면소판결의 내용적 구속력(내용적 확정력의 외부적 효력)을 기판력 or 일사부재리의 효력이라 함

▌ III ▌ 기판력

의의	① 개념 : 유죄·무죄의 실체판결과 면소판결이 확정된 경우 동일사건에 대하여 다시 심리·판결하는 것을 허용하지 않는 일사부재리(一事不再理)의 효력(실체적 확정력설, 일치설, 견해 대립) [국7 08] → 실체적 확정력(확정된 실체재판의 내용적 확정력) 중 외부적 효과(동일사건의 실체에 대한 재차 심리·판결의 금지)가 일사부재리의 효력이자 고유한 의미의 기판력임 ② **헌법** : "모든 국민은 동일한 범죄에 대하여 거듭 처벌받지 아니한다(§13①, 이중처벌금지)"

본 질			① 실체법설, 구체적 규범설, 소송법설 대립 ② 소송법설 : 기판력의 본질은 실체법률관계에는 아무런 영향을 미치지 않고 다만 법적 안정성과 재판의 신뢰보호 및 동일 소송의 반복금지에 의한 소송경제를 위해 후소법원의 실체심리를 차단하는 소송법적 효력에 불과함(通)
기판력 발생 재판의 범위	실체재판	기판력 ○	① **유죄판결 · 무죄판결** ② **약식명령 · 즉결심판 · 범칙금납부**
		기판력 ×	① 행정상의 제재 : ㉠ **행정법상의 징계처분** [국7 08], ㉡ **관세법상 공무원의 통고처분**, ㉢ **행정벌인 과태료 부과처분**(96도158) [교정9 특채 12, 경간 12, 경 10/2차], ㉣ **형집행법상의 징벌**(2000도3874) [경간 12/13] ② **소년법상의 보호처분** ③ **외국법원의 판결** ④ 기타 : ㉠ **검사의 불기소처분**(87도2678) [경간 12], ㉡ **전자장치부착명령**(형집행종료 후 부착명령 집행 ○, 2009도6061)
	형식재판	**공소기각 관할위반**	형식재판이므로 **기판력 ×** [국9 08]
		면소판결	면소판결의 본질이 소송추행이익의 결여에 있음 → 면소판확정 시 **실체재판과 마찬가지**로 재소금지의 효력 발생 [국9 08/10]
	당연무효 판결		① 의의 : 판결로 성립은 하였으나(판결의 불성립과는 구별) 중대한 하자가 있기 때문에 상소 기타 불복신청을 하지 않더라도 그 본래의 효력이 발생하지 않는 재판 예 동일사건에 대하여 이중의 실체판결이 확정된 경우 나중에 확정된 판결, 사자 또는 형사미성년자에 대하여 형을 선고한 판결, 법률상 인정되지 않는 형벌(형법 §41가 규정하지 않은 형벌)을 선고한 판결 ② 기판력의 인정 여부 : 당연무효판결이라도 확정되었다면 이중처벌의 위험에 노출된 피고인 보호의 견지에서 기판력 인정(通, 견해 대립)
범 위	주관적 (인적)		① 공소가 제기된 피고인 : 공소제기는 검사가 공소장에 피고인으로 지정한 사람 외의 다른 사람에게는 효력 ×(§248①) → **판결이 확정된 피고인에 대해서만 기판력 발생** ∴ 공동피고인 중의 1인에 대한 확정판결의 효력은 다른 피고인에게 미치지 않음 [국7 08/13] ② 성명모용 · 위장출석 ㉠ 성명모용 : 피고인은 모용자이므로 **기판력은 모용자에게만 미치고 피모용자에게는 미치지 않음** [경 03/3차] ㉡ 위장출석 : 기판력은 **위장출석한 (형식적) 피고인에 대해서만 미침** → 실질적 피고인에 대해서는 공소제기 이후의 절차를 다시 진행 要
	객관적 (물적)		① 의의 : 공소제기의 효력은 **공소사실과 동일성이 인정되는 범죄사실 전체에 미침**(§248②) → 확정판결의 기판력도 공소장에 기재된 공소사실(현실적 심판대상)뿐만 아니라 그 **공소사실과 단일성 및 동일성이 인정되는 모든 사실**(잠재적 심판대상)에 미침 [행시 02, 경 10/2차] ② 구체적 고찰 ㉠ 포괄일죄 ⓐ **포괄일죄의 일부 행위에 대한 기판력은 포괄일죄의 전부에 미침** [행시 02, 국9 13]

범 위	**객관적** **(물적)**	ⓑ 상습범의 경우 : 확정판결의 사실심판결선고 전에 저질러진 나머지 범죄에 대하여 기판력이 미쳐서 면소판결을 선고하기 위해서는 피고인이 **이전의 확정판결에서 기본 구성요건의 범죄가 아닌 상습범으로 선고되어 확정판결을 받아야 함**(2001도3206 전합) [국9 17] ⓒ 과형상 일죄 : 1개의 행위로 범하는 경우이므로(상상적 경합), **과형상 일죄의 일부사실에 대한 확정판결의 기판력은 나머지 사실에 대해서도 미침**(2017도11687) [법원 17, 행시 04, 국9 13, 국9 15] ⓒ 실체적 경합 : 일부 사실에 대한 기판력은 **나머지 사실에 미치지 않음** [경 03/2차] ⓔ 범칙행위의 동일성 : 경범죄처벌법·도로교통법의 범칙행위를 한 범칙자가 경찰서장 등으로부터 범칙금의 통고처분을 받고 납부기간 내에 그 범칙금을 납부한 경우 기판력 ○(경범죄처벌법 §8③, 도로교통법 §164③) → 기판력이 미치는 행위사실은 **범칙금 통고의 이유에 기재된 당해 범칙행위 자체 및 그 범칙행위와 동일성이 인정되는 범칙행위에 한정됨** → ∴ 범칙행위와 같은 일시, 장소에서 이루어진 행위라 하더라도 **범칙행위의 동일성을 벗어난 형사범죄행위는 기판력 ×** [국7 14, 국9 15, 경간 12] ⓜ 보충소송의 문제 : 보충소송(확정판결에서 행위의 불법내용이 모두 판단되지 못한 경우 그 부분에 대하여 새로운 공소제기를 하여 재판을 하는 수정소송)의 경우 동일성이 인정되는 사실이라면 확정판결 후에 변경된 부분에 대해서도 기판력 발생(通) ⓗ 양형자료인 여죄사실 : 공소사실과 동일성이 인정되지 않는 당해 여죄사실에 대해서는 공소제기의 효력 ×, 기판력 ×

	시간적	① 포괄일죄에 대한 확정판결의 기판력
		㉠ 문제의 소재 : 계속범·연속범·영업범·상습범 등 포괄일죄가 확정판결 전후에 걸쳐 행하여진 경우에 어느 시점까지 기판력이 미칠 것인가?
		㉡ 학설·판례 및 결론
		  ⓐ 변론종결시설, 판결선고시설, 판결확정시설 대립
		  ⓑ 확정판결이 내려진 사실과 동일성이 인정되는 범죄로서, **사실심리가 가능한 최후의 시점인 판결선고 시 전에 범한 범죄에 기판력이 미침**(**사실심판결선고시설**, 通·判)
		  ⓒ 현행법은 변론의 재개(§305)를 허용하고 있으므로 사실심판결선고 시까지 기판력이 미침 [법원 14/17, 국9 08/13, 경승 12, 경 04/3차]
		㉢ 구체적 적용
		  ⓐ 포괄일죄의 일부에 대하여 확정판결이 있는 경우 : **사실심판결선고 이전 범행은 면소판결, 사실심 판결선고 이후 범행은 실체판결** → 예 甲의 4회(2.1., 2.10., 4.15., 4.30.)에 걸친 상습도박행위 중 2.1.과 2.10. 범행에 대해 상습도박죄로 4.1. 유죄판결 선고되어 판결이 확정된 경우 : 기판력은 4.15.과 4.30. 범행에는 미치지 않음 [국7 13]
		  ⓑ 포괄일죄가 상고심의 파기환송에 의하여 항소심에 다시 소송계속이 된 경우 : 이후 확정판결의 기판력의 시간적 범위는 **사실심리가 가능한 환송 후 항소심의 판결선고시** 기준(이전 범행에 공소제기 시 면소판결)

범 위	시간적	ⓒ 대법원의 상고기각판결이 확정된 경우 : **항소심 판결선고 시 기준** [법원 17, 경승 12]
		
		 ⓓ 항소이유서 미제출로 항소기각 결정된 경우 : 제1심 판결의 확정력이 미치는 시간적 한계는 (항소이유서 제출기간 만료 시가 아니라) **항소기각 결정 시** ○(93도836) [국7 10/14]
		
		 ② 약식명령의 기판력
		     ㉠ 약식명령은 고지에 의하여 외부적 성립
		     ㉡ 기판력이 미치는 시간적 범위 : 사실심리가 가능한 최후의 시점인 **발령 시** 기준 (**발령시설**, 通·判, 84도1129) [법원 06/14/15/16, 국7 14/23, 경간 13, 경승 12, 경 03/2차]
		     ㉢ 구체적 적용 : 포괄일죄의 관계에 있는 범행일부에 관하여 약식명령이 확정된 경우 : **약식명령의 발령 전 범행은 면소판결, 그 이후의 범행은 일개의 범죄로 처벌**(94도1318; 84도1129; 81도1437; 2013도4737) [법원 24]

효 과		① 법원 : 기판력 발생한 범죄사실과 동일성 인정 범죄사실 공소제기된 경우 → **면소판결**(§326 1.) ② 검사 : 피의사건에 대하여 이미 기판력이 발생한 경우 → **공소권 없음 불기소처분**
효과 배제		① 상소권회복 : 판결을 확정시키는 것이 현저하게 정의에 반하는 경우에 상소권을 회복시켜 재판의 확정을 저지함으로써 피고인 구제(§345 이하) ② 재심 : 확정판결에 명백한 사실오인이 있는 경우에 재심을 통하여 유죄판결을 받은 자의 불이익 구제(§420) [국7 08] ③ 비상상고 : 확정판결에 적용된 법령위반을 비상상고에 의하여 시정함으로써 법령해석의 통일을 기함(§441) [국7 08]

🔗 한줄판례 Summary

① 고발 후 통고처분 사건 : 지방국세청장 또는 세무서장이 조세범칙행위에 대하여 **고발을 한 후**에 동일한 조세 **범칙행위에 대하여 통고처분**을 한 경우 → (이미 고발을 한 것이므로) 이는 법적 권한 소멸 후에 이루어진 것으로서 특별한 사정이 없는 한 효력이 없음 ∴ 조세범칙행위자가 이러한 **통고처분을 이행(벌금납부)하였더라도 조세범처벌절차법 제15조 제3항에서 정한 일사부재리의 원칙 적용 ×**(2014도10748)

② **가정폭력처벌법 제37조 제1항 제1호의 불처분결정이 확정**된 후에 검사가 동일한 범죄사실에 대하여 **다시 공소를 제기**하였다거나 법원이 이에 대하여 **유죄판결을 선고**하였더라도 **이중처벌금지의 원칙 내지 일사부재리의 원칙에 위배되지 않음**(2016도5423) [국9 19, 경 19/2차, 법원 20]

③ 포괄일죄 관계인 범행의 일부에 대하여 판결이 확정되거나 약식명령이 확정되었는데 그 사실심 판결선고시 또는 약식명령 발령시를 기준으로 **그 이전에 이루어진 범행이 포괄일죄의 일부에 해당할 뿐만 아니라 그와 상상적 경합관계에 있는 다른 죄에도 해당**하는 경우에는 **기판력은 위 상상적 경합관계에 있는 다른 죄에 대하여도 미침**(2020도3705)

④ 실체적 경합 등에 해당하므로 기판력이 인정되지 않는 판례
   ㉠ 유사휘발유제조로 **단속된 후 기소중지되어 1달 이상 범행을 중단하다** 다시 제조 : 기판력 ×(2006도3172)
   ㉡ 유사수신행위와 **사기**는 실체적 경합범(2007도10414) [국9 15]
   ㉢ **특가법상 누범절도**에 대한 확정판결의 기판력 ×(2008도7270) [경승 13]
   ㉣ **교특법상 업무상 과실치상과 보험사기** : 기판력 ×(2009도14263) [국9 16, 경 14/2차]
   ㉤ 회사의 대표이사가 **회사 자금을 빼돌려 횡령**한 다음 그 중 일부를 **배임증재에 공여** : 기판력 ×(2009도13463) [국7 14, 경 14/2차]
   ㉥ 확정판결을 받은 **석유사업법위반죄는 조세포탈**행위와 동일성 × : 기판력 ×(2013도7649) [경간 19]
   ㉦ 타인의 신용카드 정보를 자신의 메일계정에 보유한 행위에 대해서 **여신전문금융업법위반죄로 처벌받은 후 계속하여 위 신용카드 정보를 보유**한 경우 : 별개의 범죄로서 종전 확정판결의 기판력이 미치지 않음(2008도2099) [경 14/2차]

[판례] 포괄일죄의 기판력 관련 판례
① 상습범의 중간에 **동종의 상습범의 확정판결**이 있는 경우 : 확정판결 전후의 범행은 **두 개의 죄로 분단**되고, 판결 확정 후의 범죄사실을 **공소장변경절차에 의하여 공소사실에 추가할 수 없음**(99도2744) → 포괄일죄 둘로 나뉨 → 확정판결의 사실판결선고 **전의 죄는 면소, 후의 죄는 실체재판**
② 포괄일죄는 그 중간에 **별종의 범죄에 대한 확정판결**이 끼어 있어도 그 때문에 **포괄적 범죄가 둘로 나뉘는 것은 아니라 할 것**이므로 그 **확정판결 후의 범죄가 됨**(2002도2029) [경간 12, 경 14/2차]
③ 비상습범으로 기소되어 판결이 확정된 경우 : 뒤에 드러난 다른 범죄사실이나 그 밖의 사정을 부가하여 **전의 확정판결의 효력**을 '**상습범**'에 대한 판결로 바꾸어 적용할 수 없음(2010도2182; 2001도3206 전합; 2009도12627)
④ 영리목적 무면허의료행위를 업으로 하는 자의 여러 개의 무면허의료행위가 포괄일죄 관계에 있고 **그 중 일부 범행이 의료법위반으로 기소되어 판결이 확정**된 경우, 확정판결의 **기판력**이 사실심 판결선고 이전에 범한 보건범죄단속에 관한 특별조치법 위반범행에 **미침**(2013도11649)

[비교] 기판력이 인정되는 즉결심판·범칙금납부 판례정리
① 피고인이 지나가는 피해자(14세)를 따라가면서 손목을 잡고 욕설을 하며 진로를 방해하는 등 공포심과 혐오감을 주게 하여 **경범죄처벌법위반으로 즉결심판을 받고 확정**된 사실 → 피고인이 위 피해자의 멱살을 잡아 부근 비닐하우스 안으로 끌고 들어가 옷을 전부 벗고 눕게 하고는 **강간**을 하였다는 공소사실(83도1790)
② 피고인이 주점 손님들에게 시비를 걸고 주먹과 드라이버로 술탁상을 마구치는 등 약 6시간 동안 악의적으로 영업을 방해하였다는 사실로 **경범죄처벌법 위반으로 구류 5일의 즉결심판을 받아 확정**된 사실 → 피고인이 같은 일시 같은 주점에서 그곳의 손님인 피해자와 시비를 벌여 주먹으로 피해자의 얼굴을 1회 때리고 멱살잡이를 하다가 위 주점 밖으로 끌고 나와 **주먹과 발로 피해자의 복부 등을 수회 때리고 차서 피해자로 하여금 그 이튿날 19 : 30경 외상성 장간막 파열로 인한 출혈로 사망**케 한 것이라는 이 사건 공소사실(**상해치사**)(89도1046)
③ 경범죄처벌법 위반으로 즉결심판을 받고 확정된 음주소란 → (범행장소가 동일하고 범행일시도 같으며 모두 피고인과 피해자의 시비에서 발단한 일련의 행위들임이 분명하여 기본적 사실관계가 동일한) 피해자와 말다툼을 하다가 **도끼를 내리쳐 약 2주간의 치료를 요하는 두부타박상**을 가한 폭처법 위반의 공소사실(95도1270)
④ 피고인이 소란행위를 하여 경범죄처벌법상 범칙금납부의 통고처분을 받고 범칙금을 납부한 사실 → 같은 일시·장소에서 피고인이 사무실에서 강제집행을 당할 때 피해자가 이유 없이 참석하였다는 이유로 주먹과 발로 피해자의 얼굴과 가슴 등을 수회 **구타**하고 계속하여 멱살을 잡아 흔들어 피해자를 바닥에 넘어뜨린 다음 **발로 복부와 가슴을 수회 차** 피해자에게 약 2주간의 치료를 요하는 다발성 타박상 등을 가한 **상해**의 공소사실(2002도2642)

[판례] 범칙행위의 동일성이 없어 기판력이 인정되지 않는 판례
① **안전운전의무 위반죄로 범칙금의 통고처분을 받아 범칙금을 납부**한 자 → 중앙선 침범 과실로 사고를 일으켜 피해자에게 부상을 입힌 교통사고처리특례법위반죄로 처벌하는 것은 이중처벌 아님(2001도849) [국9 15, 경간 12]
② **신호위반을 이유로 도로교통법에 따라 범칙금을 납부**한 자 → **교통사고처리특례법에 따라 그 신호위반으로 인한 업무상과실치상죄**로 다시 처벌 可(2006도4322) [경 14/2차]
③ 피고인이 경범죄처벌법상 '음주소란' 범칙행위로 범칙금 통고처분을 받아 이를 납부 → 이와 근접한 일시·장소에서 **위험한 물건인 과도를 들고 피해자를 쫓아가며 "죽여 버린다"고 소리쳐 협박** → '음주소란'과 공소사실인 '흉기휴대 협박행위'는 기본적 사실관계가 동일하지 않음 ∴ 범칙금 납부의 효력이 공소사실에 미치지 않음(2012도6612) [국7 13, 국9 15]

재판

제1편 총칙

제16장 소송비용

제186조【피고인의 소송비용부담】 ① 형의 선고를 하는 때에는 피고인에게 소송비용의 전부 또는 일부를 부담하게 하여야 한다. 다만, 피고인의 경제적 사정으로 소송비용을 납부할 수 없는 때에는 그러하지 아니하다.

② 피고인에게 책임지울 사유로 발생된 비용은 형의 선고를 하지 아니하는 경우에도 피고인에게 부담하게 할 수 있다.

제187조【공범의 소송비용】 공범의 소송비용은 공범인에게 연대부담하게 할 수 있다.

제188조【고소인 등의 소송비용부담】 고소 또는 고발에 의하여 공소를 제기한 사건에 관하여 피고인이 무죄 또는 면소의 판결을 받은 경우에 고소인 또는 고발인에게 고의 또는 중대한 과실이 있는 때에는 그 자에게 소송비용의 전부 또는 일부를 부담하게 할 수 있다.

제189조【검사의 상소취하와 소송비용부담】 검사만이 상소 또는 재심청구를 한 경우에 상소 또는 재심의 청구가 기각되거나 취하된 때에는 그 소송비용을 피고인에게 부담하게 하지 못한다.

제190조【제삼자의 소송비용부담】 ① 검사 아닌 자가 상소 또는 재심청구를 한 경우에 상소 또는 재심의 청구가 기각되거나 취하된 때에는 그 자에게 그 소송비용을 부담하게 할 수 있다.

② 피고인 아닌 자가 피고인이 제기한 상소 또는 재심의 청구를 취하한 경우에도 전항과 같다.

제191조【소송비용부담의 재판】 ① 재판으로 소송절차가 종료되는 경우에 피고인에게 소송비용을 부담하게 하는 때에는 직권으로 재판하여야 한다.

② 전항의 재판에 대하여는 본안의 재판에 관하여 상소하는 경우에 한하여 불복할 수 있다.

제192조【제삼자부담의 재판】 ① 재판으로 소송절차가 종료되는 경우에 피고인 아닌 자에게 소송비용을 부담하게 하는 때에는 직권으로 결정을 하여야 한다.

② 전항의 결정에 대하여는 즉시항고를 할 수 있다.

제193조【재판에 의하지 아니한 절차종료】 ① 재판에 의하지 아니하고 소송절차가 종료되는 경우에 소송비용을 부담하게 하는 때에는 사건의 최종계속 법원이 직권으로 결정을 하여야 한다.

② 전항의 결정에 대하여는 즉시항고를 할 수 있다.

제194조【부담액의 산정】 소송비용의 부담을 명하는 재판에 그 금액을 표시하지 아니한 때에는 집행을 지휘하는 검사가 산정한다.

제194조의2【무죄판결과 비용보상】 ① 국가는 무죄판결이 확정된 경우에는 당해 사건의 피고인이었던 자에 대하여 그 재판에 소요된 비용을 보상하여야 한다.

② 다음 각 호의 어느 하나에 해당하는 경우에는 제1항에 따른 비용의 전부 또는 일부를 보상하지 아니할 수 있다.

1. 피고인이었던 자가 수사 또는 재판을 그르칠 목적으로 거짓 자백을 하거나 다른 유죄의 증거를 만들어 기소된 것으로 인정된 경우

2. 1개의 재판으로써 경합범의 일부에 대하여 무죄판결이 확정되고 다른 부분에 대하여 유죄판결이 확정된 경우

3. 형법 제9조 및 제10조제1항의 사유에 따른 무죄판결이 확정된 경우

4. 그 비용이 피고인이었던 자에게 책임지울 사유로 발생한 경우

제194조의3【비용보상의 절차 등】 ① 제194조의2제1항에 따른 비용의 보상은 피고인이었던 자의 청구에 따라 무죄판결을 선고한 법원의 합의부에서 결정으로 한다.

② 제1항에 따른 청구는 무죄판결이 확정된 사실을 안 날부터 3년, 무죄판결이 확정된 때부터 5년 이내에 하여야 한다.

③ 제1항의 결정에 대하여는 즉시항고를 할 수 있다.

제194조의4【비용보상의 범위】 ① 제194조의2에 따른 비용보상의 범위는 피고인이었던 자 또는 그 변호인이었던 자가 공판준비 및 공판기일에 출석하는 데 소요된 여비·일당·숙박료와 변호인이었던 자에 대한 보수에 한한다. 이 경우 보상금액에 관하여는 형사소송비용 등에 관한 법률을 준용하되, 피고인이었던 자에 대하여는 증인에 관한 규정을, 변호

인이었던 자에 대하여는 국선변호인에 관한 규정을 준용한다.

② 법원은 공판준비 또는 공판기일에 출석한 변호인이 2인 이상이었던 경우에는 사건의 성질, 심리 상황, 그 밖의 사정을 고려하여 변호인이었던 자의 여비·일당 및 숙박료를 대표변호인이나 그 밖의 일부 변호인의 비용만으로 한정할 수 있다.

제194조의5 【준용규정】 비용보상청구, 비용보상절차, 비용보상과 다른 법률에 따른 손해배상과의 관계, 보상을 받을 권리의 양도·압류 또는 피고인이었던 자의 상속인에 대한 비용보상에 관하여 이 법에 규정한 것을 제외하고는 형사보상법에 따른 보상의 예에 따른다.

▌I 소송비용

의 의	형사절차의 진행으로 인하여 발생한 비용으로서 형사소송비용 등에 관한 법률(이하 형비)에 의하여 특히 소송비용으로 규정된 것	
범 위	① 증인·감정인·통역인 또는 번역인의 일당, 여비 및 숙박료 ② 감정인·통역인 또는 번역인의 감정료·통역료·번역료, 그 밖의 비용 ③ 국선변호인의 일당, 여비, 숙박료 및 보수(형비 §2) → 이외의 비용은 실제로 지출된 것이라 할지라도 소송비용 포함 ×	
비용부담자	① 원칙 : 국가 부담 ② 예외 : 일정한 경우 지출원인에 대하여 책임이 있는 피고인, 고소인·고발인, 제3자가 부담	
	피고인	① **형의 선고**를 하는 때 : **피고인이 소송비용의 전부 또는 일부 부담** [법원 03] but 피고인의 경제적 사정으로 소송비용을 **납부할 수 없는 때에는 예외**(§186①) ② **형의 선고를 하지 아니하는 때** : 피고인에게 **책임지울 사유**로 발생된 비용은 형의 선고를 하지 아니하는 경우에도 **피고인에게 부담 可**(§186②) [법원 02/04/09] 예 피고인이 정당한 사유 없이 공판정에 출석하지 않아 증인을 소환한 기일에 신문할 수 없게 되어 발생한 비용 등의 경우 ③ **공범의 소송비용** : **공범인에게 연대부담 可**(§187) [국7 13] ④ 검사만 상소·재심청구를 한 경우 : 상소 또는 재심의 청구가 기각되거나 취하된 때에는 그 소송비용을 피고인에게 부담하게 할 수 없음(§189) ⑤ **불이익변경금지원칙** : 소송비용의 부담은 형벌도 아니고 실질적으로도 형벌에 준하지 아니하므로 **불이익변경금지원칙 적용 ×**(2001도872) ⑥ **피고인에 대한 비용의 보상** : 피고인이 **무죄판결**을 선고받아 확정된 경우에는 **피고인에 대하여 그 재판에 소요된 비용 보상**(§194의2①) → **형사사법기관 귀책사유 不問**(2012헌바168) → 무죄판결이 확정된 사실을 **안** 날로부터 **3년**, 무죄판결이 **확정**된 때부터 **5년** 이내 청구(§194의3②) *cf.* 제5편 제3장 제2절 형사보상과 무죄판결에 대한 비용보상에서 다룸
	고소인·고발인	**고소·고발**에 의하여 공소를 제기한 사건에 관하여 피고인이 **무죄·면소**의 판결을 받은 경우 → 고소인·고발인에게 **고의·중과실**이 있는 때 → 그 자에게 **소송비용의 전부·일부 부담 可**(임의적 부담, §188) [법원 09]
	제3자	① 검사 아닌 자가 상소·재심청구 → 상소·재심청구 기각·취하된 때 ② 피고인 아닌 자가 피고인이 제기한 상소·재심청구 취하한 경우(§190②) → 그 자에게 그 소송비용 부담 可(§190①)

비용부담
절차
	① 재판으로 소송절차가 종료되는 경우
	 ㉠ 피고인이 부담하는 경우
	  ⓐ 재판으로 소송절차 종료 시 **피고인에게 소송비용 부담**하게 하는 때 : **직권 재판**(§191①)
	  ⓑ 위 재판에 대하여는 **본안의 재판에 관하여 상소하는 경우에 한하여 불복** 可(동②)
	 ㉡ 피고인 아닌 자가 부담하는 경우
	  ⓐ 재판으로 소송절차 종료 시 **피고인 아닌 자에게 소송비용 부담**하게 하는 때 : 직권 결정(§192①)
	  ⓑ 위 결정에 대하여는 **즉시항고** 可(동②)
	② 재판에 의하지 않고 소송절차가 종료되는 경우 : 상소·재심·정식재판의 청구를 취하하는 경우 등과 같이 재판에 의하지 아니하고 소송절차 종료 시 소송비용을 부담하게 하는 때 → 사건의 최종계속법원의 직권 결정 → 즉시항고 可(§193)
	③ 소송비용부담액의 산정과 집행
	 ㉠ 산정 : **법원은 소송비용의 부담액 구체적 명시 不要** → 소송비용의 부담을 명하는 재판에 그 금액을 표시하지 아니한 때에는 집행을 지휘하는 **검사가 산정**(§194) [법원 09]
	  → 이의신청 可(§489)
	 ㉡ 집행 : 검사의 지휘에 의하여 집행(§460①)
	  ⓐ 재판의 집행비용 : 집행을 받는 자 부담 + 민사집행법의 규정에 준하여 집행과 동시 징수(§493)
	  ⓑ 소송비용부담의 재판을 받은 자가 **빈곤**으로 인하여 이를 완납할 수 없는 때 : 재판 확정 후 **10일** 이내에 선고법원에 소송비용의 전부·일부에 대한 **재판의 집행면제 신청 可**(§487)

🔗 **한줄판례 Summary**

소송비용부담의 재판에 대한 불복은 **본안의 재판에 대한 상소의 전부 또는 일부가 이유 있는 경우에 한하여** 받아 들여질 수 있음(2016도12437)

▋ Ⅱ ▋ 특수한 재판의 변경에 관한 절차

집행유예 취소결정 · 선고유예 실효결정	집행유예	① 검사는 피고인의 현재지·최후거주지 관할 법원에 **집행유예취소청구**(§335①) ② 법원은 **피고인·대리인의 의견을 물은 후** 결정 要(동②) ③ 위 이 결정에 대하여는 **즉시항고** 可(동③)
	선고유예	① 검사는 범죄사실 최종판결 법원에 **선고유예실효청구**(§336①) ② §335②③의 규정은 유예한 형을 선고할 경우(선고유예실효결정절차)에 준용(동④) ③ **선고유예실효결정** → 즉시항고 可

누범·경합범 관련 다시 형을 정하는 절차	① 판결선고 후 누범임이 발각되어 다시 형을 정하는 경우(형법 §36) ② 사후적 경합범에 대하여 판결의 선고를 받은 자가 경합범 중 어떤 죄에 대하여 사면 　또는 형의 집행이 면제되어 다시 형을 정하는 경우(동 §39③) 　→ 검사는 범죄사실 최종판결 법원에 청구(§336①) 　→ 법원은 피고인 또는 대리인의 의견을 물은 후 결정(동②)
형의 실효 및 복권에 관한 재판절차	① 재판상 실효 : 징역·금고 집행 종료·집행이 면제된 자가 피해자의 손해를 보상하고 　자격정지 이상의 형을 받음이 없이 7년을 경과한 때 　→ 법원은 본인 또는 검사의 신청에 의하여 그 재판의 실효선고 可(형법 §81) ② 복권 : 자격정지의 선고를 받은 자가 피해자의 손해를 보상하고 자격정지 이상의 형을 　받음이 없이 정지기간의 2분의 1을 경과한 때 　→ 본인 또는 검사의 신청에 의하여 자격의 회복을 선고 可(동 §82) 　→ 형의 실효 및 복권의 선고는 그 사건에 관한 기록이 보관되어 있는 검찰청에 대응 　　하는 법원에 대하여 신청(§337①) 　→ 신청에 의한 선고는 결정에 의함(동②) 　→ 신청을 기각하는 결정에 대하여는 즉시항고 可(동③)

5 PART

상소 · 비상구제절차 · 특별절차

CHAPTER 01 상 소

01 상소 일반

⊘ 조문정리

제3편 상소

제1장 통칙

제338조【상소권자】 ① 검사 또는 피고인은 상소를 할 수 있다.

② 삭제

제339조【항고권자】 검사 또는 피고인 아닌 자가 결정을 받은 때에는 항고할 수 있다.

제340조【당사자 이외의 상소권자】 피고인의 법정대리인은 피고인을 위하여 상소할 수 있다.

제341조【동전】 ① 피고인의 배우자, 직계친족, 형제자매 또는 원심의 대리인이나 변호인은 피고인을 위하여 상소할 수 있다.

② 전항의 상소는 피고인의 명시한 의사에 반하여 하지 못한다.

제342조【일부상소】 ① 상소는 재판의 일부에 대하여 할 수 있다.

② 일부에 대한 상소는 그 일부와 불가분의 관계에 있는 부분에 대하여도 효력이 미친다.

제343조【상소 제기기간】 ① 상소의 제기는 그 기간 내에 서면으로 한다.

② 상소의 제기기간은 재판을 선고 또는 고지한 날로부터 진행된다.

제344조【재소자에 대한 특칙】 ① 교도소 또는 구치소에 있는 피고인이 상소의 제기기간 내에 상소장을 교도소장 또는 구치소장 또는 그 직무를 대리하는 자에게 제출한 때에는 상소의 제기기간 내에 상소한 것으로 간주한다.

② 전항의 경우에 피고인이 상소장을 작성할 수 없는 때에는 교도소장 또는 구치소장은 소속공무원으로 하여금 대서하게 하여야 한다.

제345조【상소권회복 청구권자】 제338조부터 제341조까지의 규정에 따라 상소할 수 있는 자는 자기 또는 대리인이 책임질 수 없는 사유로 상소 제기기간 내에 상소를 하지 못한 경우에는 상소권회복의 청구를 할 수 있다.

[전문개정 2020.12.8.]

제346조【상소권회복 청구의 방식】 ① 상소권회복을 청구할 때에는 제345조의 사유가 해소된 날부터 상소 제기기간에 해당하는 기간 내에 서면으로 원심법원에 제출하여야 한다.

② 상소권회복을 청구할 때에는 제345조의 책임질 수 없는 사유를 소명하여야 한다.

③ 상소권회복을 청구한 자는 그 청구와 동시에 상소를 제기하여야 한다.

[전문개정 2020.12.8.]

제347조【상소권회복에 대한 결정과 즉시항고】 ① 상소권회복의 청구를 받은 법원은 청구의 허부에 관한 결정을 하여야 한다.

② 전항의 결정에 대하여는 즉시항고를 할 수 있다.

제348조【상소권회복청구와 집행정지】 ① 상소권회복의 청구가 있는 때에는 법원은 전조의 결정을 할 때까지 재판의 집행을 정지하는 결정을 할 수 있다.

② 전항의 집행정지의 결정을 한 경우에 피고인의 구금을 요하는 때에는 구속영장을 발부하여야 한다. 단, 제70조의 요건이 구비된 때에 한한다.

제349조【상소의 포기, 취하】 검사나 피고인 또는 제339조에 규정한 자는 상소의 포기 또는 취하를 할 수 있다. 단, 피고인 또는 제341조에 규정한 자는 사형 또는 무기징역이나 무기금고가 선고된 판결에 대하여는 상소의 포기를 할 수 없다.

제350조 【상소의 포기 등과 법정대리인의 동의】 법정대리인이 있는 피고인이 상소의 포기 또는 취하를 함에는 법정대리인의 동의를 얻어야 한다. 단, 법정대리인의 사망 기타 사유로 인하여 그 동의를 얻을 수 없는 때에는 예외로 한다.

제351조 【상소의 취하와 피고인의 동의】 피고인의 법정대리인 또는 제341조에 규정한 자는 피고인의 동의를 얻어 상소를 취하할 수 있다.

제352조 【상소포기 등의 방식】 ① 상소의 포기 또는 취하는 서면으로 하여야 한다. 단, 공판정에서는 구술로써 할 수 있다.
② 구술로써 상소의 포기 또는 취하를 한 경우에는 그 사유를 조서에 기재하여야 한다.

제353조 【상소포기 등의 관할】 상소의 포기는 원심법원에, 상소의 취하는 상소법원에 하여야 한다. 단, 소송기록이 상소법원에 송부되지 아니한 때에는 상소의 취하를 원심법원에 제출할 수 있다.

제354조 【상소포기 후의 재상소의 금지】 상소를 취하한 자 또는 상소의 포기나 취하에 동의한 자는 그 사건에 대하여 다시 상소를 하지 못한다.

제355조 【재소자에 대한 특칙】 제344조의 규정은 교도소 또는 구치소에 있는 피고인이 상소권회복의 청구 또는 상소의 포기나 취하를 하는 경우에 준용한다.

제356조 【상소포기 등과 상대방의 통지】 상소, 상소의 포기나 취하 또는 상소권회복의 청구가 있는 때에는 법원은 지체 없이 상대방에게 그 사유를 통지하여야 한다.

┃ I ┃ 상소의 의의와 종류

의 의	미확정의 재판에 대하여 상급법원에 구제를 구하는 불복신청 제도	
특 징	① 법원의 '재판'에 대한 불복신청 : 검사의 처분에 대한 불복신청인 검찰항고 · 재정신청과 다름 ② '미확정'의 재판에 대한 불복신청 : 확정재판에 대한 비상구제절차인 재심 또는 비상상고와 다름 ③ '상급법원'에 대한 구제신청 : 재판을 한 당해 법원이나 동급법원에 대하여 구제를 구하는 이의신청이나 약식명령 · 즉결심판에 대한 정식재판의 청구와 다름 [보충] 법관의 재판에 대한 준항고(§416)나 수사기관의 처분에 대한 준항고(§417) : 상급법원에 대한 불복신청이 아니므로 상소는 아님 but 편의상 항고와 함께 규정되어 있음	
종 류	항 소	제1심판결에 대한 상소 ① 단독판사의 제1심판결 → 지방법원본원 합의부에 항소 ② 지방법원 합의부의 제1심판결 → 고등법원에 항소(§357)
	상 고	제2심판결에 대한 상소(§371) 상고사건의 관할법원 → 대법원 cf. 비약적 상고는 예외적으로 제1심판결에 대한 상고 허용(§372)
	항 고	법원의 결정에 대한 상소(§402) [법원 15, 국9 14] ① 항고에는 일반항고와 특별항고(재항고)가 있으며, 일반항고는 보통항고와 즉시항고로 구분되고, 특별항고는 모두 즉시항고임(§415) ② 일반항고 : 제1심 단독판사의 결정 → 지방법원본원(or 일정한 지방법원지원) 합의부, 제1심 합의부의 결정 → 고등법원 ③ 특별항고 : 항고법원 · 고등법원 · 항소법원의 결정 → 대법원

상소권자	고유의 상소권자	당사자	검사, 피고인
		항고권자	① 검사, 피고인 ② 검사 or 피고인 아닌 자가 결정을 받은 때에는 항고 可(§339) 　예 과태료의 결정을 받은 증인·감정인(§151, §161, §177), 소송비용부담의 재판을 받은 피고인 이외의 자(§190) 등
	당사자 이외의 상소권자		① 상소대리권자 : ㉠ 피고인의 **법정**대리인(§340) or ㉡ 피고인의 **배**우자·**직계**친족·**형제자매** or ㉢ 원심의 **대리인**이나 **변호인** → 피고인을 위하여 상소 可 (341①) [경 12/3차] ② 변호인의 대리권 : 원심의 변호인은 피고인을 위하여 상소 可(§341①) → 이는 변호인에게 고유의 상소권을 인정한 것 ×, **피고인의 상소권을 대리하여 행사**하게 한 것에 불과(묵 - 기/동/**상**/정) → ∴ **변호인은 피고인의 상소권이 소멸된 후에는 상소 제기 不可**(98도253) [법원 16, 국9 13, 경간 14, 경 15/2차] ③ 법정대리인 : 피고인의 법정대리인은 피고인의 **명시한 의사에 반하여 상소 可** ④ 변호인을 포함한 그 이외의 자 : 피고인의 **명시한 의사에 반하여 상소 不可**(§341②) [법원 09, 국9 10, 교정9 특채 10]
발생과 소멸	발생		① 상소권은 재판의 선고 or 고지에 의하여 발생 ② But 상소가 허용되지 아니하는 재판은 고지되더라도 상소권 발생 ×
	소멸	상소제기 기간 경과	① 기간경과의 효과 : (상소제기 없으면) 상소권 소멸 ② 상소제기기간 　㉠ 항소 및 상고 : **7일**(§358, §374) 　㉡ 즉시항고 : **7일**(§405) 　㉢ 보통항고 : 항고의 이익이 있는 한 可(§404) [경 13/1차, 경 15/2차] ③ 상소제기기간의 기산점 　㉠ **재판선고·고지한 날로부터 진행**(§343②) [경간 14, 경승 10, 경 04/3차, 경 12/3차] 　㉡ 구체적인 **기산일 : 선고일·고지일 다음 날부터 기산**(초일불산입)
		상소의 포기 취하	① 의의 : 상소의 포기·취하에 의하여 상소권 소멸 ② 기간 : 포기는 상소기간 내에, 취하는 상소심의 종국재판이 있기 전까지 可 ③ 효과 : 상소를 취하한 자 or 상소의 포기·취하에 동의한 자는 그 사건에 대하여 다시 상소 不可(§354)
회복	의의		① 개념 : 상소제기기간에 상소를 하지 못한 사람이 제기기간이 경과한 후에 법원의 결정에 의하여 일단 소멸한 상소권을 회복시키는 제도 → 단순추완 ② 상소포기·취하와의 구별 　㉠ **상소포기·취하로 인하여 소멸한 상소권을 회복시키는 제도는 아님**(2002모180) 　㉡ 상소포기·취하의 경우는 (상소심절차속행신청이 가능하고) 상소권 회복 × 　㉢ **상소를 포기한 자는 상소제기기간이 경과하기 전에는 상소포기의 효력을 다투면서 상소를 제기**하여 그 상소의 적법 여부에 대한 판단을 받으면 됨 → 별도로 **상소권회복청구를 할 여지 ×**(99모40) [법원 10/14] 　㉣ But 상소를 포기한 자는 **상소제기기간이 경과한 후에는 상소포기의 효력을 다투면서 상소권회복청구를 함과 동시에 상소를 제기함**(2003모451) → 이 경우는 상소를 포기했지만 상소권회복청구 可(다만 인용될 여지는 희박)

회복	사유	① 내용 : 상소권자·대리인이 책임질 수 없는 사유로 인하여 상소의 제기기간 내에 상소를 하지 못한 때 상소권회복청구 可(§345) [법원 10] ② 대리인 　㉠ 상소대리권자 의미 ×, 상소권자의 보조기관으로서 상소에 필요한 사실행위를 대행하는 자 ○ 　㉡ <u>교도소장</u>은 피고인을 대리하여 결정정본을 수령할 수 있을 뿐이고 상소권 행사를 돕거나 대신할 수 있는 자가 아니므로 <u>대리인 아님</u>(91모32) ③ 책임질 수 없는 사유 　㉠ 상소를 하지 못한 것이 상소권자·대리인의 <u>고의·과실에 기하지 아니한 경우</u> 　㉡ 귀책사유 없는 경우 : 본인·대리인의 귀책사유가 있더라도 그와 상소제기 기간의 도과 사이에 <u>다른 독립한 원인</u>(예 피고인이 <u>공소장부본을 송달받지 못해</u> 공소제기·판결선고사실을 알지 못하여 항소를 제기하지 못한 경우, 소촉법상 <u>공시송달</u>에 의하여 피고인의 불출석 시 판결이 선고된 경우 등, 83모37,38; 86모3)이 개입된 경우 [법원 14, 국9 15] 　㉢ 귀책사유 있는 경우 : 피고인이 <u>자기의 새로운 주소지를 법원에 신고</u>하거나 기타 소송 진행 상태를 알 수 있는 조치를 <u>취하지 않은 경우</u>(2007모795) [법원 14, 국9 15]
	회복절차	**상소권 회복 청구** ① 청구권자 : <u>고유의 상소권자 및 상소대리권자도</u> 상소권회복청구 可(§345) ② 청구절차 　㉠ <u>사유가 해소된 날로부터 상소의 제기기간에 해당하는 기간 내에</u> 서면으로 원심법원에 제출(§346①) [경승 11] 　㉡ 원인된 사유 소명 要(동②) 　㉢ <u>상소권의 회복을 청구</u>한 자는 그 청구와 <u>동시에 상소를 제기</u>(동③) 　㉣ 법원은 지체 없이 상대방에게 그 사유를 통지(§356) 　㉤ 상소권회복청구 – <u>재소자특칙 적용</u> ○(§355, §344) **법원의 결정** ① 상소권회복의 청구를 받은 법원 → 청구의 허부에 관한 결정을 하여야 함(§347①) → <u>즉시항고</u> 可(동②) [경승 11] ② 법원은 허부의 결정을 할 때까지 <u>재판의 집행정지 결정 可</u>(임의적 집행정지, 07년 개정 §348①, 필요적 정지 아님에 주의) [경승 11] → 집행정지의 결정을 한 경우에 피고인의 구금을 요하는 때에는 구속영장 발부 but 구속사유(§70)가 구비된 때에 한함(동②) ③ 상소권회복청구를 인용결정이 확정된 때 : 상소권회복청구와 동시에 한 상소제기는 적법하게 되며, 일단 발생한 재판의 확정력 배제 [행시 04]

상소권회복

① <u>항소심판결이 선고되면</u> 제1심판결에 대한 항소권이 소멸되어 제1심판결에 대한 <u>항소권 회복청구와 항소는 적법 ×</u>(2016모2874) [경 19/2차]

② <u>상소를 하지 못한 책임질 수 없는 사유가 종지한 날</u>은 원칙적으로 <u>그 판결에 의한 형의 집행으로 수용된 날</u>로 보아야 함(2017모2521) [법원 24]

③ 상소권회복청구의 사유가 종지한 날은 원칙적으로 <u>소송기록접수통지서와 검사의 항소이유서를 송달받은 날</u>이므로, 그날부터 상소제기기간 내에 상소권회복청구와 상소를 하지 않은 경우 상소권회복청구할 수 없음(2018도15109)

상소권의 발생과 소멸

```
상소권의 발생  ───→  재판의 선고 또는 고지

                      ┌ 상소기간의 도과     → 상소권 회복청구
상소권의 소멸  ───→   │ 상소의 포기, 취하   → 절차속행의 신청(상소제기)
                      └ 피고인의 사망       → 공소기각 결정
```

퍼써 정리 | 책임질 수 없는 사유에 해당하는 경우와 해당하지 않는 경우의 정리

책임질 수 없는 사유 (상소권회복 ○)	① **공시송달의 요건이 갖추어지지 않았음에도** 1심법원이 피고인의 소환을 공시송달의 방법으로 하고 피고인의 진술 없이 공판절차를 진행하여 판결이 선고되고 동 판결등본이 공시송달된 경우(83모55) ② **교도소장이 결정정본을 송달받고 1주일이 지난 뒤에 그 사실을 피고인에게 알렸기** 때문에 피고인이나 그 배우자가 소정 기간 내에 항고장을 제출할 수 없게 된 경우(91모32) [법원 10, 국9 15, 교정특채 12] ③ 피고인이 소송이 계속된 사실을 알면서 법원에 거주지 변경신고를 하지 않은 잘못을 저질렀다고 하더라도, … **위법한 공시송달**에 터 잡아 피고인의 진술 없이 공판이 진행되고, 피고인이 출석하지 않은 기일에 판결이 선고된 경우(2005모507) [국9 15, 해경 15/3차]
책임질 수 없는 사유 × (상소권회복 ×)	① 불구속피고인이 **다른 형사사건으로 구속**됨으로써 **종전 주소에 송달**한 법원의 변론기일통지를 받지 못하여 그 기일에 출석하지 못하고 따라서 그 판결에 대한 상소제기기간을 도과한 경우(63로10) ② 와병으로 인하여 사환에게 즉시항고장을 맡겨 제출케 하였으나 **사환이 그 즉시항고장을 도난당하였다**는 경우(70모12) ③ (상소권 포기가 비록 기망에 의한 것이라도 §354에 의하여 다시 상소를 할 수 없으며) 재항고인이 상피고인의 **기망에 의하여 항소권을 포기하였음을 항소제기기간이 도과한 뒤에야 비로소 알게 되었다**는 경우(84모40) [국9 24] ④ **병원에 입원하였다거나 기거불능**하였다는 경우(86모46) [국9 24] ⑤ **교도소 담당직원이** 상소권자에게 **상소권회복청구를 할 수 없다고 하면서 편의를 제공**(규칙 §177)**해주지 아니하였다**는 경우(86모47) [국9 24]

| 책임질 수 없는 사유 ×
(상소권회복 ×) | ⑥ 징역 1년의 실형을 선고받았으나 **형의 집행유예를 선고받은 것으로 잘못 전해 듣고** 또한 선고 **당시 법정이 소란하여 판결주문을 알아들을 수 없어서** 항소제기기간 내 항소를 하지 못한 경우(87모19) [경 07/1차]
⑦ 상소권자(재항고인)가 공소장에 기재된 주소지에서 다른 곳으로 주소를 옮긴 후 **제1심법원에 새로운 주소를 신고하지 아니하였고, 이에 제1심법원은 재항고인의 소재를 탐지**하여 보았으나 이 사건 주소를 알 수 없어 **부득이 공시송달**로 피고인을 소환하여 피고인이 불출석한 상태에서 피고인에게 징역 8월을 선고한 경우(96모56)
⑧ 제1회 공판기일에 출석하여 주거를 신고한 피고인에 대한 공판기일 소환장이 위 주거지로 송달되지 아니하고 **관할 경찰서장에 대한 소재탐지촉탁에 의하여도 피고인의 주거가 확인되지 아니하여 공판기일의 소환장을 공시송달**의 방법으로 송달하고 **피고인의 출석 없이 판결을 선고하고 판결서등본을 공시송달**하였으나 실제로는 피고인과 그의 가족 등은 그때 경에 이미 위 주거지를 떠났던 경우(피고인으로서는 법원에 신고한 주거지를 옮길 때에는 **자기의 신주거지를 법원에 제출하거나 기타 소송진행상태를 알 수 있는 방법을 강구**하여야 할 것인데도 이러한 **조치를 취하지 아니한 탓**으로 상소기간을 도과한 것임)(91모17)
⑨ **자신에 대하여 소추가 제기된 사실을 알고 있었음에도 사무소에 나가지 아니하여 사무소로 송달된 약식명령을 송달받지 못한 경우**(정식재판 청구기간 도과로 인하여 이미 확정된 약식명령에 대하여 적법한 정식재판청구권회복청구의 사유가 될 수 없음)(2002모184) [국9 15] |

■ III 상소의 이익

의 의	개 념	상소에 의하여 원심재판에 대한 불만이나 불복을 제거함으로써 얻게 되는 법률상태의 개선이나 변화	
	상소이유와의 구별	**상소이익** 상소가 상소권자에게 이익이 되는가를 판단하는 문제로서 상소의 적법요건	**상소이유** 원심재판의 사실인정, 법령적용, 양형 등 원판결에 구체적인 오류가 있는가를 판단하는 문제로서 상소의 이유요건
		∴ 상소의 이익은 상소의 이유 유무를 판단하기 위한 전제조건	
	법적 근거	항소·상고·항고의 제기에 관하여 '불복이 있으면'이라고 규정한 조문(§357, §371, §402) + 불이익변경금지원칙(§368, §396)에 근거(견해 대립)	
상소이익 판단	검 사	① 검사 → 공익의 대표자로서 원심재판에 오류가 개입하였다고 판단되면 피고인의 이익 여부와 관계없이 상소를 제기할 이익이 존재 [법원 16] ② **피고인에게 불이익한 상소 / 피고인의 이익 위한 상소 모두 可**(通·判) ③ 피고인의 이익을 위한 상소 : 불이익변경금지원칙 적용(多)	
	피고인	① **자기에게 이익되는 상소만 可** ② 상소이익의 유무 기준 : 법익박탈의 대소라는 객관적 표준으로 상소이익의 유무를 결정하여야 함(객관설, 通, 견해 대립) → 형의 경중을 정한 형법 §50와 불이익변경금지원칙(§368)에 있어서의 이익과 불이익의 판단기준 적용	

		① 형선고판결

구체적 내용	유죄판결에 대한 피고인의 상소	㉠ 무죄 주장 or 경한 형의 선고를 구하는 경우 당연히 상소의 이익 인정 ○
		㉡ But 상소의 취지가 피고인에게 불이익한 경우에는 상소의 이익 ×
		  ⓐ 변호인이 상고한 이유가 **원판결이 적용처단한 경합가중형보다 무거운 경합가중형으로써 처단하여야 한다**는 경우(63도123)
		  ⓑ 원심이 피고인에게 누범전과가 있음에도 누범가중을 하지 아니하였는데 피고인이 **누범가중을 하지 아니한 위법을 주장**하는 경우(94 도1591) [국7 09]
		  ⓒ **수개의 범죄행위 – 포괄일죄로 본 항소심의 판단을 탓하는** 피고인의 상고(2004도810)
		  ⓓ **벌금형에 대하여 징역형과 집행유예를 구하는 상소**
		② **형면제판결 · 선고유예판결** : 유죄판결의 일종이므로 피고인이 **무죄를 주장하는 경우 상소의 이익 인정** ○ [국7 10, 경승 09]
		③ **제3자의 소유물에 대한 몰수재판 : 피고인의 상소이익** ○

	무죄판결에 대한 피고인의 상소	① 상소 불허 : 무죄판결에 대해서 유죄 판결, 면소 · 공소기각 · 관할위반의 재판을 구하는 상소 → 허용 × ② **무죄판결의 이유를 다투는 상소 : 상소의 이익 ×**(多 · 判) [국7 09] → 불복은 재판의 주문(결과)에 관한 것이어야 하고 **재판의 이유만을 다투기 위하여 상소하는 것은 허용 ×**(92모21; 2016도20488) [국7 09/15, 경승 09]
	형식재판에 대한 피고인의 무죄를 구하는 상소	① 소극설(견해 대립) ㉠ 실체판결청구권결여설 : 피고사건에 소송조건이 결여되어 유죄 · 무죄의 실체판결을 할 수 없으므로 피고인은 무죄를 주장하여 상소할 수 없음 (소송조건흠결설) [여경 04/3차] ㉡ 상소이익결여설(多) : 형식재판은 무죄판결과 마찬가지로 피고인에게 가장 유리한 재판이므로 상소의 이익이 없어 무죄를 구하는 상소 허용 × ② 判例 : 소극설을 취하면서 실체판결청구권결여설과 상소이익결여설 혼용 ㉠ 실체판결청구권결여설을 취한 判例 : 피고인에게는 실체판결청구권이 없는 것이므로 **면소판결에 대하여 무죄의 실체판결을 구하는 상소 不可** (84도2106) [국7 15, 국9 14, 교정특채 12, 경간 13] ㉡ 상소이익결여설을 취한 判例 : 피고인을 위한 상소는 피고인에게 불이익한 재판을 시정하여 이익된 재판을 청구함을 그 본질로 하는 것이므로 **공소기각판결에 대하여 피고인은 상소 不可**(82도3076; 97도1211; 2007 도6793) [법원 15, 국7 15, 국9 10] ㉢ 면소판결에 대해서 무죄판결을 구하는 상소가 가능하다는 예외적 判例 : 면소판결에 대하여 무죄판결인 실체판결이 선고되어야 한다고 주장하면서 상고할 수 없는 것이 원칙이지만, 형벌에 관한 법령의 '폐지'가 당초부터 **헌법에 위배**되어 효력이 없는 법령에 대한 것이었다면 같은 법 §325 전단 이 규정하는 '범죄로 되지 아니한 때'의 무죄사유에 해당하므로, 위와 같은 경우에는 **면소를 선고한 판결에 대하여 상소 可**(2010도5986 전합) [법원 12, 경 12/3차]

구체적 내용	항소기각 판결에 대한 상소	① 제1심판결에 피고인 제기 항소에 대해 항소기각판결이 선고된 경우 : 상소의 이익 ○ ② 제1심의 유죄판결에 대하여 **피고인은 항소를 포기**하였는데 **검사만 양형부당 (과경)을 이유로 항소하여 기각**된 경우 : 기각판결은 피고인에게 (제1심판결 에 비해) 불이익하다 할 수 없으므로 **상고의 이익** ×(87도1702) [국7 09/15, 경승 09]
상소이익 × 재판		① 상소의 이익 없음이 상소장의 기재에 의하여 명백한 경우 : 상소기각의 결정(§360, §376, §407, §362, §381, §413) 예 무죄판결, 면소판결, 공소기각의 재판, 관할위반의 판결 ② 상소이익의 흠결이 상소이유를 검토하는 과정에서 밝혀진 경우 : 상소기각의 판결(§364 ④, §399, §414①) 예 유죄판결에 대한 상소

▮ IV 상소의 제기와 포기·취하

상소의 제기	방 식		① 서면주의 : 상소제기기간 내에 **상소장을 원심법원에 제출**(§343①, §359, §375, §406) → ∴ 구술에 의한 상소 : 허용 × [법원 16] ② **재소자특칙** : 교도소·구치소에 있는 피고인이 상소제기기간 내 상소장을 교 도소장·구치소장·직무대리자에게 제출한 때 → 상소제기기간 내 상소 간주 (§344①) [경간 16, 해경 15/3차] ③ 부적법한 상소제기 　㉠ 항소·상고·항고의 제기가 **법률상의 방식에 위반하거나 상소권 소멸 후인 　것이 명백**한 때 → 원심법원은 **결정으로 항소·상고·항고기각**(§360, §376, 　§407) [경간 16] 　㉡ But 원심법원은 항고가 이유 있다고 인정한 때 결정 경정(§408①) ④ 통지 : 상소의 제기가 있는 때 → 법원은 지체 없이 상대방에게 사유 통지(§356)
	효 력	정지의 효력	① 확정정지의 효력 : 상소에 의하여 always 발생 ② 집행정지의 효력 　㉠ 항고는 **즉시항고를 제외하고는 집행정지의 효력** ×(§409) 　㉡ 가납재판은 상소에 의하여 집행정지 ×(§334③)
		이심(移審)의 효력	① 의의 : 피고사건에 대한 소송계속이 상소제기에 의하여 원심 법원으로부터 상소심으로 옮겨지는 효력 ② 이심효의 발생시기 : 상소제기 이후에 **상소장과 소송기록이 원 심법원으로부터 상소법원에 송부된 때**(소송기록송부시설, 多) ③ 상소와 구속에 관한 결정 : 상소기간 중 or 상소 중의 사건에 관한 피고인의 구속, 구속기간갱신, 구속취소, 보석, 보석의 취소, 구속집행정지와 그 정지의 취소의 결정은 소송기록이 상소법원에 도달하기까지는 **원심법원이 이를 하여야 함**(§105, 규칙 §57) [경승 10/12] → ∴ 불출석상태에서 징역형을 선고 받고 항소한 피고인에 대하여 **제1심법원이** 소송기록이 항소 심법원에 도달하기 전에 **구속영장을 발부**한 것 → **적법**(2007 모460) [경 11/1차]

상소의 포기·취하	의 의	상소의 포기	① 상소권자가 상소제기기간 내에 상소권의 행사를 포기한다는 법원에 대한 소송행위 ② 상소 포기 시 상소제기기간 경과 전에 재판 확정
		상소의 취하	① 일단 제기한 상소를 철회하는 법원에 대한 소송행위 ② 상소제기 이후의 소송행위라는 점에서 상소의 포기와는 구별
	포기 · 취하권자	고유의 상소권자	① 검사·피고인·항고권자(§339) : 상소의 포기·취하 可 ② **사**형·**무**기징역·무기금고 선고 판결 : **피고인**·상소의 대리권자(§341)는 **상소포기 不可**(§349) [법원 16, 교정특채 10, 경간 14/15/16, 경 12/2차, 경찰특채 15] [정리] 고환약진**상**, **상사무** ③ 상소포기권자의 제한 : §351는 상소취하만 규정 ∴ **법정대리인 등 상소대리권자**는 (피고인의 동의를 받더라도) **상소포기 不可**
		법정대리인의 동의	① **법정대리인 있는 피고인의 상소포기·취하 : 법정대리인 동의(서면) 要**(§350本) ② **법정대리인의 사망 기타 사유로 동의를 얻을 수 없는 때 : 不要**(동但) [경 12/2차, 해경 15/3차]

		피고인의
		동의
			① 피고인의 **법정대리인, 변호인 포함 상소대리권자**(§341)의 **상소취하 : 피고인의 동의 要**(§351) [경 12/2차, 경 15/2차]
			② 변호인 상소취하에 피고인 동의 없는 경우 : 상소취하의 효력 ×
			③ 동의의 방식
			  ㉠ 원칙 : 동의**서면** 제출(규칙 §153②)
			  ㉡ 피고인의 예외
			    ⓐ 상소대리권자의 상소취하에 대한 **피고인**의 동의 : 공판정에서 **구술**로써 可(∴ 피고인의 동의 : **서면·구술 모두 可**)(2015도7821) [법원 16/17, 경 19/2차, 경 20/1차, 국9 20, 국7 20]
			    ⓑ 변호인의 상소취하에 대한 피고인의 **구술** 동의 : **명시적 要**(2015도7821) [법원 16]
			[정리] 법정대리인 있는 피고인과 법정대리인 : 서로 동의해야 상소취하 可

상소포기 · 취하의 시기와 방식	시 기	상소포기	**상소의 제기기간 내**
		상소취하	**상소심의 종국재판이 있기까지**
	방 식	서면·구술	① 원칙 : **서면** ② 예외 : 공판정에서는 **구술로써 可** → 구술로써 상소의 포기·취하를 한 경우 그 사유 조서 기재(§352) [경간 15, 경승 08]

상소포기 · 취하의 시기와 방식	방 식	대상법원	① <u>상소의 포기</u> → <u>원심법원</u> ② <u>상소의 취하</u> → <u>상소법원</u> ③ <u>소송기록이 상소법원에 송부되지 아니한 경우 : 상소의 취하를 원심법원에 제출</u> 可(이상 §353) [국7 10, 국9 10, 경간 15/16, 경승 08, 경 12/2차, 경찰특채 15] ④ 상소의 포기 · 취하에도 <u>재소자특칙</u> 인정(§355)
		통 지	상소의 포기나 취하가 있는 때 → 법원은 지체 없이 상대방에게 그 사유 통지(§356) [경승 08]
효 력	상소권 소멸		상소의 포기 · 취하 → 상소권 소멸 → 재판 확정
	재상소 금지		<u>상소를 포기 · 취하한 자 or 상소의 포기 · 취하에 동의한 자 : 다시 상소 不可(§354)</u> [국9 10, 교정특채 10, 경간 14/15, 경찰특채 15]
절차속행 신청	의 의		상소의 <u>포기 · 취하가 부존재 · 무효임을 주장</u>하는 자 → 그 포기 · 취하 당시 소송기록이 있었던 법원에 <u>절차속행신청</u> 可(규칙 §154①) [법원 10, 경승 11, 경찰특채 15] 💡 퍼써 정리 ∣ 절차속행신청과 상소권회복의 비교 | 절차속행신청	상소를 제기하였다가 포기 · 취하가 된 경우 그 포기 · 취하의 부존재 · 무효를 주장하는 것 | |---|---|
상소권회복	상소를 제기하지 않은 상태에서 상소제기기간이 경과된 후 신청	

	결정 및 불복		① 절차속행의 신청을 받은 법원
			  ㉠ 신청이 이유 있다고 인정 : 신청인용 결정 + 절차 속행
			  ㉡ 신청이 이유 없다고 인정 : 결정으로 신청 기각(동②)
			② 신청기각결정에 대하여는 <u>즉시항고</u> 可(동③)

🔗 **한줄판례 Summary**

변호인은 피고인의 동의를 얻어 상소를 취하할 수 있으므로, <u>변호인의 상소취하에 피고인의 동의</u>(서면원칙, 구술 예외)가 <u>없다면 상소취하의 효력은 발생하지 아니함</u>(2015도7821) [법원 16/17, 경 19/2차, 경 20/1차, 국9 20, 국7 20]

Ⅴ 일부상소

의 의	개 념	① 재판의 일부에 대한 상소 [경 12/3차, 경 15/2차] ② 현행법 : **"상소는 재판의 일부에 대하여 할 수 있다(§342①)"**
	목 적	① 잔여부분에 대한 재판의 확정 촉진 → 법적 안정성 도모 ② 상소법원의 심판대상을 축소 → 심리의 신속 · 정확, 소송경제 기대

	재판의 일부의 의미	① 수개의 사건의 일부 : 1개의 재판에 수개의 가분적 사건 병합심리될 때의 일부
		② 객관적 범위의 일부
		  ㉠ 재판의 객관적 · 물적 범위의 일부 ○
		  ㉡ 주관적 · 인적 범위 × → 공동피고인의 일부가 상소하는 경우 일부상소 아님

허용범위	**일반론**	일부상소 허용되는 경우 : 재판의 내용이 **가분** & 독립된 판결이 가능한 경우 ① 원심재판의 판단대상인 수개의 범죄가 **경합범**관계에 있을 것 ② 그에 대한 **판결주문의 분할이 가능한** 경우일 것
	일부 상소 허용 ○	① **일부유죄·일부무죄** 등의 경우 : 재판내용이 가분이므로 일부상소 ○ 　㉠ 경합범의 각 부분별로 각각 다른 재판이 선고된 경우 　㉡ 경합범관계에 있는 수개의 범죄사실에 대해서 일부유죄, 일부무죄·면소· 　　공소기각·관할위반·형면제의 재판이 선고된 경우 　㉢ **경합범**으로 공소제기된 사실에 대하여 **일부무죄, 일부유죄** 판결 선고 시 　　**검사만 무죄부분 항소**한 경우 : 유죄부분은 항소기간 경과로 확정, **무죄부** 　　**분만 항소심의 심판대상**이 됨 ② (전부유죄이지만) 경합범의 각 부분별로 각각 다른 형이 선고된 경우 : 일부 　징역형, 일부 벌금형이 선고된 경우 일부상소 ○ ③ 수개의 판결주문으로 수개의 형이 선고된 경우 : 수개의 형이 서로 다른 주문에 　표시되었으므로 일부상소 ○ 　㉠ 확정판결 전후의 수개의 범죄에 대하여 수개의 형이 선고된 경우 　㉡ **금고 이상의 형에 처한 판결확정 전에 범한 죄**(사후적 경합범, 형법 §37後· 　　§39①)에 대한 형과 **확정판결 후에 범한 죄**(판결확정 전후의 죄 사이에는 　　경합범 ×)에 대한 형이 있는 경우 ④ 전부무죄의 경우 : 경합범 전부에 대해서 무죄판결이 선고된 경우 일부상소 ○ [경승 01]
	일부 상소 허용 ×	**1개의 형이 내려진 동시적 경합범, 일죄의 일부, 부가형·부수처분** ① 경합범에 대하여 **1개의 형**이 선고된 경우 : **일부상소 ×** [법원 10, 경승 11, 경 10/2차, 경찰특채 09] 　㉠ 동시적 경합범(형법 §37前 : 판결이 확정되지 아니한 수개의 죄)에 대하여 　　1개의 형이 선고된 경우 → 일부에 대한 상소는 전부의 형에 영향을 미쳐 　　판결내용이 분할될 수 없기 때문에 일부상소 × 　㉡ 사기죄(10년 이하의 징역 또는 2천만원 이하의 벌금)와 절도죄(6년 이하의 　　징역 또는 1천만원 이하의 벌금)가 동시적 경합범인 경우 　　ⓐ 15년 이하의 징역을 처단형으로 하여 징역 5년이 선고된 경우 : 일부 　　　상소 × 　　ⓑ ≠ 징역 5년과 벌금 1천만원이 선고된 경우 : 일부상소 ○ ② 일죄의 일부 : 일부상소 × 　㉠ **단순일죄, 포괄일죄 및 과형상 일죄 : 일부상소 ×** [법원 10, 경 10/2차] 　㉡ **상소불가분의 원칙**(전부상소) 　　ⓐ **일죄의 일부에 대한 상소는 그 일부와 불가분의 관계에 있는 일죄의 전부** 　　　**에 대해 효력을 미침**(§342②) 　　ⓑ 불가분의 관계에 있는 재판의 일부만을 불복대상으로 삼은 경우 : 상소의 　　　효력이 사건 전부에 미쳐 사건 전부 상소심에 이심 [국9 12, 경 15/2차] 　　ⓒ **포괄일죄 등의 일부에 대한 상소 : 전부이심**은 인정 but 상소심의 심판 　　　대상은 상소의 주체가 검사인가 또는 피고인인가에 따라 달라짐 　　　• 포괄일죄의 유죄부분과 무죄부분 중 **검사만 무죄부분만 상소 : 전부** 　　　　**상소 → 전부이심 → 전부판단 → 전부파기** 　　　• 포괄일죄의 유죄부분과 무죄부분 중 **피고인만 유죄부분만 상소 : 전부** 　　　　**상소 → 전부이심 → (유죄부분만) 일부판단 → 일부파기**

		③ 주형과 일체인 부가형·부수처분
허용범위	**일부 상소 허용 ×**	㉠ 몰수나 추징을 부가형이라 하며, 부가형은 주형과 일체를 이루고 있어 **부가형만을 분리하여 상소 不可** [국9 13] → 몰수 또는 추징에 대한 상소가 있는 경우 <u>상소의 효력은 그 전부에 미쳐, 그 전부가 상소심으로 이심</u> 　ⓐ 주의 : <u>몰수 또는 추징에 관한 부분만을 불복대상으로 삼아 상소가 제기</u>되었다 하더라도, 상소심으로서는 이를 **적법한 상소제기**로 다루어야 함(2008도5596 전합) [법원 10/12, 국7 10/14] 　ⓑ 다만 이 경우에도 **일부상소 허용 ×, 상소불가분원칙 ○** 　ⓒ 구체적 적용 　　• 징역형과 몰수형 중 **몰수형에 대하여 일부상소 허용 : ×** [법원 10] 　　• <u>상소의 효력은 그 불복범위인 몰수 또는 추징에 관한 부분에 한정됨 : ×</u> [법원 12] 　　• 상소심에서는 원심의 주형 부분을 파기하는 경우 부가형인 몰수 또는 추징 부분도 함께 파기하여야 하고, **몰수 또는 추징을 제외한 나머지 주형 부분만을 파기하는 것은 不可 : ○**(2009도2807) [국9 12, 경승 11] ㉡ 주형과 일체인 부수처분인 집행유예, 환형처분, 미결구금일수산입, 압수물환부(4292형상209), 소송비용부담(§191②)의 재판도 주형과 분리하여 상소 不可 ㉢ ≠ 배상명령에 대하여는 **독립하여 즉시항고 허용**(소촉 §33⑤) [국7 14, 경승 01/11, 경 10/2차]
방식과 효력 및 심판범위	**방식**	① 취지·불복부분의 명시 ㉠ 일부상소를 함에는 일부상소를 한다는 취지를 명시하고, 불복부분을 특정하여야 함 ㉡ 불복부분을 특정하지 않은 경우 → 전부상소 ② 판단기준 ㉠ 通說 : 상소이유의 참고 없이 상소장의 기재만으로 판단 ㉡ 判例 : **상소장뿐 아니라 상소이유서도 고려** ③ 구체적 적용 ㉠ **검사의 전부상소** : 검사가 항소하면서 무죄부분 항소이유 기재, 유죄부분 미기재 but **항소범위는 '전부'로 표시**한 경우 → 판결 **전부**에 대한 항소(2014도342; 2015도7821) [국7 20, 국9 12/20] ㉡ 일부상소의 취지나 불복부분이 명시되지 않았더라도 판결주문의 구성상 일부상소임이 명백한 경우 : 일부상소 ○ 　예 일부유죄·일부무죄의 판결에 대한 피고인의 상소 → (무죄판결에 대해서는 피고인에게 상소이익이 없으므로) 유죄부분 일부상소로 인정
	효력 및 심판범위 / **상소심의 심판범위**	① 원칙 : **일부상소 → 일부이심 → 일부판단 → 일부파기** ㉠ 일부상소 → 상소제기된 부분만 상소심에 소송계속 & 상소가 없는 부분의 재판은 확정 [법원 10, 경승 11] ㉡ 상소심은 일부상소된 부분만 심판 ㉢ 파기환송된 경우 : 상고심의 파기환송에 의하여 사건을 환송받은 법원도 일부상소된 부분에 대해서만 심판

			② 일부유죄·일부무죄에 대한 상소
방식과 효력 및 심판범위	효력 및 심판범위	상소심의 심판범위	㉠ **쌍방의 상소 : 전부상소** ⒜ 피고인과 검사 쌍방의 상소제기 ⒝ **유죄부분에 대한 피고인의 상소는 이유 없고 무죄부분에 대한 검사의 상소만 이유 있는 경우 : 상소심은 유죄부분도 무죄부분과 함께 파기**(2000도2123) ㉡ **검사의 일부상소 : 검사만 무죄부분에 대하여 상소**하여 상소심이 무죄부분을 유죄로 인정하는 경우 → **일부파기설**(91도1402 전합; 2001도70 등, 견해 대립) → 상고심에서 이를 파기할 때에는 **무죄부분만을 파기**할 수밖에 없음(91도1402 전합) [법원 12/13, 국7 14, 국9 12/16, 해경 15/3차]
		죄수판단의 변경 시 상소심의 심판범위	**경합범이 일죄로 판명된 경우** ① 의의 ㉠ 원심에서는 경합범으로 인정하여 일부상소가 이루어졌는데 **상소심에서 소송법상 일죄로 판명된 경우**의 상소심의 심판범위의 문제 ㉡ 원심이 A·B 두 개의 공소사실을 경합범으로 인정하여 A죄 유죄, B죄 무죄 선고 → 피고인이 A죄에 대해서 상소를 제기하고 검사는 B죄에 대한 상소를 제기하지 않은 경우 (또는 검사가 B죄에 대하여 상소를 제기하고 피고인은 A죄에 대하여 상소를 제기하지 않은 경우) → 상소심의 심리결과 A·B 양 죄가 단순일죄·과형상일죄임이 판명된 경우 → 상소심은 어느 범위까지 심판할 수 있는가? ② 학설·판례 및 결론 ㉠ 면소판결설, **전부이심설**(判), 일부이심설(多), 이원설 대립 ㉡ **判例 : A죄와 B죄가 일체로 상소심에 계속**되므로 **상소심은 A죄는 물론 B죄에 대해서도 심판 可**(전부이심, 80도384 전합) [법원 10, 국9 13, 경승 11, 해경 15/3차]

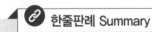
한줄판례 Summary

일부상소
수개의 공소사실이 금고 이상의 형에 처한 확정판결 전후의 것이어서 형법 §37後, §39①에 의하여 각기 따로 유·무죄를 선고하거나 형을 정하는 등으로 판결주문이 수개일 때 → 그 1개의 주문에 포함된 부분을 다른 부분과 분리하여 일부상소 可(2016도18553)

퍼써 정리 | 일죄의 일부에 대한 상소

일죄의 일부에 대한 상소
① 단순일죄 : 제1심이 **단순일죄**의 관계에 있는 공소사실의 **일부에 대하여만 유죄**로 인정한 경우 → 피고인만이 항소하여도 → 그 항소는 그 일죄의 **전부**에 미쳐서 항소심은 무죄부분에 대하여도 심판 可(2000도5000) [법원 10/13, 국9 16]
② 예비적 기소 : **예비적 공소사실만 유죄**로 인정 → 그 부분에 대하여 피고인만 상소하였다고 하더라도 → **주위적 공소사실까지 함께** 상소심의 심판대상에 포함됨(2006도1146) [국9 13/24]
③ **포괄일죄의 무죄부분에 대해 검사만 상소** : 포괄적 1죄의 관계에 있는 공소사실의 일부에 대하여만 유죄로 인정하고 나머지는 무죄가 선고되어 검사가 위 무죄부분에 대하여 불복상고하고 피고인은 유죄부분에 대하여 상고하지 않은 경우 → **공소불가분의 원칙**상 경합범의 경우와는 달리 포괄적 1죄의 일부만에 대하여 상고 不可 → 검사의 무죄부분에 대한 상고에 의해 상고되지 않은 **원심에서 유죄로 인정된 부분도 상고심에 이심**되어 심판의 대상이 됨(85도1998) [법원 13, 경찰특채 09] → 포괄일죄 무죄부분 검사상소 : 전부상소 – 전부이심 – 전부판단 – 전부파기
④ **상상적 경합**의 **무죄부분에 대해 검사만 상소** : 유죄부분도 **전부이심**(2005도7523) [법원 16, 국7 10, 국9 15]

⑤ **포괄일죄의 유죄부분에 대해 피고인만 상소** : 전부이심 ○ but 상소심은 피고인이 상소한 유죄부분만 판단
    ㉠ 요약 : 원심 포괄일죄 일부만 유죄 인정 → 유죄부분 피고인만 상소 : 무죄부분도 상소심 이심 ○ (전부상소, 전부이심), but **상소심에서 무죄부분 판단 ×, 파기환송받은 항소심도 무죄부분 판단 ×**(일부판단, 일부파기)
    ㉡ 환송 전 항소심에서 포괄일죄의 일부만이 유죄로 인정된 경우 그 유죄부분에 대하여 피고인만이 상고하고 무죄부분에 대하여 검사가 상고하지 않은 경우 → 상소불가분의 원칙에 의하여 무죄부분도 상고심에 이심되기는 하나 그 부분은 이미 당사자 간의 공격방어의 대상으로부터 벗어나 사실상 심판대상에서부터도 벗어나게 되어 **상고심으로서도 그 무죄부분에까지 나아가 판단할 수 없는 것** → 상고심으로부터 위 유죄부분에 대한 항소심판결이 잘못되었다는 이유로 사건을 **파기환송받은 항소심은 그 무죄부분에 대하여 다시 심리판단하여 유죄를 선고 不可**(90도2820) [행시 03, 법원 10, 국9 13, 경찰특채 09]
    ㉢ **무죄부분에 관한 제1심판결의 위법**은 항소심의 **직권조사사유**(§361의4①) 또는 **직권심판사항**(항소이유서에 없어도 직권심판 가능한 판결에 영향을 미친 사유, §364②)에 **해당하지 않음** → 항소심법원이 직권으로 심판대상이 아닌 무죄부분까지 심리한 후 이를 유죄로 인정하여 법정형이 보다 무거운 법조를 적용하여 처벌하는 것은 허용되지 않음(제1심판결에 무죄로 판단된 부분에 대한 이유를 누락한 잘못이 있어도 同)(2008도4740) [법원 13]

퍼써 정리 | 일부상소 심화판례 요점정리

① 포괄일죄 · 과형상일죄 일부 상소 시 : 일부상소 ×, 전부이심 ○   ㉠ 검사상소 시 전부심판, ㉡ 피고인상소 시 유죄부분만 심판(일부판단, 일부파기)
② 몰수 또는 추징에 관한 부분만을 불복대상으로 삼아 상소가 제기되었다 하더라도, 상소심으로서는 이를 적법한 상소제기로 다루어야 함(전부상소이지만, 판례의 표현에 주의)
③ 경합범의 일부유죄 · 일부무죄에 대한 ㉠ 쌍방상소 : 전부파기, ㉡ 검사만 상소 : 일부파기
④ 원심에서는 A · B 공소사실 경합범으로 A죄 유죄, B죄 무죄 선고, 피고인만 A죄 상소(or 검사만 B죄 상소), 상소심 단순일죄(or 과형상일죄) 판명 : 전부이심 ∴ 상소심은 A죄는 물론 B죄에 대해서도 심판 可

VI 불이익변경금지의 원칙

의의	① 개념 : 피고인이 상소한 사건과 피고인을 위하여 상소한 사건에 관하여 상소심은 원심판결의 형보다 중한 형을 선고하지 못한다는 원칙(§368, §396②)(중형변경금지의 원칙) [법원 10] ② 위반 시 효과 　㉠ 항소심의 위반 : 상고이유(§383 1.) 　㉡ 상고심의 위반 : 비상상고이유(§441)(재심사유 ×)
근거	① 이론적 근거 : 피고인의 상소권 보장(通·判) ② 법적 근거 : §368, §396②

적용범위	피고인이 상소한 사건	① **피고인만 항소, 검사만 상고 → 상고심은 제1심판결의 형보다 중한 형 선고 不可**(4290형비상1) [교정9 특채 12] ② 검사·피고인 쌍방이 상소하였으나 검사의 상소가 (상소이유서 미제출로) 기각된 경우 : 결과적으로 피고인만 상소한 경우와 같으므로 **해당 원칙 적용**(68도1870) [행시 03, 국9 14, 경간 12/15, 경 14/2차] ③ 한미행정협정사건의 경우 : 검사가 상소한 사건, 검사와 피고인 쌍방이 상소한 사건의 경우에도 적용(합의의사록 §22) [경승 02]
	피고인을 위하여 상소한 사건	① 고유의 상소권자가 아닌 상소의 대리권자(§340, §341①)가 상소한 경우 ② **검사가 피고인을 위하여 상소한 경우도 포함**(通·判) ≠ [비교] 검사의 항소가 특히 피고인의 이익을 위하여 한 취지라고 볼 수 없다면 항소심에서 제1심판결의 형보다 중한 형을 선고할 수 있음(71도574) [경간 15, 경 11/2차]
	상소한 사건	① 의의 : 적용대상은 원칙적으로 상소사건(항소심·상고심)에 한정(§368·§396②은 항소심과 상고심에 적용됨 명시) ② 문제되는 경우 　㉠ 항고사건 : 피고인만 항고한 경우 적용 ×(多, 견해 대립) 　㉡ 파기환송·파기이송사건 　　ⓐ **상고심이 피고인의 상고를 이유 있다고 하여 제2심판결을 파기하고 환송·이송한 경우(§397) → 파기환송·파기이송받은 법원이 피고사건에 대하여 형을 선고하는 경우 → 파기 전의 원판결과의 관계에서도 적용**(通·判) 　　ⓑ **상소심이 파기자판하는 경우뿐만 아니라 파기환송·파기이송하는 경우에도 적용**(664도298 전합; 69도2296; 86도402 등) [행시 03, 법원 10/14/15, 국9 09/10, 해간 12] 　　ⓒ **환송 후에 공소장 변경이 있어 이에 따라 항소심이 새로운 범죄사실을 유죄로 인정하는 경우에도 적용**(79도2105; 2014도6472) [경간 16] ≠ 파기판결의 기속력(사실의 변경 시 기속력 ×) 　㉢ 정식재판의 청구 　　ⓐ **형종상향금지원칙 : "피고인이 정식재판을 청구한 사건에 대하여는 약식명령의 형보다 중한 종류의 형을 선고하지 못한다**(2017.12.19. 개정 §457의2①)" → 피고인의 정식재판청구권 보장 　　ⓑ 불이익변경금지원칙(현 형종상향금지원칙)을 약식절차에 확대한 것은 합헌(2004헌가27, 2005헌바8) [법원 08/14, 국9 13, 경간 12/15, 경승 02, 경 05/2차, 경 14/2차]

적용범위	**상소한 사건**	ⓒ 즉결심판에 대하여 피고인만이 정식재판을 청구한 사건에 대하여도 同 (즉심 §19, 98도2550) [법원 15, 교정특채 12, 경간 12, 경 12/1차] ⓔ 재심사건 : 재심의 경우에도 원판결의 형보다 중한 형을 선고하지 못함(§439) → **검사가 청구한 경우에도 同** [법원 08/12/14/15, 경간 12, 경승 01] ⓜ 병합사건 ⓐ 항소한 사건에 대하여 **항소심에서 다른 사건이 병합되어 당해 사건과 경합범으로 처단**되어 결과적으로 제1심의 각 형량보다 중한 형이 선고된 경우 : **불이익변경 ×** [행시 03/04, 경승 02] ⓑ 벌금형의 약식명령을 고지받아 정식재판을 청구한 사건과 **공소제기된 사건을 병합심리**하여 **징역형**을 선고한 것 : (벌금형을 징역형으로 변경한 것이어서) **불이익변경 ○**(2004도6784) ⓗ 판결서의 경정 : 불이익변경금지원칙 적용 ×(2007도3448) [법원 12, 국7 13]
대 상	**형의 선고**	① 중형선고의 금지 ⓐ 불이익변경이 금지되는 것은 '형의 선고'[경승 01] → (but 보안처분도 포함) ⓑ **새로 선고하는 형이 중하게 변경되지 않는 한 → 사실인정, 법령적용, 죄명선택이 원심재판보다 중하게 변경되어도 → 원칙 위반 ×**(83도3211; 88도1983; 91도884; 95도1738; 2011도14986) [법원 15, 경간 15/16] 예 원심에서 절도죄로 벌금형 선고 → 피고인만 항소 → 항소심에서 강도죄 인정 → 동일액수 벌금형 선고 : 원칙 위반 × ② 축소사실에 대한 동일형의 선고 ⓐ 의의 : **상소심에서 원심보다 경한 사실을 인정하면서도 동일한 형을 선고하는 것 → 원칙 위반 ×** ⓑ 구체적 적용 ⓐ 강도살인에서 항소심 – 환송 후 원심 – 이 공소장변경에 의해 법정형이 가벼운 죄 – 강도치사 – 를 인정 → **환송 전 원심의 선고형과 동일한 형을 선고하여도 → 원칙 위반 ×**(2001도192) ⓑ 피고인만이 항소한 사건에서 제1심이 인정한 범죄사실의 일부가 제2심에서 무죄로 되었음에도 **제2심이 제1심과 동일한 형을 선고한 경우 → 원칙 위반 ×**(95도1577) [행시 04, 경승 10/12, 경 08/3차]
	형의 범위	① 실질적인 불이익처분 ⓐ 의의 : 형은 형법상의 형의 종류(형법 §41)에 제한되지 않고 실질적으로 피고인에게 형벌과 같은 불이익을 주는 모든 처분 ⓑ 추징 : 몰수와 마찬가지로 **형에 준하여 평가**(2006도4888) [법원 09/11, 국7 10, 국9 16, 경간 14/16, 경승 10, 경 12/1차, 해경 15/3차] ⓒ 미결구금일수의 산입 : 1심의 산입이 잘못이어도 **항소심이 미결구금일수를 1심보다 줄여서 선고한 것은 위법**(95도2500) [법원 08] ⓔ 노역장유치기간, 집행유예 등도 포함 ② 보안처분 ⓐ 의의 : 형벌과는 다르지만 피고인에게 불이익을 준다는 점을 부정할 수 없음 → **보안처분에 대해서도 원칙 적용** ⓑ 취업제한명령 : 보안처분의 성격을 가지나 실질적으로 직업선택의 자유를 제한하는 것 → 항소심이 제1심판결에서 정한 형과 동일한 형을 선고하면서 **제1심에서 정한 취업제한기간보다 더 긴 취업제한명령을 부가하는 것은 원칙 위반**(2019도11540)

대상	형의 범위	③ <u>소송비용의 부담</u>(§186, §191) : 실질적으로 형의 성질을 가질 수 없음 → <u>원칙 적용</u> ×(多·判, 2001도872) [행시 04, 법원 09, 경간 14, 경승 09, 경 12/1차, 경 13/1차] ④ **배상명령** : 피고인만 항소한 사건에서 피해자가 항소심에 이르러 배상명령신청을 하고 항소심이 이를 인정하여 배상명령 → <u>원칙 위반</u> ×(2004도2781)
판단기준		① 현행 형사소송법상 불이익변경금지원칙 판단기준에 관한 명문 규정 無 → ∴ 형의 종류(형법 §41 : 사/징/금/자/자/벌/구/과/몰) 및 형의 경중(동 §50), 장기·다액, 단기·소액 등에 관한 형법의 규정 기준 ② **전체적·실질적 비교** : 원심판결과 상소심판결의 주문을 전체적·종합적(개별적·형식적 ×)으로 고찰 要 → 피고인에게 과하여지는 신체자유의 구속 등 법익박탈의 정도를 실질적 비교 판단 [경승 11] ③ 주형, 자격정지·벌금 등 병과형, 몰수·추징 등 부가형, 집행유예·미결구금일수산입·노역장유치기간 등 부수처분이 모두 불이익변경 여부의 판단기준
구체적 고찰	형량의 증가, 형의 추가, 중형으로의 변경	① 원판결과 동종의 형을 선고하면서 형량 증가 : 원칙 위반 예 <u>징역 1년 6월</u>, 집행유예 2년 → <u>징역 2년 6월</u>, 집행유예 3년(79도2105) : 위반 ② 원심이 선고한 형에 다른 형 추가 : 원칙 위반 　㉠ <u>무기징역</u> → (형법 §37後 경합범 인정하면서) <u>무기징역과 징역 6월</u>(81도1945) : <u>위반</u> 　㉡ 징역형의 형기를 그대로 유지하면서 벌금형 추가 : 불이익변경 ○ 예 <u>징역 2년</u> → <u>징역 2년, 벌금 1,000만원</u> ③ 문제가 되는 경우 : 중한 형이 줄어들면서 다른 형이 추가되는 경우 　㉠ 반드시 불이익변경이라 할 수는 없음 → 피고인에게 실질적 불이익을 초래 하였는가 판단 　㉡ 징역형의 형기를 줄이면서 벌금형을 추가하는 것 : 위반 × 예 <u>징역 2년</u> → <u>징역 1년, 벌금 1,000만원</u> 　㉢ 징역형의 형기는 줄이면서 자격정지 추가 : <u>위반</u> 예 <u>징역 3년, 집행유예 5년</u> → <u>징역 8월, 집행유예 1년, 자격정지 1년</u>(84도1958) : <u>위반</u> [경 09/1차] (살인미수죄로 징역 3년에 5년간 집행유예가 선고된 위 피고인에 대하여 추가적으로 변경된 예비적 공소사실인 업무상촉탁낙태죄만을 유죄로 인정하고 징역 8월에 1년간 집행유예를 선고한 외에 자격정지 1년을 병과하였음은 불이익한 변경으로 본 사례, 견해 대립)
	징역형과 금고형	① <u>징역형을 금고형으로 변경하면서 형기를 높이는 것 : 위반</u> ② <u>금고형을 징역형으로 변경하면서 형기를 단축하는 것 : 위반 ×</u> ③ <u>금고형을 동일한 형기의 징역형으로 변경 : 위반</u>
	징역 금고와 벌금형	① 불이익변경금지원칙 위반인 경우 　㉠ 벌금형을 징역형으로 변경 　㉡ <u>벌금액은 동일하나 노역장유치기간이 길어진 경우</u>(76도3161) [법원 13] ② 불이익변경금지원칙 위반이 아닌 경우 　㉠ 징역형을 벌금형으로 변경하였는데 노역장유치기간이 징역형보다 장기인 경우 예 <u>징역 6월</u> → <u>벌금 2천만원, 금 10만원을 1일로 환산한 노역장 유치기간</u>(200일)(多·判) [법원 06, 국9 05, 경승 10, 경 08/3차, 경 10/1차, 경 11/2차] 　㉡ 징역형의 형기가 단축되면서 벌금형에 대한 노역장유치기간이 길어진 경우 예 <u>징역 1년 및 벌금 5,000,000원, 노역장 환형유치 1일 20,000원</u> → <u>징역 10월 및 벌금 5,000,000원, 노역장 환형유치 1일 금 10,000원</u>(93도2894) [법원 13]

구체적 고찰	징역 금고와 벌금형	© 벌금액이 감경되면서 노역장유치기간이 길어진 경우 예 벌금 1천만원에 금 10만원을 1일로 환산한 기간(100일) → 벌금 800만원에 금 5만원을 1일로 환산한 기간(160일)(77도2114; 80도2325; 2000도3945)(견해 대립) [경승 10] ② 벌금형이 감경되고 노역장유치기간도 줄었으나 노역장유치 환산기준 금액이 낮아진 경우 예 벌금 1억 5천만원에 금 15만원을 1일로 환산한 기간(1,000일) → 벌금 39,800,000원에 금 50,000원을 1일로 환산(796일)(2000도3945) [법원 12, 국9 14, 경간 14, 경승 10, 해경 15/3차]
	부정기형과 정기형	원심이 선고한 부정기형을 상소심이 정기형으로 변경하는 경우 → 부정기형의 장기와 단기의 중간형을 기준으로 형의 경중 판단(중간형기준설, 2020년 판례 변경, 2020도414 전합) [법원 09, 국7 08, 국9 14]
	집행유예	① 집행유예의 배제 　㉠ 징역·금고형의 집행유예판결에 대하여 집행유예를 배제하는 것 : 위반 　　예 징역 1년, 집행유예 3년 → 징역 1년 　㉡ 징역형을 줄이면서 집행유예를 배제하는 것 : 위반 [법원 10/11, 경 10/1차] 　　예 징역 1년, 집행유예 3년 → 징역 10월 [경 05/3차] ② 집행유예의 기간 연장 　㉠ 원칙 : 징역·금고형의 집행유예판결에 대한 유예기간 연장 : 위반 예 징역 1년, 집행유예 2년 → 징역 1년, 집행유예 3년 [법원 10, 경 10/1차] 　㉡ 예외 : 징역·금고형의 집행유예판결에 대하여 형기를 단축하면서 집행유예 기간 연장 : 위반 × 예 징역 1년, 집행유예 1년 → 징역 6월, 집행유예 1년 6월 ③ 집행유예의 추가 　㉠ 원칙 : 징역·금고형은 그대로 유지하면서(or 줄이면서) 집행유예만 추가 : 위반 × 예 징역 1년 → 징역 1년, 집행유예 2년 　㉡ 예외 : 징역·금고형은 늘리면서 집행유예를 추가 : 위반 [국9 10] 예 징역 1년 → 징역 2년, 집행유예 3년 [경승 03], 징역 6월 → 징역 8월, 집행유예 2년 (66도1319 전합) [법원 11] 　㉢ 금고를 형기의 변경 없이 징역으로 바꾸면서 집행유예를 추가 : 위반 × 예 금고 6월 → 징역 6월, 집행유예 1년(2013도6608) 　㉣ 징역형에 집행유예를 추가하면서 벌금형을 병과하거나 벌금액을 높인 경우 : 위반 예 징역 6월 → 징역 6월, 집행유예 2년, 벌금 5만원 [경승 03, 경찰특채 09], 징역 2년 6월, 벌금 300만원 → 징역 2년 6월, 집행유예 3년, 벌금 1,000만원 ④ 징역·금고형의 집행유예를 벌금형으로 변경 : 위반 × 예 징역 1년, 집행유예 2년 → 벌금 1,000만원 [법원 10, 경승 03]
	선고유예	① 징역·금고형의 선고유예를 벌금형으로 변경 : 위반(99도3776) [법원 13, 국9 16, 교정특채 12, 경간 12, 경 11/2차, 경찰특채 09, 해경 15/3차] ② 징역형의 실형 및 벌금형의 선고유예를 징역형의 집행유예 및 벌금형의 실형으로 변경 : 위반 × 예 징역 2년 6월, 벌금 1,500만원의 선고유예, 11,461,400원 추징 → 징역 2년 6월의 집행유예 4년, 벌금 1,000만원, 11,461,400원 추징(74도1785) [경 09/1차]

	집행면제 · 집행유예	형의 집행면제를 집행유예로 변경 : **위반 ×** 예 징역 1년의 집행면제 → 징역 8월, 집행유예 2년 [경 05/3차, 경승 10]
구체적 고찰	몰수 · 추징	① 징역·금고는 동일하지만 몰수·추징을 추가하거나(예 징역 8월, 집행유예 2년 → 징역 8월, 집행유예 2년, 압수물 몰수) 추징액을 늘리는 것 : **위반** [법원 13] ② 주형인 징역형을 경하게 하면서 벌금·몰수·추징을 추가하거나 추징액을 증가 : **위반 ×** 예 1심 : 징역 1년 6월, 집행유예 3년 → 2심 : 징역 1년 선고유예 → 환송 후 원심 : 벌금 4천만원 및 금 16,485,250원 추징 모두의 선고유예(97도1716 전합) [국9 15] ③ 벌금액을 줄이면서 추징액을 늘린 경우 : 벌금액과 추징액의 **합계**를 원판결과 비교하여 불이익변경의 여부를 결정 要 예 벌금 20만원 → 벌금 10만원, 7만원 상당 물건의 몰수 : **위반 ×** ④ 추징을 몰수로 변경 : **위반 ×**(2005도5822) [국7 08, 국9 09, 해간 12, 경승 09/11, 경 09/1차]
	압수물의 환부	항소심에서 **주형의 형기를 감축**하고 1심이 선고하지 않은 **압수장물 피해자 환부** 선고를 추가 : **위반 ×**(90도16) [국9 16]
	보안처분	① 원판결에서 선고된 **치료감호**를 징역형으로 변경 : **위반** [경 09/1차] ② 주형은 동일한데 보안처분이 추가되거나 보안처분의 기간이 늘어난 경우 : **위반** ③ 주형을 감축하면서 **보안처분의 기간이 늘어난 경우** : **위반 ×**

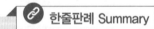 한줄판례 Summary

불이익변경금지원칙 위반
① 항소심에서 판시 1·3죄 벌금 7백만원, 2·4죄 벌금 2백만원 → (피고인만 상고, 상고심에서 파기환송) 환송 후 원심에서 각 죄 징역 1년에 집행유예 2년 및 사회봉사명령 80시간 : 위반(2005도8607) [해경 15/3차, 국9 17]
② 구류를 선고한 1심판결을 파기하고 벌금을 선고(2003도3880)
③ 1심 판결에서 치료감호만 선고되고 피고인만 항소한 경우 항소심이 이를 징역형으로 변경(83도765)
④ 전자장치부착법상 전자장치 부착명령기간만을 장기로 부과(2013도9666; 2013전도199) [경간 16]
⑤ 동일한 벌금형을 선고하면서 성폭력 치료프로그램 이수명령 병과(2012도8736)

불이익변경금지원칙 위반 ×
① 1심에서 실체적 경합으로 징역 4년 → 2심에서 3개의 주문(징역 1년, 징역 1년, 징역 6월)으로 처단(88도936)
② 1심 - 징역 5년 → 2심 - 징역 4년, 벌금 1억 5천만원(97도1716 전합)
③ 1심 - 징역 1년 6월에 집행유예 3년 → 환송 전 원심 - 징역 1년 형의 선고유예 → 환송 후 원심 - 벌금 40,000,000원 형과 금 16,485,250원 추징의 선고를 모두 유예(97도1716 전합) [국9 15]
④ 벌금형을 선고한 즉결심판 → 벌금형의 환형유치기간보다 더 긴 구류형 선고(98도2550) [경승 12]
⑤ 형기를 단축하고 전자장치 부착기간만을 장기로 함(징역 15년 및 부착명령 5년 → 징역 9년, 공개명령 5년, 부착명령 6년)(2010도16939; 2010전도159) [국7 13, 경간 12/14, 경 12/1차, 경 13/1차]
⑥ 항소심에서 처음 청구된 검사의 부착명령에 기하여 부착명령 선고(2010도9013; 2010전도60) [경 12/1차]
⑦ 1심에서 징역 장기 7년, 단기 5년 및 부착명령 5년 선고 → 항소심에서 징역 장기 5년, 단기 3년 및 부착명령 20년 선고(2010도7955; 2010전도46) [법원 12, 경승 12]
⑧ 제1심보다 가벼운 징역 6년(징역형 1년 단축)과 80시간의 성폭력 치료프로그램 이수명령, 아동·청소년 관련 기관 등에 10년간의 취업제한명령, 장애인복지시설에 10년간의 취업제한명령(1심보다 더 긴 기간) 선고(2019도11609)

① 항소심이 제1심에서 **별개의 사건으로 따로 두 개의 형**을 선고받고 항소한 피고인에 대하여 사건을 병합심리한 후 **경합범으로 처단하면서** 제1심의 각 형량보다 **중한 형**을 선고 : **위반** ×(2001도3448)
[국9 09/10, 교정특채 12, 해간 12, 경승 10, 경 14/2차]

② **피고인이 약식명령에 대하여 정식재판을 청구한 사건과 공소가 제기된 다른 사건을 병합**하여 심리한 결과 형법 §37 전단의 경합범 관계에 있어 **하나의 벌금형으로 처단하면서 약식명령에서 정한 벌금형보다 중한 벌금형**을 선고 : **위반** ×(2003도4732; 2016도2136) [행시 04, 국7 08, 국9 17, 경승 10/11, 경 08/3차, 경 14/2차]

③ **벌금형의 약식명령을 고지받아 정식재판을 청구한 사건과 공소가 제기된 사건을 병합**·심리한 후 경합범으로 처단하면서 **징역형**을 선고 : **위반**(2004도6784) [국7 13]

① 검사만 상소한 사건(단, 피고인을 위한 상소의 취지임을 명시한 경우에는 원칙 적용)
② 검사와 피고인 모두 상소한 사건(단, 이 경우 검사 상소 기각 시에는 원칙 적용)
③ 항고사건(多)
④ 병합사건(단, 벌금형 약식명령에 대한 정식재판에 공소제기된 다른 사건을 병합심리하여 징역형을 선고한 것은 원칙 위반)
⑤ 판결서 경정

VII 파기판결의 구속력

의 의	① 개념 : 상소심이 원판결을 파기하여 환송·이송한 경우 상급심의 판단이 당해사건에 관하여 환송·이송받은 하급심을 구속하는 효력(파기판결의 기속력)
	② 현행법 : "**상급법원 재판에서의 판단은 해당 사건에 관하여 하급심(下級審)을 기속(羈束)한다**(법조법 §8)"
	③ 재판의 구속력과의 구별 : 파기판결의 구속력은 상급법원의 파기판결이 하급법원을 구속하는 효력이라는 점에서, 재판을 행한 당해 법원이 스스로 그 재판을 철회·변경할 수 없는 효력인 재판의 구속력과는 구별됨
성 질	① 중간판결설, 기판력설, 특수효력설 견해 대립
	② 특수효력설 : 파기판결의 구속력은 사건이 심급 간에 무한히 반복하는 것을 방지함으로써 심급제도를 유지하기 위한 정책적 근거에서 인정된 특수한 효력
범 위	**구속력이 발생하는 재판** : ① 상소심의 파기판결 : 항소심·상고심을 불문하고, 파기판결은 파기환송판결·파기이송판결 不問 [행시 02] ② 파기판결의 범위 : 항고심에서도 파기환송·파기이송이 허용되므로 파기결정도 포함

범위	구속력이 미치는 법원	① 파기판결은 **당해 사건의 하급심 구속** : 상고심이 항소심판결을 파기하고 제1심에 환송한 후 제1심재판에 대하여 다시 항소한 경우 → 제2심법원인 항소심도 당해 사건의 하급심에 해당하므로 상고심의 판단에 구속 [행시 02] ② **파기판결을 한 당해 상급법원 자신까지도 구속**(83도383; 85도263; 85도1996; 87도294) [경 12/1차] : 상급심이 자신의 판단을 변경하는 것을 허용할 경우 불필요한 절차가 반복될 우려 [법원 13, 국9 15] → 전원합의체는 예외 ③ 항소심의 파기판결의 구속력은 **그 상급법원인 상고심에 미치지 않음** [행시 02, 경승 03]
	구속력이 미치는 판단	① 법률판단과 사실판단 : 모두 구속력 미침 　㉠ 법률판단 : 상급법원의 법령의 해석·적용에 대한 판단은 당연히 하급법원 구속 　㉡ 사실판단 : 사실오인을 상소이유로 하고 있는 현행법상 상급법원의 사실판단은 하급법원 구속 ② 소극적·부정적 판단과 적극적·긍정적 판단 　㉠ 判例 : 환송판결의 하급심에 대한 기속력은 원판결의 사실상·법률상의 판단이 정당하지 않다는 **소극적·부정적 판단 부분에 대해서만 구속력 있음**(82도2672; 2004도340, 견해 대립) [국7 23, 법원 24, 경 12/1차] 　㉡ 구체적 적용 　　ⓐ **몰수형 부분의 위법을 이유로 원심판결 전부가 파기환송**된 후 → 환송 후 원심이 **주형을 변경**한 조치는 환송판결의 기속력에 저촉되지 않음(2003도4781) [국9 15, 경 12/1차] 　　ⓑ **출판물에 의한 명예훼손을 인정한 것은 위법이라는 파기환송판결의 사실판단의 기속력 → 환송 후 원심에서 **허위사실적시 명예훼손죄의 공소사실로 변경**되었다면 더 이상 파기환송판결이 한 사실판단에 기속될 필요는 없음(2004도340) [국9 15]
구속력 배제	사실관계 변경	① 파기판결의 구속력 – 사실관계가 동일하다는 것을 전제로 함 ② **사실관계의 변경 : 기속력 ×** 　㉠ 환송·이송 후 심리과정에서 **새로운 사실과 증거가 제시**되어 기속적 판단의 기초가 된 **사실관계가 변경**되면 **구속력 배제**(82도2672; 85도263; 89도2360; 95도830; 2001도1314) [국9 15, 경승 03, 경 12/1차] 　㉡ 환송 후 하급심에서 **공소사실이 변경**된 경우에는 하급심이 **새롭게 사실인정을 할 재량권**을 가지게 되므로 파기판결의 사실판단에 **기속될 필요 없음**(2004도340)
	법령판례 변경	① 파기판결 후 **법령이 변경**된 경우 → **구속력 배제** [행시 02] ② 파기판결 후 **판례가 변경**된 경우 → **구속력 배제**

조문정리

제3편 상소

제2장 항소

제357조【항소할 수 있는 판결】 제1심법원의 판결에 대하여 불복이 있으면 지방법원 단독판사가 선고한 것은 지방법원 본원합의부에 항소할 수 있으며 지방법원 합의부가 선고한 것은 고등법원에 항소할 수 있다.

제358조【항소제기기간】 항소의 제기기간은 7일로 한다.

제359조【항소제기의 방식】 항소를 함에는 항소장을 원심법원에 제출하여야 한다.

제360조【원심법원의 항소기각 결정】 ① 항소의 제기가 법률상의 방식에 위반하거나 항소권소멸 후인 것이 명백한 때에는 원심법원은 결정으로 항소를 기각하여야 한다.
② 전항의 결정에 대하여는 즉시항고를 할 수 있다.

제361조【소송기록과 증거물의 송부】 제360조의 경우를 제외하고는 원심법원은 항소장을 받은 날부터 14일 이내에 소송기록과 증거물을 항소법원에 송부하여야 한다.

제361조의2【소송기록접수와 통지】 ① 항소법원이 기록의 송부를 받은 때에는 즉시 항소인과 상대방에게 그 사유를 통지하여야 한다.
② 전항의 통지 전에 변호인의 선임이 있는 때에는 변호인에게도 전항의 통지를 하여야 한다.
③ 피고인이 교도소 또는 구치소에 있는 경우에는 원심법원에 대응한 검찰청검사는 제1항의 통지를 받은 날부터 14일 이내에 피고인을 항소법원소재지의 교도소 또는 구치소에 이송하여야 한다.

제361조의3【항소이유서와 답변서】 ① 항소인 또는 변호인은 전조의 통지를 받은 날로부터 20일 이내에 항소이유서를 항소법원에 제출하여야 한다. 이 경우 제344조를 준용한다.
② 항소이유서의 제출을 받은 항소법원은 지체 없이 부본 또는 등본을 상대방에게 송달하여야 한다.
③ 상대방은 전항의 송달을 받은 날로부터 10일 이내에 답변서를 항소법원에 제출하여야 한다.
④ 답변서의 제출을 받은 항소법원은 지체 없이 그 부본 또는 등본을 항소인 또는 변호인에게 송달하여야 한다.

제361조의4【항소기각의 결정】 ① 항소인이나 변호인이 전조 제1항의 기간 내에 항소이유서를 제출하지 아니한 때에는 결정으로 항소를 기각하여야 한다. 단, 직권조사사유가 있거나 항소장에 항소이유의 기재가 있는 때에는 예외로 한다.
② 전항의 결정에 대하여는 즉시항고를 할 수 있다.

제361조의5【항소이유】 다음 사유가 있을 경우에는 원심판결에 대한 항소이유로 할 수 있다.
1. 판결에 영향을 미친 헌법·법률·명령 또는 규칙의 위반이 있는 때
2. 판결 후 형의 폐지나 변경 또는 사면이 있는 때
3. 관할 또는 관할위반의 인정이 법률에 위반한 때
4. 판결법원의 구성이 법률에 위반한 때
7. 법률상 그 재판에 관여하지 못할 판사가 그 사건의 심판에 관여한 때
8. 사건의 심리에 관여하지 아니한 판사가 그 사건의 판결에 관여한 때
9. 공판의 공개에 관한 규정에 위반한 때
11. 판결에 이유를 붙이지 아니하거나 이유에 모순이 있는 때
13. 재심청구의 사유가 있는 때
14. 사실의 오인이 있어 판결에 영향을 미칠 때
15. 형의 양정이 부당하다고 인정할 사유가 있는 때

제362조【항소기각의 결정】 ① 제360조의 규정에 해당한 경우에 원심법원이 항소기각의 결정을 하지 아니한 때에는 항소법원은 결정으로 항소를 기각하여야 한다.
② 전항의 결정에 대하여는 즉시 항고를 할 수 있다.

제363조【공소기각의 결정】 ① 제328조제1항 각 호의 규정에 해당한 사유가 있는 때에는 항소법원은 결정으로 공소를 기각하여야 한다.
② 전항의 결정에 대하여는 즉시 항고를 할 수 있다.

제364조【항소법원의 심판】 ① 항소법원은 항소이유에 포함된 사유에 관하여 심판하여야 한다.
② 항소법원은 판결에 영향을 미친 사유에 관하여는 항소이유서에 포함되지 아니한 경우에도 직권으로 심판할 수 있다.
③ 제1심법원에서 증거로 할 수 있었던 증거는 항소법원에서도 증거로 할 수 있다.

④ 항소이유 없다고 인정한 때에는 판결로써 항소를 기각하여야 한다.

⑤ 항소이유 없음이 명백한 때에는 항소장, 항소이유서 기타의 소송기록에 의하여 변론 없이 판결로써 항소를 기각할 수 있다.

⑥ 항소이유가 있다고 인정한 때에는 원심판결을 파기하고 다시 판결을 하여야 한다.

제364조의2 【공동피고인을 위한 파기】 피고인을 위하여 원심판결을 파기하는 경우에 파기의 이유가 항소한 공동피고인에게 공통되는 때에는 그 공동피고인에게 대하여도 원심판결을 파기하여야 한다.

제365조 【피고인의 출정】 ① 피고인이 공판기일에 출정하지 아니한 때에는 다시 기일을 정하여야 한다.

② 피고인이 정당한 사유 없이 다시 정한 기일에 출정하지 아니한 때에는 피고인의 진술 없이 판결을 할 수 있다.

제366조 【원심법원에의 환송】 공소기각 또는 관할위반의 재판이 법률에 위반됨을 이유로 원심판결을 파기하는 때에는 판결로써 사건을 원심법원에 환송하여야 한다.

제367조 【관할법원에의 이송】 관할인정이 법률에 위반됨을 이유로 원심판결을 파기하는 때에는 판결로써 사건을 관할법원에 이송하여야 한다. 단, 항소법원이 그 사건의 제1심관할권이 있는 때에는 제1심으로 심판하여야 한다.

제368조 【불이익변경의 금지】 피고인이 항소한 사건과 피고인을 위하여 항소한 사건에 대해서는 원심판결의 형보다 무거운 형을 선고할 수 없다.
[전문개정 2020.12.8.]

제369조 【재판서의 기재방식】 항소법원의 재판서에는 항소이유에 대한 판단을 기재하여야 하며 원심판결에 기재한 사실과 증거를 인용할 수 있다.

제370조 【준용규정】 제2편 중 공판에 관한 규정은 본장에 특별한 규정이 없으면 항소의 심판에 준용한다.

▌ I ▌ 항소의 의의와 항소심의 구조

의 의	판결에 불복하여 제2심 법원에 제기하는 상소
기 능	① 상고와의 비교 　㉠ 공통점 : 오판으로 인해 불이익을 받는 당사자의 구제 　㉡ 차이점 : 항소는 제1심 판결에 대한 상소, 상고는 제2심 판결에 대한 상소인데, 항소심은 법리오해뿐 아니라 사실오인과 양형부당을 다룬다는 점에서 법리오해를 중점적으로 다루는 상고심과 구별됨 ② 비약적 상고와의 비교 : 제1심 판결에 대하여 제2심 법원에 상소하는 것이므로 제1심 판결에 대하여 대법원에 상소하는 비약적 상고와 구별됨 ③ 판결에 대한 상소이므로 결정·명령에 대해서는 항소 不可
구 조	① 사후심설과 속심설(通·判) 대립 ② **속심설 – 원칙적 속심, 예외적 사후심** [국9 05, 경승 02] 　㉠ 실체적 진실을 추구하는 면에서 원칙적으로 속심으로 파악 　㉡ 남상소 폐해 방지(항소법원의 부담 감소), 소송경제 실현 → 사후심적 요소 규정(82도2829)

속심설	① 항소심에서의 **공소장변경은 당연히 허용** – 항소심변론종결 시까지 可(94도1520)
	 ② 확정판결의 **기판력의 시간적 범위**
	     ㉠ 당해 판결의 **항소심판결선고 시**(通·判, 82도2829; 82감도612)
	     ㉡ 항소이유서 미제출로 항소기각 결정된 경우 : **항소기각 결정 시**(93도836) → 피고인이 항소한 때에는 법정기간 내에 항소이유서를 제출하지 아니하더라도 → 판결에 영향을 미친 사실오인이 있는 등 직권조사사유가 있으면 → 항소법원이 직권으로 심판하여 (§361의4①) 제1심 판결을 파기하고 다시 판결 可 → 사실심리의 가능성이 있는 최후 시점은 항소기각 결정 시
	 ③ 소년법상 **소년(19세 미만)**의 판단시점 : 최종의 사실심인 **항소심 판결선고 시** 기준

☀ **퍼써 정리 | 현행법상 항소심의 속심적 요소와 사후심적 요소**

속심적 요소	① 항소이유 : 판결 후 형의 폐지나 변경 또는 사면이 있을 때(§361의5 2.)와 재심청구의 사유가 있을 때(동13.) [경승 12] ② 항소이유서의 제출이 없어도 판결에 영향을 미친 위법이 있는 경우에는 항소심법원은 직권으로 심판 可(§364②) ③ 제1심 공판에 관한 규정은 항소심의 심리에 준용됨(§370) : 증거조사 등 사실심리 可, 제1심 판결 선고 후 나타난 자료도 사용 可 ④ 제1심 법원에서 증거로 할 수 있던 증거는 항소법원에서도 증거로 할 수 있음(§364③) ⑤ 파기자판 원칙(§364⑥)
사후심적 요소	① 항소이유의 제한 : 원판결의 법령위반·사실오인 및 양형부당으로 제한(§361의5) [경승 12] ② 심판의 대상 : 항소법원은 원칙적으로 항소이유에 포함된 사유에 관하여 심판(§364①) ③ 항소이유서의 제출 의무화(§361의3) [경승 12] ④ 항소이유 없음이 명백한 때 변론 없이 항소기각 可(§364⑤) [경승 12]

▌ Ⅱ 항소이유

의 의	① 개념 : 항소권자가 적법하게 항소를 제기할 수 있는 법률상의 이유
	     ㉠ 법 §361의5 → 항소이유 11가지 제한적 열거
	     ㉡ 항소인·변호인은 항소법원의 소송기록접수의 통지를 받은 날로부터 20일 이내에 항소이유서를 항소법원에 제출하여야 하며(§361의3), 항소인·변호인이 기간 내에 항소이유서를 제출하지 아니한 때에는 결정으로 항소 기각(§361의4①) [경승 12]
	 ② 항소심 구조와의 관계 : §361의5에서 항소이유를 제한한 것은 사후심적 요소를 가미한 것 [경승 12]

분 류		판결에의 영향 여부를 불문, 당연히 항소이유로 되는 것(§361의5 2. ~ 13., 15.)	
	절대적 항소이유	판결 후 형의 **폐지·변경** 또는 사면이 있는 때(제2호)	① 형의 변경은 경한 형으로 변경된 경우만을 의미 ② 판결 후 형의 폐지·사면이 있으면 면소판결을 해야 하고, 형이 경하게 변경된 경우에는 경한 형을 과해야 하므로, 피고인의 이익을 위해 항소이유로 한 것

분류	절대적 항소이유	관할 또는 관할위반의 인정이 법률에 위반한 때(제3호)	① 관할 : 토지관할과 사물관할을 의미 ② 관할의 인정이 법률에 위반한 때 : 관할위반의 판결을 해야 할 것임에도 불구하고 실체에 대하여 심판한 경우 ③ 관할위반의 인정이 법률에 위반한 때 : 관할권이 있음에도 불구하고 심판하지 않거나 관할위반판결을 선고한 경우
		판결법원의 구성이 법률에 위반한 때(제4호)	① 판결법원 : 판결 및 그 기초가 되는 심리를 행한 법원 ② 합의부가 구성원(수)을 충족하지 못한 경우, 결격사유 있는 법관이 구성원이 된 경우
		법률상 그 재판에 관여하지 못할 판사가 그 사건에 심판에 관여한 때(제7호)	제척원인이 있거나 기피·회피신청이 이유 있다고 인정된 판사가 재판의 내부적 성립에 관여한 경우(7.·8. 모두 판결선고만 관여하는 것은 포함되지 않음)
		사건의 심리에 관여하지 아니한 판사가 그 사건의 판결에 관여한 때(제8호)	처음부터 심리에 관여하지 않은 판사 또는 공판심리 도중에 판사의 경질이 있음에도 불구하고 당해 판사가 공판절차를 갱신하지 않고 재판의 내부적 성립에 관여한 경우 [법원 12]
		공판의 공개에 관한 규정에 위반한 때(제9호)	재판의 공개에 관한 헌법 §109와 법원조직법 §57에 위반한 경우 [법원 08]
		판결에 이유를 붙이지 아니하거나 이유에 모순이 있는 때(제11호)	① 이유불비 : 판결에 이유가 없거나 불충분한 경우 → 법령의 적용이 없거나 적용법조가 주문과 모순되는 경우처럼 그 잘못이 명백한 경우(그렇지 않은 경우는 1.의 법령 위반) ② 이유모순 : 주문과 이유 사이 또는 이유와 이유 사이에 모순이 있는 경우
		재심청구의 사유가 있는 때(제13호) [경승 12]	① 재심사유가 있을 때 항소를 허용하지 않고 판결의 확정을 기다려 재심청구를 하도록 하는 것은 소송경제에 반한다는 점을 고려한 항소이유 ② 검사가 재심청구의 사유를 항소이유로 하여 피고인에게 불이익한 항소를 하는 것은 不可[실체진실 발견을 위한 긍정설과 이익재심원칙상 부정설(多) 대립]
		형의 양정이 부당하다고 인정할 사유가 있는 때(제15호)	① 양형부당 : 처단형의 범위 내에서 선고한 형이 지나치게 무겁거나 가벼운 경우 but 법정형이나 처단형의 범위를 벗어나는 것은 법령위반에 해당 ② 형의 범위 : 주형에 한하지 않고 부가형, 환형유치, 형의 집행유예·선고유예·집행면제도 포함

[정리] 절대적 항소이유 : 판결 후 형의 폐지·변경·사면(2), 관할위반(3), 법원구성의 법률위반(4), 제척·기피·회피 판사의 심판관여(7), 미심리판사의 판결관여(8), 공개규정위반(9), 이유불비·이유모순(11), 재심청구사유(13), 양형부당(15) → 절대 : 공/판(판사 – 4·7·8)/이/관/폐/양/재

[비교] 절대적 상고이유 : 폐/양(양형이 심히 부당, 사무10)/재

분 류	상대적 항소이유	판결에 영향을 미친 경우에 한하여 항소이유로 되는 것(동1., 14.)	
		[정리] 상대적 항소이유 : 판결에 영향을 미친 헌법·법률·명령·규칙위반(1), 사실오인 (14) → 상대 : 법/사 [비교] 상대적 상고이유 : 법/사(중대한 사실오인, 사무이)	
		판결에 영향을 미친 헌법·**법률**· 명령·규칙의 위반이 있는 때 (제1호)	① 헌법위반 : 판결의 내용·절차가 헌법에 위반 or 헌법해석의 착오가 있는 경우 예 실체형법의 소급효금지원칙의 위반(형벌법령의 소급적용), 일사부재리원칙의 위반(무죄확정 사건에 다시 유죄판결을 내린 경우), 재판절차에서 고문이나 불이익진술의 강요가 있었던 경우 등 ② 실체법령의 위반 : 원심이 인정한 사실관계에는 오류가 없으나 인정사실에 대한 형법 기타 실체법의 해석과 적용에 잘못이 있는 경우 ③ 소송법령의 위반 : 원심의 심리 및 판결절차가 헌법·법률·명령·규칙에 위반한 경우 예 필요적 변호사건에서 변호인 없는 심리의 진행, 증거에 의하지 않거나 증거능력 없는 증거에 의한 사실의 인정 등 심리의 미진 등 ④ 판결에 영향을 미칠 것 – 인과관계 : 법령의 위반과 판결내용 사이에는 규범적 인과관계 要 　㉠ 실체법령은 형벌권의 발생을 좌우하는 직접적 근거규정이라는 점에서 그 위반은 원칙적으로 판결에 영향을 미침 　㉡ But 소송법령의 위반의 경우에는 ⓐ 훈시규정에 위반한 경우는 규범적 인과관계가 인정되지 않고 ⓑ 적법절차를 형성하는 중요한 효력규정의 위반은 원칙적으로 판결에 영향을 미친 위법이 있다고 봄
		사실의 오인이 있어 판결에 영향을 미칠 때 (제14호)	① 사실의 오인 : 법원이 인정한 사실과 객관적 사실 사이에 차이가 있는 것 예 법원의 증거에 의한 사실인정이 채증법칙(논리법칙·경험법칙)에 위반되는 경우(but 증거능력 없는 증거에 의한 사실인정은 소송절차의 법령위반) ② 사실 : 형벌권의 존부와 범위에 관한 사실, 즉 엄격한 증명을 요하는 사실(but 소송법적 사실이나 정상에 관한 사실은 제외) ③ 판결에 영향을 미칠 것 : 사실오인에 의하여 판결의 주문에 영향을 미쳤을 경우 and 범죄에 대한 구성요건적 평가에 직접 또는 간접으로 영향을 미쳤을 경우를 의미(96도1665)

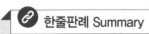 **한줄판례 Summary**

피고인이 책임을 질 수 없는 사유로 공판절차에 출석할 수 없었던 사정을 포함 → 재심규정에 의하여 **재심청구의 사유가 있음**(§361의5 13.)에 해당하는 항소이유를 주장한 것(2015도11878)

Ⅲ 항소심의 절차

[항소심절차 개관] 7 - 14 - 즉 - 20 - 즉 - 10 - 즉
① 1심판결선고 - 7일 내 원심법원에 항소장 제출 - 원심법원의 항소기각결정(법률위반 / 상소권 ×) - 즉시 항고
② 원심법원 : 14일 내 항소법원에 소송기록송부 - 항소법원의 항소기각결정(법/권) - 즉시항고
③ 항소법원 : 즉시 상대방 & 항소인에 접수통지(이미 선임된 변호인에게도 통지)(필요적 변호사건 - 必 통지)
④ 항소인·변호인 : 20일 내 항소이유서 제출 if 이유서 미제출 - 항소기각결정 - 즉시항고
⑤ 항소법원 : 지체 없이 상대방에 대한 항소이유서 부본 송달
⑥ 상대방 : 10일 이내 항소법원에 답변서 제출
⑦ 항소법원 : 지체 없이 항소인·변호인에 대한 부본 송달
⑧ 항소심의 심리 : 항소이유에 포함된 사유에 관함이 원칙이나, 판결에 영향을 미친 사유는 직권 심판 可
⑨ 항소심의 재판 : 공기결(즉시항고) / 항기결(즉시항고) / 항기판 / 파기자(원칙) / 파기환 / 파기이
cf. 공동파기

1. 항소의 제기

방 식		① 항소장의 제출
		ㄱ 제출 : **원심법원**에(§357)
		   [참고] 착오로 항소장이 항소법원에 제출된 경우 → 항소법원은 항소장을 원심법원으로 송부
		       and 이 경우 항소장이 원심법원에 접수된 때 항소제기의 효력 발생
		ㄴ 기재사항 : 항소장에는 항소의 취지와 대상이 되는 판결 기재 要 but 항소이유는
		   기재 不要
		ㄷ 항소제기기간 : **재판을 선고·고지한 날로부터 7일** 내(§358) [법원 11/12/14/15, 경간 14,
		   경승 11, 경 11/1차, 경 12/2차]
		② **재소자특칙** ○(§344①) [교정특채 12]
		   [정리] 재소자특칙 : ① **상소제기**(§344①), ② **상소포기·취하**(§355), ③ **상소권회복청구**(§355),
		   ④ **상소이유서** 제출(§361의3), ⑤ **재심청구**(§430, §344), ⑥ **약식명령**에 대한 정식재판청구
		   (§458), ⑦ 국민**참**여재판 피고인 의사 서면 제출 *cf.* **재정신청**
		③ 항소법원 : 제1심 법원이 지방법원 단독판사인 경우 - 지방법원 본원합의부 / 지방법원
		   합의부인 경우 - 고등법원(§357)

조 치	원심법원의 조치	① 항소기각결정 : **항소제기가 법률상의 방식에 위반 or 항소권** 소멸 후인 것 이 명백한 때 → **원심법원**은 **결정**으로 **항소기각**(§360①)(법/권 - 항기결) → **즉시항고** 可(동②) [법원 11, 경승 11, 경 12/2차] ② 소송기록과 증거물의 송부 : **원심법원은 항소장을 받은 날부터 14일** 이 내에 소송기록과 증거물을 항소법원에 송부(항소기각결정하는 경우 제외) (§361) → 검찰청은 경유할 필요 ×, 14일은 훈시규정 [법원 12, 국7 11, 경간 14, 경 11/1차]

조 치	항소법원의 조치	① 항소기각결정 : 항소의 제기가 **법률**상의 방식에 위반 or 항소**권** 소멸 후인 것이 명백함(§360)에도 **원심법원이 항소기각의 결정을 하지 아니한 때** → **항소법원은 결정으로 항소기각**(§362①)(법/권 – 항기결) [법원 08] → 즉시항고 可(동②) ② 소송기록접수의 통지 　㉠ 항소법원이 기록의 송부를 받은 때 → **즉시 항소인과 상대방에게 그** 　　**사유 통지 要**(§361의2①) [경승 11, 경 12/2차] 　㉡ **통지 전 변호인의 선임**이 있는 때 → **변호인에게도 통지**(동②) 　　ⓐ 피고인에 대한 **소송기록 접수통지 전에 변호인이 선임**된 경우 변 　　　호인의 항소이유서 제출기간 : **당해 변호인이 소송기록 접수통지를** 　　　**받은 날로부터 기산**(96도166) 　　ⓑ 피고인과 변호인에 대한 소송기록 접수통지일이 서로 다른 경우 : 　　　항소이유서 제출기간도 각각 기산 　　ⓒ 피고인에게 **소송기록접수통지를 한 후 변호인의 선임**이 있는 경 　　　우 : **변호인에게 다시 같은 통지를 할 필요 ×** and **항소이유서의** 　　　**제출기간도 피고인이 그 통지를 받은 날로부터 계산** 　㉢ 항소대리권자가 항소한 경우의 통지의 상대방 : 피고인의 항소대리 　　권자인 **배우자가 피고인을 위하여 항소**한 경우 → **소송기록접수통지** 　　**는 항소인인 피고인에게** 하여야 함 → ∴ 피고인이 적법하게 소송기록 　　접수통지서를 받지 못하였다면 → 항소이유서 제출기간이 지났다는 　　이유로 항소기각 결정을 하는 것은 위법(2018모642) [법원 19, 경간 20] 　㉣ 항소법원이 피고인에게 **소송기록 접수통지를 함에 있어 2회에 걸쳐** 　　**그 통지서를 송달**하였다 하더라도, **항소이유서 제출기간의 기산일은** 　　(최후 송달의 효력이 발생한 날이 아니라) **최초 송달의 효력이 발생한** 　　**날의 다음 날**(2010도3377) [국7 14] 　㉤ 통지의무 위반 시 → 소송절차의 법령위반 → 판결에 영향을 미친 　　때 상고이유에 해당 ③ **국선변호인 선정**과 소송기록접수 통지 　㉠ 피고인의 **변호인의 조력을 받을 권리**의 보장 　　ⓐ 의의 : 헌법상 보장되는 '변호인의 조력을 받을 권리'는 변호인의 　　　'충분한 조력'을 받을 권리 → 단순히 국선변호인을 선정하여 주 　　　는 데 그치지 않고 **피고인이 국선변호인의 실질적인 조력을 받을** 　　　**수 있도록 필요한 업무 감독과 절차적 조치를 취할 법원의 책무** 　　　[국9 16] 　　ⓑ 기록의 송부를 받은 항소법원 → **필요적 변호사건**(§33①1.~6.)에 　　　있어서 변호인이 없는 경우 → **지체 없이 변호인을 선정**한 후 그 　　　**변호인에게 소송기록접수통지**(§33③에 의하여 국선변호인을 선정 　　　한 경우도 同, 규칙 §156의2①) → 이 통지에 의하여 **항소이유서** 　　　**제출기간 기산** 　　ⓒ 국선변호인에게 소송기록 접수통지를 하지 아니함으로써 항소이 　　　유서 제출기회를 주지 아니한 채 판결을 선고하는 것 → 위법 　　　(2010도3377)

조 치	항소법원의 조치	

ⓓ 미성년자인 피고인을 위하여 국선변호인을 선정한 후 국선변호인에게 소송기록 수리통지서를 송달치 아니한 채 선정된 날부터 20일 전에 항소심 판결을 선고한 것 → 위법(73도2142)

ⓛ **국선변호인의 교체가 피고인의 귀책사유 없이 이루어진 경우**

   ⓐ **피고인과 국선변호인이 모두 법정기간 내에 항소이유서를 제출하지 아니한 경우** → 국선변호인의 항소이유서 미제출에 피고인의 귀책사유 있음이 특별히 밝혀지지 않는 한 → 항소법원은 종전 국선변호인의 선정을 취소하고 **새로운 국선변호인을 선정**하여 다시 소송기록접수통지 → **새로운 국선변호인은 통지를 받은 때로부터 20일 내 피고인을 위하여 항소이유서 제출**(2009모1044 전합) [국7 15, 국9 12, 경간 14]

   ⓑ **(위 ⓐ의 법리는)** 항소법원이 새로운 국선변호인을 선정하여 소송기록접수통지를 하기 이전에 **피고인 스스로 선임한 사선변호인에 대하여도 마찬가지로 적용**(2019도4221) [법원 22]

   ⓒ 법원이 **국선변호인을 선정한 후** 그 변호인에게 소송기록접수통지를 하였다가 항소이유서 제출기간 내에 **피고인의 귀책사유에 의하지 아니한 사정으로 그 선정결정을 취소하고 새로운 국선변호인을 선정**한 경우 → 규칙 §156의2 **동일하게 적용** → **새로이 선정된 국선변호인에게 소송기록접수통지 要**(③) → 항소이유서 제출기간도 새로이 선정된 변호인이 소송기록접수통지를 받은 날로부터 20일 이내(2005모304)

ⓒ **병합사건**의 국선변호인의 조력 : 항소심에서 국선변호인이 선정된 이후 변호인이 없는 다른 사건이 병합된 경우 → **항소법원은 지체 없이 국선변호인에게 병합된 사건에 관한 소송기록 접수통지** → 국선변호인이 통지를 받은 날로부터 기산한 소정의 기간 내에 피고인을 위하여 항소이유서를 작성·제출(규칙 §156의2, 2010도3377) [국7 14, 경 12/1차]

ⓔ **법원이 정당한 이유 없이 국선변호인을 선정하지 않은 경우**

   ⓐ 피고인이 빈곤 등을 이유로 **국선변호인의 선정청구**(충분한 시간 여유 있었음) → **법원이 정당한 이유 없이 그 선정 지연** → 항소이유서 제출기간이 경과한 후에야 비로소 항소기각결정을 함과 동시에 국선변호인 선정청구 기각 → 변호인의 조력을 받을 피고인의 권리가 법원에 의하여 침해된 것 → 설사 항소이유서 제출기간 내에 **피고인의 항소이유서의 제출이 없었더라도 곧바로 결정으로 피고인의 항소를 기각하여서는 안 됨**(2003모306)

   ⓑ **필요적 변호사건**에서 **법원이 정당한 이유 없이 국선변호인을 선정하지 않아서** → 피고인 **스스로 변호인을 선임**하였으나 그때는 이미 피고인에 대한 항소이유서 제출기간이 도과해버린 후 → **법원은 사선변호인에게도 소송기록접수통지 要** → 사선변호인은 통지를 받은 날로부터 소정의 기간 내에 피고인을 위하여 항소이유서를 작성·제출(규칙 §156의2 유추적용, 2000도4694) [행시 04, 법원 12, 경 12/2차]

ⓕ **피고인에게 이미 소송기록접수통지를 한 경우**

조 치	항소법원의 조치	ⓐ 필요적 변호사건이 아닌 경우 : 피고인에게 소송기록접수통지를 한 다음에 변호인이 선임된 경우 → 변호인에게 다시 같은 통지를 할 필요 없음 ⓑ **필요적 변호사건**에서 **항소법원이 국선변호인을 선정하고 피고인과 그 변호인에게 소송기록접수통지를 한 다음 피고인이 사선변호인을 선임한 경우** : 이때 항소법원은 **국선변호인의 선정 취소**(필요적 취소) → **사선변호인에게는 새로 소송기록접수통지를 할 필요 없음** → 항소이유서 제출기간은 국선변호인 또는 피고인이 소송기록접수통지를 받은 날로부터 계산(2015도10651 전합) [국9 20, 경 20/2차, 경간 20] ⓒ **피고인에게 소송기록접수통지가 되지 않은 경우** : 항소심 법원이 국선변호인에게 소송기록접수통지서 등을 송달하고, **제1심에서 송달영수인으로 신고된 제1심 변호인의 사무소로 피고인에 대한 소송기록접수통지서 등을 송달**한 후, 피고인이 사선변호인을 선임하여 그 변호인선임서를 원심에 제출하자 국선변호인 선정을 취소하면서 **사선변호인에게는 새로이 소송기록접수통지를 하지 않은 경우** → (제1심 변호인의 사무소는 피고인의 주소 · 거소 · 영업소 또는 사무소 등의 송달장소가 아니고, 제1심에서 한 송달영수인 신고의 효력은 원심법원에 미치지 않음 ∴) 피고인에게 소송기록접수통지서가 적법하게 송달되었다고 볼 수 없음 → **피고인에 대한 적법한 소송기록접수통지가 이루어지지 않은 상태이므로 항소심 법원은 새로 선임된 사선변호인에게도 소송기록접수통지를 하여야 함** (위법, 2024도3298) ④ 피고인의 이송(이감) : 피고인이 교도소 · 구치소에 있는 경우 → 원심법원에 대응한 검찰청 검사는 소송기록접수통지를 받은 날부터 **14일** 이내 피고인을 항소법원 소재지의 교도소 · 구치소로 이송 要(§361의2③)

항소
이유서
·
답변서
제출
	항소이유서
	제출 및
	송달
		① 항소이유서의 제출
		  ㉠ 항소인 or 변호인 → 기록접수의 통지를 받은 날로부터 **20일** 이내에 항소이유서를 항소법원에 제출(§361의3①) [법원 08/11/14/15, 경승 11, 경 11/1차]
		  ㉡ 도달주의 : 항소이유서가 우편 발송 20일이 경과한 후 항소법원에 도달된 경우 → 적법한 항소이유서 제출 ×
		  ㉢ **재소자특칙** ○(§361의3①) [법원 12/14]
		  ㉣ 항소이유서 제출기간의 보장
		    ⓐ **항소심 공판기일의 지정은 항소이유서 제출기간 경과 후의 날로 지정 要** → ∴ 항소이유서 제출기간 만료 전에 판결을 선고하는 것은 판결에 영향을 미치는 법령위반(상고이유)
		    ⓑ **항소이유서 제출기간 내에 변론이 종결되었는데 그 후 위 제출기간 내에 항소이유서가 제출되었다면** → 특별한 사정이 없는 한 항소심법원으로서는 **변론을 재개**하여 **항소이유의 주장에 대해서도 심리를 해보아야 함**(2017도13748) [법원 19]
		  ㉤ 부본 첨부 : 상대방 수에 2를 더한 수의 부본을 첨부(규칙 §156)
		② 항소이유의 기재의 정도 : 구체적으로 간결하게 명시 要
		  ㉠ 제출로 인정되는 경우 : **항소인**이 항소이유를 추상적으로 제1심판결이 부당하다고만 기재(예 **'도저히 납득할 수 없는 억울한 판결이므로 항소를 한 것입니다'**)하여 항소이유는 특정하여 구체적으로 명시하지 않은 경우 → **항소이유서 제출** ○(2002모265 : 항소심으로서는 이를 제1심판결에 사실의 오인이 있거나 양형부당의 위법이 있다는 항소이유를 기재한 것으로 **선해**해야 함) [법원 12, 국7 14, 경간 14, 경승 22]

항소 이유서 · 답변서 제출	항소이유서 제출 및 송달	ⓛ 제출로 인정되지 않는 경우 : 검사가 항소이유를 **사실오인 및 법리오해** 라고만 기재(2003도2219) or **양형부당**이라고만 기재한 것(2007도 8117) → **적법한 항소이유의 기재** × ③ 부본의 송달 : 항소이유서의 제출을 받은 항소법원 → **지체 없이** 그 부본·등본을 상대방에게 송달(§361의3②) [경승 11, 경 12/2차] ④ 항소이유서 미제출 　㉠ 항소기각결정 : 항소인·변호인이 제출기간 내 **항소이유서 미제출** → **결정**으로 **항소기**각(항소이유서 미제출 – 항기결) [법원 08] → **즉시항고** 미(동②) 　㉡ **예외** : **직권조사사유**가 있거나 **항소장에 항소이유의 기재**가 있는 때 (§361의4①)
	답변서 제출 및 송달	ⓛ 답변서 제출 : 상대방은 항소이유서의 송달을 받은 날로부터 **10일** 이내에 답변서(항소이유에 대한 상대방의 반론을 기재한 서면)를 항소법원에 제출(§361의3③) [법원 15, 경승 11, 경 11/1차, 경 12/2차] → but **의무 아니므로 답변서 미제출 시에도 특별한 효과 발생** ×(항소이유서와의 차이) ② 송달 : 답변서를 제출받은 항소법원은 **지체 없이** 부본·등본을 항소인·변호인에게 송달(동④)

2. 항소심의 심리

항소심 심판 대상	원 칙	항소이유에 포함된 사유에 관하여 심판(사후심적 요소, §364①) [법원 14]
	예 외	항소법원은 **판결에 영향을 미친 사유**에 관하여는 **항소이유서에 포함되지 아니한 경우 직권으로 심판** 미(속심적 요소, 동②) [법원 14]
	정 리	ⓛ **직권조사사유** : 항소이유서가 제출되었는지 여부나 항소이유서에 포함되었는지 여부를 가릴 필요 없이 반드시 **심판**해야 함 예 소송조건 ② **항소이유** : 항소장에 기재되었거나 소정 기간 내에 제출된 항소이유서에 포함된 항소이유는 심판해야 함 예 절대 – 공판이관폐양재, 상대 – 법사 → [판례] 항소이유서에 포함시키지 아니한 사항을 피고인·변호인이 항소심 공판정에서 진술한다 하더라도 그 진술에 포함된 주장과 같은 항소이유가 있다고 볼 수 없음(98도1234) [국7 14] ③ **판결에 영향을 미친 사유** : 항소이유서에 포함되지 아니하였다 하더라도 직권으로 심판할 수 있음 예 **법령위반, 양형부당, 사실오인** 등
심리의 특칙	원 칙	제1심의 공판절차에 관한 규정 : 특별한 규정이 없으면 항소심의 심판에 준용(§370)
	공소장 낭독 ×	항소심은 항소이유에 포함된 사유에 대하여 심판하면 되고 피고사건에 대하여 다시 심판하는 것은 아님 → ∴ **검사의 공소장에 의한 기소요지의 진술 不要**(66도276)
	불출석 재판	ⓛ 피고인이 공판기일에 출정하지 아니한 때 다시 기일 정함 → 정당한 사유 없이 다시 정한 기일에 출정하지 않으면 → 피고인의 진술 없이 판결 미(**항소심의 2회 연속 불출석**, §365) [국9 15] ② 2회 연속 불출석의 책임을 피고인에게 귀속시키려면 **적법한 공판기일 소환장에 의한 소환**을 받았어야 함(88도419)

심리의 특칙	특 칙	증거 조사	① 제1심 증거의 고지 : 재판장 → 증거조사절차에 들어가기에 앞서 제1심의 증거관계와 증거조사결과의 요지를 고지 要 (규칙 §156의5①) ② 증거조사 – 속심적 원칙 　　㉠ **제1심법원에 증거로 할 수 있었던 증거 : 항소법원에서도 증거 可**(§364③) → ∴ 항소심에서 다시 증거조사할 필요 × 　　㉡ 새로운 증거조사 : 항소심은 속심이므로 새로운 증거조사 可 but 증인신문에 있어서는 소송경제의 관점을 고려하여 다소 제한 　　㉢ **항소심에서 증인신문이 가능한 한정적인 경우**(규칙 §156의5② : 부/지/기) 　　　ⓐ 제1심에서 조사되지 아니한 데에 대하여 고의나 중대한 과실이 없고, 그 신청으로 인하여 **소송을 현저하게 지연시키지 아니하는 경우** 　　　ⓑ 제1심에서 증인으로 신문하였으나 새로운 중요한 증거의 발견 등으로 항소심에서 **다시 신문하는 것이 부득이하다고 인정되는 경우** 　　　ⓒ **그 밖에** 항소의 당부에 관한 판단을 위하여 **반드시 필요하다고 인정되는 경우**
		피고인 신문	① 검사·변호인 : 항소심의 증거조사 종료 후 항소이유의 당부 판단에 필요한 사항에 한하여 **피고인 신문 可**(규칙 §156의6①) ② 재판장 : 피고인 신문을 실시하는 경우에도 제1심의 피고인 신문과 중복되거나 항소이유의 당부를 판단하는 데 필요 없다고 인정하는 때에는 그 신문의 전부 또는 일부 제한 可(동②), 필요하다고 인정하는 때에는 직접 신문 可(동③)

🔗 **한줄판례 Summary**

① 항소심에서 피고인의 출석 없이 개정하려면 **불출석이 2회 이상 계속**된 바가 있어야 함(2016도2210)
[국9 17/18, 국7 17]
② **항소심은 고유의 양형재량** 가짐 → ∴ **양형부당을 이유로 제1심판결을 파기하는 것을 양형심리 및 양형판단 방법이 위법하다 할 수 없음**(2015도3260 전합) [국7 23]

3. 항소심의 재판

공소기각의 결정	공소기각결정의 사유(§328①)가 있는 때 [법원 14] → **즉시항고** 可(§363)		
항소기각의 재판	항소기각 결정	항소제기 부적법	항소의 제기가 **법**률상의 방식에 위반 or 항소**권** 소멸 후인 것이 명백함에도 원심법원이 **항소기각의 결정**(§360)을 하지 아니한 때(법/권 – 항기결) [법원 08] → **즉시항고** 可(§362)
		항소이유서 미제출	항소인·변호인이 항소이유서제출기간 내에 **항소이유서 제출 ×** [법원 08] → **즉시항고** 可(§361의4) cf. 직권조사사유가 있거나 항소장에 항소이유의 기재가 있는 때 : 예외
	항소기각 판결	기각판결	① 항소이유 없다고 인정한 때 → 판결로써 항소기각(§364④) ② 직권조사의 결과 이유 없는 경우도 同
		무변론기각	항소이유 없음이 **명백**한 때 → 항소장·항소이유서 기타의 소송기록에 의하여 **변론 없이 판결로써 항소기각**(동⑤) → 소송지연 목적 남상소 방지 [정리] 판결은 필요적 변론, 항소이유 없음 명백 항기판은 무변론 可 cf. 상고심에서는 유사한 사유일 때 상고기각결정(§380②)
원심판결의 파기판결 (항소이유 有)	파기판결		① 항소이유 있다고 인정한 때 → 원심판결 파기(§364⑥) ② 항소이유서상으로는 항소이유가 인정되지 않더라도 직권조사 결과 판결에 영향을 미친 사유가 있다고 인정할 때에도 원심판결 파기
	공동파기		① 의의 : 피고인을 위하여 원심판결을 파기하는 경우 → 파기의 이유가 항소한 공동피고인에게 공통되는 때 → 직권으로 그 공동피고인에게 대하여도 원심판결 파기(§364의2) [국7 09, 국9 08/12, 경간 13, 경승 12] ② 공동피고인 ㉠ **원심에서의 공동피고인**으로서 항소한 자 ㉡ 항소심에서의 병합심리 여부는 不問 ㉢ **항소가 적법한** 이상 **항소이유서를 제출하지 않거나 항소이유가 부적법한 경우**에도 **공동파기 허용**(2003도6412) ㉣ But 상소가 **법**률상 방식에 위반하거나 상고**권** 소멸 후인 것이 명백한 **공동피고인에게는 적용 ×**
	파기 후의 조치		① 파기자판의 원칙 ㉠ 의의 : 항소이유가 있을 때 원심판결을 파기하고 항소법원이 다시 판결하는 것 → **항소심은 파기자판이 원칙**(속심적 요소, §364⑥) [행시 02] ㉡ 구두변론 : 판결의 원칙에 따라 반드시 **구두변론을 거쳐야 함** → 파기자판의 경우에는 항소기각의 경우와 달리 무변론재판을 허용하는 규정이 없음 ㉢ 판결의 범위 : 유죄·무죄의 실체판결, 공소기각·면소의 형식판결

원심판결의 파기판결 (항소이유 有)	파기 후의 조치	② 파기자판의 예외 　㉠ 파기환송의 판결 : **공소기각·관할위반의 재판이 법률에 위반됨**을 　　**이유로 원심판결을 파기**하는 때 → (제1심에서 실체심리가 행하여 　　지지 않았다는 점에서) **판결로써 사건을 원심법원에 환송**(§366) 　　[법원 08, 국9 15] 　㉡ 파기이송의 판결 : **관할인정이 법률에 위반**됨을 이유로 원심판결을 　　**파기**하는 때 → 판결로써 사건을 **관할법원에 이송** → but 항소법원 　　이 그 사건의 제1심 관할권이 있는 때에는 **제1심으로 심판**(§367)
재판서의 기재방식	항소이유 판단	① 항소법원의 재판서 : 보통의 재판서의 방식(§38 이하) + 항소이유에 대한 　판단 기재 要 → 원심판결에 기재한 사실과 증거 인용 可(§369) ② 검사와 피고인 쌍방이 항소하였으나 그 주장들이 모두 이유 없는 때 : 　쌍방의 항소이유 모두 판단 ③ 수개의 항소이유 중에서 1개의 이유로 원심판결을 파기하는 경우 : 　나머지 항소이유들 판단 不要
	범죄 · 증거	① 항소기각판결 : 항소이유에 대한 판단으로 족함 → 범죄될 사실이나 　증거의 요지 기재 不要(§369) ② 유죄판결 : 원심판결을 파기하고 형을 선고하는 경우 → 판결이유에 범 　죄될 사실, 증거의 요지와 법령의 적용 명시(§370, §323)

🔗 한줄판례 Summary

① 어느 일방의 상소는 이유 없으나 **다른 일방의 상소가 이유 있어 원판결을 파기**하고 다시 판결하는 때 →
　이유 없는 상소에 대해서는 판결이유 중에서 그 이유가 없다는 점을 적으면 충분하고 **주문에서 그 상소를**
　기각해야하는 것은 아님(2019도17995)
② 검사가 공판정에서 구두변론을 통해 항소이유를 주장하지 않았고 피고인도 그에 대한 적절한 방
　어권을 행사하지 못하는 등 **검사의 항소이유가 실질적으로 구두변론을 거쳐 심리되지 않았다고** 평가될
　경우 → 항소심 법원이 **검사의 항소이유 주장을 받아들여 피고인에게 불리하게 제1심판결을 변경하는 것은**
　不可(2015도11696)

03　상　고

✅ 조문정리

제3편 상소

제3장 상고

제371조 【상고할 수 있는 판결】 제2심판결에 대하여
불복이 있으면 대법원에 상고할 수 있다.

제372조 【비약적 상고】 다음 경우에는 제1심판결에 대
하여 항소를 제기하지 아니하고 상고를 할 수 있다.

1. 원심판결이 인정한 사실에 대하여 법령을 적용하
지 아니하였거나 법령의 적용에 착오가 있는 때
2. 원심판결이 있은 후 형의 폐지나 변경 또는 사면
이 있는 때

제373조 【항소와 비약적 상고】 제1심판결에 대한 상
고는 그 사건에 대한 항소가 제기된 때에는 그 효력
을 잃는다. 단, 항소의 취하 또는 항소기각의 결정

CHAPTER 01 상소 **427**

상소·비상구제절차·특별절차

이 있는 때에는 예외로 한다.

제374조【상고기간】 상고의 제기기간은 7일로 한다.

제375조【상고제기의 방식】 상고를 함에는 상고장을 원심법원에 제출하여야 한다.

제376조【원심법원에서의 상고기각 결정】 ① 상고의 제기가 법률상의 방식에 위반하거나 상고권소멸 후인 것이 명백한 때에는 원심법원은 결정으로 상고를 기각하여야 한다.
② 전항의 결정에 대하여는 즉시항고를 할 수 있다.

제377조【소송기록과 증거물의 송부】 제376조의 경우를 제외하고는 원심법원은 상고장을 받은 날부터 14일 이내에 소송기록과 증거물을 상고법원에 송부하여야 한다.

제378조【소송기록접수와 통지】 ① 상고법원이 소송기록의 송부를 받은 때에는 즉시 상고인과 상대방에 대하여 그 사유를 통지하여야 한다.
② 전항의 통지 전에 변호인의 선임이 있는 때에는 변호인에 대하여도 전항의 통지를 하여야 한다.

제379조【상고이유서와 답변서】 ① 상고인 또는 변호인이 전조의 통지를 받은 날로부터 20일 이내에 상고이유서를 상고법원에 제출하여야 한다. 이 경우 제344조를 준용한다.
② 상고이유서에는 소송기록과 원심법원의 증거조사에 표현된 사실을 인용하여 그 이유를 명시하여야 한다.
③ 상고이유서의 제출을 받은 상고법원은 지체 없이 그 부본 또는 등본을 상대방에 송달하여야 한다.
④ 상대방은 전항의 송달을 받은 날로부터 10일 이내에 답변서를 상고법원에 제출할 수 있다.
⑤ 답변서의 제출을 받은 상고법원은 지체 없이 그 부본 또는 등본을 상고인 또는 변호인에게 송달하여야 한다.

제380조【상고기각 결정】 ① 상고인이나 변호인이 전조제1항의 기간 내에 상고이유서를 제출하지 아니한 때에는 결정으로 상고를 기각하여야 한다. 단, 상고장에 이유의 기재가 있는 때에는 예외로 한다.
② 상고장 및 상고이유서에 기재된 상고이유의 주장이 제383조 각 호의 어느 하나의 사유에 해당하지 아니함이 명백한 때에는 결정으로 상고를 기각하여야 한다.

제381조【동전】 제376조의 규정에 해당한 경우에 원심법원이 상고기각의 결정을 하지 아니한 때에는 상고법원은 결정으로 상고를 기각하여야 한다.

제382조【공소기각의 결정】 제328조제1항 각 호의 규정에 해당하는 사유가 있는 때에는 상고법원은 결정으로 공소를 기각하여야 한다.

제383조【상고이유】 다음 사유가 있을 경우에는 원심판결에 대한 상고이유로 할 수 있다.
1. 판결에 영향을 미친 헌법·법률·명령 또는 규칙의 위반이 있는 때
2. 판결 후 형의 폐지나 변경 또는 사면이 있는 때
3. 재심청구의 사유가 있는 때
4. 사형, 무기 또는 10년 이상의 징역이나 금고가 선고된 사건에 있어서 중대한 사실의 오인이 있어 판결에 영향을 미친 때 또는 형의 양정이 심히 부당하다고 인정할 현저한 사유가 있는 때

제384조【심판범위】 상고법원은 상고이유서에 포함된 사유에 관하여 심판하여야 한다. 그러나, 전조제1호 내지 제3호의 경우에는 상고이유서에 포함되지 아니한 때에도 직권으로 심판할 수 있다.

제386조【변호인의 자격】 상고심에는 변호사 아닌 자를 변호인으로 선임하지 못한다.

제387조【변론능력】 상고심에는 변호인 아니면 피고인을 위하여 변론하지 못한다.

제388조【변론방식】 검사와 변호인은 상고이유서에 의하여 변론하여야 한다.

제389조【변호인의 불출석 등】 ① 변호인의 선임이 없거나 변호인이 공판기일에 출정하지 아니한 때에는 검사의 진술을 듣고 판결을 할 수 있다. 단, 제283조의 규정에 해당한 경우에는 예외로 한다.
② 전항의 경우에 적법한 이유서의 제출이 있는 때에는 그 진술이 있는 것으로 간주한다.

제389조의2【피고인의 소환 여부】 상고심의 공판기일에는 피고인의 소환을 요하지 아니한다.

제390조【서면심리에 의한 판결】 ① 상고법원은 상고장, 상고이유서 기타의 소송기록에 의하여 변론 없이 판결할 수 있다.
② 상고법원은 필요한 경우에는 특정한 사항에 관하여 변론을 열어 참고인의 진술을 들을 수 있다.

제391조【원심판결의 파기】 상고이유가 있는 때에는 판결로써 원심판결을 파기하여야 한다.

제392조【공동피고인을 위한 파기】 피고인의 이익을 위하여 원심판결을 파기하는 경우에 파기의 이유가 상고한 공동피고인에 공통되는 때에는 그 공동피고인에 대하여도 원심판결을 파기하여야 한다.

제393조【공소기각과 환송의 판결】적법한 공소를 기각하였다는 이유로 원심판결 또는 제1심판결을 파기하는 경우에는 판결로써 사건을 원심법원 또는 제1심법원에 환송하여야 한다.

제394조【관할인정과 이송의 판결】관할의 인정이 법률에 위반됨을 이유로 원심판결 또는 제1심판결을 파기하는 경우에는 판결로써 사건을 관할 있는 법원에 이송하여야 한다.

제395조【관할위반과 환송의 판결】관할위반의 인정이 법률에 위반됨을 이유로 원심판결 또는 제1심판결을 파기하는 경우에는 판결로써 사건을 원심법원 또는 제1심법원에 환송하여야 한다.

제396조【파기자판】① 상고법원은 원심판결을 파기한 경우에 그 소송기록과 원심법원과 제1심법원이 조사한 증거에 의하여 판결하기 충분하다고 인정한 때에는 피고사건에 대하여 직접판결을 할 수 있다.
② 제368조의 규정은 전항의 판결에 준용한다.

제397조【환송 또는 이송】전4조의 경우 외에 원심판결을 파기한 때에는 판결로써 사건을 원심법원에 환송하거나 그와 동등한 다른 법원에 이송하여야 한다.

제398조【재판서의 기재방식】재판서에는 상고의 이유에 관한 판단을 기재하여야 한다.

제399조【준용규정】전장의 규정은 본장에 특별한 규정이 없으면 상고의 심판에 준용한다.

제400조【판결정정의 신청】① 상고법원은 그 판결의 내용에 오류가 있음을 발견한 때에는 직권 또는 검사, 상고인이나 변호인의 신청에 의하여 판결로써 정정할 수 있다.
② 전항의 신청은 판결의 선고가 있은 날로부터 10일 이내에 하여야 한다.
③ 제1항의 신청은 신청의 이유를 기재한 서면으로 하여야 한다.

제401조【정정의 판결】① 정정의 판결은 변론 없이 할 수 있다
② 정정할 필요가 없다고 인정한 때에는 지체 없이 결정으로 신청을 기각하여야 한다.

Ⅰ 상고의 의의와 상고심의 구조

의 의			제2심 판결에 대한 대법원에의 상소(§371)
기 능			① 법령해석의 통일 ② 오판시정에 의한 당사자의 권리구제기능
구 조	법률심	원칙적 법률심	상고심은 원칙적으로 하급심이 인정한 사실관계 전제로 원심판결의 법률문제만을 판단하는 법률심 → 법령위반(§383 1.)은 상고심의 가장 중요한 판단대상
		예외적 사실심	사실오인과 양형부당을 상고이유로(§383 4.), 상고심에도 파기자판을 허용(§396) → 예외적으로 상고심에 사실심적 성격 인정
	사후심	원칙적 사후심	① 상고이유서에 포함된 사유에 한하여 심판(§384本) ② 소송기록과 원심법원의 증거조사에 표현된 사실을 인용하여 그 이유를 명시(§379②) ③ 상고장, 상고이유서 기타의 소송기록에 의한 서면심리에 의하여 변론 없이 판결 可(§390①) ④ 원심판결 파기 시 파기환송·파기이송 원칙 ⑤ 상고심에서 새로운 증거제출이나 증거조사 허용 × ⑥ 원판결 시 기준 원심판결의 당부 판단 ⑦ 원칙적으로 사실판단이 허용되지 않으므로 공소장변경 不可

구 조	사후심	예외적 속심	① 판결에 영향을 미친 **법령위반**(§383 1.) ② 판결 후 형의 **폐**지·변경 또는 사면이 있는 때(동2.) ③ 원심판결 후에 **재**심청구의 사유가 판명된 때(동3.) → **상고이유서에 포함되지 않아도 상고심의 직권심판사항**(§384但) → 원심판결 후에 발생한 사실·증거가 상고심 판단의 대상 → 예외적으로 속심적 성격 [정리] 상고심 직권심판사항 : 사실오인·양형부당 ×(§364②과 §384但 비교)

■ Ⅱ 상고이유

상고이유의 분류 (§383)	**절대적 상고이유** 폐/양(사무10)/재	① 판결 후 형의 **폐**지·변경 또는 사면이 있는 때(2.) ② **사형, 무기 또는 10년 이상의 징역이나 금고**가 선고된 사건에 있어서 형의 **양**정이 심히 부당하다고 인정할 현저한 사유가 있는 때(4.) ③ **재**심청구의 사유가 있는 때(3.)
	상대적 상고이유 법/사(사무10)	① 판결에 영향을 미친 헌법·**법**률·명령·규칙의 위반이 있는 때(1.) ② **사형, 무기 또는 10년 이상의 징역이나 금고**가 선고된 사건에 있어서 중대한 **사**실의 오인이 있어 판결에 영향을 미친 때(4.)
사실오인 양형부당		① 의의 : 사형, 무기 또는 10년 이상의 징역·금고가 선고된 사건에 있어서 중대한 사실의 오인이 있어 판결에 영향을 미친 때 or 형의 양정이 심히 부당하다고 인정할 현저한 사유가 있는 때(§383 4.) [교정특채 11] ② **사형, 무기 또는 10년 이상의 징역이나 금고가 선고된 사건에 해당하지 않는 사건** ㉠ **양형부당**의 상고이유는 **부적법** 예 징역 1년 6월의 형이 선고된 원판결 ×(93도3469) ㉡ 사실심인 원심이 **양형조건**이 되는 범행의 동기·수법이나 범행 전후의 정황 등의 제반 정상에 관하여 심리를 제대로 하지 아니하였음은 상고이유 ×(2008도198) ③ **사실오인·양형부당 상고이유는** only 피고인의 이익을 위한 상고이유 : 사형, 무기 또는 10년 이상의 징역·금고가 선고된 사건이라도 **검사는 사실오인·양형부당 이유로 상고 不可**(2021도16719)
항소이유 관련		① 상고이유의 항소이유와의 관계 – **상고이유 제한의 법리** ㉠ 상고심은 사후심으로서 새로운 증거에 대하여 증거조사를 신청하거나 새로운 사실의 발생 주장 不可 ㉡ **항소심에서 심판대상이 되지 않은 사항은 상고심의 심판범위에 들지 않는 것** ㉢ **항소인이 항소이유로 주장하거나 항소심이 직권으로 심판대상으로 삼아 판단한 사항 이외의 사유 → 상고이유로 삼을 수 없고** 이를 다시 **상고심의 심판범위에 포함시키는 것은 상고심의 사후심 구조에 반함**(2008도8661; 2017도16593 – 1 전합) [법원 16] ② 구체적 적용 ㉠ 제1심판결에 대하여 **검사만이 양형부당**을 이유로 **항소**하였을 뿐 **피고인은 항소하지 아니한 경우 → 피고인**으로서는 항소심판결에 대하여 **사실오인, 채증법칙 위반, 심리미진 또는 법령위반** 등의 사유를 들어 상고이유로 삼을 수 없음(2009도579)

항소이유 관련	㉡ 피고인이 제1심판결에 대하여 **양형부당만을 항소이유**로 내세워 항소하였다가 그 항소 가 기각된 경우 → 피고인은 원심판결에 대하여 **사실오인 또는 법리오해의 위법이 있다 는 것을 상고이유로 삼을 수 없음**(2005도3345)
	㉢ 환송 전 원심판결 중 **일부분에 대하여 상고하지 않은 경우** → **상고심에서 상고이유로 삼지 않은 부분**은 그 부분에 대한 상고가 제기되지 아니하여 확정된 것과 마찬가지의 효력 → **피고인으로서는 더 이상 이 부분에 대한 주장을 상고이유로 삼을 수 없음**(2020 도2883)

상고이유에 해당되지 않는 경우

① 양형부당 사유 상고는 사형, 무기 또는 10년 이상의 징역이나 금고가 선고된 사건에서만 허용 → **그보다 가벼운
형이 선고된 사건에서 형이 너무 무거워 부당하다는 취지의 주장은 적법한 상고이유 ×**(2016도13489)

② 상고심에서 **선고유예에 관하여 형법 §51의 사항과 개전의 정상이 현저한지에 대한 원심판단의 당부** 심판
불가(2015도14375)

③ **수사기관에서의 구금·압수 등에 관한 처분의 위법**은 판결에 영향을 미친 것이 아닌 한 독립한 상고이유 ×
(93도2505)

④ **피고인의 신병확보를 위한 구속 등 조치와 공판기일의 통지, 재판의 공개 등 소송절차 법령 위반** → 그로 인하
여 피고인의 방어권, 변호인의 변호권이 본질적으로 침해되고 판결의 정당성마저 인정하기 어렵다고 보이는
정도가 아닌 한 → 그것 자체만으로는 판결에 영향을 미친 위법 ×(2004도1925)

상고이유에 해당되는 경우

사실심법원이 형법 § 51 양형조건으로 포섭되지 않는 **별도의 범죄사실에 해당하는 사정**에 관하여 합리적인 의심을
배제할 정도의 증명력을 갖춘 증거에 따라 증명되지 않았는데도 **핵심적인 형벌가중적 양형조건**으로 삼아 형의 양정을
함 → **사실상 공소가 제기되지 않은 범행을 추가로 처벌한 것과 같은 실질에 이른 경우** → 단순한 양형판단의 부당성을
넘어 죄형균형원칙이나 책임주의원칙의 본질적 내용을 침해한 것임 → 그 부당성을 다투는 피고인의 주장은 이러한
사실심법원의 양형심리와 양형판단 방법의 **위법성을 지적하는 것** → 적법한 상고이유 O(2020도8358) [국7 23]

Ⅲ 상고심의 절차

1. 상고의 제기

방 식	① 상고장을 **원심법원**에 제출(§375) [교정특채 11] ② 상고의 제기기간 : **7일**(§374) ③ 상고법원 : 제2심판결에 대한 상고법원은 **대법원**(§371)	
조 치	원심법원	① **상고기각결정** : **법률**상 방식위반 or 상고**권**소멸 후 명백 → **즉시항고** 可 (§376) ② 소송기록·증거물 송부 : 상고기각결정 제외 원심법원은 상고장을 받 은 날부터 **14일** 이내에 소송기록·증거물 상고법원 송부(§377)
	상고법원	① 상고기각결정 : if **법·권** 원심법원 상고기각결정 × → **상고기각결정** (§381) → 즉시항구 不可 ② 소송기록접수통지 : 상고법원은 **즉시** 상고인과 상대방에게 통지(§378①), 소송기록접수통지 전 변호인선임 시 변호인에게도 통지(동②)

이유서와 답변서 제출	**상고이유서 제출**	① 상고인·변호인은 소송기록접수 통지 받은 날 ~ **20일** 이내 상고이유서 제출(§379①) [경간 15] → 소송기록과 원심법원의 증거조사 인용하여 그 이유 명시(동②) ② 상고이유서 제출받은 상고법원은 **지체 없이** 부본·등본 상대방에 송달(동③) ③ 상고이유서 미제출 시 **상고기각결정** but **상고장 이유기재 시 예외**(§380①) ④ **상고이유 없음 명백** → **상고기각결정**(동②) → **불복 不可**	
	답변서의 제출	① 상대방은 상고이유서부본·등본송달일로부터 **10일** 이내 **답변서 '제출 可'** (**임의적**, §379④) → ∴ **답변서 제출 없어도 상고효력 영향 無** [국9 12, 경 04/2차] *cf.* 항소이유서 송달받은 상대방은 10일 이내 답변서를 항소법원에 "제출하여야 한다(§361의3③)" → 조문은 필요적(조문상으로는 구별 要) but 의무는 × ② 답변서 제출 받은 상고법원은 **지체 없이** 부본·등본 상고인·변호인에 송달(§379⑤)	

2. 상고심의 심리

상고법원의 심판범위	**원칙**	상고법원은 상고이유서에 포함된 사유에 관하여 심판(사후심적 원칙, §384本)	
	예외	**법령**위반 / 형**폐**지변경사면 / **재**심사유(§383 1. ~ 3.) **직권심판 可**(속심적 예외, 동但) [경간 15]	
심리의 특칙	**원칙**	항소심의 규정은 특별한 규정이 없는 한 상고심의 심판에 준용(§399)	

	특칙	**상고심 변론**	① **피고인의 출석 不要**
			  ㉠ 상고심에는 **변호인 아니면** 피고인을 위하여 **변론하지 못함**(§387)
			  ㉡ **변호사 아닌 자 변호인 선임 不可**(§386) [경 04/2차] → **특별 변호인 ×**(§31但)
			  ㉢ **피고인 변론 不可** → ∴ 상고심 **피고인 소환 不要**(§389의2) [법원 14]
			  ㉣ 법원사무관 등은 피고인에게 **공판기일통지서**(소환장 ×) **송달**(규칙 §161)
			② 변론방식 : 검사와 변호인은 상고이유서에 의하여 변론(§388)
			③ 변호인 불출석
			  ㉠ **변호인 선임이 없거나 변호인 불출석 시** → 필요적 변호사건 제외 → **검사의 진술을 듣고 판결 可**(§389①)
			  ㉡ **적법한 상고이유서 제출 시** → **검사 진술 있는 것으로 간주**(동②)

심리의 특칙	특 칙	서면심리	① **서면심리에 의한 판결** : (판결은 구두변론, §37①, §275의3 but) **상고법원은 상고장·상고이유서 기타 소송기록에 의하여 변론 없이 판결 可**(§390①, 사후심적 특징) [법원 14] *cf.* 항소심 판결 중 서면심리절차는 무변론항소기각판결이 유일(§364⑤) ② **참고인진술제도** : 상고법원은 필요한 경우 특정한 사항에 관하여 변론을 열어 참고인 진술 들을 수 있음(§390②, 서면심리이나 변론 진행)

3. 상고심의 재판

공소기각결정사유(§328①)가 있는 때 → 상고법원은 결정으로 공소기각(§382) [행시 02, 법원 14]			

상고기각의 재판	결 정	① **법률상 방식위반·상고권소멸 후인 것이 명백** → **상고기각결정**(§381) → 불복 不可 *cf.* 항소법원 항소기각결정에 대한 즉시항고와의 차이 ② 상고인이나 변호인이 상고이유서 제출기간 내에 **상고이유서 제출 ×** → **결정으로 상고기각** but **상고장에 이유의 기재가 있는 때는 예외**(§380①) ③ 상고장 및 상고이유서에 기재된 **상고이유의 주장이 §383 각 호의 어느 하나의 사유에 해당하지 아니함이 명백**한 때 → **결정으로 상고기각**(2010도759 전합, 2014.5.14. 개정 §380②) *cf.* 항소심에서는 항소이유 없음이 명백한 때에는 무변론 항소기각판결(§364⑤) ≠ 상고이유 없음이 명백한 때에는 상고기각결정(대법원에서는 결정)
	판 결	상고이유가 없다고 인정한 때에는 판결로써 상고기각(§399, §364④)
원심판결의 파기판결 (상고이유 有)	파기판결	① 상고이유가 있는 때 : 판결로써 원심판결 파기(§391) ② 상고이유가 있는가의 여부 : **원판결 시를 기준으로 판단**(사후심적 특징) → **항소심판결선고 당시 미성년자로서 부정기형**을 선고받은 피고인에 대해서는 **상고심 계속 중 성년이 되어도 정기형을 고칠 수 없음**(90도2225) [법원 13/16, 경승 11/12]
	공동 파기	피고인의 이익을 위하여 원심판결을 파기하는 경우에 **파기의 이유가 상고한 공동피고인에 공통**되는 때에는 그 공동피고인에 대하여도 원심판결을 **파기**하여야 함(§392) [법원 14]
파기 후의 조치	원칙적 파기환송	① 파기환송의 판결 : 적법한 **공소**를 기각하였다는 이유로 원심판결 또는 제1심판결을 파기하는 경우와 **관할위반**의 인정이 법률에 위반됨을 이유로 원심판결 또는 제1심판결을 **파기**하는 경우 → 판결(결정 ×)로써 원심법원 또는 제1심법원에 사건 **환송**(공소기각·관할위반의 재판의 위법, §393, §395) ② 파기이송의 판결 : **관할의 인정이 법률에 위반**됨을 이유로 원심판결 또는 제1심판결을 **파기**하는 경우 → 판결(결정 ×)로써 **관할 있는 법원**에 사건 **이송**(§394) [행시 02, 법원 14, 경승 13] → 이때 관할항소법원과 관할 제1심법원 중 어느 법원으로 이송할 것인가는 관할위반이 어느 심급에서 발생하였는가에 의하여 결정(2013도1658)

파기 후의 조치	예외적 파기자판	① 의의 : 상고법원이 원심판결을 **파기**한 경우 그 소송기록과 원심법원과 제1심법원이 조사한 증거에 의하여 **판결하기 충분하다고 인정한 때에 직접 판결**(§396①) ② **변론 없이 서면심리만으로 可**(§390) ③ 파기자판 시 상고심은 유죄·무죄의 실체판결뿐만 아니라 공소기각·면소의 형식판결도 可 → 형선고판결의 경우에는 불이익변경금지원칙 적용(§396②)
재판서의 기재방식		① 재판서에는 상고의 이유에 관한 판단 기재 要(§398) ② 합의에 관여한 모든 대법관의 의견도 표시 要(법조 §15)

■ IV 비약적 상고

의 의	① 개념 : 제1심판결에 대하여 항소 제기 없이 직접 대법원에 상고하는 것(§372) ② 취지 : 법령해석에 중요한 사항을 포함한다고 인정되는 사건에 관하여 법령해석의 통일에 신속을 기하고 피고인의 이익을 조기에 회복시키기 위해 제2심을 생략하는 제도
요 건	① 대상 : **제1심 판결** ≠ ∴ 제1심법원의 결정 – 비약적 상고 不可 ② 비약적 상고이유(§372) 　㉠ 원심판결이 인정한 사실에 대하여 **법령을 적용하지 아니하였거나 법령의 적용에 착오**가 있는 때(동1.) 　　→ 제1심판결이 인정한 사실을 전제로 하고 그에 대한 법령의 적용을 잘못한 경우(94도458)([예] 실체법 적용 × or 잘못 적용한 경우) 　　∴ 채증법칙의 위반, 중대한 사실오인, 양형의 과중 – 비약적 상고이유 × 　㉡ 원심판결이 있은 후 **형의 폐지나 변경 또는 사면**이 있는 때(동2.)
제 한	① 상대방의 심급의 이익 보호 : 비약적 상고는 그 사건에 대한 (상대방의) **항소가 제기된 때에는 그 효력 상실**(§373本) → but 항소로서의 효력은 인정 ○(2021도17131 전합) ② **비약적 상고의 부활** : **항소의 취하** 또는 **항소기각결정**이 있는 때 → **예외**(동但) [법원 14]

■ V 상고심판결의 정정

의의 및 취지	의 의	상고심판결의 내용에 명백한 오류가 있는 경우에 이를 정정하는 제도(§400, §401)
	취 지	하급심판결에 오류가 있으면 상소에 의하여 정정 가능하나 상고심은 최종심이므로 그 판결의 적정을 위하여 일정한 경우 상고법원의 자체적인 정정이 인정됨

사 유	해당 ○	① 판결의 내용에 **오류**가 있음을 발견한 때(§400①) ② 오류 : 오기, 위산(계산의 잘못) 기타 이와 유사한 **명백한 잘못**(예 미결구금일수의 불산입 · 초과산입) ③ 판결의 내용 : 판결의 내용이 아니라 피고인 등의 성명 등이 잘못 기재된 경우 → 판결경정사유(판결정정사유 ×)에 해당하므로 재판서의 경정에 의함 → 재판서에 오기 기타 이에 유사한 오류가 있는 것이 명백한 때에는 법원은 직권 또는 당사자의 신청에 의하여 경정결정 可(규칙 §25①) ④ 상고심 판결뿐 아니라 상고심 결정도 정정의 대상
	해당 ×	① **판결내용의 본질적 부분이 잘못이라는 주장** 예 유죄판결이 잘못되었다는 주장 → **판결정정이 아닌** 재심이나 비상상고로 구제 ② §400①의 오류라 함은 명백한 것에 한함 → ∴ **채증법칙위배에 대한 판단을 잘못**하였으니 무죄판결로 정정하여 달라는 사유는 **해당되지 않음**(87초40)
절 차	판결정정 신청	① 직권 · 신청 : 상고법원이 그 판결의 내용에 오류가 있음을 발견한 때 → 직권 or 검사 · 상고인이나 변호인의 신청에 의하여 판결로써 정정 可(§400①) ② 신청방식 · 기간 : 신청은 서면으로(동③), 판결의 선고가 있는 날로부터 **10일** 이내(동②) [국9 12, 경간 15, 경 15/1차]
	정정판결	① 정정의 판결은 변론 없이 可(§401①) ② 정정할 필요가 없다고 인정한 때에는 지체 없이 결정으로 신청기각(동②)

04 항 고

✅ 조문정리

제3편 상소

제4장 항고

제402조【항고할 수 있는 재판】법원의 결정에 대하여 불복이 있으면 항고를 할 수 있다. 단, 이 법률에 특별한 규정이 있는 경우에는 예외로 한다.

제403조【판결 전의 결정에 대한 항고】① 법원의 관할 또는 판결 전의 소송절차에 관한 결정에 대하여는 특히 즉시항고를 할 수 있는 경우 외에는 항고하지 못한다.
② 전항의 규정은 구금, 보석, 압수나 압수물의 환부에 관한 결정 또는 감정하기 위한 피고인의 유치에 관한 결정에 적용하지 아니한다.

제404조【보통항고의 시기】항고는 즉시항고 외에는 언제든지 할 수 있다. 단, 원심결정을 취소하여도 실익이 없게 된 때에는 예외로 한다.

제405조【즉시항고의 제기기간】즉시항고의 제기기간은 7일로 한다. 〈개정 2019.12.31.〉

제406조【항고의 절차】항고를 함에는 항고장을 원심법원에 제출하여야 한다.

제407조【원심법원의 항고기각 결정】① 항고의 제기가 법률상의 방식에 위반하거나 항고권소멸 후인 것이 명백한 때에는 원심법원은 결정으로 항고를 기각하여야 한다.
② 전항의 결정에 대하여는 즉시항고를 할 수 있다.

제408조【원심법원의 갱신결정】① 원심법원은 항고가 이유 있다고 인정한 때에는 결정을 경정하여야 한다.
② 항고의 전부 또는 일부가 이유 없다고 인정한 때에는 항고장을 받은 날로부터 3일 이내에 의견서를 첨부하여 항고법원에 송부하여야 한다.

제409조【보통항고와 집행정지】항고는 즉시항고 외에는 재판의 집행을 정지하는 효력이 없다. 단,

원심법원 또는 항고법원은 결정으로 항고에 대한 결정이 있을 때까지 집행을 정지할 수 있다.

제410조 【즉시항고와 집행정지의 효력】 즉시항고의 제기기간 내와 그 제기가 있는 때에는 재판의 집행은 정지된다.

제411조 【소송기록 등의 송부】 ① 원심법원이 필요하다고 인정한 때에는 소송기록과 증거물을 항고법원에 송부하여야 한다.

② 항고법원은 소송기록과 증거물의 송부를 요구할 수 있다.

③ 선2항의 경우에 항고법원이 소송기록과 증거물의 송부를 받은 날로부터 5일 이내에 당사자에게 그 사유를 통지하여야 한다.

제412조 【검사의 의견진술】 검사는 항고사건에 대하여 의견을 진술할 수 있다.

제413조 【항고기각의 결정】 제407조의 규정에 해당한 경우에 원심법원이 항고기각의 결정을 하지 아니한 때에는 항고법원은 결정으로 항고를 기각하여야 한다.

제414조 【항고기각과 항고이유 인정】 ① 항고를 이유 없다고 인정한 때에는 결정으로 항고를 기각하여야 한다.

② 항고를 이유 있다고 인정한 때에는 결정으로 원심결정을 취소하고 필요한 경우에는 항고사건에 대하여 직접 재판을 하여야 한다.

제415조 【재항고】 항고법원 또는 고등법원의 결정에 대하여는 재판에 영향을 미친 헌법 · 법률 · 명령 또는 규칙의 위반이 있음을 이유로 하는 때에 한하여 대법원에 즉시항고를 할 수 있다.

제416조 【준항고】 ① 재판장 또는 수명법관이 다음 각 호의 1에 해당한 재판을 고지한 경우에 불복이 있으면 그 법관소속의 법원에 재판의 취소 또는 변경을 청구할 수 있다.

1. 기피신청을 기각한 재판
2. 구금, 보석, 압수 또는 압수물환부에 관한 재판
3. 감정하기 위하여 피고인의 유치를 명한 재판
4. 증인, 감정인, 통역인 또는 번역인에 대하여 과태료 또는 비용의 배상을 명한 재판

② 지방법원이 전항의 청구를 받은 때에는 합의부에서 결정을 하여야 한다.

③ 제1항의 청구는 재판의 고지 있는 날로부터 7일 이내에 하여야 한다. 〈개정 2019.12.31.〉

④ 제1항제4호의 재판은 전항의 청구기간 내와 청구가 있는 때에는 그 재판의 집행은 정지된다.

제417조 【동전】 검사 또는 사법경찰관의 구금, 압수 또는 압수물의 환부에 관한 처분과 제243조의2에 따른 변호인의 참여 등에 관한 처분에 대하여 불복이 있으면 그 직무집행지의 관할법원 또는 검사의 소속검찰청에 대응한 법원에 그 처분의 취소 또는 변경을 청구할 수 있다.

제418조 【준항고의 방식】 전2조의 청구는 서면으로 관할법원에 제출하여야 한다.

제419조 【준용규정】 제409조, 제413조, 제414조, 제415조의 규정은 제416조, 제417조의 청구 있는 경우에 준용한다.

I 의의와 종류

의 의	① 개념 : 법원의 결정에 대한 상소 ② 현행법 : "법원의 결정에 대하여 불복이 있으면 항고를 할 수 있다. 단, 이 법률에 특별한 규정이 있는 경우에는 예외로 한다(§402)" ③ 법관의 명령에 대한 불복 　㉠ 항고는 수소법원의 결정(수소법원의 재판으로서 판결이 아닌 것)에 대한 상소 → 법관의 명령은 항고의 대상이 아님 　㉡ 법관의 명령(재판장 · 수명법관 · 수탁판사 등 법관의 재판)이 고지된 경우 → 그 법관 소속의 법원에 당해 재판의 취소 · 변경을 요구하는 준항고(§416) 인정 → 준항고는 상급법원에 대한 불복신청이 아니므로 항고에 포함 ×

관 할	① 지방법원 단독판사의 결정에 대한 항고법원 : 원칙적으로 지방법원 본원합의부(법조 §32②) ② 지방법원 합의부의 제1심결정에 대한 항고법원 : 고등법원(동 §28 1.) ③ 항고법원 또는 고등법원의 결정에 대한 재항고법원 : 대법원(동 §14 2.)		
종 류	일반항고	즉시항고	① 의의 : 주로 당사자의 중대한 이익에 관련된 수소법원의 결정에 대해 신속한 결론을 요할 때 행사하는 불복수단 ② 특징 : ㉠ 항고제기기간 7일로 제한(2019.12.31. 개정 §405), ㉡ 재판의 집행정지효력을 가짐(§410) [법원 15], ㉢ 즉시항고는 명문규정이 있는 경우에만 허용 [법원 15]
		보통항고	① 의의 : 즉시항고 이외의 항고 ② 특징 : ㉠ 기간의 제한 없이 언제든지 제기 可, ㉡ 집행정지효 × [교정9 특채 12], ㉢ 법원의 결정에 대하여 불복이 있으면 보통항고 可 but 형사소송법에 특별한 규정이 있는 경우에는 허용 ×(§402)
	특별항고		① 의의 : 항고법원 또는 고등법원의 결정에 대하여 대법원에 제기하는 항고(재항고) [교정9 특채 12] ② 예외적 허용 : 항고법원·고등법원의 결정에 대하여는 재판에 영향을 미친 헌법·법률·명령·규칙의 위반이 있음을 이유로 하는 때에 한하여 대법원에 즉시항고 可(§415) ③ 재항고 절차 : 즉시항고의 절차 [교정9 특채 12]

📝 퍼써 정리 | 즉시항고 허용규정

① **기**피신청기각결정(§23) [행시 02, 경 10/2차]
② **구**속취소결정(§97) [경 10/2차]
③ **재**정신청기각결정(§262④)
④ 국민**참**여재판 배제결정(국참법 §9) [경 10/2차]
⑤ **비**용·과태료·감치·배상 관련
   ㉠ 재정신청인에 대한 재정신청 비용부담결정(§262의3③) [경 10/2차]
   ㉡ 증인·감정인·통역인·번역인에 대한 과태료부과결정(§161, §177, §183)
   ㉢ 보석조건을 위반한 피고인에 대한 과태료부과결정 및 감치처분결정(§102)
   ㉣ 보석에 있어 출석보증인에 대한 과태료부과결정(§100의2)
   ㉤ 불출석증인에 대한 소송비용부담, 과태료부과결정 및 감치처분결정(§151)
   ㉥ 국민참여재판에 있어 배심원 등에 대한 과태료부과결정(국참법 §60)
   ㉦ (피고인 아닌) 제3자에 대한 소송비용부담결정(§192) [행시 02]
   ㉧ 무죄판결에 따른 비용보상결정(§194의3)·형사보상결정(2008헌마514)
   ㉨ 소송비용집행면제결정(§491)
   ㉩ 배상명령(피고인)
⑥ **공**소기각결정(§328②) [행시 02]
⑦ **집**행유예취소결정(§335③)
⑧ **선**고유예실효결정(§335④)

⑨ **상소**절차 관련(기/속/회)
  ㉠ 항소**기**각결정·상고**기**각결정·항고**기**각결정(§360·§361의4·§376·§407) [법원 11, 경승 11, 경 06/1차, 경 12/2차]
  ㉡ 상소권**회**복청구에 관한 결정(§347) [경 10/2차]
  ㉢ 상소절차**속**행신청 기각결정(규칙 §154)
⑩ 약식명령·즉결심판에 대한 **정**식재판청구기각결정(§455, 즉심 §14) [경승 10]
⑪ **재**판서·**재**판집행 관련(경/해/집)
  ㉠ 재판서**경**정결정(규칙 §25)
  ㉡ 재판**해**석에 대한 의의신청에 관한 결정(§491)
  ㉢ 재판**집**행에 대한 이의신청에 관한 결정(§491)
⑫ **재**심청구기각결정 및 재심개시결정(§437)
⑬ 기타 : 형의 소멸신청 각하결정(§337)

[정리] 즉시항고 : 집/공/기/참/정/상/선/비/재/재/구/감

[정리] 집행정지효 없는 즉시항고 : ① 기피신청 간이기각결정에 대한 즉시항고(§23②), ② 증인 불출석 제재인 소송비용부담 결정·과태료부과결정·감치결정에 대한 즉시항고(§151⑧)

[보충] 증거보전청구 기각결정에 대해서는 3일 내 항고 可(§184④)

🔆 퍼써 정리 | 보통항고가 허용되지 않는 경우(판결 전 소송절차에 관한 결정의 원칙, 성질상 불허)와 허용되는 경우(압/구/보/감)

판결 전 소송절차에 관한 결정	① 원칙 : 법원의 **관할** 또는 **판결 전의 소송절차에 관한 결정**에 대하여는 **특히 즉시항고를 할 수 있는 경우 외**에는 **항고 不可**(§403①) → 종국재판에 대한 상소 허용으로 충분 ㉠ 국선변호인의 선정신청 기각결정 [교정9 특채 12] ㉡ 공소장변경 허가결정 [행시 03, 교정9 특채 12] ㉢ 소송지휘권 행사 ㉣ 증거신청에 대한 증거결정(90도646) ㉤ 간이공판절차의 개시와 취소에 관한 결정 ㉥ 공판절차의 정지·갱신 결정 ㉦ 변론의 분리·병합·재개에 관한 결정 ㉧ 국민참여재판으로 진행하기로 한 결정 ㉨ 하급심의 위헌제청신청기각결정(85모49) ② 예외 : **구**금, **보**석, **압**수나 압수물의 환부에 관한 결정 또는 **감**정하기 위한 피고인의 유치에 관한 결정에 대하여는 보통항고 可(동②, 압/구/보/감) [행시 03, 국7 10]
성질상 허용되지 않는 결정	① **대법원의 결정** : 대법원은 최종심이므로 **항고 허용 ×**(재항고의 재항고 ×) ② **항고법원·고등법원의 결정** : 특별항고만 허용될 뿐 **보통항고 不可**(§415) ③ 수소법원의 결정이 아니어서 항고가 허용되지 않는 재판 ㉠ 체포·구속적부심사청구에 대한 기각·인용결정(수임판사의 재판, §214의2⑦) 　→ but 보증금납입조건부 피의자석방결정에 대한 보통항고는 可 ㉡ 재정신청사건에 대한 공소제기결정(§262④) [법원 17]

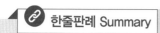
법률의 위헌여부제청신청에 대하여 그 법률규정이 위헌이 아니라는 이유로 그 **위헌제청신청을 기각하는 하급심**
의 결정 → 중간재판적 성질을 가지는 것으로서 **위 결정에 대하여 독립하여 항고·재항고 不可**(85모49)

▌ Ⅱ 항고심의 절차

항고의 제기	항고제기의 방식	① 항고권자 : 검사, 피고인, 변호인 또는 과태료처분을 받은 증인 등 ② 항고장의 제출 : 항고를 함에는 항고장을 <u>원심법원</u>에 제출(§406) [국9 14] ③ 항고제기기간 : ㉠ **즉시항고**의 제기기간은 **7일**(§405), ㉡ **보통항고**는 원심 　　결정 **취소의 실익이 없게 된 때**를 제외하고는 **언제든지** 可(§404)
	재판의 집행정지	① 즉시항고 　㉠ **원칙** : **즉시항고의 제기기간 내와 그 제기가 있는 때** → **재판의 집행정** 　　　**지**(§410) [법원 17] 　㉡ **예외** : **기피신청에 대한 간이기각결정, 증인 불출석에 대한 제재결정**에 　　　대한 **즉시항고** → **집행정지의 효력** ×(§23②, §151⑧) ② 보통항고 　㉠ 원칙 : 재판의 집행을 **정지하는 효력** ×(§409) 　㉡ 예외 : 원심법원·항고법원은 항고에 대한 결정이 있을 때까지 **집행** 　　　**정지결정** 可(동但) [법원 17]
	원심법원의 조치	① 항고기각결정 : 항고의 제기가 **법률**상 방식위반 or 항고**권**소멸 후인 것이 　명백 → 원심법원은 **결정으로 항고기각** [법원 17] → 즉시항고 可(§407) ② **경정결정** : **원심법원은 항고가 이유 있다고 인정**한 때에는 → 결정을 경정 　(재도의 고안, §408①) ③ 소송기록의 송부 　㉠ 의견서 송부 : **항고의 전부 or 일부가 이유 없다고 인정** → 항고장을 　　　받은 날로부터 **3일** 이내에 의견서를 첨부하여 항고법원에 송부(동②) 　　　[교정특채 12] 　㉡ 소송기록·증거물의 송부 　　　ⓐ 원심법원이 필요하다고 인정한 때 소송기록·증거물 항고법원에 　　　　송부(§411①) 　　　ⓑ 항고법원은 소송기록과 증거물의 송부요구 可(동②) ④ **소송기록접수통지** 　㉠ 항고법원은 소송기록과 증거물의 송부를 받은 날로부터 **5일** 이내에 　　　당사자에게 그 사유 통지(동③) 　　　ⓐ 당사자에게 **항고에 관하여 이유서를 제출하거나 의견을 진술하고** 　　　　**유리한 증거를 제출할 기회** 부여(2018모1698) 　　　ⓑ 항고심에서 **항고인이 항고에 대한 의견진술**을 한 경우 → (위와 같 　　　　은 **기회가 있었다**고 봄) ∴ 법 §411 **위반 아님**(2018모3621)

항고의 제기	원심법원의 조치	ⓛ 항고인에게 **항고이유서 제출의무 ×** [법원 07] [정리] 항고심절차의 요약 : ① 항고의 제기(항고장제출, 즉시항고는 7일, 보통항고는 언제든지), ② 항고기각결정, 이유 있으면 경정결정, 이유 없으면 3일 내 의견서 첨부하여 항고법원에 송부, ③ 소송기록·증거물 송부는 임의적, 송부를 받은 항고법원은 5일 내 당사자에게 사유 통지, 소송기록 접수통지 없이 항고기각결정을 한 것은 위법, ④ 항고인의 항고이유서 제출의무 ×
항고심의 심판	항고법원의 심리	① 항고심은 사실과 법률 모두 심사 可(원결정의 위법·부당 모두 심사) ② 심사범위도 항고이유에 제한되지 않음(항고이유 이외 사유도 직권 심사 可) ③ 임의적 변론 　㉠ 항고심은 결정절차이므로 구두변론 不要 　㉡ **검사는 항고사건에 대하여 의견 진술 可**(§412) but **검사가 항고장에 상세한 항고이유서를 첨부·제출하였다면 별도의 의견진술 없어도 §412 위반 아님**(2012모459) [국7 20]
	항고법원의 결정	① **법률**상 방식위반·**항고**권소멸 후인 것이 명백 → **항고기각결정**(§413) ② 항고를 이유 없다고 인정한 때 → 항고기각결정(§414①) ③ 항고를 이유 있다고 인정한 때 → 결정으로 원심결정을 취소하고 필요한 경우에는 항고사건에 대하여 직접 재판(동②)

▌ Ⅲ　준항고

의 의		① 개념 : **재판장·수명법관의 재판(명령) or 수사기관의 처분**에 대하여 법원에 그 취소·변경을 청구하는 불복신청방법 ② 구별 : 준항고는 법관의 재판 or 수사기관의 처분에 대한 불복신청 → 법원의 결정에 대한 상소인 항고와 구별 ③ 준항고의 이익 : 소송계속 중 준항고로써 달성하고자 하는 **목적이 이미 이루어졌거나** 시일의 경과 또는 그 밖의 사정으로 인하여 **그 이익이 상실된 경우** → **준항고는 부적법**(2013모1970) [국7 16/17] ④ 항고 준용 : 준항고는 상소는 아님 but 불복신청이라는 점에서 상소와 유사한 성질 → 항고에 관한 규정 준용(§419)
대 상	재판장· 수명법관의 재판	① 대상재판 : 재판장 or 수명법관이 ㉠ 기피신청을 기각한 재판, ㉡ 구금·보석·압수 또는 압수물 환부에 관한 재판, ㉢ 감정하기 위하여 피고인의 유치를 명한 재판, ㉣ 증인·감정인·통역인·번역인에 대하여 과태료 또는 비용의 배상을 명한 재판을 고지한 경우(§416①) [정리] 법관(재판장·수명법관)의 재판 중 준항고의 대상 : 압/구/보/감/비/과/기 ② 수소법원의 결정 : 대상 × → 단독판사 결정도 준항고의 대상 ×(항고의 대상) ③ **수임판사·수탁판사**의 결정 : **수사절차에서의 영장발부, 구속기간 연장 허가**(97모1 : 구속기간 연장을 허가하지 않은 수임판사의 결정에 대해서는 항고·준항고 ×), **증거보전** 등 수임판사의 재판이나 수탁판사의 재판은 **준항고의 대상 ×**

대 상	**수사기관의 처분**	① 대상처분 : 검사 또는 사법경찰관의 **구금**, **압수** 또는 압수물의 환부에 관한 처분과 **변**호인의 피의자신문 참여 등에 관한 처분(§243의2, §417)
		
		[정리] 수사기관(검사·사경관)의 처분 중 준항고의 대상 : 압/구/변
		
		② 내용
		  ㉠ 구금에 관한 처분 : **접견금지처분** 포함(89모37 : 접견신청일로부터 상당한 기간이 경과하도록 접견이 허용되지 않은 것은 접견불허처분과 동일시되므로, 준항고 ○) [국7 07, 경승 11/12/13, 경 10/1차, 경 12/3차]
		  ㉡ 압수에 관한 처분
		    ⓐ 압수·수색영장의 집행처분, 압수물의 가환부에 관한 처분 포함
		    ⓑ **압수·수색을 하지 않은 부작위** ✕(2007모82) [국9 14, 경 10/2차]
		    ⓒ **검사의 집행기관**(∵ 수사기관 ✕)(84모3)**으로서의 압수물인도거부조치** ✕ : 압수가 해제된 것으로 되었음에도 불구하고 검사가 그 해제된 압수물의 인도를 거부하는 조치 → 준항고 불복 대상 ✕(84모3) [국7 13, 경승 13, 경 10/1차]
		    ⓓ **재판집행에 관한 검사의 처분**(보호감호 집행지휘처분)에 불복하면서 준항고장을 제출 → **재판집행에 대한 이의신청**(§489)으로 파악(93모55) [경승 13, 경 0/1차]

절 차	**준항고의 방식**	① **준항고장의 제출**
		  ㉠ 법관의 재판에 대한 준항고 : 준항고의 청구는 서면으로 법관 소속의 법원에 제출(§416①, §418) → 지방법원이 준항고의 제기를 받은 때에는 합의부 결정 要(§416②)
		  ㉡ 수사기관의 처분에 대한 준항고 : 당해 수사기관 직무집행지의 관할법원 or 검사의 소속검찰청에 대응한 법원에 서면으로 그 처분의 취소·변경 청구 可(§417) [경승 03]
		  ㉢ ㉠㉡ 모두 서면제출 要(§418)
		② 준항고 제기기간
		  ㉠ 법관의 재판에 대한 준항고 : 재판의 고지 있는 날로부터 **7일** 이내(2019. 12.31. 개정 §416③) [행시 02]
		  ㉡ **수사기관의 처분**에 대한 준항고 : **청구기간 제한 ✕**

	재판의 집행정지	① 준항고는 (즉시항고 아니므로) **원칙적으로 집행정지 효력 ✕**(§419, §409本)
		② **과태료·비용의 배상을 명한 재판**(§416①4.) : 준항고기간 내와 준항고가 있는 때에는 **집행정지 효력**(§416④)(과태료·비용배상재판 준항고는 즉시항고와 유사)
		
		[참고] 증인불출석 제재로서 소송비용부담결정·과태료부과결정·감치결정에 대한 즉시항고는 집행정지효 ✕(§151⑧), 불출석증인에 대한 재판장·수명법관의 과태료부과결정·비용배상결정(감치 ✕)에 대한 준항고는 집행정지효 ○
		
		[정리] • 판결 전 소송절차 결정 : 압/구/보/감
		    • 즉시항고 : 집/공/기/참/정/상/선/비/재/재/구/감
		    • 준항고 : → 법관 – 압/구/보/감/비/과/기, 수사기관 – 압/구/변

	준항고심의 재판 및 불복	① 준항고재판 : (항고심절차와 유사) 보통항고와 집행정지(§409), 항고기각의 결정(§413), 항고기각 및 항고이유인정(원심결정취소)결정(§414) 및 재항고(§415)에 관한 규정은 준항고에 대하여 준용(§419) ② 불복 : 준항고에 대한 준항고법원의 결정에 불복이 있으면 → 재판에 영향을 미친 헌법·법률·명령 또는 규칙의 위반이 있음을 이유로 하는 때에 한하여 → **대법원에 재항고 可**(§419, §415)(83모12)

CHAPTER 02 비상구제절차

✅ 조문정리

제4편 특별소송절차

제1장 재심

제420조【재심이유】 재심은 다음 각 호의 어느 하나에 해당하는 이유가 있는 경우에 유죄의 확정판결에 대하여 그 선고를 받은 자의 이익을 위하여 청구할 수 있다.

1. 원판결의 증거가 된 서류 또는 증거물이 확정판결에 의하여 위조되거나 변조된 것임이 증명된 때
2. 원판결의 증거가 된 증언, 감정, 통역 또는 번역이 확정판결에 의하여 허위임이 증명된 때
3. 무고(誣告)로 인하여 유죄를 선고받은 경우에 그 무고의 죄가 확정판결에 의하여 증명된 때
4. 원판결의 증거가 된 재판이 확정재판에 의하여 변경된 때
5. 유죄를 선고받은 자에 대하여 무죄 또는 면소를, 형의 선고를 받은 자에 대하여 형의 면제 또는 원판결이 인정한 죄보다 가벼운 죄를 인정할 명백한 증거가 새로 발견된 때
6. 저작권, 특허권, 실용신안권, 디자인권 또는 상표권을 침해한 죄로 유죄의 선고를 받은 사건에 관하여 그 권리에 대한 무효의 심결 또는 무효의 판결이 확정된 때
7. 원판결, 전심판결 또는 그 판결의 기초가 된 조사에 관여한 법관, 공소의 제기 또는 그 공소의 기초가 된 수사에 관여한 검사나 사법경찰관이 그 직무에 관한 죄를 지은 것이 확정판결에 의하여 증명된 때. 다만, 원판결의 선고 전에 법관, 검사 또는 사법경찰관에 대하여 공소가 제기되었을 경우에는 원판결의 법원이 그 사유를 알지 못한 때로 한정한다.

[전문개정 2020.12.8.]

제421조【동전】 ① 항소 또는 상고의 기각판결에 대하여는 전조 제1호, 제2호, 제7호의 사유 있는 경우에 한하여 그 선고를 받은 자의 이익을 위하여 재심을 청구할 수 있다.

② 제1심 확정판결에 대한 재심청구사건의 판결이 있은 후에는 항소기각 판결에 대하여 다시 재심을 청구하지 못한다.

③ 제1심 또는 제2심의 확정판결에 대한 재심청구사건의 판결이 있은 후에는 상고기각판결에 대하여 다시 재심을 청구하지 못한다.

제422조【확정판결에 대신하는 증명】 전2조의 규정에 의하여 확정판결로써 범죄가 증명됨을 재심청구의 이유로 할 경우에 그 확정판결을 얻을 수 없는 때에는 그 사실을 증명하여 재심의 청구를 할 수 있다. 단, 증거가 없다는 이유로 확정판결을 얻을 수 없는 때에는 예외로 한다.

제423조【재심의 관할】 재심의 청구는 원판결의 법원이 관할한다.

제424조【재심청구권자】 다음 각 호의 1에 해당하는 자는 재심의 청구를 할 수 있다.

1. 검사
2. 유죄의 선고를 받은 자
3. 유죄의 선고를 받은 자의 법정대리인
4. 유죄의 선고를 받은 자가 사망하거나 심신장애가 있는 경우에는 그 배우자, 직계친족 또는 형제자매

제425조【검사만이 청구할 수 있는 재심】 제420조 제7호의 사유에 의한 재심의 청구는 유죄의 선고를 받은 자가 그 죄를 범하게 한 경우에는 검사가 아니면 하지 못한다.

제426조【변호인의 선임】 ① 검사 이외의 자가 재심의 청구를 하는 경우에는 변호인을 선임할 수 있다.

② 전항의 규정에 의한 변호인의 선임은 재심의 판결이 있을 때까지 그 효력이 있다.

제427조【재심청구의 시기】 재심의 청구는 형의 집행을 종료하거나 형의 집행을 받지 아니하게 된 때에도 할 수 있다.

제428조【재심과 집행정지의 효력】 재심의 청구는 형의 집행을 정지하는 효력이 없다. 단 관할법원에

대응한 검찰청검사는 재심청구에 대한 재판이 있을 때까지 형의 집행을 정지할 수 있다.

제429조【재심청구의 취하】 ① 재심의 청구는 취하할 수 있다.

② 재심의 청구를 취하한 자는 동일한 이유로써 다시 재심을 청구하지 못한다.

제430조【재소자에 대한 특칙】 제344조의 규정은 재심의 청구와 그 취하에 준용한다.

제431조【사실조사】 ① 재심의 청구를 받은 법원은 필요하다고 인정한 때에는 합의부원에게 재심청구의 이유에 대한 사실조사를 명하거나 다른 법원판사에게 이를 촉탁할 수 있다.

② 전항의 경우에는 수명법관 또는 수탁판사는 법원 또는 재판장과 동일한 권한이 있다.

제432조【재심에 대한 결정과 당사자의 의견】 재심의 청구에 대하여 결정을 함에는 청구한 자와 상대방의 의견을 들어야 한다. 단, 유죄의 선고를 받은 자의 법정대리인이 청구한 경우에는 유죄의 선고를 받은 자의 의견을 들어야 한다.

제433조【청구기각 결정】 재심의 청구가 법률상의 방식에 위반하거나 청구권의 소멸 후인 것이 명백한 때에는 결정으로 기각하여야 한다.

제434조【동전】 ① 재심의 청구가 이유 없다고 인정한 때에는 결정으로 기각하여야 한다.

② 전항의 결정이 있는 때에는 누구든지 동일한 이유로써 다시 재심을 청구하지 못한다.

제435조【재심개시의 결정】 ① 재심의 청구가 이유 있다고 인정한 때에는 재심개시의 결정을 하여야 한다.

② 재심개시의 결정을 할 때에는 결정으로 형의 집행을 정지할 수 있다.

제436조【청구의 경합과 청구기각의 결정】 ① 항소기각의 확정판결과 그 판결에 의하여 확정된 제1심판결에 대하여 재심의 청구가 있는 경우에 제1심법원이 재심의 판결을 한 때에는 항소법원은 결정으로 재심의 청구를 기각하여야 한다.

② 제1심 또는 제2심판결에 대한 상고기각의 판결과 그 판결에 의하여 확정된 제1심 또는 제2심의 판결에 대하여 재심의 청구가 있는 경우에 제1심법원 또는 항소법원이 재심의 판결을 한 때에는 상고법원은 결정으로 재심의 청구를 기각하여야 한다.

제437조【즉시항고】 제433조, 제434조 제1항, 제435조 제1항과 전조 제1항의 결정에 대하여는 즉시항고를 할 수 있다.

제438조【재심의 심판】 ① 재심개시의 결정이 확정한 사건에 대하여는 제436조의 경우 외에는 법원은 그 심급에 따라 다시 심판을 하여야 한다.

② 다음 경우에는 제306조 제1항, 제328조 제1항 제2호의 규정은 전항의 심판에 적용하지 아니한다.

1. 사망자 또는 회복할 수 없는 심신장애인을 위하여 재심의 청구가 있는 때
2. 유죄의 선고를 받은 자가 재심의 판결 전에 사망하거나 회복할 수 없는 심신장애인으로 된 때

③ 전항의 경우에는 피고인이 출정하지 아니하여도 심판을 할 수 있다. 단, 변호인이 출정하지 아니하면 개정하지 못한다.

④ 전2항의 경우에 재심을 청구한 자가 변호인을 선임하지 아니한 때에는 재판장은 직권으로 변호인을 선임하여야 한다.

제439조【불이익변경의 금지】 재심에는 원판결의 형보다 무거운 형을 선고할 수 없다.
[전문개정 2020.12.8.]

제440조【무죄판결의 공시】 재심에서 무죄의 선고를 한 때에는 그 판결을 관보와 그 법원소재지의 신문지에 기재하여 공고하여야 한다. 다만, 다음 각 호의 어느 하나에 해당하는 사람이 이를 원하지 아니하는 의사를 표시한 경우에는 그러하지 아니하다.

1. 제424조 제1호부터 제3호까지의 어느 하나에 해당하는 사람이 재심을 청구한 때에는 재심에서 무죄의 선고를 받은 사람
2. 제424조 제4호에 해당하는 사람이 재심을 청구한 때에는 재심을 청구한 그 사람

제2장 비상상고

제441조【비상상고이유】 검찰총장은 판결이 확정한 후 그 사건의 심판이 법령에 위반한 것을 발견한 때에는 대법원에 비상상고를 할 수 있다.

제442조【비상상고의 방식】 비상상고를 함에는 그 이유를 기재한 신청서를 대법원에 제출하여야 한다.

제443조【공판기일】 공판기일에는 검사는 신청서에 의하여 진술하여야 한다.

제444조【조사의 범위, 사실의 조사】 ① 대법원은 신청서에 포함된 이유에 한하여 조사하여야 한다.

② 법원의 관할, 공소의 수리와 소송절차에 관하여는 사실조사를 할 수 있다.

③ 전항의 경우에는 제431조의 규정을 준용한다.

제445조【기각의 판결】 비상상고가 이유 없다고 인정한 때에는 판결로써 이를 기각하여야 한다.

제446조【파기의 판결】비상상고가 이유 있다고 인정한 때에는 다음의 구별에 따라 판결을 하여야 한다.

1. 원판결이 법령에 위반한 때에는 그 위반된 부분을 파기하여야 한다. 단, 원판결이 피고인에게 불이익한 때에는 원판결을 파기하고 피고사건에 대하여 다시 판결을 한다.

2. 원심소송절차가 법령에 위반한 때에는 그 위반된 절차를 파기한다.

제447조【판결의 효력】비상상고의 판결은 전조 제1호 단행의 규정에 의한 판결 외에는 그 효력이 피고인에게 미치지 아니한다.

01 재 심

I 의의와 대상 및 구조

의의	개념	① 개념 : 유죄의 확정판결에 중대한 사실 오인이 있는 경우에 판결을 받은 자의 이익을 위하여 그 오류를 시정하는 비상구제절차 ② 연혁 : 현행법은 이익재심만을 인정하고 재심을 원판결법원의 관할로 하여(§423) 불법주의(이익재심, 상고법원)와 독법주의(전면적 재심, 원심법원)의 절충적 입장을 취함 ③ 이익재심 　㉠ 유죄의 확정판결에 대하여 그 선고를 받은 자의 이익을 위하여 청구(§420) 　㉡ 판결을 받는 자에게 불이익이 되는 재심은 不可 [교정9 특채 12] 　㉢ 무죄의 선고를 받은 자가 유죄의 선고를 받기 위해서는 不可(83모5)
	구별개념	① 상소 : 상소는 미확정재판에 대한 불복 ≠ 재심은 확정판결에 대한 비상구제절차 ② 비상상고 : 비상상고는 법령위반의 시정을 통해 법령해석 통일을 목적 ≠ 재심은 확정판결의 사실오인을 시정하여 유죄판결을 받은 자를 구제
대상		유죄의 확정판결 및 유죄판결에 대한 항소 또는 상고를 기각한 확정판결(§420, §421①, 2005재도18)
	유죄의 확정판결	① 유죄판결 　㉠ 재심의 대상 ○ : 형집행유예 등 형선고판결, 형면제판결, 확정된 약식명령·즉결심판 [교정특채 10, 경승 03/11] 　㉡ 재심의 대상 × : 무죄·면소·공소기각(96모51)·관할위반의 판결, 상급심에 의하여 파기된 하급심의 유죄판결(유죄판결이 존재 ×, 2003모464)[여경 02/1차] → 항소심에서 파기되어버린 제1심판결에 대해서는 재심을 청구할 수 없는 것 ∴ 위 제1심판결을 대상으로 하는 이 사건 재심청구는 법률상의 방식에 위반 [경간 16, 경승 11, 경 07/1차]

대 상	유죄의 확정판결	② 확정판결 　㉠ **결정·명령** : 재정신청기각결정(86모38)·공소기각결정 등　× 　㉡ 기소유예처분, **상고심에 계속 중인 미확정판결** [5급승진 17] × → 상고심에 　　계속 중인 미확정판결에 대한 **재심청구는 법률상의 방식에 위배된 부적법** 　　한 것 ∴ 상고심에 계속 중인 미확정의 재심대상 판결이 재심법원에 의한 　　재심청구기각결정 후에 상고취하로 확정 → 위 재심청구가 적법하게 치유 　　되지 않음(83모28) ③ 구체적 검토 　㉠ **유죄판결 확정 후 형선고효력을 상실시킨 특별사면**이 있는 경우 　　ⓐ 재심사유가 있는 피고인으로서는 형선고가 있었다는 기왕의 경력 자체 　　　를 제거할 필요 있음 → 법 §420의 **'유죄의 확정판결'에 해당하여 재심** 　　　**대상** ○(2011도1932 전합) [국7 23, 경 16/1차, 5급승진 17] 　　ⓑ 특별사면으로 형선고의 효력이 상실된 유죄의 확정판결에 대하여 재심 　　　개시결정이 이루어졌으나 **유죄로 인정되는 경우** : 재심심판법원으로서 　　　는 '피고인에 대하여 형을 선고하지 아니한다'는 주문을 선고할 수밖에 　　　없음(2012도 2938) [경 16/1차, 국9 17] 　㉡ **(상고심에서) 공소기각결정이 확정된 항소심의 유죄판결** : (항소심의 유죄판 　　결에 대하여 상고제기 & 상고심재판계속 중 피고인 사망) 공소기각결정이 　　확정되었다면 항소심의 유죄판결은 이로써 당연히 그 효력 상실 → **재심** 　　**대상 ×**(2011도7931) [법원 14] 　㉢ **정식재판에 의하여 유죄가 확정된 사건의 약식명령** : 약식명령 효력 상실 　　∴ **재심대상 ×**(2011도 10626) [법원 14/16, 국9 16, 해경 15/3차, 5급승진 17]
	상소기각의 확정판결	① 항소 또는 상고의 기각판결(§421①) : 상소기각의 판결은 유죄판결 자체는 아니 　지만 그 확정에 의하여 원심의 유죄판결도 확정되므로 별도로 재심의 대상 ○ ② 재심의 대상 ○ : **유죄판결에 대한 항소 또는 상고를 기각하는 확정판결 그 자체** 　[교정9 특채 12, 경 14/2차] ← 원심판결 자체에는 재심사유가 없더라도 상소기각 　판결에 대하여는 재심사유가 있을 수 있음 ③ 재심의 대상 × 　㉠ **상소심법원에서 파기환송을 한 경우의 환송판결** : 유죄의 확정판결이라 할 　　수 없으므로 **재심대상 ×**(2005재도18) → **항소심의 파기환송·파기이송판결** 　　**은 재심대상 ×**(but 항소심의 파기자판으로 유죄판결이 확정된 경우는 '유 　　죄의 확정판결'로서 재심의 대상 ○) 　㉡ 항고기각결정·재항고기각결정 : 유죄판결 확정과 무관하므로 재심대상 × 　　(91재도2)
2단계 구조	재심개시 절차	① 재심사유의 유무를 심사하여 다시 심판할 것인가를 결정하는 사전절차 ② 결정의 형식으로 종결
	재심심판 절차	① 재심사유가 있는 경우에 사건을 다시 심판하는 절차 ② 원판결 심급의 공판절차와 동일하며, 종국재판의 형식에 따라 종결

Ⅱ 재심사유

1. 분 류

형사소송법상 재심사유 (§420)	유죄의 확정판결 (증/증/무/재/신/저/직)	허위증거 재심사유	제1·2·3·4·6·7호 : 허위에 대한 확정판결 要
		신증거 재심사유	제5호 : 신규성 + 명백성 → 고도의 개연성 要
	상소기각의 확정판결	제1호(증거위조)·제2호(위증 등)·제7호(법관 등 직무범죄)	
헌법재판소법 상 재심사유	법률에 대한 위헌결정에 의한 재심(헌재 §47④)		
소촉법상 재심사유	① 피고인의 소재불명으로 인한 결석재판에 대한 재심 ② 공시송달의 방법으로 재판이 진행되어 유죄판결이 확정되었지만 유죄의 선고를 받은 자가 책임을 질 수 없는 사유로 공판절차에 출석할 수 없었던 경우 → 재심청구권자가 그 판결이 있었던 사실을 안 날로부터 **14일** 이내에 재심청구 可(소촉 §23의2)		

2. 유죄의 확정판결에 대한 재심사유(§420)

허위증거 재심사유	원판결의 증거·증언 등이 허위의 증거였음이 확정판결에 의하여 증명된 경우(증/증/무/재/저/직) ① **증**거위조·변조 – 원판결의 증거가 된 서류 또는 증거물이 확정판결에 의하여 위조 또는 변조인 것이 증명된 때(동1.) 　㉠ 원판결의 증거 : 범죄사실의 인정을 위한 증거 　㉡ 범죄사실의 인정을 위한 증거가 진술증거인 때 그 증거능력을 인정하기 위한 증거도 포함 [경승 11] ② 위**증**·허위감정 등 – 원판결의 증거가 된 증언·감정·통역 또는 번역이 확정판결에 의하여 허위인 것이 증명된 때(동2.) 　㉠ 원판결의 증거가 된 증언 　　ⓐ 원판결의 이유 중 증거로 채택되어 범죄될 사실을 인정하는 데 인용된 증언 　　ⓑ 죄로 되는 사실과 직접적·간접적으로 관련된 내용이면 족함(95모38) 　　ⓒ But <u>단순히 증거조사의 대상이 되었을 뿐 범죄사실을 인정하는 증거로 사용되지 않은 증언 : 포함 ×</u>(2003도1080) 　㉡ 증언 : 공동피고인의 공판정 진술 → 포함 × 　㉢ 확정판결에 의하여 허위인 것이 증명된 때 　　ⓐ <u>증인 등이 위증죄·허위감정죄 등으로 처벌되어 그 판결이 확정된 경우</u> 　　　[행시 03, 법원 08, 경찰특채 09] 　　ⓑ '원판결의 증거된 증언'이 나중에 확정판결에 의하여 허위인 것이 증명 → <u>그 허위증언 부분을 제외하고서도 다른 증거에 의하여 그 '죄로 되는 사실'이 유죄로 인정될 것인지 여부 不問</u> [경 12/2차]

ⓒ But **증인에 대한 위증고소사건이 수사 중에 있다는 사실** → 재심사유 ×(72도 1914)

ⓓ **원판결의 증거된 증언을 한 자가 그 재판과정에서 자신의 증언과 반대되는 취지의 증언을 한 다른 증인을 위증죄로 고소 → 그 고소가 허위임이 밝혀져 무고죄로 유죄의 확정판결을 받은 경우 : 위증죄 확정판결 재심사유 ×**(2003도1080)
[경 13/1차]

③ **무고** – 무고로 인하여 유죄의 선고를 받은 경우에 그 무고의 죄가 확정판결에 의하여 증명된 때(동3.)

㉠ 허위의 고소장·고소조서의 기재내용이 원판결의 증거로 된 경우뿐만 아니라 무고의 진술이 유죄의 증거로 된 경우도 포함

㉡ 무고에 의해 수사가 개시되었다는 것만으로는 재심사유 × [법원 08]

④ **재판변경** – 원판결의 증거가 된 재판이 확정재판에 의하여 변경된 때(동4.) [법원 08]

㉠ 원판결의 이유 중에서 증거로 채택되어 범죄될 사실을 인정하는 데 인용된 다른 재판이 확정재판에 의하여 변경된 경우

㉡ 변경된 다른 재판은 형사·민사 및 기타 재판 不問

⑤ **무체재산권무효** – **저**작권·특허권·실용신안권·디자인권 또는 상표권을 침해한 죄로 유죄의 선고를 받은 사건에 관하여 그 권리에 대한 무효의 심결 또는 무효의 판결이 확정된 때(동6.) : 권리무효의 심결 또는 판결이 확정되면 그 권리는 처음부터 존재하지 아니하는 것으로 인정

⑥ 법관·검사·사법경찰관 **직**무범죄 – 원판결·전심판결 또는 그 판결의 기초된 조사에 관여한 법관, 공소의 제기 또는 그 공소의 기초된 수사에 관여한 검사나 사법경찰관이 그 직무에 관한 죄를 범한 것이 확정판결에 의하여 증명된 때(동7.本) [법원 08, 경찰특채 09]

㉠ 직무에 관한 죄 : 형법 제2편 제7장의 공무원의 직무에 관한 죄에 제한되지 아니함(多)

㉡ **원판결의 선고 전 법관·검사 또는 사법경찰관에 대하여 공소의 제기가 있는 경우 : 원판결의 법원이 그 사유를 알지 못한 때에 한하여 재심사유**(동7.但)

㉢ **유죄의 선고를 받은 자가 그 죄를 범하게 한 경우 : 검사가 아니면 재심청구 못함**(§425)

㉣ 재심사유 해당 여부를 판단함에 있어 사법경찰관 등이 범한 직무에 관한 죄가 **사건의 실체관계에 관계된 것인지 여부나 당해 사법경찰관이 직접 피의자에 대한 조사를 담당하였는지 여부는 不問**(2004모16) [경 15/1차, 경 16/1차]

㉤ 수사기관이 **영장주의를 배제하는 위헌적 법령에 따라 영장 없는 체포·구금을 한 경우 :** 불법체포·감금의 직무범죄가 인정되는 경우에 준하는 것 → **재심사유 ○**(2015모3243) [경 18/3차, 경 20/1차, 국9 19, 국7 23, 경승 19]

허위증거 재심사유 (좌측 라벨)

신증거 재심사유 (좌측 라벨)

유죄의 선고를 받은 자에 대하여 무죄 또는 면소를, 형의 선고를 받은 자에 대하여 형의 면제 또는 원판결이 인정한 죄보다 가벼운 죄를 인정할 명백한 증거가 새로 발견된 때(§420 5.) [경간 13]

[정리] ① 피고인에 유리한 재판(궐석재판) : 의질 – 무/면/공/면

② 신증거 재심사유 : 무/면/경/면

신증거
재심사유
	① 적용범위
	  ㉠ 유죄 → **무죄 · 면소**
	    ⓐ 유죄의 선고를 받은 자에 대하여 '무죄 또는 면소'를 인정할 명백한 증거가
	      새로 발견된 때 : 재심청구 可 [경간 13]
	    ⓑ 유죄의 선고를 받은 자에 대하여 **공소기각의 판결을 인정할 증거가 발견된 경
	      우** : × [법원 08]
	  ㉡ 형선고 → 형**면제 · 경죄**
	    ⓐ 형의 선고를 받은 자에 대하여 '형의 면제 또는 원판결이 인정한 죄보다 경한
	      죄'를 인정할 명백한 증거가 새로 발견된 때에는 재심청구 可
	    ⓑ 형의 면제
	      • **필요적 면제만 의미**
	      • **임의적 면제**(예 자수 · 자복) [경 15/1차] ×(84모32)
	      • **형의 감경사유**(예 심신미약, 종범) ×
	    ⓒ 원판결이 인정한 죄보다 경한 죄
	      • **법정형이 가벼운 별개의 다른 죄** ○
	      • 같은 죄인데 양형의 자료에 변동을 가져올 뿐인 경우 ×(2017도14769)
	② 증거의 신규성 – **새로 발견된** 증거일 것
	  ㉠ 의의 : 재심대상이 되는 확정판결의 소송절차에서 발견되지 못하였거나 또는 발
	    견되었다 하더라도 제출할 수 없었던 증거를 새로 발견 or 비로소 제출할 수 있
	    게 된 때(86모22)
	    ⓐ 증거가 원판결 당시 이미 존재하였으나 후에 발견된 경우 ○
	    ⓑ 증거가 원판결 후에 새로 생긴 경우 ○
	    ⓒ 원판결 당시 존재를 알았으나 조사가 불가능하였던 증거로서 그 후에 증거조사
	      가 가능하게 된 경우 ○
	  ㉡ 신규성의 판단기준 – **법원에 대한 신규성 要 + 당사자에 대한 신규성**(고의 · 과실 ×
	    要)
	    ⓐ 법원에 대한 신규성
	      • 증거는 **법원에 대해서 새로운 것**이어야 함
	      • **원판결에서 증명력 평가를 거친 증거와 동일한 증거방법** → 진술내용의 번복과
	        같이 그 내용이 달라지더라도 신규성 ×
	      • **원판결의 증거가 되었던 자백을 번복한 경우, 원판결법원에서 증언한 증인이
	        증언을 번복한 경우** ×(84모2)
	    ⓑ 당사자(재심청구인)에 대한 신규성(요부 견해 대립, 判例는 절충설)
	      • 원판결 증거 미제출에 대한 **재심청구인의 고의 또는 과실이 없어야** 함
	      • **재심청구인의 고의 또는 과실에 의하여 제출되지 않은 증거** → **신규성** ×
	        (2005모472 전합) [경간 16, 경승 10, 경 12/2차, 경 13/1차, 경 15/1차, 해경 15/3차]
	③ 증거의 명백성 – **명백한** 증거일 것
	  ㉠ 의의 : 유죄의 확정판결에 대하여 그 정당성이 의심되는 수준을 넘어 그 판결을
	    그대로 유지할 수 없을 정도로 '**고도의 개연성**'이 인정되는 경우 要(명백성의 정도
	    에 관한 한정설)
	    ⓐ 새로운 증거의 증거가치가 확정판결이 사실인정의 자료로 사용한 증거보다
	      경험칙이나 논리칙에 비추어 **객관적으로 우위** 要(80모24; 81모12; 82모11; 83
	      모26; 99모93)
	    ⓑ **법관의 자유심증에 의하여 그 증거가치가 좌우되는 증거** ×(81모8; 84모23; 88
	      모38; 95모67; 95모38)

신증거
재심사유
	㉡ 명백성의 판단방법 – **종합평가(구증거 + 신증거) + 재평가(원판결법원의 심증에 구속 ×)**
	  ⓐ 종합평가
	    • **신증거와 구증거 종합하여 판단(종합평가설, 判)** [국9 16, 경승 10/13, 경 13/1차, 해경 15/3차]
	    • **새로 발견된 증거만을 독립적·고립적으로 고찰**하여 그 증거가치만으로 재심의 개시 여부를 판단해서는 **안 됨**
	    • 재심대상이 되는 확정판결을 선고한 법원이 사실인정의 기초로 삼은 증거들 가운데 **새로 발견된 증거와 유기적으로 밀접하게 관련되고 모순되는 것들은 함께 고려하여 평가 要**(2005모472 전합)
	  ⓑ 재평가 : 신증거와 구증거를 종합하여 판단할 경우에 재심청구를 받은 법원은 **구증거의 증거평가에 대한 원판결법원의 심증에 구속되지 않고 구증거의 증거가치 재평가**
	㉢ 공범자에 대한 모순된 판결
	  ⓐ 문제의 소재 : 공범자 A·B의 동일한 범죄사실에 대해 A는 유죄, B는 무죄의 모순된 판결이 있는 경우에 유죄판결을 받은 A가 공범자 B에 대한 무죄판결을 자신의 무죄를 인정할 명백한 증거로 주장할 수 있는가?
	  ⓑ 判例 : **무죄확정판결 자체만으로는 유죄판결에 대한 새로운 증거로서의 재심사유에 해당하지 아니함**(4294형재2; 84모14, 견해 대립) → 무죄확정판결 자체만으로는 무죄확정판결의 증거자료를 **자기의 증거로 하지 못하였고 또 새로 발견된 것이 아닌 한** 유죄확정판결에 대한 새로운 증거로서의 **재심사유에 해당하지 않음**(84모14)

3. 상소기각의 확정판결에 대한 재심사유

내 용	**항소 or 상고의 기각판결**에 대하여는 → §420 1.(**증거위조** 등), 2.(**위증** 등), 7.(**직무범죄**)의 사유 있는 경우에 한하여 → 그 선고를 받은 자의 이익을 위하여 재심청구 可(§421①)

예 외	① **하급심 재심심판 판결 후에는 상급심 상소기각판결에 대한 재심청구 不可**
	  ㉠ 제1심 확정판결에 대한 재심청구사건의 판결이 있은 후에 항소기각판결에 대하여 다시 재심청구 不可(§421②)
	  ㉡ 제1심 또는 제2심의 확정판결에 대한 재심청구사건의 판결이 있은 후에 상고기각판결에 대하여 다시 재심청구 不可(동③)
	    → ∵ 재심심판절차에서 내려진 판결에 대하여 상소를 제기하면 될 것이므로
	② **재심청구의 경합 시 소송절차의 정지**
	  ㉠ 항소기각의 확정판결과 그 판결에 의하여 확정된 제1심판결에 대하여 각각 재심의 청구가 있는 경우 : **항소법원은 결정으로 제1심법원의 소송절차가 종료할 때까지 소송절차 정지**(규칙 §169①)
	  ㉡ 상고기각의 판결과 그 판결에 의하여 확정된 제1심 또는 제2심의 판결에 대하여 각각 재심의 청구가 있는 경우 : **상고법원은 결정으로 제1심법원 또는 항소법원의 소송절차가 종료할 때까지 소송절차 정지**(동②)
	[정리] 공판절차정지 : 심/헌/기/공/관/재(심청구경합)

4. 헌법재판소의 위헌결정에 의한 재심

의 의	① 위헌으로 결정된 형벌에 관한 법률 or 법률의 조항 → 소급하여 효력 상실(헌재 §47③本) ② 이 경우 위헌으로 결정된 법률 또는 법률의 조항에 근거한 유죄의 확정판결에 대하여는 재심청구 可(동④) [경승 11]
인 정	① (비록 범죄행위가 그 이전에 행하여졌다 하더라도) 그 판결이 위헌결정으로 인하여 소급하여 효력을 상실한 법률 또는 법률 조항을 적용한 경우 : '위헌결정된 법률 또는 법률의 조항에 근거한 유죄의 확정판결'에 해당 → 재심사유 ○(2015모1475) [법원 20] ② 형벌에 관한 법령이 당초부터 헌법에 위배되어 법원에서 위헌·무효라고 선언한 경우 : 재심사유 ○(2010모363) [경간 16]
부 정	① 재심사유는 법원에 대하여 기속력이 있는 **위헌결정이 선고된 경우**를 말함 → ∴ 그 주문에서 법률조항의 해석기준을 제시함에 그치는 **한정위헌결정** : 법원에 전속되어 있는 법령의 해석·적용 권한에 대하여 **기속력을 가질 수 없음** ② 소송사건이 확정된 후 그와 관련된 헌법소원에서 '**한정위헌**' 결정이 선고된 경우 : **재심사유 ×**(95재다14) [해경 15/3차]

5. 확정판결에 대신하는 증명

의 의	§420·§421의 규정에 의하여 확정판결로써 범죄가 증명됨을 재심청구의 이유로 할 경우에 그 확정판결을 얻을 수 없는 때에는 그 사실을 증명하여 재심의 청구 可(§422本)
확정판결을 얻을 수 없는 때	① **유죄판결을 할 수 없는 '사실상·법률상의 장애'**가 있는 경우 ② 해당 ○ : **범인의 사망·행방불명·심신상실**, 공소시효의 완성, 사면, **기소유예**(96모123) ③ 해당 × : **증거가 없다**는 이유로 확정판결을 얻을 수 없는 때(§422但)
확정판결을 얻을 수 없다는 사실의 증명	① 의의 : 확정판결을 얻을 수 없다는 사실 + 재심이유가 되는 범죄행위 등이 있었다는 **사실의 존재 → 적극적 입증 要**(93모66) ② 증명 ○ : 수사 관여 사법경찰관이 불법감금죄 등으로 고소됨 → 검사의 무혐의 불기소결정 → 재정신청 → **재정신청을 받은 고등법원**이 29시간 동안의 **불법감금 사실 인정**(단, 검사로서는 기소유예의 불기소처분을 할 수 있었다는 이유로 재정신청기각결정) → 법 §420 7.의 재심사유인 "공소의 기초된 수사에 관여한 사법경찰관이 **그 직무에 관한 죄를 범한 것**"이 확정판결에 대신하는 증명으로써 증명된 때(96모123) [경승 13] ③ 증명 × : **공소시효완성을 이유로 한 검사의 불기소처분이 있었다는 것만으로는 부족**(범죄사실의 존재 적극적 입증 要) → 확정판결에 대신하는 증명 ×(93모66)

Ⅲ 재심개시절차

재심의 청구	재심의 관할	① **원판결 법원 관할**(§423) [행시 03, 법원 09, 교정특채 12, 경승 11] ② 대법원이 하급심판결을 파기·자판한 경우 재심관할법원 → **대법원**(4294 형항20) ③ **군사법원 판결 확정 후 군에서 제적**되었는데 군사법원에 재심청구가 있는 경우 　㉠ **군사법원에는 재판권이 없으므로 같은 심급의 일반법원에 이송해야 함** 　　(84도2972) [법원 12, 경승 13] 　㉡ (그럼에도) **군사법원의 재심개시결정 : 위법한 재판권 행사** 　㉢ **이송받은 일반법원** : (그럼에도) **군사법원의 재심개시결정을 유효한 것 　　으로 보고 후속절차 진행**(2011도1932)
	재심 청구권자	① 청구권자 : **검**사, **유**죄의 선고를 받은 자, 유죄의 선고를 받은 자의 **법정 대리인**, 유죄의 선고를 받은 자가 사망하거나 심신장애가 있는 경우에는 그 **배우자·직계친족** 또는 **형제자매**(§424, 검/유/법/배/직/형) [법원 09, 경 04/1차] ② 변호인 : 검사 이외의 자가 재심청구를 하는 경우 **변호인 선임 可**(§426) → 이때 **변호인도 대리권에 의하여 재심청구 可**
	청구의 시기	① **시기 제한 ×** [경승 11, 경 04/1차] ② ∴ **형의 집행을 종료 or 형의 집행을 받지 아니하게 된 때, 유죄의 선고를 받은 자가 사망한 때 : 재심청구 可**(§427) [법원 08/09/14] ③ But **재심청구인이 재심의 청구를 한 후 청구에 대한 결정이 확정되기 전에 사망한 경우** : 재심청구절차는 재심청구인의 사망으로 **당연 종료**(2014모 739) [경 16/1차]
	형집행정지의 효력	① **재심청구는 형집행을 정지하는 효력 ×**(§428本) [행시 03, 법원 10/14, 경 04/1 차, 경 14/2차] ② But 관할법원에 대응한 검찰청 **검사** : 재심청구에 대한 재판이 있을 때까지 **형의 집행정지 可**(임의적 형집행정지, 동但) [행시 03, 법원 06/09/10, 경승 12, 경 04/1차, 경 04/2차, 경 14/2차]
	청구의 취하	① 재심청구 → **재심의 제1심판결 선고 시까지 취하 可** ② **재심청구를 취하한 자는 동일한 이유로써 다시 재심청구 不可**(§429②) [법원 08, 경 14/2차]
재심청구에 대한 심판	재심청구의 심리	① **결정절차** ∴ **구두변론 不要**(§37②), **공개 不要** ② 청구인과 상대방의 의견청취(§432) 　㉠ 재심청구에 대하여 결정을 함에는 **청구인과 상대방의 의견청취 要** 　　[경 04/1차, 경 14/2차] 　㉡ But 유죄의 선고를 받은 자의 **법정대리인이 청구**한 경우 : **유죄의 선고를 　　받은 자의 의견**을 들어야 함 [법원 08, 경승 12, 경 13/1차, 경 14/2차] ③ 심리 : 재심개시절차에서는 **재심사유가 있는지 여부만 판단** → 재심사유가 재심대상판결에 영향을 미칠 가능성이 있는가의 **실체적 사유는 고려하여 서는 안 됨**(2008모77) [경승 12]

재심청구에 대한 심판	재심청구에 대한 재판	① 청구기각의 결정 　㉠ **재심청구**가 **법률**상 방식위반·청구**권**소멸 후인 것이 명백 : **결정으로 기각**(§433) 　㉡ **재심청구가 이유 없다**고 인정한 때 : **결정으로 기각** → 이 결정이 있는 때에는 **누구든지 동일한 이유로써 다시 재심청구 不可**(§434) [국7 10] 　㉢ 청구가 경합된 경우 : **하급심 재심판결이 선행된 경우** 　　ⓐ 항소기각의 확정판결과 그 판결에 의하여 확정된 제1심판결에 대하여 재심의 청구가 있는 경우에 **제1심법원이 재심의 판결**을 한 때 : **항소법원은 결정으로 재심청구 기각**(§436①) [경간 14, 경승 12] 　　ⓑ 제1심 또는 제2심판결에 대한 상고기각의 판결과 그 판결에 의하여 확정된 제1심 또는 제2심의 판결에 대하여 재심의 청구가 있는 경우에 **제1심법원 또는 항소법원이 재심의 판결**을 한 때 : **상고법원은 결정으로 재심청구 기각**(동②) ② 재심개시결정 　㉠ 의의 : 재심청구가 이유 있다고 인정한 때에는 재심개시의 결정을 하여야 함(§435①) [경승 03/12] 　㉡ 재심개시의 결정을 할 때에는 **결정으로 형의 집행정지 可**(임의적 형집행정지, 동②) [국7 13, 5급승진 17] 　㉢ **경합범의 일부에 대해서만 재심청구의 이유가 인정**되는 경우 : 원판결이 경합범의 전부에 대해서 **1개의 형을 선고한 경우**에는 **경합범의 전부에 대해서 재심개시결정** ③ 결정에 대한 불복 　㉠ **재심청구에 대한 기각결정과 재심개시결정** : **즉시항고 可**(§437) 　㉡ **대법원의 기각결정** : **불복 不可** [국7 13] 　㉢ **확정**된 재심개시결정 : **불복 不可** → (설령 재심개시결정이 부당하더라도) 이미 확정되었다면 법원은 더 이상 재심사유의 존부에 대하여 살펴볼 필요 없이 그 심급에 따라 다시 심판(2004도2154)

🔗 **한줄판례 Summary**

① **재심청구인이 재심의 청구를 한 후 청구에 대한 결정이 확정되기 전에 사망한 경우** → 재심청구인의 배우자나 친족 등에 의한 재심청구인 지위의 승계를 인정하거나 형사소송법 §438와 같이 재심청구인이 사망한 경우에도 절차를 속행할 수 있는 규정이 없으므로 → 재심청구절차는 재심청구인의 사망으로 **당연히 종료**(2014모739) [경 16/1차, 경 17/1차, 국7 20, 법원 20]

② **경합범 관계에 있는 수개의 범죄사실을 유죄로 인정하여 한 개의 형을 선고한 불가분의 확정판결** → 그중 일부의 범죄사실에 대하여만 재심청구의 이유가 있는 것으로 인정된 경우 → 그 판결 전부에 대하여 재심개시의 결정 → but 재심법원은 그 부분에 대하여는 이를 다시 심리하여 유죄인정을 파기할 수 없고 양형을 위하여 필요한 범위에 한하여만 심리할 수 있을 뿐임(96도477) [국9 24, 법원 12/14, 경 12/2차]

Ⅳ 재심심판절차

재심개시 결정의 확정과 그 효력	확 정	**7일**의 즉시항고기간(§405) 경과 or 즉시항고 기각
	확정의 효력	① **재심개시의 결정이 확정**된 사건 : **법원은 그 심급에 따라 다시 심판**(§438①) 　㉠ '**다시**' 심판 : **재심대상판결의 당부를 심사하는 것이 아님** → 피고 사건 자 　　체를 **처음부터 새로** 심판하는 것(2014도2946) [법원 12, 경 12/2차] 　㉡ 재심의 공판절차에 관하여는 원칙적으로 각 심급의 공판절차에 관한 규정 　　적용 ② 재심의 심판에서 범죄사실에 적용하여야 할 법령 : 재심판결 당시의 법령 　㉠ 재심대상판결 당시의 법령이 변경된 경우 : 법원은 그 범죄사실에 대하여 　　**재심판결 당시의 법령**을 적용(2008재도11; 2011도14044) 　㉡ 법령을 해석함에 있어서도 **재심판결 당시를 기준**으로 함(2009도1603; 　　2011도6380)
재심심판 절차의 특칙	심리상의 특칙	① 공판절차정지와 공소기각결정에 관한 특칙 　㉠ ⓐ 사망자 또는 회복할 수 없는 심신장애자를 위하여 재심의 청구가 있 　　는 때, ⓑ 유죄의 선고를 받은 자가 재심의 판결 전에 사망하거나 회복 　　할 수 없는 심신장애인으로 된 때 : **공판절차정지**(§306①), **공소기각결정** 　　(§328①2.) **적용 ×**(§438②) 　㉡ **이 경우 피고인이 출정하지 아니하여도 심판 可** → but **변호인이 출정하지** 　　**아니하면 개정 不可**(**필요적 변호사건**, 동③) → 재심을 청구한 자가 변호 　　인을 선임하지 아니한 때에는 재판장은 직권으로 변호인 선임(동④) ② 공소취소와 공소장변경 　㉠ 제1심판결 선고 후 확정되어 재심소송절차가 진행 중 **공소취소 不可** 　　(§255①) 　㉡ 재심의 공판절차에는 각 심급의 공판절차에 관한 규정이 적용되므로 공소 　　장변경 可 → but **이익재심**의 본질에 비추어 **원판결의 죄보다 중한 죄를** 　　**인정하기 위한 공소장변경은 不可**
	재판상의 특칙	① **불이익변경의 금지** : 재심에는 원판결의 형보다 중한 형 선고 **不可**(§439) ② **무죄판결의 공시**(2016.5.29. 개정 §440) 　㉠ 재심에서 **무죄의 선고**를 한 때 → 그 판결을 관보와 그 법원소재지의 　　신문지에 기재하여 **공고 要** 　㉡ But **재심피고인 등의 불원의사** 있으면 **예외** → 유죄선고를 받은 자의 명 　　예회복을 위한 조치 [법원 14] ③ 재심판결과 원판결의 효력 　㉠ **원판결은 재심판결의 확정에 의하여 그 효력 상실** 　㉡ 원판결에 의한 자유형의 집행은 재심판결의 자유형에 통산

① 재심대상사건의 기록이 보존기간의 만료로 이미 폐기되었다 하더라도 → 판결서 등 수집한 잔존 자료에 의하여 알 수 있는 원판결의 증거들과 재심공판절차에서 새롭게 제출된 증거들의 증거가치를 **종합적으로 평가**하여 → **원판결의 원심인 제1심판결의 당부를 새로이 판단하여야 함**(2004도2154) [경승 13]
② 상해죄 등 범행 이후 진행된 재심심판절차에서 징역 8월을 선고한 재심판결이 확정됨으로써 확정판결은 당연히 효력을 상실 → 더 이상 상해죄 등 범행이 확정판결에 의한 형의 집행이 끝난 후 3년 내에 이루어진 것은 아니라고 해야 함(**누범이 되지 않게 됨**, 2017도4091) [경 18/3차]
③ 원판결이 선고한 집행유예가 실효 또는 취소됨이 없이 유예기간이 지난 후에 **새로운 형을 정한 재심판결**이 선고되는 경우 → **재심판결의 형이 원판결의 형보다 중하지 않다면 불이익변경금지의 원칙이나 이익재심의 원칙에 반하지 않음**(2015도15782) [경간 20]

02 비상상고

의 의			확정판결에 대하여 그 심판의 법령위반을 시정하기 위하여 인정되는 비상구제절차(§441)
목 적			법령의 해석·적용의 통일
대 상			① **모든 확정판결** ② 유죄·무죄의 실체판결에 한하지 않고 공소기각·관할위반·면소 등 형식재판도 포함되며, 심급여하도 不問 [법원 15, 경승 11] ③ 약식명령·즉결심판과 당연무효의 판결도 비상상고의 대상 ④ 항소기각의 결정과 상소기각의 결정은 판결은 아니나 종국재판이므로 역시 비상상고의 대상
이 유	심판의 법령위반		① 판결확정 후 그 사건의 심판이 **법령에 위반**한 것을 발견한 때(§441) ② '판결의 법령위반'뿐만 아니라 판결에 이르는 '소송절차의 법령위반'도 포함 ③ 비상상고의 이유가 있다고 본 판례 　㉠ **소년**임에도 연령을 오인하여 **정기형**을 선고(63오1) 　㉡ **성인**임에도 연령을 오인하여 **부정기형**을 선고(63오2) 　㉢ **군인**임에도 신분을 오인하여 **일반법원이 재판권을 행사**(90오1)
	사실오인과 비상상고		① **단순한 사실오인**에 대해서는 **비상상고 不可** ② 비상상고의 이유가 없다고 본 판례 　㉠ **누범전과 없음**에도 전과사실을 인정하여 **누범가중**한 확정판결(62오1) 　㉡ **이미 사망**한 사실을 알지 못하여 **공소기각결정을 하지 않고 실체판결**(2004오2)
절 차	비상상고의 신청과 심리	신 청	① 신청권자 : **검찰총장** ② 관할법원 : **대법원**(§441) [행시 02, 법원 15, 경승 11] ③ 신청 　㉠ 이유를 기재한 신청서를 대법원에 제출(§442) 　㉡ **신청기간 제한 ×** → 형의 시효가 완성되었거나 판결을 받은 자가 사망한 경우에도 可 [법원 15, 경승 11]

절 차	비상상고의 신청과 심리	심 리	① 출석 　㉠ 공판기일 검사 출석 要 → 검사는 신청서에 의하여 진술 　　(§443) 　㉡ 피고인 출석 不要 ② 조사 　㉠ 신청서에 포함된 이유에 한하여 조사(§444①) 　㉡ 법원의 관할, 공소의 수리와 소송절차에 관하여는 사실조사 可 　　(동②) 　㉢ 법원은 필요하다고 인정한 때에는 수명법관 or 수탁판사 　　에게 사실조사 촉탁 可(동③, §431)
	비상상고의 판결		① 판결의 법령위반 　㉠ 부분파기 : 원판결이 법령에 위반한 때 그 위반된 부분만 파기(§446 　　1.本) 　㉡ 파기자판 　　ⓐ 의의 : <u>원판결이 피고인에게 불이익한 때 → 원판결을 파기 and 피고</u> 　　　<u>사건에 대하여 다시 판결</u>(§446 1.但) 　　ⓑ 기준법령 : 원판결 시의 법령 ② 소송절차의 법령위반 　㉠ 원심소송절차가 법령에 위반한 때 → 그 위반된 절차를 파기(§446 2.) 　㉡ 원판결 자체는 파기되지 않고 위반된 절차만 파기(절차의 법령위반이 　　판결에 영향을 미쳤는가는 不問) ③ 판결의 효력 : <u>비상상고의 판결의 효력은 (파기자판 제외) 피고인에게 미치</u> 　<u>지 아니함</u>(§447, 재판의 옷을 입은 학설)

🔗 **한줄판례 Summary**

즉결심판절차에서 허용되는 범위를 넘는 **벌금 30만 원**의 즉결심판을 선고한 것은 심판이 **법령에 위반**한 경우에 해당함(2014오3)

💡 **퍼써 정리 | 재심과 비상상고 비교**

	목 적	대 상	청구 사유	청구권자	청구 기간	관 할	판결의 효력	판결의 공시
재 심	피고인 구제	유죄 확정 판결	사실 오인	검사, 유죄선고 받은 자 등	제한 ×	원판결 법원	피고인에게 효력 ○	무죄판결이 선고된 경우 공보에 공시
비상 상고	법령해석 통일	모든 확정 판결	법령 위반	검찰총장	제한 ×	대법원	원칙적으로 피고인에 효력 ×	공시 ×

CHAPTER 03 재판의 집행과 형사보상

01 재판의 집행

조문정리

제5편 재판의 집행

제459조【재판의 확정과 집행】 재판은 이 법률에 특별한 규정이 없으면 확정한 후에 집행한다.

제460조【집행지휘】 ① 재판의 집행은 그 재판을 한 법원에 대응한 검찰청검사가 지휘한다. 단, 재판의 성질상 법원 또는 법관이 지휘할 경우에는 예외로 한다.
② 상소의 재판 또는 상소의 취하로 인하여 하급법원의 재판을 집행할 경우에는 상소법원에 대응한 검찰청검사가 지휘한다. 단, 소송기록이 하급법원 또는 그 법원에 대응한 검찰청에 있는 때에는 그 검찰청검사가 지휘한다.

제461조【집행지휘의 방식】 재판의 집행지휘는 재판서 또는 재판을 기재한 조서의 등본 또는 초본을 첨부한 서면으로 하여야 한다. 단, 형의 집행을 지휘하는 경우 외에는 재판서의 원본, 등본이나 초본 또는 조서의 등본이나 초본에 인정하는 날인으로 할 수 있다.

제462조【형 집행의 순서】 2이상의 형을 집행하는 경우에 자격상실, 자격정지, 벌금, 과료와 몰수 외에는 무거운 형을 먼저 집행한다. 다만, 검사는 소속 장관의 허가를 얻어 무거운 형의 집행을 정지하고 다른 형의 집행을 할 수 있다.
[전문개정 2020.12.8.]

제463조【사형의 집행】 사형은 법무부장관의 명령에 의하여 집행한다.

제464조【사형판결확정과 소송기록의 제출】 사형을 선고한 판결이 확정한 때에는 검사는 지체 없이 소송기록을 법무부장관에게 제출하여야 한다.

제465조【사형집행명령의 시기】 ① 사형집행의 명령은 판결이 확정된 날로부터 6월 이내에 하여야 한다.

② 상소권회복의 청구, 재심의 청구 또는 비상상고의 신청이 있는 때에는 그 절차가 종료할 때까지의 기간은 전항의 기간에 산입하지 아니한다.

제466조【사형집행의 기간】 법무부장관이 사형의 집행을 명한 때에는 5일 이내에 집행하여야 한다.

제467조【사형집행의 참여】 ① 사형의 집행에는 검사와 검찰청서기관과 교도소장 또는 구치소장이나 그 대리자가 참여하여야 한다.
② 검사 또는 교도소장 또는 구치소장의 허가가 없으면 누구든지 형의 집행장소에 들어가지 못한다.

제468조【사형집행조서】 사형의 집행에 참여한 검찰청서기관은 집행조서를 작성하고 검사와 교도소장 또는 구치소장이나 그 대리자와 함께 기명날인 또는 서명하여야 한다.

제469조【사형 집행의 정지】 ① 사형선고를 받은 사람이 심신의 장애로 의사능력이 없는 상태이거나 임신 중인 여자인 때에는 법무부장관의 명령으로 집행을 정지한다.
② 제1항에 따라 형의 집행을 정지한 경우에는 심신장애의 회복 또는 출산 후에 법무부장관의 명령에 의하여 형을 집행한다.
[전문개정 2020.12.8.]

제470조【자유형집행의 정지】 ① 징역, 금고 또는 구류의 선고를 받은 자가 심신의 장애로 의사능력이 없는 상태에 있는 때에는 형을 선고한 법원에 대응한 검찰청검사 또는 형의 선고를 받은 자의 현재지를 관할하는 검찰청검사의 지휘에 의하여 심신장애가 회복될 때까지 형의 집행을 정지한다.
② 전항의 규정에 의하여 형의 집행을 정지한 경우에는 검사는 형의 선고를 받은 자를 감호의무자 또는 지방공공단체에 인도하여 병원 기타 적당한 장소에 수용하게 할 수 있다.

③ 형의 집행이 정지된 자는 전항의 처분이 있을 때까지 교도소 또는 구치소에 구치하고 그 기간을 형기에 산입한다.

제471조【동전】 ① 징역, 금고 또는 구류의 선고를 받은 자에 대하여 다음 각 호의 1에 해당하는 사유가 있는 때에는 형을 선고한 법원에 대응한 검찰청검사 또는 형의 선고를 받은 자의 현재지를 관할하는 검찰청검사의 지휘에 의하여 형의 집행을 정지할 수 있다.

1. 형의 집행으로 인하여 현저히 건강을 해하거나 생명을 보전할 수 없을 염려가 있는 때
2. 연령 70세 이상인 때
3. 잉태 후 6월 이상인 때
4. 출산 후 60일을 경과하지 아니한 때
5. 직계존속이 연령 70세 이상 또는 중병이나 장애인으로 보호할 다른 친족이 없는 때
6. 직계비속이 유년으로 보호할 다른 친족이 없는 때
7. 기타 중대한 사유가 있는 때

② 검사가 전항의 지휘를 함에는 소속 고등검찰청검사장 또는 지방검찰청검사장의 허가를 얻어야 한다.

제471조의2【형집행정지 심의위원회】 ① 제471조 제1항 제1호의 형집행정지 및 그 연장에 관한 사항을 심의하기 위하여 각 지방검찰청에 형집행정지 심의위원회(이하 이 조에서 "심의위원회"라 한다)를 둔다.

② 심의위원회는 위원장 1명을 포함한 10명 이내의 위원으로 구성하고, 위원은 학계, 법조계, 의료계, 시민단체 인사 등 학식과 경험이 있는 사람 중에서 각 지방검찰청 검사장이 임명 또는 위촉한다.

③ 심의위원회의 구성 및 운영 등 그 밖에 필요한 사항은 법무부령으로 정한다.

제472조【소송비용의 집행정지】 제487조에 규정된 신청기간 내와 그 신청이 있는 때에는 소송비용부담의 재판의 집행은 그 신청에 대한 재판이 확정될 때까지 정지된다.

제473조【집행하기 위한 소환】 ① 사형, 징역, 금고 또는 구류의 선고를 받은 자가 구금되지 아니한 때에는 검사는 형을 집행하기 위하여 이를 소환하여야 한다.

② 소환에 응하지 아니한 때에는 검사는 형집행장을 발부하여 구인하여야 한다.

③ 제1항의 경우에 형의 선고를 받은 자가 도망하거나 도망할 염려가 있는 때 또는 현재지를 알 수 없는 때에는 소환함이 없이 형집행장을 발부하여 구인할 수 있다.

제474조【형집행장의 방식과 효력】 ① 전조의 형집행장에는 형의 선고를 받은 자의 성명, 주거, 연령, 형명, 형기 기타 필요한 사항을 기재하여야 한다.

② 형집행장은 구속영장과 동일한 효력이 있다.

제475조【형집행장의 집행】 전2조의 규정에 의한 형집행장의 집행에는 제1편제9장 피고인의 구속에 관한 규정을 준용한다.

제476조【자격형의 집행】 자격상실 또는 자격정지의 선고를 받은 자에 대하여는 이를 수형자원부에 기재하고 지체 없이 그 등본을 형의 선고를 받은 자의 등록기준지와 주거지의 시(區가 設置되지 아니한 市를 말한다. 이하 같다)·구·읍·면장(都農複合形態의 市에 있어서는 洞地域인 경우에는 市·區의 長, 邑·面地域인 경우에는 邑·面의 長으로 한다)에게 송부하여야 한다.

제477조【재산형 등의 집행】 ① 벌금, 과료, 몰수, 추징, 과태료, 소송비용, 비용배상 또는 가납의 재판은 검사의 명령에 의하여 집행한다.

② 전항의 명령은 집행력 있는 채무명의와 동일한 효력이 있다.

③ 제1항의 재판의 집행에는 민사집행법의 집행에 관한 규정을 준용한다. 단, 집행 전에 재판의 송달을 요하지 아니한다.

④ 제3항에도 불구하고 제1항의 재판은 국세징수법에 따른 국세체납처분의 예에 따라 집행할 수 있다.

⑤ 검사는 제1항의 재판을 집행하기 위하여 필요한 조사를 할 수 있다. 이 경우 제199조 제2항을 준용한다.

⑥ 벌금, 과료, 추징, 과태료, 소송비용 또는 비용배상의 분할납부, 납부연기 및 납부대행기관을 통한 납부 등 납부방법에 필요한 사항은 법무부령으로 정한다.

제478조【상속재산에 대한 집행】 몰수 또는 조세, 전매 기타 공과에 관한 법령에 의하여 재판한 벌금 또는 추징은 그 재판을 받은 자가 재판확정 후 사망한 경우에는 그 상속재산에 대하여 집행할 수 있다.

제479조【합병 후 법인에 대한 집행】 법인에 대하여 벌금, 과료, 몰수, 추징, 소송비용 또는 비용배상을 명한 경우에 법인이 그 재판확정 후 합병에 의하여 소멸한 때에는 합병 후 존속한 법인 또는 합병에 의하여 설립된 법인에 대하여 집행할 수 있다.

제480조【가납집행의 조정】 제1심가납의 재판을 집행한 후에 제2심가납의 재판이 있는 때에는 제1심재판의 집행은 제2심가납금액의 한도에서 제2심재판의 집행으로 간주한다.

제481조【가납집행과 본형의 집행】가납의 재판을 집행한 후 벌금, 과료 또는 추징의 재판이 확정한 때에는 그 금액의 한도에서 형의 집행이 된 것으로 간주한다.

제482조【판결확정 전 구금일수 등의 산입】① 판결선고 후 판결확정 전 구금일수(판결선고 당일의 구금일수를 포함한다)는 전부를 본형에 산입한다.
② 상소기각 결정 시에 송달기간이나 즉시항고기간 중의 미결구금일수는 전부를 본형에 산입한다.
③ 제1항 및 제2항의 경우에는 구금일수의 1일을 형기의 1일 또는 벌금이나 과료에 관한 유치기간의 1일로 계산한다.

제483조【몰수물의 처분】몰수물은 검사가 처분하여야 한다.

제484조【몰수물의 교부】① 몰수를 집행한 후 3월 이내에 그 몰수물에 대하여 정당한 권리 있는 자가 몰수물의 교부를 청구한 때에는 검사는 파괴 또는 폐기할 것이 아니면 이를 교부하여야 한다.
② 몰수물을 처분한 후 전항의 청구가 있는 경우에는 검사는 공매에 의하여 취득한 대가를 교부하여야 한다.

제485조【위조 등의 표시】① 위조 또는 변조한 물건을 환부하는 경우에는 그 물건의 전부 또는 일부에 위조나 변조인 것을 표시하여야 한다.
② 위조 또는 변조한 물건이 압수되지 아니한 경우에는 그 물건을 제출하게 하여 전항의 처분을 하여야 한다. 단, 그 물건이 공무소에 속한 것인 때에는 위조나 변조의 사유를 공무소에 통지하여 적당한 처분을 하게 하여야 한다.

제486조【환부불능과 공고】① 압수물의 환부를 받을 자의 소재가 불명하거나 기타 사유로 인하여 환부를 할 수 없는 경우에는 검사는 그 사유를 관보에 공고하여야 한다.
② 공고한 후 3월 이내에 환부의 청구가 없는 때에는 그 물건은 국고에 귀속한다.
③ 전항의 기간 내에도 가치 없는 물건은 폐기할 수 있고 보관하기 어려운 물건은 공매하여 그 대가를 보관할 수 있다.

제487조【소송비용의 집행면제의 신청】소송비용부담의 재판을 받은 자가 빈곤으로 인하여 이를 완납할 수 없는 때에는 그 재판의 확정 후 10일 이내에 재판을 선고한 법원에 소송비용의 전부 또는 일부에 대한 재판의 집행면제를 신청할 수 있다.

제488조【의의신청】형의 선고를 받은 자는 집행에 관하여 재판의 해석에 대한 의의가 있는 때에는 재판을 선고한 법원에 의의신청을 할 수 있다.

제489조【이의신청】재판의 집행을 받은 자 또는 그 법정대리인이나 배우자는 집행에 관한 검사의 처분이 부당함을 이유로 재판을 선고한 법원에 이의신청을 할 수 있다.

제490조【신청의 취하】① 전3조의 신청은 법원의 결정이 있을 때까지 취하할 수 있다.
② 제344조의 규정은 전3조의 신청과 그 취하에 준용한다.

제491조【즉시항고】① 제487조 내지 제489조의 신청이 있는 때에는 법원은 결정을 하여야 한다.
② 전항의 결정에 대하여는 즉시항고를 할 수 있다.

제492조【노역장유치의 집행】벌금 또는 과료를 완납하지 못한 자에 대한 노역장유치의 집행에는 형의 집행에 관한 규정을 준용한다.

제493조【집행비용의 부담】제477조 제1항의 재판집행비용은 집행을 받은 자의 부담으로 하고 민사집행법의 규정에 준하여 집행과 동시에 징수하여야 한다.

┃ I ┃ 재판집행의 일반원칙

의 의			① 확정된 재판의 내용을 집행하는 것 ② 형의 집행 이외에도 부수처분의 집행(예 추징, 소송비용), 형 이외의 제재의 집행(예 과태료, 보증금의 몰수), 강제처분을 위한 영장의 집행 포함
기본 원칙	시 기	원 칙	재판은 원칙적으로 **확정된 후 즉시 집행**(§459) [행시 03, 법원 06]
		예 외	① 확정 전의 재판집행 　㉠ 결정·명령 : 즉시항고(§410) or 일부 준항고(§416, §419)가 허용되는 경우를 제외하고는 **확정되기 전 즉시 집행 可** → ∵ 항고는 원칙적으로 집행정지의 효력이 없기 때문 [행시 03, 경간 15]

기본 원칙	**시기**	**예외**	○ 가납재판 : 벌금·과료·추징의 선고를 하는 경우 **가납의 재판**이 있는 때에는 확정되기 전에 **즉시 집행 可**(§334) [행시 03, 경간 15/16] ② 확정 후 일정기간 경과 후의 집행 　○ 소송비용부담의 재판 : **소송비용집행면제의 신청기간 내와 그 신 　청이 있는 때**에는 신청에 대한 재판이 확정될 때까지 **집행정지** 　(§472) [행시 03, 경간 15] 　○ 노역장유치 : 벌금·과료의 재판이 확정된 후 30일 이내에는 집행 　不可(형법 §69①) [행시 03] 　○ 사형 : 법무부장관의 명령이 있을 때까지는 집행 不可(§463)
	지휘	**집행지휘 주체**	① 원칙 : 그 재판을 한 법원에 대응한 검찰청 **검사가 지휘**(§460①本) 　○ 상소의 재판 또는 상고의 취하로 인하여 하급법원의 재판을 집 　행할 경우에는 상소법원에 대응한 검찰청 검사가 지휘 　○ But 소송기록이 하급법원 또는 그 법원에 대응한 검찰청에 있는 　때에는 그 검찰청 검사가 지휘(동②) [경간 12, 경 08/3차] ② 예외 : 특별한 규정(예 §81①但, §115①但) 또는 재판의 성질상 법원 또는 법관이 지휘하는 경우(예 법원보관 중인 압수장물의 환부, 퇴정 명령)(§460①但)
		방식	재판서 or 재판을 기재한 조서의 등본·사본 첨부 서면으로 함(§461本)
	형집행을 위한 소환	**소환 구인**	① 사형·징역·금고 또는 구류의 선고를 받은 자가 구금되지 아니한 때에는 검사는 형을 집행하기 위하여 이를 소환(§473①) ② 구인 　○ 소환에 응하지 아니한 때에는 **검사는 형집행장을 발부하여 구인** 　(동②) [경 06/1차] 　○ 형선고를 받은 자가 도망 or 도망할 염려가 있는 때 or 현재지를 　알 수 없는 때에는 소환함 없이 형집행을 발부하여 구인 可(동③)
		형집행장 효력 집행	① **형집행장은 구속영장과 동일한 효력**(§474②) [법원 14, 경 06/1차, 경 06/2 차, 여경 01/1차] ② 형집행장의 집행 　○ 피고인의 **구속에 관한 규정 준용**(§475) 　　ⓐ 구속영장의 제시 및 사본교부(§85①③) 등 구속영장의 집행 　　에 관한 규정 준용 　　ⓑ **형집행장의 제시** 　　　• 형집행장 미소지 상태에서의 임의동행 : 노역장유치집행을 　　　위하여 **형집행장을 소지하지 아니한 채** 피고인을 구인할 목 　　　적으로 그의 **주거지를 방문**하여 임의동행의 형식으로 데리고 　　　가다가 → 피고인이 동행을 거부하며 다른 곳으로 가려는 것을 　　　제지하면서 체포·구인 → **적법한 공무집행 ×**(2010도8591) 　　　• 형집행장 제시 없는 긴급집행 : 사법경찰관리가 벌금 미납 　　　으로 인한 노역장 유치의 집행의 상대방에게 **형집행사유와 　　　더불어 벌금미납으로 인한 지명수배사실을 고지** 　　　→ 그러한 고지를 **형집행장 발부사실 고지로 볼 수 없음** 　　　→ **적법한 직무집행 ×**(2017도9458) 　○ But **구속의 사유(§70)나 구속이유의 고지(§72)에 관한 규정 : 준용 ×** 　(2012도2349)

PART 05

상소·비상구제절차·특별절차

CHAPTER 03 재판의 집행과 형사보상　**459**

Ⅱ 형의 집행

형집행의 순서	① 2개 이상의 형의 집행은 자격상실·자격정지·벌금·과료의 몰수 외에는 그 **중한 형을 먼저 집행**(§462本) [법원 07, 경간 12/16, 경 08/3차] → 형의 경중은 형법 §41 및 §50에 의하여 결정 ② 검사는 **소속 장관의 허가**를 얻어 **중한 형의 집행을 정지**하고 다른 형의 집행 可(§462但) [국9 13, 경 08/3차] → 자유형과 벌금형 동시 집행 可, 자유형과 노역장유치가 병존하는 경우 검사가 후자를 집행하는 것도 可
사형의 집행 집행절차	① 소송기록의 제출(§464) ② **법무부장관의 명령에 의하여 집행**(§463) ③ 사형집행의 명령은 판결이 확정된 날로부터 **6月** 이내에 하여야 함 → but 상소권회복의 청구, 재심의 청구 또는 비상상고의 신청이 있는 때에는 그 절차가 종료할 때까지의 기간은 이에 불산입(§465) [경 06/1차, 경 12/2차] ④ 사형의 집행을 명한 때 → **5일** 이내에 집행 要(§466)
집행방법	① 사형은 **교정시설 안에서 교수(絞首)**하여 집행(형법 §66) ② 사형의 집행에는 검사와 검찰청서기관과 교도소장 또는 구치소장이나 그 대리자가 참여(§467) ③ 사형의 집행에 참여한 검찰청서기관은 집행조서를 작성하고 검사와 교도소장 또는 구치소장이나 그 대리자와 함께 기명날인 또는 서명(§468)
집행정지	사형선고를 받은 사람이 심신의 장애로 의사능력이 없는 상태이거나 임신 중에 있는 여자인 때 → 법무부장관의 명령으로 집행을 정지(§469①) → 심신장애의 회복 또는 출산 후에 법무부장관의 명령에 의하여 형 집행(동②)
자유형의 집행 집행방법	① 징역·금고·구류 ② **검사의 형집행지휘서에 의하여 집행**(§460) ③ 검사는 자유형의 집행을 위해서 **형집행장 발부 可**(§473) [법원 14] ④ 징역은 교정시설에 수용하여 집행하며 정해진 노역(勞役)에 복무하게 하고(형법 §67), 금고와 구류는 교정시설에 수용하여 집행(형법 §68)
미결구금 일수의 산입	① 미결구금일수 : 구금당한 날로부터 판결확정 전일까지 실제로 구금된 일수 ② 산입대상 : 유기징역·금고, 벌금·과료에 관한 유치, 구류 ③ 산입방법 ㉠ 법률에 의하여 당연히 **미결구금의 전부가 본형에 산입**(형법 §57) [경간 16] ㉡ 상소기각결정 시에 송달기간이나 즉시항고기간 중의 **미결구금일수** → **전부 본형 산입**(89도1711, §482②) [국7 15] ㉢ 법률에 의하여 당연히 산입되므로 **별도의 선고 不要** [국7 15]
집행정지	① 필요적 집행정지(§470①) : 징역·금고·구류의 선고를 받은 자가 심신장애로 의사능력이 없는 상태에 있는 때 → 형을 선고한 법원에 대응한 검찰청 검사 또는 형선고를 받은 자의 현재지를 관할하는 검찰청 검사의 지휘에 의하여 심신장애가 회복될 때까지 형집행정지 [경간 12]

<table>
<tr>
<td rowspan="2">자유형의
집행</td>
<td rowspan="2">집행정지</td>
<td>

② 임의적 집행정지(§471)

  ㉠ 사유 : 징역·금고·구류의 선고를 받은 자에 대하여

    ⓐ **형의 집행으로 인하여 현저히 건강을 해하거나 생명을 보전할 수 없을 염려가 있는 때**(이를 심의하기 위하여 **각 지방검찰청에 형집행정지심의위원회를 둠, §471의2①**) : '형의 집행으로 인하여 현저히 건강을 해할 염려가 있는 때' → **검사가 직권으로 판단** → ∴ 의사가 진단서 등으로 어떠한 의견을 제시하더라도 검사는 그 의견에 구애받지 아니함(검사의 책임하에 규범적으로 형집행정지 여부의 판단, 2014도15129)

    ⓑ 연령 **70세** 이상인 때 [경간 12]

    ⓒ 잉태 후 **6월** 이상인 때

    ⓓ 출산 후 **60일**을 경과하지 아니한 때 [교정특채 11]

    ⓔ 직계**존**속이 연령 **70세** 이상 또는 중병이나 장애인으로 보호할 다른 친족이 없는 때

    ⓕ 직계**비**속이 **유년**으로 보호할 다른 친족이 없는 때

    ⓖ **기**타 중대한 사유가 있는 때

    [정리] 염/7/6/6/존/비/기 → 정지할 수 있어

  ㉡ 절차

    ⓐ 형을 선고한 법원에 대응한 검찰청 검사 또는 형의 선고를 받은 자의 현재지를 관할하는 검찰청 검사의 지휘에 의하여 형의 집행정지 可 (§471①)

    ⓑ 소속 고등검찰청검사장 또는 지방검찰청검사장의 허가 要(동②)

</td>
</tr>
<tr></tr>
<tr>
<td>자격형의
집행</td>
<td colspan="2">자격상실 or 자격정지의 선고를 받은 자에 대하여는 이를 수형자원부에 기재하고 지체 없이 그 등본을 형의 선고를 받은 자의 등록기준지와 주거지의 시·구·읍·면장에게 송부(§476)</td>
</tr>
<tr>
<td rowspan="2">재산형의
집행</td>
<td>집행명령</td>
<td>

① 벌금·과료·몰수·추징·과태료·소송비용·비용배상 또는 가납재판은 **검사의 명령에 의하여 집행**(§477①)

② 검사의 집행명령은 집행력 있는 채무명의와 동일한 효력 有(동②)

③ 재산형의 집행에는 민사집행법의 집행에 관한 규정 준용(동③)

④ 재산형의 재판은 국세징수법에 따른 국세체납처분의 예에 따라 집행 可(동④)

⑤ 검사는 ①의 재판을 집행하기 위하여 필요한 조사 可(동⑤)

⑥ 벌금, 과료, 추징, 과태료, 소송비용 또는 비용배상의 분할납부, 납부연기 및 납부대행기관을 통한 납부 등 납부방법에 필요한 사항은 법무부령으로 정함(동⑥)

</td>
</tr>
<tr>
<td>집행방법</td>
<td>

① 집행의 대상

  ㉠ 원칙 : 재산형은 형선고를 받은 본인의 재산에 대하여만 집행 可

  ㉡ 예외

    ⓐ 상속재산에 대한 집행 : **몰수** 또는 **조세·전매 기타 공과에 관한 법령에 의하여 재판한 벌금 또는 추징**은 그 재판을 받은 자가 재판확정 후 사망한 경우에 그 상속재산에 대하여 집행 可(§478) [국9 13, 경간 16, 교정특채 11]

    → but 재판확정 전에 사망한 경우에는 상속재산에 대하여 집행 不可

</td>
</tr>
</table>

재산형의 집행	집행방법	ⓑ 법인에 대한 집행 : 법인에 대하여 벌금·과료·몰수·추징·소송비용 또는 비용배상을 명한 경우에는 **법인이 그 재판확정 후 합병에 의하여 소멸**한 때에는 합병 후 존속한 법인 또는 합병에 의하여 설립된 법인에 대하여 집행 可(§479) [법원 09] ② 노역장유치의 집행 　㉠ 의의 : 벌금 또는 과료를 완납하지 못한 자에 대한 노역장유치의 집행 　㉡ 형의 집행에 관한 규정 준용(§492) 　　ⓐ **형집행장 제시 및 사본 교부** : 사법경찰관리가 벌금형 받은 사람을 노역장유치집행을 위하여 구인하려면 → 검사로부터 발부받은 형집행장을 그 상대방에게 제시하고 사본을 교부하여야 함(§85①) 　　ⓑ 긴급집행 : 급속을 요하는 때에는 그 상대방에 대하여 **형집행 사유와 형집행장이 발부되었음을 고하고** 집행 可(동③ & 사본 교부, 동④) 　　　• 형집행장의 제시 없이 구인할 수 있는 '급속을 요하는 때' : 사법경찰관리가 적법하게 발부된 **형집행장을 소지할 여유가 없이 형집행의 상대방을 조우**한 경우 등(2012도2349) [국7 15/23, 경간 16]
	몰수와 압수물의 처분	① 몰수물의 처분·교부 　㉠ 범인 자신의 소유물은 물론 공범자의 소유물에 대하여도 몰수 可(2000도745) 　㉡ **몰수물은 검사가 처분 要**(§483) 　㉢ 몰수를 집행한 후 3월 이내에 그 몰수물에 대하여 정당한 권리 있는 자가 몰수물의 교부를 청구한 때에는 검사는 파괴 또는 폐기할 것이 아니면 이를 교부하여야 함(§484) ② 압수물의 처분 　㉠ 위조·변조한 물건을 환부하는 경우 : 그 물건의 전부 또는 일부에 **위조·변조인 것을 표시**(§485) 　㉡ 환부를 받을 자의 소재 불분명 or 기타 사유로 인하여 환부를 할 수 없는 경우 : 검사 → 그 사유 관보 공고 + 공고 후 **3월** 이내에 환부의 청구가 없는 때 → 국고귀속(§486)

▌ III ▌ 재판집행에 대한 의의와 재판집행에 대한 이의신청

재판해석에 대한 의의신청	의 의	① 형의 선고를 받은 자 : 집행에 관하여 재판의 해석에 대한 의의(疑義)가 있는 때에는 재판을 선고한 법원에 의의신청 可(§488) ② **판결주문**의 취지가 **불분명**하여 주문의 해석에 **의문**이 있는 경우에 한하여 제기 可 　∴ 판결이유의 모순, 불명확 또는 부당을 주장하는 의의신청은 不可
	절 차	① 신청권자 : 형의 선고를 받은 본인만으로 제한 ② 관할법원 : 재판을 선고한 법원(형을 선고한 법원) 　∴ 상소기각 → 원심법원이 관할법원 [경승 03, 경 05/2차] ③ 법원의 결정 : 의의신청 → 법원의 결정 → **즉시항고** 可(§491)

재판집행에 대한 이의신청	의 의	① 재판의 집행을 받은 자 or 그 법정대리인이나 배우자 : **집행에 관한 검사의 처분이 부당함**을 이유로 재판을 선고한 법원에 이의신청 제기 可(§489) [국9 13] ② 재판집행에 관한 검사의 처분이 아닌 경우 : 검사의 공소제기 또는 이를 바탕으로 한 재판 그 자체가 부당함을 이유로 하는 경우 → 신청 不可(86모32) [경간 16]
	허용 범위	① 재판의 확정 전에도 이의신청 可 [경승 03] ② But 집행 종료 후에는 실익이 없으므로 이의신청 不可 ③ 검사의 처분이 아닌 경우 : 피고인을 **교도소 소장**이 검사의 이송지휘도 없이 다른 교도소로 이송처분한 경우 → **신청 不可**(83초20)

02 형사보상과 무죄판결에 대한 비용보상

I 형사보상

의 의	① 국가의 형사사법의 과정에서 억울하게 구금되었거나 형의 집행을 받거나 재판을 받느라 비용을 지출한 사람에 대하여 국가가 그 손해를 보상하여 주는 제도 ② 현행법 ㉠ **헌법** : "형사피의자 또는 형사피고인으로서 구금되었던 자가 법률이 정하는 **불기소처분**을 받거나 **무죄판결**을 받은 때에는 법률이 정하는 바에 의하여 국가에 정당한 보상을 청구할 수 있다(헌법 §28)" ㉡ 형사보상 및 명예회복에 관한 법률(이하 형보) : 구금에 대한 보상의 방법과 절차 및 그 밖의 형의 집행에 대한 보상에 관하여 규정
성 질	① 형사보상의 본질 ㉠ 국가가 손해를 배상해야 할 법률적 의무라는 법률의무설(多) vs. 국가가 공평의 견지에서 전보해주는 조절보상이라는 공평설 [경승 06] 대립 ㉡ 형사보상은 공무원의 고의·과실을 요건으로 하지 않는 공법상 무과실손실보상책임 [경승 08] ② 다른 손해배상과의 경합 ㉠ 형사보상은 국가배상법 or 민법에 의한 손해배상과 경합 可 ㉡ 형사보상을 받을 자가 **다른 법률에 따라 손해배상을 청구함을 금지하지 아니함**(형보 §6①) [국9 21, 경승 11/08] ㉢ (But 이중배상은 공평에 어긋남) 피해자가 다른 법률에 의하여 손해배상을 받았을 경우 → 그 액수가 형사보상금 액수와 동일하거나 초과할 때에는 보상하지 아니하고, 적을 때에는 금액을 공제함(동②)

요 건	피고인 보상	적극적 요건	① 무죄판결의 확정 : 일반절차 또는 재심, 비상상고절차, 상소권회복에 의한 상소절차에서 **무죄의 재판(확정판결)을 받아야 함**(형보 §2) ② 면소·공소기각 등 : **면소나 공소기각의 재판을 받았더라도 면소나 공소기각의 사유가 없었더라면 무죄판결을 받을 만한 현저한 사유**가 있었을 경우(형보 §26①1.) ③ 미결구금 또는 형집행 등 : 무죄판결을 받은 자가 **구금 또는 형의 집행**을 받은 경우 　㉠ 무죄판결을 받을 당시 구금상태에 있을 것 不要 　㉡ 자유형의 집행정지자에 대한 구치(§470③)와 형집행장에 의한 구속(§473~§475)도 구금 또는 형의 집행으로 봄(형보 §2③)
		소극적 요건	피고인 형사보상청구기각요건 : 법원 재량으로 보상청구 전부·일부 기각(형보 §4) ① **형법 §9 및 §10①**의 사유에 의하여 무죄재판을 받은 경우(동1.) ② 본인이 **수사·심판을 그르칠 목적**으로 거짓자백을 하거나 또는 다른 유죄의 증거를 만듦으로써 기소·미결구금 또는 유죄재판을 받게 된 경우(동2.) 　㉠ 본인이 단순히 허위의 자백을 하거나 또는 다른 유죄의 증거를 만드는 것만으로는 부족하고 본인에게 '수사 또는 심판을 그르칠 목적'이 있어야 함 　㉡ 수사·심판을 그르칠 목적 : **자신이 범인으로 몰리고 있어서 형사처벌을 면하기 어려울 것이라는 생각과 거짓말탐지기 검사 등으로 인한 심리적인 압박 때문에 허위의 자백 → 기각요건 ×**(2008모577) [경승 11/14/17] ③ 1개의 재판으로써 **경합범의 일부에 대하여 무죄재판**을 받고 다른 부분에 대하여 유죄재판을 받았을 경우(동3.) 　㉠ **판결이유에서 무죄** 판단된 경우 → **미결구금 가운데 무죄 판단 부분의 수사와 심리에 필요하였다고 인정된 부분에 관하여는 보상청구 可**(2014모2521) [법원 20] if 인단위설, 산입 시 보상 × 　㉡ (형보 §4 3. 유추적용) 보상청구 전부·일부 기각 可(2014모2521)
	피의자 보상	적극적 요건	① 불기소처분·불송치결정 : 피의자로서 구금되었던 자가 검사로부터 **불기소처분**을 받거나 사법경찰관으로부터 **불송치결정**을 받은 경우(2021.3.16. 개정 형보 §27①) 　㉠ 구금된 이후 불기소처분·불송치결정의 사유가 있는 경우 × 　㉡ 불기소처분·불송치결정이 종국적인 것이 아닌 경우 × 　㉢ **기소유예처분** × [교정특채 11] ② 구금 : 불기소처분을 받은 자가 **구금**되었을 때에 한함
		소극적 요건	피의자보상의 전부 or 일부를 하지 아니할 수 있는 경우(형보 §27②) ① 본인이 수사·심판을 그르칠 목적으로 거짓 자백을 하거나 다른 유죄의 증거를 만듦으로써 구금된 것으로 인정되는 경우(동1.) ② 구금기간 중에 다른 사실에 대하여 수사가 이루어지고 그 사실에 관하여 범죄가 성립한 경우(동2.) ③ 보상을 하는 것이 선량한 풍속 기타 사회질서에 반한다고 인정할 특별한 사정이 있는 경우(동3.)

| 절차 | 피고인 보상 | 보상의 청구 | ① 청구권자 : 무죄의 재판을 받은 본인 or 그 상속인(형보 §2, §11) [여경 04/1차] ② 보상청구의 시기 : 무죄·면소·공소기각의 재판이 확정된 사실을 **안** 날로부터 **3년**, **확정**된 때로부터 **5년** 이내에 하여야 함(형보 §8, §26) [경간 15, 경승 14, 경 12/1차, 여경 04/1차] ③ 보상청구의 대상 : 무죄재판을 한 법원에 대하여 함(형보 §7) ④ 보상청구의 방식 ㉠ 보상청구서에 재판서의 등본과 그 재판의 확정증명서를 첨부하여 법원에 제출하여야 함(형보 §9①) ㉡ 청구인의 인적사항 및 청구의 원인사실과 청구액을 기재 必(동②) ㉢ 상속인이 보상을 청구할 때에는 위 서류 외에 상속인과 본인의 관계 및 동순위상속인 유무를 소명할 자료 제출(형보 §10) ㉣ 보상의 청구는 대리 可(형보 §13) |
| | | 심리 결정 | ① 보상청구사건의 심리 ㉠ 보상청구는 법원 **합의부**에서 재판(형보 §14①) [여경 04/1차] ㉡ 보상청구의 원인된 사실인 구금일수 또는 형집행의 내용에 관하여는 법원은 직권으로 이를 조사(형보 §15) ② 법원의 결정 ㉠ 청구각하의 결정 ⓐ 사유 : 보상청구의 절차가 법령상의 방식에 위반하여 보정할 수 없을 때, 청구인이 법원의 보정명령에 응하지 아니할 때, 청구기간 경과 후에 보상을 청구하였을 때(형보 §16) [경승 04] ⓑ 청구절차가 중단된 후 2월 이내에 절차를 승계하는 신청이 없을 때에도 → 각하결정(형보 §19④) ㉡ 보상결정과 청구기각결정 ⓐ 보상결정 : 보상청구가 이유 있을 때(형보 §17①) [경승 04] ⓑ 청구기각결정 : 보상청구가 이유 없을 때(동②) [경승 04] ⓒ 보상청구를 할 수 있는 동순위의 상속인이 여러 명인 경우 : 그 1명에 대한 결정은 같은 순위자 모두에게 그 효력이 미침(형보 §18) ⓓ 보상결정의 공시 • 법원은 보상결정이 확정되었을 때에는 **2주일 내**에 보상결정의 요지를 관보에 게재하여 공시 • 보상결정을 받은 자의 신청이 있을 때 → 결정요지를 신청인이 선택하는 두 종류 이상의 일간신문에 각각 한 번씩 공시 要 → 공시는 신청일부터 **30일 이내** 要(형보 §25) [법원 14] ㉢ 결정에 대한 불복(형보 §20) [경승 04/14, 경 12/1차] ⓐ 보상결정 : 1주일 이내에 **즉시항고** 可 ← 구법의 보상결정 불복 금지조항은 헌법이 보장하는 형사보상청구권 및 재판청구권의 본질적 내용을 침해하여 헌법에 위배됨(헌재 2008헌마514, 2010헌마220) ⓑ 보상청구기각결정 : **즉시항고** 可 |

절 차	피고인 보상	보상의 청구	① 보상청구권 : 보상결정의 확정에 의하여 발생 and 양도·압류 × (형보 §23) [경승 03/11/14] ② 보상청구서 제출 : 보상결정이 송달된 후 **2년** 이내에 보상을 결정한 법원에 대응한 검찰청에 보상청구서 제출 ③ 보상금을 받을 수 있는 자가 여러 명인 경우 : 그중 1명에 대한 보상금 지급은 그 모두에 대하여 효력 발생(형보 §22)
	피의자 보상	보상 청구	불기소처분·불송치결정의 고지·통지를 받은 날로부터 **3년** 이내에 보상청구서에 불기소처분·불송치결정을 받은 사실을 증명하는 서류를 첨부하여 제출(2021.3.16. 개정 형보 §28②③)
		심사 기관	① 피의자보상에 관한 사항을 심의·결정하기 위하여 지방검찰청에 피의자보상심의회를 둠(형보 §27③) ② 심의회는 법무부장관의 지휘·감독을 받음(동④) ③ 심의회의 결정에 대하여는 행정심판법에 따른 행정심판을 청구하거나 행정소송법에 따른 행정소송 제기 可(형보 §28④)
		보상 절차	피의자보상을 청구하려는 자는 → 불기소처분을 한 검사가 소속된 지방검찰청 또는 불송치결정을 한 사법경찰관이 소속된 경찰관서에 대응하는 → 지방검찰청의 심의회에 보상청구(2021.3.16. 개정 형보 §28①)
구금에 대한 보상			① 구금에 대한 보상에 있어서는 그 일수에 따라 1일당 보상청구의 원인이 발생한 연도의 최저임금법에 따른 일급 최저임금액 이상 대통령령으로 정하는 금액 이하의 비율에 의한 보상금 지급(형보 §5①) [경 12/1차] ② 미결구금, 형의 집행에 의한 구금, 노역장유치의 집행도 이에 준함(동⑤) [참고] 기타 형집행에 대한 보상은 기본서 참조

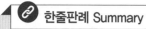
한줄판례 Summary

미결구금 일수의 전부 또는 일부가 선고된 형에 산입되는 것으로 확정되었다면 → 그 산입된 미결구금일수는 형사보상의 대상 ×(2017모1990)

Ⅱ 무죄판결에 대한 비용보상

조문정리

제1편 총칙

제16장 소송비용

제194조의2【무죄판결과 비용보상】 ① 국가는 무죄판결이 확정된 경우에는 당해 사건의 피고인이었던 자에 대하여 그 재판에 소요된 비용을 보상하여야 한다.

② 다음 각 호의 어느 하나에 해당하는 경우에는 제1항에 따른 비용의 전부 또는 일부를 보상하지 아니할 수 있다.
1. 피고인이었던 자가 수사 또는 재판을 그르칠 목적으로 거짓 자백을 하거나 다른 유죄의 증거를 만들어 기소된 것으로 인정된 경우
2. 1개의 재판으로써 경합범의 일부에 대하여 무죄

판결이 확정되고 다른 부분에 대하여 유죄판결이 확정된 경우

3. 형법 제9조 및 제10조제1항의 사유에 따른 무죄판결이 확정된 경우

4. 그 비용이 피고인이었던 자에게 책임지울 사유로 발생한 경우

제194조의3【비용보상의 절차 등】 ① 제194조의2 제1항에 따른 비용의 보상은 피고인이었던 자의 청구에 따라 무죄판결을 선고한 법원의 합의부에서 결정으로 한다.

② 제1항에 따른 청구는 무죄판결이 확정된 사실을 안 날부터 3년, 무죄판결이 확정된 때부터 5년 이내에 하여야 한다.

③ 제1항의 결정에 대하여는 즉시항고를 할 수 있다.

제194조의4【비용보상의 범위】 ① 제194조의2에 따른 비용보상의 범위는 피고인이었던 자 또는 그 변호인이었던 자가 공판준비 및 공판기일에 출석하는 데 소요된 여비·일당·숙박료와 변호인이었던 자에 대한 보수에 한한다. 이 경우 보상금액에 관하여는 형사소송비용 등에 관한 법률을 준용하되, 피고인이었던 자에 대하여는 증인에 관한 규정을, 변호인이었던 자에 대하여는 국선변호인에 관한 규정을 준용한다.

② 법원은 공판준비 또는 공판기일에 출석한 변호인이 2인 이상이었던 경우에는 사건의 성질, 심리 상황, 그 밖의 사정을 고려하여 변호인이었던 자의 여비·일당 및 숙박료를 대표변호인이나 그 밖의 일부 변호인의 비용만으로 한정할 수 있다.

제194조의5【준용규정】 비용보상청구, 비용보상절차, 비용보상과 다른 법률에 따른 손해배상과의 관계, 보상을 받을 권리의 양도·압류 또는 피고인이었던 자의 상속인에 대한 비용보상에 관하여 이 법에 규정한 것을 제외하고는 형사보상법에 따른 보상의 예에 따른다.

무죄판결과 비용보상	① 개념 : **무죄판결 확정** 시 국가 → 당해 사건의 **피고인이었던 자에 대하여 그 재판에 소요된 비용 보상**(형사비용보상, §194의2①) [법원 09]
	② 소극적 요건 : 다음의 어느 하나에 해당하는 경우에는 비용의 전부 or 일부를 보상하지 아니할 수 있음(동②)
	㉠ 피고인이었던 자가 **수사 또는 재판을 그르칠 목적**으로 거짓 자백을 하거나 다른 유죄의 증거를 만들어 기소된 것으로 인정된 경우 [법원 09]
	㉡ 1개의 재판으로써 **경합범의 일부**에 대하여 무죄판결이 확정되고 다른 부분에 대하여 유죄판결이 확정된 경우
	㉢ **형법 §9 및 §10①**의 사유에 따른 무죄판결이 확정된 경우
	㉣ 그 비용이 피고인이었던 자에게 책임지울 사유로 발생한 경우
	③ 비용보상 절차
	㉠ 관할 : 피고인이었던 자의 청구에 따라 무죄판결을 선고한 법원의 **합의부**에서 결정(§194의3) → ∴ 항소심에서 무죄판결을 선고하여 확정되었다면 항소심 법원에서 담당 [법원 09]
	㉡ 청구기간 : 무죄판결이 확정된 사실을 **안** 날부터 **3년**, 무죄판결이 **확정**된 때부터 **5년** 이내(§194의3②) [법원 09, 경 13/1차]
	㉢ 법원의 결정에 대한 불복 : **즉시항고** 미(동③) [법원 09]

무죄재판과 재판서 게재	① 재판서 게재청구 : 피고인은 **무죄**재판이 확정된 때부터 **3년** 이내에 확정된 무죄재판사건의 재판서를 **법무부 인터넷 홈페이지에 게재**하도록 해당 사건을 기소한 검사가 소속된 **지방검찰청**(지방검찰청 지청을 포함)에 **청구 可**(형보 §30)
	② 게재조치
	㉠ 청구가 있을 때에는 그 청구를 받은 날부터 1개월 이내에 무죄재판서를 법무부 인터넷 홈페이지에 게재
	㉡ But 청구를 받은 때에 무죄재판사건의 확정재판기록이 해당 지방검찰청에 송부되지 아니한 경우에는 무죄재판사건의 확정재판기록이 해당 지방검찰청에 송부된 날부터 1개월 이내에 게재(형보 §32①)
	㉢ 다음의 어느 하나에 해당할 때에는 무죄재판서의 일부를 삭제하여 게재 可(동②)
	ⓐ 청구인이 무죄재판서 중 일부 내용의 삭제를 원하는 의사를 명시적으로 밝힌 경우
	ⓑ 무죄재판서의 공개로 인하여 사건 관계인의 명예나 사생활의 비밀 또는 생명·신체의 안전이나 생활의 평온을 현저히 해칠 우려가 있는 경우
	㉣ 무죄재판서의 게재기간 : **1년**
	㉤ 법무부 인터넷 홈페이지에 게재한 경우 : 지체 없이 그 사실을 청구인에게 서면으로 통지 要

CHAPTER 04 특별절차

01 약식절차

✓ 조문정리

제4편 특별소송절차

제3장 약식절차

제448조【약식명령을 할 수 있는 사건】 ① 지방법원은 그 관할에 속한 사건에 대하여 검사의 청구가 있는 때에는 공판절차 없이 약식명령으로 피고인을 벌금, 과료 또는 몰수에 처할 수 있다.
② 전항의 경우에는 추징 기타 부수의 처분을 할 수 있다.

제449조【약식명령의 청구】 약식명령의 청구는 공소의 제기와 동시에 서면으로 하여야 한다.

제450조【보통의 심판】 약식명령의 청구가 있는 경우에 그 사건이 약식명령으로 할 수 없거나 약식명령으로 하는 것이 적당하지 아니하다고 인정한 때에는 공판절차에 의하여 심판하여야 한다.

제451조【약식명령의 방식】 약식명령에는 범죄사실, 적용법령, 주형, 부수처분과 약식명령의 고지를 받은 날로부터 7일 이내에 정식재판의 청구를 할 수 있음을 명시하여야 한다.

제452조【약식명령의 고지】 약식명령의 고지는 검사와 피고인에 대한 재판서의 송달에 의하여 한다.

제453조【정식재판의 청구】 ① 검사 또는 피고인은 약식명령의 고지를 받은 날로부터 7일 이내에 정식재판의 청구를 할 수 있다. 단, 피고인은 정식재판의 청구를 포기할 수 없다.
② 정식재판의 청구는 약식명령을 한 법원에 서면으로 제출하여야 한다.
③ 정식재판의 청구가 있는 때에는 법원은 지체 없이 검사 또는 피고인에게 그 사유를 통지하여야 한다.

제454조【정식재판청구의 취하】 정식재판의 청구는 제1심판결선고 전까지 취하할 수 있다.

제455조【기각의 결정】 ① 정식재판의 청구가 법령상의 방식에 위반하거나 청구권의 소멸 후인 것이 명백한 때에는 결정으로 기각하여야 한다.
② 전항의 결정에 대하여는 즉시항고를 할 수 있다.
③ 정식재판의 청구가 적법한 때에는 공판절차에 의하여 심판하여야 한다.

제456조【약식명령의 실효】 약식명령은 정식재판의 청구에 의한 판결이 있는 때에는 그 효력을 잃는다.

제457조【약식명령의 효력】 약식명령은 정식재판의 청구기간이 경과하거나 그 청구의 취하 또는 청구기각의 결정이 확정한 때에는 확정판결과 동일한 효력이 있다.

제457조의2【형종 상향의 금지 등】 ① 피고인이 정식재판을 청구한 사건에 대하여는 약식명령의 형보다 중한 종류의 형을 선고하지 못한다.
② 피고인이 정식재판을 청구한 사건에 대하여 약식명령의 형보다 중한 형을 선고하는 경우에는 판결서에 양형의 이유를 적어야 한다.
[전문개정 2017.12.19.]

제458조【준용규정】 ① 제340조 내지 제342조, 제345조 내지 제352조, 제354조의 규정은 정식재판의 청구 또는 그 취하에 준용한다.
② 제365조의 규정은 정식재판절차의 공판기일에 정식재판을 청구한 피고인이 출석하지 아니한 경우에 이를 준용한다.

Ⅰ 의 의

의 의	개 념	공판절차를 거치지 아니하고 서면심리만으로 피고인에게 벌금·과료를 과하는 간이한 형사절차 [참고] 약식절차에 따라 정형적으로 처리되고 있는 음주, 무면허운전 등 도로교통 위반사건에 대하여 피의자가 동의하는 경우에 전자문서에 의한 약식절차를 2010년부터 도입하여 시행 중(약식절차에서의 전자문서 이용 등에 관한 법률 §3①)
	구별개념	① 간이공판절차 : 약식절차는 서면심리 원칙 ≠ 공판절차인 간이공판절차 ② 즉결심판절차 : 약식절차는 검사의 청구 ≠ 경찰서장의 청구에 의하는 즉결심판절차
취 지		① 경미한 사건을 신속히 처리(소송경제) ② 공개재판에 따른 피고인의 사회적·심리적 부담을 덜어줌(피고인 보호)

약식절차 개관

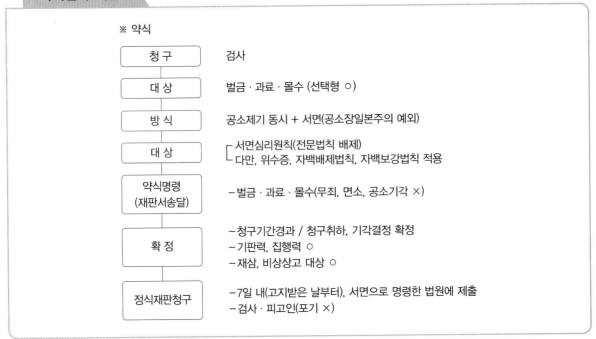

※ 약식

청 구 ── 검사

대 상 ── 벌금·과료·몰수 (선택형 ○)

방 식 ── 공소제기 동시 + 서면(공소장일본주의 예외)

대 상 ── ┌ 서면심리원칙(전문법칙 배제)
└ 다만, 위수증, 자백배제법칙, 자백보강법칙 적용

약식명령
(재판서송달) ── − 벌금·과료·몰수(무죄, 면소, 공소기각 ×)

확 정 ── − 청구기간경과 / 청구취하, 기각결정 확정
− 기판력, 집행력 ○
− 재심, 비상상고 대상 ○

정식재판청구 ── − 7일 내(고지받은 날부터), 서면으로 명령한 법원에 제출
− 검사·피고인(포기 ×)

Ⅱ 약식명령의 청구

청구권자	<u>검사</u>
청구대상	① **지방법원의 관할**에 속하는 **벌금·과료·몰수**에 처할 수 있는 사건(§448①) [행시 03/04, 법원 05/08/16, 경승 10/12, 경 12/2차] ② 지방법원의 관할 : **단독판사 or 합의부의 관할 不問** ③ 벌금·과료·몰수 : 법정형에 **선택적**으로 규정되어 있으면 족함 [법원 06, 경 10/2차]

| 청구방식 | ① 공소제기와의 관계
　㉠ 공소장에 부기 : 약식명령의 청구는 검사가 **공소제기와 동시에 서면으로 함**(§449)
　　[법원 13, 경간 12, 경 08/3차]
　㉡ 공소취소 : 공소가 취소되면 → 약식명령의 청구도 효력 상실
　㉢ 약식명령청구의 취소 : 명문규정 無 → but 공판절차에의 이행 여부는 법관이 결정하는 것이 바람직하므로 허용 ×
② 증거물·증거서류의 제출
　㉠ 검사는 약식명령의 청구와 동시에 약식명령을 하는 데 필요한 **증거서류 및 증거물을 법원에 제출**(규칙 §170) → ∴ 약식명령의 청구에는 **공소장일본주의 적용** × [행시 04, 경간 12, 경 08/3차, 경 10/1차]
　㉡ 약식명령의 청구에는 공소장부본 첨부 不要 : 서면심리에 의하는 약식절차에서는 공소장부본을 피고인에게 송달하지 않기 때문 |

■ III 약식절차의 심판

| 법원의 심리 | ① **서면심리** 원칙 [경 04/1차]
　∴ **공소장일본주의, 구두변론주의, 직접심리주의, 공소장변경 등은 적용** × [경 10/1차]
② 사실조사
　㉠ 허용 : 약식명령도 형을 선고하는 특별한 형식의 재판이므로 법원이 **필요한 때에는 사실조사 可** [경 04/1차]
　㉡ 한계 : 증인신문·검증 등의 통상의 증거조사나 압수·수색 등의 강제처분은 不可 → 간단한 절차로 확인할 수 있는 조사만 허용 예 검증조서에 기재된 오류를 간단한 검증에 의하여 보정하는 경우, 피해변상의 확인을 위해 피해자를 신문하는 경우
③ 약식절차와 증거법칙
　㉠ 전문법칙 : 약식절차는 서면심리를 원칙으로 하므로 **전문법칙은 적용** × [행시 02, 경 10/1차, 해경 15/3차]
　㉡ **자백배제법칙 및 자백의 보강법칙, 위법수집증거배제법칙** : 약식절차에도 **적용** ○
　　[행시 02, 경간 12, 해경 15/3차, 경승 10, 경 05/2차, 경 10/1차] |
| 공판절차에의
이행 | ① 이행의 사유 : "그 사건이 **약식명령으로 할 수 없거나 약식명령으로 하는 것이 적당하지 아니하다고 인정한 때**" → **공판절차에 의하여 심판**(§450)
　㉠ 약식명령으로 할 수 없는 경우
　　ⓐ 법정형에 벌금·과료가 규정되어 있지 않거나 병과형으로 규정되어 있는 경우
　　ⓑ 소송조건이 결여되어 면소·공소기각·관할위반의 재판을 하여야 할 경우
　　ⓒ 형면제·**무죄판결**을 하여야 할 경우 등 [행시 04]
　㉡ 약식명령으로 하는 것이 적당하지 아니한 경우 : 사건의 성질에 비추어 공판절차에 의한 신중한 심리가 타당하다고 인정한 경우, 벌금·과료·몰수 이외의 형을 선고하는 것이 적당하다고 인정한 경우 등
② 이행 후의 절차
　㉠ 공소장부본의 송달(규칙 §172)
　㉡ 공소장일본주의에 비추어 검사가 제출한 증거서류나 증거물을 검사에게 반환하는 절차
　㉢ 약식명령청구를 심사한 법관은 전심절차에 관여한 것이 아니므로 **제척사유** × |

약식명령	방식	① 약식명령은 청구일 ~ **14일** 이내 하여야 하며(훈시규정, 소촉 §22, 형사소송규칙 §171), 약식명령에는 범죄**사실**·적용**법령**·주형·부수처분과 약식명령의 고지를 받은 날로부터 7일 이내에 정식재판의 청구를 할 수 있음을 명시 要(§451) but **증거요지를 기재할 필요는** × [행시 04, 법원 09/13, 경승 11] ② 범죄사실 : §323의 범죄될 사실을 의미 → ∴ 단순히 고발장에 기재된 범죄사실을 인용한 것은 범죄사실 기재 ×(4288형상212) ③ 약식명령에 의하여 과할 수 있는 형 : **벌금·과료·몰수에 한함** ∴ **무죄·면소·공소기각·관할위반의 재판**은 약식명령에 의하여 **不可** [법원 16, 경승 10] ④ 부수처분 : 압수물의 환부, 추징, 가납명령 포함. 벌금형의 선고유예도 허용 [행시 03, 경 05/2차] ⑤ 약식명령의 고지 　㉠ **검사와 피고인에 대한 재판서의 송달**에 의함(§452) [법원 10, 경승 12] 　㉡ 변호인 : **반드시 변호인에게 약식명령 등본을 송달해야 하는 것은 아님** → 정식재판청구기간은 피고인에 대한 약식명령 고지일을 기준 기산(2016모2711) [경 18/1차, 경 20/1차, 국7 18]
	효력	① **정식재판의 청구기간이 경과**하거나 그 **청구의 취하** 또는 **청구기각의 결정이 확정**된 때 → **확정판결과 동일한 효력**(§457) [법원 14, 경 12/2차] ② 유죄의 확정판결과 동일한 효력 　㉠ **기판력과 집행력** 발생 [법원 14/15] 　　ⓐ 약식명령에 대한 기판력의 시간적 범위는 **약식명령의 발령 시를** 기준으로 함 　　ⓑ 포괄일죄의 일부에 대하여 약식명령이 확정된 때 → 그 명령의 발령 시까지 행하여진 행위에 대하여는 기판력이 미침 → 그 행위에 대하여 공소의 제기가 있으면 면소판결 　㉡ **재심과 비상상고**의 대상 ○

■ IV 정식재판의 청구

의의	① 약식명령에 대하여 불복이 있는 자가 법원에 대하여 통상의 절차에 의한 심판을 구하는 소송행위 ② 구별 : 정식재판의 청구는 동일심급의 법원에 대하여 원재판의 시정을 구하는 것 ≠ 원심판결에 대해 상급법원에 재판의 시정을 구하는 제도인 상소 [경승 02]
절차	① 청구권자 　㉠ **검사와 피고인** : 정식재판청구 可 　　ⓐ 검사 : 정식재판청구 포기 可 　　ⓑ **피고인 : 정식재판청구 포기 不可**(§453①) [법원 09/11, 교정특채 11, 경승 10/11, 경 05/2차, 경 09/1차, 경 10/2차, 경 12/1차]

절 차	ⓛ 대리권자 : 법배직형원대변 　　ⓐ 피고인의 **법정대리인** : 피고인의 **명시한 의사** 반하여도 可 　　ⓑ 피고인의 **배우자**, **직계친족**, **형제자매**, **대리인** 또는 **변호인** : 피고인의 **명시한 의사** 　　에 **반하지 않는 한** 독립하여 정식재판청구 可(§340, §341, §458) ② 청구의 방식 　㉠ 정식재판의 청구는 약식명령의 고지를 받은 날로부터 **7일** 이내에 약식명령을 한 법 　　원에 서면으로 함 → 이 경우 법원은 지체 없이 검사 또는 피고인에게 그 사유를 　　통지(§453) [법원 10/11/13, 교정특채 10/11, 경 05/2차, 경 09/1차] 　㉡ **상소권회복**에 관한 규정(§345 ~ §348)은 정식재판청구에 준용(§458) : 7일의 기간 내 　　에 정식재판을 청구하지 못한 때 → 정식재판의 청구와 동시에 정식재판청구권의 　　회복청구 可 → 정식재판회복청구가 있으면 그 결정이 있을 때까지 재판을 정지하는 　　결정 可 [경간 15] 　㉢ 정식재판의 청구가 있는 경우 → 공소장부본 송달 不要(∵ 피고인에게는 공소장부본과 　　같은 내용의 약식명령서가 이미 송달되었기 때문) ③ 청구의 취하 　㉠ 정식재판의 청구는 **제1심판결선고 전까지 취하 可**(§454) [법원 10/13/15/16, 교정특채 　　10/11, 경승 11, 경 05/2차, 경 12/2차] 　　ⓐ 법정대리인이 있는 피고인은 **법정대리인의 동의**를 얻어 취하 可 　　ⓑ 피고인의 법정대리인 또는 피고인을 위하여 정식재판청구를 할 수 있는 자는 **피고인** 　　**의 동의**를 얻어 취하 可(§458①, §350, §351) [법원 14] 　㉡ 정식재판을 취하한 자 → **다시 정식재판 청구 不可**(§458, §354) [법원 11, 경승 10]
정식재판 청구에 대한 재판	① 기각결정 : **정식재판청구가 법령**상 방식위반·**청구권**소멸 후인 것이 명백 → **결정으로** **기각** [경승 12, 경 12/2차] → **즉시항고 可**(§455①②) [경승 10/12] ② 공판절차에 의한 심판 　㉠ 심판의 대상 　　ⓐ 정식재판의 청구가 적법한 때에는 공판절차에 의하여 심판(동③) 　　ⓑ **정식재판청구권회복결정이 부당하더라도 그 결정이 확정**되었다면 → **법원**으로서는 　　**정식재판청구권회복청구가 적법한 기간 내에 제기되었는지 여부나 그 회복사유의 존** 　　**부 등에 대하여는 살펴 볼 필요 없이** → 통상의 공판절차를 진행하여 **본안에 관하여** 　　**심판**(2004모351) [법원 14] 　　ⓒ 통상의 공판절차에 관한 규정 적용 [경승 05] 　　ⓓ 이때 심판의 대상은 공소사실이지 약식명령의 당부가 아님 → ∴ 법원은 약식명 　　령에 구속됨이 없이 자유롭게 판단 可 [경승 05] 　㉡ 피고인의 불출석 : 정식재판절차의 공판기일에 정식재판을 청구한 피고인이 **불출석** 　　한 경우 → **다시 기일**을 열어야 하고, 피고인이 정당한 사유 없이 **다시 정한 기일**에 　　**불출석**하면 피고인의 진술 없이 판결 可(§458②, §365) [교정특채 10, 경 09/1차] 　㉢ 변호인의 지위 : 약식절차에서의 변호인은 당연히 정식재판절차에서도 변호인의 지 　　위를 가짐 　㉣ **형종상향금지** 　　ⓐ 피고인이 정식재판을 청구한 사건에 대하여는 **약식명령의 형보다 중한 종류의 형** 　　**선고 不可**(2017.12. 개정 §457의2①) [행시 02/03, 법원 06/11/14, 국9 14, 경 05/2차, 　　경 14/2차]

정식재판 청구에 대한 재판		• 형종상향금지원칙은 피고인이 정식재판을 청구한 사건과 다른 사건이 **병합**·심리된 후 경합범으로 처단되는 경우에도 → **정식재판을 청구한 사건에 대하여 그대로 적용**(2020도355) • 피고인이 절도죄 등으로 **벌금 300만 원의 약식명령을 발령**받은 후 정식재판 청구 → 다른 사건들과 **병합**한 후 각 죄에 대해 **모두 징역형을 선택**한 다음 경합범으로 처단하여 **징역 1년 2월**을 선고 → **형종상향금지원칙 위반**(2019도15700) ⓑ 피고인이 정식재판을 청구한 사건에 대하여 **약식명령의 형보다 중한 형을 선고하는 경우**에는 판결서에 **양형의 이유를 적어야 함**(동②) ⓒ 제척사유 : 약식명령을 한 판사 → 제1심의 정식재판에 **제척사유 ×**(2002도944) ③ 약식명령의 실효 ㉠ **약식명령은 정식재판의 청구에 의한 판결이 있는 때에는 그 효력 상실**(§456) → 판결이 있는 때란 판결이 **확정**된 때 의미 [법원 09/10/11, 경 03/2차] ㉡ 정식재판청구가 부적법할지라도 일단 판결확정(공소기각결정 포함) → 약식명령 실효 *cf.* 정식재판청구기간의 경과로 인하여 약식명령이 확정된 후 → 그 후 정식재판에 의한 판결이 있어도 약식명령의 효력에 영향 無

02 즉결심판절차

I 의의와 성질

의 의	개 념	판사가 경찰서장의 청구에 의하여 20만원 이하의 벌금·구류·과료에 처할 경미한 범죄사건에 관하여 공판절차에 의하지 아니하는 간이한 재판절차
	약식 절차와의 구별	① 공통점 : 경미사건의 신속한 처리를 목적 [경승 01] / 확정판결과 동일한 효력(기판력, 집행력 등) 인정 [경승 01] / 법관이 정식재판에 회부 可 / 정식재판청구권 보장 [경승 02] / 정식재판청구에 의한 확정판결이 있는 경우 실효 [경승 05] / 제1심 판결선고 전까지 정식재판청구 취하 可 [경승 04] / 불이익변경금지원칙 적용 ② 차이점 <table><tr><td></td><td>약식절차</td><td>즉결심판절차</td></tr><tr><td>청구권자</td><td>검사</td><td>**경찰서장**</td></tr><tr><td>심 리</td><td>서면심리</td><td>**공개법정**에서 판사가 **피고인 신문**</td></tr><tr><td>형의 범위</td><td>벌금, 과료, 몰수</td><td>**벌금, 과료, 구류**</td></tr><tr><td>청구권 포기</td><td>피고인은 포기 不可</td><td>**포기 可**</td></tr><tr><td>관할법원</td><td>지방법원 합의부 또는 단독판사</td><td>지방법원 또는 시군법원 판사</td></tr><tr><td>근거규정</td><td>형사소송법 §448 이하</td><td>즉심법</td></tr><tr><td>무죄·면소· 공소기각</td><td>不可</td><td>可</td></tr></table>

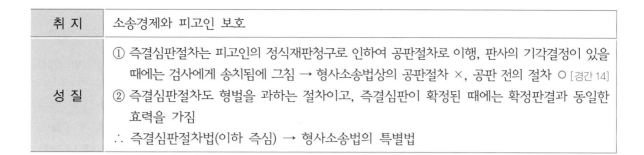

취 지	소송경제와 피고인 보호
성 질	① 즉결심판절차는 피고인의 정식재판청구로 인하여 공판절차로 이행, 판사의 기각결정이 있을 때에는 검사에게 송치됨에 그침 → 형사소송법상의 공판절차 ×, 공판 전의 절차 ○ [경간 14] ② 즉결심판절차도 형벌을 과하는 절차이고, 즉결심판이 확정된 때에는 확정판결과 동일한 효력을 가짐 ∴ 즉결심판절차법(이하 즉심) → 형사소송법의 특별법

즉결심판절차 개관

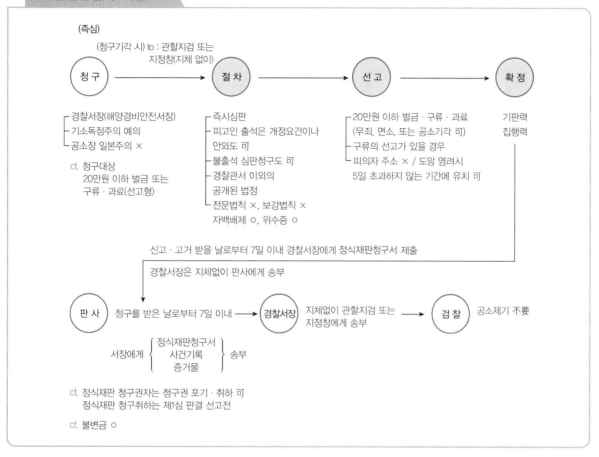

(즉심)

(청구기각 시) to : 관할지검 또는 지정청(지체 없이)

청 구 → 절 차 → 선 고 → 확 정

- 경찰서장(해양경비안전서장)
- 기소독점주의 예외
- 공소장 일본주의 ×

cf. 청구대상
20만원 이하 벌금 또는 구류·과료(선고형)

- 즉시심판
- 피고인 출석은 개정요건이나 안와도 可
- 불출석 심판청구도 可
- 경찰관서 이외의 공개된 법정
- 전문법칙 ×, 보강법칙 × 자백배제 ○, 위수증 ○

- 20만원 이하 벌금·구류·과료 (무죄, 면소, 또는 공소기각 可)
- 구류의 선고가 있을 경우
- 피의자 주소 × / 도망 염려시 5일 초과하지 않는 기간에 유치 可

기판력 집행력

신고·고거 받은 날로부터 7일 이내 경찰서장에게 정식재판청구서 제출

경찰서장은 지체없이 판사에게 송부

판 사 → 청구를 받은 날로부터 7일 이내 → 경찰서장 → 지체없이 관할지검 또는 지정청에게 송부 → 검 찰 공소제기 不要

서장에게 { 정식재판청구서 / 사건기록 / 증거물 } 송부

cf. 정식재판 청구권자는 청구권 포기·취하 可
정식재판 청구취하는 제1심 판결 선고전

cf. 불변금 ○

Ⅱ 즉결심판의 청구

청구권자	① 청구권자 : 관할 **경찰서장**(즉심 §3) [국9 14, 경간 14, 경승 09/11, 경 04/3차, 경 15/2차] ② 경찰서장의 즉결심판청구 : **검사의 기소독점주의에 대한 예외** → 공소제기와 동일한 효력 ∴ 검사의 별도의 공소제기 不要
관할법원	지방법원 or 그 지원 및 시·군법원 판사의 관할(즉심 §3의2, 법조 §33)
대 상	① **20만원 이하의 벌금 또는 구류, 과료**에 처할 사건(즉심 §2) [경간 14, 경승 09, 경 06/2차, 경 14/2차, 경 15/2차, 경 15/3차] ② 법정형이 아니라 **선고형 기준** [경간 13/14, 경 15/3차] ③ 원칙적으로 재산형의 부과만이 가능한 약식절차와 달리, 즉결심판에서는 30일 미만 **구류형의 선고 可** [경간 14, 해경 15/3차]

청구방식		① 즉결심판청구서 　㉠ 즉결심판 청구 시 **즉결심판청구서** 제출 要 　㉡ 즉결심판청구서에는 피고인의 성명 기타 피고인을 특정할 수 있는 사항, 죄명, 범죄사실과 적용법조 기재 要(즉심 §3②) [경승 12] 　㉢ 즉결심판청구서에는 **즉결심판에 의해 선고할 형량 기재 不要** [경간 13] ≠ 약식명령청구 ② 서류·증거물의 제출 : 경찰서장은 즉결심판의 청구와 동시에 즉결심판을 함에 필요한 **서류 또는 증거물을 판사에게 제출**(즉심 §4) [경승 09, 경 14/2차] → **공소장일본주의 배제**
즉결심판 청구사건의 심판	**즉결심판 청구사건의 심리**	① 청구기각결정과 경찰서장의 송치 　㉠ 사건이 즉결심판을 할 수 없거나 즉결심판절차에 의하여 심판함이 적당하지 아니하다고 인정할 때 : 판사는 결정으로 즉결심판청구 기각(즉심5①) [경승 10, 경 15/2차] 　㉡ 즉결심판청구 기각결정이 있는 때 : **경찰서장은 지체 없이 사건을 관할 지방검찰청 또는 지청의 장에게 송치**(동②) [경승 14/15, 경 02/06/15] 　㉢ 사건 송치받은 검사 : 당해 사건에 대해 **공소제기 여부 독자적 결정** 　　→ 검사는 공소를 제기할 때에는 반드시 공소장 제출 要 　　ⓐ **검사에 의한 공소장의 제출이 없는 이상 기록을 법원에 송부한 사실만으로는 공소제기 성립 ×**(2003도2735) [경 05/1차, 경 15/2차] 　　ⓑ 검사는 판사의 기각결정에 의하여 경찰서장이 송치한 사건에 대해 불기소처분 可
	심리상의 특칙	① 기일의 심리 　㉠ 즉결심판의 청구가 적법·상당할 때 : 판사는 즉시 심판을 하여야 함(즉심 §6) → 공소장부본 송달, 제1회 공판기일 유예기간 등과 같이 통상의 공판절차에서 요구되는 준비절차들은 생략 　㉡ 개정 : 즉결심판절차에 의한 심리와 재판의 선고는 **공개된 법정**에서 행하되 그 법정은 **경찰관서 외의 장소**에 설치(즉심 §7①) [경간 16, 경승 11/16, 경 05/3차, 경 13/2차] 　㉢ 결석재판 　　ⓐ 피고인의 출석 : 개정요건 [경승 13] 　　ⓑ 검사와 경찰서장, 변호인의 출석 : 개정요건 × [경 11/2차] 　　ⓒ **불출석심판 : 벌금·과료**를 선고하는 경우 → **피고인이 출석하지 아니하더라도 심판 可**(즉심 §8의2①) [행시 04, 국9 13, 경승 11/13, 경 06/2차, 경 11/2차, 경 13/2차, 경 15/3차] 　　ⓓ 피고인 또는 즉결심판출석통지서를 받은 자는 법원에 불출석심판 청구 可 → 법원이 이를 허가한 때에는 피고인이 출석하지 아니하더라도 심판 可(동②) [국9 13] 　㉣ 심리방법 　　ⓐ 판사는 피고인에게 피고사건의 내용과 **진술거부권이 있음을 알리고** 변명할 기회를 주어야 함(즉심 §9①) [국9 16] 　　ⓑ 판사는 필요하다고 인정할 때에는 적당한 방법에 의하여 **재정하는 증거에 한하여 조사 可**(동②) [경간 16]

즉결심판 청구사건의 심판	심리상의 특칙	ⓒ 변호인은 기일에 출석하여 증거조사에 참여하고 의견진술 可(동③) ⓓ **불개정심판** : 판사는 **구류**에 처하는 경우를 **제외**하고는 → 상당 한 이유가 있는 경우 **개정 없이** 피고인의 진술서와 서류·증거물 에 의하여 **심판** 可(즉심 §7③) [경승 14, 경 04/1차, 경 15/2차] ② 증거에 관한 특칙 ㉠ **적용 ×** : **자백보강법칙**(§310), **사경작성 피의자신문조서의 증거능력** (§312③), **진술서의 증거능력**(§313)의 규정(즉심 §10) [국9 16, 경승 11/14/16, 경 04/3차, 경 05/2차, 경 06] ⓐ **보강증거가 없을지라도 피고인의 자백만으로 유죄판결 선고 可** ⓑ **피고인이 내용을 부인하는 사경작성 피의자신문조서도 증거능력** **○** [행시 04, 경승 11, 경간 16, 경 10/2차] ⓒ **피고인 또는 피고인 아닌 자가 작성한 진술서는 성립의 진정이 인** **정되지 않아도 증거 ○** ㉡ **적용 ○ : 자백배제법칙, 위법수집증거배제법칙** [경승 10/11/16, 경 05/3차]
	형사소송법의 준용	① 즉결심판절차에 있어서 즉심법에 특별한 규정이 없는 한 그 성질에 반하 지 아니한 것은 형사소송법의 규정 준용(즉심 §19) ② **준용 ○** : 국가소추주의 [경 09/2차], 제척·기피 [경 08/2차], 구두변론주의 [경 09/2차], **자백배제법칙** [경 09/2차, 경 11/2차], **위법수집증거배제법칙** [경 09/2차, 경 11/2차], 자유심증주의 [경 09/2차] ③ **준용 ×** : **기소독점주의** [경 09/2차], 필요적 변호, 국선변호, 검사의 모두 진술, 공소장부본 송달, 공판기일유예기간, 증거조사와 증거결정방법, **공소장일본주의** [경 09/2차], **자백보강법칙** [경 09/2차], **배상명령**[법원 13, 경 승 07]
즉결심판의 선고와 효력	즉결심판의 선고	① 선고의 방식 ㉠ 즉결심판으로 유죄를 선고할 때에는 형·범죄사실과 적용 법조 명 시 & 피고인은 7일 이내에 정식재판을 청구할 수 있다는 것 고지 要 (즉심 §11①) ㉡ 유죄의 즉결심판서 : 피고인의 성명 기타 피고인을 특정할 수 있는 사 항, 주문, 범죄사실과 적용법조를 명시하고 판사가 **서명날인**(즉심 §12) [해간 12, 경 11/1차, 경 15/3차] ㉢ 개정 없이 심판한 경우 : 법원사무관 등은 **7일** 이내에 정식재판을 청구할 수 있음을 부기한 즉결심판서의 등본을 피고인에게 **송달**하여 고지(즉심 §11④) ② 선고할 수 있는 형 ㉠ **20만원 이하의 벌금·구류·과료**에 한함(즉심 §2, 법조 §34①3.) ㉡ 판사는 사건이 **무죄·면소 또는 공소기각**을 함이 명백하다고 인정할 때에는 이를 선고·고지 可(즉심 §11⑤) [경간 16, 해경 15/3차, 경승 11, 경 04/3차, 경 10/2차, 경 14/2차]

		③ 유치명령과 가납명령
즉결심판의 선고와 효력	즉결심판의 선고	⊙ **유치명령** ⓐ 의의 : 판사는 **구류**의 선고를 받은 피고인이 일정한 주소가 없거나 or 도망할 염려가 있을 때에는 **5일을 초과하지 아니하는 기간 경찰서유치장에 유치할 것을 명령 可** ⓑ **형확정 전에도 유치명령 可** [행시 02/04, 경승 09, 경 05/2차, 경 07/1차, 경 15/3차] → but 이 기간은 **선고기간 초과 不可**(즉심 §17①) ⓒ 집행된 유치기간은 본형의 집행에 산입(동②) ⓓ 판사의 유치명령이 있는 구류의 선고를 받은 자는 **정식재판을 청구하더라도 석방 ×** [경승 11, 경 15/3차] ⓛ 가납명령 : 벌금 or 과료를 선고하는 경우 → 가납명령 可(즉심 §17③) ⓒ 유치명령과 가납명령은 선고와 동시에 집행력 발생
	즉결심판의 효력	① 즉결심판 확정의 효력 ⊙ 즉결심판은 정식재판의 청구기간의 경과, 정식재판청구권의 포기 또는 그 청구의 취하에 의하여 **확정판결과 동일한 효력**(기판력·집행력) 발생 [법원 17, 경간 13, 경승 09/13/16, 경 05/3차, 경 15/2차] ⓛ **정식재판청구를 기각하는 재판이 확정**된 때에도 **同**(즉심 §16) [경 11/2차] ② 즉결심판의 판결이 확정된 때 → 즉결심판서 및 관계서류와 증거는 **관할 경찰서 또는 지방해양경찰관서가 보존**(즉심 §13) [경승 12, 경 11/1차]
	형의 집행	① 형의 집행 : **경찰서장**이 하고 그 **집행결과를 지체 없이 검사에게 보고**(즉심 §18①) [해경 12] ② 구류 ⊙ 경찰서유치장·구치소 또는 교도소에서 집행(동②前) ⓛ 구치소·교도소에서 집행할 때에는 검사가 이를 지휘(동②後) ⓒ 벌금·과료·몰수는 그 집행을 종료하면 지체 없이 검사에게 인계 [여경 03/1차] ⓐ 즉결심판 확정 후 상당기간 내에 집행할 수 없을 때에는 검사에게 통지 → 통지받은 검사는 형사소송법 §477에 의하여 집행 可(동③) ③ 집행정지 : 형의 집행정지는 사전에 검사의 허가 要(동④)

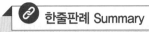 **한줄판례 Summary**

경찰서장이 범칙행위에 대하여 통고처분 → **통고처분에서 정한 범칙금 납부기간까지 원칙적으로 경찰서장은 즉결심판청구 不可** → 검사도 동일한 범칙행위에 대하여 **공소제기 不可**(2017도13409)

청구의 절차		① 피고인 　㉠ 정식재판을 청구하고자 하는 피고인은 즉결심판의 선고·고지를 받은 날부터 **7일 이내에 정식재판청구서를 경찰서장에게 제출** 要(즉심 §14①) [국9 16, 경 04/1차, 경 06/1차, 경 12/1차] 　㉡ 피고인의 **법**정대리인, **배**우자, **직**계친족, **형**제자매, 즉결심판절차의 **대**리인이나 **변**호인은 피고인을 위하여 정식재판청구 可(즉심 §14④, 법 §341) 　㉢ 정식재판청구서를 받은 **경찰서장 → 지체 없이 판사에게 이를 송부**(즉심 §14①) [경 12/1차] ② 경찰서장 　㉠ **경찰서장**은 즉결심판에서 **무죄·면소·공소기각**의 선고가 있는 때에는 → 선고·고지를 한 날부터 **7일** 이내에 정식재판청구 可 [경승 10] 　㉡ 경찰서장은 **관할지방검찰청 or 지청의 검사의 승인**을 얻어 정식재판청구서를 판사에게 제출(동②) [경간 13] ③ 정식재판청구권의 포기·취하 　㉠ 개념 : 정식재판청구권자는 **정식재판청구권 포기 or 취하 可** [경간 16, 경승 01/10/15/16] 　㉡ 포기·취하한 자 → **다시 정식재판청구 不可**(즉심 §14④, 법 §354) [경승 09] 　㉢ 정식재판청구권의 회복청구도 인정 　㉣ 취하가능시기 : **제1심판결의 선고 전까지** 可(즉심 §14④, 법 §454)
경찰서장· 법원·검사의 처리	정식재판청구서의 송부	피고인으로부터 정식재판청구서를 받은 **경찰서장은 지체 없이 판사에게 이를 송부**(즉심 §14① 後)
	정식재판청구서와 사건기록 · 증거물의 송부	① **판사**는 정식재판청구서를 받은 날부터 **7일** 이내에 경찰서장에게 정식재판청구서를 첨부한 사건기록과 증거물을 송부 ② **경찰서장**은 **지체 없이** 관할지방검찰청 또는 지청의 장에게 이를 송부 ③ 경찰서장으로부터 정식재판청구서와 사건기록 및 증거물 송부받은 **관할지방 검찰청 또는 지청의 장은 지체 없이** 관할법원에 이를 **송부**(동③) → **공소장일본주의 적용 ×** [여경 04/3차]
청구의 효과		① 형사소송법의 약식절차에 관한 규정 준용(즉심 §19) ② 정식재판청구가 법령상 방식위반·청구권소멸 후인 것이 명백 : 결정으로 기각 → 즉시항고 可 ③ 정식재판청구가 적법한 때 : 공판절차에 의하여 심판 → **공소장변경, 공소취소 可** [해경 12] & **불이익변경금지원칙** 적용 [국9 12, 경승 05/11/13, 경 07/1차, 경 11/2차] ④ **정식재판의 청구에 의한 판결이 확정된 때 즉결심판은 효력 상실** [경승 15, 경 04/1차]

의 의	소년법		① 의의 : 소년의 형사사건을 처리하는 절차법 ② 소년에 대한 형사사건의 처리는 원칙적으로 형사소송법 적용(소년 §48) ≠ 소년법은 소년의 건전한 육성을 목적으로 반사회성 있는 소년을 보호·개선하기 위한 특별조치 규정
	소 년		① **19세 미만**인 자 　㉠ **범죄소년** : 14세 이상 19세 미만(소년 §4①1.) → 보호처분·형벌 모두 可 　㉡ **촉법소년** : 10세 이상 14세 미만(동2.)으로 형벌법령에 저촉된 행위를 한 소년 → 보호처분만 可 　㉢ 우범소년 : 일정한 사유가 있고 성격·환경에 비추어 앞으로 형벌법령에 저촉되는 행위를 할 우려가 있는 10세 이상 19세 미만의 소년(동3.) ② 기준 : **심판 시, 즉 사실심판결선고 시** → 19세 미만으로 축소한 소년법 개정법률이 시행되기 전에 범행을 저지르고, 20세가 되기 전에 원심판결 선고 시에도 同(2009도2682)
	소년 형사사건		**14세 이상 19세 미만**의 소년으로서 **금고 이상의 형**에 해당하는 범죄를 범하였고, 그 동기와 죄질이 형사처분을 할 필요가 있다고 인정되는 사건
	소년 보호사건		① 범죄소년, 촉법소년, 우범소년 중 **보호처분**을 할 필요가 있다고 인정되는 사건 ② 소년보호사건의 심리와 처분결정은 **가정법원(지방법원) 소년부 단독판사**가 함(소년 §3)
사건의 송치	형사사건 처리	경찰서장의 소년부송치	**촉법소년, 우범소년**이 있는 때에는 **경찰서장은 직접 관할소년부에 송치**(소년 §4②) [국7 09, 경승 11, 경 05/3차, 경 10/2차]
		검사의 소년부송치	소년에 대한 피의사건을 수사한 결과 **보호처분**에 해당하는 사유가 있다고 인정한 때에 **검사는 사건을 관할 소년부에 송치**(소년 §49①) [국7 09, 경승 10/11, 경 10/2차, 경 12/1차]
		법원의 소년부 송치	소년에 대한 피고사건을 심리한 결과 **보호처분**에 해당할 사유가 있다고 인정하면 **법원은 결정으로써 사건을 관할 소년부에 송치**(소년 §50) [국7 09, 경간 14, 경승 11, 경 10/2차]
	소년 보호사건 처리	필요적 송치	① 형사처분의 필요성 인정 시 : **소년부**는 조사 또는 심리한 결과 **금고 이상의 형**에 해당하는 범죄사실이 발견된 경우 그 동기와 죄질이 형사처분을 할 필요가 있다고 인정하면 → **결정으로써 사건을 관할 지방법원에 대응한 검찰청 검사에게 송치**(소년 §7①) [경승 11] ② 19세 이상인 경우 : 소년부는 조사 또는 심리한 결과 사건의 본인이 **19세 이상**인 것으로 밝혀진 경우에는 → **결정으로써 사건을 관할 지방법원에 대응하는 검찰청 검사에게 송치**(but 소년 §51에 따라 형사법원에 이송하여야 할 경우에는 ×)(동②)

사건의 송치	소년 보호사건 처리	임의적 송치	**소년부**는 **검사가 송치한 사건**을 조사 또는 심리한 결과 그 동기와 죄질이 **금고 이상**의 형사처분을 할 필요가 있다고 인정할 때에는 **결정으로써 해당 검찰청 검사에게 송치 可**(소년 §49②) [경간 14, 경승 10] → 이 경우 검사는 사건을 다시 소년부에 송치 不可
		콜화	**소년부**는 §50에 따라 **송치받은 사건**을 조사 또는 심리한 결과 사건의 본인이 **19세 이상**인 것으로 밝혀지면 **결정으로써 송치한 법원에 사건을 다시 이송**해야 함(소년 §51)

<table>
<tr><td rowspan="4">특칙</td><td>구속의
제한</td><td>① 소년에 대한 구속영장 → 부득이한 경우가 아니면 발부 ×(소년 §55①)
[경 10/2차]
② 소년을 구속하는 경우 특별한 사정이 없으면 다른 피의자 · 피고인과 분리수용(동②)</td></tr>
<tr><td>소년형사
사건에
대한
공소제기</td><td>① 검사의 결정 전 조사(소년 §49의2)
   ㉠ 검사는 소년부 송치, 공소제기, 기소유예 등의 처분을 결정하기 위하여 필요하다고 인정하면 피의자의 주거지 또는 검찰청 소재지를 관할하는 보호관찰소의 장, 소년분류심사원장 또는 소년원장에게 피의자의 품행, 경력, 생활환경이나 그 밖에 필요한 사항에 관한 조사요구 可
   ㉡ 보호관찰소장 등의 조사
   ㉢ 조사를 할 때에는 미리 피의자 또는 관계인에게 조사의 취지를 설명 要
     → 피의자 또는 관계인의 인권을 존중하며, 직무상 비밀 엄수 要
   ㉣ 검사의 처분결정 : 검사는 보호관찰소장 등으로부터 통보받은 조사 결과를 참고하여 소년피의자를 교화 · 개선하는 데에 가장 적합한 처분 결정 要
② 조건부 기소유예(소년 §49의3) : 검사는 피의자에 대하여 다음에 해당하는 선도(善導) 등을 받게 하고, 피의사건에 대한 공소를 제기하지 아니할 수 있음
(소년과 소년의 친권자 · 후견인 등 법정대리인의 동의 要) [경간 14]
   ㉠ 범죄예방자원봉사위원의 선도
   ㉡ 소년의 선도 · 교육과 관련된 단체 · 시설에서의 상담 · 교육 · 활동 등
③ 소년형사사건에 대한 공소제기의 제한(소년 §53)
   ㉠ <u>보호처분을 받은 소년에 대하여 그 심리가 결정된 사건은 다시 공소제기 · 소년부송치 不可</u> [경간 15]
   ㉡ But 19세 이상 판명되어 보호처분이 취소되는 경우(소년 §38①1.)에는 공소제기 可 [경간 15, 경승 10]
④ 보호처분 결정 확정 시까지 공소시효 정지(소년 §54) : 심리개시결정 ~ 보호처분결정확정 시까지 공소시효 정지</td></tr>
<tr><td>공판절차
상의 특칙</td><td>① 비공개원칙(소년 §24) : 심리는 공개 × but 소년부 판사는 적당하다고 인정하는 자에게 참석을 허가 可
② 다른 피의사건과 절차의 분리(소년 §57)
③ 조사의 위촉(소년 §56) : 법원은 소년에 대한 형사사건에 관하여 필요한 사항을 조사하도록 조사관 위촉 可</td></tr>
</table>

| 특칙 | 양형상의 특칙 | ① 사형, 무기형의 완화(소년 §59)
　　㉠ **죄를 범할 당시 18세 미만인 소년**에 대하여 **사형 또는 무기형으로 처할 경우** → **15년의 유기징역** : 처단형이 사형 또는 무기형일 때에 15년의 유기징역으로 한다는 것이지 법정형이 사형 또는 무기형인 경우를 의미하는 것 ×(86도2314)
　　㉡ **18세 미만** 판단 기준 : **범죄 시 기준** [법원 13, 경승 04/11, 경 05/3차]
② 부정기형의 선고(소년 §60)
　　㉠ 의의 : 소년이 **법정형으로 장기 2년 이상의 유기형에 해당하는 죄를 범한 경우** → **그 형의 범위에서 장기와 단기를 정하여 선고** [법원 13] but **장기 10년, 단기 5년 초과 不可** [법원 13, 경간 15, 경승 03/11]
　　㉡ 각 유기징역형을 선택한 후 경합범가중을 하여 **징역 20년**을 선고한 것은 장기는 10년, 단기는 5년을 초과할 수 없도록 제한한 **소년법 위반**(90도2826)
　　㉢ 소년이었던 피고인이 판결선고 시에 성년에 이른 경우 → 부정기형 선고 不可
　　㉣ **형의 집행유예나 선고유예**를 선고할 때 → **부정기형 선고 不可** [경승 10/11, 경 05/3차]
　　㉤ **무기징역**을 선택한 후 **작량감경**한 결과 피고인에게 **유기징역을 선고**하게 되었을 경우(법정형이 무기징역이므로) → 피고인이 미성년자라 하더라도 **부정기형 선고 不可**(83도210)
③ 환형처분의 금지(소년 §62)
　　㉠ **18세 미만**(19세 미만 ×)인 소년에게는 **노역장유치선고**(형법 §70) × [경간 14]
　　㉡ But 판결선고 전 구속되었거나 소년감호결정으로서 소년분류심사원 위탁조치(소년 §18①3.)가 있었을 때 → 그 구속 또는 위탁의 기간에 해당하는 기간은 노역장에 유치된 것으로 보아 미결구금일수산입(형법 §57①) 적용은 可 [법원 13] |
| | 형의 집행상의 특칙 | ① 분리수용과 집행의 순서(소년 §63, §64)
　　㉠ 징역 또는 금고를 선고받은 소년에 대하여는 특별히 설치된 교도소 또는 일반 교도소 안에 **특별히 분리된 장소에서 그 형을 집행**
　　㉡ But 형의 집행 중 소년이 **23세**가 되면 일반 **교도소에서 집행 可**
　　㉢ 보호처분이 계속 중일 때에 징역, 금고 또는 구류를 선고받은 소년 → 먼저 그 형을 집행함 [경간 15]
② 가석방 요건의 완화(소년 §65) : 일반 형사범의 경우와 달리 징역 또는 금고를 선고받은 소년에 대하여는 다음의 기간이 지나면 가석방 허가 可 [경간 15, 경승 10/11, 경 05/3차]
　　㉠ **무기형**의 경우에는 **5년**
　　㉡ **15년 유기형**의 경우에는 **3년**
　　㉢ **부정기형**의 경우에는 **단기**의 **3분의 1**
③ 성폭력범죄 시 필요적 보호관찰 : 법원이 성폭력범죄를 범한 사람에 대하여 형의 선고를 유예하는 경우 1년 동안 보호관찰을 받을 것을 명할 수 있음 → but **성폭력범죄를 범한 사람이 소년인 경우에는 반드시 보호관찰 要**(성폭법 §16) [경승 10]
④ 자격에 관한 법령적용(소년 §67) : 소년이었을 때 범한 죄에 의하여 형을 선고받은 자가 그 집행을 종료하거나 면제받은 경우 → 자격에 관한 법령을 적용할 때에는 장래에 향하여 형의 선고를 받지 아니한 것으로 봄 |

I 배상명령절차

의 의		법원이 피고인에게 피고사건의 범죄행위로 인하여 피해자에게 발생한 손해를 배상할 것을 명하는 절차	
요 건	대 상	피고사건의 범위	① 법정사건 : 배상명령은 상해죄(형법 §257①), 중상해죄(동 §258 ①②), 특수상해죄(동 §258의2), 상해치사죄(동 §259①), 존속폭행치사상죄를 제외한 폭행치사상죄(동 §262) [경승 11, 경 12], 과실치사상의 죄(형법 제26장), 절도와 강도의 죄(동38장), 사기와 공갈의 죄(동39장), 횡령과 배임의 죄(동40장), 손괴의 죄(동42장), 위계에 의한 간음죄를 제외한 강간과 추행의 죄(동32장)와 이들 범죄를 가중처벌하는 특별법상 범죄에 관하여 유죄판결을 선고할 경우 可(소촉 §25①) ② 합의사건 : 위의 범죄 이외의 범죄에 대한 피고사건에 있어서 피고인과 피해자 사이에 합의된 손해배상액에 관하여도 배상 명하는 것 可(동②) [경 07]
		판결의 범위	① 배상명령은 이상의 범죄에 대하여 **유죄판결을 선고하는 경우에 한하여 可** [경 12/3차, 경 13/1차] ② 피고사건에 대하여 **무죄·면소·공소기각**의 재판을 할 경우 → **배상명령 不可** → 이 경우 민사재판에 의해 손해배상만 可 [법원 13/16, 경 13/1차]
		배상명령의 범위	① 배상명령 → 피고사건의 범죄행위로 인하여 발생한 **직접적인 물적 피해, 치료비손해, 위자료의 배상에 제한**(소촉 §25①) ② **간접적 손해** : 배상명령의 범위에 포함 × [국9 09, 경승 07/12, 경 13] ③ **기대이익의 상실** : 배상명령의 범위에 포함 ×
	불허사유		① 피해자의 성명·주소가 분명하지 아니한 경우 ② **피해금액이 특정되지 아니한 경우** ③ 피고인의 **배상책임의 유무 또는 그 범위가 명백하지 아니한 경우**(96도945) [경간 16, 경승 10] ④ 배상명령으로 인하여 공판절차가 현저히 지연될 우려가 있거나 형사소송절차에서 배상명령을 하는 것이 타당하지 아니하다고 인정되는 경우(동③) [경간 15]
절 차	직권 신청		① 법원의 **직권**에 의한 배상명령도 可 ② 배상명령의 **신청** ㉠ 신청권자 : **피해자나 그 상속인**(소촉 §25①) → 피해자는 법원의 허가를 받아 그 **배우자·직계혈족·형제자매**에게 배상신청에 관하여 소송행위 대리 可(소촉 §27①) ㉡ 피해자는 피고사건의 범죄행위로 인하여 발생한 피해에 관하여 **다른 절차에 의한 손해배상청구가 법원에 계속 중인 때에는 배상신청 不可**(소촉 §26⑦) [법원 11, 경승 11] cf. 형사보상 → ∴ 피해자가 이미 그 재산상 피해의 회복에 관한 채무명의를 가지고 있는 경우 배상명령 신청을 할 이익 없음(82도1217) [국7 23, 경승 10/11]

절 차	직권 신청		© <u>검사</u>는 배상명령 대상범죄로 공소를 제기한 경우에는 지체 없이 피해자 또는 그 법정대리인(피해자가 사망한 경우에는 그 배우자·직계친족·형제자매를 포함)에게 **배상신청을 할 수 있음을 통지**(소촉 §25의2) [경간 16, 경 13/1차] ③ 신청의 방법 　㉠ <u>피해자는 **제1심 or 제2심 공판의 변론종결 시까지 사건이 계속된 법원에 피해배상신청 可**</u> [법원 10/13/16, 경 13/1차] → 이 경우 **인지의 첨부 不要**(소촉 §26①) [법원 12/13, 경승 07/11] → **상고심에서는 不可** 　㉡ 구두신청 : 피해자가 증인으로 법정에 출석한 경우에는 **말로써 배상신청 可** → 이때에는 공판조서에 신청의 취지 기재 要(동⑤) [법원 10/15] 　㉢ 신청의 취하 : 신청인은 배상명령이 확정되기까지는 언제든지 배상신청 취하 可(동⑥) ④ 신청의 효과 : **민사소송에 있어서의 소의 제기와 동일한 효력 有**(동⑧) [법원 11, 경 03/3차]
	배상명령 신청 사건의 심리	기일통지	① 배상신청이 있는 때 : **신청인에게 공판기일 통지**(소촉 §29①) [법원 11/13, 경간 16, 경 13/1차] ② 신청인이 공판기일의 통지를 받고도 **출석하지 아니한 때** : <u>그 진술 없이 재판 可</u>(동②) [법원 11/12/13, 경간 16, 경 12/3차, 경 13/1차, 경찰특채 13]
		기록열람과 증거조사	① 신청인 및 그 대리인은 공판절차를 현저히 지연시키지 않는 범위 안에서 **재판장의 허가**를 받아 **소송기록 열람** 可 and 공판기일에 **피고인 또는 증인을 신문**할 수 있으며 **기타 필요한 증거 제출** 可(소촉 §30①) [경 13/1차] → 이러한 허가를 하지 아니한 재판에 대하여는 **불복 신청 ×**(동②) [경 13/1차] ② 피고인의 변호인은 배상신청에 관하여 피고인의 대리인으로서 소송행위 可(소촉 §27②)
		배상신청의 각하결정	① 배상신청이 부적법한 때 or 신청이 이유 없거나 배상명령을 함이 상당하지 아니하다고 인정될 때 : **결정으로 이를 각하**(소촉 §32①) [법원 10] ② 유죄판결의 선고와 동시에 배상신청 각하결정을 할 때 : 유죄판결의 주문에 표시 可(동②)
	재 판	배상명령의 선고와 불복	① 배상명령의 선고 　㉠ **배상명령은 유죄판결의 선고와 동시에 하여야 함**(소촉 §31①) 　㉡ 배상명령은 일정액의 금전지급을 명함으로써 하고, 배상의 대상과 금액을 유죄판결의 주문에 표시 要 → 배상명령의 이유는 특히 필요하다고 인정되는 경우가 아니면 기재 ×(동②) 　㉢ 배상명령은 가집행할 수 있음 선고 可(동③) [경 03/3차] 　㉣ 배상명령을 한 때에는 유죄판결서의 정본을 피고인과 피해자에게 지체 없이 송달(동⑤)

| 절차 | 재판 | 배상명령의
선고와 불복 | ② 배상명령에 대한 불복
　㉠ 신청인 불복 금지 : **신청 각하 or 그 일부 인용 재판에 대하여**
　　신청인은 불복신청 不可 → **다시 동일한 배상신청 不可**(소촉
　　§32④) [법원 13, 국9 09, 경간 16, 경 03/3차, 경 12/1차] → **민사소송 可**
　㉡ 심판
　　ⓐ 유죄판결에 대한 상소의 제기가 있는 때에는 배상명령은
　　　피고사건과 함께 상소심에 이심(소촉 §33①)
　　ⓑ **상소심에서 원심의 유죄판결을 파기하고 피고사건에 대하여**
　　　무죄·면소 또는 공소기각의 재판을 할 때에는 원심의 배상
　　　명령을 취소하지 아니한 때에는 그 배상명령을 취소한 것으
　　　로 봄(동②) [법원 04]
　　ⓒ But 원심에서 피고인과 피해자 사이에 합의된 배상액에
　　　대해서 배상명령을 한 때에는 배상명령취소간주는 적용
　　　되지 않음(동③)
　　ⓓ **상소심에서 원심판결을 유지하는 경우에도** → **배상명령에**
　　　대하여는 이를 취소·변경 可(동④) [경 12/3차]
　㉢ 배상명령만에 대한 피고인의 불복(동⑤)
　　ⓐ **피고인은 유죄판결에 대하여 상소를 제기함이 없이 배상명**
　　　령에 대하여만 상소제기기간 내에 형사소송법의 규정에 의
　　　한 즉시항고 可 [법원 11, 국9 09, 경승 10/11, 경 10/2차, 경 13/1차]
　　ⓑ **But 즉시항고 제기 후 상소권자의 적법한 상소가 있는 때**
　　　→ **즉시항고는 취하된 것으로 봄** [경승 10] |
| | | 배상명령의
효력 | ① 효력 : 확정된 배상명령 or 가집행선고 있는 배상명령이 기재된
유죄판결서의 정본 → 민사소송법에 의한 강제집행에 관하여는
집행력 있는 민사판결 정본과 동일한 효력 有(소촉 §34①)
[법원 15, 경 03/3차]
② 다른 절차에 의한 손해배상과의 관계 : 배상명령이 확정된 때에는
그 인용된 금액의 범위 안에서 피해자는 다른 절차에 의한 손해배
상 청구 不可(동②) [경승 12] |

🔗 한줄판례 Summary

제1심에서 배상명령신청이 변론종결 후 제기되었다는 이유로 각하된 후 항소심에서 다시 동일한 배상명령신청이
제기되자, 항소심이 배상명령을 한 것은 적법? → 배상신청 각하에 대해서는 불복 금지(소촉 § 32④) ∴ 적법하지
않음(2021도13768)

▮ Ⅱ 국가에 의한 범죄피해자구조제도

의의 · 근거	① 의의 : 범죄행위로 인하여 생명·신체에 대한 피해를 입은 국민이 국가로부터 구조를 받을 수 있는 제도 ② 현행법 　㉠ **헌법** : "타인의 **범죄행위로 인하여 생명·신체에 대한 피해**를 받은 국민은 법률이 정하는 　　바에 의하여 **국가로부터 구조**를 받을 수 있다(헌법 §30)" 　㉡ 헌법 §30의 법률 → '범죄피해자 보호법'(이하 피보)

범죄피해자 구조의 요건	적극적 요건	① 피해자가 대한민국의 영역 안에서 or 대한민국의 영역 밖에 있는 대한민국의 선박이나 항공기 안에서 행하여진 **사람의 생명 또는 신체를 해하는 죄에 해당하는 범죄행위**로 인하여 **사망하거나 장해 또는 중상해**를 당해야 함(피보 §3①) ② 범죄피해구조금을 지급하기 위해서는 ㉠ 구조대상 범죄피해를 받은 사람(구조피해자)이 피해의 전부 또는 일부를 배상받지 못하거나, ㉡ 자기 또는 타인의 형사사건의 수사 또는 재판에서 고소·고발 등 수사단서를 제공하거나 진술, 증언 또는 자료제출을 하다가 구조피해자가 된 경우의 하나에 해당 要(피보 §16) ③ 유족구조금 : 구조피해자 사망 시 지급하는 구조금
	소극적 요건	① 범죄행위 당시 구조피해자와 가해자 사이에 부부, 직계혈족, 4촌 이내의 친족, 동거친족 중 어느 하나에 해당하는 친족관계가 있는 경우에는 구조금 지급 ×(피보 §19①) ② 범죄행위 당시 구조피해자와 가해자 사이에 위 ①의 어느 하나에 해당하지 아니하는 친족관계가 있는 경우에는 구조금의 일부 지급 ×(동②) ③ 구조피해자가 해당 범죄행위를 교사·방조하거나, 유발하는 등의 행위를 한 때에는 구조금 지급 ×(동③) ④ 구조피해자가 범죄피해 발생·증대에 가공한 부주의한 행위 등을 한 때에는 구조금의 일부 지급 ×(동④)(이하 생략) [참고] 유족구조금 : 구조피해자를 고의로 사망케 하는 행위 등을 한 경우에는 지급 ×(피보 §18④)
범죄피해자 구조금의 신청과 지급	구조금의 신청	① 관할 : 각 지방검찰청 - 범죄피해구조심의회(지구심의회) / 법무부 - 범죄피해구조본부심의회(본부심의회)(피보 §24①) ② 신청 및 신청기간 : **해당 구조대상 범죄피해의 발생을 안 날부터 3년 또는 해당 구조대상 범죄피해가 발생한 날부터 10년** 이내에 그 주소지, 거주지 또는 범죄 발생지를 관할하는 **지구심의회에 신청**(피보 §25)
	구조금의 지급	① 결정 : 지구심의회는 신속하게 구조금을 지급하거나 지급하지 아니한다는 결정(지급한다는 결정을 하는 경우에는 그 금액을 정하는 것을 포함)을 하여야 함(피보 §26) ② 결정을 위한 조사 : 지구심의회가 조사, 지구심의회는 신청인이 정당한 이유 없이 위 조사에 따르지 아니하거나 의사의 진단을 거부하면 그 신청 기각 可(피보 §29) ③ 청구권의 경합 ㉠ 국가배상법이나 그 밖의 법령에 따른 급여 등을 받을 수 있는 경우에는 대통령령으로 정하는 바에 따라 구조금을 지급하지 아니함(피보 §20) ㉡ 구조피해자나 유족이 해당 구조대상범죄피해를 원인으로 하여 손해배상을 받았으면 그 범위에서 구조금 지급 ×(피보 §21①)
구조금의 종류		① 종류 : 유족구조금·장해구조금 및 중상해구조금으로 구분 & 일시금으로 지급(피보 §17①) ② 유족구조금 : 구조피해자가 사망하였을 때 맨 앞의 순위인 유족에게 지급 but 순위가 같은 유족이 2명 이상이면 똑같이 나누어 지급(동②) ③ 장해구조금 및 중상해구조금 : 해당 구조피해자에게 지급(동③)

MEMO

APPENEIX
부록

CHAPTER 01 청구권자 정리

PART 01 서론

CHAPTER 01 형사소송법의 기본개념

CHAPTER 02 형사소송법의 이념과 구조

PART 02 소송주체와 소송행위

CHAPTER 01 소송의 주체

절차		청구권자	직권
토지관할위반신청		피고인	
관할지정청구		검사(의무)	
관할이전청구		검사(의무), 피고인(권리)	
기피신청		검사, 피고인 또는 변호인	
소송행위의 특별대리인 선임청구	피고인	검사	○
	피의자	검사 또는 이해관계인	
변호인 선임		피고인, 피의자, 법정대리인, 배우자, 직계친족, 형제자매	
대표변호인 지정신청		피고인, 피의자, 변호인	○
소송관계 중의 관계서류 등의 열람·등사		피고인, 변호인, 피고인의 법정대리인, 특별대리인, 보조인, 피고인의 배우자·직계친족·형제자매로서의 위임장 및 신분관계증명서 제출자	

CHAPTER 02 소송행위

절차	청구권자	직권
공판조서 열람·등사청구	변호인, 피고인	
재판서 등·초본의 청구	피고인 기타의 소송관계인	
공판조서 기재의 변경·이의청구	검사, 피고인, 변호인	
공판정에서의 속기·녹음 및 영상녹화의 신청	검사, 피고인, 변호인	○
공판정에서의 속기·녹음 및 영상녹화물의 사본청구	검사, 피고인, 변호인	
재판확정기록의 열람·등사청구	누구든지(권리구제·학술연구·공익목적) – 검사제한 – 준항고 준용	
확정판결서 등의 열람·복사	누구든지 – 법원사무관 등 처분 – 준항고 준용	

PART 03 수사와 공소

CHAPTER 01 수사

절차		청구권자	직권
고소·고소취소권자	일반	피해자, 법정대리인	
	피해자 사망	배우자, 직계친족, 형제자매	
	피해자의 법정대리인이 피의자이거나 법정대리인의 친족이 피의자인 경우	피해자의 친족	
	고소취소	고소권자와 동일	
고소권자 지정신청		이해관계인	
고발권자		누구든지 범죄가 있다고 사료되는 자(임의적)	
		공무원(필요적)	
피의자접견 또는 신문참여신청		피의자 또는 그 변호인·법정대리인·배우자·직계친족·형제자매	
피의자진술 영상녹화물의 재생요구		피의자 또는 변호인	
피의자신문 시 특별한 보호를 요하는 자의 신뢰관계 있는 자의 동석신청		피의자, 법정대리인	○
전문수사자문위원의 지정		검사의 직권이나 피의자 또는 변호인	○

CHAPTER 02 강제처분과 강제수사

절차	청구권자	직권
체포·구속영장청구	검사	·
긴급체포 후 석방된 자의 관련서류 열람·등사	석방된 자 또는 그 변호인·법정대리인·배우자·직계친족·형제자매	
구속기간 연장신청	검사	
체포구속적부심청구	체포 또는 구속된 피의자, 그 변호인·법정대리인·배우자·직계친족·형제자매·가족·동거인 또는 고용주	
보증금납입조건부석방결정에 의한 보증금의 몰수청구	검사	○
체포현장에서 영장 없이 압수한 물건에 대한 압수수색영장청구	검사	
접견교통의 금지청구	검사	○
피고인 구속취소청구	검사, 피고인, 변호인, 변호인선임권자(법정대리인, 배우자, 직계친족, 형제자매)	○
보석청구권자	피고인, 피고인의 변호인·법정대리·배우자·직계친족·형제자매·가족·동거인 또는 고용주	
보석조건의 변경청구	보석청구권자	○
보석 또는 구속의 집행정지의 취소청구	검사	○
보석취소 시의 보증금몰취청구	검사	○
증거에 공할 압수물의 가환부청구	소유자, 소지자, 보관자 또는 제출인	
수사상의 감정유치청구	검사	

CHAPTER 03 수사의 종결
CHAPTER 04 공소의 제기

절차	청구권자	직권
공소제기권자	검사	
공소부제기 처분이유고지	고소인 또는 고발인	
피해자 등에 대한 통지	피해자 또는 법정대리인(피해자 사망 시 그 배우자·직계친족·형제자매)	
재정신청권자	고소권자로서 고소한 자 / 고발한 자	

절차	청구권자	직권
항고인	고소인 또는 고발인	
재항고인	항고를 한 자 중 재정신청할 수 있는 자는 제외	
재정신청이 기각 또는 취소된 경우 재정신청인에 대한 비용부담의 결정신청	피의자	○

CHAPTER 01 공판절차

절차	청구권자	직권
증인신문 시 신뢰관계 있는 자의 동석청구	피해자·법정대리인·검사	○
증거보전청구	검사, 피고인, 피의자 또는 변호인	
증인신문의 청구	검사	
공소제기 후 검사보관 서류 등에 대한 열람·등사 또는 서류의 교부신청	피고인 또는 변호인	
검사가 열람·등사신청 거부 또는 제한 시에 법원에 대한 허용신청	피고인 또는 변호인	
공판준비기일 지정신청	검사, 피고인 또는 변호인	
공판준비절차 이의신청	검사, 피고인 또는 변호인	
피고인 또는 변호인에 대한 서류 등의 열람·등사 또는 서류교부신청	검사(피고인 또는 변호인이 법정에서 현장부재·심신상실 또는 심신미약의 주장을 한 경우)	
피고인 또는 변호인 소지 서류 등에 대한 열람·등사 허가신청	검사	
공판준비기일의 재개신청	피고인, 변호인	○
공판기일의 변경신청	검사, 피고인, 변호인(단, 공판기일지정은 명령 ∴ 신청 ×)	○
공무소 등에 대한 조회	검사, 피고인, 변호인	○
공판기일 전의 증거조사신청	검사, 피고인 또는 변호인	
장애인 등의 신뢰관계자 동석신청	피고인·법정대리인·검사	○
불출석 허가신청	피고인	
증거조사의 순서변경신청	검사·피고인·변호인	○

절차	청구권자	직권
증거신청권자	검사, 피고인 또는 변호인	
고의로 증거를 늦게 신청하여 재판지연 시 각하신청	상대방	○
피해자 등의 진술권신청	피해자(피해자 사망 또는 심신에 중대한 장애가 있는 경우 그 배우자·직계친족 및 형제자매), 피해자 본인의 법정대리인 또는 이들로부터 위임을 받은 피해자 본인의 배우자·직계친족·형제자매·변호사	
피해자진술의 비공개 신청	검사, 피고인 또는 변호인	
피해자 등의 공판기록 열람·등사신청	검사	
증거조사 이의신청	피고인 또는 변호인	
공소장변경신청	검사	
공소장 변경 시 공판절차정지청구	피고인 또는 변호인	○
변론분이·병합·재개신청	검사, 피고인 또는 변호인	○
재판정 처분에 대한 이의신청	검사, 피고인 또는 변호인	
배심원 직무수행의 면제	배심원	○
배심원 후보자에 대한 기피신청	검사·피고인·변호인	○
무이유부기피신청	검사, 변호인	
배심원의 해임신청	검사·피고인·변호인	○
배심원의 사임신청	배심원 또는 예비배심원	

CHAPTER 02 증거

CHAPTER 03 재판

절차	청구권자	직권
제3자 소송비용부담의 재판		○
무죄의 확정판결 받은 피고인의 소송비용보상청구	피고인이었던 자	
형의 집행유예 취소청구	검사	
누범, 경합범 관련 형을 다시 정하는 절차	검사	
소송비용의 집행면제신청	소송비용 부담의 재판을 받은 자	

PART 05

상소 · 비상구제절차 · 특별절차

CHAPTER 01 상소

절차	청구권자	직권
상소권자	검사, 피고인, 피고인의 법정대리인 · 배우자 · 직계친족 · 형제자매, 원심의 대리인 · 변호인	
상소권 회복청구	귀책사유 없이 상소제기기간에 상소를 하지 못한 자	
상소의 포기 · 취하	검사, 피고인 또는 상소권자	
판결정정신청	검사, 상고인 또는 변호인	○
항고권자	검사 · 피고인 · 변호인, 결정을 받은 자(과태료처분받은 증인 등)	

CHAPTER 02 비상구제절차

절차	청구권자	직권
재심청구	검사, 유죄의 선고를 받은 자 또는 그 법정대리인 유죄의 선고를 받은 자가 사망 또는 심신장애 시 그 배우자 · 직계친족 · 형제자매	
비상상고	검찰총장	

CHAPTER 03 재판의 집행과 형사보상

절차	청구권자	직권
집행이의신청	형 선고를 받은 자	
집행에 관한 검사의 처분에 대한 이의신청	재판의 집행을 받은 자 또는 그 법정대리인, 배우자	
형사보상청구	무죄 · 면소 또는 공소기각재판을 받은 자 또는 상속인, 기소유예 이외의 불기소처분을 받은 자 또는 상속인	

CHAPTER 04 특별절차

절차	청구권자	직권
약식명령청구	검사	
약식명령에 대한 정식재판청구	검사 또는 피고인 / 법 · 배 · 직 · 형 / 원 − 대 · 변	
즉결심판청구	경찰서장	
즉결심판에 대한 정식재판청구	경찰서장, 피고인	

CHAPTER 02 '또는(이나)'과 '및' 정리

1. 공판조서에의 기명날인, 서명

공판조서에는 재판장과 참여한 법원사무관 등이 기명날인 또는 서명하여야 한다(제53조 제1항).

2. 접견교통권

변호인이나 변호인이 되려는 자는 신체가 구속된 피고인 또는 피의자와 접견하고 서류나 물건을 수수(授受)할 수 있으며 의사로 하여금 피고인이나 피의자를 진료하게 할 수 있다(제34조).

3. 구속 전 피의자심문

판사는 제1항(체포된 피의자)의 경우에는 즉시, 제2항(체포된 피의자 이외의 피의자)의 경우에는 피의자를 인치한 후 즉시 검사, 피의자 및 변호인에게 심문기일과 장소를 통지하여야 한다. 이 경우 검사는 피의자가 체포되어 있는 때에는 심문기일에 피의자를 출석시켜야 한다(제201조의2 제3항).

4. 구속기간과 갱신

제1항에도 불구하고 특히 구속을 계속할 필요가 있는 경우에는 심급마다 2개월 단위로 2차에 한하여 결정으로 갱신할 수 있다. 다만, 상소심은 피고인 또는 변호인이 신청한 증거의 조사, 상소이유를 보충하는 서면의 제출 등으로 추가 심리가 필요한 부득이한 경우에는 3차에 한하여 갱신할 수 있다(제92조 제2항).

5. 공소장변경허가신청서 부본송달

공소장변경허가신청서가 제출된 경우 법원은 그 부본을 피고인 또는 변호인에게 즉시 송달하여야 한다(규칙 제142조 제3항).

6. 공판준비기일의 출석

공판준비기일에는 검사 및 변호인이 출석하여야 한다(제266조의8 제1항).

7. 공판준비기일의 통지

법원은 검사, 피고인 및 변호인에게 공판준비기일을 통지하여야 한다(제266조의8 제3항).

8. 공판절차의 정지

법원은 전3항의 규정에 의한 공소사실 또는 적용법조의 추가, 철회 또는 변경이 피고인의 불이익을 증가할 염려가 있다고 인정한 때에는 직권 또는 피고인이나 변호인의 청구에 의하여 피고인으로 하여금 필요한 방어의 준비를 하게 하기 위하여 결정으로 필요한 기간 공판절차를 정지할 수 있다(제298조 제4항).

9. 증거보전청구권

검사, 피고인, 피의자 또는 변호인은 미리 증거를 보전하지 아니하면 그 증거를 사용하기 곤란한 사정이 있는 때에는 제1회 공판기일 전이라도 판사에게 압수, 수색, 검증, 증인신문 또는 감정을 청구할 수 있다(제184조 제1항).

10. 탄핵증거와 영상녹화물

피고인 또는 피고인이 아닌 자의 진술을 내용으로 하는 영상녹화물은 공판준비 또는 공판기일에 피고인 또는 피고인이 아닌 자가 진술함에 있어서 기억이 명백하지 아니한 사항에 관하여 기억을 환기시켜야 할 필요가 있다고 인정되는 때에 한하여 피고인 또는 피고인이 아닌 자에게 재생하여 시청하게 할 수 있다(제318조의2 제2항).

CHAPTER 03 형사소송법 두문자 정리

PART 01 서론

CHAPTER 01 형사소송법의 기본개념

제2절 형사소송법의 법원과 적용범위

- 헌법에 규정이 없는 형사절차: 간/증/영/불/기/전/공/위/이/상/최/변/보/구/배/증보신재
  → 헌법을 못해서 (간이) 아픈 (증인) (영실)이는 (불이익) (기피) (전문)가로서 (공판기일)에 (위수증)에 (이의)가 있다며 (상소)전 (최후) (변론)에서 (보석) 또는 (구속취소)와 (배상)을 위하여 (증거 3개: 보전/신청권/재판)를 제시했다.

PART 02 소송주체와 소송행위

CHAPTER 01 소송의 주체

제2절 법원

- 제척의 원인 → 유형적·제한적 열거(제17조): 피/친/법/증/대/검/전/퇴2/퇴2
  ㉠ 법관이 피해자인 때
  ㉡ 법관이 피고인 또는 피해자의 친족 또는 친족관계에 있었던 자인 때
  ㉢ 법관이 피고인 또는 피해자의 법정대리인, 후견감독인인 때
  ㉣ 법관이 사건에 관하여 증인, 감정인, 피해자의 대리인으로 된 때
  ㉤ 법관이 사건에 관하여 피고인의 대리인, 변호인, 보조인으로 된 때
  ㉥ 법관이 사건에 관하여 검사 또는 사법경찰관의 직무를 행한 때
  ㉦ 법관이 사건에 관하여 전심재판 또는 그 기초되는 조사, 심리에 관여한 때
  ㉧ 법관이 사건에 관하여 피고인의 변호인이거나 피고인·피해자의 대리인인 법무법인, 법무법인(유한), 법무조합, 법률사무소, 외국법자문사법 제2조 제9호에 따른 합작법무법인에서 퇴직한 날부터 2년이 지나지 아니한 때
  ㉨ 법관이 피고인인 법인·기관·단체에서 임원 또는 직원으로 퇴직한 날부터 2년이 지나지 아니한 때

- 기피신청에서 변호인의 대리권은 독립대리권 중 묵시의 의사에 반하여 할 수 있는 경우를 말함: 묵-기/동/상 기피신청, 증거동의, 상소제기

- 기피신청을 받은 법원·법관의 처리 중 – 간이기각결정(제20조 제1항), 지/관/사 간이기각

  기피신청이 a. 소송지연 목적이 명백하거나 b.기피신청의 관할을 위배하거나 c. 신청 후 3일 이내에 기피사유를 소명하지 않을 경우 간이기각결정을 한다.

  [비교] 적부심에서는 동일영장발부에 대한 재청구 or 공범 등의 순차청구가 수사방해 목적이 명백한 때 or 청구권자 아닌 자의 청구 시 간이기각결정(제214조의2 제3항): 권·재·순 간이기각

- 사물관할 예외: 던/제기/다/합결해서 합의부로 간다.
  ① 사형·무기 또는 단기 1년 이상
  ② 지방법원판사에 대한 제척·기피사건
  ③ 다른 법률에 의하여 지방법원합의부에 속하는 사건: 참·치·보·선
     (참여재판·치료감호·형사보상선거범)
  ④ 합의부에서 심판할 것으로 합의부가 스스로 결정한 사건

- 관련사건 관할 – 관련사건(제11조): 실/공/동 본(범)/범(인은닉)/허(위감정통역번역)/위(증)/(장)물/증(거인멸)
  → 실체적 경합범, 필요적 공범, 동시범, 본범의 죄, 범인은닉죄, 허위감정통역죄, 위증죄, 장물죄 증거인멸죄: 실은 공동되어 있어, 본범 허위물증이, 다 관련된 거야.

- 관련사건의 병합심리 – 토지관할과 사물관할의 기록송부: 토(지관할)치(7일) 신청해서, 사(물관할) 오(5일) 거라

- 진술거부권의 내용 피의자신문 시 고지내용(제244조의3 제1항): 거/불/포/변 미란다고지
  1. 일체의 진술을 하지 아니하거나 개개의 질문에 대하여 진술을 하지 아니할 수 있다는 것
  2. 진술을 하지 아니하더라도 불이익을 받지 아니한다는 것
  3. 진술을 거부할 권리를 포기하고 행한 진술은 법정에서 유죄의 증거로 사용될 수 있다는 것
  4. 신문을 받을 때에는 변호인을 참여하게 하는 등 변호인의 조력을 받을 수 있다는 것

제5절 변호인

- 필요국선과 청구국선

  구/미/7(옛날 미친 놈이) 청/심에서 단3을 사먹고 즉/시 영/적으로 준/재가 되어 참재/치 있는 보복/장/군이 되었으니 (이상 필요국선), 빈곤하면 얘한테 청구해봐(청구국선).

  – 필요국선
    1. 피고인이 구속된 때(당해사건 구속에 한정 ×, 별건구속 ○, 다른 판결의 집행으로 구금상태에 있는 경우 ○, 2021도6357)
    2. 피고인이 미성년자인 때
    3. 피고인이 70세 이상인 때
    4. 피고인이 듣거나 말하는 데 모두 장애가 있는 사람인 때
    5. 피고인이 심신장애가 있는 것으로 의심되는 때
    6. 피고인이 사형, 무기 또는 단기 3년 이상의 징역이나 금고에 해당하는 사건으로 기소된 때
       (구/미/7/청/심/단3)

  – 청구국선: 법원은 피고인이 빈곤 그 밖의 사유로 변호인을 선임할 수 없는 경우에 피고인의 청구가 있는 때

- 변호인의 권한: 종-관/정/상(종속대리권), 묵-기/동/상(묵시적 의사 反 ○ 독립대리권),
  명-구/보/증보/증이공(명시적 의사 反 ○ 독립 대리권), 변호인 혼자 변/신/교통,
  피고인과 함께 열/참/출/신/최후진술(피고인과 중복하며 가지는 고유권) 하게 된다.

- 대리권

독립대리권 (본인의 의사에 반할 수 있음)	명시한 의사에 반하여 행사 가능	구속취소의 청구(제93조) 보석의 청구(제94조) 증거보전의 청구(제184조) 공판기일변경신청(제270조) 증거조사에 대한 이의신청(제296조)
	묵시적 의사에 반하여 행사 가능	증거동의(제318조)(判, 통설은 종속대리권) 기피신청(제18조) 상소제기(제341조)
종속대리권 (본인의 의사에 반할 수 없음)	본인 의사에 종속하여 행사 가능	관할이전의 신청(제15조) 관할위반의 신청(제320조) 상소취하(제349조) 정식재판청구취하(제458조)

- 고유권

변호인만 갖는 고유권	접견교통권(제34조) 상고심변론권(제387조) 피고인신문권(제296조의2)
피고인과 중복하여 갖는 고유권	서류·증거물의 열람·등사권(제35조) 영장집행참여권(제121조 등) 증인신문권, 증인신문참여권(제161조의2) 공판기일 출석권(제276조) 증거신청권(제294조) 최종의견진술권(제303조)

CHAPTER 02 소송행위

제2절 소송행위의 일반적 요소

- 소송서류의 송달: 교/우/공

  ① 교부송달(송달영수인/구속피고인/보충/유지) / ② 우편송달(도달) / ③ 공시송달(2주-5일)

- 병행주의: 병행: 고/기/국/기/변론/공/증조/취

  ① 고: 고소·고발

  ② 기: 기피신청

  ③ 국: 국선변호인 선정청구

  ④ 기: 공판기일 변경신청

  ⑤ 변론: 변론의 병합·분리·재개신청

  ⑥ 공: 공소장변경신청(& 공판절차정지신청)

⑦ 증조: 증거조사신청(& 이의신청)

⑧ 취: 취소·포기·취하(단, 재정신청취소는 서면)

제4절 소송조건

- 소송조건의 흠결의 경합: 공/관/면/실

공소기각결정 > 공소기각판결 > 관할위반판결 > 면소판결 > 실체재판

PART 03

수사와 공소

CHAPTER 01 수사

제1절 수사의 의의, 구조 및 수사기관

- 사경의 위법·부당 수사에 대한 검사의 시정조치요구: 법/인/남
  ① 법령위반
  ② 인권침해
  ③ 현저한 수사권 남용

- 검사의 동일성 범위 내 수사: 위/체/불-동일성
  ① 위법·부당수사 → 시정조치 미이행으로 송치
  ② 위법체포구속으로 송치
  ③ 불송치 고소인등 이의신청으로 송치

제2절 수사의 개시

불심검문 대상
- 거동불심자: 하/려/안
  ① 어떠한 죄를 범하였다고 의심할만한 상당한 이유가 있는 자
  ② 어떠한 죄를 범하려고 하고 있다고 의심할 만한 이유가 있는 자
  ③ 이미 행하여진 범죄나 행하여지려고 하는 범죄행위에 관하여 그 사실을 안다고 인정되는 자를 말한다(경직 제3조 제1항).

제3절 임의수사

- 피의자신문 진술거부권 고지내용(제1항): 거/불/포/변 미란다고지 (+검사에 대한 구제신청권)

CHAPTER 02 강제처분과 강제수사

제1절 체포와 구속

- 체포영장의 집행 시 미란다원칙 고지의무: 사/이/변/기 (+진술거부권 고지, 수사협력규정 32조)
  ⓐ 피의사실의 요지
  ⓑ 체포의 이유와
  ⓒ 변호인을 선임할 수 있음을 말하고
  ⓓ 변명할 기회를 준 후가 아니면 피의자를 체포할 수 없다.

- **준현행범인**: 준/불/장/신/묻(준호가 장에서 신물이 났다)
  ⓐ 범인으로 불리며 추적되고 있을 때
  ⓑ 장물이나 범죄에 사용되었다고 인정하기에 충분한 흉기나 그 밖의 물건을 소지하고 있을 때
  ⓒ 신체 또는 의복류에 증거가 될 만한 뚜렷한 흔적이 있을 때
  ⓓ 누구냐고 묻자 도망하려고 할 때

- **구속사유 심사 시 고려사항**: 중/재/해는 구속 시 고려해라
  07년 개정법에서는 "법원은 제1항의 구속사유를 심사함에 있어서 범죄의 중대성, 재범의 위험성, 피해자 및 중요 참고인 등에 대한 위해우려 등을 고려하여야 한다."는 조항을 신설하였다(제70조 제2항).

- **피의자 구속과 피고인 구속 시 고려사항**
  피의자 구속 시 고지사항: 사/이/변/기
  피고인 구속 시 고지사항: ① 사전청문: 사/이/변/기 ② 사후청문: 사/변 - 단, 거치지 않아도 위법 ×(둘 다)

- **피의자에 대한 구속기간의 제외기간**: 정/영/격/도/감은 빼자
  ㉠ 구속집행정지기간
  ㉡ 영장실질심사에서 관계서류와 증거물의 법원접수일로부터 검찰청에 반환한 날까지의 기간
  ㉢ 체포구속적부심사에 있어서 법원이 관계서류와 증거물을 접수한 날로부터 결정 후 검찰청에 반환된 때까지의 기간
  ㉣ 피의자가 도망한 기간
  ㉤ 피의자 감정유치기간

- **피고인에 대한 구속기간의 제외기간**: 심/헌/기 공/보/구/도/피/감
  공소제기 전 체포, 구인, 구금기간(피의자로서의 구속기간), 보석기간, 구속집행정지기간, 기피신청(제22조), 공소장변경(제298조 제4항), 심신상실과 질병(제306조 제1항, 제2항)에 의하여 공판절차가 정지된 기간(제92조 제3항), 법원의 위헌법률심판제청에 의한 재판정지기간(헌법재판소법 제42조 제1항), 피고인이 도망간 기간, 피고인 감정유치기간(제172조의2 제1항)

- **체포·구속적부심심사청구권자**: 피/변/법/배/직/형/가/동/고: 보석청구권자도 동일
  체포·구속된 피의자, 피의자의 변호인, 법정대리인, 배우자, 직계친족, 형제자매, 가족, 동거인, 고용주: 청구권이 있다(제214조의2 제1항)(＝ 보석≠변호인선임대리권자≠상소권자).

- **적부심절차**: 48h 내 심문 + 24h 내 결정

- **필요적 보석의 제외사유**: 장10/누상/증/도/주/해: 보석해야 하는 건 아니야
  ① 피고인이 사형, 무기 또는 장기 10년이 넘는 징역 또는 금고에 해당하는 죄를 범한 때
  ② 피고인이 누범에 해당하거나 상습범인 죄를 범한 때
  ③ 피고인이 죄증을 인멸하거나 인멸할 염려가 있다고 믿을 만한 충분한 이유가 있는 때
  ④ 피고인이 도망하거나 도망할 염려가 있다고 믿을 만한 충분한 이유가 있는 때
  ⑤ 피고인의 주거가 분명하지 아니한 때
  ⑥ 피고인이 피해자, 당해 사건의 재판에 필요한 사실을 알고 있다고 인정되는 자 또는 그 친족의 생명·신체나 재산에 해를 가하거나 가할 염려가 있다고 믿을만한 충분한 이유가 있는 때

- **보석절차**: 지없-지없-7-항·항-항-7

  ① 보석청구 → 지체없이 기일지정·통지·심문 → ② 검사의 의견(지체없이: 다음날까지) → ③ 법원의 결정(청구 후 7일 내) → ④ 기각결정: 보통항고 - 허가결정: 보통항고 → ⑤ 보석취소결정: 보통항고 - 보증금몰취 → ⑥ 보증금환부(7일 내)

- **검사의 의견의 필요적 청취**: 집/보/구/간/개(보석/취/개/간/집)

  ① 구속집행정지, ② 보석, ③ 구속취소, ④ 간이공판절차취소, ⑤ 증거개시

- **보석의 청구권자**: 피/변/법/배/직/형/가/동/고: 체포·구속적부심청구권자도 동일

  피고인, 피고인의 변호인, 법정대리인, 배우자, 직계친족, 형제자매, 가족, 동거인 또는 고용주이다(제94조).

- **보석조건의 결정**: 서/약/3/피/보는 선이행(서류·돈은 먼저 내), 도/해/출/기는 후이행(선이행으로 변경 可)

  1. 법원이 지정하는 일시·장소에 출석하고 증거를 인멸하지 아니하겠다는 서약서를 제출할 것: 선이행 후석방

  2. 법원이 정하는 보증금에 해당하는 금액을 납입할 것을 약속하는 약정서를 제출할 것: 선이행 후석방

  3. 법원이 지정하는 장소로 주거를 제한하고 주거를 변경할 필요가 있는 경우에는 법원의 허가를 받는 등 도주를 방지하기 위하여 행하는 조치를 받아들일 것: 선석방 후이행

  4. 피해자, 당해 사건의 재판에 필요한 사실을 알고 있다고 인정되는 사람 또는 그 친족의 생명·신체·재산에 해를 가하는 행위를 하지 아니하고 주거·직장 등 그 주변에 접근하지 아니할 것: 선석방 후이행

  5. 피고인 아닌 자(제3자)가 작성한 출석보증서를 제출할 것: 선이행 후석방

  6. 법원의 허가 없이 외국으로 출국하지 아니할 것을 서약할 것: 선석방 후이행

  7. 법원이 지정하는 방법으로 피해자의 권리 회복에 필요한 금전을 공탁하거나 그에 상당하는 담보를 제공할 것: 선이행 후석방

  8. 피고인이나 법원이 지정하는 자가 보증금을 납입하거나 담보를 제공할 것: 선이행 후석방, 이 조건은 보석취소 시에도 보석이 자동실효되지 않음

  9. 그 밖에(기타) 피고인의 출석을 보증하기 위하여 법원이 정하는 적당한 조건을 이행할 것: 선석방 후이행

- **보석조건 결정 시 고려사항**: 보석조건을 정할 때에는 성/죄/증명성/전/환/자/정황을 고려하라.

  a. 범죄의 성질 및 죄상, b. 증거의 증명력(증거능력 ×), c. 피고인의 전과·성격·환경 및 자산(경력 ×), d. 피해자에 대한 배상 등 범행 후의 정황에 관련된 사항(07년 개정)을 고려하여야 한다(제99조 제1항).

- **피의자 보석의 재구속·보석취소·구속집행정지취소사유 비교**
  - 피의자보석의 재구속사유: 도/염/출/조
  - 보석취소사유: 도/염/출/보/조

    ㉠ 도망한 때, ㉡ 도망하거나 죄증을 인멸할 염려가 있다고 믿을 만한 충분한 이유가 있는 때, ㉢ 소환을 받고 정당한 이유 없이 출석하지 아니한 때, ㉣ 피해자, 당해 사건의 재판에 필요한 사실을 알고 있다고 인정되는 자 또는 그 친족의 생명·신체·재산에 해를 가하거나 가할 염려가 있다고 믿을 만한 충분한 이유가 있는 때(보복의 위험), ㉤ 법원이 정한 조건을 위반한 때
  - 구속집행정지취소사유: 도/염/출/보/조

- 구속취소권자·청구권자: 직/검/피/변/법배직형

제2절 압수·수색·검증·감정

- 형법상 업무상 비밀누설죄(제317조)의 주체: 의/한/치/약/약/조/변/변/공/공/대/보(조자:간호사 등)/ 차(등의직에 있던 자)/종/종, 형소법상 압수거부권자(제112조) = 증언거부권자(제149조): 변/변/공/공/세(무사)/대/의/한/치/약/약/조/간(호사)/종/전(직)

  ∴ 형법과 형소법의 차이: 세무사

  ※ 감정인·교사·법무사·관세사·건축사·공인중개사 ×

- 포기가 인정되지 않는 권리: 고/환/약/진/상이라 포기가 안돼

  고소권, 압수물환부청구권, 약식명령에 대한 정식재판청구권(피고인), 진술거부권, 상소권(사·무 ×)

- 검증영장 집행 시 필요한 처분: 신/사/분/물/기는 검증해

  검증을 함에는 신체의 검사, 사체의 해부, 분묘의 발굴, 물건의 파괴, 기타 필요한 처분을 할 수 있다(제219조, 제140조).

- 감정에 필요한 처분: 주/신/사/분/물

  타인의 주거, 간수자 있는 가옥, 항공기, 선차 내에 들어갈 수 있고, 신체의 검사, 사체의 해부, 분묘의 발굴, 물건의 파괴를 할 수 있다(제173조 제1항).

제3절 수사상의 증거보전

- 서면으로 그 사유를 소명해야 하는 것: 기/정/상/증보거인

  ① 기피신청, ② 증거보전, ③ 수사상 증인신문청구, ④ 정식재판청구, ⑤ 증언거부권, ⑥ 상소권회복

CHAPTER 03 수사의 종결

제1절 사법경찰관과 검사의 수사종결

- [위법·부당 수사] 7 – 30 + 10 – 지없 – 7: 사경 사건기록등본 송부 7 – 검사 시정조치요구 30 + 10 – 사경 시정조치 지없 – (미이행 시) 사경 사건송치 7

- [사경 불송치·수사중지 이의] 불 – 소/중 – 상: 불송치 이의신청 – 소속 경찰관서 장, 수사중지 이의제기 – 상급 경찰관서 장

- 수사종결처분 통지 시한: 고고공불취타 – 7/고고불이유청 – 7/피불타 – 즉/ 피해자 – 공공구 – 신청

고소인·고발인	공소제기·불기소·공소취소·타관송치	7일 이내
	불기소처분·이유·신청	
피의자(고서·고발 불문)	불기소·타관송치	즉시
피해자(신청 要)	공소제기여부, 공판일시·장소, 재판결과, 피의자·피고인의 구속·석방 등	신속하게

CHAPTER 04 공소의 제기

제2절 공소제기의 기본원칙

- 다른 중요증거 발견한 경우: 다중이구/기/재

  ① 피의자구속 − 석방 − 재구속요건, ② 공소취소 − 재기소요건, ③ 재정신청기각결정 − 기소

- 검찰항고전치주의: 재(기수사)/3(개월)/시(효만료 30일 전) 검찰항고 불요

- 재정신청절차: (7−30−)10−7−10−3월

제5절 공소시효

- 공소시효기간: 사25/무15/5−10/1−3−5/5−7−10/벌5/몰1

- 공소시효정지사유: 공/피/재/헌/대/보
  [형사소송법상의 정지사유]
  ① 공소제기
  ② 범인의 국외도피
  ③ 재정신청

  [특별법상의 정지사유]
  ① 소년보호사건의 심리개시결정
  ② 헌정질서파괴범에 관한 특칙
  ③ 대통령의 불소추특권과 공소시효정지
  ④ 가정보호사건·성매매사건 등의 송치

PART 04 공판

CHAPTER 01 공판절차

제3절 공판의 준비

- 공판준비절차 종결의 효과 예외: 실권 − 부/지/직
  ㉠ 증거신청이 가능한 경우: 공판준비기일에서 신청하지 못한 증거이지만, ⓐ 그 신청으로 인하여 소송을 현저히 지연시키지 아니하거나 ⓑ 중대한 과실 없이 공판준비기일에 제출하지 못하는 등 부득이한 사유를 소명한 때에는 예외적으로 공판기일에 증거로 신청할 수 있다(제266조의 13 제1항).
  ㉡ 직권: 실권효의 제재에도 불구하고 법원은 직권으로 증거를 조사할 수 있다(동단서). 실체진실의 발견을 위하여 법원에게는 직권조사의 의무까지 인정된다.

제4절 증거개시

- 공소제기 후 검사가 보관하고 있는 서류 등에 대한 열람·등사권 대상: 거/인/명/주를 보여줘
    - ㉠ 검사가 증거로 신청할 서류 등
    - ㉡ 검사가 증인으로 신청할 사람의 성명·사건과의 관계 등을 기재한 서면 또는 그 사람이 공판기일 전에 행한 진술을 기재한 서류 등
    - ㉢ 위 ㉠, ㉡의 서면 또는 서류 등의 증명력(증거능력 ×)과 관련된 서류 등
    - ㉣ 피고인 또는 변호인이 행한 법률상·사실상 주장과 관련된 서류 등

- 공소제기 후 검사가 보관하고 있는 서류 등에 대한 열람·등사권 제한: 국/보/염/장은 안 보여줘도 돼. 다만 목록은 알려줘.
    - ㉠ 열람·등사·서면교부의 거부: 검사는 국가안보, 증인보호의 필요성, 증거인멸의 염려, 관련 사건의 수사에 장애를 가져올 것으로 예상되는 구체적인 사유 등 열람·등사 또는 서면의 교부를 허용하지 아니할 상당한 이유가 있다고 인정하는 때에는 열람·등사 또는 서면의 교부를 거부하거나 그 범위를 제한할 수 있다(제266조의3 제2항). 열람·등사의 범위를 제한하는 것뿐만 아니라 거부도 가능하다.
    - ㉡ 목록에 대한 열람·등사 거부 금지: 검사는 서류 등의 목록에 대하여는 열람·등사를 거부할 수 없다(동 제5항).

제5절 공판정의 심리

- 피고인의 불출석재판: 의법/경유/퇴/불/약/상
    - ㉠ 의사무능력자 – 법정대리인/특별대리인 법인 – 대표자/특별대리인, 대리인
    - ㉡ 경미사건: 500즉결 유리한 사건: 공면, 의질 – 무면공면
    - ㉢ 퇴정/퇴정명령/일시퇴정
    - ㉣ 불출석: 구속피고인, 소재불명, 항소심/약식정식 2회연속불출석
    - ㉤ 약식/상고심: 약식 – 정재 – 불변금, 상고심, 치료감호

제7절 증인신문·감정과 검증

- 교호신문의 주신문에서 유도신문의 예외: 준비가 명백하면 적의 진술이 상반되는 특별한 사정이 생긴다. 유도신문해도 돼.

제8절 공판절차의 특칙

- 소송절차의 정지: 심/헌/기/공/관/재
    - ㉠ 심신상실과 질병: 검·변 의견, 필요적 정지 – 예외: 경미·유괴사건
    - ㉡ 공소장변경: 불이익 증가, 직권·피변청구, 임의적 정지
    - ㉢ 기피신청: 간이기각·급속은 예외
    - ㉣ 관할의 병합심리신청 등: 급속은 예외
    - ㉤ 재심청구의 경합
    - ㉥ 위헌법률심판의 제청

- 공판절차의 갱신 사유: 경질/간이/심신/배심(간이 경질되면 심신이 배신(배심)하니, 다시 해라)
  ① 판사의 경질
  ② 간이공판절차의 취소
  ③ 심신상실로 인한 공판절차의 정지
  ④ 국민참여재판의 배심원 변경

- 배심원 결격사유: 한/복/실5/유2/선유/자정(한복실오하는 유2와 선유는 배심원 안되니 잠이나 자정?)
  ㉠ 피성년후견인 또는 피한정후견인
  ㉡ 파산자로서 복권되지 아니한 사람
  ㉢ 금고 이상의 실형을 선고받고 그 집행이 종료(종료된 것으로 보는 경우를 포함한다)되거나 집행이 면제된 후 5년을 경과하지 아니한 사람
  ㉣ 금고 이상의 형의 집행유예를 선고받고 그 기간이 완료된 날부터 2년을 경과하지 아니한 사람
  ㉤ 금고 이상의 형의 선고유예를 받고 그 선고유예기간 중에 있는 사람
  ㉥ 법원의 판결에 의하여 자격이 상실 또는 정지된 사람

- 배심원 면제사유: 70세/5년/금/체/해/중병(70세에서 5년 금방 지나면 체해도 중병이니 배심원에서 면제해)
  ㉠ 만 70세 이상인 사람
  ㉡ 과거 5년 이내에 배심원후보자로서 선정기일에 출석한 사람
  ㉢ 금고 이상의 형에 해당하는 죄로 기소되어 사건이 종결되지 아니한 사람
  ㉣ 법령에 따라 체포 또는 구금되어 있는 사람
  ㉤ 배심원 직무의 수행이 자신이나 제3자에게 위해를 초래하거나 직업상 회복할 수 없는 손해를 입게 될 우려가 있는 사람
  ㉥ 중병·상해 또는 장애로 인하여 법원에 출석하기 곤란한 사람
  ㉦ 그 밖의 부득이한 사유로 배심원 직무를 수행하기 어려운 사람

CHAPTER 02 증거

제2절 증명의 기본원칙

- 통설은 엄격한 증명의 대상으로 보지만, 판례는 자유로운 증명의 대상으로 보는 것:
  *명/심/몰에서는 자유롭게 쇼핑해
  ① 명예훼손죄의 위법성조각사유인 사실의 증명, ② 심신상실·심신미약, ③ 몰수·추징 대상 여부 및 추징액의 인정

제5절 전문법칙

- 검사 작성 피신조서 증거능력 인정요건(제312조 제1항): 적/내(= 제312조 제3항)
  검사가 피고인이 된 피의자의 진술을 기재한 조서는 ① 적법성, ② 내용인정

- 진술조서 증거능력 인정요건: 적/실/반/특
  검사 또는 사법경찰관이 피고인이 아닌 자의 진술을 기재한 조서는
  ① 적법성, ② 실질적 진정성립, ③ 반대신문의 기회보장, ④ 특신상태

- 수사과정 외 사인 진술서 증거능력 인정요건: 피고인 - 자/성/특, 피고인이 아닌자 - 자/성/반

- 제314조의 증거능력 인정요건: 필/특

CHAPTER 03 재판

제2절 종국재판

- 유죄판결에 명시할 이유(제323조): 사/요/법/주
  ① 범죄사실: 구/(위·책 ×)/처/형, ② 증거요지: 증거재판주의, ③ 법령적용: 일부 미기재는 적법,
  ④ 범죄성립조각사유(위·책) 및 형벌가중·(필요적)감면사유의 진술: 진술(주장) 시

- 공소기각결정의 사유(제328조 제1항): 공/사/관/포
  ① 공소가 취소되었을 때(1호)
  ② 피고인이 사망하거나 피고인인 법인이 존속하지 아니하게 되었을 때(2호)
  ③ 관할의 경합(제12조·제13조)으로 인하여 재판할 수 없는 때(3호)
  ④ 공소장에 기재된 사실이 진실하다 하더라도 범죄가 될 만한 사실이 포함되지 아니하는 때(4호)

- 공소기각판결의 사유(제327조): 재/법/이/재/취/처
  ① 피고인에 대하여 재판권이 없을 때(재판권의 부존재, 1호)
  ② 공소제기의 절차가 법률의 규정을 위반하여 무효일 때(공소제기절차의 무효, 2호)
  ③ 공소가 제기된 사건에 대하여 다시 공소가 제기되었을 때(이중기소, 3호)
  ④ 제329조를 위반하여 공소가 제기되었을 때(재기소제한 위반, 4호)
  ⑤ 고소가 있어야 공소를 제기할 수 있는 사건에서 고소가 취소되었을 때(친고죄의 고소취소, 5호)
  ⑥ 피해자의 명시한 의사에 반하여 공소를 제기할 수 없는 사건에서 처벌을 원하지 아니하는 의사표시를 하거나 처벌을 원하는 의사표시를 철회하였을 때(반의사불벌죄의 처벌불원의사표시, 6호)

- 면소판결 사유(제326조): 확/사/시/폐
  ① 확정판결이 있은 때(1호)
  ② 사면이 있은 때(2호)
  ③ 공소시효가 완성되었을 때(3호)
  ④ 범죄 후의 법령개폐로 형이 폐지되었을 때(4호)

PART 05 상소 · 비상구제절차 · 특별절차

CHAPTER 01 상소

제1절 상소 일반

- 재소자특칙(재정신청 ×): 재/약/참 상 - 제·포·회·이
  ① 상소제기(제344조 제1항) ② 상소포기·취하(제355조) ③ 상소권회복청구(제355조)
  ④ 상소이유서제출(제361조의3) ⑤ 재심청구(제430조) ⑥ 약식 - 정식재판청구(제458조)
  ⑦ 국참 - 피고인의사확인서면 제출

제2절 항소

- **절대적 항소이유**: 공/판(판사 – ㅂ·ㄱ·ㅎ)/이/관/폐/양/재

  판결 후 형의 폐지·변경·사면(2호), 관할위반(3호), 법원구성의 법률 위반(4호), 제척·기피·회피 판사의 심판관여(7호), 미심리판사의 판결관여(8호), 공개규정 위반(9호), 이유불비·이유모순(11호), 재심청구사유(13호), 양형부당(15호) → 절대(상대적 항소이유: 1호의 법령 위반, 14호의 사실 오인: 상대 – 법/사)

- **절대적 상고이유**: 폐/양(양형이 심히 부당)/재

- **상대적 상고이유**: 법/사(중대한 사실오인)

- **항소기각의 결정**: 법·권 – 항·기·결(항소제기 부적법, 항소이유서 미제출)

- **항소심절차**: 7–14–즉–20–즉–10–즉

제4절 항고

- **즉시항고 허용규정**: 집/공/기/참/정/상/선/비/재/재/구/감
  ① 기피신청기각결정(제23조)
  ② 구속취소결정(제97조)
  ③ 재정신청기각결정(제262조 제4항)
  ④ 국민참여재판 배제결정(국참 제9조)
  ⑤ 비용·과태료·감치·배상 관련
  ⑥ 공소기각결정(제328조 제2항)
  ⑦ 집행유예취소결정(제335조 제3항)
  ⑧ 선고유예실효결정(제335조 제4항)
  ⑨ 상소절차 관련(기/속/회)
  ⑩ 약식명령·즉결심판에 대한 정식재판청구기각결정(제455조, 즉심 제14조)
  ⑪ 재판서·재판집행 관련(경/해/집)
  ⑫ 재심청구기각결정 및 재심개시결정(제437조)
  ⑬ 기타: 형의 소멸신청 각하결정(제337조)

- **판결 전 소송절차에 관한 결정 중 보통항고가 허용되는 경우**: 압/구/보/감

  구금, 보석, 압수나 압수물의 환부에 관한 결정 또는 감정하기 위한 피고인의 유치에 관한 결정에 대하여는 보통항고를 할 수 있다(제403조 제2항).

- **법관(재판장·수명법관)의 재판 중 준항고의 대상**: 압/구/보/감/비/과/기

  재판장 또는 수명법관이 ㉠ 기피신청을 기각한 재판, ㉡ 구금·보석·압수 또는 압수물환부에 관한 재판, ㉢ 감정하기 위하여 피고인의 유치를 명한 재판, ㉣ 증인·감정인·통역인·번역인에 대하여 과태료 또는 비용의 배상을 명한 재판을 고지한 경우이다(제416조 제1항).

- **수사기관(검사·사경관)의 처분 중 준항고의 대상**: 압/구/변

  검사 또는 사법경찰관의 구금, 압수 또는 압수물의 환부에 관한 처분과 변호인의 참여 등에 관한 처분(제243조의2)이다(제417조). 다만, 검사가 법원의 재판에 대한 집행지휘자로서 움직이다가 한 조처는 여기에 포함되지 아니한다(74모28).

CHAPTER 02 비상구제절차

제1절   재심

- 공판절차정지: 심/헌/기/공/관/재(심청구경합)

- 허위증거에 의한 재심사유: 증/증/무/재/저/직
  ① 증거위조·변조
  ② 위증·허위감정 등
  ③ 무고
  ④ 재판변경
  ⑤ 저작권 등 무체재산권무효
  ⑥ 법관·검사·사법경찰관 직무범죄

- 신증거 재심사유
  ① 법원·피고인(과실 ×)에 대한 신증거
  ② 명백 = 총합평가 + 재평가(고도의 개연성)
  ③ 무/면/경/면(면제는 필요적 면제) "유죄를 선고받은 자에 대하여 무죄 또는 면소를, 형의 선고를 받은 자에 대하여 형의 면제 또는 원판결이 인정한 죄보다 가벼운 죄를 인정할 명백한 증거가 새로 발견된 때"(제420조 제5호)를 말한다.

CHAPTER 04 특별절차

- 약식절차: 벌/과/몰, 14일+7일

- 즉결심판절차: 20만 원 이하 벌/구/과, 즉시+7일

CHAPTER 04 형사소송법 숫자 정리

	수사	공소제기	공판	상소/특별절차
지체×/즉시	사법경찰관의 시정조치(수사준칙 45조) 구속통지(88조) 보석 전 검사의견(97조) 긴급체포시 검사의 승인(200조의3) 긴급체포서 작성(200조의3) 긴급체포 후 구속영장 신청(200조의4) 현행범 체포 후 석방(200조의4) 구속전피의자심문 기일·장소 통지(201조의2) 체포현장에서 압수·수색·검증청구(216조) 증인신문 서류 판사송부(221조의2) 피의자 진술 영상녹화 후 봉인(244조의2) 피의자 통지(불/타)(258조) 재정결정 후 담당검사 지정(262조)		기피당한 법관의 의견서 제출(20조) 증거개시 제한 후 통지(266조의3)	상소 접수통지(361조의2) 즉결심판 정식재판청구서를 경찰서장은 판사에게 송부(즉심법 14조)
1	국선변호인 효력(1인 이상) 규칙 15조 구속전피의자심문(다음 날) 201조의2 고소취소기간(1심 판결선고 전) 232조 참여변호인 지정(1인) 243조의2 전문수사자문위원 수(1인 이상) 245조의3	고소취소기간(1심 판결선고 전) 232조 장5↓ 자격정지·구류·과료·몰수 공소시효(1년) 249조 공소취소기간(1심 판결선고 전) 255조	국선변호인 수(1인) 규칙 15조 전문심리위원 수(1인 이상) 279조의4 합의부 관할(사·무·단↑) 법조법 32조	항소장 제출(1심법원에) 359조 약식명령 후 정식재판청구 취하(1심 판결선고 전) 454조

	수사	공소제기	공판	상소/특별절차
2	수사목적 통신제한조치 (2월) 통비법 6조 법원의 구속기간(2개월, 심급마다 2차 연장–필요하면 3차 ○) 92조		최초의 공시송달기간 (2주) 64조 검사의 출석없이 개정 (2회) 278조 배심원 결격사유(집행유예 선고기간 완료 후 ~ 2년 미경과) 국참법 17조	소년범 장기2↑유기형 (상대적 정기형) 소년법 60조
3	증거보전 기각결정 항고(3일 이내) 184조 긴급체포요건(사·무·장3↑) 200조의3 고소·고발인 사건처리 (3월 이내) 257조 재정신청 필수적 항고 예외(항고에 대한 불처분 3개월 경과) 260조 재정결정 처리기간(3월 이내) 262조	장5↑자격정지 공소시효(3년) 249조	기피신청 후 사유소명 (3일 이내) 19조 대표변호인 수(3인) 32조의2 국선변호인 선정사유 (사·무·단3↑) 33조 무죄판결 시 소송비용보상청구(무죄확정 안 날~3년) 제194조의3 피고인 불출석(장기3↓ 징역·금고 → 불출석 허가) 277조	의견서 첨부 항고법원 송부(3일 이내) 408조 형사보상(재판이 확정된 사실 안 날~3년) 형보법 8조
4	국가안보 목적 통신제한 조치(4월) 통비법7조			
5		장5↓징역·금고 공소시효 (5년) 249조 장10↑자격정지·벌금 공소시효(5년) 249조 배심원 면제사유(5년 이내 배심원후보자 선정) 국참법 20조 배심원 결격사유(실형선고 후 집행종료/면제 ~ 5년 미경과) 형참법 17조	사물관할 소송서류 송부(5일) 규칙 4조 2회 이후 공시송달(5일) 64조 무죄판결 시 소송비용보상청구(무죄확정~5년) 제194조의3 공소장부본 송달(5일) 266조 제1공판기일 유예기간 (5일 이상) 269조 예비배심원 수(5인 이내) 국참법 14조	항소심 당사자 통지 (5일) 411조 법무부장관 사형집행 명한 때(5일 이내) 466조 즉심 유치명령(5일) 즉심법 17조 형사보상(재판이 확정된 때 ~ 5년) 형보법 8조

	수사	공소제기	공판	상소/특별절차
6	임의동행(6시간 초과 경찰서 유치 ×) 경직법 3조 친고죄 고소기간(안 날로부터 6월) 230조			사형집행의 명령(6월 이내) 465조
7	시정조치 검토 위한 검사의 사건기록등본 송부요구에 대한 사경 사건기록등본 송부(7일 이내) 수사준칙 45조 사경 검사에 대한 사건 송치(7일 이내) 수사준칙 45조 통신제한조치자료 사경 신청 후 검사의 법원에 대한 보관승인청구(7일 이내) 통비법 12조의2 영장유효기간(7일) 규칙 178조 보석청구 후 법원의 결정(7일 이내) 규칙 55조 보증금 환부(7일 이내) 104조 사경 사건불송치 고소인등 통지(7일 이내) 245조의6 고소·고발인(공/불/취/타) 통지(7일 이내) 258조 고소·고발인 불기소이유 고지(7일 이내) 259조 재정신청 관계서류 고등법원 송부(7일 이내) 261조 즉시항고 기간(7일) 405조	장10↓징역·금고 공소시효 (7년) 249조 공소취소통지(7일 이내) 258조	토지관할 소송서류 송부(7일 이내) 규칙 3조 증인이 다시 불출석 → 감치(7일 이내) 151조 피고인 의견서 제출(7일 이내) 266조의2 참여재판 서면 제출기간(7일 이내) 국참법 8조 기타 사건의 배심원 수(7인) 국참법 13조	약식명령 정식재판청구(7일 이내) 451조 즉결심판 정식재판청구(7일 이내) 즉심법 14조 즉결심판 정식재판청구 후 서류 경찰서장 송부(7일 이내) 즉심법 14조 항소 제기기간(7일) 358조 상고 제기기간(7일) 374조
9			사형, 무기사건의 배심원 수(9인) 국참법 13조	

	수사	공소제기	공판	상소/특별절차
10	보석제외사유(사/무/장 10↑ 징역·금고) 95조 사법경찰관·검사의 구속기간(10일 이내) 202조, 203조 검사의 구속기간 연장 (1차 10일 이내) 205조 재정신청기간(10일 이내) 260조 재정신청서 접수 후 피의자 통지(10일) 262조	장10↑징역·금고 공소시효(10년) 249조	소재불명으로 불출석 (사/무/장10↑ 징역·금고 ×) 소촉법 23조	답변서 제출기간(10일 이내) 361조의3, 379조 상고이유(사/무/장10↑ 징역·금고) 383조 판결정정 신청기간 (10일 이내) 400조
12	긴급체포 시 사경의 검사에 대한 승인요청(12시간 내) 수사준칙 27조			
13			피해자 신뢰관계인 필요적 동석(13세 미만) 163조의2	
14	검사의 법원에 대한 통신제한조치자료 보관승인청구(14일 이내) 통비법 12조의2 사경의 검사에 대한 통신제한조치자료 보관승인신청(14일 이내) 통비법 12조의2		다음 공판기일 지정(14일 이내) 267조의2 즉일선고의 예외(14일 이내) 318조의4	소송기록·증거물 송부 (14일 이내) 361조, 377조 약식명령 심리기간 (14일 이내) 소촉법 22조
15		무기징역·금고 공소시효(15년) 249조		
16			선서무능력자(16세 미만↓) 159조	
18				소년의 사형 및 무기형 완화(18세 미만↓) 소년법 59조 소년의 환형처분 금지 (18세 미만↓) 소년법 62조

	수사	공소제기	공판	상소/특별절차
20	피고인 보석조건 위반 시 감치기간(20일 이내) 102조		배심원 자격(만 20세 이상) 국참법 16조 법정소란 후 제재(20일 감치) 법조법 61조	항소이유서 제출(20일 이내) 361조의3 상고이유서 제출(20일 이내) 379조 즉심대상(20만원↓ 벌금·구류·과료) 즉심법 2조
24	피의자 체포 후 통지의무(지체 없이: 24시간 이내) 규칙 51조 긴급체포된 자에 대한 압수·수색(체포 시부터 24시간) 217조		증인소환장 송달(출석일시 24시간 이전) 규칙 70조 구인 후의 석방 유치(24시간) 71조의2	
25		사형 공소시효(25년) 249조 의제 공소시효(25년) 249조		
30	검사의 시정조치요구(30일 이내–10일 연장 可) 수사준칙 45조 통신제한조치 후 검사의 통지·통지유예(30일 이내) 통비법 9조의2 검사의 석방 후 법원에 대한 통지(30일 이내) 200조의4 재정신청 필수적 항고 예외(검사가 공소시효 만료일 30일 전까지 공소 불제기) 260조			
48	체포·현행범체포·긴급체포 시의 구속영장 청구(48시간 이내) 200조의2, 200조의4, 213조의2 체포·구속적부심 심문(48시간 이내) 214조의2		증거개시 검사의 거부 통지(지체 없이 : 48시간 이내) 266조의3	

	수사	공소제기	공판	상소/특별절차
50	영장체포·현행범체포·구속(70조, 200조의2, 201조, 214조) 주거불명인 경미사건 (다액 50만원↓ 벌금·구류·과료) 214조		선서·증언거부(50만원 이하 과태료) 161조	
70			국선변호인 필요적 선정 (70세 이상) 33조 참여재판 배심원 면제 사유(70세 이상) 국참법 20조	
90	사경 송부 사건불송치 관계서류 검사의 반환 (재수사 요청, 90일 이내) 245조의5			
100			법정소란 후 제재 (100↓ 과태료)	
500	출석보증인 과태료 (500만원↓) 100조의2		경미사건의 피고인 불출석(다액 500만원↓ 벌금·과료) 277조 경미사건의 법원허가 시 피고인 불출석(다액 500만원↑ 벌금·구류, 장기3↓ 징역·금고) 277조 불출석증인 제재 과태료 (500만원↓) 151조	
1,000	피고인 보석조건 위반 후 과태료(1,000만원↓) 102조			